Moritz Alois Becker

Hernstein in Niederösterreich - Sein Gutsgebiet und das Land im weiteren Umkreis

2. Bd. 2. Hälfte: Geschichte von Hernstein in Niederösterreich

Moritz Alois Becker

Hernstein in Niederösterreich - Sein Gutsgebiet und das Land im weiteren Umkreis
2. Bd. 2. Hälfte: Geschichte von Hernstein in Niederösterreich

ISBN/EAN: 9783743607224

Hergestellt in Europa, USA, Kanada, Australien, Japan

Cover: Foto ©ninafisch / pixelio.de

Weitere Bücher finden Sie auf **www.hansebooks.com**

HERNSTEIN

IN NIEDERÖSTERREICH

SEIN GUTSGEBIET

UND DAS LAND IM WEITEREN UMKREISE.

———————

MIT UNTERSTÜTZUNG

SEINER KAISERLICHEN HOHEIT DES DURCHLAUCHTIGSTEN HERRN

ERZHERZOGS LEOPOLD

HERAUSGEGEBEN VON

M. A. BECKER.

II. BAND. 2. HÄLFTE.

GESCHICHTE VON HERNSTEIN IN NIEDERÖSTERREICH UND DER
DAMIT VEREINIGTEN GÜTER STARHEMBERG UND EMMERBERG.

WIEN, 1889.

DRUCK VON ADOLF HOLZHAUSEN

k. k. Hof- und Universitäts-Buchdrucker.

GESCHICHTE

VON

HERNSTEIN IN NIEDERÖSTERREICH

UND DEN DAMIT VEREINIGTEN GÜTERN

STARHEMBERG und EMMERBERG.

BEARBEITET

VON

DR. JOSEF VON ZAHN,

K. K. REGIERUNGSRATH, PROFESSOR, UND DIRECTOR DES STEIERMÄRKISCHEN
LANDES-ARCHIVES IN GRAZ.

MIT 6 ARTISTISCHEN BEILAGEN UND 26 ILLUSTRATIONEN IM TEXTE.

WIEN, 1889.

DRUCK VON ADOLF HOLZHAUSEN

k. k. Hof- und Universitäts-Buchdrucker.

VORWORT.

Seine kaiserliche und königliche Hoheit Herr Erzherzog Leopold geruhte die Bearbeitung der Geschichte der drei Herrschaften Hernstein, Starhemberg und Emmerberg mir zu übertragen, bewogen durch die Empfehlung seitens jenes Mannes, der einen so hervorragenden Antheil am ganzen Werke genommen, des Herrn Hofrathes von Becker. Ihn hat leider das Geschick im August v. J. dahingenommen; er konnte den Abschluss nicht mehr sehen, und ihm sei an dieser Stelle in dankbarer Erinnerung ein vollerkenntliches Wort geweiht.

Der Gegenstand besaſs für mich in verschiedener Richtung Anziehendes, und entwickelte dessen noch mehr in seinem Verfolge.

Dem Augenscheine nach waren mir zwar die Gegenden, um die es sich handelt, unbekannt, allein die Liberalität Seiner kaiserlichen und königlichen Hoheit gewährte widerholt die Gelegenheit deren Besuches, und so konnte manch' langjähriger Gedanke sich unmittelbar zur Sache stellen. Wem irgendwie die heimatliche Geschichte geläufig, dem sind es auch die Namen Starhemberg und Emmerberg, und fast ist es, als ob manche politische Frage, die sich damit verknüpft, angesichts der Stätten leichter und frischer sich lösen wollte. Dass dabei die Frage des Burgenwesens, die seit einer Reihe von Jahren durch ihr Bedürfniss kritischer Beleuchtung und Klärung mich angezogen, gerade hier vornehmlich bedacht ist, mag nicht nebensächlichen Antheil an der Freude haben, welche die Einladung seitens Seiner kaiserlichen und königlichen Hoheit mir gewährte. Aber auch sonst hatte es der Zufall

gewollt, dass ich dem einen Orte, Hernstein nämlich, in
Beistellung neuer, bislang unbekannter Quellen seiner Geschichte vor langen Jahren näher treten konnte, und so
auch mit der Genealogie seiner Gründerfamilie eingehender
mich beschäftigen.

So kam es, dass das an sich mir unbekannte Gebiet
doch wieder kein fremdes für mich war, und so begreift
sich auch, wie gerne ich es danke, Ergebnisse alter Studien
hier niederlegen, und neue Beispiele für jüngere, wie frische
Eindrücke und Anregungen gewinnen zu können.

Leider ist aber das archivalische Feld auf den Gütern
selber ein nahezu vollkommen verödetes und leeres. Mit Ausnahme von Hernstein, wo nur ganz wenige Reste von Schriften
vorhanden, die etwa bis in die Mitte des 17. Jahrhunderts
zurückreichen, und selber nicht dieses Gut, sondern Emmerberg berühren, gibt es dort keine Aufschreibungen, die,
namentlich für ältere Zeit, verwertbar gewesen wären. Alles,
was zur Sache dienen konnte, musste daher anderen Rettungs-
anstalten geschichtlicher Quellen entnommen werden. Man
wird dessen durch die Noten selber sich überzeugen, und
wohl auch die Lücken, die sonst nicht bestünden, gewahren.

Der Natur des Gegenstandes entsprechend gliedert
sich das Buch im Wesentlichen in drei Haupttheile: in die
Geschichte der Besitzer, in jene des engeren oder herrschaftlichen, und endlich des weiteren oder dörfischen Besitzes. Und so wie diese drei Theile durch eine allgemeine
Vorgeschichte sich einleiten, welche darstellen soll, wie in
dem allgemeinen Werden des Landes es bis zur Heraus-
krystallisierung der Hauptgüter kam, so hat der Abschluss
den Zweck, in gleich kurzer Weise die abgesprengten und
die abliegenden Besitzungen zu behandeln.

Im grofsen Ganzen wurde sich an die von der ältesten
Zeit her gegebenen Gränzen gehalten. Das gilt wesentlich
für Waldeck-Starhemberg. Dafür gibt es territoriale Anhaltspuncte, die man mit einigem Fuge als sichere bezeichnen kann. Jede Ueberschreitung derselben führt in
Nebel, und nach ungreifbaren Gestaltungen. Damit ist
gemeint, dass man von einzelnen Seiten Gutenstein als
Waldecker Gebiet hinstellt, und etwa auch die vom 15. Jahrhunderte an nachweisbare Verbindung von Scheuchenstein
mit Starhemberg als eine ursprüngliche Zusammengehörig-
keit mit Waldeck deuten möchte. Für das Eine wie das

Andere liegt gar keine Beweisstelle vor, und in diesem Sinne wurde hier von einer Ausdehnung der Gränzen des Gebietes in der Darstellung vollkommen abgesehen.

Es ward gestattet, der Erzählung Belege in Wort und Bild beizufügen: im Worte durch Urkunden und Acten, im Bilde durch Ansichten und Pläne, wie durch Facsimilien.

In ersterer Beziehung ward fast nur die älteste Zeit berücksichtigt, und zwar wesentlich für Hernstein. Das hängt eben mit dem grofsen Mangel an örtlichen Archivalien zusammen. Ohne den Falkensteiner Codex, ohne die Materialien aus den alten Freisinger und Passauer Archiven wären auch diese Beilagen nicht möglich gewesen. Was darin für Hernstein beigebracht wurde, ist eben nicht allein zum Theile eigenartiger, durch Charakter und Seltenheit kostbarer Quellenstoff, der sonst nur in schwer zugänglichen Sammelwerken abgedruckt ist, sondern er bildet auch die Grundlage der Geschichte der Burg und der Pfarre. In der zehnten Beilage wird jeder Rechtshistoriker ein wertvolles Document, und in der eilften jeder Culturhistoriker einen wesentlichen Beitrag zur Sittengeschichte erkennen. Aus dem reichen Schatze des steiermärkischen Landesarchives wäre es allerdings möglich gewesen, für die Pfarre Hernstein und ihren Uebergang an Kloster Neuberg eine Reihe von Documenten beizubringen, doch hat es nicht geschienen, als ob deren Zahl und Länge mit dem Sachlichen so sehr sich deckte, dass der daran zu wendende Raum sich lohnte.

Uebrigens ward in den Noten die Gelegenheit, Quellenstellen zu verwerten, in Beilagen ersetzendem Mafse benützt.

An bildlichen Beigaben wurde gewählt, was nur irgend geeignet, den Leser mit dem Gebiete und seinen einzelnen Oertlichkeiten bekannter zu machen, und ihn sozusagen an sie selbst hin zu versetzen, oder aber, wenn eine wissenschaftliche Frage an die Lösung gerückt werden sollte, den Gegenstand selber mitsprechen zu lassen. Gelegentlich, wie bei dem Facsimile aus dem Falkensteiner Codex, sollte gezeigt werden, in welcher Form ein vornehmes Haus vor 700 Jahren sein Wirtschaftsbuch angelegt, und mit der Verkaufsurkunde von Hernstein von 1246, in welcher formellrechtlichen Gestalt das grofse Gut aus den Händen der ersten Besitzerfamilie in andere überging.

Passend schien es endlich, das Gebiet mittels Karten aus verschiedenen Zeiten zu veranschaulichen. Auch an ihnen tritt die Mangelhaftigkeit des Archivsstoffes zutage, oder vielmehr, bei höherem Reichthume desselben würden sie innerlich reicher, und auch mit Gränzangaben versehen worden sein. Es standen dafür aus dem 12. Jahrhunderte blos die Urkunden und das Hausbuch des Grafen Siboto von Neuburg zu Gebote, für das 16. die breiten Aufzeichnungen der Urbare, und für deren Richtigstellung und das 19. Jahrhundert persönliche Mittheilungen jeweilig von Ort und Stelle, — von dem einschlägigen neuesten Karten- und Mappenstoffe, der benützt wurde, abgesehen. So sehr man es auch zu danken hat, dass das Archiv des Reichsfinanzministeriums eine Reihe von neun Urbaren für das Gebiet vom 14.—16. Jahrhunderte bieten konnte, muss doch bemerkt werden, dass diese nicht gleichmäfsig sich vertheilten. So ist für Hernstein nur eines, von 1377, vorhanden, Starhemberg aber besitzt keines vor 1438, und Hernstein dann kein anderes vor 1515. Es mussten daher für die kartographische Darstellung Zeiten gewählt werden, für welche das Materiale zusammenwirken konnte. Mit Ausnahme des 12. Jahrhunderts, wo der Falkensteiner Codex und die Seckauer, Admonter und Reuner Urkunden Anhaltpuncte boten, gab es eine solche nächste Zeit nur mehr im 16. Jahrhunderte. Es war also nöthig, mit dem, sozusagen, kartographischen Ausdrucke sich auf die Darstellung der actenmäfsig nachweisbaren steigenden Cultivierung des Landes von ca. 1150 bis ca. 1550 zu beschränken. Von Gränzen der Herrschaften, der Pfarreien, der Dorfgemeinden u. s. w. musste man absehen; sie wären aus Mangel an zu ihrer Feststellung nöthigem Materiale zu unsicher, und ihre Fixierung zu angreifbar gewesen, und war gewiss vorzuziehen, sie beiseite zu lassen, als zweifellos vielfach irrige Stellen einzuzeichnen. Eine ähnliche Rücksicht war für das 16. Jahrhundert auch betreffs der Flurnamen einzuhalten. Was davon die Karte bringt, konnte mit Leichtigkeit auf das Doppelte vermehrt werden, allein diese Ueberzahl wäre örtlich nicht mit Sicherheit nachweisbar gewesen, und blos ein Bild mit sehr reichen, aber falsch angebrachten Farben. Daher gibt diese Karte nur solche Riednamen, welche aus Erkundigungen bei Eingeweihten an Ort und Stelle, aus alten Herrschaftsmappen und der Administrativkarte von Niederösterreich für die betreffenden Puncte festgestellt werden konnten. Aus diesem Grunde wird man auch erkennen, dass die dritte Karte, für ca. 1830, blos Uebersetzung jener des 16. Jahrhunderts in das 19. ist (und sie will auch nichts Anderes sein) und dabei die Wandlungen nachweist, welche die Namensformen in dieser Zeit durchgemacht haben.

In Hinsicht des Registers war es ganz unthunlich, dasselbe nach dem Muster eines Urkundenbuches zu behandeln, nicht nur des gewaltigen Umfanges wegen, den es durch seine Fülle von Namen aus Text und Noten hätte erreichen müssen. Es beschränkt sich auf das Wesentlichste, und soll neben der Uebersicht blos ein Fingerzeig und Führer mehr sein, hinreichend zur Orientirung, zumal die meisten, namentlich älteren Documente gedruckten Werken entnommen sind.

Seine kaiserliche und königliche Hoheit geruhte, um mir thunlichst genaue Ortskenntniss zu verschaffen, und anderseits das in so hohem Grade fehlende Quellenmateriale aus anderen Archiven zusammenzustellen, widerholte Bereisungen zu gestatten. Im Verkehre mit dem so erfahrenen und bewanderten Herrn Forstrathe W. Stöger zu Hernstein konnte ich den besten Anhalt und die sicherste Leitung gewinnen, habe jedoch auch sonst allenthalben das freundlichste Entgegenkommen und die bereitwilligste Eröffnung alles Dessen gefunden, was da und dort zu bieten war. Von Vielen gedenke ich, nach der Menge des je örtlich Gewonnenen, blos der Namen des Herrn Obersten Baron de Vaux zu Wien, des Herrn Kreisgerichts-Präsidenten Dr. Kerner zu Neustadt, des Herrn Consistorial-kanzlei-Directors Kornheisl zu Wien, und der Herren Professoren Mayer und Bill, ebenfalls zu Neustadt.

Was endlich die benützten Archive und andere Sammlungen anbelangt, so muss durch die große Fülle dessen, was es bieten konnte, unbedingt das steiermärkische Landesarchiv in erster Reihe genannt werden. Das Reichsarchiv zu München hatte die Güte, den Falkensteiner Codex zweimal, die Hof- und Staatsbibliothek daselbst ihre drei Exemplare der Teufelsbeschwörung auf Starhemberg, endlich das Archiv des Reichsfinanz-ministeriums zu Wien das sehr dankenswerte Entgegenkommen, neun Urbare mir auf lange Zeit zu leihen. Sonst

wurden benützt (aufser den zu Hernstein erhaltenen Acten)
das fürstbischöfliche Archiv zu Graz, das Marktarchiv zu Piesting, die Archive der Finanzprocuratur,
des Landesgerichtes und des Herrn Fürsterzbischofes
zu Wien, dann das Stadt- und Kreisgerichtsarchiv,
sowie das Archiv des Stiftes Neukloster zu Wiener-
Neustadt. Die Benützung des Staatsarchives, dann der
Acten des Archives des Reichsfinanzministeriums
ward durch Hilfskräfte vermittelt, und jene der Pfarreien
und Pfarrchroniken zu St. Aegyden am Steinfelde,
Fischau, Hernstein, Meiersdorf, Mutmannsdorf,
Piesting, Rotengrub und Wopfing entweder an Ort
und Stelle vorgenommen, oder die p. t. Herren Pfarrer
hatten die Freundlichkeit, mir ihre theilweise sehr gut geführten „Gedenkbücher" zuzusenden.

Diesen Förderern des Werkes erstatte ich hier den
ergebensten Dank.

Graz, 18 November 1888.

Zahn.

INHALT.

BEILAGEN.

VERZEICHNISS

der

Abbildungen, Pläne und anderen artistischen Beilagen.

— -

1. Im Texte:

2. In den Beilagen:

Einleitung.

Knapp an der westlichen Burgfriedensgränze von Wiener-Neustadt dehnt sich von Norden nach Süden das Gebiet, dessen Entwicklungsgang in der Geschichte die vorliegende Darstellung behandeln soll.

Die Piesting scheidet es in zwei ungleich grofse Hälften: die nördliche wechselt zwischen Wiese und Wald, zwischen Moosgrund und Hartboden, und hält in ihrem Kerne ein eintöniges, starkwelliges, von der Föhre wesentlich beherrschtes Land, — die südliche, im Zuschnitte als Gegend ausgeprägt wechselvoller, spielt zwischen den Felsengehängen der Hohen Wand, den Forsten von Laub- und Nadelholz aller Arten, den Wiesen und Aeckern der Neuen Welt, den Weingeländen von Wellersdorf bis Rotengrub in das ewig dürre, ewig staubreiche Steinfeld hinein. Beide Hälften haben ihre Höhenkönige oder Landmarken, die das Auge des Beschauers schon von weitem auf sich ziehen: die Kegelgruppe der Mandling im Norden, die langgestreckte Felsenmauer der Hohen Wand im Süden, und links im Hintergrunde als Hüter der beiden, den Schneeberg.

Die nördliche Halbscheid ist die kleinere und bildete die Herrschaft Hernstein, die südliche und ungleich gröfsere die Herrschaft Starhemberg.

Beide waren einstmals Gränzgebiete: jene der Ostmark, diese der karantanischen oder späteren Steiermark.

Beide mögen in ihrer Gründung mittels dauernder germanischer Besiedelung ungefähr in gleiche Zeit hinaufreichen. Der Ursprung beider geht auf altbairische Geschlechter zurück, die beim zweiten Waffenzuge des deutschen Reiches in diese Landstrecken ihr Siegesreis hier aufsteckten. Es ist nichts Auffälliges, dass in dem geschichtlichen Gange Beider neben Eigenartigem auch viel Gemeinsames sich zeigt, namentlich seit fast 400 Jahren ein gewisses Streben nach Vereinigung, trotzdem die Landschaft zwischen ihnen eher Scheidewände als das Gegentheil geschaffen. Allein das Interesse der Menschen kümmert sich wenig um Linien, die die Natur ihnen gezogen, und auch die unüberschreitbaren sind ihm keine starren Gränzen.

Beide Gutscomplexe hatten den gleichen Gründungszweck, wie auch ihr Gründungsanlass derselbe gewesen. Nur tritt letzterer nicht dermafsen beglaubigt hervor wie ersterer. Die Wesenheit für Beide lag im Waffendienst, und das Ziel war eine Art Vorpostenstellung für's deutsche Reich.

Bei Hernstein, dem umfang- und inhaltärmeren Gebiete, währte die Selbstständigkeit unter den ursprünglichen Herren länger, — so lange eben, als deren Geschlecht selber; dann tritt eine geschichtslose Zeit ein, begünstigt durch die Abgelegenheit und geringe natürliche Ausstattung seines Waldwinkels. Endlich wird es nur landesfürstliches Wertobject minderen Grades, Pflegern überlassen, Pächtern, Pfandinhabern, und seit Kaiser Max I. ist es blos Nebengut zu Starhemberg, nur von Amtsleuten bewirtschaftet, zuweilen Sitz von Frauen der herrschenden Familien zu Starhemberg, denen man doch eine Heimstätte anweisen musste, und erst spät Residenz des einen Zweiges der Grafen von Heufsenstein. Dass es heute von allen Schlössern des Doppelgebietes zu ungeahnten Ehren gekommen, und Thalesstille und Waldesschweigen ihm zu einem Herrensitze fürstlicher Pracht verhalfen, ist ein Uebergang, der nach seinem Jahrhunderte langen Sinken allerdings sich nicht hätte erwarten lassen.

Aehnlich und anders zugleich wickelten sich die Dinge bei Starhemberg ab.

Geschichtlich zu sprechen, sollte man es die Herrschaft Waldeck nennen, denn dort, an der wunderlichen Thalsperre des Piestingthales lag sein Ausgangspunct und ursprünglicher Herrensitz. Hier hat nur die jüngere, central günstigere Schöpfung von Starhemberg die ältere überholt und gänzlich abgedrängt von aller Bedeutung. Es sind merkwürdige Dinge, welche ziemlich bald nach der Gründung diese Herrschaft in ihrer Selbstständigkeit unterbinden, und das Gebiet zerbröckeln lassen. Es wird theils Stiftungs-, theils Verlassenschaftsgut. Der Herzog hat viele zu begnaden, und das geschieht durch Landzuweisung in Lehensform: so werden aus Alt-Starhemberg Gutsantheile

zu Herrschaften geschnitten, Klöster betheilt, und der neue
Herrensitz Starhemberg, auf kurze Spanne Zeit durch Noth-
lage ein Fürstenhort, wird ebenso, wie das unscheinbare
Hernstein, Pachtschloss und Pfandgut. Nächst Hernstein
war kein Platz für kleine burgherrliche Existenzen, und
auch die Kirche liess dort eher Grund und Boden im
Stiche, als dass sie darnach drängte. Anders bei Starhemberg. Da entwickelte sich an den südlichen und südöstlichen Gebietsfransen ein richtiger Burgen- und Pfaffen-
winkel; da blühten für Admont, Göss, St. Lambrecht,
Neuberg, Reun und Seckau die Reben, und wuchsen
Emmerberg und Tachenstein auf, der Stein zu Meiersdorf,
Wulfingstein, Rotengrub und Gerasdorf. Dem Muttersitze
blieb aufser dem, was das Lehensrecht ihm sicherte, nur
das Landgericht als Symbol, dass dort überall, wo sein
strengstes Recht noch gebot, auch einst sein Grund und
Boden gewesen war.

Ein Gewinn jedoch fliefst aus dieser Auftheilung: die
Bildfläche wird vielfältiger, die Ausstattung reicher; es
treten mehr Persönlichkeiten auf, die sowohl in ihrer Zeit,
als auch in der Localgeschichte beachtet sein wollten und
wollen. Ihr Streben, auch ihre Thaten beleben die Erzählung, wie ihre Burgen das Landschaftsbild.

Sein Reichthum sicherte Starhemberg immer den Vor-
rang vor Hernstein, wie seine Lage und sein Schlossumfang
in kriegerischer Bedeutung es hoch über dieses stellten.
Wer es besafs, dem lag es nahe, auch den kleineren Nachbar aufzusaugen, zumal in der Zeit vom 14. Jahrhunderte
ab nur das wirtschaftliche Element da wie dort regierte.
Wem das eine in Pacht oder als Pfand zustand, der konnte
leicht auch das andere bewirtschaften, und wenn der Herzog
das einträglichere Starhemberg vergeben hatte, konnte ihm
an der Eigenwirtschaft in Hernstein erst nicht viel liegen.
So findet man denn seit dem Beginne des 16. Jahrhunderts
das eine nicht mehr ohne das andere, und das war Zeit
genug, beide landschaftlich getrennte Güter wirtschaftlich
an einander zu gewöhnen. Das richtige Bindemittel für
immer lag jedoch in der Theilung von 1726 durch den
Grafen Christoph Karl von Heufsenstein: sie schuf aus der
Einheit von Starhemberg-Hernstein zwei Gutskörper mit
dem Sitze zu Fischau für den einen, und mit dem zu Hernstein für den andern Sohn, der zum Ausgleich auch Theile

(1*)

der Herrschaft Starhemberg mitbekam. Diese letzteren
haben dann zur Wiedervereinigung des Ganzen von heute
geführt.

Ganz ähnlich war der Gang der Entwicklung bis zur
heutigen Gutseinheit bei Emmerberg, blos mit dem Unterschiede, dass dieses nie ein derartig selbstständiges Gebiet
gewesen, wie die beiden anderen es ursprünglich waren.
Dafür ist es auch nie zum Pacht- oder Pfandgut herabge-
stiegen, sondern immer Lehen geblieben. Erst seine Zu-
fügung an sie in neuester Zeit half die alte Herrschaft
Starhemberg annähernd wieder herstellen.

Die Darstellung der Ortsgeschichte indess bindet sich
nicht an jene der Gutscentren und deren Besitzer, und be-
gnügt sich nicht damit, wie diese und die Ereignisse auf
jenen einander folgten. Ihre Aufgabe umfasst auch nach
Mafsgabe der vorhandenen Quellen das Topographische
in der Geschichte der fraglichen Güter, das culturelle
Moment, soweit es für Burgen und Kirchen, für Höfe und
Dörfer in Bau und Landnahrung, in Recht und Sitte, in
Glauben und Gewerben zu verfolgen, und überhaupt, was
zur Kenntniss der menschlichen Gesellschaft und ihrer Schö-
pfungen im Laufe der Zeiten auf diesem Boden sich beibringen lassen kann, — allerdings stets mit dem Bewusstsein
der Unvollkommenheit menschlichen Strebens, zum Theile
in Letzterer begründet dadurch, dass nicht von Einem der
Schlösser dieses Gebietes sich erhalten hat, was nur annähernd einem Archive ähnlich sähe.

Allgemeiner Theil.

1. Vorrömische und römische Zeit.

Jeder Landstrich darf für seine Geschichte die For-
derung stellen, dass man die Kenntniss seiner Verhältnisse
so weit als möglich in der Vergangenheit suche, und sie
mit jener der späteren greifbaren Zustände verbinde. Das
gilt umsomehr von einem Gebiete, auf welchem sowohl die
Aenderungen an der Erdoberfläche derart, wie hier der
Fall gegeben ist, als auch die Erinnerungen an den einst-
maligen Bestand fremder Völker und Racen zu Tage liegen.

Durch die Forschungen der letzten fünf Jahrzehnte hat man für eine solche Aufgabe in archäologischer Beziehung ganz anders lesen gelernt als früher. Das gilt weniger von der römischen Zeit, die ja ihre Anziehungskraft nie eingebüfst hat. Viel mehr lässt sich dies von der vorrömischen und der mittelalterlichen Zeit sagen. Man kann behaupten, dass das Interesse für das Einheimische theils überhaupt wachgerufen oder in seinem Verfolge zweckmässig geleitet worden ist. Viele werden sich noch jener sozusagen gefühlvollen Periode erinnern, welche das Mittelalter bald verhimmelte, bald verketzerte, und in jeder sogenannten „Ritterburg" entweder den Hort frommsinnigen Lebens, oder auch eine Räuberhöhle erkennen wollte. Diese Nebelbilderzeit ist überwunden, und in klareren Umrissen sind ihre Gegenstände sowohl des häuslichen als staatlichen Lebens dargelegt worden: nicht so goldig, aber auch nicht so schwarz, wie vordem die Einen und die Anderen sie gesehen. Dabei kamen so viele Schönheiten aus dem mittelalterlichen Lebenskreise, so viel Witz und Ernst, Kunstfertigkeit und Verstand zu Tage, dass die Gegenwart erst jetzt zum Gefühle ihres Reichthums an Vergangenheit gelangte. Die Studien des römischen Wesens in den Barbarenstaaten von damals leiteten zu jenen der Barbaren und ihres Lebens selber. Ueber die einheimische Race zu römischer Zeit lebte man in Dunkelheit, und dass je einmal sogar jene der vorrömischen Jahrhunderte ernstlich besprochen werden sollte, daran wagte sich hierlands kaum ein Gedanke. Darin hat ein umsichtiger und glücklicher Blick Generationen erschlossen und lesen gelehrt aus Spuren, die bisher Jedermann sehen, Jedermann kennen und Niemand verstehen konnte. So bildete sich ein neues, sozusagen gegendliches Anschauungssystem heraus, das Zeugenschaften aufzurufen versteht und sprechen läfst, die bislang stumm und unerkannt mitten in der Bevölkerung geruht hatten. Jetzt weifs man, dass nicht allein Burgruinen, sondern auch gewisse Erdringe Wohnstätten, dass nicht blos Kirchenruinen, sondern auch gewisse Steinsetzungen oder Steingruppen, oder absonderlich zugeschnittene Hügel Cultusstätten gewesen, und nicht nur Steine mit Wappen, Figuren und Inschriften, sondern auch gewisse in der Landschaft verstreute Erdaufwürfe Grabstätten decken, und dass die einen zu erforschen und das

Erforschte darzulegen möglicherweise lehrreicher sein kann, als bei den anderen.

Es ist daher eine Fragebereitschaft anderer Art als früher, mit der man eine Gegend heute für Geschichtszwecke betrachtet. Und was sich bis jetzt ergeben hat, ist doch nur ein Bruchtheil dessen, was einst die Nachkommen davon wissen werden, aber sehr viel gegenüber dem, was die Vorfahren zu Beginn dieses Jahrhunderts darüber sagen konnten.[1]

Mit dem Gebiete von Starhemberg-Hernstein verhält es sich im besonderen, wie eben in allgemeiner Beziehung ausgesprochen worden.

An sich bereits ist ohnehin die langgestreckte Thalmulde der sogenannten Neuen Welt mehrfach Gegenstand nicht unzutreffender Volksbetrachtung gewesen. Wo für absonderliche Erscheinungen im Lebenskreise des Volkes das geschichtliche Verständniss fehlt, da findet die Sage sich ein. Hier sei einst ein See gewesen, meint man, der bis hoch an die Felsen der „Wand" reichte.[2] Die Sage geht wohl weiter zurück als bis in Grofsvaterszeiten, und fachmännisches Urtheil bestätigte die einfache Erkenntniss des Hausverstandes. Andere, heisst es weiter, könnten sich noch der eisernen Ringe erinnern, im Felsen eingefügt, woran die Umwohner ihre Kähne banden. Ist dies auch kaum richtig, so zeigt es doch, wie im Volke die Nothwendigkeit einer lebendigen Ausstattung für seine Gegend, und unbewusst der Gedanke an eine Urbevölkerung aufkeimte. Seine Vorfahren wussten aber noch mehr, auch dann, wenn sie selber weit ab von jener Zeit bereits lebten, die für den heidnischen Gottesdienst Steine in wunderlicher Gröfse und Zusammensetzung aufstellte, oder

---

1. Es ist nur zu wünschen, dass die verstreuten Einzelergebnisse in einen gewissen Zusammenhang gebracht würden. Das kann aber blos geschehen, wenn an die Stelle der gelegentlichen Funde von Laien wenigstens zum Theile systematische Untersuchung träte, nicht auf kleinen Fundstellen (denn sie wird man immer dem Zufalle anheimgeben müssen), sondern auf archäologischen Strecken. Solche wären hier vornehmlich die Malleiten und die Berghalde nordwestlich von Meiersdorf, an der Wand gegen Stollhofen hin. Nach schriftlichen und mündlichen Berichten, sowie nach dem Eindrucke des Augenscheines auf letzterer Stelle sollten sich da gegenständlich und wissenschaftlich Fundgruben ersten Ranges erschliefsen. — 2. Möglicherweise steht der ebenso unverfolgbare Name der Neuen Welt, den diese Thalung führt, damit in Verbindung.

für Begräbnisse mehr oder weniger hohe Hügel aufwarf. Sie kannten wenigstens noch die Bedeutung der Namen der sonderbaren Gebilde, wenn sie auch der Sitte nicht mehr folgten. Ihre Nachkommen vergaßen aber schon den Sinn der Benennung. Da sie jedoch absonderlichen Gegenständen zukam, deren Entstehen man sich ebensowenig, als deren Zweck erklären konnte, ergänzte man die einfachen Bezeichnungen durch Zusätze, die wieder nur der Drang nach Erklärung und Deutung hervorrief, und, weil es sich um ganz Fremdartiges handelte, aus dem Kreise des Ueberirdischen, aus dem Gespensterreiche, gewählt wurden. So ward stellenweise ein Leber (künstlicher Erdaufwurf) und ein Büchel (natürliche Erhöhung) zum Rauhenleber, Rauhenbüchel und Hexenbüchel. Die Enkel von heute haben aber sowohl die Bedeutung von Leber wie von Rauh vergessen.[3])

Man kann mit einigem Rechte erwarten, dass das fragliche Gebiet einst ein archäologisch reiches sein wird. Heute lässt sich das noch nicht sagen. Es ist in dieser Richtung ungleich ausgestattet, je nach der Mühe und den glücklichen Funden Einzelner. Für manche Perioden fehlt ihm jene Pracht und Herrlichkeit, womit andere Gegenden prunken können. Damit kann man ebensowohl das Mittelalter, als die römische Zeit meinen. Dafür besitzt es wieder Einzelgegenstände, die anderwärts vergeblich gesucht würden. Im Ganzen darf aus bisherigen Ergebnissen auf ein fröhliches Mehr wohl geschlossen werden. Manchen Dingen allerdings hat der Mensch in seinem ewigen Besserungs- wie Vernichtungstriebe, und nach ihm die Zeit, übel mitgespielt. So sind stattliche Profanbauten aus dem

---

3. Es sei hier nur auf die Sach- und Oertlichkeitsnamen Leber (Lebarn, Lebern, Lebing und Lebring, slawisch, aber germanisirt, Mugel, slawisch Gamlitz, Gomilnitz, Gomilsko und Mogilnitz), dann Purgstall verwiesen. Ebenso geben die Zusammensetzungen mit einem anlautenden Rauh- gelegentlich Fingerzeige. In Steiermark hat man auf alle slawischen Oertlichkeitsnamen, welche die Wurzel grad in sich tragen, oder straže, zu achten, womit stets Wallburgen oder Warten aus alter slawischer Zeit gemeint sind. Auch der Oertlichkeitsname Afram oder Abraham (altslaw. obrambu, der Verhau) ist nicht zu übersehen. Im Deutschen ging er anlautlich gerne in „Ober“ über. Wo der Oertlichkeitsname (Dorf oder Ried) Leber auftritt, waren oder sind nicht blos Grab-, seltener Grenzhügel, sondern meist, wenn thunlich, auf nahen Höhen, würde man unter günstigen Umständen auch die Spuren der Wohnstätten finden.

frühen wie späten Mittelalter theils verschwunden, theils
verkümmert; gemeine Profanbauten aber des 12. Jahrhunderts an Bauernhöfen, wie dergleichen hier, trifft man
sonst ausnehmend selten; ihnen reihen sich Grabsteine
hohen Alters an und grofser Schönheit, und frühmittelalterliche Schlösser, im Urtypus erhalten. Der römischen Reste
sind wenige, dafür aber desto mehr der einheimischen Race
aus römischer, wie vorrömischer Zeit, Wohnstellen, Be-
gräbnissfelder, Zufluchtstätten, und ein Steinmal für Cultus-
zwecke — Manches schon bekannt und besprochen und
Manches wieder neu, so dass ihm blos die Gelegenheit
dieses Buches sozusagen zu Gevatter steht.

Als einen der wertvollsten Puncte der ältesten Zeit
betrachtet man die sogenannte Malleiten,[4] eine Anhöhe
am Schlusse des Marchgrabens, südwestlich nächst Wellersdorf. Sie ist ein Plateau von etwa 20 Joch Grundfläche,
nach Nordosten leicht abschüssig, auf den anderen drei
Seiten steil abfallend, und birgt eine Menge Zeugenschaften
ehemaliger Bewohnung: Ziegeltrümmer, Gefäfsscherben,
Thonstücke mit fremdartigen vertieften Eindrücken, sogenannte Webergewichte, Küchenabfälle. Die fraglichen
Thonstücke halten Kenner für Trümmer des hartgewor-
denen Lehmbelages, womit die Hütten und ihr Flechtwerk
gegen die Witterung gesichert wurden. Freilich gibt es
dabei auch Funde weit späterer Zeit. Im Allgemeinen hat
man die Ueberzeugung gewonnen, dass hier eine Zufluchtstätte gegeben sei, welche durch Jahrhunderte verschiedenen Racen gelegentlich zu gleichem Zwecke gedient
habe.[5]

---

4. Die älteste Namensform (1428) ist Mardleyten, 1690 erscheint
Marchleuthen und Marleiten, 1701 Martleithen, aber 1655 auch Matt-
leutten. In ihrer nächsten Nähe ist der Marchgraben, welcher 1335 als
Mortgraben auftaucht, 1416 Martgraben heifst, und 1530 Morgraben. —
5. Ueber die Funde daselbst vgl. Archiv für Kunde österr. Geschichtsquellen 12, 246 (wo Franck auch Abbildungen der eigenthümlichen Ge-
schirr- u. s. w. Funde bringt), dann 13, 74, und Sitzungsber. der kais.
Akad. 74, 613, endlich Blätter für Landeskunde von Niederösterreich
17, 226. — Dr. Much hatte die Güte, sein Urtheil über die Malleiten und
deren Funde dem Verfasser in Folgendem abzugeben: „Wo man in den
Boden gräbt, stöfst man auf schwarze Modererde, Topfscherben und
‚Ziegeltrümmer'. Die schwarze Erde ist aber nicht Ackererde, sondern der
Moder von Kehricht und anderen Abfällen der einst hier bestandenen Ansiedlung, wozu sich die allseits von Steilabfällen begränzte Hochfläche dem

Südwestlich und ziemlich nahe zu ihr ist ein form- und
zweckverwandter Nachbar in der Burgstallleiten: dieselbe Abdachung, dieselbe Abgränzung gegen die nächste
Umgebung, der gleiche Felsenhort, nur geringer in der Ausdehnung, und sein Langeck nach den Rändern mittels Stein-
schichtungen bewehrt, die heute bereits mehrfach Lücken
zeigen.[6]) Dieser Punct ist noch nicht untersucht. Erst das
wird ergeben, ob er dem Alterthume oder Mittelalter angehöre, und auf Letzteres wiese allerdings sein Name. In jener
Zeit gab es solcher Stellen viele, und die Bezeichnung allein
genügt, um über seinen Zweck zu vergewissern.

Nur der örtlichen Nähe wegen sei hier auch der
Zweierwiese gedacht, der Fortsetzung der Malleiten

Bedürfnisse ihrer Zeit entsprechend mehr eignete, als sonst eine der vorgeschichtlichen Wohnstätten in Niederösterreich. Die überwiegende Mehrzahl der Gefäße, von denen die Scherben herrühren, ist aus freier Hand
gemacht; sie sind gröber und feiner, und haben eingeritzte und plastische
(geometrische) Ornamente, durch welch letztere sie sich von den übrigen
niederösterreichischen Ansiedlungen etwas abheben. Ein Theil der Gefäße entspricht der Zeit des Hallstätter Grabfeldes und der grofsen niederösterreichischen Tumuli, gehört also, um eine runde Zahl auszusprechen,
der Mitte des Jahrtausends v. Chr. Manche mögen noch weiter zurückgreifen. Was man zur Zeit A. v. Franck's für Ziegeltrümmer hielt,
stellt sich mir als Ueberreste von Wandbewurf (Stücke des durch Feuersbrunst hartgebrannten Lehmbeschlages der aus Flechtwerk bestandenen
Hütten) dar und (sowohl nach meinen Funden, als nach den Zeichnungen
Franck's) als Bruchstücke sogenannter Webstuhlgewichte. Es wäre jedoch auch der Fund von Ziegeltrümmern nicht ausgeschlossen, zwar
kaum mittelalterlicher, sondern römischer. Eine Anzahl von auf der Töpfer-
scheibe hergestellten Gefäßen deutet nämlich darauf hin, dass die Ansiedlung bis in die ersten christlichen Jahrhunderte bestanden habe; das wäre
demnach nicht ganz unwahrscheinlich, dass die Römer auch hier wie
an anderen von den Barbaren bewohnten festen oder befestigten Orten
(z. B. Vindobona, Carnuntum, Stillfried a. d. March, Leifser Berg) Castelle
errichteten, deren nicht zu verkennende Trümmer wir nun unter den von
den Barbaren herrührenden Resten finden. Ich liefs damals auch eine kleine
Höhle unmittelbar am Rande der Hochfläche ausräumen; sie wiederholte
das culturhistorische Bild, welches die Hochflächen im Grofsen gewähren,
im Kleinen; in ihrem Inhalte fand sich auch die Scherbe eines römischen
Gefäßes aus Terra sigillata. Daneben gab es freilich auch Scherben von
glasierten Töpfen und Schüsseln unseres Jahrhunderts, deren Vorhanden-
sein übrigens leicht durch die Unterkunftsgelegenheit für Wilddiebe, Hüter,
Zigeuner, Ameiseneiersammler u. s. w. erklärt ist." — 6. Nach Mittheilungen des Herrn Försters Kadt zu Emmerberg, der auf Ersuchen des
Verfassers die Gefälligkeit hatte, den Platz abzugehen und eine Plan-
skizze davon zu entwerfen.

gegen Dreistätten hin — ein Name, der im fraglichen Gebiete nicht selten ist, wie an dem Zweier- (oder Weier-) Feld bei Hernstein, und aus dem Berge Zweier oberhalb Rotengrub sich belegen lässt (von Zweiersdorf abgesehen, das in früherer Zeit blos Waresdorf geheifsen). Von dieser Wiese stammt das sonderbare Grabdenkmal römischer Zeit, das heute in der Strebemauer des Schlossberges zu Hernstein eingelassen ist.

Mit Sicherheit lässt sich nicht sagen, ob der sogenannte Teufelsmühlstein im Marchgraben, angesichts der Malleiten, irgend eine Beziehung zum Cultus jener Race gehabt, die bei Brunn ihre Grab- und auf letztgenannter Anhöhe ihre Rückzugstätte hergerichtet, oder in den Steinbrüchen zu Wellersdorf in römischer Zeit gearbeitet. Wundern könnte es nicht, wenn ein gründlicher Forscher eine solche nachwiese; bis jetzt konnte nur keine Thätigkeit von Menschenhand daran entdeckt werden. Allein seine günstige Lage, seine Höhe, sein mächtiger Vorsprung und Unterbau, sein bedeutendes Plateau liefsen eine Verwertung für den religiösen Dienst bei Völkerschaften leicht annehmen, die bequem gelagerte Naturbildungen gerne für Naturverehrung einbezogen. Geringere Handhabe, auch nur für Wahrscheinlichkeit, bietet der sogenannte Steinerstadel, in gleicher Flucht wie der Teufelsmühlstein, kaum etwas anderes als eine hochgroteske Felsgruppe, die indess in archäologisch so durchsetzter Nachbarschaft der Beachtung wert ist.[7]

Anders gestalten sich die Dinge mit dem Steindenkmale auf dem Blaselkogel nächst Hernstein: hier liegt ein richtiger Dolmen vor, oder was die Engländer „stonehenge" nennen, und die mittelalterlichen Urkunden hierlands „hangunder stain". Nur scheint dieser im Mittelalter, oder wenigstens die Erdwelle, die er krönt, einen noch bezeichnenderen Namen geführt zu haben, nämlich

---

7. Beide Steingestalten finden sich zwischen Wellersdorf und der Malleiten im Marchgraben links auf der Höhe. Von Beiden, und zwar noch besser von dem Steinerstadl aus, ist freier Blick auf die Malleiten und umgekehrt. Der Teufelsmühlstein ragt auch unmittelbar hinter den höheren Wellersdorfer Brüchen auf. Unter ihm im Walde liegen flache, ziemlich grofse Steine, die augenscheinlich von ihm (seinem Plateau, oder seinen Nachbarn?) abgegangen sind. Jene Höhe ist an allerlei Felsvorsprüngen ziemlich reich.

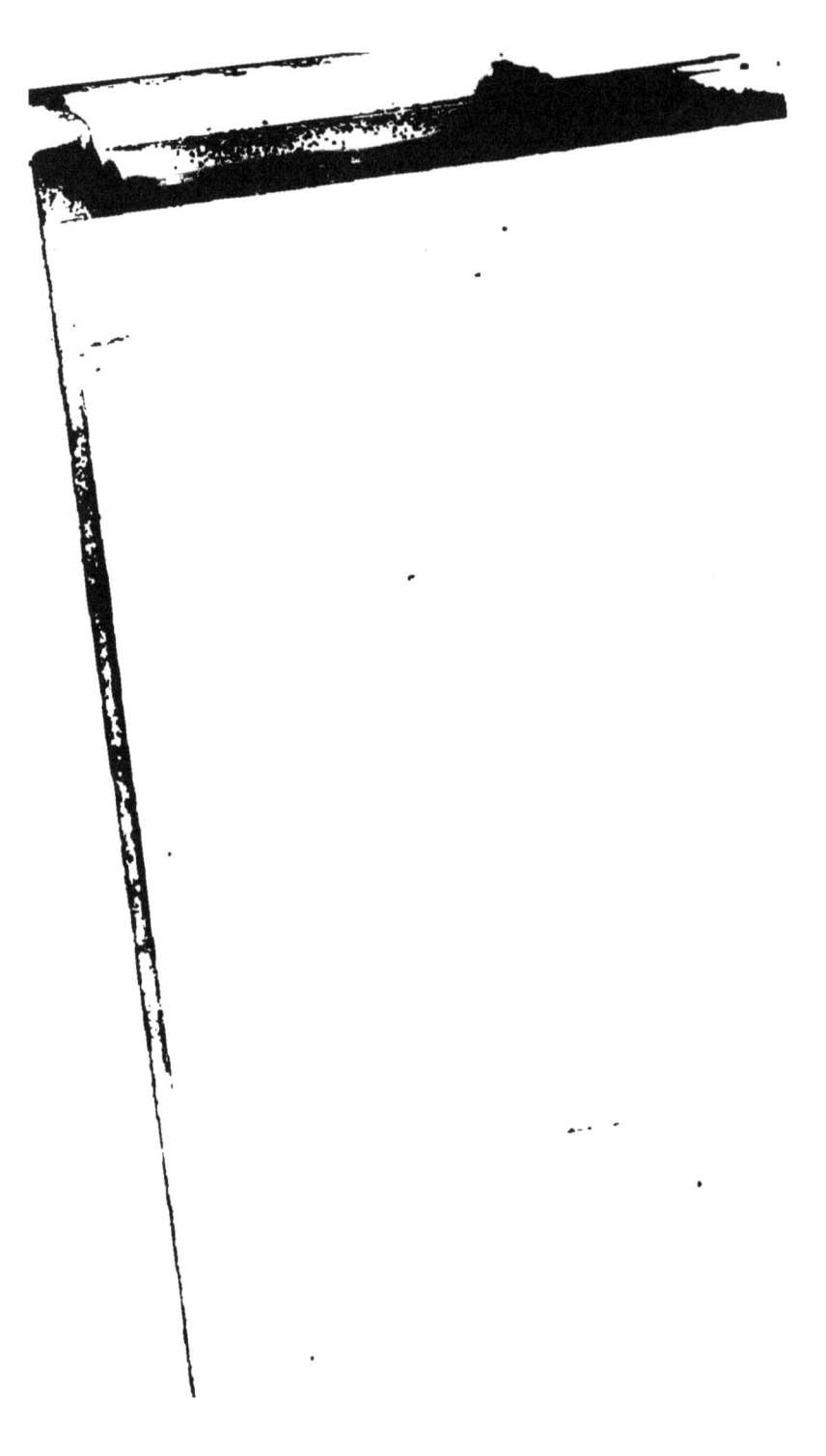

Rauhenbüchel, ein Name, der unmittelbar (gleich dem der Rauhnächte) an Gespenster und damit an die bösen Geister des Heidenglaubens, denen da einmal gedient worden, erinnert.

Seine Steingruppe besteht theils aus gewachsenen, theils aus herbeigeschleppten und aufgelegten Blöcken. Auch die gewachsenen Felsen mussten sich einigermassen zum „Gebild aus Menschenhand" formen lassen, denn sie sind theils zu Platten umgestaltet, theils ge-kappt, um Stellung zu gewähren, theils einge-kerbt, um dem grofsen Auflagsteine mehr Halt zu geben und die Gruppe entsprechend zu gestal-ten. Im grofsen Ganzen ist sie aus vier mächti-gen gewachsenen Blö-cken gebildet, davon die

rückwärtigen die vorderen überragen und zwischen sich einen rundlich geformten Klotz eingelagert haben, dem hinten ein dreieckig zugehauener Zwickel und vorne an-dere untergeschoben sind, um sein Sinken und Rutschen zu verhindern. Doch hat es da mit dem Steinmale allein nicht sein Bewenden: der ganze Hügel war in Terrassen gegliedert (die allerdings nur mehr auf Einer Seite voll-kommen sichtbar), als gälte es ein stufenweises Steigen, oder Platz zu schaffen für Zuseher und Zuhörer bei Ver-richtungen an der Kuppe auf dem Steine.*)

---

*) Man hat diesen wunderlichen Gebilden in Oesterreich noch nicht jenes volle Interesse entgegengebracht, das sie anderwärts finden. Allerdings sind sie hierlands seltener, was aber kein Grund dazu wäre, im Gegentheile. Der Erste, der auch hier als Wegweiser auftrat, war abermals Dr. Much (Mittheilungen der Anthropologischen Gesellschaft in Wien I, 162 und 5, 175 ff., dann Blätter für Landeskunde von Niederösterreich 1876, 168 u. s. w.). Von Anderen ist nichts bekannt geworden. Es muss wohl hiebei noch mehr als bei den Lebern und Hausbergen der Zufall den Hauptantheil am Finden übernehmen. Und ein Zufall war es auch, der den Verfasser dieses nach dem Steinmale, Dolmen oder Cromlech auf dem Blaselkogel führte. Es war auf einer Karte die eigenthümliche Zeich-nung eines Berges nächst Hernstein, welche auf einen sogenannten Haus-berg, wie Much (a. a. O. 5, 195) einen solchen für Schrick abbildet,

Im Süden, Osten und Südosten ist das Herrschaftsgebiet umgeben von Gräberstätten, die man der vorrömischen Zeit zuweist, und die wohl auch in die römische

schliefsen liefs. Die Specialkarte jedoch täuschte in etwas, und die Wirklichkeit zeigte Anderes. Der Blaselkogel liegt etwa 10 Minuten südlich
vom Schlosse Hernstein. Er hat seinen Namen vom Besitzer, einem Bauer
zu Alkersdorf. Die Urbare des XVI. Jahrhunderts, welche für Alkersdorf
nur 2—3 Rieden angeben, nennen auch eine solche, namens Rauhenpuchel,
in der Dorfgemarkung. Es ist zu vermuthen, dass dies damals der Volks-
name dieses Kogels gewesen. Geheimnisvolles ist genug an ihm (Schmeller, Bayr. Idiotikon 3, 12). Der Verfasser ist durch Messungen, welche
Herr Forstrath Stöger gefälligst abnehmen liefs, im Stande, auch Ziffer-
mäfsiges mitzutheilen. Der Kogel hat seine Richtung von Nordwest nach
Südost. Er steigt auf der Nordwest- und Südwestseite steiler auf als im
Nordosten; im Südosten dacht er sehr gemach ab. Seine Höhe ist fast
genau 36½ Meter. Im Südosten und Süden reichen Aecker ziemlich hoch
an ihm hinauf, und haben theilweise gewisse Bodenzuschnitte, die an anderen Stellen vorzüglich erhalten sind, zerstört. Der übrige Theil des
Berges ist mit Nadelholz bestandet, die Nordostseite am meisten, die Kuppe
schütter. Sein Fufs reicht im Nordosten an eine Wiese. Gleich an ihm ist
fast die ganze Seite eingefasst durch eine vorzüglich erhaltene Abgrabung,
eine Art Wegterrasse, welche den Wald dort einsäumt. Sie hat die Gestalt
und geht sonach den Waldsaum entlang etwa durch 150 Schritte als leicht
ansteigender, vollkommen gleich (etwa zwei Meter) breiter Rand. Den
Berg auf dieser Nordostseite hinauf sind dann noch vier solche Terrassen,
davon drei vollkommen erhalten, da gerade auf ihnen der Baumstand
mägerer. Die Eintheilung des Aufstieges ist so, dass von der Abgrabung
und Terrasse am Saume immer je ein sanfter Anstieg, ein etwas steilerer
und ein Terrassenpfad folgt. Diese Bodenzuschnitte verlieren sich, wie
bemerkt, gegen die Aecker im Südosten; an den übrigen, den Steilseiten,
sind sie nicht angebracht gewesen. Die Kuppe ist eine unregelmässige
Ellipse, gegen Südost gerichtet, hier breiter als am Nordwestende, gegen
das hin sie sich senkt. Knapp an diesem steht die Steingruppe, gegen
Südosten gekehrt. Unmittelbar vor stecken Steine im Boden, ganz wenig
vorragend. Es ist nicht zu unterscheiden, ob sie gewachsen oder gelegt
sind, oder beides. Die Gruppe selbst besteht aus vier, wie es scheint,

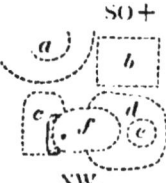

durchaus gewachsenen Steinen, deren zwei nieder
voran und zwei aufragend dahinter. Zwischen den
zwei Letzteren ruht ein eingelegter Rundblock von
mindestens 50 Centnern im Gewichte, gestützt durch
die Nachbarn und untergeschobene Keile. Um die
Setzung umfassender, als es im Bilde sein konnte,
klar zu machen, folgt hier ein Grundriss. a ist ein
sehr grofser, gröfstentheils in der Erde steckender
Block, zu dem man ohne Steigen gelangt, oben et-
was gegupft; er überragt b, der viereckig zugehauen und zu einer bequemen Fläche oben hergerichtet ist; c steckt nach vorne gleichfalls stark
in der Erde; auf seine, zur Fläche von ungefähr 1 Meter im Viereck

hineinreichen. Aber auch auf dem eigenen Boden fehlt es
daran nicht. Zu Ersteren gehören jene von Leobersdorf,[9])
von Brunn am Steinfelde, wo zahlreiche Geripppe mit Beigaben aufgedeckt wurden,[10]) bei St. Aegyden[11]) und Ma-
rersdorf,[12]) bei Potschach, Ketlach und Rotengrub.[13]) Auf
altem Herrschaftsgrunde aber ist ein gepriesener Fleck
seitwärts oberhalb Meiersdorf, am Fuße der Hohen Wand
gegen Stolhofen. Dort sind niedere Erdringe, nach dem
sicheren Urtheile Dr. Much's die Reste von Wohnstätten

zugehauene Platte scheint eine kleine Stufe zu führen; an seiner Rückseite
nach Innen zu ist eine längliche Nische ausgekerbt, um dem Mittelblocke
Rast zu gewähren; *d* ist ein im Untertheile ungemein bedeutender Klotz,
fast viereckig, nicht so hoch wie *c*, daher zum Ausgleiche *e*, ein konisch
zugestutzter Stein mit breiter Basis, ihm aufgesetzt ist; *f* endlich ist der
eingelegte länglichrunde Block. Ihm ist hinten (nw.) unterhalb ein fast
meterlanger, dreieckig zugehauener, mit der einen Kante nach unten ge-
kehrter Keil untergeschoben, und nach vorne, zur Stütze auf *d*, sind ihm
ein anderer, ziemlich großer dreieckiger Stein und einige andere kleinere
untergelegt. Man kann diese auf der obigen Ansicht, die von + aus genommen ist, wohl erkennen. Mit Ausnahme von *a* und *c*, welche durch
Erdreich miteinander verbunden sind, und *a* und *b*, die zum Theile an-
einanderstossen, bestehen zwischen *b*, *c* und *d* Zwischenräume ungleicher
Weite. Das Gestein ist durchaus dasselbe, nämlich sogenanntes Rohrbacher Conglomerat. Aber die Blöcke *a*, *b*, *c* und *d* sind von Wind und
Wetter mehr geglättet und ihre Flechtenansätze sind schwarz, während
der Block *f* weit späteren Bruch und viel lichtere Oxydation zeigt. Sehr
frisch ist der Bruch des unteren rückwärtigen Keiles, den kein Regen
treffen kann. Eine unbedeutende Grabung hat am rückwärtigen Fuße
stattgefunden; es wurde dabei der Gang zwischen *c* und *d* vertieft und mor-
sches Steinwerk ausgeräumt; es fand sich blos der Obertheil des Kopfes
eines kleinen Nagethieres, und der Bodentheil eines Glasgefässes, sehr
stark in den Wänden und opalisierend. Dadurch, dass man von der Kuppe
in etwas zum Steinmal herabsteigt und der Block *a*, leicht erhöht, die
rückwärtigen Steine deckt, nimmt sich die Setzung auf dem gewöhnlichen
Zugange von Südost her nicht sehr hervortretend aus. Ueberraschend ist
aber die Wirkung, wenn man diesen Dolmen von der Südwestseite her
ansteigt, und ohne Vorbereitung die Blöcke *c*, *d*, *e* und *f* nahezu plötzlich
über dem großen Plattensteine *b* emporgehen. Irgendwie vergleichbare
Felsenaussprünge sollen im ganzen Thale und auch in der Umgebung nicht
vorkommen. — 9. Sitzungsber. der kais. Akad. 74, 600. — 10. Ebend.
620. — 11. Nach Mittheilung des Herrn Pfarrers daselbst werden bei den
Häusern im Norden der Kirche sehr viele Funde gemacht, an Urnen namentlich, Fibeln u. s. w. Dort soll ein Gräberfeld bestehen, und der Herr Lehrer
zu Saubersdorf in Besitze eines Theiles der Funde sein. — 12. Sitzungsber. l. c. 607. Vgl. auch Mittheilungen der Central-Comm. 1871, CLXXX.
— 13. Ebend. 609 und 612, dann Archiv für Kunde österr. Geschichtsquellen 12, 239 ff.

vorgeschichtlicher Thalbewohner, Ringe, in denen die
Hütten aus Flechtwerk mit Wandbelag aus Lehm, wie die
Hornyaken in der Tatra sie noch heute sich herrichten,
aufgebaut waren. Drei bis vier derselben haben sich wohl
erhalten, und es ist annehmbar, dass in dem nahen Walde
gegen Stolhofen hin deren noch mehrere seien. Sie haben
bisher ein reiches Schatzfeld abgegeben, sowohl in Menge,
als auch theilweise wegen des Wertes der Gegenstände:
als Waffen, Arm- und Fufsringe, Spiralbänder, Fibeln in
Doppelspiralscheiben, Meifsel, Goldscheiben mit getrie-
benen Buckeln als Gewandzierden u. s. w. Und man kann
sagen, korbweise geschahen die Funde, denen auch gelegentlich römische Münzen eingestreut waren.[14]) Zu diesen
Wohnstellen reihen sich in der Ebene an der Gemarkung
von Meiersdorf gegen Netting die Grabstätten auf den sogenannten Leberwiesen und Leberäckern. Allein davon
bestehen nur mehr die Namen, denn die Leber sind seit
Langem der Erde gleichgemacht. Und über diesen Ringen
geht die Felswand auf, die eine Zahl sogenannter „Löcher"
zeigt, in denen gleichfalls gesucht und gefunden wurde.
Begreiflich konnten diese nur als Nothwohnstätten gelten,
und als solche dienten sie wohl auch Einzelnen beim Türkeneinfalle von 1683.

Wenige Stunden östlich vom Herrschaftsgebiete zog
die grofse römische Heeresstrafse aus dem tieferen Pannonien über Scarabantia (Oedenburg) nach Carnuntum
(bei Petronell) und Vindobona. Zu Pannonien aber gehörte die heutige Neue Welt und die Thalmulde von
Hernstein selber, und zwar zum oberen, nachdem diese
Gegend in den ersten Jahrzehnten der römischen Herrschaft noch zu Noricum war gerechnet worden. Ja, auch

14. Archiv für Kunde österr. Geschichtsquellen 49, 113 ff.; Sitzungsber. l. c. 599, 602 ff., und Mittheilungen der Central-Comm. 1877, XXXIII.
Ein vorigen Jahres verstorbener Bauer, namens Stückler, betrieb das
Fundwesen bis in die Löcher der Hohen Wand durch viele Jahre und mit
grofsem Erfolge. Nicht Weniges kam glücklicherweise an das Antiken-
cabinet in Wien, aber das Meiste wurde verstreut. Aufser Stückler gaben
sich dann noch Andere mit dem Graben ab. Zu der von Sacken erwähnten
Notiz über einen Massenverkauf an einen Hausierer sei die mündliche
Mittheilung von Ort und Stelle beigebracht, dass drei Säcke mit Arm-
ringen u. dgl. an einen Fabrikanten zu Oed oberhalb Piesting gelangten.
Hinsichtlich der Wohnstätten aus Flechtwerk mit Lehmanwurf vgl. Much,
Mittheilungen der Anthropologischen Gesellschaft in Wien. 7, 324 ff.

die Ostseite des alten Starhemberger Gebietes wurde von einer Strafse gestreift, welche man heute die „Blätterstrafse" nennt, und die Sage kaum mit Unrecht zur Römerstrafse macht. Sie zieht noch jetzt in schnurgerader Richtung, und ohne ganz nahe Ortschaften zu berühren, von Neunkirchen aufwärts östlich St. Aegyden und Saubersdorf bis Weikersdorf, und verliert sich auf der Strecke von da bis Fischau. Es gibt Anzeichen, dass zu oder nächst Weikersdorf ein Strafsencastell gestanden habe, und mag es auch kaum auf Irrthum beruhen, wenn man den Ort Steinabrückl durch seine einstige Steinbrücke mit dieser Strafse in Verbindung bringt. Zur Feststellung ihres Charakters würde sich die Untersuchung lohnen. Dass sie im 9. Jahrhundert noch diente, ist annehmbar, und dass in Fischau um diese Zeit eine Rast- und Pflegestätte für Wanderer errichtet wurde, erweislich, und konnte sich doch nur auf diesen Weg beziehen. Anhaltspuncte für namhafte Abästungen von der pannonischen Heeresstrafse in Gestalt von Colonien fehlen für das fragliche Gebiet. Sicher jedoch drangen die Römer und einzelne ihrer Niederlassungen darin vor, obgleich ihr wesentliches Streben der Donaugränze und deren Städten und Heerlagern nachging. Man kann immerhin annehmen, dass unter den Einheimischen sich römische Beamte, Kaufleute, Industrielle und Andere für Landbau oder Sommerfrischen niederliefsen. Dafür würden einige Zeugenschaften sprechen. Im Allgemeinen aber sind der römischen Funde weder viele, noch grofse. Das belegte blos, dass die Mischung mit der einheimischen Bevölkerung abseits der Hauptstrafsen keine hochgradige gewesen.

Von Grillenberg und aus dem Teiche zu Hernstein ist ein Münzfund sichergestellt.[15]) Zu Wellersdorf fand man ein Basrelief und einen Steinsarg,[16]) und der dortige Steinbruch ist bereits im 2. Jahrhundert von den Römern ausgebeutet worden.

---

15. In Grillenberg 1845 ein Topf mit Münzen (Keiblinger, Geschichte von Melk, 2 1, 711), und im Erdreiche bei Erweiterung des Hernsteiner Teiches Bronce- und Silbermünzen aus der Zeit des Constantius (Mittheilung des Herrn Forstrathes Stöger). Vgl. weiter Mittheilungen der Central-Comm. 1871, CLXXIX, wo auch eine specifisch römische Fibel, bei Grillenberg gefunden, beschrieben und abgebildet ist. — 16. Der Letztere bei Grabung der Grundmauern der Raketenfabrik zwischen Wellersdorf und Steinabrückl (Keiblinger a. a. O., 711—712).

Von der Zweierwiese bei der Malleiten soll der schöne
Grabstein gekommen sein, den etwa um die Mitte des
2. Jahrhunderts der Stadtrath M. Ulpius Verus von Carnuntum und seine Gattin Lucilla ihrem fünfjährigen Knäb-
chen Ulpianus setzten. Er ist an der Chormauer der Kirche
zu Mutmannsdorf eingemauert,[17]) und stammt aus dem
Wellersdorfer Bruche. Eben von der Zweierwiese kam
1881 auch das grofse Grabdenkmal aus feinem Sandsteine,
angeblich eines romanisierten Kelten, dessen Unterbringung nächst dem Schlosse zu Hernstein bereits erwähnt
wurde.[18]) Auch zu Emmerberg wurden 1873, auf dem
Hausberge in einem Topfe hinter einem Steine, etwa
40 römische Broncemünzen aus der Zeit Kaiser Valerians

---

17. Kirchl. Topographie von Niederösterreich, 1 8, 139 — 140.
Dort ist auch die Rede von „Spuren eines altrömischen Strafsenzuges"
und der „Fundamente eines Prädiums". Vgl. Note 22, ferner Sitzungsber. der kais. Akad. 74, 605—606. Da Carnuntum im Jahre 178 durch
Marc Aurel vom Municipium zur Colonie erhoben wurde, und in der Inschrift noch von Ersterem die Rede, datiert sie vor genanntem Jahre
(Mittheilungen der Central-Comm. 1877, XXXIV). — 18. Ueber dieses
liegt blos eine Gelegenheitsschrift Kenner's (in dessen Selbstverlage)
„Der römische Grabstein von der Zweierwiese bei Fischau", 4°, 4 Seiten,
vor. Der Stein ist von sehr roher Bearbeitung, wenigstens was die zwei
Büsten unter dem Giebel anbelangt. Die Schrift wird von Kenner, so un-
gefüge die Hand des Steinmetzen auch war, als für der besten Zeit, etwa
der Mitte des 2. Jahrhunderts angehörig erklärt. Die Namen sind romani-
siert und in der Lesung zweifelhaft; ob Segillus oder Segilius, Iliaius oder
Iliatus, Jardo oder Tardo zu lesen, steht nicht fest. Die Haltung der
Schrift ist sonderbar; sie bricht in der dritten Zeile in der Mitte ab, fängt
in der vierten in der Mitte an (wie in der fünften), vollendet sie aber nicht.
Der ganze Sinn ist mehr errathbar, als frischweg kennbar. Es wäre doch
möglich, dass das Denkmal einer späteren Zeit angehöre. In dem Einen
hat aber Kenner entschieden geirrt, dass er die Person rechts für den
Mann erklärte und ihre Kopfbedeckung für eine Sturmhaube. Letztere
ist die gewöhnliche, bald turban-, bald barettartige Kopfbedeckung der
Frauen, wie solche auf den Steinen im Joanneumshofe zu Graz mehrfach
zu sehen; aber die Roheit der Arbeit hat sie eckig gestaltet (verhauen),
wie so Vieles auf dem Steine (z. B. die Hände, die in Wirklichkeit die
Rundung der Zeichnung nicht haben); auch fehlt auf ihm das sonst übliche
lange Tuch, aus dem die Kopfbedeckung theils gebildet werden musste,
oder aus der es entsprang, um rückwärts über die Schulter abzufallen.
Uebrigens zeigt schon das Ueberkleid die Frau an, sowie dasselbe und
die Freihaltung des rechten Armes den Mann charakterisieren. Was
Kenner bei dem sogenannten Manne für einen Harnisch mit Achselklappen
hält, ist das weibliche Unterkleid mit Ueberschlagklappen oder Trägern,
die auf manchen Denksteinen reine Fibeln sind.

entdeckt,[19]) bei Netting, aus der „jungen Prosset" herein
ins Thal gegen Meiersdorf, Spuren eines Vicinalweges,[20])
und zu Winzendorf, heifst es, fänden sich bei verschiedenen Bauern Bruchstücke römischer Denkmäler.[21])

So weit reichen positive Nachrichten. Denn dass bei
Mutmannsdorf ein römischer Wartthurm gestanden, und an
der Stelle der jetzigen Kirche zu Meiersdorf ein römisches
Castell, sind nur Annahmen, deren Letztere in dem Kreise
derer, wo sie entstand, selber auch bereits ihre Anfechter
gefunden hat.[22])

2. Nachrömische und deutsche Zeit.

Mit dem Zusammenbruche der Römerherrschaft an
der mittleren Donau versanken diese Landstriche für die
Nachwelt in ihr früheres Dunkel. Allein gänzlich verlassen
und verödet wurden sie nicht.

Der Germane Odoaker, selber dem Donaulande ent-
stammend, erliefs zwar als Nachfolger der römischen Kaiser
488 den Befehl an alle römischen Staatsangehörigen, die
Gränzgebiete zu verlassen und nach Italien sich zurückzuziehen, aber dem wurde nicht allseitig entsprochen. Aus
verschiedenen Gründen und unter mancherlei Erwartungen
blieben streckenweise Viele zurück, Wälsche, Kelten und
Germanen. Begreiflich erlitt das erstere mit dem zweiten
Elemente zusammen in den nachfolgenden Jahrhunderten
wachsende Einbufse. Allein selbst unter solchen Verhältnissen kann blos die Annahme erinnerungstreuer Reste die
Erhaltung so vieler römischer und keltorömischer Orts-,

---

19. Mittheilung des Herrn Forstrathes Stöger. — 20. Ebenso. Ge-
neral Polatschek soll diese Studien gemacht haben; er starb indess, ehe
er sie veröffentlichen konnte, und da seine Papiere in unbekannte Hände
übergingen, lässt sich diese Angabe hier nicht weiter verfolgen. —
21. Ebenso. Ein angeblich schöner Römerstein mit zwei Büstenfiguren
liegt im Weingarten eines Bauers vergraben, und soll diesen Herbst be-
hoben werden (Mittheilung des Herrn Professor Mayer zu Wiener-Neustadt). — 22. Von einem Wartthurme oder dergleichen spricht Kenner in
den Berichten des Wiener Alterthumsvereines 9, 167. Es wird dies wohl
dasselbe Object sein, das Andere (vgl. oben Note 17) für ein Prädium erklärten. Ueber den Romanismus der Mauertrümmer scheinen nähere Angaben nicht vorzuliegen. Was aber das sogenannte Castell zu Meiersdorf
betrifft, so vgl. im dritten Theile bei Behandlung der Kirche daselbst, resp.
der Burg Stein.

Gebirgs- und Flussnamen erklären, und jene der geographischen Begriffe der alten römischen Provinzen und ihrer Abgränzungen. Das reicht über einen Zeitraum von 300 Jahren hinaus, an dessen Ausgange man bereits die Germanen, und in spärlichen Ueberbleibseln höchstens in den Alpen noch erklärte Wälsche, sonst aber blos Slawen fand. Es muss also in der Zwischenzeit ein meist friedliches Durchsetzen des römischen oder romanisierten Lebens durch das slawische, und zugleich ein Vererben der alten Traditionen stattgefunden haben. Denn als die Baiern im 8. Jahrhunderte vordrangen, fanden sie römische Namen in Zahl, als Bewohner der Tief- wie der Berglande aber Slawen, die seit ungefähr 570 die Gegenden allmählich eingenommen, beherrscht, so weit Raubzüge dauernd reichten, durch die Awaren der pannonischen Niederungen.[1])

Die Festsetzung der Baiern in Tirol brachte sie gegen das Ende des 6. Jahrhunderts zuerst in Berührungen mit den tapfersten und widerstandfähigsten Wendenstämmen Karantaniens. Auch der Osten gelangte allmählich in ihren Besitz, doch schloss auf lange Zeit die Ens und das awarische Machtgebiet das ihrige ab. Nach der Bekehrung der Baiern ist es wieder das Christenthum, das dort neu zu pflanzen unternimmt, wo es früher die Glaubenslehren gegenüber vernichtenden Stürmen versucht hatte aufrecht zu halten. Seine Glaubensboten machen es zum politischen Mithelfer, und sein cultureller Einfluss arbeitet dem deutschen Reiche vor. Es war damals nicht anders, als später und noch heute mit den christlichen Missionären in fremden Welttheilen. Für den Süden beanspruchte Aquileja eine solche Rolle, und im Norden geht Salzburg musterhaft vor: es sendet zahlreiche Priester unter die kriegerischen Wendenstämme nach Karantanien, beruhigt sie in ihren

---

23. Kämmel, Anfänge des deutschen Lebens in Oesterreich. Habilitationsschrift 12, und gleichnamiges Buch 1, 125. Umgekehrt hielten aber auch Stämme aus der Völkerwanderung über die awarischen Jahrhunderte hinaus: so Gepiden in Oberpannonien, im Gebiete der Diöcese Salzburg, von denen für das 9. Jahrhundert noch die Conv. Baiuvariorum (bei Kleimayrn, Nachrichten, Anhang 13) erzählt. Ein ähnliches Beispiel liefert die Unterbrechung der deutschen Zeit durch die Ungarn (907—1043, und in Steiermark bis in das 12. Jahrhundert hinein), nach deren Vertreibung die seit circa 800 gegründeten Ortschaften zu gutem Theile wieder auftauchen.

inneren Streitigkeiten, und bahnt friedlichere Beziehungen mit den Baiern an. Als endlich der grofse Karl von 791 an die awarische Macht in Noricum und Pannonien brach, wurde Salzburg förmlich das Apostolat in den südlichen eroberten Strecken übertragen. Sein Bekehrungsgebiet und damit seine Diöcese reichte weit um den Plattensee in das heutige Ungarn hinein. Seine Prediger zogen von dort über die Pinka herauf, und gelangten den Bächen, die aus dem heutigen Neustädter Bezirke nach Ungarn fliefsen, entlang ins Steinfeld. Hier nun trafen sie zu Anfang des 9. Jahrhunderts auf Passau, dem Karl 803 die Diöcesangewalt in der neugegründeten Ostmark zugetheilt hatte, — wahrscheinlich aber war es seiner Lehr- und Bekehraufgabe im fernsten Südosten bisher nicht sehr gerecht geworden. Ihr beiderseitiger Conflict wurde durch König Ludwig den Deutschen beigelegt, der um 830 Salzburg die Landstrecken südlich der Piesting zuwies.[24])

Diese Feststellung blieb bis knapp gegen das Ende des 18. Jahrhundertes aufrecht. Daher gehörten die Kirchen zu und um Hernstein nach Passau, während jene des Gebietes von Starhemberg und ihre Nachbarn über die ungarische und steirische Gränze Salzburg unterstanden. Diese Abscheidung, durch die Bodengliederung keineswegs begründet, hat wohl auch begünstigt, dass sogar in politischer Beziehung die Landesgränze mit der kirchlichen eher sich decken konnte.

Aus dieser Periode rein vorbereitender geistlicher Thätigkeit wird auch der erste Ortsname Starhemberger Gegend erwähnt: es ist Fischau. Vorläufig nämlich steht nichts entgegen, jenes „Fiskere“, wo 875 Erzbischof Adalwin von Salzburg eine Kirche weihte, für diesen Ort zu halten.[25]) Denn auch aus Nachrichten späterer Zeit erhellt,

---

24. Dümmler, Südöstliche Marken (Sonderabdruck) 122, dann wesentlich Meiller, Diöcesanregulierung, in den Sitzungsber. der kais. Akad. 47, 4 ff. — 25. Bedauerlich ist, dass eben bei Fischau die Nachricht nicht auch den Namen des Kirchenpatrons beifügt, sondern es heifst einfach (Conv. Baiuvariorum a. a. O. 17) „ad Fiskere (anno DCCCLXXV) dedicauit ecclesiam“. Bei fast allen anderen Kirchen derselben Erwähnungsstelle sind die Patrone genannt. Eine Anzahl davon liegt indess in Ungarn, in der Umgebung von Güns. — Der Wortlaut Fiskere entspricht nicht voll dem späteren Viscaha. Weit mehr wird man durch seinen Auslaut auf die Ortsnamen in -arn und -ern gewiesen, deren Umformung auf

dass hier eine Haupt- und Lieblingskirche der Erzbischöfe
gewesen, die Ansiedlung selber auf weit und breit die namhafteste, und dass sie nicht umsonst den heil. Martin als
Patron erkennt. Noch im 13. Jahrhunderte wusste man zu
sagen, dass damit ein Zufluchtsort für arme und presshafte
Wanderer verbunden gewesen, die aus den Donaugegen-
den über das Hochgebirge zogen.[26]) Das erinnert sehr
daran, dass Fischau an der „Blätterstrafse" gelegen ist,
einer vermuthlichen Römerstrafse, und dass also für den
Verkehr alte Einrichtungen noch einigermafsen ihre Wirk-
samkeit übten.

Die prächtige Schilderung „Von der Bekehrung der
Baiern" sagt an einer Stelle, dass nach Regelung der weltlichen und geistlichen Dinge im ehemaligen Awarengebiete
Völker der Slawen sowohl, wie der Baiern begannen, den
awarenfreien Boden zu bebauen, und sich zu vermehren.[27])
Damit war der Geist des Friedens gekennzeichnet, der mit
der Austreibung der Unholde ins Land gezogen war. Man
darf diese Stelle vermuthlich auch für die Gegend um die
Piesting als geltend annehmen, wenngleich die Documente
nicht auch auf sie lauten. Die Ebene zählte kaum slawische
Ansiedlungen; dafür war sie den Einbrüchen des awarischen Reitervolkes und anderer Wanderzügler zu sehr ausgesetzt gewesen, und diese drückten auch auf die nahen
Gebirgsstriche entschieden mehr, als aufwärts in Niederösterreich, und einwärts gegen Karantanien. Nun ward
ruhige Entwicklung möglich, und sie geschah unter einem
Zustrome bairischer Colonisten, von Bisthümern und Klöstern herbeigeführt, und zweifelsohne auch von den Grafen.
Die Vergabungen von Grund und Boden durch die Kaiser
bevorzugen sichtbar die Leithagränze und die südöstliche

-ern, -arn und -ing geschah. Der Name Viscaha ist eigentlich blos der
Flussname, und unter Fiskere jener der Gegend zu verstehen. Analoge
Beispiele sind in Fischern bei Irdning, Fisching bei Weifskirchen und
Fischering bei Marenberg, denen sämmtlich Viscaren und Vischern zu
Grunde liegt. Die Kirche von Fischau ist aber nicht mehr die alte, sondern diese lag der Ortssage nach etwas höher und weiter vom Dorfe weg,
gegen Brunn zu; dort aber ist heute noch eine (auch in den Grund-
büchern des 16. und 17. Jahrhunderts vielfach genannte) Weinbergried,
die man „im Fisching" heifst. — 26. Vgl. in der dritten Abtheilung den
Abschnitt Fischau, Pfarre, zum Jahre 1290. — 27. Conv. Baiuvariorum
a. a. O. 15.

Gegend von Neustadt bis weit in das heutige Ungarn hinein. Des Landstriches von Starhemberg und Hernstein wird
in keinerlei Bestiftung erwähnt. Allerdings mögen im Südosten aus römischer Zeit noch weit mehr Erinnerungen
und Culturen erhalten gewesen sein, oder die weiter vorgeschobenen Gegenden für die Ansiedlung der neuen
Race aus politischen Gründen bevorzugt.

Baden, das ja schon die Römer viel besuchten, und
Pütten werden frühzeitig im 9. Jahrhundert genannt, dann
Schwarzenbach, Mönchkirchen, Zebarn und Ternberg, weiters andere Orte an der Leitha, abwärts an ihr, und besonders jenseits der östlichen Berge.[28])

Dem deutschen Reiche blieb jedoch nicht genügend
Zeit, seinen Besitz in diesen Gegenden zu befestigen.
Ungefähr 100 Jahre nach den ersten feindlichen Berührungen mit den Awaren erwuchs ihm ein diesen stammverwandter und nahezu furchtbarerer Nachbar in den
Ugren. Die Zustände wie zu awarischer Zeit begannen
sich zu wiederholen. Nach mancherlei unausgiebigen
Kämpfen rüstete endlich der gesammte bairische Heer-
bann, und erlitt am 28. Juni 907 eine ebenso unerwartete
als beispiellose Niederlage. Nahezu der ganze bairische
Adel ward erschlagen, und mit Ausnahme Karantaniens
Alles verloren, was man den Awaren abgenommen. Baiern
war männerarm geworden, und trat mit seiner Gränze an
die Ens zurück. Auch diese wurde noch oft genug, wider-
standslos, und durch das ganze Reich fühlbar, von den
Ungarn überschritten. Endlich erfolgte 955 die Heimzah-
lung in der Schlacht am Lechfelde. Von da an drängte das
deutsche Reich Schritt für Schritt den pannonischen Niederungen näher. Etwa 20 Jahre später ward die Ostmark
unter bairischer Oberhoheit wieder errichtet, und errang in

28. Namentlich rühren viele Vergabungen von König Ludwig dem
Deutschen: so schenkte er 823 dem Kloster Mattsee 20 Huben bei Zebarn
(Sitzungsber. der kais. Akad. 39, 158), zu ungenannter Zeit dem Kloster
Kremsmünster Liegenschaften zu „Benninwanch", südöstlich Pütten
(Mon. boica 31 1, 103), 833 dem Bisthume Passau welche an der nörd-
lichen Leitha (ebend. 70), 860 dem Kloster Nieder-Altaich solche an der
Rab (ebend. 11, 110), und dem Chorbischofe Alberich von Passau deren
zwischen der Rab und dem Wienerwalde (ebend. 31 1, 198). Auch Kloster
Mondsee besafs dergleichen an der Rab, welche es 883 dem Bisthume
Regensburg überliefs (ebend. 28 1, 70).

dauerndem Streite bis gegen 1000 den Wienerwald. Das Flachland bis zur Leitha war noch Jahrzehnte hindurch umstritten, als schon im bergigen Hinterlande die Kaiser weite Strecken theils zur Anlage fester Plätze zu Vorstofs und Abwehr, theils für Niederlassungen vergabten. Das Ende des 9. Jahrhunderts nennt als solche Dotierte ebensoviele vornehme Geschlechter wie Klöster, und unter den Schenkungen tritt jetzt auch die Gegend von Hernstein, und zwar zum erstenmale 1020 auf, als Kaiser Heinrich II. dem Kloster Tegernsee fünf Königshuben zwischen der Piesting und Triesting überwies[29]), und 1035 König Konrad II. dem Markgrafen Adalbert 50 solche Huben zwischen denselben Flüssen um den Ort „Bobsouua".[30]) Am Ende des 11. Jahrhunderts weifs man in derselben Gegend einen gewissen Rapoto sesshaft, der Güter an der Triesting dem Kloster Göttweih widmete,[31]) und ebenso einen gewissen Diethard, der ein gleiches mit Liegenschaften zu Wellersdorf that.[32])

Mit den obigen Daten von 1020 und 1035 tritt somit die nördliche Halbscheid des Gutsgebietes in die Geschichte ein.

Fast scheint es, als ob das Reich bei seinen Vergabungen damals noch die Piestinger Gränze beobachtet hätte. Auf jeden Fall aber liefsen die Beziehungen zu Ungarn die Entscheidung über diesen Landstrich nicht lange ausstehen.

---

29. Mon. boica 6, 160. — **30.** Theilweises Facsimile im Chron. Gotwicense 1, 245; Meiller, Babenberger Regesten 5 8. Hier liest Meiller Bobsouua, und in dem handschriftlichen Nachlasse (resp. Urkundenbuch für Niederösterreich), den seine Freundschaft dem Verfasser zueignete, steht Bobfouua. Er hält dies für Wopfing, oberhalb Piesting. An Veitsau (ehemals Voitsowe, und Voczaw), ein kleines Dörfchen gegen die Triesting bei Hernstein, lässt sich vielleicht denken, wenn man den häufigen Uebergang des anlautenden slawischen B in germanischem Munde zu F berücksichtigt. Newald, Gutenstein, 36, Note, will wissen, dass „aus dem Zusammenhange mit anderen Urkunden, welche sich ebenfalls auf diesen Ort beziehen" (!), sich ergäbe, dass das Bobsouua des Originals nur ein Schreibfehler sei. Das ist unrichtig; es existiert weiter keine Urkunde, die auch nur entfernt auf Bobsouua sich bezöge; was er meint, sind Daten für Hophingen, Wophtinge u. s. w. Das ist nun allerdings Wopfing, aber desshalb ist dieses noch nicht Bobsouua oder Bobfouua. Bemerkt muss werden, dass Wopfing doch so eigentlich nicht, wohl aber Veitsau zwischen Piesting und Triesting liegt. — **31.** Font. rer. Austr. 2, 8, 25. — **32.** Ebend. 22.

In Karantanien nämlich ward 1036 die sogenannte
obere Mark — der Grundstock der späteren Steiermark —
vom Herzogthume getrennt und selbstständigen Grafen
überantwortet. Der erste war Arnold, ein Graf aus dem
Chiemgau, auch von Lambach genannt, der mit seinem
Sohne Gottfried auf die Wahrung der Gränzlande wider
Ungarn den gröfsten Einfluss nahm. In den Kämpfen von
1042 schlug sie Letzterer bei Pütten, und im Frieden des
nächsten Jahres musste König Aba das gesammte heutige
Viertel unter dem Wienerwalde an Kaiser Heinrich III. abtreten. In dem südlichen Theile desselben um Pütten erhielt dann auch das Geschlecht der von Lambach den .
Siegespreis in einer grofsen Anzahl von Gütern. Allein
sein Besitz reichte auch über den Hartberg weit in die
heutige Steiermark, wo er eben von Reichswegen Markgraf war. So setzte der Amtsbesitz der Familie südlich
des Semring sich nun im Patrimonialbesitze nördlich dieses
Berges fort. Und da offenbar auch Salzburg seine Diö-
cesansprüche wieder erhoben haben muss, die aus Karantanien heraus bis zur Piesting gingen, so deckten sich
zwei Gränzen: die des Privatgutes des karantanischen
Markgrafen fiel mit jener seines Diöcesans zusammen, und
es war ein Grund mehr vorhanden, die Gegend an der
Schwarza als zur karantanischen Mark gehörig anzusehen,
desto mehr, als der nördliche Theil bis zur Donau erst
nach ungefähr 20 Jahren an die babenbergische Ostmark
gelangte. Von da an datiert die mehrhundertjährige Zugehörigkeit dieser Strecken zu Steiermark.[33])
    Durch Gottfrieds Tochter Mathilde kam das Familien-
gut hier an den Grafen Ekbert von Formbach, dessen Haus
von dem Besitzcentrum Pütten man auch das der Grafen
von Pütten nannte, und als der Letzte desselben 1158 vor
Mailand gefallen war, trat, wieder durch Frauenhand, Markgraf Otakar I. von Steiermark als Erbe ein.

33. Einige (wie Felicetti in den Beiträgen zur Kunde steiermärkischer
Geschichtsquellen 9, 35) wollen dieselbe schon im 9. Jahrhundert festgestellt
wissen, was jedoch auf Grund der gebotenen Daten zweifelhaft. — Die
Stückelung der Ostmark an dieser Stelle kann um diese Zeit umsoweniger
befremden, als nördlich an sie stofsend der Landstrich bis zur Donau und
darüber zu einer neuen Mark unter einem gewissen Sigfried hergerichtet wurde, die allerdings nur ein ganz kurzes Leben hatte. Vgl. Büdinger,
Oesterr. Geschichte 1, 430 ff., 462 ff., und Krones, Oesterr. Geschichte 1 593 f.

Auf diese Art verband sich auch die Herrschaft Starhemberg mit diesem Lande.[34])

---

34. Dieses Buch bewegt sich zu sehr innerhalb des Wortlautes des fraglichen Gebietes, als dass es umhin können sollte, dasselbe in seiner Geschichte nicht zu streifen. Von seiner kirchlichen Zutheilung ist bereits die Rede gewesen, ebenso von seiner vermeinten politischen vor dem 10. Jahrhundert. Dann folgt bekanntlich eine Pause von nahezu 150 Jahren, wo weder von der einen, noch von der anderen die Rede sein konnte. Die ersten sicheren Daten für die folgende politische Gliederung lauten für das 12. Jahrhundert. Darüber, dass das eine derselben geradezu, das andere mittelbaren Wert auch für die Abgränzung im 10. Jahrhundert habe, ist noch keinerlei Zweifel aufgeworfen worden. Beide Daten, um die Mitte des 13. Jahrhunderts niedergeschrieben (Rauch, Script. rer. Austr. 1, 24), besagen: „Daz gemerche zwischen Osterreich vnd Steyern ist Piestnich daz wazzer", ferner über die sogenannte Püttener Erbschaft Markgraf Otakars I., und nachdem Graf Ekbert vor Mailand gefallen, da „zoch sich der marchgrave Otacker zu allem dem, daz der grave Ekkeprecht het, von dem Semernich vnd von dem Hartperch . . . vncz hincz Piestnich vnd von danne ze Willenpruche". Da die Piesting die Gränze, so ist die Redeweise „hincz Piestnich vnd von danne ze Willenpruche" nur auf das Gewässer und nicht auf den Ort (Markt) Piesting zu beziehen, und darunter zu verstehen: „so weit, wo die Piesting als Gränze beginnt, bis nach der ,Willenpruche' (vgl. unten Note 360), wo sie als solche aufhört". Wer den Ort (Markt) Piesting annimmt, müsste belegen, dass derselbe damals bereits bestand, was ziemlich schwierig, und wenn ja, warum derselbe als westliche Gränze angegeben worden sein sollte. Dass bei Enenkel nur der Artikel vor „Piestnich" ausgefallen, liegt auf der Hand. Uebrigens bestehen (Steiermärkisches Landesarchiv Nr. 1626ª und 1629) zwei Privaturkunden des Grafen Ulrich von Montfort an Kloster Göss, und für Heinrich von Stubenberg von 1301, 18. August, und 11. November, welche die sozusagen staatsrechtliche Fassung Enenkel's in privatrechtlicher Beziehung wiedergeben. So bespricht die eine die Abtretung „bonorum . . . que ex aliena parte montis Semernich usque ad aquam, que Pyestnich dicitur, sunt sita", und die andere betrifft „die aigenschaft an leuten vnd an guet . . . zwischen dem Semernige vnd dem Hartperg vnd der Piestnich." Man nennt dieses Gebiet fast regelmäßig die „Mark" Pütten. (Neuestens sucht man auch, quand même, den Namen Pütten auf deutsch zu erklären, trotz zugestandener slawischer Umgebung. Es wäre doch passend, für ein gemischtes Gebiet, das nun einmal diese Gegend gewesen, ein ausreichend weites und national-homogenes zur Vergleichung in Ortsnamen heranzuziehen, wozu wegen der Stammverwandtschaft der hiesigen mit den Elbewenden das Land zwischen der Lausitz und Ostsee, und die Schriften von Jacobi, Buttmann, Brückner, Lisch, Kühnel, Hoppe u. A., besonders aber das Mecklenburger Urkundenbuch zu empfehlen sind. Dort wird man die fragliche Wurzel öfter, und auch die volle Form der „terra Butin" finden.) Indess hat noch Niemand bewiesen, dass Pütten eine Mark gewesen, noch auch, aus welchen Anlässen der Name sich eingebürgert. Um seine Rechtsbeständigkeit zu

Sie ist von den Gütern der Püttener im Osten und Süden umrahmt, muss also bereits, so scheint es, in fester Hand gewesen sein, sonst würden sich wohl auch Püttener

erweisen, müsste erst gefunden werden, wer diese Bezeichnung zuerst brauchte, und welche Anschauungen ihn bewogen. Quellen und zeitgemäfse Wortlaute in dieser Richtung gibt es nicht. Werden diese Anschauungen nicht als stichhältig befunden, so sollen sie fallen, und weder aus Gefälligkeit, noch durch herangezwungene Deutungen gehalten werden. Im Gegentheile hilft man sonst mit, Nichteingeweihten den Schein einer staatsrechtlichen Stellung für dieses Gebiet beizubringen. Es ist aber wahrscheinlich, dass die Bezeichnung „Mark" von einem neueren Autor nur gewählt wurde, damit das Kind einen Namen habe, wie man früher fast nur „Grafschaft" sagte, weil der Hauptbesitzer daselbst ein Graf war. Ein gewisser zusammenfassender Name für diesen Landstrich wäre allerdings recht zweckmäfsig, doch sollte es keiner sein, den man erst zu entschuldigen hätte, wenn man ihn nicht rechtfertigen kann. Als Thatsachen stehen fest, dass nach 1043 die Salzburger Diöcese auf diesem Gebiete wieder auflebte, dass auch sie die Piesting zur Nordgränze hatte, und dass innerhalb dieser und dem Semring und Hartberg die Grafen der karantanischen Mark, die Grafen von Formbach nämlich, fürstlich dotiert wurden. Aber auch die Grafen von Steier, ihre Nachfolger in der karantanischen Mark, besafsen schon vor 1100 darin weit mehr Besitz, als man für gewöhnlich annimmt. Was dem Reiche noch als Fiscalgut verblieb, weifs man nicht. Man hat es also hier mit einem Landstriche zu thun, der kirchenpolitisch zu Karantanien gehörte, und privatrechtlich gröfstentheils den ersten Grafen der karantanischen Mark, deren Amtsgebiet an ihn gränzte, und vornehmen Herren, wie denen von Waldeck, deren Hauptbesitz gleichfalls in Karantanien lag. So ward schon in den ersten Jahren, etwa von 1045—1060, durch den Privatbesitz der karantanischen Markgrafen ein politisches Band zwischen dieser Mark und dem Lande diesseits des Semmering hergestellt, eingeleitet und erleichtert noch durch die Diöcesangemeinschaft. Man weifs übrigens, wie sehr der Privatbesitz der Fürsten oder auch vornehmer Herren die Landesgränzen bestimmen konnte: man weifs das von der „trockenen" Gränze gegen Ungarn, aus der Geschichte des Ensthales, und aus jener der „vallis Grazluppa" oder des Bezirkes von Neumarkt. Bei diesen zwei letzteren Gebieten gab es sozusagen nur Personalunion; daher auch die Abscheidung, namentlich des Ensthales, durch Mautstellen, die zeitlich weit hinaufreichen, eine andere politische Verfassung, und bei dem Neumarkter Gebiete eine von zwei Ländern beeinflusste Rechtsübung. Dass die Letztere auch auf dem fraglichen, sage man Püttener Gebiete, bestand, lässt sich vielfach nachweisen. Das Formbacher Gut um Pütten ward Erbe der Markgrafen von Steier, dann Eigenthum der Babenberger, als Erben der Herzoge von Steiermark, und weist damit immer den privatrechtlichen Faden nach. Das politische Band knüpfte sich nicht fester als im Ensthale: auch am Semring gab es Maut- und Zollstätten, in allen Theilungen von 1254 an (vgl. Steiermärk. Urkundenbuch 2, Vorrede XXIII ff.) wird das jenseitige Gebiet als ein politisch wandelbares, weil privatrechtlich verschiebbares

Besitzungen auf seinem Boden nachweisen lassen. Und
als diese feste Hand lässt sich doch wieder kaum eine
andere erkennen, als die der Herren von der Traisen,
von denen später als Herren von Waldeck mehr die Rede
sein wird.

Damit ist die Schilderung des allgemeinen Entwick-
lungsganges jenes staatlichen Rahmens, innerhalb dessen
sich Sondergebiete zu eigener Lebensentfaltung hervor-
zuthun beginnen, abgeschlossen, und sie geht nunmehr
auf diese Letzteren über.

Besonderer Theil.

A.

Die drei Hauptgüter und ihre Besitzer.

1. Hernstein.

(Bis 1831.)

Der Name von Hernstein tritt vor 1100 nicht auf. Das
hindert übrigens nicht, sein Alter mit Fug um eine Reihe
von Jahrzehnten zurückzuverlegen.

Zuerst erscheint er in der Urkunde des Klosters Götweih, dem ca. 1125 ein Reginold von „Herrandistein"
einige Hörige widmet.[35])

Es ist feststehend, und daher auch gar nicht weiter hier
zu beweisen, dass mit der Oertlichkeit des Documentes

angesehen. Dies letztere Moment kommt noch darin, wenn man will, zum
Ausdrucke, dass die Markgrafen von Steiermark nach der Püttener Erbschaft ihre nächsten persönlichen Diener nur aus dieser Gegend nehmen,
offenbar, weil die engere Berührung mit ihr und ihren Landsassen schon
vor 1122 bestand, und anderseits konnte wieder fremdes Recht blos in
einem Gebiete sich einbürgern, dessen Zusammenhang mit dem einen Lande
organisch nicht sichergestellt war. Und das geschah südlich der Piesting,
wo steirisches und österreichisches Land-, Lehen-, Kauf-, Berg- und Burg-
recht neben einander liefen. Anerkennt man das private oder patrimoniale
Element, das ja bei der Staatenbildung im Mittelalter eine so namhafte
Rolle spielte, so wird man umsomehr die Bezeichnung „Mark" als eine
leere einer-, und anderseits als eine zu inhaltreiche ansehen müssen. (Vgl.
Lampel, Ueber die Mark Pütten, in Blätter für Landeskunde von Niederösterreich 1888, 133 ff.) — 35. „Nobilis Reginoldus de Herrandistein,
presentibus fratribus suis Rudolfo et Wolfkero, et filiis sororis sue Rudolfo
et Herando" (Font. rer. Austr. 2/8, 40).

die fragliche Herrschaft gemeint sei, und ebenso, dass der
Vollfreie Reginold dem oberbairischen Hause derer von
Falkenstein (nördlich von Kufstein) angehörte.

Ehe nun die Darstellung auf die Geschichte des Gutes
eingeht, scheint es zweckmäfsig, die Genealogie der Gründer der Burg zu entwickeln, ohne jedoch dabei in Abästungen sich einzulassen, die nicht einigermafsen zur
Sache gehören.[36])

Die verwendbarsten Anhaltspuncte in dieser Richtung bietet eine kurze Notiz aus dem sogenannten Falkensteiner Codex, der ungefähr um das Jahr 1170 auf Veranlassung des Grafen Siboto von Neuburg - Falkenstein
angelegt wurde, und über welchen die Vorbemerkung zur
ersten Beilage dieses Bandes nähere Auskunft gibt. In
diesem Codex findet sie sich auf der letzten Seite, und
entwickelt da die trockene Filiation für beide Stämme und
je vier Generationen nach aufwärts, und bei dem einen
Stamme für eine nach abwärts. Diese älteste Genealogie
ist nun zuvörderst aus dem Codex als richtigem Hausbuche der Familie, dann aus abseitigen Documenten zu
vervollständigen.

---

36. Ueber die Genealogie der Familie von Falkenstein und das mit
ihm dann vereinte Geschlecht der Grafen von Neuburg a. d. Mangfall
gibt es eine kleine Literatur. Man kann wohl sagen, dass der so eigenthümliche Falkensteiner Codex für die Genealogen besonderen Anreiz bot,
mehr Anreiz als Mittel. Ausführlicher behandeln das Thema Hund, Bayr.
Stammenbuch 1, 47 ff.; Catalogus religiosor. Weyarensium von Abt Rupert II. von Weyarn 1797 — ein höchst seltenes Buch —; Buchner, Bayr.
Gesch. 3, 269; Lang, Die ältesten Grafschaften Bayerns 52; Dachauer,
Ueber den St. Petersberg u. s. w. (in Oberbayr. Archiv 2, 366); Karlin in
den Noten zum Traditionsbuche von Götweih in den Font. rer. Austr.
2 8, 217, und Hopf, Genealogischer Atlas Nr. 34. Weiters sprechen zur
Sache Oefele, Scriptores 1, 197; Hund, Metrop. Salisburg. 3, 495; Husch-
berg, Geschichte des Hauses Wittelsbach 354; Wiedemann, Geschichte
von Kirchdorf (in Oberbayr. Archiv 7, 241); Koch-Sternfeld, Ueber die
Einwanderung u. s. w. der Dynasten von Neuburg - Falkenstein (in den
Anzeigen der bayr. Akademie 1840, 921 ff.); Riezler, Geschichte Bayerns
1, 857, und wohl noch Andere mehr. Namentlich phantasiereich sind die
Abhandlungen Koch-Sternfeld's und Dachauer's. Auf sie irgendwie einzugehen lag jeder Anlass ferne, wogegen mit wirklicher Genugthuung auf
Karlin's nüchterne Entwicklung verwiesen sei. — Eine recht lesbare
kurze Darstellung der Geschichte des Grafengeschlechtes, und damit auch
der Burg Hernstein ist in M. A. Becker's Niederösterreichischen Land-
schaften 225—242.

Die Aufzählung lautet mit dürren Worten:

Graf Sigbotos Vater hiefs Rudolf, sein Grofsvater Herrand, sein Urgrofsvater Patto. Des Grafen Mutter hiefs Gertrud, sein Grofsvater Sigboto, sein Urgrofsvater Gerold. Die Söhne des Grafen waren Chuno, und Sigboto, ihre Mutter aber hiefs Hildegard.[37])

Der Graf Siboto, von dem hier der Ausgangspunct genommen, ist der Urheber des genannten Codex, geb. 1126. Die Notiz mag etwa 1185 eingetragen worden sein.

Man hat es hier mit zwei Stämmen zu thun, des Vaters und der Mutter des Grafen. Ob diese beiden Stämme wirklich ein paar Jahrhunderte früher aus einem einzigen sich gespalten, ist gleichgiltig; auch liegen dafür blos Annahmen, doch nirgends ein sicherer Anhalt vor.

Der Stamm Pattos, also der männliche des Grafen Siboto, ist der von Falkenstein. Diese Familie ist es, welche den Boden von Hernstein erwarb, die älteste Burg daselbst erbaute, und ihr auch den Namen gab. Die Burg Falkenstein ist im Codex (von ca. 1170) abgebildet.[38])

Das Geschlecht war ein vollfreies, dem Stande nach Grafen gleich, allein so lange es nicht mit denen von Neuburg sich vereinte, führte es nie den Grafentitel. Selbst Rudolf von Falkenstein, der Gemahl der Neuburger Gräfin Gertrud, trug ihn nicht, und von seinen zwei Söhnen blos der ältere, der Erbe des Neuburger Antheiles, Siboto. Im 13. Jahrhundert ward dies anders.

Der älteste greifbare Stammvater Patto mag um 1050 gelebt haben. In Urkunden erscheint er nicht; auch sein Sohn Herrand wird darin blos einmal erwähnt: es ist nämlich die Rede davon, dass „der vollfreie Herr Herrand

---

37. Cod. Falk. f. 40'; Mon. boica 7, 503 und Petz, Drei Traditionsbücher 44: „Comitis Sigbotonis pater dicebatur Rodolfus, auus eius Herrandus, attauus Patto, eiusdem comitis mater dicebatur Gerdrut, auus eius Sigboto, attauus eius Gerolt, filii comitis Sigbotonis dicebantur Chono et Sigboto, mater uero eorum Hiltegardis." -- Diese Notiz ist zu einem schlechten, angeblich 1516 abgefassten und bis zum letzten Grafen († 1272) fortgesponnenen Gedichte verarbeitet worden, das zu Kloster Weyarn sich befand, und in den gelehrten Anzeigen der bayrischen Akademie 1840, 947 ff. abgedruckt ist. -- 38. Sie soll heute noch in der Zeichnung wiederzuerkennen sein. In neuester Zeit trug sich König Ludwig II. von Bayern († 1886) mit dem Gedanken, die Burg im kostbarsten romanischen Style wieder aufzubauen, und sind dazu bereits der Fahrweg und die Wasserleitung hergerichtet worden.

von Falkenstein, der Großvater des Grafen Siboto und
dessen Bruders Herrand von Falkenstein" eine Fahrt ins
gelobte Land geplant habe.[39]) Von ihr mag er wohl auch
nicht mehr heimgekommen sein.

Den Namen seiner Frau kennt man nicht, wohl aber
die seiner Söhne, Reginold, Wolfker und Rudolf. Er muss
auch eine Tochter gehabt haben, deren Name sehr wahrscheinlich Adelheid war, und die, an einen von Potenstein
verheiratet, Rudolf und Herrand zu Söhnen hatte.[40])

Reginold hat sicherlich zu Hernstein residiert, denn
mit ihm zusammen tritt, wie oben erwähnt, der Name in
die Geschichte ein.

Am häufigsten begegnet aber sein Bruder Wolfker,
der sich nie anders als von Falkenstein nennt, obgleich er
Hernstein besessen, und eine Reihe von Abmachungen
darüber von ihm bekannt ist. Er hinterließ Familie, und
zwar zuerst einen Sohn des befremdlichen Namens Laza-
rius.[41]) Dieser führt den Namen „dominus", dürfte also
kein Bastard gewesen sein, kommt aber in irgendwelcher
Verbindung mit Hernstein nicht vor. Dagegen taucht wieder ein Otto von Hernstein auf, welchen Siboto den Sohn
seines Oheims nennt[42]) — mit welcher Bezeichnung regelmäßig Wolfker benannt wird — der ein Gut am Panzenbach

---

39. Cod. f. 19; Mon. boica 7, 464; Petz l. c. 21. — **40.** In Hund, Bayr.
Stammenbuch 1, 49 (wiederabgedruckt bei Petz l. c. 157) ist eine Notiz,
die vermuthlich an der Vermischung zweier Falkensteiner Notizen krankt,
welche um eine Adelheid des Geschlechtes sich dreht. Graf Sibotos (V.)
Schwester Adelheid soll einen Berthold von Potenstein gehelicht haben.
Das ist aber keineswegs der Fall, denn sie heiratete Heinrich von Kuen-
ring. Dagegen mag die Potensteiner Verbindung richtig sein, aber durch
eine andere Frau, als irgend eines Siboto Schwester. Die Söhne dieser
Falkensteinerin sind nachweisbar (vgl. oben den Stammbaum und Note 35)
Rudolf und Herrand, und ein Rudolf von Potenstein erscheint, aber als
Sohn Potos, in Font. rer. Austr. 2 8, 94. Es muss also wohl eine Irrung
Aventin's, aus welchem Hund schöpfte, vorliegen. Eine Adelheid von
Potenstein begegnet uns c. 1140 (Urkundenbuch von Steiermark 1, 202);
sie gibt ihre Tochter Kunigund ins Kloster Admont, und widmet dazu
Liegenschaften bei St. Veit a. d. Gölsen und Gainfarn, dann zu Gusterheim
bei Pels in Obersteier. Auffällig ist dabei der Name des Uebernehmers,
Herrand von Wolfgerstaine, ein „nobilis homo". Man hat also zur selben
Zeit einen Wolfger von Herrantsteine und einen Herrant von Wolfger-
steine. Sollte dieser Letztere vielleicht der zweite Sohn der Poten-
steinerin sein? — **41.** Mon. boica 7, 459 und 473, dann 8, 399. —
42. Ebend. 7, 434. Vgl. Note 65.

nächst Gutenstein besafs, auch mit unter den fünf Gerhaben auftritt, die Graf Siboto für seine Söhne einsetzt, und
den man wohl für einen Ableger wird ansehen müssen.

Dem letzten Sohne Herrands, Rudolf, begegnet man
in Oesterreich gar nicht, obgleich er Antheile an Hernstein
besafs. Er ist der Gatte der Neuburger Grafentochter Gertrud. Mit ihm ist es nöthig, auf diesen zweiten Stamm
überzugehen.

Als Ahnherrn desselben führt die genealogische Notiz
im Codex Gerold auf, mit welchem Namen aber auch alle
Kenntniss erschöpft ist. Er safs auf Weyarn im Amte
Miesbach in Oberbaiern. Auf Neuburg, wovon sich das
Geschlecht seit 1102 zuerst und gelegentlich nannte [43]),
und das nordwestlich von Rosenheim an der Mangfall lag,
baute es sich ein Prachtschloss, nachdem es die alte Heimstätte Weyarn für ein Kloster gewidmet hatte. Das vierte
Hauptgut, Hartmannsberg (nordwestlich vom Chiemsee),
kommt hier nicht weiter in Betracht.

Gegen Ende des 11. Jahrhunderts lernt man den Sohn
Gerolds, Siboto, kennen, von einer ganz anderen Seite
her,[44]) auch dessen Mutter Liutgard und seine Schwester
Friderun, die an einen Vollfreien Hug — wie es scheint
im heutigen Oberösterreich sesshaft — verheiratet gewesen.[45]) Siboto selber wird häufig als Vogt von Tegernsee, dann in seiner öffentlichen Stellung als „comes“ oder
„praeses“ in den Documenten eingeführt; manchmal ist es
schwer, ihn von seinem gleichnamigen Sohne oder Enkel
zu unterscheiden. An das Wort „Graf“ bindet sich: wie
an „Vorstand“ (praeses), der Begriff eines Amtes, darin
lag die Pflicht der Obsorge für die öffentliche Sicherheit

---

43. Mon. boica 6, 163 ff. Allein mit dieser Urkunde hat es ein besonderes Bewenden; sie ist Abschrift, und auch als solche nicht gleichzeitig. Erst von der Mitte des XII. Jahrhunderts ab tritt dieser Beiname
regelmäfsig auf. Das Document scheint nach Gründung des Chorherren-
stiftes Weyarn umschrieben, und dann der zur Zeit übliche Name dessen
Stifters darin eingesetzt worden zu sein. Die Stiftung selber geschah 1133.
— **44.** Acta s. Quirini im Archiv für Kunde österr. Geschichtsquellen
1849, 340. Vgl. dazu Karlin in Font. rer. Austr. 2/8, 217. — **45.** Ein
Bruder, namens Udalschalk, von Kaiser Heinrich IV. zum Abte von
Tegernsee eingesetzt, wird erst in einer dem 13. Jahrhunderte (?) angehörigen Tegernseer Chronik namhaft gemacht. Petz, Thesaur. Anecdot.
3 3, 516; Hansiz, Germ. sacra 3, 592, und Freyberg, Geschichte von
Tegernsee 57, betrachten ihn als von der Familie.

eines gewissen Landstriches, die Verwaltung und Führung
des Heerbannes, die hohe Gerichtsbarkeit und die Controle der niederen, durchwegs Obliegenheiten, welche allmählich die herzogliche Gewalt einschränkte und durch
Amtleute besorgen liefs, während alten Grafenfamilien der
Titel aus Gewohnheit blieb.[46])

Die Gemahlin dieses Siboto hiefs Adelheid; sie soll
dem Geschlechte der Grafen von Sulzbach angehört haben.
Um 1150 mögen Beide schon verstorben gewesen sein. Das
Gleiche gilt von ihrem Sohne Siboto, und die Neuburger
Habe gedieh an die Tochter Gertrud, die einzige Erbin,
welche, wie schon gesagt, Rudolf von Falkenstein ehelichte.

Aus dieser Verbindung kamen zwei Söhne, Siboto
und Herrand, mit ihren Namen gewissermafsen beide
Stämme vertretend. Der Letztere hatte die Rolle eines
jüngeren Sohnes; er hiefs sich von Antwort — einem Gute
bei Prien am Chiemsee — aber auch von Hernstein, wovon
ihm als eigentlichen Repräsentanten der Familie Besitz-
theile zukamen.[47]) Nur der erstere Bruder, als Besitzer von
Neuburg, war und nannte sich Graf.

Um indessen bequemer die Genealogie austönen zu
lassen, sei hier die Filiation nach Herrand vorerst gegeben.

Seine Gemahlin hiefs Sophie, und dass sie eine von
Peilstein war, ist sehr zu vermuthen. Es lässt sich nicht
absehen, mit welchem Rechte Graf Konrad von Peilstein
gegen sie und die Ihren wegen Hernsteins Ansprüche hätte
erheben können, wenn nicht als Blutsverwandter.[48]) Die
Kinder dieser Ehe waren Juta, Herrand und Siboto. Letzterer schrieb sich, wie der Vater, von Antwort, und scheint
diese jüngere Linie alle Hauptgüter an die ältere haben
abgeben müssen.[49])

---

46. Vgl. die Vorrede von Petz l. c. XI. — 47. Von „Herrantstaine"
heisst er im Jahre 1142 im Steiermärkischen Urkundenbuche 1, 217,
219. — Mit ihm und den Seinen hatte Graf Siboto die meisten Verhandlungen wegen dieses Gutes. — 48. Im Götweiher Salbuch (Font. rer.
Austr. 2 8, 78) wird sie ausdrücklich „comitissa", und zwar „de Her-
rantisteine" genannt, wie ihr Gatte nie. Ihr Titel muss also aus ihrer
Familie stammen. Meiller, Babenberger Regesten 232, Note 249, com-
biniert, wie es scheint, mit Recht, dass die Gräfin Sophie von Peilstein,
welche 1177 (1176) in der Melker Chronik als gestorben angeführt wird,
diese Gemahlin Herrands gewesen. — 49. Dem Sohne Herrand begegnet
man blos in Font. rer. Austr. 2/8, 78. Er scheint fast gleichzeitig mit

Mit diesen Namen verliert sich der jüngere Zweig in anderen Familien unverfolgbar.

Der ältere Sohn Rudolfs, Graf Siboto, war mit Hiltegard von Megling verheiratet.[9]) In seiner Hand einte sich gänzlich der getheilte Besitz von Hernstein. Er hatte eine dem Namen nach nicht bekannte Tochter, welche an (den Oberösterreicher) Engelschalk von Wasen verehelicht war, und die Söhne Chuno und Siboto. Der Erste und Aeltere mag 1155 geboren gewesen sein, und begleitet seinen Vater schon 1177 als Zeuge.[51]) Siboto zählte wohl einige Jahre weniger. Auf dem Blatte im genannten Codex, das sie mit Vater und Mutter abbildet, erscheinen sie als halbwüchsige Jünglinge. Chuno zog es in die Ferne: er machte den Kreuzzug Friedrichs I. mit, und verschwindet mit 1189.[52]) Er ist wohl nicht mehr heimgekehrt.

So war Siboto, der Folge nach der IV., der einzige Stammhalter, vermählt mit einer Gräfin von Valei, oder wenigstens verlobt, so viel vorhandene Abmachungen bezeugen.[53]) Von ihm stammen drei Kinder: Adelheid, die Gemahlin Heinrichs (II.) von Kuenring,[54]) und die Söhne Siboto und Chuno.

Bereits von ihrem Vater ab ist die Filiation nur mehr schwer zu führen; von ihnen aus jedoch reissen gewissermafsen die Fäden, und die Daten, aus welchen die Genealogie fortzuleiten wäre, schrumpfen erstaunlich zusammen. Von Siboto nennt man die Gattin Adelheid, von Chuno Elisabeth, und von Ersterem den Sohn gleichfalls Siboto, mit dessen gewaltsamen Tode (1272) das Geschlecht endet, da sein Ohcim Chuno in mehr als zweifelhaften Verhältnissen und ohne eheliche Nachkommen schon vor ihm gestorben war.

---

seiner Mutter verstorben. Die Tochter Juta heiratete in erster Ehe einen gewissen Nizo (man meint von Raitenbuch), in zweiter Albero Wolf von Hocksberg, und hatte von Ersterem einen Sohn Konrad und eine Tochter, mit Wolf blos einen Sohn (Cod. f. 31¹ und Petz l. c. 37). — 50. Petz l. c. 22. Als „comitissa de Hademarsperg" ist sie für den 29. März eines ungenannten Jahres, wohl nach 1200, im Nekrologe von Baumburg als gestorben eingetragen (Mon. boica 2, 265). — 51. Mon. boica 2, 303 und 3, 549. — 52. Font. rer. Austr. 1/5, 16. — 53. Petz l. c. 42. Aventin nennt sie Liutgard. — 54. Friess, Geschichte der Herren von Kuenring in Blätter für Landeskunde von Niederösterreich 7, 145. Vgl. Petz l. c. 157. und Beilage 1, B/17 mit Note, dann Font. rer. Austr. 2 31, 285.

Der stammbildliche Zusammenhang würde sich für beide Familien in folgender Weise darstellen.

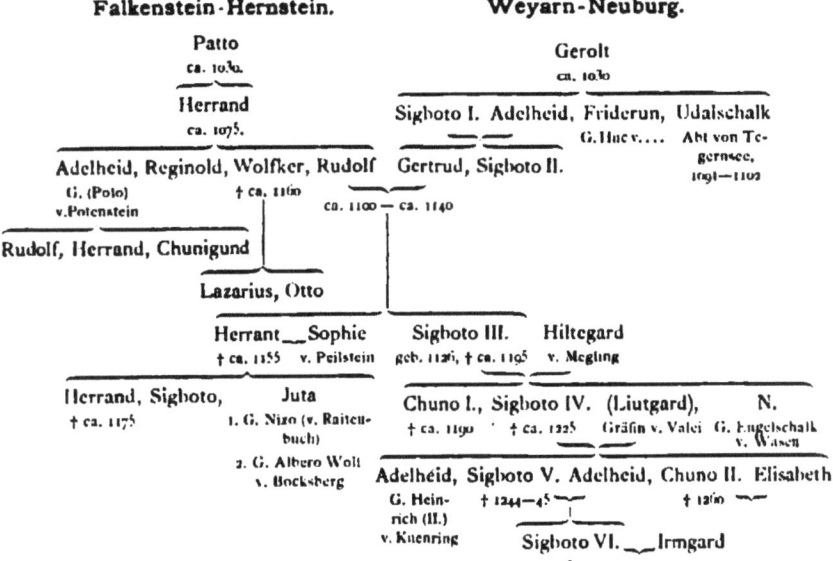

Falkenstein-Hernstein.   **Weyarn-Neuburg.**

Mit diesem Familienbilde soll blos die Grundlage zu bequemerer Behandlung der Geschichte der ältesten Besitzer der Herrschaft gewonnen sein.

Man erinnere sich nun, wie in der Gegend zwischen der Piesting und Triesting in der ersten Hälfte des 11. Jahrhunderts die Vertheilung von Reichsgütern an deutsche Klöster und vornehme Herren auftaucht. In erster Reihe wird das oberbairische Kloster Tegernsee als derartig dotiert erwähnt. Auffallend ist, dass kein selbstständiges Document dieses Stiftes weiter mit dieser kaiserlichen Schenkung von 1020 sich beschäftigt; nur nebenbei und mit anderen Gütern zusammen nennt sie eine Urkunde von 1204.[55]) Dann tritt, so viel man weifs, Schweigen für immer

---

55. Um 1204 lässt Tegernsee die Gerichtsfreiheit auf seinen niederösterreichischen Gütern durch Herzog Liutpold sich bestätigen, und zwar unter Anderem „in quinque regalibus mansis inter duos fluuiolos Pistnich et Tristnich sitis" (Mon. boica 6, 202). Damit schliefst jede weitere Erwähnung. Aus diesem Wortlaute entnimmt man ziemlich klar, dass

ein. Es ist, als wenn das Kloster von diesem ebenso entlegenen, als wenig ergiebigen Besitze, was thatsächliche
Pflege desselben betrifft, abgesehen hätte. Wären nicht
die Falkensteiner, sondern die von Weyarn-Neuburg die
Gründer von Hernstein, so liefse sich etwa aus der Vogtei
der Letzteren über Tegernsee eine Abtretung des Gutes
an sie annehmen. Dann fiele Hernstein mit den fünf Königshuben zusammen, welche Kaiser Heinrich II. demselben
zugewendet hatte. Allein die Falkensteiner waren nicht
Vögte des Klosters, auch kennt man sie nur als freie Eigenthümer von Grund und Boden zu Hernstein, und so ent-
fällt jenes an sich bequeme Erklärungsmittel.

Es bleibt dafür das nicht minder einfache, dass die
von Falkenstein (wie so viele andere bairische Herren)
Kaiser und Reich und die Markgrafen der Ostmark im
Kampfe wider die Ungarn unterstützt, und dafür den
gewöhnlichen Siegerlohn in Landzuweisungen aus dem
Reichsgute erhalten hätten. Vornehmlich im Wienerwalde
hatte die Dotation der Falkensteiner höheren Zweck durch
die nahe Gränze: die Colonisten aus Baiern galten da gewissermafsen als Besatzung, und was die neuen Herren
als befestigte Puncte anlegten, war sowohl ihr Angriffs- als
Rückzugsplatz, und endlich auch ihr Vermögen.

Ob Patto, in dessen Zeit das letzte ungarisch-deutsche
Ringen fällt, oder sein Sohn Herrand, der demselben gleichfalls nicht ferne gestanden, die Erwerbung gemacht, kann
gleichgiltig sein, wenn es schon nicht möglich ist, die näheren
Umstände derselben zu kennen. Aber den Letzteren darf
man ziemlich sicher als den Gründer der ersten Burg ansehen. Allerdings wird sie vor 1100 nicht genannt; erst
Pattos Enkel „Reginolt de Herrandistein" tritt mit diesem

Tegernsee den Boden daselbst nicht, wie man später sich ausdrückte,
„mit eigenem Rücken" hatte besetzen lassen, sonst würde es die darauf
seit 1020 gegründeten Oertlichkeiten genannt haben. Deshalb scheint die
Einfügung jenes Gebietes unter die anderen Oertlichkeitsnamen des Documentes eine rein formelle: man wusste in Tegernsee documentarisch
von dem Anrechte auf den Grund, wollte indess oder konnte diesen
nicht bebauen, jenes aber auch füglich nicht aufgeben, und ist daher die
Erwähnung kaum als etwas anderes als eine aufsergerichtliche Rechts-
verwahrung aufzufassen. Vielleicht würde eine Untersuchung des Melker
Besitzes in jener Gegend auf die Spur führen, was aus dem Tegernseer
geworden ist.

Ortsnamen in die Welt;[56]) indefs liegt darin kein zwingender
Grund, just ihn für den Erbauer zu halten, wol aber denje-
nigen, dessen Namen die Burg führt. Und Hernstein heisst —
nach der Identität des Wortes Stein mit Burg, wenn von Baulichkeiten die Rede — nichts weiter als die Burg Herrands.
Das Gut war vollfreier Besitz der Familie.[57])

Soweit Andeutungen des gräflichen Hausbuches zu
entnehmen, besafsen es zu Anfang des 12. Jahrhunderts
die Söhne Herrands, Reginold, Wolfker und Rudolf zu ge-
theilter Hand, insoferne aber gemeinsam, dass Ersterer die
Verwaltung führte, und nach ihm Wolfker.[58]) Dieser war
es auch, der ca. 1135 die herrschaftlichen Bezüge durch
tauschweise Erwerbung der (wohl stiftmelkischen) Zehente
vermehrte und in sich einte.[59]) Der dritte Bruder, Rudolf,
starb vor Wolfker, und wurden die Verhandlungen, welche
sein Sohn Graf Siboto einleitete, um alle Familienhaupt-
güter an sich zu bringen, wesentlich mit Wolfker geführt,
nachdem zuerst mit Sibotos Bruder, Herrand von Antwort,
eine etwas fragwürdige Einigung erzielt war.

Von ihm, und es mag ca. 1150 oder wenig später
gewesen sein, löste Graf Siboto zuerst Besitzantheile mit
einem Capitale von 60 Pfund, worauf sofort 30 anbezahlt
wurden.[60]) Soweit Hernstein dabei in Frage kam, erwarb

---

56. Vgl. oben Note 35. — 57. Petz a. a. O. „allodium Chreiuelt"
(Kleinfeld nördlich bei Hernstein), und das gerichtliche Verhör von 1269
(in Beilage VII.) nennt die ganze Herrschaft „vreyzaygen", auf welche
eine Halbfreie, wie Euphemia von Potendorf, rechtlichen Anspruch nicht
erheben könne. Vgl. noch unten Note 64. — 58. Wenigstens verfügt
Reginold, wie der Act von Note 35 beweist, unter Beiziehung seiner Brüder, über niederösterreichische Güter. Später liegt der Antheil Rudolfs
auch in Wolfkers Hand, weil es als Falkensteinisches Familiengut unter
Verwaltung des Seniors kam. Vgl. Beilage I, B/4. — 59. Beilage I, B 1.
Dies ist einer der unverständlichsten, auch mindest gut stilisierten Auszüge im Codex. Auch ist der Ort „Morspach", den Wolfker für den
Zehent dem Kloster Melk gegeben, nicht nachweisbar, wenn nicht in
Oberösterreich. Vielleicht liegen aber die Dinge so, dass Melk, der Kirchen-
nachbar Hernsteins zu Grillenberg, Zehentrechte auf Hernsteiner Grund
besafs, welche in dieser Weise eingetauscht wurden. In Beilage I, C aus
f. 151 des Codex ist zwar gleichfalls vom Eintausche von pfarrlichen
Weingartzehenten die Rede, allein abgesehen davon, dass der eine Ver-
tragstheil der Pfarrer von Hernstein war, wird als der andere ausdrücklich
Graf Siboto bezeichnet. — 60. Aus den Zeugen lässt sich gar nichts
schliefsen, weil der Act blos eine spätere Erklärung ist, dass gewisse
Oesterreicher und Baiern um den Vertrag wussten.

der Graf den Amtshof daselbst (wohl an der Stelle, wo auch
später die Verwalter, dann die Besitzer selber wohnten,
und jetzt das neue Prachtschloss steht), die Hofstätte
(mansio) eines gewissen Adalo, in Wellersdorf eine Hube
und eine Hofstätte, in Pernitz zwei Huben oder Höfe und
bei dem einen eine Mühle, das Bauerngut am Oetscherberg zwischen Pernitz und Gutenstein, endlich einen Weingarten auf dem Hard nächst Hernstein.[61])

In der Ausführung dieses Vertrages gab es Mängel,
daher Schwierigkeiten und Familienzwiste, die erst ungefähr nach 25 Jahren beigelegt wurden, und worin in erster
Zeit Wolfker eine freundliche, begütigende Rolle ein-
nahm.[62])

Die Verhandlungen zur Erlangung der Familienpar-
cellen von Hernstein eröffnete Graf Siboto zu Urfarn, einem
beliebten Zusammenkunfts- oder besser Gerichtsorte der
Familie und ihrer Angehörigen bei Wasserburg[63]), mit einer
Klage wider die Hinterlassenen seines Bruders Herrand
vor dem Oheime und einer Zahl von Verwandten und
Dienstmannen des Hauses. Denn die Beneficialen eines
vornehmen Herrn hatten ebenso sehr nach Volksrecht und
Sitte in Angelegenheiten, welche das Haus und abhängige
Leute desselben betrafen, mitzureden, wie die Ministerialen
des Markgrafen oder Herzogs in Landesangelegenheiten.
Was sein Bruder, behauptete Siboto, von vier Kleinhäusern zu Piesting (linkes Ufer), die angeblich nach Kleinfeld
gehörten, und einer Hofstätte zu Kroiswiesen (südlich
nächst Hernstein) gesagt, sei nicht richtig: diese Liegenschaften gehörten vielmehr zu seinem (des Grafen) Antheil.
Die Anwesenden nahmen auf die kleinen Kinder Rücksicht
und weigerten sich einen Spruch zu fällen; man solle mit
der Klage warten, bis sie grofsjährig seien und sich selbst
vertreten könnten. Der Oheim fühlte wohl, dass sein Neffe
Siboto in Geldsachen strenger dachte, und entschloss sich
zu einem persönlichen Opfer, um wenigstens auf gemessene
Zeit den Familienstreit einzudämmen. Er übertrug ihm also

---

61. Beilage 1, B. 2. Die Eingangsnotiz lässt erkennen, durch die Erwähnung, die Güter gehörten dem Grafen und seinem Sohne Chuno, dass
der zweite Sohn, Siboto, noch nicht geboren war. — **62.** Vgl. ebend. B 5
„. . . comes . . . conqueritur super alia, que indeterminata erant a fratre.“
— **63.** Er heifst „Niunurfarn“ im Codex, aber Petz selbst hat die Reduction
fraglich gelassen.

die zwei Antheile von Hernstein, welche er noch im Besitze hatte, seinen eigenen und den seines verstorbenen
Bruders Rudolf, des Vaters Sibotos."¹)

Bis die Sache ausgetragen wurde, erwarb der Graf
c. 1160 auch das Panzenbauerngut (zwischen Pernitz und
Gutenstein) von Otto von Hernstein, das demselben, scheint
es, von seinem vermuthlich natürlichen Vater, dem gräflichen Oheime Wolfker, war überlassen worden."⁵)

Zur Sicherstellung schwebender Fragen vor dem Ein-
griffe der Gegenpartei, namentlich aber zur Wahrung von
Waisenrechten war es Sitte, die Angelegenheit Schutz-
suchender einem mächtigen Herrn als Sachwalter zu übergeben. Man nannte das delegieren. Im gegebenen Falle
der Kinder Herrands delegierte Wolfker den Pfalzgrafen
von Bayern, der als Reichsamtsperson zu Annahme von
derlei Geschäften auch verpflichtet war. Vielleicht wurde
gerade unter seinem Vorsitze auf dem Reichstage zu
Geiselbach dem Grafen Siboto als Aeltestem des Hauses
der Alleinbesitz der Allode zugesprochen."⁶)

---

64. Beilage I, B/4. Zu Ende heißt es: „ . . . discreuit tales rationes,
quas prescripsimus." Nun findet sich die Notiz der Klage auf f. 17¹ des
Codex, dann der Uebergabe der Herrschaftsantheile durch Wolfker f. 17,
und lässt sich sonach schließen, dass die Uebergabe die „rationes prescriptas" enthielte, womit Siboto begütigt wurde. — Vgl. ferner B/5. Als
„urbs" ist aber durchaus nicht die Burg zu verstehen, noch weniger
aber eine Stadt, die es ja hier gar nicht gegeben, wie aber doch öfters,
z. B. Kirchl. Topographie I, 5, 185, übersetzt wird, sondern blos die Herrschaft, das Schloss mit den dazu gehörigen Liegenschaften. Bezüglich
dieses „allodium Creiucl" müssen sich nothwendig Bedenken ergeben.
„Creiucl", heute Kleinfeld, gehörte nie zu Hernstein. Man sollte meinen,
dass Herrand doch stets nur von Familienbesitz gesprochen habe. Eine
Lösung ist denkbar, unter der Voraussetzung, dass man das Wort „allodium" (Eigen) mit der Gegend Aigen bei Kleinfeld identificiert. Diese ist
Hernsteiner Gut. Dann müsste entweder das Wort „apud" - in, bei, ausgefallen sein, oder es müsste die ganze Gegend „Creiucl" geheißen haben,
davon „allodium" blos der Hernsteiner Antheil war, den man später —
aber erst vom 16. Jahrhundert ab — Aigen nannte. Dort lagen die Orte
„Odelanestorph" und „Arnoldestorph", und als diese eingingen, trat der
Gegendname wieder vor und blieb dem neuen Dorfe. — **65.** Ebend. B/6.
Dieser Otto erscheint ziemlich häufig im Codex und im Gefolge des Grafen.
Jedenfalls war er eine Siboto sehr anständige Persönlichkeit, da er ihn
als Ortskundigen für die Herrschaft Hernstein in die Gerhabschaft seiner
Söhne aufnahm. — **66.** Petz a. a. O. „ . . . possidendum de predio liber-
tatis sue . . . optinuit . . . iure perenni, eo quod senior in generatione illa
uideatur." Damit ist aber Schlusssatz von Beilage I, B/13 zusammen-

Es war ungefähr um 1175, als in erster Reihe Herrands ältester Sohn, Siboto von Antwort, mit seinem gräflichen Oheim sich über seine Antheile vertrug. Unter den dem Pfalzgrafen empfohlenen und nun an Graf Siboto abgetretenen Liegenschaften befand sich auch eine zu Hernstein.[67]) Beiläufig um dieselbe Zeit trat ebenso Herrands Witwe, Gräfin Sophie, von ihren behaupteten Anrechten zurück,[68]) und im Feldlager Herzog Heinrichs II. von Oesterreich vor Prinzendorf und Statz auch Graf Konrad von Peilstein.[69]) Der Letztere hatte sowohl gegen Sophie, als gegen Siboto Ansprüche erhoben. Darin herrscht keine Klarheit der Rechtsgründe, und geht blos das einfach Thatsächliche des Verzichtes aus den betreffenden Acten hervor.

Allein der Klagegang schloss damit nicht ab. Es erübrigte noch Judith, Tochter Herrands, an Nizo (von Raitenbuch) verehelicht. Wahrscheinlich übertrug sie die Entscheidung 1180 an Herzog Otto von Bayern, als sie ihm die Sache anheimstellte und ihn zugleich bat, nicht ohne maßgebenden Beirath des Bischofs von Regensburg in der Sache vorzugehen.[70]) Von da geht diese in die Hände verschiedener Vertrauensmänner über: der Herzog lässt sich vom Bischof Vollmacht übertragen, und gibt die Angelegenheit nach anderer Seite; auch Graf Siboto tritt mit einem Rathgenossen auf, und endlich verschwindet der Streit ohne Schlussentschied von der Bildfläche.[71]) Der Graf aber muss sein Ziel erreicht haben, denn wenig später, etwa 1185, beeidet er, dass ihm freie Verfügung über die Herrschaft Hernstein zustehe, sowie über alle Güter seines Hauses in Niederösterreich, und verschreibt diese seiner Gemahlin zu Leibgedinge, und nach ihrem Tode seinen Söhnen zu gleichen Theilen, mit Ausscheidung einer Heimsteuer für die Tochter.[72])

Damit enden die Nachrichten über die Oertlichkeit für einige Jahrzehnte.

zuhalten, demnach diese Art von Besitzeinigung doch nur auf Zeit oder zu Gunsten des Grafen Siboto gemeint sein konnte. — 67. Beilage I, B 7. — 68. Ebend. B 8. Um ca. 1170 vergabt sie noch einen Hof zu Busendorf, eventuell andere Liegenschaften zu Wellersdorf an Kloster Götweih (Font. rer. Austr. 2 8, 78). — 69. Ebend. B 9 und 10. — 70. Ebend. B 11. — 71. Ebend. B 12 und 13. — 72. Ebend. B 14, und die Theilung betreffend den Schluss von B 13.

Zweifelsohne stand unter diesem Grafen Siboto die
Familie auf dem Höhepuncte, vielleicht weniger des poli-
tischen Einflusses (denn Grafen im Style derer von Bogen,
Burghausen, Peilstein, Andechs u. s. w. scheinen diese
Herren nicht gewesen zu sein), sondern des Vermögens
und geordneten Besitzstandes halber.

Ueber den Letzteren gibt der Graf selber eine Art
Rundschau in dem Hausbuche des Codex. Damit ist nicht
der Inhalt der Urbare, und wie selbe den Eigenbesitz behandeln, gemeint, sondern die Notiz der seinem Geschlecht
zuständigen Güter oder sogenannter Beneficien. Es sei
hier davon nur erwähnt, soweit sie Niederösterreich betreffen; ebenmäfsig war es in Baiern, Franken und Tirol.
So hatte der Graf vom Passauer Bischofe allein an 400
Huben; ihre Mittelpuncte scheinen die grofsen Hofgüter
gewesen zu sein, welche er zu Noppendorf (bei Herzogen-
burg), zu „Eselshopten“ und Krustetten (bei Götweih),[73])
zu Diemersberg (bei Böhmkirchen), Gemersdorf und Tiefenbach (an der Perschling), zu Busendorf (bei Mank) und zu
Hausleiten (entweder bei Gemersdorf oder bei Busendorf
oder bei Diemersberg) besafs. Auch zu Liesing nannte er
Grund und Boden sein.[74]) Die Grafen von Burghausen
hatten ihm mehr als 400 Huben beneficialisch übertragen,
durchwegs in Oesterreich. Wegen des Fortbesitzes dieser
Liegenschaften ging den Grafen zur Zeit, als er den Codex
schreiben liefs, die Sorge an: Erbrecht, wie nach späterem
Lehen, gab es dabei nicht, und wurde nach seinem Tode
nicht rasch behufs Weiterbesitzes vorgegangen, konnten
sich leicht Andere beim Herrn der Beneficien einschmiegen.
Namentlich fürchtete der alte Graf die Ministerialen des
Herzogs von Oesterreich, und zweimal gebietet seine Instruction den Gerhaben seiner Kinder, auf diese ja acht-
zuhaben. Bezüglich des Herzogs von Oesterreich weifs
man nichts von übertragenen Beneficialgütern, wohl aber

73. Den Hof von Krustetten widmete Graf Siboto (sen.? iun.?) dem
Kloster Götweih gegen Jahreszins von 12 ₰' (Font. rer. Austr. 2/8, 84);
jenen von „Eselzhovpt“ stiftete der jüngere Siboto ca. 1225 ebenfalls dahin (ebend. 294). Einen guten Theil Passauer Lehenbesitzes früheren und
späteren Datums erfährt man gelegentlich des Todes des Grafen Chuno
(1260) aus der Rückfallnotiz im Lonsdorfer Codex der Mon. boica 29 2,
216. Vgl. Beilage IV. — 74. Vgl. das Pfarrwidem von Hernstein in Beilage I, C von f. 14 des Codex, dann ebend. B 17.

von derlei Hoheitsrechten, wie sie dem Landesfürsten
von Reichswegen zustanden. Da war das Landgericht
mit seinem Einflusse und seinen Sporteln, die Steuer-
leistung dafür, welche Marchfutter und Vogtrecht hiefs
und meist in Hafer und Geld bestand, und die Burgrobot,
die Frohne in Hand und Zug für die Anlage oder Besserung der landesherrlichen Burgen.[75]) Endlich hatte auch
der Markgraf von Steiermark dem Grafen Liegenschaften
zu Fischau und am Hartberge beneficialisch zugewendet.
Von ihnen gibt es keine weitere Nachricht, als dass sie
des jungen Siboto Tochter Adelheid zur Mitgift überlassen wurden.[76])

Im Grunde erscheint die Persönlichkeit des Grafen
Siboto aus dem Hausbuche in getheiltem Lichte: anmu-
thend im Bilde und vorsorglich im Worte und in der That,
auf der anderen Seite aber gewaltthätig, was vielleicht
in Zeit und Erziehung gelegen.[77]) Allerdings ist es nicht
mehr blos Gewaltthätigkeit, die aus dem Briefe an Ort-
win von Merkenstein hervorblickt: da ist Hinterlist und
Tücke. Es ist das der berüchtigte Brief, worin dem genannten Dienstherrn angetragen wird, er möge den dem
Grafen äufserst widerwärtigen Rudolf von Piesting hinter-
rücks abfangen und blenden, dafür solle er das Panzenbauerngut erhalten.[78]) Aber es ist keineswegs sicher, dass
der Brief wirklich auch vom alten Grafen rühre; er kann
nicht minder des gleichnamigen Sohnes sein. Aus der
Schrift lässt sich nichts entscheiden, denn das Schreiben
kann Copie sein, und würde auch als Original nicht unbedingt gegen den alten Grafen zeugen. Aber der Titel
„Graf von Hartmannsberg" allein geführt, lautet weit eher
auf den jungen.

---

75. Hier lautet es, der Herzog habe dem Grafen überlassen „modios,
qui uocantur marchmütte, et iusticiam operum, que in urbibus ducis fieri
debent, et ceteras iusticias, que de prediis comitis debentur duci", und
1189 verzichtet Herzog Liutpold zu Gunsten des Bisthums Freising auf
jene Rechte, welche ihm „von Reichswegen" auf dessen Güter Ebersdorf,
Enzersdorf, Ollern und Holenburg zuständen, nämlich „marhrecht et lant-
gerihte et burwerch" (Font. rer. Austr. 2/31, 121). — 76. Beilage I, A,
dann ebend. B 17. — 77. Vorbemerkung zu Beilage I. — 78. Beilage
I, B 16. Der Brief ist als Merkwürdigkeit öfters erwähnt und abgedruckt
und übersetzt auch in der Kirchl. Topographie 1/5, 181, und in Keiblinger, Geschichte von Melk 2 1, 549.

Sowohl der alte Graf als seine Gattin scheiden, ohne sichere Nachricht von ihrem Tode zu hinterlassen.[79]) Sie sahen noch ihren ältesten Sohn dem Kaiser sich in Regensburg anschliefsen für den Zug nach Palästina, und dort mit der Blüte des Reiches, den Kaiser voran, untergehen.[80])

Ob nun von da ab die Kargheit der Familiendaten aus persönlichen Verhältnissen rühre, muss unaufgeklärt bleiben. Genug an dem, dass man den jungen Grafen Siboto „von Hernstein" blos 1187 im Gefolge Herzog Liutpolds zu Solenau begegnet[81]), und 1221 ebenso in Wien.[82]) Dann mag es um 1225 gewesen sein, dass er den Hof „Eselzhovpt" am Fufse des Klosterberges zu Götweih diesem Stifte gegen Jahresdienst überlässt,[83]) und von jetzt ab tritt Schweigen ein.

Seine Gemahlin, eine geborene Gräfin von Valei, soll Liutkard geheifsen haben.[84]) Sicher sind seine Kinder Adelheid, Siboto und Chuno. Aus der Tochter entwickelten sich für Hernstein besondere Geschicke.

Ihr Gatte wurde Heinrich (II.) von Kuenring, einer der reichsten Ministerialen in Oesterreich, ein tapferer, auch hochgestellter Mann, während Herzog Liutpolds Abwesenheit das Amt eines Stellvertreters in der Regierung (rector tocius Austrie) bekleidend, im Volke aber thatsächlich und sagenhaft berüchtigt.[85]) Allein trotz Vermögen gehörte er nicht zu den Freien der staatlichen und Rechtsgesellschaft im Lande, sondern nur zu den Dienstmannen, und diese Eigenschaft brachte nach den herkömmlichen Volksrechten sowohl seine Gattin als deren Kinder mit

---

79. Das Nekrolog von Baumburg in Mon. boica 2, 265 erwähnt der „Hildegard comitissa de Hadmarsperg" als am 29. März eines ungenannten Jahres gestorben. Wahrscheinlich war dies nach dem alten Grafen, und Hartmannsberg ihr Witwensitz. — 80. Etwa drei Wochen vor Aufbruch des Kreuzheeres war Chuno mit seinem Vater zu Regensburg behufs Mutung der Sulzbacher Lehen des Hauses (Abhandl. der bayr. Akad. 1, 198), und dort mag auch der junge Graf mit dem Kaiser die Reise angetreten haben. — 81. „Comes Siboto iunior de Herrandessteine" in einer Urkunde für Kloster Heiligenkreuz (Font. rer. Austr. 2/11, 16). Vgl. oben Note 73. — 82. Meiller, Babenbergische Regesten 128/169. — 83. Font. rer. Austr. 2/8, 294, wenn er und nicht etwa sein gleichnamiger Sohn der Widmer gewesen. — 84. Mon. boica 7, 55. Nach Aventin hiefs sie so; vgl. Abt Rupert von Weyarn, Catalog. religiosor. u. s. w. 41, Note 20. — 85. Blätter für Landeskunde von Niederösterreich 7, 124 ff., dann 145.

ihm auf eine niederere Rangstufe, und dadurch um Ansprüche, die sonst der Dame als einer Vollfreien zugestanden hätten. Denn ihre Ehe machte sie zu Dienstpflichtigen
des Herzogs, und sie und ihre Nachkommen unterstanden
dem Dienstmannenrechte des Landes. Sie mag zwischen
1205 und 1210 geheiratet haben. Ihr Vater gab ihr zu
Mitgift Noppendorf, ferner Liesing, den (unfindbaren und
wohl verschriebenen) Ort „Newensberg", und was er vom
Vater her als steiermärkische Beneficien geerbt hatte. Es
ist durchaus von Hernstein abgelegenes verstreutes Gut,
das mit der Hofmark daselbst keine weitere Verbindung
hatte.*) Demungeachtet brachte diese Heirat viel Unheil
über die Herrschaft und ihren damaligen Besitzer.

Ganz so schmal wie über den Vater sind auch die
Nachrichten über die Söhne Siboto und Chuno, und fast
durchwegs sprechen sie blos vom Niedergange des Hauses.

Unter die ersten derselben gehören jene aus den
Zeiten des erbitterten Streites zwischen dem Reiche und
Papstthum, als Kaiser Friedrich II. zu den Gebannten
zählte, und der deutsche, vornehmlich bairische Adel, je
nach Gesinnung und Streben, im Bruderkriege lag.

Die Neuburger Grafen schlossen zuerst, gleich dem
Herzoge von Baiern, sich dem Kaiser an; 1244 aber wendeten sie ihm den Rücken, ergriffen die Partei Herzog
Ottos von Meran, der zur Kirche stand, und das bekam
ihnen übel: Graf Siboto wurde im Kampfe erschlagen und
sein Bruder Chuno gefangen; der Graf von Wasserburg
hielt ihn in Haft und bemächtigte sich mittlerweile seiner
Schlösser in Baiern.*) Uebrigens scheint man ihn bald
freigegeben zu haben, nicht aber seine Güter. Für ihn
mochten seine Verwandten sprechen; hinsichtlich der Herrschaften jedoch, die sicherlich der bairische Herzog unver-
kümmert und ohne Rechtsspruch herauszugeben nicht ge-
dachte, blieb die Sache unausgetragen. Bedrohlich stand
sie aber in hohem Grade, sonst liefse sich nicht erklären,
warum Graf Chuno so plötzlich über sie zu Gunsten eines
Dritten verfügte, ehe sie ihm noch abgesprochen waren.

---

86. Beilage I, B 17. — 87. Annales Scheftlarien. in Quellen und Er-
örterungen zur bayrischen und deutschen Geschichte 1, 393: „Siboto
comes de Niwenburch occiditur, frater eius Chünradus capitur, comiti
Chünrado de Wazzerburch in custodiam traditur, qui castra ipsius sibi
fraudulenter usurpauit."

Das geschah etwa ein halbes Jahr nach seiner Freilassung, und zwar zu Freising im August 1245.

Dort übertrug er das Eigenthumsrecht seiner ganzen Habe in Baiern wie in Oesterreich dem Bisthume Freising, mit Vorbehalt des Fruchtgenusses für sich, auch für seine ehelichen und vollfreien Söhne. Seine Dienstmannen höheren Standes sollten nunmehr zum Bischofe stehen, ihm aber wie herkömmlich dienen. Bei Vertragsbruch gingen der Graf und seine genannten rechtlichen Erben der Vorbehalte verlustig.[88]) Dass er Geld dafür bekommen, ist gewiss, aber nicht mit einer Sylbe erwähnt. Nur später machte Niemand mehr ein Hehl daraus, dass es blos ein bedingter, ein Scheinverkauf gewesen.

Unzweifelhaft war diese Abmachung blos ein äufserstes Rettungsmittel. Offen verkaufen liefsen sich Dinge nicht, über welche der Graf nicht mehr frei verfügen konnte, weil ihm im Kampfe abgenommen und nun im Processe wider ihn stehend. Dazu hätte sich auch der Bischof von Freising des Herzogs wegen kaum herbeigelassen. Allein scheinbar ihrer mit Verlust sich entledigen, sie gleichsam und damit sich selber opfern und doch wieder retten, konnte unter der einflussreichen Hand der Kirche leichter geschehen, und so stellte er sich unter ihren Schutz. Indem er sein noch nicht abgesprochenes Eigenthumsrecht ihr übertrug, gewann er ihre Vermittlung, und sich das Auskommen. Freilich wurde damit der vollfreie Herr blos Nutzniefser und Leibgedinger, aber es lag darin vielleicht die einzige Möglichkeit, vor dem Elende sich zu bewahren, aber auch der Anfang vom Ende.

Dass Hernstein bei diesem Geschäfte eine Hauptrolle spielte, weifs man aus späteren Acten, obgleich es im Vertrage nicht genannt war. Ueberhaupt erscheint die Bezeichnung „von Hernstein" seit ca. 1225 nicht im Titel des Grafen Chuno. Er nennt sich „genannt (dictus) von Neuburg", ,auch „vormals Graf zu Neuburg", am öftesten jedoch „von Hartmannsberg", zuweilen „von Falkenstein", und einmal mit diesen letzten drei Bezeichnungen zusammen.[89]) Blos

---

88. Beilage II. — 89. 1245. 31. 8. „Ch. comes dictus de Niwenberch", welches „dictus" stets anzeigt, dass der Betreffende das Gut nicht mehr inne hat, von dem er sich nennt (Beilage II) — 1246. 27./2. „comes Chunr. de Hademarsperch" (Regesta boica 2. 368) — 1246. 31. 12.

in seiner Quittung an Freising (von 1254) schreibt er sich
„comes de Herrantstein".[90])

Jene Scheinübertragung an das Bisthum hatte aber das
Ueble aller Nothverträge: die gezwungene Partei sucht
deren Kraft abzuschwächen, weil sie schwer in die neuen
Gränzen sich schicken kann. Auch hier mag der Graf anders
gewirtschaftet haben, als die Nutzniefsung ihm gestattete.
Der Bischof nahm jedoch die Sache ernster, und freiwillig
hat Graf Chuno wohl kaum den neuen Vertrag eingegangen,
der seine Pflichten strenger umschrieb, ferne von der Heimat,
in Wien, und zwar, wie sich dem Documente ansieht, in
etwas eiliger Weise zustande kam.

Im Ganzen ist der Inhalt gegen früher unverändert;
eine neue wesentliche Bedingung ist nicht beigefügt, nur
die Ausführung ist verschärft. Nunmehr setzt der Bischof
die Amtleute ein, und diese bezahlen dem Grafen die
Renten, und sie gehorchen auch insoweit seinen Anord-
nungen, als er nicht irgend etwas verkaufen oder verpfän-
den will. Dies ist der Kern der neuen Abmachung, und
der zeigt auch, woran es in der Ausführung der ersten
mangelte. Alle anderen Ansätze sind blos wechselnde
Formulierungen der früheren, ohne besondere Verschär-
fung. Dass aber der Bischof den Grafen für seine Abtretung entschädigen und ein weiteres Document Art und
Gröfse der Vergütung feststellen würde, das wird hier
erwähnt.[91]) So lag dreierlei vor: Schutzverhältniss, Schein-
kauf und eine Art Sequester.

Dass übrigens das Actenstück nicht unter der Obsorge des Grafen abgefasst wurde, sondern in einer geist-

---

„Chunr. comes de Niwenburc" (Beilage II) — ca. 1255 „Chunr. dei gracia
aliquando comes de Neumpurk" (Mon. boica 2, 398) — 1256, 11./5.
„Chunr. comes de Valchenstain, ac de Nuvenpurch, seu de Hademarsperch"
(ebend. 6, 215) — 1257, 4. 8. „Chunr. comes de Hadmarsperch" (ebend.
2, 402) — und ca. 1260 ebenso (ebend. 2, 456). 90. Beilage III.
91. Einige Stellen weisen ziemlich deutlich (im Einklange des ganzen
Actenstückes mit dem ersten) auf Missbrauch seitens des Grafen. Nicht
ohne Bedeutung für das Bild der persönlichen Führung des Grafen mag
sein, dass in dieser zweiten Urkunde nicht weniger als viermal angesetzt
ist, wenn seine künftigen Söhne ein Nutzungsrecht beanspruchen können
sollten, so müssten sie aus seiner Gattin, aus seiner legitimen Gattin,
und zwar aus seiner vollfreien Gattin erzeugt sein. So „filii mee conditionis per uxorem (procreati)" — „de (uxore) legitima" — „uxor
mee conditionis" und „uxor conditionis mee et non de alia".

lichen, also der bischöflichen Kanzlei entstand, und ihm
(vermuthlich im Freisingerhofe zu Wien) vorgelegt und
sein Siegel dazu abverlangt wurde, ist ziemlich sicher.[92])
Wie viel er als Kaufpreis empfangen, besagt seine
Abrechnung von 1254: nämlich 625 Pfund Pfennige, und
war der Bischof ihm damals nur mehr 25 Pfund schuldig.
Hier wird auch nicht mehr von Entschädigung, noch weniger aber von der „Suche nach Gottes Lohn" von Seite
des Grafen, sondern einfach von Kauf und Verkauf gesprochen.[93])
Von da ab nahm Bischof Konrad die Unterthanen von
Hernstein in Schwur und Eid; die Burg ward von seinen
Burggrafen besetzt, im Dorf und Gäu verwalteten seine
Amtleute, und sie waren es, aus deren Händen der Graf
seinen Lebensunterhalt empfing.[94])

---

92. Die beiden Kaufverträge finden sich in Beilage II nebenein-
ander gestellt, und der zweite ist in Facsimile hier beigegeben, da er die
älteste förmliche Urkunde ist, die Hernstein betrifft, und es zugleich auch
der Hand der Gründerfamilie entfremdet. Nicht zu verhehlen ist, dass aus
der Urkunde im ersten Momente Verdachtsgründe sich aufdrängen. Das
hat auch Chmel in Font. rer. Austr. 2/1, 4 angedeutet. Sie müssen wohl
entstehen, wenn man die bei einem wichtigen Actenstücke unpassende
Flüchtigkeit der Schrift beachtet, die das Document mehr als Concept
erscheinen lässt, denn als eine formgerechte Ausfertigung, und das Kunter-
bunt von 30 Zeugen ohne Festhaltung einer Rangordnung gegenüber der
feinen Wahl hervorragender Personen im ersten Documente. In diesem
ist Ruhe und Formsicherheit, in dem von 1246 Hast und Verclausulirung
unter Formeln, die dem Grafen als Ausfertiger gar nicht entsprechen, dem
es um Geld, aber nicht um das „thesaurizare thesaurum in celo" zu thun
war. Die Ingerenz des geistlichen Elementes liegt zu sehr auf der Hand,
als dass sie nicht auffallen und Verdacht erwecken sollte. Allein das
Siegel ist echt, und obwohl schadhaft, weist es doch keine Spur der Ablösung von einer andern Urkunde und Befestigung an diese. Der Inhalt
zeigt dann auch, näher betrachtet, keinerlei Inzichtsmomente, sondern blos
gerechtfertigte Verstrengerungen des ersten Vertrages, geschweige denn
Uebervortheilung des Grafen. Das Auffällige liegt nur im Aeuseren des
Stückes und in einigen unpassenden Formeln, die sich durch allgemeine
Verhältnisse, welche nicht speciell bekannt sind, wie etwa Gefahr im
Verzuge u. s. w., erklären lassen. — **93.** Beilage III. Der Graf sagt:
„vendideram tam predia quam homines meos". Vgl. auch Beilage VI.
Die Quittung hinterlag 1317 im Freisinger Schlossarchive zu Waidhofen
a. d. Ybs (Font. rer. Austr. 2/36, 81). — **94.** Beilage VII „homines atti-
nentes castro Herrantstein quondam proprii dicti C. comitis iurauerunt
fidelitatem . . . domino C. episcopo et ecclesie Frisingensi" — „dominus
Ch. episcopus de bona voluntate dicti comitis in signum possessionis adepte
in castro et prediis Herrantstain quosdam homines existentes de familia

Er war mit einer Dame Elisabeth verheiratet, deren Familie man nicht kennt,[95]) und starb 1260.[96]) Bei dieser Gelegenheit erfährt man von einem Theile der früheren Beneficial- und später Lehensgüter von Passau, welche der Graf inne hatte, und die sofort durch das Bisthum als heimgefallen erklärt wurden: ein Drittel der Zehente zu Hernstein, Wellersdorf und Grillenberg (an letzteren zwei Orten besafs der Herr von Enzesfeld sie in Afterlehen), Hausleiten und Meierling, ein Amtshof unterhalb Götweih, ein Weinberg dabei in vielen Parcellen verstiftet, das Dorf Noppendorf, ein schöner Hof zu Tiefenbach und das Dorf Diemannsberg, nebst vielen kleinen Bauernlehen, welche der Graf den Herren von Rabenstein weiter verliehen hatte.[97])

Seinen erschlagenen Bruder Siboto überlebte ein gleichnamiger Sohn, und dessen Frau soll eine gewisse Irmgart gewesen sein.[98]) Er hatte offenbar Neuburg zurückerhalten, denn im Jahre 1272 wurde er daselbst von seinem Dienstmanne Otto von Brannenburg im Bade ermordet.

Damit erlosch der männliche Stamm des Hauses Falkenstein-Weyarn-Neuburg, mehr als ruhmlos.

Mit 1260 war für Freising die Zeit des freien Besitzes von Hernstein gekommen, denn Graf Chuno war kinderlos gestorben. Da trat eine ebenso thatkräftige als eigenmächtige Frau dem Bischof in den Weg, vertrieb seine Burggrafen von dem Schlosse, den Pfarrer von der Kirche und setzte sich und ihre Leute dort fest.

Das mag um 1265 oder 1266 geschehen sein, und zwar unternahm es Frau Euphemia von Potendorf, des Grafen Chuno Nichte, von seiner Schwester Adelheid von Kuenring die Tochter.

castri . . . tamquam suos castellanos . . . prefecit castro Herrantstein“, und „dominus Ch. Frisingensis episcopus quosdam de predictis hominibus tamquam suos officiales instituit in castro et prediis . . . qui dicto comiti pro tempore vite sue solum deberent redditus prediorum assignare.“ — 95. Sie erscheint genannt in der Widmung des Grafen an Kloster Chiemsee 1257 (Mon. boica 2, 402). — 96. Da Bischof Otto von Passau 1260, 30. 10., St. Pölten, über die „feuda vacantia per mortem comitis de Hadamarsperg circa Herrantstein ac Nouam Ciuitatem et in illis partibus“ (Mon. boica 29 2, 167) verfügt, muss der Tod spätestens im Jahre 1260 eingetreten sein. — 97. Beilage IV. — 98. Hund, Bayr. Stammenbuch 51.

Diese, in erster und kurzer Ehe an Irnfrid von Himberg verheiratet, von dem sie keine Kinder besafs, ehelichte 1237—1239 Rudolf von Potendorf, von welchem sie
deren sechs hatte.[99]) Ganz in der Nähe von Hernstein, auf
der Wasserburg Potendorf (nordöstlich von Wiener-Neustadt) sesshaft, mochte die Nachbarlage ihre Eigenmäch-
tigkeit noch mehr reizen. Als sie die bischöflichen Diener
aus Burg und Aemtern verdrängt hatte, gewartete sie der
Klage.[100]) Diese muss 1266 eingebracht worden sein, denn
anfangs December dieses Jahres gab König Otakar als
Landesfürst in Oesterreich an den Landrichter, Grafen
Heinrich von Hardeck, den Auftrag, die Beschwerde des
Bischofs von Freising zu prüfen, und ihm darüber zu berichten.[101]) Die Untersuchung des Sach- und Rechtsver-
hältnisses geschah im Frühjahre 1267 zu Mautern vor dem
allgemeinen Gerichte.

Dem Landrichter stellte sich das Besitzrecht des Bischofs
als zweifellos dar: der Kauf von 1246, die Lehenseide der
Unterthanen, die Anstellung der Amtleute jeder Kategorie
und das Alles mit Willen des Verkäufers, unangefochten
durch 20 Jahre, liefsen einen Einwurf gar nicht zu. Frau
Euphemia scheint auch kaum einen anderen Anspruch als
den der directen (weiblichen) Abstammung, wenn sie überhaupt beim Gerichtstage sich vertreten liefs, geltend gemacht zu haben. Allein nach dem Erkenntnisse der anwesenden Dienstmannen des Landes musste gerade ihre
weibliche Abstammung sie jedes Anrechtes berauben.
Denn ihre Mutter, eine Vollfreie, hatte einen Unfreien,
wenngleich Ministerialen von Oesterreich, geehelicht, und
Nachkommen aus solcher Ehe waren als dienstbare Leute
nicht mehr erbberechtigt nach Gütern, die nur freien Leuten
zustünden.[102])

---

99. Blätter für Landeskunde von Niederösterreich 7, 149. — **100.** Beilage V: „. . . causa que occasione castri in Herrantstein . . . parte . . .
verti speratur ex altera." — **101.** Ebend. — **102.** Beilage VI und
VII: „ius tale est, quod cum filii sev filie progeniti de stirpe nobilium et
liberorum copulati fuerint aliquibus non paris condicionis, sed inferioris,
ut puta ministerialium ecclesiarum uel domini terre, videlicet ducis, filii
sev filie progeniti de talibus copulatis . . . eciam non habent, nec debent
habere ius uel accionem in prediis sev proprietatibus, que ab antiquo
respiciebant solummodo homines libere condicionis, hoc est quod wlgo
uocatur vreyzaygen."

Die Entscheidung des Königs, an den dies Erkenntniss abging, fehlt.

Uebrigens liefs sich Frau Euphemia auch betreffs der Pfarre Hernstein von den kirchlichen Oberbehörden verurtheilen, und gab die Pfarre, soviel man weifs, doch nicht ab, demnach umsoweniger die Burg, wenn sie nicht vom Landesfürsten gezwungen wurde. Das scheint aber nicht geschehen zu sein, vielleicht aus Rücksicht für die mächtige Familie.[103])

Der Bischof versuchte zehn Jahre später auf Umwegen, die Potendorfer davon zu bringen, indem er 1277 die Herrschaft dem Pfalzgrafen Ludwig von Baiern zu Lehen gab.[104]) Dieser nahm das Lehen zwar auf, allein die Potendorfer blieben dennoch.

Das Bisthum führte die Pfarre als ihm zuständig noch im 14. Jahrhunderte in seinen Verzeichnissen; von der Herrschaft ist keine Rede mehr. Aber es müssen freisingische Besitzrechte durch Jahrhunderte sich noch in der Gegend vererbt haben. Obwohl man ihnen als geübt in den erhaltenen Acten nicht begegnet, werden doch im Jahre 1820 bei Lehenserörterungen von Hernstein freisingische Beutellehen noch erwähnt.[105])

Aus einer Zeit der Bewegung taucht nun das Gut in eine Periode des Stillstandes. Diese Potendorfer Zeit ist nachrichtlos. Man meint sonst, jeder befestigte Punct wüsste zu allen Zeiten von Kämpfen zu sagen, die er angeregt oder ausgehalten. In den meisten Fällen umgibt aber nur die Phantasie der Nachkommen die schweigsamen Trümmer mit reckenhaften Gestalten und beredten Sagen. Aber hier that selbst die Sage den Mantel um. Hernstein hätte als Burg etwa im 11. Jahrhundert seiner Bestimmung entsprechen können; später ward es Hofgut,

---

103. Da die Pfarre später Magister Gotfrid, Kanzler König Otakars, besafs, mag die Familie der Potendorfer entweder ausgiebige Vertretung bei diesem gehabt, oder mit dem Könige eine Art Compromiss geschlossen haben. — 104. Beilage IX. — 105. Archiv der Finanzprocuratur, Wien. — Mit diesem letzten Versuche schwand Hernstein gänzlich aus der bairischen Macht- und allmählich auch Kenntnisssphäre. Aventin hält es für Hornstein a. d. Isar bei Schäftlarn, nur Hund (Bayr. Stammenbuch 1, 46) kömmt etwas näher und doch irre; er meint, „wo nun der Herrantstein in Oesterreich gelegen, obs vielleicht Stein ist bey Kremhss, oder ein anders, hab ich nit erfahren."

das auch ohne Burg dahinleben konnte, im Walde, allem Strafsenverkehre und allen Nachbarn ferne, ohne Eifersucht für sich, noch von Anderen gegen sich, verkommend just zu einer Zeit, wo die meisten Schlösser zu Prachtsitzen wurden. Das kennzeichnet am besten seinen Ruf und seine Bedeutung.

Blos die zwei Thatsachen der gewaltthätigen Erwerbung und des Verkaufes nach etwa 120 Jahren, also Kommen und Gehen, verbinden das Geschlecht von Potendorf mit Hernstein. Freilich auch der Bergfrid, dessen Reste heute noch aufragen, gehört, zwar kaum ganz, sicher aber gröfstentheils ihrer Zeit an. Sie schlagen die Herrschaft endlich an den Herzog los. Weshalb es Diesen nach dem einsamen Sitze gelüstete, lässt sich nicht sagen: vielleicht war es die Nähe von Starhemberg, vielleicht die Jagd in dem grofsen Waldgebiete. War doch sie schon im 14. Jahrhundert oft vom Hofe dort aufgesucht.

Die Erwerbung durch Herzog Albrecht III. ging 1380 vor sich. Konrad und Heinrich von Potendorf waren es, welche ihm ihre Antheile an Hernstein, ein Drittel des Bannwaldes in der Mandling und einen Hof zu Piesting, der eine für 3151 Pfund 5 Schillinge Wiener Pfennige, der andere mit Gütern zu Neusidel für 3000 Pfund abtraten,[106]) denen im selben Jahre noch Albero von Potendorf zu Ebenfurt mit einem Walde „an der Mandling bei Starhemberg" (also wohl an der Seite von Wopfing) für den Preis von 110 Pfund Wiener Pfennige folgte.[107])

Durch den Uebergang der Herrschaft in landesfürstlichen oder Dominicalbesitz eröffnete sich für dieselbe eine neue Phase. In dieser Eigenschaft pflegten Güter im Mittelalter häufig als Capitalsanlage zu dienen, sei es zu gelegentlicher Verpfändung, oder, in ruhigeren Zeiten, zu Provisionierung oder Anstellung verdienter Männer, in dem einen Falle fürs Ableben, in dem andern als Pfleger. Daher wechseln die Inhaber gleich den Pächtern von heute, und hatten so wenig wie diese ein namhaftes Interesse, das Gut wirtschaftlich zu heben. Die Bedeutung jedoch,

---

106. Orig., Staatsarchiv Wien; Senckenberg, Selecta iur. 4, 261; Lichnowsky, Regesten 4, Nr. 1509. Einen auf die Zahlung bezüglichen Vormerk von 1380, 29./10. enthält Cod. 16, f. 9 des Staatsarchivs. — 107. Orig., ebend.; Lichnowsky, ebend., 4, Nr. 2194 (mit Jahr 1380).

die es durch Namen und Stellung, Thatkraft und Verbindungen eines Eigenthümers hätte erlangen können, und was an Vortheilen von einem solchen oft genug sich auf den Ansitz übertrug, ging ihm verloren.

Zuerst setzte der Landesfürst einen Pfleger. Dieser verrechnete ihm jährlich Einnahmen und Ausgaben, bewachte als Burggraf das Schloss, welches er in bedrohlichen Zeiten ihm, wie der Ausdruck lautete, offen halten musste, und bezog dafür eine bestimmte Summe nebst Wohnung, und die Verpflegung kam ihm aus den Naturalgaben der Holden, wie aus der eigenen Wirtschaft der Herrschaftsgründe. Der erste sogestellte Pfleger ist unbekannt. Es mag aber Göschel der Innbrucker gewesen sein; ihn wenigstens findet man als Rechnungsleger für die drei Herrschaften Starhemberg, Frohberg und Hernstein im October 1396, und zwar weist er sich als Burggrafen durch die Jahre 1392—1396 aus.[107a]) Um 1396 indess trat der erste Fall der Hindangabe des Gutes als Leibgedinge ein: die Herzoge Wilhelm und Albrecht IV. überliefsen es nämlich in dieser Form an des Letzteren (oder dessen Vaters?) Truchsess Konrad von Waehing. Welche besondere Dienste derselbe geleistet, ist nicht gesagt; einen Schlüssel bietet ungefähr seine Verwandtschaft zu Bischof Berthold von Freising, einem geborenen von Waehing, der bekanntlich unter Herzog Leopold eine Zeit lang Oesterreich förmlich regierte.[108])

Dieser Edelmann hatte Hernstein bis 1425 inne; dann übertrug ihm Herzog Albrecht V. die Burg und das Landgericht von Marcheck, und nahm Hernstein wieder an sich.[109])

Bereits in der Mittezeit muss die Herrschaft zu anderen Zwecken herangezogen worden sein, denn ausdrücklich ist vermerkt, dass es 1418 an Albrecht von Schweinbart und den niederösterreichischen Hubmeister Berthold von Mangen verpfändet gewesen sei.[110]) Das lässt sich nur so

107a. Vgl. unten Note 182. — **108**. 1396, 31./5., Staatsarchiv Wien, Cod. 16, f. 17. In der Aufschrift lautet der Name Herratstein, im Texte Heyratstain. — Ein Rudolf von Waehing vom schwäbischen Adel fiel in der Schlacht bei Sempach; vgl. Liebenau, Schlacht bei Sempach, 240. — **109**. 1425, 13. 3., Orig. ebend.; Lichnowsky, Regesten 5, Nr. 2270. — **110**. Das Urbar von 1377 sagt nämlich in seinen Nachträgen f. 20': „Vermerkeht . . . wer die vier weingärten, gen. die Lynsäkcher (bei Piesting)

erklären, dass dem von Waehing eine gewisse Leibgedings-
rente auf Hernstein angewiesen worden, welche die Pfandinhaber ihm zu entrichten hatten, und dass er also nicht
nöthig hatte, die Herrschaft auch zu besitzen und zu bewirtschaften.

In dieselbe Mittezeit fällt auch die gang und gäbe
Sage von einem Ritter Linzer, der ungefähr 1408 die Burg
innegehabt, als Schrecken der Umgebung und als Ruthe
für die Unterthanen. So bösartig soll er gewesen sein,
dass, als er eines Tages todt im Bette gefunden worden,
man behauptete, der Teufel habe ihm den Hals umgedreht.
Allein diese Sage geht nach Hornstein, nordöstlich Wiener-
Neustadt, heute auf ungarischem Gebiete.[III])

Nach 1418, respective 1425 tritt wieder eine kurze
Lücke in die Reihe der Inhaber. Einige Zeit hindurch muss
der Herzog das Gut in eigener Verwaltung gehabt haben.
Für die Jahre 1437—1438 ist das sichergestellt.[IIII]) Dann
erfährt man, dass Herzog Albrecht V. 1439 die Herrschaft
wieder zu Leibgeding den Gebrüdern Hans und Jakob
Hauser von Matzen verschrieb, und zwar für ein Darlehen
von 2000 Pfund Pfennigen. Das Nutzungsrecht sollte sich
auf je Einen der Söhne der beiden Brüder, „also auf vier
leib", erstrecken; doch nahm der Herzog die Besitzer
rittermäſsiger Lehen, die wohl auf den groſsen Höfen
saſsen, aus, und wenn die Burg für den Kriegsbedarf nicht
genug befestigt sein sollte, dann dürften die Nutznieſser

bey herrn Albrechten Sweinwarter vnd bey Berchtolden von Mangen,
huebmaister in Osterreich, habent ingehabt, den Herrentstain ist verphendt
vnd verschriben gewesen anno Domini im M.CCCC.XVIII. jare." —
III. Der erste Berichter dieser Sage ist Thomas Ebendorfer in seinem
Chron. Austriacum. Er nennt die Oertlichkeit Harenstain. In dieser Form
taucht im 15. Jahrhundert öfters der Burgname auf, welcher mit Unrecht
auf Hernstein bezogen wird, das um solche Zeit stets Herrant-, Herrent-
und Herrnstein heifst. Demnach sind auch alle Angaben auf Seite 183 der
Kirchl. Topographie 1/5 diesbezüglich falsch: Hernstein wurde nicht 1460
zu der Propstei in der Burg zu Neustadt gestiftet, und haben es nicht 1462
die von Weispriach, nicht 1492 die von Grafeneck, nicht 1554 die Pichler
von Weiteneck und nicht 1592 die von Stotzing besessen, Angaben, welche
der dortige Verfasser leicht aus anderen (richtigen) von seinen hätte bemängeln können. Ebenso bezieht sich die Urkunde vom 1460 (in Chmel's
Regesten Nr. 5655), dann der Pflegrevers Conrad Auer's von 1470 (ebend.
Nr. 7289), beide betreffend die Herrschaft „zum Harrnstain", auf besagtes
Hernstein. — Wegen der Linzer vgl. unten Note 286. — IIII. Vgl. unten
Note 368.

bis zu 100 Pfund darauf verbauen, gegen Einrechnung in ihr Guthaben.[112]) Damals war ein Hugo Gauseck Burggraf, der ohne Zweifel dem Herzoge aufgeschworen war.[113])

Das Leibgedinge muss, wenn nicht wieder eine Ablösung wie bei dem von Wähing erfolgte, gegen 1480 abgelaufen sein, denn 1479 besafs Michael Reiffenberger die Pflegschaft in Hernstein, und auch 1480.[114]) Zwei Jahre später ist Kloster Neuberg Inhaber der Herrschaft, doch nur verwaltungsweise; es sind nämlich Rechnungen vorhanden, worin der Stiftsprior über seine ökonomischen Mafsnahmen in Sachen des Gutes berichtet. Nun besafs das Kloster die Pfarre Hernstein bereits geraume Zeit, und ist eine pachtweise Ueberlassung des Gutes an dasselbe um so eher denkbar — worin zugleich der Beleg gegeben, dass der Wert desselben nicht in der Stellung der Burg als solcher, sondern im Wirtschaftlichen gelegen gewesen und in den Wäldern, die jedoch Neuberg nicht innegehabt.[115])

. Wie lange dies Verhältniss gedauert, ist unbekannt; jedenfalls nicht viele Jahre, denn schon 1492 folgte als Pfleger Klaus Spornecker[116]), und vielleicht diesem, vielleicht einem weiteren Verwalter Ritter Leonhard Rauber von Plankenstein als Pfandinhaber,[117]) dessen Erben die

---

112. 1439, 4./5., Orig., Staatsarchiv Wien; Abschrift im Archiv des Reichs-Finanzministeriums, Lichnowsky, Regesten 5, Nr. 4317. — 113. 1448, 31./3., „Hugo Gausek … castellanus castri“, Steierm. Landesarchiv Nr. 6311 b. — 114. 1479, 15. 1., Orig., Staatsarchiv Wien; Chmel, Regesten 2, Nr. 7257, und Mon. habsburg. 1/3, 641. Er hatte dem Kaiser jährlich 20 Pfund Pfennige nach Abzug der Burghut abzuführen, und ward gewarnt, die Unterthanen zu bedrücken oder sich in Fehden einzulassen. — 115. Acten von Neuberg im Steierm. Landesarchiv. Der Rechnungsleger ist ungenannt; ein Herr Kolman (Prior zu Neuberg?) erscheint öfters als Inspector; der Pfleger heifst Herm. Ruether. Beweis für die Inhabung durch Neuberg ist, dass der klösterliche Rechnungsleger aufzeichnet, was er „zu dem gsloss Herrandtstain aussgeben vnd eingenomen“ in der Zeit seiner „verbessung“, und „wieuil der dienst zw der herrschafft Herrnstain pringt“; der Prior kauft Getreide für die Ansaat auf der „hofpraiten“, er lässt „al(l)s trayd, das in dem gsloss beliben ist, messen“, „mist aus dem gsloss“ führen u. s. w. — 116. Revers desselben von 1492, 22./9., Orig., Staatsarchiv Wien. Darnach besafs er das „gslos Herrantstain“ blos gegen Verrechnung. — 117. Seiner Pfandinhabung ist nur in der Vorschreibung an den von Meggau gedacht. Er besafs auch Starhemberg, und zwar lässt er für dort schon 1507 sich nachweisen. Ob er beide Güter auf einmal oder nacheinander überkam, ist nirgends gesagt. Vgl. über ihn und seine Familie Note 205.

— 53 —

Ansprüche abzulösen der kaiserliche Rath Helfrid von
Meggau 1521 von Karl V. Erlaubnis erhielt.[118])

Schon unter Rauber war Hernstein mit Starhemberg
zusammengezogen worden: die Verschreibung lautete auf
beide Herrschaften, und das Urbar von 1515 begreift sie
gleichfalls Beide in gemeinsamer Verwaltung. Diese Vereinigung muss mindestens unmittelbar um 1515 vor sich
gegangen sein, hatte jedoch keinen höheren Zweck, als
durch ein vergröfsertes Object für eine gröfsere Schuld-
summe Deckung zu geben. Dergleichen geschah auch gelegentlich der genannten Güter und Frobergs, Scheuchen-
steins und Gutensteins, und ebenso wieder die Lösung.
Seit damals gab es dann bis in die neueste Zeit nur einmal eine kurze Spanne Trennung, sonst inauguriert der
Besitz Leonhard Rauber's dauernde Gemeinsamkeit. Das
erklärt sich durch die einmal der Regierung geliehene
Pfandsumme, für welche die Güter verschrieben waren,
und die naturgemäfs immer anwuchs. Letzteres bedingte
umsomehr die Aufrechthaltung der Höhe der Deckung.

Die Besitzer von Starhemberg sind also von da ab
auch jene von Hernstein: so, wie schon gedacht, nach
Rauber 1521 der von Meggau, von 1523 ab der kaiserliche Rath Felician von Petschach, dessen Erben 1529 der
Pfandbesitz auf weitere 20 Jahre bestätigt wurde, seit 1553
Georg Welzer von Eberstein als Gatte der Tochter Felicians von Petschach. Seine Tochter Anna Maria leitete den
Besitz 1561 an ihren Gemahl Hans Freiherrn von Heufsenstein. Zwar unterbrach sich deren Inhabung mit 1564 dadurch, dass Kaiser Ferdinand I. Francesco Lasso de Castilia
gestattete, die Pfandschaft an sich zu lösen, wogegen Freiherr Hans allerdings sich sträuben mochte. Man erkennt
dies aus seinen rastlosen Bemühungen, die Güter rück-
zuerlangen. Sie scheinen vergeblich gewesen, da 1569
Kaiser Maximilian II. wieder den Gebrüdern Martin und
Ferdinand von Taxis die Uebernahme gegen Ersatz des
Pfandschillings gewährte. Seit 1572 bot Freiherr Hans von
Heufsenstein wiederholt sein Geld auf beide Herrschaften
an, und endlich gelang ihm 1577 der Einzug daselbst.[119])

118. Verschreibung und Revers datiren von Worms, 12. 4., 1521.
Das Nähere über die Familie siehe in Note 206. — 119. Hinsichtlich der
Umstände dieser Wechsel und der Belege dafür muss auf die bezüglichen
Noten 210 ff. verwiesen werden.

Von seinen Kindern kommen hier nur Hans Georg und
Magdalena in Betracht: Ersterer wurde Haupterbe und
Nachfolger des Vaters, Letztere hatte in erster Ehe Rudolf
(Mathias) Wurmbrand zu Stuppach, und in zweiter den
steirischen Edelmann Seifrid Narringer. Mit diesem genoss sie den Sitz zu Hernstein, unbekannt unter welchen
Abmachungen, seit wann und wie lange. Man begegnet
Beiden daselbst zwischen 1635 und 1648.[120]) Von Kindern
aus beiden Ehen wird nichts erwähnt. Die Stellung eines
bescheidenen Seitenhofes von Starhemberg währte also
für Hernstein nur kurze Zeit; dann wurde es blos durch
einen Pfleger oder Amtmann verwaltet, bis ihm 1726 das
testamentarische Fideicommissstatut des Grafen Christoph
Karl von Heufsenstein Aenderung brachte.

Von den Gütern Emmerberg und Oberwaltersdorf der
Familie abgesehen, verfügte der Graf über Starhemberg
und Hernstein derart, dass Ersteres in zwei ungleiche
Hälften getheilt wurde; davon sollte die südliche ungefähr bis gegen den Kamm des Hasenberges und an den
Schlossberg zu Starhemberg gehen; was nördlich unterhalb, mit Hernstein dazu, war der Antheil des Grafen Julius,
und hatte den officiellen Namen Starhemberg-Piestinger
Antheil — Letzteres darum, weil das sogenannte Hofhaus
zu Piesting die Residenz dieses Zweiges sein sollte. Dafür
lässt sich wohl kein anderes deuten, als das Wohngebäude
im sogenannten Thurngarten[121]). Von Hernstein selber,
dessen Gebiet doch weitaus den gröfsten Theil der neu-
namigen Herrschaft ausmachte, war gar keine Rede. Allein
ehe noch die Hinterlassenen des Grafen Christoph Karl
ihre Angelegenheiten ordnen, stirbt Graf Julius (29./10.,
1726) durch einen unglücklichen Schuss auf einer Jagd am
Lindkogel.[122]) Nach dem Statute wurde Graf Karl (Karl
Joseph), dem der Vater Emmerberg zugewendet hatte, sein
Nachfolger.[123]) Dieser liefs die zugedachte Residenz im

---

120. Vgl. darüber die Darstellung der Geschichte von Pfarre und
Kirche zu Hernstein in diesem Buche, und unten Noten 232 und 630. —
121. Vgl. deshalb weiter unten Starhemberg und das Fideicommissstatut
des Grafen Christoph Karl, namentlich Note 250. — **122.** Schriftliche
Mittheilungen des Herrn Forstrathes Stöger aus der Pfarrmatrikel zu
Hernstein. — **123.** Kirchl. Topographie 1/5, 195 behauptet, Graf Karl habe
die Aemter Scheuchenstein und Pernitz 1732 an den Grafen Joh. Balthasar
von Hoyos verkauft, was aber bereits 1632 geschah. (Vgl. Note 231.)

Thurngarten zu Piesting gänzlich fallen, und wendete dafür
Hernstein seine schlossherrliche Neigung zu. Er baute den
Meierhof daselbst, der, scheint es, bisher als Absteigquar-
tier für die Familie gedient hatte, in den Jahren 1727 bis
1730 zum „Hofhause" oder (neuen) Schlosse um, stattete
es mit einer Capelle aus, und schlug seine Residenz hier
auf. Man weifs aber nicht wie lange, und ob nicht zwischen
Hernstein und Starhemberg gewechselt worden. Sicher ist,
dass zeitweise die „Herrschaft" von Starhemberg aus die
allgemeinen oder hauptsächlichen Verwaltungsgeschäfte
führte, auch von dort herab die Banntaidinge zu Piesting
abhielt u. s. w. Es hat sich die Sage erhalten, um 1765
herum sei Starhemberg als Herrensitz gänzlich aufgegeben
und dieser für immer nach Hernstein verlegt worden. Das
geschah unter Karl Josefs Nachfolger und Sohne, Sigmund
Ernst (seit 1759).[124]) Es mag, wie es heifst, ein Brand den
Anstoss geboten haben, doch war das Bergschloss überhaupt nicht mehr „zeitgemäfs", unbequem, und auch schadhaft. Um 1766 amtierte die Herrschaftskanzlei bereits zu
Hernstein.[125])

Doch Graf Sigmund, niederösterreichischer Regierungsrath, mag an dem stillen Thale nicht zu viel Gefallen
gefunden haben, denn er safs am liebsten zu Wiener-Neustadt. Die Bedingungen herrschaftlichen Lehens waren,
den Berichten nach, das ganze Land hindurch ungünstige,
und ruhten mehr auf Schein als auf Wesenheit; dazu muss
die Familie in ihren Geldverhältnissen minder gut mehr
gestanden sein; Amt und Neigung zogen den Grafen nach
auswärts, und entfremdeten ihn dem Gute, und ihm die

124. Er war mit Gräfin Josepha Benigna Petazzi vermählt (Ehe-
pacten von 1726, 18./10.) und starb 15./5., 1759, sie 11./11., 1774. Beide
liegen zu Hernstein begraben. Sie testierte 1773, 26./3. jedem Hause der
Herrschaft Starhemberg-Piesting 4 fl., jedem der Herrschaft Emmerberg
ebensoviel, und ihrem Sohne Heinrich ihr Haus in Mühlthal sammt dem
Hammer, doch habe er die auf Letzteren noch schuldigen 300 fl. aus Eigenem
zu decken (Archiv des Landesgerichtes in Wien). Ihre Kinder waren Sigmund Ernst (geboren 17. 8., 1730), Heinrich Franz (geboren 21. 11.,
1734), Maria Anna (geboren 1738, in erster Ehe an Obristlieutenant Freiherrn von Warberg 14./11., 1757, in zweiter an Graf Joh. Sigm. von Stadel
verheiratet), und Caroline (geboren 1740, verehelicht an Graf von Selb
(Selle?). (Acten des Landesgerichtes Wien, und schriftliche Mittheilungen
des Herrn Forstrathes Stöger.) — 125. Rathsprotokoll von Piesting f. 383,
Marktarchiv daselbst.

Pflege desselben. So rückten die ökonomischen Opera-
tionen heran, welche in der Regel mit dem Verkauf enden:
Hernstein ward in Pacht gegeben, hiefs eine „Arren-
dationsherrschaft", und zwar wird 1792 Franz Sebastian
Mayer als Bestandinhaber genannt, dem sein Schwieger-
vater Deuscher als Verwalter diente,[126]) ein Wechsel, der
wiederkehrte, bis das Gut vollständig in fremde Hände
kam.[127])

Nach dem Tode von Sigmund Ernst, der mit Gräfin
Josepha von Klenau verehelicht war, und 30./3., 1796
ohne Nachkommen zu Neustadt verstarb, kam sein Bruder Heinrich Franz, der bisher Emmerberg allein besessen,
an's Gut.

Er hatte zuerst als Fähnrich im Regimente Harrach,
dann als Hauptmann bei den Gränzern von Carlstadt-Licca
gedient,[128]) und wenn die Umstände dieses Zweiges der Familie seit der Theilung von 1726 überhaupt nicht sich ver-
besserten, so scheint Graf Heinrich am wenigsten in der
Lage gewesen zu sein, sie vortheilhafter zu gestalten.
Emmerberg, heifst es, stand am Verkaufe; auch hatte Sigmund Ernst schon Parcellen von Hernstein hintangegeben.
Jetzt folgte 1796 der Verkauf der Herrschaftstaferne an
den gräflichen Revierjäger um 1.400 fl.,[129]) ein Paar Monate
später jener der Hofmühle zu Oberpiesting sammt Garten
und Gasthausrechten und gleichzeitiger Enthebung von
allen weiteren Diensten und Abgaben um 4000 fl., und so

---

126. Notiz aus pfarrlichen Aufschreibungen im Schlossarchiv zu
Hernstein. — **127.** Im Jahre 1798 war Anton Jäger „Arrendator". Ebend.
— **128.** In erster Ehe war er mit Theresia Francisca Freiin von Riesenfels
(† 1./8., 1789, begraben zu Winzendorf), in zweiter (nach Contract vom
24./10., 1792) mit Maria Anna Gräfin von Welsersheim verheiratet; aus
jener stammte Maria Anna (geboren 1763, und verheiratet an Vincenz
Grafen Sauer), und aus der andern blieben am Leben Aloisia (verheiratet
an Graf Chorinsky), Karl (geboren 1795 und † 14. 5., 1871), Theodor
(geboren 12. 3., 1801) und Heinrich (geboren 9. 5., 1803). (Schriftliche
Mittheilungen des Herrn Forstrathes Stöger.) — **129.** Orig. Schlossarchiv
zu Hernstein. — Sigmund erstrebte die Allodialisierung beider Güter, und
betrugen die bezüglichen Capitalien, die dafür erlegt werden sollten,
147.500 fl. (Archiv des Landesgerichtes in Wien). Die Sache mit dem Verkaufe von Emmerberg 1791 an Frau von Minassi scheint sich anders zu
verhalten, und Hernstein ging fünf Jahre früher ab als Emmerberg. Auch
scheint die Allodialisierung durchaus nicht perfect geworden. Vgl. weiter
unten bei Emmerberg.

ging es auch mit dem Steinhof, Theilen der Mandling an der Oed, dem Schönauerwald bei Hernstein u. s. w.,[130]) und endlich gelangte, da unhaltbar, Hernstein selber an die Reihe.

Mittels Kaufvertrages vom 17./10., 1798, und Uebergabsurkunde vom 10./1., 1799 erwarben es der Niederländer, Staatsrath Heinrich Freiherr Müller, und seine Gemahlin Theresia, geborene Freiin von Bartenstein.[131])

Diesem Besitzer, der sich nun auch „von Hörnstein" schrieb, verdankte die Oertlichkeit manche Wendung zum Besseren. Von ihm rührte die Anlage eines Parkes nach der Ruine hin. Er suchte aus ökonomischen Gründen die Robot durch Geldablösung in ewigen Jahreszinsen zu ersetzen, und kaufte theilweise wieder der Herrschaft zurück, was sie früher eingebüfst. Allerdings gab auch er 16¹/₂ Joch herrschaftlicher Gründe auf dem Hart um 4785 Gulden an den Hirschenwirt und Besitzer des Thurnhofes, Kohlbacher, zu Piesting,[132]) allein er hielt das Gut doch mehr als drei Jahrzehnte fest, und erst seine Söhne Heinrich, Eduard Heinrich und Christoph haben weniger gut wirtschaften können. Sie verkauften Wiesen, Gärten, 98 Tagwerke Rebengrund, Wälder und kleine Grundtheile, Tafernen, die Hofmühle zu Oberpiesting, das Umgeld auf Dörfern, das zu dem erst von ihrem Vater erworbenen Loipersbach bei Neunkirchen gehörte, endlich das Dorf selber. Eine trotzdem wachsende Verschuldung machte ihre Stellung auf Hernstein immer unhaltbarer und sie verkauften es 10./2. 1831 an Seine kaiserliche Hoheit den Herrn Erzherzog Rainer und damit selbstverständlich die ganze Herrschaft Starhemberg-Piestinger Antheils.[133])

---

130. Schriftliche Mittheilung des Herrn Forstrathes Stöger. — 131. Orig. Uebergabsact bei Herrn Oberst Carl Freiherrn de Vaux in Wien. Aus dem Kaufschillinge wurden 60.000 fl. in 5%igen Stadtbanco-Obligationen an das Heufsensteinische Fideicommiss abgeführt. Der Inspector des Käufers war ein Franz de Paula von Strehmayer. Heinrich Müller's gleichnamiger Sohn war mit Gräfin Johanna von Fünfkirchen vermählt und ihrer beider Tochter Cornelia (seit 1837, 2. 5.) mit August Freiherrn von Eynatten. — 132. Zehentablösungsbuch im Schlossarchive zu Hernstein. — 133. Orig. ebend. Die Nachrichten über die Zeit des Besitzes der Familie Müller aus Mittheilungen des Herrn Forstrathes Stöger.

A.

2. Starhemberg.

(Bis 1830.)

An die Herrschaft Hernstein schliefst sich im Süden
jene von Starhemberg. Blos die Piesting bildet die Gränze,
wie man weifs, auch die Landesgränze durch Jahrhunderte
zwischen Karantanien und der Ostmark, oder später zwischen Steiermark und Oesterreich.[134])
Ob das deutsche Reich diese Berge und Thäler gleichzeitig mit dem Wienerwalde besetzte, vergabungsweise
vorbauend und befestigend, ehe noch die Ebene von den
Ungarn geräumt war, ist zweifelhaft. Mehr Wahrscheinlichkeit hat die Annahme für sich, dass sie von Karantanien
heraus erobert wurden, dass der Friede von 1043 sie in
deutsche Hände brachte, den Siegern reichen Lohn an
Gütern dies- und jenseits des Semring, und der Erzdiöcese
von Salzburg wieder ihre mit 907 eingebüfste Gränze.
Leider kennt man die Namen der Recken nicht, welche
der bairische Hochadel nach dem Südosten schickte, für
Waffenruhm und Länderbeute; aus den Besitzungen aber
von hüben und drüben in den Händen gewisser Familien
lässt sich schliefsen, dass aufser den Lambacher Grafen
auch die Formbacher, die von Steier und Bogen, und die
Vollfreien von St. Dionysen und die von der Traisen an
dem Ringen sich betheiligten. Namentlich von Letzteren
weifs man, dass sie in der oberen wie unteren Kärntner
Mark und in deren nordöstlichen Theilen, dem Rabwinkel
weite Liegenschaften besafsen, und nicht geringere endlich
an der Piesting.
Hier zeigt sich dem Blicke ein besitzthümlich scharf
umrändertes Gebiet, das nicht unter verschiedenen Herren
zerstückt ist, sondern im Wesentlichen blos Einem zu Eigen:
es begreift das rechte Piestingufer von oberhalb der Thalenge bei Waldeck bis in die Freiung des Steinfeldes gegen
Osten, und was die Gebirgszüge von Waldeck und Wellersdorf einschliefsen nach Süden bis Rotengrub und theilweise
in die breite Ebene hinein.[135]) Hier lässt sich für die Grafen

134. Vgl. oben Seite 23 ff. und Noten 33 und 34. — 135. Den Umfang und beiläufigen Ueberblick vermittelt eine Vogelperspective nach
Merian, welche die zweite Kunstbeilage dieses Buches bringt. Sie gehört

zu Pütten, die doch sonst mit ihrer Habe diesseits des Sem-
ring in jedes Thal reichen, kein Besitz entdecken, und blos
ein ganz schmaler für die Grafen von Steier.[136]) Das ist das
Gut der Herren von der Traisen, auch wahrscheinlich ihre
Dotation, oder ein Theil derjenigen, welche ihnen die
Schneide ihres Schwertes hat erwerben helfen.

Mit ihnen hebt die Geschichte dieses Gebietes an.
Mit ihnen siedelt sich knapp an den altbairischen Falkensteinern, unzweifelhaft in gleicher Weise mittels kaiserlicher
Schenkung und mit dem gleichen politischen Zwecke, ein
anderes Geschlecht an, das nicht minder Altbaiern als seine
Ausgangsheimat erkennt, jedoch seit langer Zeit in Oberösterreich eine Heimstätte sich geschaffen, und mit bewaffneten Scharen donauabwärts ziehend, endlich an der unteren Traisen sich festsetzte, von welcher Gegend es seinen
ältesten Beinamen führt.

An der Piesting lagert sich sein neuer Zweig, und
nennt sich da „von Waldeck". Hier stand dessen Ansitz
auf halber Höhe eines Felskegels, oder nächst daran auf
schöngerundetem Kogel, am rechten Flussufer, gegenüber
einem correspondierenden am linken, zwischen beiden der
Fluss, der in Gestalt eines ∽ sie umschlängelt. Ein zweck-
mäfsigerer Thalabschluss wäre kaum zu denken. Die Oertlichkeit selber verdeutlicht das Ziel der Ansiedlung, dem
Reiche ein neues Vorwerk gegen Osten aufzurichten.
Darin ist der Sitz älter als Starhemberg, und dies die
Wiege der Herrschaft — freilich, wie sonst es mit
Wiegen zu gehen pflegt, später zurückgestellt und verkommen.

---

der zweiten Hälfte des 17. Jahrhunderts an, und genügt im grofsen
Ganzen, ungeachtet gewisser Fehler in Stellung der Orte und in Namen.
So liegt Emmerberg zu weit rückwärts, und Starhemberg ist auf das
linke Piestingufer gestellt statt auf das rechte; auch ist Wirflach, nicht
Witerflaw, Emmerberg, nicht Tramaberg zu lesen, und von den Höhen
nördlich Fischau strömt kein solcher Fluss ins Thal. — 136. Die Grafen
(oder wie sie auch nach der Rückgabe der Kärntner Mark an die Eppen-
steiner Herzoge von Kärnten sich noch nannten, Markgrafen) von Steier
müssen bereits um 1100 Weinland zu Muthmannsdorf besessen haben,
weil sie damit ihr Lieblingskloster Garsten ca. 1110 bestifteten (Urkundenbuch des Landes ob der Ens 1, 123 und 2, 136). Etwas später
besitzen sie den Burgstall „Prozath" nächst Weikersdorf (vgl. Noten 255
und 256), und wol auch der Stein zu Meiersdorf.

Ebenso wie bei denen von Falkenstein-Neuburg besitzt man auch für jene von Waldeck eine ähnliche, gleichzeitige Aufschreibung über die Gliederung des Geschlechtes. Nur stammt selbe nicht aus einem Hausbuche, wie dort, sondern aus dem geistlichen Familienbuche jenes Stiftes, welches die wichtigste Persönlichkeit des Hauses für diese Darstellung, Adalram von Waldeck, gegründet: aus dem sogenannten Verbrüderungsbuche von Seckau in Obersteier. Ganz wie dort ist hier sie die wichtigste Grundlage nach dieser Richtung, und gewährt Einblicke in Familienverhältnisse eigenthümlicher, theilweise nicht mehr aufklärbarer Art.[137])

Die Aufzeichnung hat Adalram als Mittelpunct, um welchen herum sie seine Blutverwandten gruppiert. Ihn selber nennt sie an dieser Stelle blos nebenbei, mit dem

---

137. Mit der Genealogie der von der Traisen haben sich bereits verschiedene Historiker mehr oder minder eingehend beschäftigt. Trotzdem werden aber einige, und zwar eben die interessantesten Puncte derselben dunkel bleiben. Der erste ist Hansiz, Germania sacra 2, 239, welcher zuerst auch den Stammbaum des hier wesentlich verwerteten Seckauer Verbrüderungsbuches benützte; ihm folgte A. J. Caesar, Ann. Styr. 1, 186, der noch viele urkundliche Daten zur Ergänzung der Genealogie verwertete, ferner Pusch, Chronol. s. ducat. Styriae 1, 340, der die (hier in Note 140 gegebene) Aufschreibung von St. Andrä a. d. Traisen beibringt. Eine sehr nüchterne und deshalb sehr anerkennenswerte Filiation stellt Karlin, Salbuch von Götweih (Font. rer. Austr. 2/8, 187 ff., und Note 258) auf. Am eingehendsten behandelte sie Meiller, Salzburger Regesten 461 (Stammbaum der Herren von der Traisen) und 538 (Stammbaum der von Lengbach). Er geht von der Ansicht aus — welche auch jene der Aufzeichnung von St. Andrä ist — dass beide eben genannte Familien Einen Stammvater haben, und nennt denselben Engilrich. Inwieferne diese richtig, soll hier nicht besprochen werden. Doch scheint, als wenn Meiller's Stammbaum der Herren von der Traisen, bei unleugbarem Scharfsinne, zu viele Persönlichkeiten enthielte, und viel zu weit von der einfachen Gliederung im Seckauer Verbrüderungsbuche sich entferne, das er blos nach dem Abdrucke der betreffenden Stelle bei Hansiz und Caesar kannte. Ausserdem bringt er nur die Ergebnisse seiner Forschungen, nicht aber deren Stufengang, und lassen sich somit jene hier nicht controliren. — Meiller ist wiederholt in Newald's Gutenstein 32—33, der auch Gebhardi, Genealogie und Geschichte der erblichen Reichsstände, Halle 1783, 3. Bd., 231—235, für dieses Geschlecht citiert. Auf denselben Angaben baut auch P. Ludger Leonard in seiner Geschichte der Gründung von Seckau (Studien und Mittheilungen aus dem Benedictiner- und Cistercienser-Orden 1888/1, 96 ff.) sein genealogisches Gebäude auf.

Tage seines Verscheidens und seiner Todtenfeier aber an
einer anderen,[138]) und sie lautet:

mater Alrami fundatoris	pater	vxor
Gerdrut,	Hartnith,	Berhta,

ab eo occisus	frater	germanus	auus
Albero,	Walther,	Ernst	Aerbo,

	proaui		auia
Hartnidus,		Aerbo,	Chunza,

patruus	propinquus	auunculi	
Raffoldus,	Heinricus,	Idunch,	Cumpolt.

An diese Eintragung des Verbrüderungsbuches reiht
sich die Zeugennotiz einer Urkunde von 1136, welche
Adalram und seine Brüder noch bezeichnender nennt,
nämlich:

---

138. Dieses Verbrüderungsbuch hinterliegt mindestens seit 1727,
wo es Hansiz schon benutzte, als Cod. Nr. 511 in der Hofbibliothek zu
Wien. Eine seiten- und zeilengemäfse Abschrift derselben, vom Verfasser
dieser Darstellung gearbeitet, besitzt das Steiermärkische Landesarchiv.
Die fragliche Stelle findet sich f. 40. Der Codex ist um das Jahr 1200
abgefasst, beruht jedoch auf weit älteren, wohl bald nach 1140 datieren-
den Aufschreibungen, die hier blos in eine sehr schöne und musterhaft
geordnete Form redigiert, und ungefähr bis zum genannten Jahre fortgesetzt sind. Es ist auffällig, warum in der Notiz die zwei Brüder der eine
als „frater" und der andere als „germanus" bezeichnet werden, und fraglich, ob damit nicht Ein- oder Zweibändigkeit gemeint sei; ferner, dass
der eine sichere Bruder Hartwik, und so auch der nachweisbare Meginhard, endlich auch, dass die zweite Gemahlin Richinza ausgelassen sind —
die Letztere vielleicht, weil zur Zeit der ersten Aufzeichnung beide Gatten
noch lebten. Meiller nahm — den Grund kennt man nicht — die beiden
„proaui" als Brüder. Nach A. J. Caesar 2, 615 soll sich diese Genealogie
auch in einem Nekrologium von Seckau zum 28./11. finden; dieses ist aber
bisher nicht bekannt geworden; im Nekrologe, das als Cod. 390 die
Universitätsbibliothek zu Graz aufbewahrt, findet sie sich, wenigstens
zum besagten Tage, nicht. Wie Caesar dieselbe bietet, ist sie umge-
arbeitet und lückenhaft, und hat noch den Zusatz: „Ex hac prosapia
aut orti aut sanguine iuncti domini de Lengenbach." Das erinnert
vorsichtig an die St. Andräer Aufschreibung (hier in Note 140). — Besonders wichtig aber ist, dass Hansiz (und ihm folgend unschuldigerweise auch
Caesar) die Genealogie des Verbrüderungsbuches mit kaum zu
rechtfertigenden Auslassungen und Einschüben abdruckt:
so setzt er bei „Berhta uxor" noch „prima" und fügt „Richinza uxor
secunda" bei, den Mutterbruder Cumpolt lässt er weg, und die inhaltreiche
Stelle „Albero, occisus ab eo" tilgt er vollständig. Aus diesem letzteren
Grunde hat Meiller, der sich ganz auf Hansiz und Caesar verliefs, nicht
klar sehen können.

„Walther von St. Andrä an der Traisen und seine
Brüder Adalram von Eppenberg, Hartwich von Reudling
und Ernst von der Traisen."[139])

Eine andere Notiz genealogischen Inhaltes, die in den
ersten Jahrzehnten des 14. Jahrhunderts an die Chorwand
der Kirche von St. Andrä an der Traisen gemalt worden,
und Abweichungen enthält, fällt gegenüber den zwei obigen
nicht mehr in die Wagschale.[140])

Aus ihnen ergibt sich, dass Adalram, der auch gelegentlich von seinem Gute Eppenberg (am grofsen Kampe
bei Gfell) sich schrieb, drei Brüder hatte, die sämmtlich
Namen aus der Traisner Gegend führten: Walther von
St. Andrä, Hartwich von Reudling (bei St. Andrä), und
Ernst von der Traisen gemeinhin. Ein anderer, zeitlich
verstorbener Bruder muss auch Meginhard gewesen sein,
der gleichzeitig mit Walther und Adalram ca. 1128 bei der
Stiftung von Kloster Reun (in Steiermark) Zeugenschaft
leistet.[141]) Der Vater ist Hartnid, ein Vollfreier, dem man
nach der Mitte des 11. Jahrhunderts als Grofsgrundherrn
in der Kärntner oberen Mark bei Seckau begegnet, die
Mutter aber Gertrud, ihrer Abstammung nach unbekannt,
und ihre Brüder werden hier Idunch und Gumpold (Gund-
bold) genannt. Adalrams Grofsvater war Arbo (Aribo) und
dessen Gattin Chuniza. Urgrofsväter — und zwar, da die
mütterliche Linie weniger berücksichtigt erscheint, wohl

---

139. Meiller, Babenberger Regesten 23, 61: „Waltherus de St. An-
drea, et fratres eius Adalram de Eppinberge, Hartwicus de Ruodniche
et Ernestus de Traisma." — 140. Sie findet sich auf dem Vorsteckblatte
des Cod. Nr. 756 der Universitätsbibliothek zu Graz (Brevier mit Kalender),
und ist abgedruckt bei Pusch, Chronol. s. duc. Styr. 1, 340, dann in den
Beiträgen zur Kunde Steierm. Geschichtsquellen 1, 29. Sie lautet in
ihrem Haupttheile: „Nota quatuor fuisse fratres, Walchunum (!) fundatorem ecclesie St. Andree circa Traismam, habentem comiciam Lengen-
pach, Hertnidum (!) habentem comiciam Spilwerch, fundatorem ecclesie
Wilhering, Alramum habentem comiciam Starchenberch, aliaque multa
terrarum spacia, fundatorem ecclesie Seccouiensis, (et) Ottonem (!), qui
eciam vltimus fuit, habentem comiciam Weiten et Rechperch, qui multis
bonis ditauit ecclesiam St. Andree" u. s. w. Am Schlusse heisst es, diese
Agnatenschaft sei auf der Chorwand zu St. Andrä in Versen zu lesen.
Auch sie bringt der Codex, allein sehr ausgesprungen. So viel man erkennen kann, ist obiger Walchun darin zu Walther geworden, der zweite
Name ist unlesbar, und der fehlerhafte Otto ist geblieben. — 141. Steierm.
Urkundenbuch 1, 136: . . . . aderant et Meginhardus, frater eius Waltherus
de Treisma . . . Adalram de Waldekke."

nur nach des Vaters Richtung — sind Hartnit und wieder Arbo. Des Vaters zweifelloser Bruder heifst Raffolt, ein anderer, wahrscheinlich Adalbero. Diesen hat Adalram ermordet, und die Blutthat mag einen wesentlichen Theil an der Stiftung von Seckau als Sühne tragen.[142])

Mit dem zweiten Urgrofsvater Arbo gibt sich bei ungefährer Annahme von dreissig bis vierzig Lebensjahren für eine Generation, der Schluss des Stammbaumes nach oben ungefähr zwischen 975—1000.

Als Adalrams Gattin ist hier blos Berhta eingetragen. Aber das Verbrüderungsbuch und eine namhafte Anzahl von Urkunden nennen — Ersteres an anderer Stelle — noch die zweite Gattin, nämlich Richinza von Perg (in Oberösterreich). Es ist für hier gleichgiltig, warum dieser einzelne Genealogen noch eine Tochter Erintrud zutheilen, die angeblich als Benedicta ins Stift Seckau getreten sei. Ebenso ist nicht zu verfolgen, was es mit dieser für eine Bewandtniss habe, und ob, wenn die Angabe richtig, sie nicht ein Kind jener abseitigen Verhältnisse ist, die an Richinza getadelt werden.[143])

---

142. Mit diesem Adalbero stellt sich die Sache wohl so. Im Jahre 1156 schlichtet Erzbischof Adalbert von Salzburg einen Güterstreit, der zwischen Angehörigen Adalrams von Waldeck schon geraume Zeit währte, und auf die Zeit von 1140 noch zurückgeht (Steierm. Urkundenbuch 1, 369). Darin heifst es, dass die Angelegenheit schon mit Adalbero verhandelt worden, der aber „morte preventus" abging. Jetzt weifs man, was diese zarte Umschreibung des Todschlages besagen sollte. Daher traten seine Söhne in die Frage. Deren waren drei: Konrad, genannt Henne (von ihm hatte Burg Henneberg, jetzt Himberg westlich von Deutsch-Feistritz in Steiermark ihren Namen), Adalram (der auch „von Waldeck" sich nannte) und Ulrich. Die ersten Beiden wurden hingerichtet (gladio multati), man weiss nicht warum, und nicht genau wann, und der Letzte ward im Kloster erzogen. Von ihm heifst es in besagter Urkunde, dass er, grofsjährig geworden, seinen ganzen Erbtheil „loco (Seccowe) ... a nepote suo Adelrammo fundato" übertragen habe. Nun mag man die Filiation wie immer ansetzen, auch, wie Meiller, Adalbero zum Sohne Raffolts machen, so kann Adalram, der Gründer Seckaus, nie der Neffe Ulrichs sein. Liest man aber „a nepote patris sui Adelrammo", so wäre das fragliche Verwandtschaftsverhältniss hergestellt. Sicher ist eben, dass die Söhne Adalberos um 1147 schon so erwachsen waren, dass sie zu Zeugenschaft beigezogen wurden, wo Adalram noch im besten Mannesalter sich befunden zu haben scheint (Steierm. Urkundenbuch 1, 383). — 143. Gegen die eheliche Geburt dieses Kindes würde die Stelle in der Bestätigung des Erzbischofs Konrad von Salzburg (1146) sprechen, der von Adalram ausdrücklich sagt: „cum non haberet liberos"; aufserdem Erzbischof

Der Stammbaum des Geschlechtes nach den obstehenden und für die Nebenlinien wäre nach unzweifelhaften Urkunden und begründeten Annahmen etwa folgender:

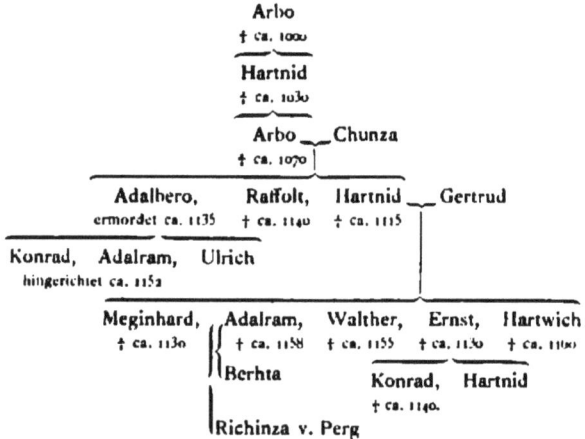

Das Besitzthum der Familie hatte nahezu fürstliche Ausdehnung: manches davon mag zugeheiratet gewesen sein, aber der Kern stammte aus Dotationen des 10. und 11. Jahrhunderts. Namentlich erfährt man durch die Persönlichkeit Adalrams von Waldeck Genaueres: da ist zuerst die ganze grofse spätere Herrschaft Starhemberg von Waldeck bis abwärts Wellersdorf, dazu Emmerberg, Fischau, Tachenstein, Strelzhof, und wohl auch Gerasdorf und Rotengrub; im oberen Murthale die Gegend von der Preg bei Kraubat bis zur Ingering, und vom Zirbitzkogel bei Seckau bis zur Gleinalpe, von Einzelgütern im Judenburger Gebirge zu geschweigen; dann in der östlichen Steiermark bei Weitz und Hartberg ausgedehnte Liegenschaften. Dem Zweige Adalberos scheinen die Besitzungen im Feistritzthale bei Waldstein und Uebelbach gehört zu haben, die aber auch ihren Weg nach Seckau fanden, oder abhanden kamen.[14])

Adalbert (1197): „cum de duabus legitimis uxoribus Perhta et Richinza non haberet liberos" (Steierm. Urkundenbuch 2, 45). — 144. Bezüglich der nieder- und oberösterreichischen, auch der Kärntner Güter vgl. Steierm. Urkundenbuch 1, 290—292 und 502, fürs Ganze aber besonders ebend. 2, 45.

Es müssen tiefgehende Gründe gewesen sein, die Adalram bestimmten, seine gesammte Habe kirchlichen Zwecken zu bestimmen. Der Mord am Oheim,[145]) tiefgehender Verdruss über weibliche Untreue,[146]) Reue und Zorn waren wohl die Hauptanlässe.

Man begegnet ihm zuerst in der Geschichte um 1120, gelegentlich einer Schenkung an Götweih,[147]) dann um 1128 unter den Zeugen in der ältesten Urkunde des Stiftes Reun[148]), und endlich 1136, als er zu seiner Burg Waldeck eine Pfarre stiftet[149]) — eine Thatsache, die mehr als sonst

---

145. Ebend. 186: „ob impetrandam delictorum suorum ueniam" — das ist dann zu dem obigen „Adelbero occisus ab eo" zu halten. — **146.** Auf das Betragen Richinzas wird man bereits aus einer Urkunde König Konrads aufmerksam (1149), worin er deren Beschwerde erwähnt, ihr Gatte habe auch ihre eigenen Güter widerrechtlich nach Seckau verstiftet (ebend. 290). Ganz klar sieht man jedoch aus einer Art chronikalischen Aufzeichnung (ebend. 291), dass Adalram seine Frau wegen Liederlichkeit verstofsen hat (ab eo peccatis exigentibus dimissa). Beide Gatten versöhnten sich später, und lebten als Conversen in Seckau ab. — Dass man übrigens im Stifte Seckau die Nachrichten von der üblen Aufführung Richingas verschwinden lassen wollte, zeigt die Rasur der bezeichneten Stelle in dem einzigen davon sprechenden Documente (a. a. O. 291); man vergafs aber dieselbe Stelle auch in dem Copialbuche zu radiren, wo schon im 14. Jahrhundert das Document vollinhaltlich war eingetragen worden. — **147.** Font. rer. Austr. 2/8, 43. Allerdings führt er hier nur die allgemeine Bezeichnung „Adalram uir ingenuus", aber nicht nur dass die Widmung in der Gegend gelegen, wo er nachweisbar begütert, ist der Mitzeuge auch Poto von Potenstein, mit dem er später noch mannigfach auftritt. — **148.** Steierm. Urkundenbuch 1, 136. — **149.** Meiller, Salzburger Regesten 29/166, worin auch die Burg zum erstenmale genannt wird. — Hier dürfte es am Platze sein, der Behauptungen Newald's in seinem Buche „Geschichte von Gutenstein" zu gedenken, worin er Starhemberg (resp. Waldeck) mit Gutenstein zu Einem Gutsgebiete verschweifst, und dem Ganzen einen gemeinsamen Ursprung unter den Herren von der Traisen vindicirt, ohne diese Gemeinsamkeit auch nur im Mindesten zu beweisen, noch auch irgendwie zu belegen, wann und wie selbe wieder gelöst worden sei. Offenbar hat nicht nur die Nähe von Waldeck, über das, so wenig auch an sich, dennoch weit mehr als über Gutenstein sich sagen lässt, ihn zu diesen unhaltbaren Annahmen bewogen, als vielmehr der Umstand, dass Waldeck und Gutenstein später mehrfach in gemeinsamer Hand erscheinen. Allein das ist doch kein zu so namhafter Ueberschreitung des Combinationsrechtes ausreichender Grund: er genügte eben, blos zu sagen, dass um gegebene Zeit beide Gutskörper unter gemeinsamer Verwaltung waren. Es lässt sich nicht erklären, warum er nicht dieselben Annahmen auch für Hernstein-Starhemberg aufstellt, das ja seit ungefähr 1500 immer nur vereint bestand. Ein Beweisgrund, unzweifelhaft oder anzweifelbar, kann von ihm gar nicht angeführt werden, etwas den gutsherrlichen, um nicht zu sagen den centralen Charakter derselben nachweist und darauf schliefsen lässt, dass Starhemberg noch nicht anders als etwa mit dem Bergnamen bestanden, wie denn auch der Hasenberg nächst daran damals schon seinen Namen hatte.

Es ist nicht gewiss, doch auch nicht ausgeschlossen, dass Adalram, ehe er Seckau stiftete, Verschiedenes an Liegenschaften angesichts der Hohen Wand dem Kloster Reun zugewendet. Nur mit den steirischen Markgrafen bestände da eine wahrscheinliche Concurrenz. Durch die Güter seines Hauses zwischen Deutsch-Feistritz und Uebelbach war er ja des Stiftes Nachbar. Es handelte sich dabei um Beziehungen zu Mutmannsdorf, Stolhofen, Meiersdorf und am Hasenberg, welche das genannte Kloster bereits mehrere Jahre inne hatte, ehe es dieselben 1147 an das Stift St. Lambrecht vertauschte.[150])

Als Adalram Ende 1139 oder anfangs 1140 an die Begründung der Propstei Seckau schritt, wandte er derselben seine (heute) niederösterreichischen Güter nicht sofort zu, sondern sicherte sie ihr nur auf den Todesfall, oder wenn er früher deren sich entäufsern wollte.[151]) Letz-

---

und ist also sein Vorgang nicht blos verwirrend. Wohl aber kann man dagegen eine Stelle geltend machen, die schon von allem Anfange das Gebiet von Gutenstein als landesfürstliches, zuerst babenbergisches, dann steirisches Besitzthum ahnen lässt. Das ist die Stelle in Enenkel's Fürstenbuch (es wird hier nach der Handschrift im steiermärkischen Landesarchive citirt f. 110´), welche von der Mitgift spricht, die Markgraf Leopold seiner Tochter Elisabeth zu Ende des 11. Jahrhunderts in die Ehe mit dem Grafen (Markgrafen) Otaker von Steier widmete: „Der marchgrave Leopold von Osterreich gab sein tochter dem marchgraven Otacker von Steyer, vnd gab ir darzˆ sein aigen, swaz dez ist in der gegend zu Wilhalmespvrch vntz in die Piestinke.“ Damit ist der Anhaltspunct für Gutenstein geboten, aber auch nicht mehr, und mehr lässt sich nicht für die Sache gewinnen, jedenfalls aber nichts, und zwar für keine Zeit, aus Waldeck-Starhemberger Acten. — 150. Steierm. Urkundenbuch 1, 263 und 382: „ad Mötensdorf ... ad Stadelhoven, ... ad Has-“, dann „ad Mirsdorf“. — 151. Ebend. 213 und 209. In erster Reihe kommt ein Vorbehalt nicht zur Sprache, sondern blos die Schenkung in allgemeinem Wortlaute, und zur gesetzlichen Sicherung der damit begründeten Ansprüche (investitura traditionis, was ungefähr der heutigen „Angabe“ entspricht) die Ueberlassung eines Weingartens zu Willendorf. Dagegen erwähnt die Urkunde des Bischofs Conrad von Salzburg von 1146 (ebend. 255) des Vorbehaltes ganz ausdrücklich und sagt, die wirkliche Einräumung habe erst stattgefunden, als das Stift von St. Marein nach Seckau übertragen (1142) und die Bestätigung des Papstes (1143) war eingeholt

teres geschah etwa 1145, und zwar werden hier ausdrücklich blos die vier Dörfer Ober- und Unter-Strelz (Strelzhof
und Dörfles?), Willendorf und Gerasdorf genannt; die
bodenhörigen Holden sind inbegriffen, blos die Dienstmannen, jene mittelfreien Leute, aus welchen später sich
der Lehensadel und die Ritterschaft entwickelte, ausgenommen.[152]) Allmählich und stückweise, fast als würde ihm
das Scheiden von weltlichen Dingen schwer, setzte er seine
Vergabungen fort. Zwischen 1146 und 1148 legte er den
früheren noch die Burg Waldeck zu und die Dörfer Drei-
stetten und Wopfing.[153]) Den Abschluss machte er mit
seiner eigenen Person, indem er im Februar 1147 als
Laienbruder in Seckau eintrat.[154])

Es würde dem glatteren Verständnisse entsprechen,
könnte man bestimmt sagen, dass vor diesem letzten
Schritte auch die Angelegenheit des weltlichen Schutzes
der Stiftsgüter in der Neuen Welt geordnet worden sei.
Es liegt in der Natur der Dinge, dass Adalram denselben

---

worden. — Die Gründungsgeschichte vgl. auch bei Newald, Gutenstein
52 ff. — 152. Ebend. 256: „Willindorf et duo Strelz, necnon Geroldesdorf cum uineis et aliis pertinentiis sicut sibi seruiebant, duabus exceptis,
que Gurze (!) in usus episcopi contulerat, quibus omnibus ruricolam
familiam applicuit, et certa mancipia sua omni anno singulos quinque
denarios ecclesie (Seccowe) conferre instituit, sed eos, qui de militari
ordine et genere erant, cum beneficiis illis concessis excepit." Adalram
fand sich vor 1146 auf der Synode vom 9., 10. zu Reichenhall ein, diese
Widmung bestätigen zu lassen, was dann auf der nächsten Synode daselbst, 27., 9., 1146, geschah. (Vgl. Meiller, Salzburger Regesten 54 281,
der übrigens für die vorgehende Synode kein Datum nachweist.) —
153. Ebend. 290: „castrum Waldeke cum omnibus sibi attinentibus,
Tragebotinsteten, Hophingen, Streliz et alterum Streliz, Willindorf et
predium Geroldesdorf". Dieselben Oertlichkeiten nennt auch Kaiser
Friedrichs Bestätigung von 1158 (ebend. 376); in jener Papst Alexanders III. von 1171 (ebend. 502) fehlen wieder Dreistätten und Wopfing.
— Was das „alterum Streliz" anbelangt, welches hier als Ober- oder
Unter-Strelz (gemeinhin geht beides immer als Strelzhof) angesetzt wird,
falls man das Dörfchen am Fuße des Berges vom Amthofe oben unterscheiden will, so wäre auch die Meinung berechtigt, das andere „Streliz"
sei eines der Dörfer in nächster Nähe, für das sich der alte Name verloren habe, also wohl Dörfles. — Nach obigen Angaben wäre auch Newald in den Blättern für Landeskunde von Niederösterreich 3, 47 zu be-
richtigen, der die Burgen Waldeck und Starhemberg an Seckau schenken
lässt. — 154. Steierm. Urkundenbuch 2, 47: „(Adalramus) ad ultimum
depositis armis cum seculari uita mundo renuncians anno ... M·C·XL·VII,
quinta kal. Martiis ad (Sekkowe) se ... obtulit."

nicht mehr wie früher üben konnte, wenngleich immer noch
weltliche Angelegenheiten ihn beschäftigten. Von vorne-
herein drängt es daher anzunehmen, dass er mindestens
schon 1146 die Vogtei dieser Klosterbesitzungen dem
Markgrafen Otaker von Steiermark bestimmt habe, und
erst 1152 eine feierliche Anerkennung zu Regensburg von
Seiten des Kaisers, als obersten Schutzherrn alles Kirchen-
gutes, erfolgte. Diese Vogtei brachte aber dem Markgrafen Starhemberg mit dem Burgflecken oder Hofgute
Dreistätten und alle Dienstmannen und deren Güter zu.[155])

---

155. Steierm. Urkundenbuch 586: „(Adalramus) predium ... svvm
montem Starchemberc uillamque Trabsteten, milites quoque suos meliores, intrans caustrum, (Otakario marchioni) ... contulit." Man hat die Notiz
aus einer Urkunde Herzog Otakers von 1182. Das Document selbst erzählt dann weiter, wie 1152 „Bruder" Adalram auf dem Reichstage zu
Regensburg den Markgrafen zum Stiftsvogte sich erbeten habe. Dass die
Uebertragung der Vogtei schon früher geschehen sein könnte und jetzt aus
besonderen Gründen, etwa um zugleich den Schutzherrn unter des Reiches
Controle zu stellen, nur eine feierliche Wahl und Bestätigung stattgefunden
habe, ist gar nicht auszuschliefsen (vgl. die Gründe zu letzterem Acte in der
Urkunde Erzbischof Adalberts von Salzburg von 1197 im Steierm. Urkundenbuch 2, 48). Es ging dabei immer auf kostenlose Ertheilung des
Schutzes hinaus, und diese sollte von Reichswegen gewährleistet werden
(vgl. ebend. 1, 586. und 2, 48 und 80). Von der Uebergabe von Starhemberg u. s. w. spricht der Erzbischof 1197 kein Wort; man kennt sie nur
aus der Urkunde Herzog Otakers von 1182 und Herzog Liutpolds von
1202. In Letzterer lautet sie: „(Adalramus) castrum suum dictum Starchenberch cum adiacente villa Trabsteten, que titulo proprietatis contingebant
eundem, simulque omnes milites suos nobiliores ... domino Otachero ...
marchioni sub tali condicione tribuit ..., ut ipsam suam fundacionem
(Seccowe) cum omnibus suis prediis habitis et ... habendis sine quolibet
emolumento iuris aduocacie per se tantum et non per aduocatos inpheu-
datos aduocare deberet pariter et tueri" (ebend. 2, 80). Diese Urkunde
ist zwar gefälscht, doch lässt sich nicht genau unterscheiden, was sächlich
oder blos formell darin unrichtig. Obige Stelle kann indess nur als Umschreibung des Vogteigesuches von 1152 (wie auch die Bestätigung Erzbischof Adalberts von 1197 [ebend. 2, 48] eine solche enthält) aufgefasst,
und in ihrer Wesenheit kaum abgelehnt werden. — Etwas anderes ist
es, ob im 12. Jahrhundert der Ausdruck „mons" bereits jene Neben-
bedeutung des späteren „Stein" hatte, nämlich Burg (z. B. Niederösterr.
Weisthümer 1, 147: „Stein Starchenwerg"). Wenn auch etwa nicht unmöglich, so bliebe der Ausdruck doch hierlands ungewöhnlich und kaum
weiter belegbar. Erklärlich wäre die Sache indess auch so, dass der
„Berg" Starhemberg zur Anlage einer Burg Otaker gegeben worden.
Dann müsste allerdings Letzterer schnell gehandelt haben. Das war aber
auch nöthig, denn Waldeck hatte bereits das Stift, und entweder muss in
Starhemberg, wo 1146 ein During als Dienst- und Burgmann erscheint,

Mit diesem Acte trat Starhemberg ins geschichtliche
Leben ein, und Waldeck von da ab in den Hintergrund.
Blos ein gleichnamiger Vetter nennt sich noch einmal davon, und 1149 auch der letzte Burgmann.[156])
In die ersten Jahre des dortigen Zusammenlebens des
Markgrafen mit Seckau fällt ein tragisches Ereigniss, das
damit zusammenzuhängen scheint: die Hinrichtung der
zwei älteren Söhne des ermordeten Adalbero, des muth-
mafslichen Oheims Adalrams. Die Anlässe desselben
schweben im Dunkel, blos die Thatsache ist durch eine
einzige gelegentliche Zeile bekannt geworden. Der eine
der Brüder war Konrad gen. Henne, der andere Adalram,
der 1147 sich noch von Waldeck und 1151 von Feistritz
schrieb. Im Jahre 1156 heifst es, Beide seien enthauptet
worden.[157]) Das müsste zwischen 1152—1155 geschehen
sein. Es ist denkbar, dass die Brüder die Verschleuderung
des Familiengutes nicht billigten, dass sie gegen das
Stift Gewaltacte übten. Solche lassen sich kaum für die
Gegend annehmen, wo ihre eigenen Güter lagen, nämlich
bei Waldstein, sondern eher noch für Waldeck, wo eben
der eine von ihnen zeitweise gewohnt hatte. Möglich,
dass dies zusammenhängt mit der Reise des „Bruders"
Adalram nach Regensburg, vom Kaiser den Markgrafen
zum Klostervogte sich zu erbitten; möglich, dass diese
weite Fahrt aufgedrungen war durch Handlungen der
beiden Brüder, gegen welche sie den gewünschten Schutz
bringen sollte. Wäre dies so, dann allerdings hätte die
erste Amtshandlung des Markgrafen die Familie des Stifters
selber blutig getroffen.[158]) Da der dritte Bruder, Ulrich,
ins Stift eingetreten scheint, kam durch jene richterliche

schon von Adalram her, oder rasch durch Otaker eine Hof- oder Burganlage begründet worden sein. Letztere Annahme scheint vorzuziehen,
da es nachweisbar sein dürfte, dass besagter During ein steirischer Ministeriale vom Burgstalle Prosset gewesen (vgl. unten Noten 404 und 405
mit dem Texte dazu). — Dreistätten war auch an Seckau geschenkt worden, und musste offenbar von diesem zur Aufrichtung eines Burgfleckens
nächst der Burg an Otaker abgetreten werden. — 156. Ebend. 275:
„Adelram de Waldeke et Adelram homo eius" (vgl. Note 142), dann
ebend. 292: „Chuno et Pruno de Waldekke." — 157. Steierm. Urkundenbuch I, 275, 327 und 369. — 158. Er war ein ungemein stolzer, seines
Reichthums und seiner kriegerischen Erfolge bewusster Mann, der eine
selbstständige Studie verdiente, doch aber vor lauter Genealogien seines
Hauses eine solche noch nicht gefunden hat.

That dieser Zweig des Hauses von der Traisen ins Erlöschen.[159])

Auf Starhemberg wurden nun Burgmannen gesetzt.
Diese hatten durch ihre besondere Bedienstung den Rang
von Ministerialen, ohne Lehensleute auf der Burg selber
zu sein, glichen aber auch nicht den späteren Burggrafen.
Sie genossen die Stellung ohne Erbanspruch, doch bei Be-
währung des Vaters übertrug sich das Vertrauen auch auf
den Sohn. Uebrigens war es Gepflogenheit, eine Burg
Verschiedenen getheilt zu übergeben; es scheint das bei
Starhemberg nicht ganz ausgeschlossen, da unter sieben
Burgmannen nur für drei ein Familienzusammenhang sich
ergibt.[160])

Man kann aber diese Männer fast blos als Urkunden-
zeugen, und sehr selten in selbstständigen Handlungen verfolgen. Auch lässt sich über ihre Herkunft nichts, und über
ihren Güterbesitz nur ganz wenig sagen. Auf den Ollenz-
höfen bei Starhemberg besass der Eine Liegenschaften,[161])
ein Späterer hatte solche zu Untermanning bei Grebming
im oberen Ensthale[162]), und zu Mutmannsdorf einen Weingarten, den er nach seiner Tochter, die Nonne zu Admont

---

159. Der dritte Bruder gab alle Güter seines Zweiges an Seckau
(ebend. 370). Damit trat das Geschlecht für Steiermark ganz beiseite.
In Niederösterreich lebten die Zweige noch von Ernst und Hartwig, der
letztere noch bis ins 14. Jahrhundert, wo er unter dem Landadel vorkam (vgl. Notizenblatt der Akad. 1, 76, und Archiv für Kunde österreichischer Geschichtsquellen 9, 271). — 160. Zuweilen entwickelten
sich aus solchen Burgmannen Lehensleute der Burg; bei Schlössern indess, welche durch ihre Lage für Krieg oder Jagd den Landesfürsten besonders bequem, kaum so leicht. Daher blieb die unmittelbare Verwaltung
für Starhemberg aufrecht, als Emmerberg schon längst Lehen geworden
war. Das 16. Jahrhundert brachte ähnliche, blos im Ursprunge verschiedene Besitzformen für Schlösser, welche dann in Lehen übergingen: das
waren die Pfandschaften. Aus Darlehen kam die Verschreibung auf
Widerlösung, auf eine bestimmte Anzahl Jahre, oder auf ein, zwei oder
mehr Leben. Wuchs das Darlehen derart, dass der Landesfürst an der
Rücklösung des Gutes kein Interesse mehr hatte, so trat, mit oder ohne
Aufzahlung, häufig die Vergabung zu Lehen ein, und zwar seit Ende des
16. Jahrhunderts noch mit besonderen Lehensgnaden. — 161. Steierm.
Urkundenbuch 1. 495: „Adilhartisperge ad Starchenberch.“ Dass aus dem
auslautenden genitivischen Namen im Vulgären Alletz- und Olletz- erwachsen konnte, ist wohl unzweifelbar; das Nasale des Anlautes Ollenz-
hält man für eine in Ortsnamen häufig vorkommende Erscheinung, die
mit dem Organismus des ursprünglichen Namens nichts zu thun hat.
— 162. Ebend. 537; er verkaufte sie ca. 1175 an Admont.

wurde, dem Kloster widmete.[163]) Das lässt vermuthen, dass dieser aus dem Ensthale gekommen; allein die Ersten waren doch aus der Gegend selber. Die Zweckmäfsigkeit davon liegt nahe. Der in der Gegend der Neuen Welt so auffallend häufige Name During ist ein Führer, und so mag es hier vorläufig ausgesprochen sein, dass Gründe zur Annahme vorliegen, die Mannen von Starhemberg stammten von dem Beneficialen During des aufgelassenen Burgstalles Prosset, und seien zugleich die Ahnherren Derer von Emmerberg.[164])

Dass unmittelbar mit Uebernahme der Steiermark durch die Babenberger auch die Burgmannen von Starhemberg von der Bildfläche verschwinden,[165]) kann belegen, dass ihnen und der Burg von diesen Landesfürsten eine andere Bestimmung zugedacht ward. Jetzt scheinen blos herzogliche Beamte an die Stelle Jener getreten zu sein. Aus dieser Zeit der ersten Hälfte des 13. Jahrhunderts datieren die schönsten und festesten

---

163. Steierm. Urkundenbuch 627. — **164.** Es muss sich hier versagt werden, sofort in die Zusammenstellung der Belege für diese Ansicht einzugehen. Die Burgmannen von Starhemberg besitzen an sich nicht den Geschichtswert, welchen die Truchsesse von Emmerberg sich erwarben. Daher wird die Führung des Wahrscheinlichkeitsbeweises — und anders kann man ihn schliefslich, aller triftigen Gründe ungeachtet, nicht nennen — auf die Erzählung von Emmerberg verschoben, und im Detail in die Note 257 dahin verlegt. Es hängt dies auch damit zusammen, weil dort das „castrum Prozath" zur Sprache kommen muss, nicht blos als Ausgangspunct der Familie, sondern da Einige es für Alt-Emmerberg, und seinen Namen für den früheren slawischen dieses Schlosses halten. — **165.** Der Reihen-, und theilweise auch Filiationsgang der Burgmannen oder Genannten von Starhemberg ist folgender: 1146, During (Steierm. Urkundenbuch 1,253), 1163 (ebend. 446), 1166 (ebend. 462). — Ca. 1155, Magan und sein Schwestersohn Adilbert (ebend. 495). (Vielleicht identisch mit dem gleichzeitigen Magan von Fischau? Unter die Burgmannen dürfte dieser kaum zu zählen sein, da er ein „ministerialis ducis Henrici de Oriente" ist); Herbord und Rüdiger (Beilage I, B 2); Marchward (ebend.), 1170 (Steierm. Urkundenbuch 1, 484), ca. 1175 (ebend. 537), 1185 (ebend. 624, 627, 629, 647), 1188 (ebend. 677, 679); Odalrich (Beilage I, B 2), 1166, Sohn Durings (Steierm. Urkundenbuch 1, 462), ca. 1180 (Urkundenbuch des Landes ob der Enns 1, 181), 1186 (Beilage I, B 15), 1189 (Steierm. Urkundenbuch 1, 685), ca. 1190 (ebend. 710), 1191 (Urkundenbuch des Landes ob der Enns 2, 432). — 1160, Rudolf (Steierm. Urkundenbuch 1, 396). — 1163, Perthold, Sohn Durings (ebend. 1, 446). — 1166 (ebend. 462). Es lässt sich also blos Eine zweite Generation mit Sicherheit unter ihnen feststellen.

Bauten des Schlosses: der Palas, und der untere Theil des
alleinstehenden Rundthurmes, die hohe Capelle mit dem
Oberstock enthaltend. Namentlich für Herzog Friedrich II.
gewann die Burg hohe Bedeutung: ihm war sie bald Lust-
ort, bald Zufluchtstätte vor dem Zorne seiner Wiener Bürger, der Widerhaarigkeit seines Adels und dem Unwillen
seines Kaisers. Es besteht die Sage, dass er 1235 wegen
Frivolität gegen eine Dame — angeblich aus der Familie
von Potendorf — gezwungen war, mit seinen Helfern Wien
schnellstens zu meiden, und dass er nach Starhemberg sich
zurückzog.[166]) Sicher ist, dass, als Kaiser Friedrich II. zu
Anfang 1237 nach Oesterreich kam, um mit dem Herzoge
abzurechnen, dieser nach Starhemberg ging, von wo aus
er mit Hilfe der Neustädter 1238 den Reichsverweser Burggrafen Konrad von Nürnberg auf dem Steinfelde gänzlich
schlug, dann aber in Zwangsaufenthalt bis 1239 auf der
Burg lebte, bis Vermittler ihm wieder des Kaisers Gnade
zuwendeten.[167]) Sei es, dass er seinen Hort dabei liebge-
wonnen, den er mittlerweile mit Bauten vergröfserte, sei
es, dass er der Jagd halber jetzt öfter hieher kam, als früher,
kurz von 1240—1244 datiert er von dort eine kleine Reihe
von Urkunden.[168]) Dort auch stellte er Wiener-Neustadt
jenes reiche Privilegium aus, in dessen Eingang er die
Treue und den Kampfesmuth der Bürger hervorhob, die
nicht einmal durch die Andeutung des Kaisers, ihre Stadt
zur freien Reichsstadt machen zu wollen, vom Herzoge sich
abbringen liefsen.

Von Starhemberg aus vielleicht sah man auch auf
das Schlachtfeld, auf dem am 15. Juni 1246 der Herzog
endete.[169])

---

160. Ebendorfer, Chron. Austr. bei Pez, Script. rer. Austr. 2, 720 f.
Der Ursprung der Sage liegt in den sogenannten Tabulae Claustro-Neoburg. ebend. 1026, und findet sich auch bei den anderen Sagenfreunden,
wie Hagen und Arenpeck. Indess verwechselt Ebendorfer den Zwangsaufenthalt von 1237 mit jenem von 1235. — 167. Cont. Praedicator.
Vindobon. in Mon. Germ. 9, 727: „Dux Fridericus vagus et profugus,
solo castro Starchenberch et Nova Civitate possidente, absque gratia vix
mansit in terra tribus annis et sex mensibus.« Vgl. auch Krones, Grundriss der österr. Geschichte 272, dann Ficker, Herzog Friedrich II., 81 ff.
— 168. 1240, 20. 2.—1241, 23. 6.—1244, 24./4., 28. 5., 1./7. und 3. 4.;
vgl. Meiller die betreffenden Stücke in dessen Babenberger Regesten. —
169. Ebendorfer l. c. 724 erzählt, es heifse allerdings, der Herzog sei
durch die Ungarn erstochen worden, allein das sei nicht wahr; er habe

Die Burg war dem Deutschorden, und zwar Bruder Rasco, zur Obhut übergeben worden. Von ihm konnte der Herzog noch weit eher Gewissenhaftigkeit erwarten, als von irgend einem seiner Ministerialen. Nebstbei galt die Sorge nicht nur der Burg als solcher, sondern auch dem Familienarchive und Hausschatze, die im Oberstocke der Capelle hinterlegt waren.

Sein Tod machte bekanntlich aus Oesterreich einen Zankapfel, und im Lande standen sich eine kaiserliche und eine päpstliche Partei gegenüber. Beide knüpften an die Personen der zwei übriggebliebenen babenbergischen Fürstinnen: an des Herzogs Schwester Margarethe, die Witwe des deutschen Königs Heinrich, und des Herzogs Nichte, Gertrude von Medling, die Gattin (und von 1247 ab Witwe) des Markgrafen Wladislaw von Mähren, — nicht der Damen als Erbinnen wegen, sondern deren Gatten halber, denen durch sie die Nachfolge im Lande zukommen könnte. So bildete sich eine deutsch-kaiserliche und böhmisch-päpstliche Partei. Zur Letzteren, deren Mittelpunct Gertrude zuerst war, hielten die Herren „bey der Zerbant", sagt der steirische Reimchronist Otakar. Damals entstand vor der Neuen Welt ein kleines Diplomatennest zu Rotengrub, wo die sogenannten Schenken von Hasbach safsen. Von dort aus, und von Lichtenwerd, dem Sitze des zwergenhaft kleinen, aber pfiffigen Hadamar, wurde die eine Partei geleitet.[179)]

Der Papst legte sich sehr lebhaft ins Mittel. Dem Bischof von Passau befahl er 1247 im September, dass er den Deutschorden verhalte, die Hausprivilegien, worauf

<hr />

den Kampf heil durchgemacht, aber bald darauf habe ihn auf der Jagd der Potendorfer Rache eingeholt, Einer dieses Geschlechtes ihn vom Pferde gerissen und mit dem Dolche ermordet. Die Jagdgeschichte ist ein Märchen, aber dass der Herzog durch Verrätherhand, allerdings in der Schlacht vom 15./6. geendet, wollen mehrere gleichzeitige Quellen wissen. Vgl. darüber Krones a.a.O. 322, Note 63, wo deren Aussagen zusammengestellt sind. — 170. Otakars Reimchronik in Pez, l. c. 3, 26 Cap. 14: „Den ain tail hûb der schenk von Rotengrûb. . . . . Der was ze derselben zit der genemisten ainer. Dem gehal ouch ain chlainer, her Hadmar von Lichtenwerd, dem grofser wicz war bescbert. Wie er twerigen war gelich, so was er doch so sinnenrich, daz man in darumb widersaz, vnd dez vil selten vergaz, man het in voderlich." Zur selben Partei standen auch die von Potendorf, die Preufsel und Waisen, der reiche Otto von Haslau u. s. w.

das Erbrecht beider Frauen sich stütze, von Starhemberg auszuliefern,[171]) und kurz darauf wendete er sich an den Orden selber, dass er ja die Burgen Starhemberg und Gutenstein wohl behüte, damit sie nicht in die Hände der kaiserlichen Partei fielen.[172]) Aber auch Herzogin Gertrud scheint sofort Uebergabe von Schloss und Schatz gefordert zu haben, die man ihr verweigerte.[173]) „Es wäre noch nicht an der Zeit", habe ihr der Deutschordensmann geantwortet, „und er müsse vorher noch den Meister und das Capitel fragen." Doch spielten auch Versuche anderer Art, die Burg in die Hände dieser Partei zu bringen, und andere wieder in Rom, das in seinen Aufträgen jedenfalls abwägender vorging, als der Intrigue zu Medling lieb war. Man verdächtigte den Orden eigennütziger Absichten, und Episoden von List und Gewalt mögen an der Burg nicht gefehlt haben. Das deutet der steirische Reimchronist an. Endlich ward sie übergeben sammt ihrem Inhalte, und der Schatz in drei Theilen unter die genannten zwei babenbergischen Damen, und die Erben nach Herzog Friedrichs anderer Schwester, Markgräfin Constanze von Meifsen, 1248 vertheilt.[174])

---

171. 1247, 3. 9., Palacky, Literarische Reise, 31 197, und Böhmer, Regesten 314 26. — 172. 1247, 11. 10., Palacky a. a. O. 31 98, wo in der Bulle Gotenstain steht, was als Gvtenstain zu lesen ist. Muchar, Geschichte von Steiermark 5, 213, setzt irrig Potenstein. — 173. Chron. Austr. bei Pez, Script. 2, 727: „Et quia thesaurus ducis Friderici in castro Starhemberg repositus seruabatur, quod ipse cuidam fratri Ordinis Teutonicorum recommendauit . . . (qui) prima facie recusauit." — 174. Der Reimchronist erzählt (bei Pez, l. c. 3, 25, Cap. 13) die Vorgänge so vom Schatze, „dez ain Dewtscher Herr phlag mit besicht vnd mit hût. Nu vodert man daz gût vnd daz hous darzû. Der prûder iach, ez wär ze trû. Nach der vodrung, die sie haten, wolt er sich beraten mit seiner maisterschaft. Mit listen vnd mit chraft, die an dem gûten house lag, waz er dez vor vnezt an den tag, da sy gezugen iren zug. . . . . . . Die herren doch erczurnt daz, daz der munich so lange saz ze Starchenberch auf der vest. Jedoch wart ez zu lest getaidingt also verr, daz der Dewtsch Herr gab daz hous vnd daz gût". Die Chronik von Note 173 sagt im Verfolge weiter: „Hinc contra ordinem suspicio de fraude suborta est." Bestimmend wirkte wohl der Befehl des Papstes an den Cardinallegaten Peter vom Jänner 1248. Gertrude hatte nämlich in Rom vorgestellt, „quod magister et fratres ac frater Rasco Hospitalis domus s. Marie Theutonicorum in Austria in Starchenbe(r)h et in Centenrin (!) ac quedam alia castra, thesaurum et alia bona mobilia et immobilia, que ad eam ex concessione facta sibi a . . . quondam duce Austrie patruo ex indulto eidem duci privilegii imperialis spectant, detinere dicantur;" er solle den Meister

Wie bei Hernstein nach dem Streite zwischen der
Frau von Potendorf und dem Bischofe von Freising ein
dichter Schleier sich über alles breitete, was ferner auf
Burg und Herrschaft vor sich ging, so auch jetzt bei Starhemberg. Die frommen Wünsche werden kaum je erfüllt
werden, die erkundet wissen wollen, wie die Burg sich
hielt, ehe Otakar von Böhmen wegen Oesterreichs mit
Ungarn Frieden machte, wie man auf dem Schlosse zur
Zeit der Königswahl Rudolfs dachte, als unter Otakar der
Boden im Lande allmählich sich lockerte, als die Habsburger ihre junge Herrschaft nur durch die Treue Weniger
und eigene Energie behaupteten, und in den Kämpfen
wider Ungarn an der Wende des 13. und 14. Jahrhunderts
gerade die Burgleute aus der Gegend der Neuen Welt —
die Emmerberge voran — sich hervorthaten. Das Eine
blos ist gewiss, dass durch den Pressburger Frieden von
1254, der Ungarn die Steiermark liefs und Otakar Oesterreich sicherte, Starhemberg mit dem ganzen Gebiete diesseits des Semring zu Oesterreich kam — eine Trennung
von dem herkömmlichen Verbande, die vielleicht schon
wieder aufhörte, als Steiermark selber 1260 Otakar zufiel.
Was sonst in jenen Jahrzehnten Gut und Burg berührte,
darüber schweigen die Nachrichten. Man kann nur annehmen, sie sei vertrauten Männern zur Wahrung übertragen gewesen, wie bisher. Denn der Landesschutz-
charakter, der Gedanke eines Hortes, der seit den letzten
Babenbergern dem Schlosse anklebte, ging nicht so rasch
verloren. So mochte Otakar es einem Böhmen, wie er es
in Steiermark that, und König Rudolf und Herzog Albrecht
es „schwäbischen“ Herren zur Hut gegeben haben. Der
erste Burggraf wenigstens, dem man nach einer Pause von
60 Jahren begegnet, ist ein Schwabe, Eglolf von Schellenberg.[75]) Der safs da 1316—1318, in welchen Jahren er

---

und die Brüder verhalten, alles der Herzogin auszuliefern, und etwaige
Schäden zu ersetzen; widerstünden sie, dann wäre der König von Böhmen
anzurufen, dass er durch Beschlagnahme der Einkünfte des Ordens in
seinem Reiche diesen zum Gehorsam zwinge (Meerman, Geschiedenis
van Graaf Willem van Holland 5, 32). Das curiose „Cententrin“ ist,
graphisch zerlegt, auch wieder nichts anderes als Gutenstein. — 175.
Original, Archiv zu Reun; Lichnowsky, Regesten 3 364 und 366. Im
zweiten Stücke scheint eine Abrechnung Eglolfs mit König Friedrich zu
liegen.

genannt wird. Ob er derselbe ist, dem König Friedrich III.
1327 einen Auftrag wegen des Rohrbachs bei Neustadt
und dessen Wiesenleitung ertheilte, ist nicht gesagt,[176])
ebenso wenig als welche Dienste ein anderer „Schwabe“,
Burkard von Ellerbach, Herzog Albrecht II. und seinen
Vorfahren erwiesen, dass ihm die Burg in Leibgedings-
form, so dass er sich „herre“ auf derselben schreiben
konnte, überlassen wurde. Zum Glücke war die Dichtung
dankbarer, als die gleichzeitige Geschichtschreibung: sie
erzählt, dass Burkard in 17 Schlachten für die Habsburger
allüberall sich geschlagen.[177]) Nach 1370 begegnet man
auf Starhemberg als Burggrafen den Grafen Götz von
Fürstenberg,[178]) somit, soweit nachweisbar, 70 Jahre hin-

---

176. Lichnowsky a. a. O. 433. — **177.** Der von Ellerbach kann
es nicht als gewöhnlicher Burggraf besessen haben. Dagegen spricht
der Titel „herre auf Starchenwerch“, mit dem er 1349 und 1351 (bei
Duellius, Hist. ord. Teutonicor. 2, 85), und so auch 1360 (Steierm. Landesarchiv Nr. 2746ᵃ) erscheint. Die von Ellerbach stammen aus Schwaben
(wohl das Dorf gleichen Namens bei Dillingen), und scheinen zu Ende
des 13. Jahrhunderts in Oesterreich eingewandert. Burkards Vater Burkard
tritt 1305 zuerst als Zeuge für Bischof Ulrich von Seckau auf (Steierm.
Landesarchiv Nr. 1680ᵈ). Sein Sohn war eine der lebhaftesten Klingen
seiner Zeit, an der Seite der Habsburger meistens, aber auch in fernen
Ländern abenteuernd und fechtend. Friedrich den Schönen begleitete
er 1314 nach Frankfurt zur Königswahl, stritt 1316 für ihn und Herzog
Leopold bei Esslingen, hielt 1324 das mauernlose, nur mit Zaun bewehrte
Burgau wider Ludwig den Baier, kämpfte 1328 bei Laa gegen die
Böhmen und 1336 gegen sie bei Landau in Niederbaiern. Dort wurde
sein gleichnamiger Sohn Burkard (der 1369 vor Zara fiel) zum Ritter
geschlagen. Dann zog es ihn über's Meer, und er focht 1338 auf Cypern
wider die Ungläubigen. Er starb 1369, und liegt zu Wien bei den Minoriten
begraben; sein Wappen und den Namen seiner Frau Adelheid bringt das
Gräberverzeichniss des Klosters (Berichte des Wiener Alterthumsvereins
12, 72). Seine und seines genannten Sohnes Thaten besingt der Dichter
Peter Suchenwirt (vgl. die Ausgabe dessen von Primisser 23 ff. und Noten
219 ff.). Der zweite Sohn Hans besafs Starhemberg nicht mehr, wohl
aber Gutenstein (Urkunde von 1374, Nr. 3209ᵃ, Steierm. Landesarchiv);
1384 begegnet er in Gesellschaft steirischer Ritter im Gefolge Herzog
Leopolds in der Schweiz zu Rheinfelden (ebend. Nr. 3490ᵃ). Von den Nachfolgern in der Familie sei erwähnt, dass ein Burkard von Ellerbach Herzog
Friedrich V. 1436 ins gelobte Land begleitete (Chmel, Geschichte Kaiser
Friedrichs 1, 581), allein sein Sohn (?) Berthold (1457 ff.), dann ein Johann
von Ellerbach (1480 ff.) standen wider den Kaiser auf Seite Baumkircher's
und Königs Mathias. Sie traten gänzlich auf ungarischen Boden über und
schrieben sich von Monyokerek (Beiträge zur Kunde steierm. Geschichtsquellen 7, 18, 22 und 44). — **178.** Genau lässt sich das Jahr nicht angeben,

durch engere Landsleute der jungen Schweizer Dynastie
an der Donau, gleich den Wallseern, denen von Landenberg u. s. w. Damit war aber auch ausgesprochen, wie
man den fürstlichen Bau und dessen Gränzlage veranschlagte, dass die Burg nur den Sichersten anvertraut
wurde. Von nun an beginnt eine andere Verfügungsart über
sie, und zwar bleibend. Die Herrschaft muss mit einer Zahl
von Städten und Schlössern in Ober- und Niederösterreich
zu Pfande gestellt gewesen sein, und sollte Alles 1369 mit
jenen 40.000 fl. gelöst werden, welche Kaiser Karl IV.
Herzog Albrecht 1366 als Mitgift zu seiner Tochter Elisabeth gegeben.[179]) Um 1379 erscheint sie in dem Haupt-
theilungsvertrage, den die herzoglichen Gebrüder Albrecht
und Leopold abschlossen: Starhemberg bekam (mit Pütten,
Ternberg und Schwarzenbach) darin insoferne eine Aus-
nahmsstellung, als es Herzog Albrecht für Oesterreich
folgte, während der übrige Landestheil nördlich des Semring bei Steiermark und Leopold verblieb.[180]) Jedoch bereits 1383 gab Albrecht Starhemberg (und zwar zusammen
mit Gutenstein) Wulfing von Stubenberg zu Pfande, der
jährlich 450 Pfund Wiener Pfennige an ihn zu entrichten
hatte, während die Festsetzung der Entschädigung für die
Burgenbewachung dem Spruche des Landrichters Häui-
denreich von Meisse überlassen sein sollte.[181])
Diese Art Entfremdung war mindestens 1392 zu Ende:
in diesem Jahre erscheint Göschel der Innbrucker als Burggraf, und aus seiner 1396 für die Jahre 1392—1395 ge-
legten Rechnung sieht man, dass er neben Starhemberg
auch Hernstein und Frohberg in Verwaltung genommen.[182])

---

denn die betreffende Urkunde (bei Lichnowsky, Regesten 3, undatirte
Briefe Nr. 24) trägt keinerlei Zeitangabe. Ist Primisser's Datum für den
Tod des von Ellerbach richtig, so ist 1370 für den von Fürstenberg das
Anfangsdatum. — 179. Orig., Staatsarchiv Wien; Lichnowsky a. a. O.
4/913. — 180. Orig. ebend.; Rauch, Script. rer. Austr. 3, 395; Newald,
Gutenstein 139. — 181. 1380, 29./7. Wels, in Cod. suppl. 407, f. 100',
Staatsarchiv Wien, wo übrigens dieses Stück zu 1480, 27./7. gestellt ist.
Newald kannte dieses Document nicht. -- 182. Lichnowsky, Regesten
4, 2272. Die fragliche Rechnung (in Cod. 16, f. 27', Staatsarchiv Wien)
zeigt ihn als Kammermeister Herzog Wilhelms; ihr zufolge restirte er
den Fürsten 130 Metzen und 10 Maisel Hafers, und sie wieder schuldeten
ihm 101 Pfund und 3 Schilling Pfennige. Die Familie der Innbrucker ist eine
altösterreichische, speciell Altwiener, in der heutigen Wipplingerstrafse

Die pflegweise Vereinigung der Güter scheint mehrere Jahre noch gewährt zu haben.[182]) Ob Göschel auch Starhemberg, wenigstens auf Zeit, an Konrad von Waching abgegeben, der 1396 bekanntlich Hernstein zu Leibgedinge bekam, lässt sich nicht sagen; man weifs blos, dass „ein weiser, erbar vnd edler man", Hans Eitzinger, 1404 auf Ersterem safs, als Veranlasser der Zusammenstellung des ältesten Rechtsbuches von Piesting in diesem verewigt — nur ist da nicht erwähnt, welche Stellung er zur Herrschaft eingenommen.[184]) Schon 1405 wird ein anderer Kammermeister Herzog Wilhelms, dann auch Albrechts V., Hans von Neideck, als Pfleger daselbst angeführt,[185]) von dem noch aus anderen Acten klar ist, dass er entweder sogleich als Pfandinhaber eintrat, oder doch ähnlich wie später Leonhard Rauber aus einem Verwalter zu einem solchen sich entwickelte.[186])

Während er die Burg inne hatte, wurde sie wieder einmal zum Fürstenhorte.

Nach Herzog Wilhelms Tode (1406) begannen sich die herzoglichen Brüder Leopold und Ernst um die Vormundschaft Albrechts V., des kaum neunjährigen Sohnes Albrechts IV., zu streiten. Beide hatten ihre Parteien im Lande, und es entwickelte sich eine der unruhigsten und

behaust; sie erwarb nach und nach verschiedene Herrschaften, so z. B. in der Nähe von Hernstein Neuhaus, Fahrafeld u. s. w. Mit den besten Familien des Landes zusammen hatte auch sie ihr Erbbegräbniss bei den Minoriten zu Wien. — Der Name Göschel ist blos Koseform für Gotschalk. — 183. In dem Urbare von Hernstein nämlich von 1377 (f. 19', Archiv des Reichs-Finanzministeriums) heifst es für 1399: „. . . ist ain furstin von Österreich geriten auf Starhenberg vnd Gutenstain an das gejayd. Da sind etliche velljar in die weingärten komen, da haben die armen lewt durch die selb fürstin ausbracht, das man in das perkrecht geryngert hat auf widerrüffen." Es frägt sich, wie diese Notiz in das Urbar der anderen Herrschaft käme, wenn diese nicht etwa doch zeitweilig mit der einen noch gemeinsam verwaltet war? Zugleich belegt die Notiz einen der Hauptzwecke, den der Hof am Besitze an der Piesting hatte: das war die Hochjagd (der Wildbann), und den sicherte er sich auch noch spät im 17. Jahrhundert. — 184. Niederösterreichische Weisthümer 1, 371. — Wisgrill (Schauplatz 2, 379) reiht ihn in das Geschlecht der nachmals so sehr reichen und mächtigen Eitzinger, und erwähnt auch einer Urkunde, darin der Herzog ihn seinen Pfleger auf Starhemberg nennt. — 185. Bergenstamm's Collectaneen aus dem landsch. Archive zu Wien in demselben. — 186. In diese Zeit fällt ein (Unter-) Pfleger, namens Raphael Kollner (Steierm. Landesarchiv, Nr. 4390*).

blutigsten Perioden der niederösterreichischen Geschichte. Einer Mittelpartei schien der beste Ausweg für den Frieden, den fürstlichen Knaben Herzog Leopold, der die Gerhabschaft leitete, zu entziehen, und eigenmächtig grofsjährig zu sprechen. Die Gelegenheit zu dem Streiche bot die Pest, welche im August 1410 in Wien ausbrach, und furchtbare Verheerungen anrichtete. Mit des Herzogs Einwilligung also ward Albrecht nach Starhemberg gebracht;[187]) aber im Frühjahre 1411 verschafften sich mehrere Herren der Mittelpartei Einlass im Schlosse, und entführten den jungen Prinzen auf Umwegen nach Eggenburg: dort fanden sich andere Ständeherren ein, und die Grofsjährigkeit und somit der Regierungsantritt ward ausgesprochen, was dem stolzen Vormund Leopold aus Ueberraschung den Tod gebracht haben soll.

Von Hans von Neideck kennt man die beschwerlichen finanziellen Auseinandersetzungen, die er 1407—1410 wegen Starhembergs mit dem Herzoge hatte, und sieht daraus, dass Letzterer ihm aus Kriegsdiensten, wie aus Darlehen 1828 Pfund Pfennige schuldete, und desshalb das Gut zu Leibgedinge gegeben.[188]) Es vergingen noch sieben Jahre, bis diese Forderungen durch eine Abfertigung des von Neideçk seitens Herzog Albrechts V. im Betrage von 2000 Pfund beseitigt waren.[189])

---

187. Cont. Claustro-Neoburg. in Mon. Germ. 9, 737 „(Ducem Albertum deduxerunt) ad unum castrum nomine Starenberch ... et ibi tenuerunt ipsum, et amplius non reddiderunt cum, donec recepit possessionem terre." Nach der Darstellung Ebendorfers (Pez l. c. 2, 840) „dominus Albertus orphanus ad castrum Starenberg ob aeris puritatem deducitur, in quo subornatis certis per Reinbertum de Walsee et Leopoldum de Eckharczsau ad manus eorundem unacum castro deducitur." An beiden Stellen fliefsen Anfang und Ende der Begebenheit zusammen, die doch 6—8 Monate sich abliegen. Der Gedanke der Entführung kann doch nur entweder spät gefasst und rasch ausgeführt sein, oder es müsste die Zeit über eine fast beispiellose Vorsicht zur Bewältigung des Misstrauens Leopolds geherrscht haben. — 188. Cod. 16 des Staatsarchivs in Wien enthält f. 176 ff. vier Urkunden in dieser Angelegenheit; leider sind sie von der Heftung in den Text hinein so fleckig und morsch, dass nur Zeilenbruchstücke daraus gelesen werden können. — 189. 1417, 16./11. erklärt der Herzog, von rechtswegen Hans von N. durchaus nichts zu schulden, doch wolle er ihm aus Gnaden die 2000 Pfund auszahlen lassen, und 14./11. erklärt dieser sich für befriedigt (Orig., Staatsarchiv Wien, und Lichnowsky, Regesten 5, 1752).

Von da ab kam Starhemberg oft in die Pfänderreihe der Domänen. So 1422, als es mit Freistadt, Linz, Steier, Hainburg und Weiteneck König Sigmund für 60.000 Ducaten,[190] 1428, da es mit Wartenstein, dem Ungelde von Pütten und Umgebung Neustadt Herzog Friedrich von Tirol verschrieben wurde;[191] 1437 kam es für ein Darlehen von 4000 Gulden an Reinprecht von Wallsee,[192] 1439 wieder an Herzog Friedrich und dessen Sohn Sigmund zusammen mit den Burgen Medling, Wartenstein und Lachsenburg für 13.900 ungarische und 32.000 rheinische Gulden.[193] König Friedrich als Nachfolger Albrechts und Vormund dessen Sohnes Ladislaus nahm diese Pfandschlösser an sich, verschrieb Starhemberg 1444 abgesondert an den Landeshauptmann von Kärnten, Konrad von Kreig, für 2106 Pfund[194]), und erlangte 1445 von Herzog Friedrich von Tirol einen Verzicht auf die Pfandschaft, die ihm von vor sechs Jahren noch zustand.[195] Man sieht, die Güter hatten damals den Charakter, welchen heute gewisse Mobilien besitzen, zur Deckung plötzlichen Bedarfes mittelst Belehnung.

Als Pfleger findet man 1447 auf Starhemberg den steirischen Edelmann Hans Perner von Perneck (in der Elsenau), er hatte das Schloss oder sein Amt blos auf Widerruf inne.[196] Wie lange, diess ist unbekannt. Ein dauerhafterer Pfleger folgte ihm aus der tirolischen Familie von Spaur, mit dem es schliefslich nur etwas laute und gewaltthätige Abrechnungen gab. Sigmund bekam die Herrschaft sammt dem Amte und Thurme zu Piesting 1463

190. Orig., Staatsarchiv Wien; Lichnowsky a. a. O. 5/2084. — 191. Orig. ebend.; Lichnowsky ebend. 2643, und Chmel, Materialien 1/114 und 212. — 192. Bergenstamm's Collectaneen aus dem landsch. Archive zu Wien und in demselben; es wird dort auf ein „geheimes Kanzleibuch" König Albrechts sich bezogen, das unter diesem Titel im Staatsarchive nicht zu finden, und der dortige Cod. 16 nicht ist. — 193. Orig., Staatsarchiv Wien; Regest in Chmel's Materialien 1, 33. — 194. Lichnowsky, Regesten 6/790; Chmel, Regesten König Friedrichs IV. 1/1658. — 195. Lichnowsky a. a. O. 6/986; vgl. auch die Verhandlungen aus der Vormundschaft Königs Ladislaus von 1455 in Chmel's Materialien 2/97, dann Orig., Staatsarchiv Wien, und Diplomatar. habsburg. in Font. rer. Austr. 2/2, 293. — 196. Chmel, Regesten 1/2290. Die Kirchl. Topographie 1/5, 193 nennt für 1468 einen Ritter Hans Gundrachinger als Pfleger, doch ohne Quellenangabe. Diesem Namen nach dürfte wohl eher das Starhemberg in Oberösterreich anzunehmen sein.

auf zwei Jahre gegen 250 Gulden jährlichen Bestandgeldes,[197]) und ihm folgte 1465 Hans von Spaur in gleicher Eigenschaft.[198]) Nach der Darstellung des Kaisers muss ihm Hans zu Anfang 1476 geschrieben haben, er wolle die Burg los sein, und zwar bald, sonst sähe er sich gezwungen, sie den Ungarn zu übergeben; der Kaiser schickte seinen Sohn Max dahin, welchen aber Spaur auffälligerweise nicht einliefs, sondern die Abtretung blos gegen Auszahlung einer bedeutenden Lösungssumme zugeben wollte. Das war nun nicht blos gegen Eid und Vertrag, ja sogar eine schwere Beleidigung des Kaisers. Dieser bekam ihn aber dennoch in seine Hände, und setzte ihn gefangen in die Burg zu Neustadt. Dort gab Spaur seine Ansprüche auf und erlangte Verzeihung.[199])

Noch im selben Monate Mai, wo Hans von Spaur entsagte, übertrug der Kaiser Starhemberg einem getreueren Manne, seinem Hofmarschall Georg Fuchs von Fuchsberg,[200]) dann 1478 gegen Bestandgeld von 400 Pfund jährlich an Christoph Sachsenlander,[201]) aber 1480 begegnet man daselbst als kaiserlichen Hauptmann wieder Einem von Spaur, Sigmund.[202]) Unter ihm muss die Burg in die Hände der Ungarn gerathen sein, kam jedoch vertragsmäfsig 1491 an den rechten Herrn wieder zurück.[203])

Wohl nach dieser Episode datiert die Pflegschaft Wolfgang Grafenauer's, für dessen Zeit ein fester Anhaltspunct

197. Archiv für Kunde österreichischer Geschichtsquellen 10, 393/622—624.) Sigmund war vermuthlich ein Bruder jenes Mathias von Spaur, der 1463 bei der Belagerung des Kaisers in der Burg zu Wien in der Vertheidigung so sich auszeichnete, dass Friedrich ihm das Landgericht zu Hoheneck und das Gericht zu Melk verlieh (ebend. 400/675). — **198.** Chmel, Regesten 2/4192. — **199.** Orig., Staatsarchiv Wien; Lichnowsky, Regesten 7/1945 und 1949, und Mon. habsburg. 1/2, 249, 250 und 266. — **200.** Orig., ebend.; Lichnowsky, ebend. 7/1947, und Mon. habsburg. 1/3, 638. Die Kirchl. Topographie 1/5, 193 gibt an, der Pfleger Balthasar Geymann sei 1477 von König Mathias aus Starhemberg vertrieben worden. Da nun Georg Fuchs bestimmt bis 1478 als Pfleger erscheint, so lässt sich jener höchstens als Unterpfleger denken. — Georg Fuchs besafs seit 1458 das Schloss Brunn am Steinfelde, war seit 1464 Hofmarschall und verwaltete auch die Herrschaft Hornstein (in Ungarn). — **201.** Chmel, Regesten 2/7220, und Mon. habsburg. 1/3, 640. — **202.** Wisgrill, Schauplatz des niederösterreichischen Adels 3, 124. Im Jahre 1489 tritt ein Junker Paul als Pfleger auf (vgl. die Zeugen in Beilage X). — **203.** Kirchl. Topographie 1/5, 194; Blätter für Landeskunde von Niederösterreich 13, 392, und Pray, Annal. regum Hung. 2, 232.

nicht gegeben ist.²⁰⁴) und endlich 1507 taucht Leonhard Rauber als „Verweser“ zu Starhemberg auf, und unter ihm (1507 und 1510) ein Sigmund von Liechtenstein als Pfleger.²⁰⁵)

Von Rauber an ist die Verbindung Starhembergs mit Hernstein eine bleibende.

Als er gestorben, erlaubte Kaiser Karl V. seinem Rathe Helfrid von Meggau, von den Erben die Doppelherrschaft für das Pfandgeld von 5000 fl. zu lösen, und in derselben Besitzform auf Widerruf bei halbjähriger Kündigung zu übernehmen. Das war 1521,²⁰⁶) aber noch im selben Jahre wurde ihm der Besitz auf mindestens sechs Jahre gewährleistet, da er Erzherzog Ferdinand weitere 2000 fl. vorgestreckt hatte.²⁰⁷) Trotzdem erhielt er schon 1522 die Kündigung. Man beliefs ihm zwar Starhemberg und Hernstein bis 1525, und sicherte ihm die Pfanderwerbung von Neuburg am Inn zu, wenn er es mit 12.000 fl. vom Grafen Johann von Kanischa lösen wolle,²⁰⁸) allein die Absicht, beide Güter in andere Hand zu geben, schien fest. Denn 1523 gab man Felician von Petschach die Genehmigung

---

204. Formelbuch des 15.—16. Jahrhunderts f. 94, Stiftsarchiv zu Admont. Grafenauer klagt dem Erzbischofe von Salzburg, wie der Pfarrer von Mutmannsdorf ihn, den Vertreter des Kaisers zu Starhemberg, als Patron der Pfarre beeinträchtige, und der Caplan ihn beschimpfe. — 205. Stadtarchiv zu Wiener-Neustadt. Bezüglich des genannten Pflegers vgl. Kirchl. Topographie 1/5, 194, dann 12 171. Ein Hans Egenburger war 1501 Pfleger, doch scheint es Unterpfleger, denn er nennt Sigmund von Liechtenstein, königlichen Stallmeister und Hauptmann zu Eisenstadt, seinen „Herrn“. In demselben Acte ist auch Sigmunds Frau Rosine, eine geborene von Fuchsberg, erwähnt. (Mittheilung des Herrn Professors Mayer von Wiener-Neustadt aus dem dortigen Gewährbuche.) — Die Rauber sind krainischer Abkunft. Leonhard ehelichte Sabina, die letzte von Plankenstein (in Niederösterreich) und erwarb durch kaiserliche Gnade deren Familienwappen in das seine und deren Namen als Prädicat. Er war Kaiser Max' Obersthofmarschall, und ehelichte später eine Gräfin Blagay. (Stadel's Ehrenspiegel 8, 198 im steierm. Landesarchiv). — 206. Orig., Schlossarchiv zu Hernstein, und der Revers Helfrids im Orig., Staatsarchiv zu Wien. Die Meggau stammten aus Meifsen. Helfrid, der Sohn Kaspars, war von seinem Oheim, dem Cardinal und Bischof von Brixen, Melchior, erzogen, besafs in Oberösterreich die Herrschaft Kreutzen (1523 von Adam Schweinbeck gekauft), kämpfte 1529 zu Wien gegen die Türken, ward 1533 Landeshauptmann in Oberösterreich, und starb 1539. Sein Grabstein soll in der Kirche zu Kreutzen sich befinden (Hoheneck, Stände von Oberösterreich 3, 408 ff.). — 207. Archiv des Reichs-Finanzministeriums, Gedenkbuch Nr. 20, f. 44. — 208. Ebend., ebend. 19, f. 73.

zur Pfandübernahme,[209]) und das Jahr darauf zog der neue Inhaber auf. Das Pfandgeld betrug 7000 fl., und die Pfandzeit war auf acht Jahre, also bis 1532, anberaumt. Die Regierung behielt sich von den Herrschaften (auch Scheuchenstein wurde dazugeschlagen) die Steuern, Bergwerke, Schatzfunde, Hochjagd und Lehenschaften vor.[210])

Diese Besitzerfamilie erfuhr aufserordentliche Begünstigungen. Ohnehin besafs Felician seit 1523 auch Gutenstein,[211]) und es kann als besondere Huld gelten, dass in Einer Hand vier wechselnd grofse Güter belassen wurden, die getrennt zu besitzen verschiedene Einzelne angestrebt hätten. Der Erzherzog gestattete, dass 1526 die Summe von 1600 fl. auf Schloss Starhemberg verbaut würde, und genehmigte 1528 weitere 1000 fl. für denselben Zweck,[212]) ertheilte Felician 1527 die Zusicherung des lebenslänglichen, für seine Erben des weiteren zehnjährigen Besitzes,[213]) und zwei Jahre später wurde noch eine Pfandschaftsgnade für zehn Jahre beigefügt.[214]) Somit waren die Güter für 20 Jahre nach dem Tode dieses Inhabers seiner Familie gesichert.

Dieser trat 1537 ein.[215]) Felician folgten seine Söhne Christoph und Felician; als der Erstere starb, führte der Letztere die Güter weiter, und als auch dieser (1551)

---

209. Archiv des Reichs-Finanzministeriums, Gedenkbuch Nr. 21, f. 17. — **210.** Ebend., ebend. f. 173. Wo immer bei Behandlung der Geschichte obiger Güter von denen von Petschach die Rede, werden diese als von Potschach bei Glocknitz hingestellt. Das ist durchaus falsch. Die von Petschach sind Krainer, und führten auch das Prädicat „auf Landpreis". Felician kam als innerösterreichischer Vertreter zur Regierung und Hofkammer nach Wien, wo er obrister Rath der niederösterreichischen Kammer wurde (vgl. Notizenblatt der Akademie 1, 216). Er war der Sohn Christophs mit Margarethe, Tochter Andreas' von Lamberg, heiratete Magdalena, Tochter Georgs von der Dürr, und waren seine Kinder: Christoph (starb jung) — Felician († 1551) — Helena (verehelicht 1539, 16./11. mit Georg Andreas von Herberstein, in zweiter Ehe mit Hans Wagen, und † 1553, 17./12.) — Marusch (Margareth, verehelicht 1542, 17./12. an Georg Sigmund von Herberstein) — Juliana (verehelicht an Paul Grazer) — Katharina (verheiratet an Balthasar von Lamberg, und in zweiter Ehe an Jobst Joseph Freiherrn von Thurn) — und Anna (verheiratet mit Georg Welzer von Eberstein, dann mit Joseph Grazer). (Genealogische Sammlungen des Verfassers dieses Buches.) — **211.** Newald, Gutenstein, 202 ff. — **212.** Archiv des Reichs-Finanzministeriums, Gedenkbuch Nr. 26, f. 74, und Acten Starhemberg. Eine weitere Genehmigung für 1000 fl. Baukosten folgte 1531 (ebend. Gedenkbuch Nr. 37, f. 68). — **213.** Ebend., ebend. 29, f. 66. — **214.** Ebend., ebend. 32, f. 194. — **215.** Sein Grabstein ist in Gutenstein.

abging, übernahm sie in freundschaftlicher Abmachung jene
Tochter Anna, welche den Verwalter der kaiserlichen Haupt-
mannschaft zu Neustadt, Georg Welzer von Eberstein, zum
Gatten hatte.[216]) Kaiser Ferdinand verlieh sie diesem namens seiner Frau auf fernere zehn Jahre nach Ausgang der
anfänglichen zwanzig[217]), und dehnte den Termin 1561 noch
auf beider Gatten Leben aus.[218])

Das Schicksal wollte aber, dass in dieser Erweiterung
eine Verkürzung lag, denn Beide starben Ende 1562 fast
zu gleicher Zeit.[218a]) Ihrer Tochter Anna Maria wurde die
Pfandschaft bestätigt, und durch sie kam der Besitz an ihren
Gatten Hans von Heufsenstein. Aber nicht auf lange. Es
scheint, als wenn die Huld, welche durch 40 Jahre die
Familie von Petschach begünstigte, jetzt mit Einem Male
erloschen wäre. Die Ursache davon ist unbekannt; möglich, dass man den Zwiespalt in der Familie besorgte, da
auch Georg Sigmund von Herberstein, der seit 1553 Gutenstein aus der grofsen Pfandschaft seines Schwiegervaters
Felician von Petschach übernommen hatte, Ansprüche erhob, oder Anderes — kurz, jetzt genehmigte Kaiser Ferdinand, dass der Obristhofmeister seiner Gemahlin, Francesco Lasso de Castilia, die auf 14.343 fl., 4 Schill. und
11 Pfennige angewachsene Pfandsumme ausbezahle, und
selber die Herrschaften Starhemberg-Hernstein übernehme.
Im folgenden Jahre 1565 erhielt Hans von Heufsenstein
Auftrag, nach Empfang besagten Geldes die Güter abzu-
treten, und Kaiser Maximilian II. verschrieb sie diesem
Spanier auf Lebenszeit.[219])

Für Freiherrn von Heufsenstein war dies ein Schlag.
Derselbe fühlte sich um so schwerer, als bereits nach vier

216. Archiv des Reichs-Finanzministeriums, Acten Starhemberg.
— Georg Welzer, der Abstammung nach aus Obersteier, wo seine Ahnen
schon im 14. Jahrhundert zu Oberwelz safsen und freisingische Burg-
grafen zu Rotenfels waren, gehört dem nach Kärnten ausgewanderten
Zweige des Hauses an. Er war der Sohn Christoph Welzer's, genannt
Gamperl, und Christinens von Silberberg. (Genealogische Sammlung des
Verfassers.) — **217.** Ebend. Gedenkbuch Nr. 69, f. 341. — **218.** Ebend.
Acten Starhemberg. Die Verschreibung datiert von 1561, 28./7., nach
Bergenstamm's Collectaneen aus dem landsch. Archive zu Wien und in
demselben. — **218ª.** Er und seine Gattin Anna von Petschach starben in der
Schlusswoche Decembers 1562. „In der Wochen nach dem 20. Nov. (!)
Baide gestorben." (Sigmund von Herberstein's Familienbuch.) — **219.**
Quelle wie in 218.

Jahren Kaiser Max wieder Anderen die Lösungsgenehmi-
gung ertheilte, nämlich dem Oberstpostmeister in Böhmen,
Martin von Taxis, und dessen Bruder Ferdinand. Diese
übernahmen die Herrschaften 1569 für 15.102 fl.[220])

Mit 1572, als Martin gestorben, traf zu Starhemberg
eine Erhebungscommission ein. Es handelte sich um Bau-
schäden. Vielleicht war der Herr von Heufsenstein an deren
Erscheinen nicht ganz unbetheiligt: er wollte eben die
Güter der Familie seiner Frau wieder haben. Er hatte sich
erboten, sie an sich zu lösen, auch erblich zu kaufen, oder
bei Erhöhung der Pfandsumme, die Steigerung ebenfalls
anzunehmen.[221])

Endlich wurde ihm zusageweise 1573 willfahrt: wenn
die von Taxis stürben, könne er die Herrschaften an sich
lösen, oder wenn sie selber zurückträten, solle er unter den
etwaigen Bewerbern das Vorrecht haben.[222]) Es dauerte
übrigens noch mehrere Jahre, bis es so weit kam. Wenn
aber die von Taxis auf Starhemberg wohnten und ihre baulichen Schilderungen getreu waren, dann mag sie allerdings mit der Zeit ein gewisses Unbehagen aus häuslicher
Unsicherheit erfasst haben, und waren die Berichte über-
trieben, dann mochten wieder der Regierung die häufigen
Forderungen um Genehmigung von Baugeldern zu viel geworden sein. Denn wirkliche oder angebliche Baukosten
waren zwar für die Besitzer eine gute Sparanlage, gegenüber dem Staate jedoch allmählich eine solche Belastung
der Pfandgüter, dass er immer weniger hoffen konnte, dieselben rückzugewinnen. Bezahlen musste schliefslich doch
er sie, und der Inhaber genoss den Vortheil. Konnte er die
Summen nicht erstatten, so trat man an ihn mit dem Ansuchen um Aenderung des Pfandgutes in ein Lehen, wodurch das unmittelbare Eigenthumsrecht des Staates in ein
mittelbares überging, und der Besitz auf dem richtigen
Wege war, gänzlich ihm zu entgehen, ohne dass er mehr
davon bezogen hätte, als vor Jahren den längst veraus-
gabten Pfandschilling.

---

220. Ebend., ebend. Die Acten der Verschreibung datieren von 1569,
14. 9. und 30./9. — 221. Bergenstamm's Collectaneen aus dem landsch.
Archive zu Wien und in demselben. — 222. Archiv des Reichs-Finanzministeriums, Acten Starhemberg. Die erste Zusage datiert von 1573, 26./1.,
eine zweite folgte 1576, 12./12. (Original zu Hernstein.)

In den Jahren 1572 und 1574 nämlich brachten die
Gebrüder von Taxis schwere Klagen über Baugebrechen
vor. Man war auf Starhemberg des Lebens nicht mehr
sicher; das Schloss müsse über Kurzem zur Halbscheid,
wenn nicht ganz einfallen. Auf der anderen Seite fand
sich in Wien Hans von Heufsenstein mit dem widerholten
Antrage ein, er übernähme gerne die Herrschaft, auch mit
Aufzahlung, oder lehenmäfsig, wie man wolle. Der Com-
missionsbericht ist nicht bekannt, scheint aber seinen Versuchen günstig gewesen zu sein. So war es ökonomisch
nur gerechtfertigt, ihm stattzugeben: klar war, dass die
Güter der Regierung nicht blieben, und so kam es höchstens darauf an, nicht blos das Daraufzahlen zu vermeiden,
sondern noch besondere Vortheile daraus zu ziehen. Als
denn Freiherr Hans 1576 nochmals sich meldete, und zwar
um lehenweise Uebertragung, gewährte Kaiser Rudolf dieselbe, wenn er sich mit Denen von Taxis abfinden würde,
und zwar sollte er auch der üblichen Lehensgnade dabei
geniefsen.[223] Im Jahre 1577, 7./9. überliefs ihm der Kaiser
die Doppelherrschaft gegen Zahlung von 24.500 fl., wovon
14.343 fl. u. s. w. auf die Pfandsumme und 10.157 fl. auf
Zuwächse und Steigerung fielen, und am 30./9. trat Hans
die Güter (wozu auch Scheuchenstein noch gehörte) an.[224]

---

223. Die Lehensgnade bestand in dem Verzichte der Regierung
auf unbeschränkten Heimfall von erledigten Mannslehen. Töchter und
andere gesetzliche Allodialerben genossen eben in solchen Fällen das
Lehensrecht nicht, und die Regierung entsagte für Niederösterreich zu
deren Gunsten steigend auf je immer ein Viertel des Wertes des betreffenden Lehengegenstandes. Die erste Lehensgnade ertheilte Kaiser Max
1509, indem er ein Viertel des Lehenwertes den Allodialerben überliefs, wenn keine berechtigten Mannserben mehr vorhanden. Dies geschah mit Rücksicht auf den kümmerlichen Stand, in welchen vielfach
die Töchter u. s. w. der letzten Lehenbesitzer durch den unbeschränkten
Heimfall versetzt wurden. Im Jahre 1518 dehnte er die erste Lehensgnade
auf die Halbscheid des Wertes aus. Auf das dritte Viertel verzichtete
Kaiser Max 1568, und Kaiser Rudolf endlich gab 1583 die Beschränkung
gänzlich auf, mit Rücksicht auf die Verdienste der niederösterreichischen
Stände, wie es hiefs. Nur ward vorbehalten, dass der Verzicht stets blos
als Gnade betrachtet würde, und nicht als selbstverständliches Gesetz;
daher sollte bei jeder Belehnung erwähnt werden, dass sie mit oder ohne
Gnade ertheilt würde, und zwar unterschied man den 1., 2., 3. und
4. Grad, resp. man citierte nach der Lehensgnade von 1509, 1518, 1568
und 1583 (Guarient, Cod. Austr. 761 ff.). — **224.** Archiv des Reichs-
Finanzministeriums, Acten Starhemberg.

So gelangte die Familie von Heufsenstein ein zweites Mal in den Besitz von Starhemberg-Hernstein, und zwar jetzt direct und nicht mehr durch Frauenerbe, wie das früher gewesen.

Dieses Geschlecht [225] stammte aus dem Odenwalde, und wird bis in das 12. Jahrhundert zurückgeführt. Zwischen Main und Rhein wachsend begütert, stellte es einige seiner Mitglieder für das Reichs-Schultheißenamt in Frankfurt a. M., und in den Rath der Kurfürsten-Erzkanzler von Mainz. Einer der Ihren, Sebastian, war sogar (1546 bis 1555) selber dort Erzbischof, und wendete seinem Hause das Erbmarschallamt des Erzbisthums zu. Der Neffe desselben, Hans, wanderte in Oesterreich ein, heiratete Anna Maria Welzer von Eberstein, erlangte bekanntlich durch seine Frau auf kurze Zeit den jetzt wiedererrungenen Besitz, kam 1571 zur niederösterreichischen Standschaft, 1577 in den alten Herrenstand, und war Kämmerer bei Ferdinand I., Max II. und Rudolf II.

Der Orientierung halber folgt hier ein Stammbaum des Hauses, im Wesentlichen aber blos für jene männlichen Glieder, welche in der Besitzgeschichte auftreten. Was ihre Ehen und Filiationen, soweit es nöthig oder passend sein sollte, deren zu gedenken, anbelangt, mag in der Erzählung oder in den Noten erwähnt werden. [226]

---

225. Vgl. über dasselbe R. Freiherr von Siber, Genealogische Andeutungen u. s. w. in Hormayr's Archiv 1831, 514 ff., und Ritsert, Geschichte der Herren und Grafen von Heufsenstamm im Correspondenzblatte der deutschen Geschichtsvereine 1884. 8 ff. Wertvolles boten auch die genealogischen Studien des Herrn Forstrathes Stöger zu Hernstein. — Was die Namensschreibung betrifft, die bald Heifsenstein, Heufs-, Heusenstamm u. dgl. beliebt wird, so wird für hier jene der ältesten Lehenbriefe und anderer Familienacten des 16. Jahrhunderts angenommen, welche Heufsenstain (resp. -stein) lautet. Er scheint ja doch blos gebildet aus dem Personennamen Hinzo und Stein. Ritsert allerdings in seiner erwähnten Abhandlung liest in Urkunden und auf Siegeln ausnahmslos Husenstam (was etwas auffällig erscheint), und schreibt auch Heusenstamm. — 226. Für den Stammbaum sowohl, als die genealogischen Angaben im Texte sind hier die Acten des Landesgerichtsarchivs in Wien, dann die Aufzeichnungen des Herrn Forstrathes Stöger, auch Familienpapiere bei Herrn Freiherrn de Vaux in Wien benützt. Vollständigkeit der Genealogie wurde hier durchaus nicht angestrebt, weil nicht in der Aufgabe liegend. Zu bemerken wäre blos, dass die Quellen Herrn Stöger's manchmal den Originalacten im Landesgerichte nicht gleichlauten.

Hans
(erwirbt Starhemberg
und Hernstein 1577)
† 1598

Hans Georg
† 1616

.

Otto Heinrich,   Hans Zdislaw
† ca. 1645   † 1648

Hans Christoph Ferdinand,   Otto Felician   Ferdinand Franz,   Julius Weikard
                           † 1693

Christoph Karl
(erwirbt 1706 Emmerberg)
† 1726 .

Otto,	Julius,	Franz,	Karl,	Heinrich
(Starhemberg-Fischau)	(Starhemberg-Piesting)	(Waltersdorf)	(Emmerberg, Starhemberg-Piesting und Emmerberg)	(Haus zu Wien, Emmerberg)
† 1728	† 1720	† 1792	† 1759	
		Franz		
		† 1781		
		Max	Sigmund,	Heinrich
		(verkauft Starhemberg 1817)	(Starhemberg-Piesting)	(Emmerberg, dann auch Starhemberg-Piesting, verkauft dieses 1799, jenes 1808)
			† 1799	

Die Familie wurde 1665 gegraft. Sie besafs die beiden
Hauptgüter bis 1799 (Starhemberg-Piesting, resp. Hernstein) und 1817 (Starhemberg-Fischau), und das dritte im
Verlaufe noch in Frage kommende Gut Emmerberg bis
1791, oder nach anderen Quellen bis 1805.[227]
Nach Hans, dem Begründer eines mehr als zwei-
hundertjährigen Familienbesitzes um die Piesting, kommt

227. Damit nicht später die Belehnungen, welche an sich doch für
hier blos Formsache, in die Erzählung eingemischt zu werden brauchten,
möge ihre erreichbare Liste da eingesetzt werden. Von 1727 ab begreift
sie ebenso Starhemberg-Piesting (resp. Hernstein), wie Starhemberg-
Fischau.

1577, 17./9.,	Wien, Rudolf	für Hans
1579, 31./8.,	" "	" "
1585, 4./4.,	" "	" "
1600, 6./3.,	" "	" Hans Georg u. s. w.
1610, 7./9.,	" Mathias	" "
1614, 29./10.,	" "	" "
1626, 27./6.,	" Ferdinand II.	" Otto Heinrich u. s. w.
1637, 12./2.,	" "	" und Neffen
1638, 28./6.,	" " III.	" " "

wesentlich blos sein Sohn Hans Georg in Betracht.[228]) Der Vater stand offen zur neuen Lehre, und damit übte er auf seine Unterthanen und Kirchen nachweisbar bösen Einfluſs. Auch seine Kinder gehörten derselben an, und sein Sohn Hans Georg, Kämmerer beim Hoch- und Deutschmeister Erzherzog Max, geheimer Rath, niederösterreichischer Kammerpräsident und Hauptmann der Trabanten- und Arkebusiergarde, musste wegen seiner unzweideutigen Haltung in dieser Richtung scharfen Tadel hinnehmen, worauf er sich doch wieder sammelte.[229])

Nach dem Tode des Vaters (1598) führte die Mutter Anna Maria das Haus- und Herrschaftsregiment auf Starhemberg, wahrscheinlich weil ihr Sohn viel zu Wien abwesend, dann auch, weil er verhältnissmäſsig jung starb, und sie dadurch eine Anzahl Kinder zu betreuen hatte. Endlich hatte ihr Gatte ihr auch die Hälfte von Starhemberg

---

1649, 17./5.,	Wien, Ferdinand III.	für Otto Felician und Vettern					
1656, 27./9.,	„	„	„	„	„	„	„
1658, 22./2.,	„	Leopold I.	„	„	„	„	„
1691, 30./6.,	„	„	„	„	„		
1694, 11./6.,	„	„	„	Christoph Karl			
1706, 21./5.,	„	Joseph I.	„	„			
1713, 25./2.,	„	Karl VI.	„	„			
1727, 10. 6.,	„	„	„	Otto und Gebrüder			
1729, 9./2.,	„	„	„	Franz und Karl			
1743, 3./5.,	„	Maria Theresia	„	„			
1781, 27. 7.,	„	Joseph II.	„	Sigmund und Heinrich			
1791, 27./5.,	„	Leopold II.	„	„	„		

Die Originale oder Abschriften dieser Acten sind theils im Schlossarchiv zu Hernstein, theils bei Baron de Vaux zu Wien, theils im Reichs-Finanzministerium, oder im Staatsarchive in den Lehenbüchern. — 228. Es waren drei Söhne und drei Töchter: von Ersteren fiel Max 1594 in türkische Kriegsgefangenschaft, aus der er nicht mehr heimkehrte, und Ernreich starb ledig als Hauptmann. Von den Töchtern war Magdalena an Rudolf (andere sagen Mathias) Freiherrn von Wurmbrand, Anna Leonore an Hans Josef Freiherrn von Rottal verheiratet, und Polyxena starb unverehelicht. — 229. Khevenhiller, Ann. Ferd. 2, 288, erzählt, Hans Georg habe wider den kaiserlichen Befehl seine Kinder von Prädicanten in Wien taufen lassen, und sei ihm deshalb „ein starcker Verweiſs per secretum" geworden, mit Androhung von Strafe und Ungnade bei Wiederholung. Später aber berichtet er (ebend. 8, 944), Hans Georg, habe viel zwischen beiden Confessionen geschwankt, allein drei Tage vor seinem Tode hätte er den Jesuiten Hiller kommen lassen, gebeichtet und communiciert, und so sei der niederösterreichische Kammerpräsident versöhnt mit dem Herrn gestorben. Sein Grabstein befindet sich in der Augustinerkirche zu Wien.

verschrieben, und ihren Witwenantheil auf 90.000 fl. angesetzt.[230]) Dort lebten also drei Generationen zusammen.
„Alle Zimmer im Schlosse Starhemberg“, heifst es in einem
Acte, „seien gleich vertheilt, ausser dem Rundthurme.“
Dass da neben den Schwierigkeiten, die aus den Ansprüchen nach Erb- und Lehensfolge erwuchsen, auch
welche persönliche sich ergeben konnten, ist sicher. So
wurden, um Geldforderungen in der Familie ausgleichen
zu können, die Aemter Pernitz und Scheuchenstein 1632
verkauft,[231]) und damals muss auch Hernstein unter bestimmten Formen an Hansens Tochter Magdalena, verwitwete Wurmbrand, dann verehelichte Narringer abgetreten
worden sein, wenn nicht das Ehepaar Verwaltersdienste
that, oder überhaupt mit Sitz und Nahrung dahin gewiesen war.[232])

Dreifsig Jahre führte Anna Maria die Verwaltung, erst
1628 gab sie sie auf. Sie mag sich zu Fischau einen Witwensitz gewählt haben, denn dort testirte sie 1633, 2./3.,
und dürfte da wohl auch verstorben sein.

Ihr Sohn Hans Georg war 1616, 8./9. aus dem Leben
geschieden, und unter anderen Kindern hinterliefs er die
Söhne Otto Heinrich und Hans Zdislav.[233]) Sie verkauften

230. Mit ihren Töchtern Magdalena und Anna Leonore schloss
sie – jedenfalls nicht ungezwungen — einen Erbvergleich 1621, 2. 6.,
worin denselben je 11.000 fl. als Erbtheil zugesprochen wurde (Archiv des
Landesgerichtes zu Wien). — **231.** Der Verkauf geschah an Johann
Balthasar Grafen von Hoyos, und führte später zu einem Processe, da der
volle Inhalt des Verkauften nicht festgestellt war. Das musste gerichtlich
ausgetragen werden, und es wurde bestimmt, dass mit den beiden Aemtern
verkauft wären die Fischerei in der Pernitz und im Miesenbach, das Ungeld
in beiden Bezirken, zu Muckendorf und im Feuchtenbach, drei Forste in
Pernitz mit ca. 150 Jochen (genannt das Spangthal, die Rosenleiten und
das Pergenthal), ein Wald bei Scheuchenstein mit acht Joch (der sogenannte Aschengraben) und drei weitere mit 100 Joch (der Gang, die
Thurmwand und das Reut) und dazu der Wildbann in diesen Forsten (Belehnung von 1656, 27. '9., Staatsarchiv zu Wien, Lehenbuch 333, f. 743').
— **232.** Ein ungenanntes weibliches Mitglied der Familie wendet sich,
wie es scheint, an Otto Heinrich mit Klagen und Vorwürfen, zu ungenannter Zeit, allein ziemlich sicher 1628 oder 1629. Die Schreiberin ist
wohl des Letzteren Tante Magdalena gewesen, da es heifst, er hätte
nicht nöthig gehabt, mit ihr wegen Hernsteins einen Kaufvertrag zu
schliessen. Vgl. oben S. 45 und Noten 120 und 630. (Aufschreibungen des
Herrn Forstrathes Stöger.) — **233.** Die erste Gattin Hans Georgs war
Katharina Berka von Dauba (woher sich der fremdartige slawische Name

1630 ihre Wälder (wohl zwischen Wellersdorf und Fischau)
an den Kaiser für Jagdzwecke, und wünschten, dass ihnen
dafür Bergrechte zu Gumpoldskirchen und Zehente zu Guntramsdorf gegeben würden. Der Kaiser liefs ihnen aber
blos 3000 fl. auszahlen.[234]) Noch weniger Erfolg hatten sie
mit einer sogenannten Rückforderung angeblich entzogener
Wälder der Herrschaften Merkenstein, Fahrafeld, Potenstein und Neuhaus, denn sie wurden damit gänzlich abge-
wiesen.[235])

Mit Hans Zdislaw, der jedenfalls vor 1637 starb, er-
wuchs eine besondere Linie, die aber nach ganz kurzer
Dauer verlief.[236]) Dagegen hatte Otto Heinrich von zwei
Frauen angeblich ein Dutzend Kinder. Von ihnen sind
hier nur Hans, Christoph Ferdinand, und noch mehr Otto
Felician von Wichtigkeit.[237]) Mit ihm zusammen werden
Hans Zdislaw's zwei Söhne Ferdinand Franz Johann und
Julius Weikard zuweilen genannt, allein ohne besonderen
Nachhall.

Durch seine zweite Frau Margareth, geb. Freiin
von Rappach, erwarb Otto Heinrich das sogenannte
Hofhaus' zu Fischau, die spätere Residenz des Haupt-
zweiges der Familie von Heufsenstein, und das Dorf

---

des einen Sohnes erklärt), die zweite Susanna Gräfin von Thurn (?). Die
übrigen Kinder waren Georg Christoph (der ledig starb), Anna (verheiratet
an Hans Georg Freiherrn von Reifenberg) und Polyxena Katharina (verheiratet an Franz Phöbus Grafen von Thurn). — 234. Vgl. unten Note 519.
— 235. Bergenstamm's Collectaneen aus dem landsch. Archive zu Wien
und in demselben. — 236. Hans Zdislaw hatte eine Gräfin (?) Terzky zur
Frau; sein älterer Sohn Ferdinand Franz Johann hatte nur Töchter, der
jüngere Julius Weikard (der eine Gräfin Johanna Isabella O'Gilvy geheiratet) zwar Sohn und Tochter, aber sie machen sich in der Folge nicht
bemerkbar. Wegen der Ehe u. s. w. Julius Weikards vgl. Kreisgerichtsarchiv zu Wiener-Neustadt, Waisenbuch Starhemberg f. 191', sonst die
schriftlichen Mittheilungen des Herrn Forstrathes Stöger. — 237. Otto
Heinrich ehelichte zwei Frauen; die erste war Anna Katharina Gräfin
von Mörsberg, die zweite Margarethe Freiin von Rappach, verwittwete
Beck von Leopoldsdorf. Die letztere Dame scheint den Genealogen —
wenigstens Herrn Stöger — entgangen; sie ist aber namentlich durch
das Testament ihres Gatten, durch ihr eigenes und das ihres Stiefsohnes
Otto Felician (im Landesgerichtsarchive zu Wien) sichergestellt. Andere
Angaben kennen eben diese Frau nicht, und setzen dafür Katharina Gräfin
von Harrach ein, Wittwe des Grafen Max von Waldstein. Dies zu vereinen
muss Jenen überlassen bleiben, die sich in höherem Grade mit der Genealogie des Geschlechtes befassen, als es hier geboten ist.

Loipersbach, und durfte auch Mitgift und Widerlage
derselben auf dem Lehen sicherstellen.[238]) Im Testamente
von 1644 setzte er zwar seine vier Söhne zu Universal-
erben ein,[239]) doch solle der älteste, Hans Christoph Ferdinand, das Familiengut Gräfenhausen bei Frankfurt a. M.
übernehmen, die Witwe bis zur Grofsjährigkeit Otto Felicians die Verwaltung führen, und wenn er vorher stürbe,
den Tüchtigsten der übrigen Zwei zum Regenten bestimmen.[240]) Er muss vor seiner Frau gestorben sein, denn
ihr Testament von 1654 erwähnt seiner nicht mehr, also
etwa 1645.[241])

Otto Felician[242]) erscheint auf den Gütern zuweilen
mit seinem Vetter Julius Weikard zusammen, der 1671 in
etwas mittelalterlich faustrechtlicher Weise den Bauern von

<hr>

238. Staatsarchiv zu Wien, Lehenbuch 333, f. 72'. Sollte er Allode
erwerben, müssten diese Lasten auf sie überlegt werden; sie betrugen
(a. a. O. f. 382', kais. Bewilligung von 1649) 12.000 fl. — 239. Das Testament datiert 1644, 19./10., Wiener-Neustadt (Archiv des Landesgerichtes
zu Wien). — 240. Der Aeltere verkaufte sehr bald sowohl Gräfenhausen
als Heufsenstein (Heufsenstamm) und kehrte nach Oesterreich zurück, wo
er die Herrschaft zu St. Margarethen in Wien mit Rampersdorf, Matzleins-
dorf und Niklasdorf 1686 kaufte (Aufzeichnungen des Herrn Forstrathes
Stöger). — 241. Ihr Testament datiert von 1654, 22./4., Wien. Ihr Stief-
sohn sollte Universalerbe sein, ihre Leiche in Dreistätten beigesetzt werden,
und ihre gesammte Bauerschaft auf diesem letzten Gange sie begleiten.
Dafür habe man derselben einen Trunk zu geben von 24—28 Eimern,
und je vier Leuten einen Laib Brod (Landesgerichtsarchiv in Wien). —
242. Otto Felicians erste Frau war Maria Polyxena Gräfin Kolowrat-
Liebsteinski (testierte zu Wien 1667, 31. 8., begraben bei den Augustinern);
seine zweite Frau wird bald Isabella Baronesse von Karlshofen genannt,
bald Isabella Helena, geborene Freiin von Garben, Witwe nach
Philipp Jacob von Karlshofen (aus den Mittheilungen des Herrn Forstrathes Stöger). Von dieser (zweiten?) Frau sollen auch die Güter Oberwaltersdorf, Karlstein und Thuma rühren (ebend.). Nun findet sich aber
im Landesgerichtsarchive zu Wien von 1684, 3./1., Wien, das Testament
der (zweiten?) Frau Otto Felicians, worin sie sich eine geborene Zirkh,
ihren Bruder Hans Ernst und ihre Schwester Anna Christine, verehelichte
Zindl, nennt, auch von Gütern, die sie besessen, oder von ihrem Wit-
wenstande nichts erwähnt, wenngleich sie Oberwaltersdorf, Münichreut
und Dreistätten in die Kirche je 100 fl. vermacht. Und diese geborene
Zirkh hiefs auch Helena Isabella. — Aus der ersten Ehe stammen
sicher die Söhne Franz Xaver und Joseph Heinrich, dann die Tochter
Katharina Constantia, an den Grafen Kokorsowitz verehelicht. Aus
welcher Ehe die Söhne Joseph, Ignaz und Christoph Karl stammten,
war aus den benutzten Acten nicht festzustellen, blos, dass Letzterer um
1693 der einzige Sohn gewesen.

Veitsau sich ins Gedächtniss prägte.[243]) Der Processe mit
den Nachbarn, mit den Pfarrern und mit den Unterthanen
hatten diese Herren viele; es gab eben immer Gelegenheit,
Hoheitsrechte zu wahren oder zu beanspruchen. Dabei
fehlte es auch nicht an verschiedenen Versuchen, selbstständige Gemeinden in ihren Rechten zu beschneiden,
wie das bei Piesting geschehen sollte, aber auch, dass Andere wieder gegen sie Anlässe vom Zaune brachen. Es
wird im Verlaufe noch öfters Gelegenheit sein, von diesen
Kehrseiten des gesellschaftlichen oder kleinstaatlichen Lebens zu erzählen.

Er ward 1665 mit seinem ganzen Hause in den Grafen-
stand erhoben, erwarb auch mit einer seiner Frauen die
schönen Güter Oberwaltersdorf (bei Wien), dann Karlstein
und Thuma (im Viertel ob dem Manhartsberge[244]), aber
ein ernstes Liebesverhältniss seines Sohnes brachte Spal-
tung und wirkliche Gefahren der Zersetzung in die Familie.

Was nun dieses Zerwürfniss anbelangt, so legt es sich
aus dem Testamente Otto Felicians von 1693 dar.[245]) Sein
(einziger im Testamente noch erwähnter) Sohn Christoph
Karl hatte ein Fräulein Zollner von Mafsenberg im Auge,
das aber in jenem des Vaters „aus erheblichen vnd (ihm)
sonderbahr bekhandten Vrsachen" 'ein Dorn war. Beim
Sohne bestand die Absicht, dem Vernehmen nach, das
Fräulein, mit dem er sich „haimblich vnd hinterruckhs versprochen", zu heiraten. Der Vater begegnet diesem Vor-
haben so, dass er für den Jafall den Sohn testamentarisch
so niederstellt, als nur im Rechte zulässig. Die Güter
Fischau und Loipersbach, und den Diamantschmuck der
Stiefmutter des Grafen (Margaretha von Rappach) sollte
die Gräfin-Tochter (Kokorsowitz), das Gut Oberwaltersdorf,
mit Karlstein und Thuma, dann das Haus in der Wollzeile

---

243. Keiblinger, Geschichte von Melk 2/1, 708. Es handelte sich
um einen Wald, und da die Bauern von ihrem Rechte nicht liefsen, sammelte der Graf eine bewaffnete Schar, lud die Bauern zum Vergleiche in
den Wald und liefs sie nicht blos fürchterlich hauen, sondern haute selber
mit, nur hielt er sich an deren Standesperson, den Richter. Im Processe
geschah zwar dem Grafen kein Leid, allein die Bauern besitzen noch
heute den Wald. — 244. Mittheilungen des Herrn Forstrathes Stöger. —
245. Archiv des Landesgerichtes zu Wien. Es datirt von 1693, 25./9.,
Wien, ein Beleg, dass er nicht, wie Einiger Angaben lauten, am 27./5. d. J.
gestorben sein kann.

in Wien deren älterer Sohn Karl, und im Substitutionsfalle
dessen Bruder Wenzel bekommen, und aufserdem wären
an die Jesuiten zu Neustadt zur Fortführung ihres Collegien-
baues 20.000 fl. zu entrichten. Falls Christoph Karl seine
Idee aufgäbe und eine adelige Dame anderer Familie heim-
führte, sollte es von all Dem abkommen.

Und Christoph Karl gab Idee und Braut auf, und
führte Maria Anna Freiin Gileis heim, deren Mitgift ihm
sogar die Herrschaft Starhemberg sehr angenehm ab-
runden half.

Da seine Belehnung 1694, 11./6. erfolgte, muss Otto
Felicians Hingang etwa in den vorhergehenden Winter
fallen.

Christoph Karls Zeit wurde für das Gebiet von hervorragender Bedeutung. Sie brachte dem bisherigen Besitze namhaften Zuwachs, abermals durch Frauen, einen
Zuwachs, der bequemer nicht erdacht werden konnte;
anderseits aber ward zugleich die Axt an den Stamm gelegt, der bei einiger Pflege so breit sich entwickelt hatte.
Vergröfserung und Theilung, oder, da man die Folgen
kennt, kann man sagen, Stärkung und Siechthum, flossen
da aus Einer Hand, und Beides rührte aus dem Klügeln
eines Mannes, der doch nur die dauerhafte Blüte seiner
Familie im Auge hatte.

Die Besitzvermehrung ergab sich durch Erwerbung
der Herrschaft Emmerberg, das im Südosten Starhemberg
unmittelbar anrainte, aber auch durch viele Einzelgüter
auf den Dörfern im Steinfelde. Damit mochte auch eine
Erinnerung wieder lebendig werden an den Bestand der
alten Herrschaft Starhemberg-Waldeck, wie derselbe um
1140 gewesen.

Die Erwerbung geschah durch Kauf seitens der Gräfin
Maria Anna von Heufsenstein von dem Grafen Anton von
Spaur, soll schon seit 1703 in Verhandlung gewesen sein,
kam jedoch erst 1705—1706 zum Abschlusse. Die kaiserliche Belehnung erfolgte 4./6., 1706.[246]

Welche Umstände den Grafen Christoph Karl zur
Theilung seiner gesammten Habe unter die Mannserben
bewogen, ist nirgends gesagt. Vielleicht waren es Zwistig-
keiten, deren er von früher her aus der Familie sich erinnern

246. Original bei Herrn Oberst Baron de Vaux in Wien.

mochte, vielleicht Rücksichten auf die Natur der Söhne, und die Erwägung, dass die Güter einzeln doch so bedeutend, dass Jeder von ihnen bequem auf seinem Sitze hausen könne. Allerdings hatte sich der Gesammtbesitz derart erhöht, dass die Führung in Einer Hand unter den damaligen Verhältnissen schwer sein musste, und noch gefährlicher war ein Vielregieren. Allein trotz der Theilung sollte die Einheit des Ganzen als Familienbesitz sichergestellt bleiben.

Daher gestaltete er das Ganze in ein Fideicommiss um; das gewohnte Lehenband wurde dabei nicht geschädigt, und so scheint eine derlei Abmachung der Familie allein überlassen gewesen zu sein. Nur für die Minderjährigen stellte man Curatoren bei, aber auch mehr nach Familienwahl und nach ständischen Gepflogenheiten, als nach Staatsgesetzen.

Es waren fünf Söhne vorhanden, davon der letzte noch minderjährig: Otto, Julius, Franz, Karl Joseph und Heinrich.[247])

Das Testament, worin die Gründung des Fideicommisses enthalten war, unterfertigte Christoph Karl im „Hofhause" zu Fischau am 24./3. 1726.[248]) Er stellte darin zuerst eine grofse gemeinsame Masse des Vermögens auf, aus welcher die Baarentschädigungen an jene Söhne zu decken waren, die bei der Vertheilung der Güter selber nicht vollkommen gleich mit den anderen gehalten werden konnten.

Der älteste Sohn Otto sollte das „Güthel" Fischau, und der zweite, Julius, das Hofhaus zu Piesting, und weil dies an sich zu unscheinbar, von Otto eine Aufbesserung

---

247. Aufser zwei jung verstorbenen Töchtern waren noch vorhanden Maximiliana, verheiratete Gräfin Anton Petazzi, Leopoldine, verheiratete Gräfin Johann von Schärfenberg, und Agnes, verheiratete Gräfin Johann Breuner. Die Mutter, Gräfin Maria Anna, war 1724, 16. 11., gestorben. — 248. Vom 3. 4. datiert ein anderes Testament, worin Graf Christoph auch seiner Beamten und Holden gedenkt; er selbst will in der Katharinencapelle bei den Augustinern in Wien bestattet sein; seinen Partikel vom heiligen Kreuze und ein neu bestelltes heiliges Grab widmet er der Kirche zu Oberwaltersdorf, und das von hier sollte nach Dreistätten kommen; seinem „Regenten" vermachte er 500 fl. und lebenslänglich freie Wohnung im Hause in der Wollzeile zu Wien. Der Mann hiefs Martin Franz von Thurnhof. Allen Unterthanen sollte die Hälfte ihrer Rückstände nachgesehen werden (Archiv des Landesgerichtes in Wien).

von 3000 fl. erhalten; Beiden gemeinsam gehöre auch das
Schloss Starhemberg nach Einzelbestimmungen, welche der
Vater genau festsetzte, und Jedem der Beiden gebürten
aus der Masse noch 3750 fl. Aus dieser Aufstellung zweier
Residenzen zu Fischau und Piesting rührt auch der spätere
officielle Titel der beiden Herrschaften Starhemberg-Fisch-
auer, und Starhemberg-Piestinger Antheiles.

Der dritte Sohn Franz bekam die Herrschaft Oberwaltersdorf, doch hatte er dem Bruder Karl seines mütter-
lichen Erbes von 8250 fl. in die Masse 5000 fl. zu bezahlen,
und indess diese Schuld mit 5 Procent zu verzinsen.

Karl, der vierte Sohn, sollte Emmerberg übernehmen
(mit Ausschluss des Amtes Neunkirchen, das die losen
Güter von Molrams, Raglitz, Neusiedl u. s. w. vereinte),
und 10.000 fl. aus der Masse erhalten.

Der jüngste endlich, Heinrich, ward mit dem Hause
in der Johannesgasse zu Wien bedacht, und von der Herrschaft Starhemberg-Fischau sollten ihm und seinen Nachkommen 400 fl. als Jahresapanage bezahlt werden.

Insoferne wäre Alles recht glatt, allein die Substi-
tutionen scheinen das Ganze zu verwirren.

Der Name von Heussenstein sollte bei den Gütern
und die Güter sollten beim Namen bleiben, so lange er
bestände, daher je eine bestimmte blühende Linie eine
erlöschende ablösen. Stürbe Otto und seine Nachkommen-
schaft ab, so folge ihm Franz oder dessen Descendenz; bei
Julius träte Karl ein; nach Franz und seinen Mannserben
reihe Otto; nach Karl käme Julius, so, dass die Linie
Ottos jener von Franz und deren Allodialerben 45.000 fl.,
die Linie von Julius den Allodialen Karls 15.000 fl., und
die Franz und Karl'sche Linie jenen von Otto und Julius
20.000 fl. zu erstatten hätte. Vereinten sich einmal Oberwaltersdorf und Emmerberg mit Starhemberg-Fischau, und
ginge die eine oder andere Linie ab, dann träten Heinrich
und seine Descendenz ein; fiele dann Oberwaltersdorf mit
Starhemberg-Fischau ihm zu, so habe er den Allodialen
des erloschenen Zweiges 45.000 fl., wenn der andere Starhemberger Antheil, 20.000 fl. zu entrichten.[249])

Was nun besonders die Zweitheilung von Starhemberg-
Hernstein anbelangt, so begriff der Antheil Starhemberg-

249. Ebend.

Fischau aufser dem Dominicale den Hauptort Fischau mit sieben Ortschaften und Gegenden und dem Schankhause zu Steinabrückl, der Antheil Starhemberg-Piesting enthielt neben Markt Piesting mehrere Dörfer und Aemter, und jeder für sich noch gewisse andere Bezüge aus Rechten, die jedoch wenig ertrugen. Der erstere wurde capitalisiert auf 83.737 fl., der andere auf 75.240 fl. angeschlagen. Das Weniger auf dieser Seite, erklärte der Testator, decke sich auf der anderen durch ein Mehr Lasten, wie das Landgericht, und das ungefähr erspare der andere Bruder.[250]

Aus der Erzählung bei Hernstein weifs man, dass Graf Julius noch im October des Theilungsjahres auf der Jagd verunglückte, dass Graf Karl den Piestinger Antheil antrat und Graf Heinrich Emmerberg übernahm. Bald aber waren die Nachkommen des alten Grafen, der 1726, 5./4. gestorben sein soll, nur mehr auf vier Mannsaugen beschränkt, da Otto und Heinrich ohne Erben abgingen: auf die von Franz, der nun zu Oberwaltersdorf auf Starhemberg-Fischau, und von Karl, der zu Starhemberg-Piesting noch Emmerberg übernahm.

Graf Franz[251] soll ein Mann von geringer Sparsamkeit gewesen sein. Auch die grofse Kaiserin, sagt man, habe ihn auf die Folgen der Verschwendung aufmerksam gemacht, er aber diese wohlwollende Einmischung ziemlich trocken abgelehnt. So erfüllte sich desto leichter an den Enkeln, was der vorbauende Ahne für alle Zeiten fern gehalten wissen wollte. Die Standesweise des Adels zu Zeiten Karls VI. war auch eine andere geworden, als sie 100 Jahre vorher gewesen; man liebte nicht mehr die Einfachheit und das Landleben, sondern französischen Prunk und Stadtvergnügen; die Verwaltung der Güter blieb Fremden überlassen, und die standesgemäfse Repräsentation zehrte weit über das auf, was diese „Regenten" aus den Gütern herauspressten.

---

250. Vgl. das Detail unten Noten 385 und 548. — 251. Er war in erster Ehe verheiratet mit Maria Gräfin (?) von Pranck († 1769, 31./10.), in zweiter mit Maria Weinberger. Sein Sohn Franz soll 1781, also vor ihm gestorben sein, am 18./12. 1792. [Für die Richtigkeit jeder einzelnen dieser Daten lässt sich nicht einstehen.] (Mittheilungen des Herrn Forstrathes Stöger.)

Bis in die achtziger Jahre ging es noch, dann kam es kleinweise zu Verkäufen von Einzelnem, und zum Verpachten des Ganzen. Aber auch neue Erwerbungen waren nicht zu halten: Graf Franz dachte den Berghof zu Fischau sofort nach Aufhebung des Klosters Neuberg für einen Witwensitz an sich zu bringen, kaufte ihn auch, musste ihn jedoch schon nach zwei Jahren an den Grofs-vater des gegenwärtigen Besitzers ablassen. Dazu blieb man seit Jahrzehnten den Weidezins an Wiener-Neustadt schuldig.

Seit des alten Grafen Enkel Maximilian selbstständig geworden, kamen fast nur Verkäufe vor. Vielleicht ist aber ein gut Theil auf Rechnung der seit Langem bestehenden Schuldenmasse, auf die Zeiten der französischen Kriege und der schlechten Geldverhältnisse zu schreiben, welche zuletzt durch den Finanzsturz unsägliches Elend über Reich und Arm brachten.

Nach mancherlei Versuchen, sich zu halten, musste die bereits sehr verkürzte Herrschaft ganz aufgegeben werden, und 1817 zog dann auch die andere Linie derer von Heufsen-stein aus der Gegend, und Starhemberg-Fischau wurde im genannten Jahre Eigenthum des Freiherrn Stephan von Badenthal.

Damit schied diese Familie, kaum 100 Jahre, nachdem der Ahn Christoph Karl alles recht zweckmäfsig und ewig-fest eingerichtet seinen Kindern übergeben, von einem Besitze, den 240 Jahre früher ihr erster Erwerber mit so vieler Mühe erworben hatte.

Aber auch der neue Besitzer fand allenthalben Schwie-rigkeiten, ungeachtet er Geld und Mühe aufwendete: die wirtschaftlichen Verhältnisse waren unentwickelt, wenig Absatz, unsichere und unwillige Bauernleistungen, alte Processe, ohne deren Beseitigung der neue Betrieb der Schafzucht sich nicht entwickeln konnte, und neue, welche die Bauern von Fischau und Dreistätten ihrem Gutsherrn anhingen. Er gab seine Pläne schon nach 13 Jahren auf, und verkaufte die Herrschaft 1830, 30./4. an Seine kaiser-liche Hoheit den Erzherzog Rainer.[252]

252. Ebend.

Λ.

3. Emmerberg.

(Bis 1833.)

Wenn Waldeck als Wehre an der mittleren Piesting,
und Starhemberg als Warte an der karantanischen Nordgränze aufgefasst würde, so gesellte sich Emmerberg als
Wacht am südöstlichen Eingange der Thalung der Neuen
Welt ihnen bei. Diese drei Wacht-, Wehr- und Warte-
stellen bilden die drei Ecken eines ungleichschenkeligen
Dreieckes und hatten auf Sehweite mittelst Feuerstangen
auch Correspondenz, — nicht von den Höhen, welche sie
krönten, sondern von jenen ihrer Thürme. Waldeck legte
sich, nicht ungleich einer Katze, vor den einzigen schmalen
Weg, der durch seine hohle Gasse in die obere Landschaft
führte, Starhemberg lagerte stolz und breit, die Gegend
weit überschauend, an dem Riegel, der die Neue Welt von
der Piesting scheidet, Emmerberg lugte nach der inneren
Mündung einer Felsenklamm, die vom Steinfelde in das
ehemalige Seebecken leitet. Diesen Canal und den Bach
und die Umgebung nächstan nennt man die Prosset —
die „alte" Prosset, darf man sagen, im Gegensatze zur
„jungen", wie der gemach verlaufende Ausgang des
Beckens zwischen Dachenstein und Netting heifst.

So liegt Emmerberg thaleinwärts, und hat nach der
Gefahrseite hin im Osten nur beschränkten Ausblick. Seine
volle Ausschau ging und geht nach Westen, entlang der
Felsenmauer der Hohen Wand, gegen den Schneeberg
und nach Buchberg hin.

Ehe jedoch sein Name noch erwähnt wird, gedenkt
ein einziges Document eines andern Vertheidigungswerkes
in der Nähe, eines „castrum Prozath". Das ist ein slawischer
Name, der so viel als Verhau, Verschanzung, Burgstall
bedeutet,[253]) und etwas Besseres war es wohl auch nicht.
Allein an der Stelle von Emmerberg, wie Einzelne meinen,

---

253. Nach Miklosich, Slawische Ortsnamen aus Appellativen (Denk-
schriften der kais. Akad. 21, 82) sollen alle Ortsnamen mit proseka ganz
wie im Deutschen Hau oder Schlag auf Rodungen sich beziehen; dann
(ebend. 23, 267) setzt er proseku = dunkel, und (223) verweist er auf
preseka, was „in theutonico Hag" bedeute. Die erste und die letzte De-
finition nähern sich.

kann es nicht gestanden haben,[254]) sondern ist aufserhalb
der Prosset zu suchen, nächst Weikersdorf,[255]) auch
nicht etwa näher zur Klause, wo an Winzendorf Waldecker
Grund lag, sondern jenseits dessen Gemarkung, denn es
war Besitz des Markgrafen von Steier.[256])

Hier, als von Prosset geheifsen, begegnet man zuerst
Persönlichkeiten, welche durch ihre Taufnamen von Ort zu
Ort leiten, und endlich auch nach Emmerberg und seinem
Geschlechte.

Auf dem markgräflich steirischen Burgstalle Prosset
safsen zu fast gleicher Zeit zwei Ministerialen, die sich
davon nannten: Wulfing um 1138, und During um 1140.
Einige Jahre später setzte bekanntlich Adalram von Waldeck
die Vertheilung seiner Habe an Seckau fort, wobei Markgraf
Otaker den „Berg" Starhemberg erhielt. Nun findet man
Prosset nicht mehr; es scheint aufgegeben. Aber einen
Burgmann Wulfing trifft man um 1144 zu Stein — wie bereits erwähnt, zu Meiersdorf gelegen — und einen During
1146 zu Starhemberg. Entsprechend dem, was später bei
der Genesis von Starhemberg entwickelt werden soll, muss
hier schon erklärt werden, dass es ungemein viel für sich
habe, den markgräflichen Ministerialen During von Starhemberg, der später in dieser Eigenschaft öfter auftritt,
für identisch mit dem markgräflichen Ministerialen During
von Prosset zu halten. Zum Mindesten besteht nicht Ein

254. Blätter für Landeskunde von Niederösterreich 17, 228. —
— **255.** Ein Heinrich von Dunkelstein schenkt ca. 1140 dem Lieblingskloster der steirischen Markgrafen, Garsten, „predium Wicherisdorf dictum secus Prozath castrum" (Urkundenbuch des Landes ob der Ens 1, 158),
und das Wort „secus" bedeutet enge Nachbarschaft, weit enger, als das
deutsche „bei" besagen würde. — Demnach wäre an eine Vertheidigungs-
anlage in der Ebene zu denken. Eine solche nimmt sich eigentlich
ganz ungermanisch aus. Ist die Annahme mit dem Verhau, der Verschanzung oder dem Hag für diesen Fleck richtig, so muss erwähnt
werden, dass eben in Weikersdorf jene Blätterstrafse mündet, von der
die Sage sich erhalten (vgl. oben p. 15), dass sie eine Römerstrafse sei.
Unmittelbar daraus folgert sich, dass etwa eine jener römischen Schutz-
wehren für Strafsen in Erwägung käme, wie deren viele und einzelne
auch an dem Heereswege zwischen Vindobona und Lauriacum bekannt
sind. Dass davon keine Spur mehr vorhanden scheint, behindert keineswegs. Aber dem Wortlaute des Documentes, der Lage des Ortes und den
archäologischen Verhältnissen daselbst hätte man in der Beurtheilung
Rechnung zu tragen. — **256.** 1138 heifst „Wuluinch de Brozzeth" ausdrücklich „de ministerialibus marchionisse" (Steierm. Urkundenbuch 1, 177).

Anhaltspunct, der dagegen spräche. Einfach gesagt, es liegt nahe, dass nach Auflassung des steirischen Burgstalles Prosset und Uebernahme von Starhemberg der eine dortige Burgmann hieher übersetzt worden sei. Hier erscheint er mit zwei Söhnen, Berthold und Udalrich: jener wird auf Starhemberg nur einmal genannt, dieser aber mit der anderen Burgmannengesellschaft bis 1191, also knapp bis zum Erlöschen der steirischen Dynastie und zur Uebernahme deren Güter durch die Babenberger. Auch der Vater During erscheint auf Starhemberg blos bis 1166, dafür jedoch trifft man von ca. 1150 an — wofür Einzelne ebenso richtig 1160 und 1170 setzen — auf dem eben in die Welt tretenden Emmerberg einen Ministerialen During, und von 1170 an mit ihm zusammen einen Berthold, ja auch 1188 einen gleichnamigen Sohn (puer) des Letzteren. Da liegt die Annahme nahe, dass dies ebenfalls Vater und Sohn, wie auf Starhemberg es sicher ist, ja dass Beide da wie dort dieselben seien und auf die Neugründung übersetzt, der jüngere Sohn Udalrich aber auf Starhemberg belassen worden, und von dort also das Geschlecht der von Emmerberg als den Ministerialen von Starhemberg, und weiter zurück von den Burgmannen von Prosset abstamme.[257])

257. Zu der Untersuchung der Descendenz in dieser Richtung führte die Beobachtung, dass in der Neuen Welt um die Mitte des 12. Jahrhunderts der Name During aufsergewöhnlich oft erscheine. Nun ist ja möglich, dass Pathenschaften einen Taufnamen gegendüblich machen können. Anderseits weifs man aber auch, dass ein und derselbe Mann je nach seinem zeitweiligen Sitze den Beinamen öfters wechselte. Es kann also in verschiedenen Zu- und gemeinsamen Taufnamen sehr wohl eine und dieselbe Person enthalten sein. Es sei hier das Uebersichtsschema der Duringe der Neuen Welt gegeben:

Prosset		Stein		Mutmannsdorf
Wuluinch,	Durinch	Wulfing		Durinc
ministerialis marchionisse 1138	1140	ministerialis marchionis 1144, 1147		(Durinch Nasilin) 1146, ca. 1160
		Otto, 1144, 1147	During 1160, 1166	

Starhemberg		Emmerberg
Durinc		Durinch
1146, 1163, 1166		ca. 1150 (?), 1182, 1185, 1190
Perhtold,	Odalrich	Perhtold
1166	1166, 1180, 1188 1191	1170, 1188 (puer), 1189, 1197, 1201 (Japifer)

Die Genealogie dieser Familie ist für die Folge schwer
correct darzustellen, schwerer als eine der früheren dieses
Buches. Namentlich gilt dies vom ersten Jahrhunderte,
Nicht, dass es an Documenten überhaupt fehlte, wohl aber
mangelt es an solchen, welche der Familienverzweigung
erwähnen. Und eben diese Zeit ist die Glanzperiode des
Geschlechtes. Da sich nun in ihr die Bertholde förmlich
drängen, wird es fast zur Unmöglichkeit, die Thaten der
Einzelnen je für den richtigen festzustellen. Aufserdem
scheidet sich von der Hauptlinie ein Reis ab, man weifs
nicht genau, wann, wie und unter welchen Abmachungen,
denn dieser Zweig führt nicht das Truchsessprädicat. Er
zieht nach Untersteier und bis Kärnten. Er ist es auch, der
den berühmten Namen zu einem berüchtigten machte. Für
das 14. und 15. Jahrhundert ist der genealogische Verfolg
etwas erleichtert, doch gleichfalls nicht unzweifelhaft.[258])

Es gibt noch ein sechstes Geschlecht von Duringen, von Dreistätten
nämlich, das aber aus Gründen, welche Note 820 entwickelt, nicht
hieher bezogen wird. Dass Wulfing von Prosset identisch mit Wulfing
von Stein, besagt an sich wohl schon der Titel ministerialis marchionis.
Ihn brachte nach Stein vermuthlich eben jene Besitzumwälzung, welche
During von Prosset nach Starhemberg führte. During von Stein ist
nicht identisch mit During von Starhemberg, weil sie Beide zusammen
in Urkunde von 1166 auftreten, und ebenso During von Starhemberg
nicht mit jenem von Mutmannsdorf, weil diese wieder vereint in Urkunde
von 1146 erscheinen. Es bleibt sonach nur die Linie Prosset—
Starhemberg—Emmerberg. Dass der Markgraf sofort nach der Uebernahme dieses Schlosses einen Dienstmann, der aus der Nähe und ihm
bereits in Pflicht war, hinzog, ist sehr wahrscheinlich. Es bleiben also
noch die beiden Rubriken Starhemberg und Emmerberg. Für sie lässt
sich kaum mehr angeben, als bereits oben gesagt worden: die Gleich-
heit der Namen der Väter und die der Söhne, das Einspringen anderer
Burgmannen auf Starhemberg neben dem Sohne Udalrich eben zur Zeit,
wo man den Uebergang des Vaters nach Emmerberg annimmt, und das
unbegründbare Verschwinden der Sippe von Starhemberg mit einem
Male, wenn nicht die Voraussetzung festgehalten wird, man habe sie,
gelegentlich einer neuen Form der Burgverwaltung daselbst, anderswo
untergebracht -- 258. Von der Genealogie des Geschlechtes handelt
Stadel's Ehrenspiegel (Mscr. des steierm. Landesarchivs) 1, 466 ff., dann
wesentlich Becker sowohl im Artikel Emmerberg der Topographie von
Niederösterreich, als in den Blättern für Landeskunde von Niederösterreich 17, 219 ff. Die genealogische Skizze der „Truchsesse von Emmerberg"
in den Mittheilungen der Centralcommission für Kunst- und historische
Denkmale 2, 39 ff. (von Bergmann) ist durchaus lückenhaft, obwohl nach
Wissgrill, Schauplatz des niederösterreichischen Adels 2, 393 ff. gearbeitet.

Nur kann es hier nicht die Aufgabe sein, das Geschlecht
bis zu seinem Erlöschen so zu verfolgen, als wenn Letzteres
auf der Burg Emmerberg eingetreten wäre. Das ist nicht
der Fall. Das Gut trat schon nahezu hundert Jahre früher
nachweisbar aufser Verbindung mit der Familie. Daher
rechtfertigt sich, wenn diese hier blos so lang näher berücksichtigt wird, als Emmerberge auf Emmerberg sitzen.

Aufser dem bereits Gesagten ist von During, dem
Stifter des Geschlechtes, wenig namhaft zu machen. Auf
lange Zeit hinaus begegnet man den Mitgliedern der Familie
nie in selbstständigen Urkundenfassungen;[259] sie bewegen
sich blos im Strahlenkreise der Landesfürsten als Zeugen
deren brieflicher Gnadenspenden. Wenn nicht die Dich-
tungen aus der Zeit, und etwas später auch die Chroniken
eingriffen, könnte vom Ruhme Einzelner nicht berichtet
werden, aber auch nicht von Schande, und wieder nicht
von Rechtfertigung irrthümlich Bemakelter.

Dass übrigens, wie ein Forscher behauptet, During
mit dem gleichzeitig auftretenden During von Stein identisch, liefse sich nur zugeben, wenn jener nicht derselbe von
Starhemberg wäre. Doch ist unhaltbar, dieses Stein als das
gleichnamige Gut bei Bertholdstein im steirischen Rabthale
zu nennen;[260] was den geistreichen Autor verführte, ist
blos der Umstand der Gründung des Letzteren durch die
Emmerberger, und die Nähe Beider.

Ob Berthold (I.), Durings Sohn, die Truchsessenwürde
erlangte, oder erst sein gleichnamiger Sohn, der 1189 zuerst,
und zwar als „puer" (der Jüngere) erscheint, ist fraglich.[261]

---

259. Als Zeugen erscheinen sie ungemein oft, und namentlich der
zweite Berthold, immer in dem Gefolge des Herzogs. Die erste selbstständige Ausfertigung datiert von 1230, 30. 11. — 260. Becker, Emmerberg, in den Blättern für Landeskunde von Niederösterreich 17, 229 ff.
Der Oertlichkeiten des Namens Stein gibt es viele, auch auf Starhemberger Boden mehrere, und zwar deren zwei, die von Emmerberg nicht
weiter abliegen als das gemeinte Stein von Bertholdstein. Im gegebenen
Falle hat man es mit der archäologisch viel umsprochenen Kirche zu
Meiersdorf zu thun: sie war die Burg Stein. — 261. Diesen Posten bekleideten bis 1196 die von Püttenau. Auffällig ist, dass um jene Zeit die
Tischämter der Landesfürsten von Steiermark, als da sind Schenken und
Truchsesse, durchwegs nicht von Leuten aus dem Herzogthume, sondern
blos durch solche aus dem Lande Pütten bekleidet wurden. So waren
Schenken die von Grimmenstein, von Rotengrub-Hasbach und später
die Landseer, dann Truchsesse die von Püttenau und Emmerberg.

Letzterer muss Herzog Leopold hervorragend lieb und wert gewesen sein. Fast jedes Jahr, und dann öfter monatelang, begleitet er ihn auf seinen Rundreisen, und besteht fast kein wesentliches Document dieses Fürsten, worin nicht auch Berthold (II.) unter den Zeugen figuriert. Er segelt mit ihm auch ins gelobte Land, und die Urkunde, womit der Herzog 1218 den Malteserorden begnadet, weist gleichfalls den „Seneschalk" von Emmerberg als dabei anwesend auf. Aus diesem Umstande der Hofgunst mag man schliefsen, dass Ulrich von Liechtenstein vielleicht nicht Unrecht hatte, wenn er in der phantastischen Dichtung seiner angeblichen Turnierfahrt als Frau Venus von diesem Berthold singt,

> „dem wârn die biderben alle holt
> durch sîn vil hôhe werdikeit." [262])

Das ist aber auch Alles, was man von ihm weifs. Nirgends ist gesagt, wie er — wenn überhaupt derselbe Berthold — im Streite Herzog Friedrichs mit dem Kaiser sich verhielt, und wie in den Kämpfen des Ersteren mit den Ungarn. [263]) Auffällig ist, dass der steirische Reimchronist,

---

262. Ulrich von Liechtenstein, Ausgabe von Lachmann, 225. Der fahrende Ritter langt bei Neustadt an: „Sus reit ich unz an den Kerbach, dâ ich gein mir her fueren sach ein banir, und wol zehen sper fuort man die strâze gegen mir her. Diu banir diu was silberwiz, dar in ein ember wol mit fliz was gesniten, der was blâ. Dar nâch sô reit ein ritter sâ. Der was genant mîn her Bertholt. Dem wârn die biderben alle holt durch sîn vil hôhe werdikeit. Gezimirt schôn er gegen mir reit, und gruozte mich vil ritterlîch. Der biderbe man was tugende rîch, vnd gar an êren unverzagt: er hete vil ofte bris bejagt. Des selben er sich dâ versâch. Dô ich den man gezimirt sach, dô wâpent ouch ich mich zehant: den helm ich ze houbet bant, und nam in mîne hant ein sper. Dô kom ouch er geruecet her, als ein minne gernder man, der vrowen lôn verdienen kan. Der buneiz wart schoen unde lanc. Daz fiur ûz beiden helmen spranc, also daz man ez verre sach. Diu tiost dâ beidiu sper zebrach. Er stach mir mit der tioste sîn den helm dâ an daz kinne mîn, daz mir daz kinn wart bluotes naz. Ez wart nie tiost geriten baz. Dô bant ich baz den helm mîn, dez waz im nôt: die riemen sîn wâren drûz geborsten gar." — 263. Alles, was in dieser Richtung von ihm erzählt wird, beruht blos auf Voraussetzungen. In Wirklichkeit geschieht seiner von 1236—1246 nie Erwähnung, und selbst im letztgenannten Jahre blos einmal, und auch da nur als Zeuge. Man kann auch gar nicht sicher behaupten, dass eben dieser Berthold zu Reun seine Grabstätte fand. Viel eher wäre es sein Neffe, der ca. 1250 starb. (Vgl. Blätter für Landeskunde von Niederösterreich 17, 238.)

der den späteren Berthold so sehr verehrte, und sonst für die trüben Jahre nach 1246 so manchen Namen der Umgebung von Starhemberg aus dem Dunkel löste,[264]) für jene Tage Eines von Emmerberg nicht gedenkt.

Ueberhaupt herrscht gerade um die Mitte des Jahrhunderts für die Genealogie der Familie eine Unklarheit, die auf nüchterne Weise nicht zu beseitigen scheint.[265]) Das

---

264. Vgl. oben S. 37 und Note 170. — **265.** Zum Belege mögen hier die Regesten der wenigen Documente angesetzt werden, welche Daten für die Filiation enthalten. Für sich mag jedes einzelne sicher lauten, aber ins Dunkel der Umgebung bringen sie doch wenig Licht. **1.** 1230, 30./11. schenkt Truchsess During von Emmerberg dem Stifte Lilienfeld ein Bergrecht zu Wellersdorf, und 1242, 10./2. bestätigt dasselbe sein Sohn Berthold (Kirchl. Topographie 1/5, 1174). Beide Urkunden stammen offenbar aus Lilienfeld. Man könnte fast sagen, somit sind sie zweifelhaft. Allein da ihre Notiz einmal da ist, muss ihnen Rechnung getragen werden, ungeachtet ihr Wortlaut nicht vorliegt. Man kann diesen During (Allem nach) nur für den Bruder Bertholds (II.) halten. Er hatte also einen Sohn des Namens Berthold. (Längere Zeit nach Niederschrift des Obigen hatte der Herr Stiftsarchivar von Lilienfeld auf Anfrage die Gefälligkeit, dem Verfasser mitzutheilen, dass beide Urkunden im Klosterarchive sogar notizweise gänzlich unbekannt sind.) — **2.** 1249. Truchsess Berthold von Emmerberg widmet „cum uoluntate puerorum (suorum) seu fratris (sui) Ottonis" dem Spitale am Semring eine Gülte zu Glocknitz (Steierm. Landesarchiv Nr. 642). Nach dem, was aus dem Nachfolgenden sich entwickelt, kann dieser Berthold nur During's Sohn sein; er hatte mehrere Kinder, dem Wortlaute zufolge minderjährig, und einen Bruder Otto. — **3.** 1251, 3./11. Otto „dapifer dictus de Emberberch" übergibt als Testamentsvollstrecker nach seinem verstorbenen Bruder Berthold „dictus dapifer de Emberperch" dem Kloster Reun eine Gülte zu Weikersdorf (ebend. Nr. 667b). Erwähnter Berthold starb also 1250 —1251. Der Beisatz „dictus" zeigt für gewöhnlich an, dass der Betreffende nur den Titel, aber nicht die Sache hatte, dass also beide Herren nicht auf Emmerberg safsen. Das leitet zur Annahme, ihr Sitz sei in Steiermark gewesen, in Bertholdstein, und dieses habe von besagtem Berthold (III.) als seinem Gründer den Namen. Aus dieser Landesgemeinschaft im engeren Sinne mag auch etwas von der Neigung für Kloster Reun stammen, und dieser Berthold dort begraben, und zugleich der des Reuner Nekrologs sein (Frölich, Dipl. d. Styr. 2, 350). — **4.** 1258. „Otto dapifer de Embersperch" schenkt dem Kloster Reun Liegenschaften zu Neunkirchen und auch im Rabthale in Steiermark. Sigler ist „patruus (suus) Berhtoldus dapifer de Emberperch" (Orig. Stiftsarchiv zu Reun). Des Vaters During Bruder (Berthold II.) muss also noch am Leben gewesen sein. Da andere Hilfen nicht zu Gebote stehen, bleibt nur die Annahme, Berthold (II.), mindestens 88 Jahre alt, hätte Emmerberg noch besessen, während der jüngere Zweig nach Steiermark übersiedelt war. Klarer wird die Sache nicht, im Gegentheil, wenn man Nr. 1 und seinen During ins

ist bezüglich der Feststellung der Zweige und der Zuweisung sicherer Daten an Persönlichkeiten derselben recht betrüblich.

Von Berthold (II.) ist nicht bekannt, ob er Kinder hinterlassen. Es scheint, nach einem einzigen Datum zu schliefsen, dass er ein hohes Alter, bei 90 Jahre, erreicht habe. Diese Annahmen machen es erklärlich, dass in den stürmischen Zeiten seiner letzten 25 Jahre von ihm gar keine Rede irgendwo ist.

Dagegen soll er einen Bruder des Namens During gehabt haben und dieser zwei Söhne Berthold (III.) und Otto. Dieser Berthold erscheint blos zwei Male in den Acten: 1249 bei einer Schenkung nach Kloster Reun, und 1251, wo er als gestorben erwähnt wird. Er aber hinterliefs Kinder. An ihnen vermuthlich spinnt sich der Faden weiter.

Um diese Zeit tritt in den Documenten arges Schweigen ein. Während desselben mag (und das endet erst 1278) der berühmteste Berthold der Familie herangewachsen sein.

Gleichfalls in dem Verlaufe dieser Pause, scheint es, zweigte der Stamm Durings nach Steiermark ab: man weifs nur nicht, unter welchen Hilfen, ob durch Schenkung, ob durch Kauf oder Heirat. Eben jetzt, 1255, tritt der Name Bertholdstein zuerst auf. Wie die genealogischen Dinge der Familie liegen, hat man einiges Recht, das Schloss als von Berthold (III.) gegründet anzusehen, dem seit 1251 sein Bruder Otto darauf folgte.²⁶⁶) In späterer Zeit sollte aus Ursachen, die ebensogut persönlicher als wirtschaftlicher Natur sein konnten, der Hauptsitz der Familie hier sich aufthun.

12. Jahrhundert zurück verlegt. Nach obigen Ansätzen wäre also der theilweise Stammbaum

Berthold (II.)	During (II.)	
ca. 1170 — ca. 1260.	Berthold (III.)	Otto
	† 1250—1251.	
	mehrere Kinder	
	(darunter wohl Berthold IV.)	

266. Für die Abästung unter Berthold (III.) spricht das „dictus de" der Urkunde von 1249 (Note 265/3), für die Gründung von Bertholdstein durch ihn sein Name. Dass Otto (Otlin) 1255 auf letzterem safs, besagt Urkunde von 1255 (Steierm. Landesarchiv Nr. 712ᵃ, und Becker, Blätter für Landeskunde von Niederösterreich 17, 221). Otlin ist nur die Koseform für Otto.

Die Kinder Bertholds (III.) müsste man unter solchen Voraussetzungen, als dann der älteren Linie, in Nachfolge zu Berthold (II.) auf Emmerberg fortlebend annehmen.

Ungefähr um dieselbe Zeit ästet noch ein Glied der Familie in Steiermark ab. Otto nämlich hatte eine Tochter Albrechts von Marenberg zur Frau, und mit ihr eine Tochter Kunigund und einen Sohn Offo. Dieser tritt von 1270 ab immer in der Gegend zwischen Marburg und Unter-Drauburg auf, und ist von seiner Mutter her der Neffe jenes Seifried von Marenberg, den König Otakar aus nicht geklärtem Anlasse gefangen nehmen und hinrichten hatte lassen. Er ist aber jener Emmerberger, auf dem die Blutschuld an dem Böhmenkönige aus der Marchfeldschlacht lastet, für die man gewöhnlich seinen Vetter Berthold (IV.) verantwortlich macht.[267])

Allem nach hätte man die Fortsetzung des Geschlechtes auf Emmerberg von dem genannten zweiten During abzuleiten, repräsentiert durch dessen Enkel Berthold (IV.). Eine andere haltbare Verbindung liegt nicht vor.

Bei des Vaters Tode mag er noch sehr jung gewesen sein. Keine Urkunde erwähnt seiner, durch 20 Jahre und mehr gibt es keine Nachricht, auf welche Art er den Namen sich vorbereitet, mit dem ausgestattet er 1278 doch bereits erscheint. Ob er ihn an der Seite König Otakars in Preußen, ob in Friaul oder Ungarn erworben, das ist Alles unbekannt. Da er aber als schlagfertiger, kriegsgewandter Recke sich einführt, muss er doch wohl auch ein Vorleben darnach gehabt haben.

---

267. Man hat keinen andern Emmerberger, auf den man als Vater Offos greifen könnte, als Otto. Von den Gliedern dieses Zweiges lernt man zuerst Kunigund kennen, die Enkelin der Gisla von Marenberg. Diese nennt jene eine von Emmerberg (Font. rer. Austr. 2, 1, 28). Ebendort (132) heißt Offo ein Blutsverwandter der Marenberger, und 1288 nennen ihn die Kinder Seifrieds ihren „neven von Emerberch" (Steierm. Landesarchiv Nr. 1343ª). Er kann nur der Bruder Kunigunds gewesen sein, und stellte sich sonach der Stammbaum heraus

Otto
zu Bertholdstein,
Gem. N. von Marenberg

Kunigund   Offo

Ueber Offo und seine Folgezeit vgl. unten Note 284.

Ohne Uebergang steht er plötzlich 1278 im kriegerischen und politischen Treiben. Auf dem Schlachtfelde hält er seinen Eintritt, und auf dem Schlachtfelde scheidet er 30 Jahre später aus demselben. Aber die Umstände gelegentlich des Ersteren gaben seinem Rufe durch Jahrhunderte eine Schattenseite ebenso unverdient, als durch keine Lichtseite seines gesammten Auftretens bisher verdrängt.

In Kurzem gesagt, man behauptet, er habe in der Marchfeldschlacht vom 26./8., 1278 den Böhmenkönig erstochen.

Die Einzelheiten des Geschehnisses sind nicht derart, dass sie dem Thäter irgendwie Lorber verliehen, im Gegentheile. Zwar je nach der Parteistellung der Autoren wird die That beurtheilt, aber auch vom gemeinmenschlichen Standpuncte aus. Unter keinen Umständen kann der Letztere sie gutheifsen. Von ihm, wie vom nationalböhmischen aus spricht man von Mord, und zwar mit Recht. Andere wollen die Herrschaft und die Berechtigung eines gewissen Rachegefühls in dem Thäter gelten lassen, wieder Andere heben hervor, dass damit König Rudolf von seinem heftigsten Gegner befreit worden. Letzterer Uebereifer vergisst oder verkennt das humane und feine Wesen und grofse Herz des deutschen Königs, dem das Ereigniss nur beklagenswert, und die That als solche widerlich gewesen. Alle diese Parteien haben den Namen Bertholds nur wie ein Schlagwort benützt, und jede in ihrer Richtung das passende Licht oder den nothwendigen Schatten dafür aus sich selbst erzeugt. Denn hätte man — selbst Palacky — die zeitgenössischen Zeugen über den Fall früher so genau angehört, als es jetzt erst geschehen ist, hätte sich das trübe Urtheil nicht so lange halten können. Schon das warmherzige, mitleidsvolle Wesen Bertholds beim sterbenden Könige, dessen Haupt er in seinen Schofs nimmt, dessen Blöfsen er decken lässt, hätte einen psychologischen Autor auf die Vermuthung bringen können, dass der letzte Pfleger und der Thäter nicht Eine Person sein konnten. Indess, eine gleichzeitige Chronik nennt den Namen Bertholds, und das genügte, um alle Bedenken der Unvereinbarkeit aus dessen Charakter und sonstigen Thaten zurückzudrängen.

Die Beschuldigung Bertholds beruht blos auf einer Personenverwechslung, erleichtert durch fatale Neben-

umstände. Im Heere verbreitet sich der Ruf, der Emmerberger habe den Böhmenkönig umgebracht; ein anderer
Emmerberger, als der bekannte Truchsess, ist der Mehrzahl
nicht geläufig; das Kriegsvolk, das allmählich an der
Unglücksstätte sich sammelt, findet Berthold bei dem
sterbenden Fürsten, sozusagen „in flagranti“, die eigentlichen Thäter verzogen, und fast unbegreiflich wäre es
gewesen, wenn die Sage nicht auf Berthold gegriffen hätte.
Der Eine der zwei nachweisbaren Mörder war aber wirklich
ein Emmerberger, der Vetter Bertholds, Offo, der vom
äußersten Südwesten Steiermarks herbeigezogen, um, mit
einem Gleichgesinnten im Vereine, wenn möglich einen gemeinsamen alten Rachedurst wegen des Oheims Seifrid von
Marenberg und anderer Dinge halber zu stillen.[28])

268. Die Anschauung über diese Angelegenheit klärte sich bis heute
allmählich. Nur ist die Frage eine andere, wann sie endlich auch aus
den Lehrbüchern verschwinden wird. Ohne übrigens ein abgeschlossenes
Urtheil abzugeben, hat Busson in seinem „Kriege von 1278“ (Archiv für
Kunde österreichischer Geschichtsquellen 62, 60 ff., resp. 145) der Sache
vorgearbeitet. Eine eigentliche Ehrenrettung hat erst Becker in den
Blättern für Landeskunde von Niederösterreich (17, 240 ff.) Berthold
gewidmet, allein vollständig ist sie nicht. Es scheint daher angemessen,
auch hier mit den näheren Umständen vertraut zu machen. Die Chroniken
sagen über That und Thäter Folgendes. Einzelne von ihnen nennen keinen
Thäternamen. Die Einen sagen, mehrere Oesterreicher, die Anderen,
mehrere „Knechte“ hätten den König ermordet. Ein dritter Chronist tritt
näher und spricht von einem Adeligen, einem Würdenträger (officialis)
aus Oesterreich, sogar von der otakarischen Partei, aber des Königs
geheimen Feinde, weil der seinen Bruder im Kerker habe tödten lassen.
Ein Vierter nennt gleichfalls einen rächenden Bruder als Thäter, ein Fünfter
einen verrätherischen Böhmen, ein Sechster einen gewissen „Kellermeister“
— ohne Angabe, ob damit ein Amt oder ein Name gemeint — dessen
Vater der König hingerichtet, und zwar hätte der Mann seinem Knechte
befohlen, den König zu ermorden (vgl. die Zusammenstellung bei Busson
a. a. O. 143 ff.). Man sieht, wie das Gerede im Heere herum, und aus demselben ins Reich hinausgetragen wird, so spiegelt es sich in den Chroniken
wider. Jeder weiß etwas, aber nur wenige etwas Genaues, und die eine
Nachricht hebt die andere gewissermaßen auf. Blos die sechste Chronik
rückt dem Sachverhalte etwas näher, keine aber davon nennt Berthold
oder überhaupt einen von Emmerberg. Aber auch solche gibt es. Ueber
Bertholds Thätigkeit in der Schlacht berichtet die eine Chronik (Cont.
Claustroneoburg. in Mon. Germ. 9, 745), dass ihn Rudolf mit Oester-
reichern und Ungarn vorangesendet, um Fühlung mit dem Feinde zu
gewinnen; eine andere (Cont. Vindobon. ebend. 710) erzählt, als die
Schlacht verloren, habe Otakar sich zur Flucht gewendet; er wird eingeholt, wehrt sich, wird gefangen und vom Pferde gerissen, und Berthold

Von der Marchfeldschlacht ab sieht man Berthold (IV.)
bei allen kriegerischen Unternehmungen in Rath und That
betheiligt, die Oesterreich bald da, bald dort auszufechten

---

von Emmerberg stöfst ihm die Lanze durch das Genick. Die Leiche sei
von Anderen geplündert worden, doch Berthold habe dafür gesorgt, dass
sie auf einem Wagen nach Marcheck geführt worden. Diese eine einzige
Angabe des Namens genügte. Dann benützte man noch den Reimchronisten
Otakar, der die Erzählung von der Rächung des Marenberger's an den
König ausführlich bringt, Bertholds Namen jedoch dabei nicht nennt, und
verquickte Alles in die eine Darstellung, Berthold habe seinen Oheim
in dieser Weise gerächt. Untersucht, ob er wirklich derart verwandt
gewesen, ward nicht weiter. Der steirische Reimchronist, nach ungemein
vielen Richtungen mit ausgezeichneter Detailkenntniss ausgestattet, berichtet von der Sache derart, dass nur Oberflächlichkeit zu obigem Ergebnisse über Berthold führen konnte. Er sagt (bei Pez, Script. rer.
Austr. 3, 154): König Otakar war gefangen und entwaffnet, er verlangte,
dass man ihn zu Rudolf bringe. Von der ihn umgebenden Horde aber
stach Einer ihm das Schwert durch die Brust. Die Wunde war nicht so,
dass sie den Fürsten getödtet hätte. Er bat um Gnade. Da schrie ein
Anderer: „... kunig von Behaim, ir gelt mir den ohaim, herrn Seifrid von
Mernberig!", und stiefs ihm das Messer in den Hals. Der König fiel wie
todt zu Boden, und die Mörder ritten davon. Der Dichter, in Abscheu
vor der unwürdigen That, will zwar die Zwei nicht mit Namen nennen,
und dennoch gibt es ihm keine Ruhe, er muss sie wenigstens andeuten.
Der Erste, der den König nur schwer verwundet (der den kunig da
petawbt), handelte aus Rache, denn Otakar hatte ihm eines Theiles seiner
Stellen entsetzt. Diese Angelegenheit sei eine geheime und man spräche
nicht gern darüber. So viel indessen sei gesagt: wenn die Fürsten an
ihrem Hofe den Gästen zu trinken geben wollen, so hätten sie dafür einen
eigenen Beamten, der das besorge. Und Jener war so einer. Nun erinnere
man sich, dass die eine Chronik von einem Kellermeister als Thäter berichtet. Allein wer der gewesen sein könnte, ist bisher unerforscht. Und
vom Zweiten, der dem König zugerufen: „Ihr zahlt mir jetzt für meinen
Oheim Seifried!" heifst es beim Dichter: „wer der ander waz, der das
gruene graz mit seinem (des Königs) pluet neczt, vnd der sich da ergeczt
mit seinem pluet rot seines frewndes tot, den er (der König) im verderbt
het, den mugt ir hie zu stet pey der sipp wol erchennen. Er fuegt mir nicht
zu nennen." Beider Männer Leitegrund war Rache: der Eine wollte seinen
Stellen- und Ehrenverlust, der Andere seines Verwandten (frewndes) Tod
sühnen. Man kennt ja die (vornehme) Verwandtschaft, der er angehört. Nun
ist oben ausdrücklich gesagt, dass dieser Verwandte ein Oheim, und zwar
Seifried von Marenberg, und sein Neffe war eben Otto von Emmerberg.
Genauer zu bezeichnen, wer der Mörder ist, ohne den Namen zu nennen,
ist schwer denkbar. Der Mann mit seinem Helfershelfer verschwand im
Gewühle. Dafür traf man den Emmerberger Berthold bei dem Sterbenden.
Wenn im Heere die Sage sich verbreitete, „der Emmerberger" habe die
That verübt, so lag für Viele nahe, diesen dafür zu nehmen. Auch von ihm
berichtet der steirische Reimchronist, aber was er sagt, wurde bisher theils

hatte. Manchmal wurde der Rath des Erfahrenen nicht
beachtet, und das gereichte zum Schaden. So 1285, als
Herzog Albrecht endlich den widerholten Streifereien

durch fehlerhafte Interpunction, theils durch irrthümliche Uebersetzung
eines einzigen Verses missverstanden. Eben deshalb gibt Busson (a. a. O.
144) kein bestimmtes Urtheil ab, und auch Becker (a. a. O. 242) sucht
die Widersprüche aus dem Verse zum sonstigen moralischen Verhalten
Bertholds vergeblich zu klären. Die Stelle heifst (l. c. 156) in alter Interpunction: „An der selbing zeit chom geriten auz dem streit von Emerperg
her Perichtold, als er dauon nicht wissen wolt, sein haupt legt er in sein
schoz“ u. s. w., in geänderter: „An derselbing zeit chom geriten auz dem
streit von Emerperg her Perichtold. Als er dauon nicht wissen wolt,
sein haupt legt er in sein schoz“ u. s. w. In der alten Fassung und Uebersetzung wird der Vers „als er“ u. s. w. auf die früheren bezogen, und übersetzt: Berthold kam daher, als ob er von nichts wüsste. Dann ist aber
von „sein haupt legt er“ an Alles unmotiviert, während gerade jene Zeile
„Als er“ u. s. w. die ganze Mildherzigkeit einleitet und erklärt. Denn
das „als“ heifst eben nicht blos „als ob“, sondern auch „wie, gleichwie,
weil, da“. In der That wendet Otakar „als“ für unser „als ob“ oder
„gleichwie wenn“ an, z. B. 579/2 „daz er daz haubt nider hieng, da er
reit vnd gieng, als ym die nasen plute“; aber er gebraucht auch „also
ob“, wie 587/1 „also ob er ez paz mocht geschaffen“. Demungeachtet
ist desto eher die gewöhnliche Bedeutung des rein vergleichenden heranzuziehen, da aus der Thatsache, wie aus der nachweisbaren Verehrung
des Dichters für Berthold jede Ironie ausgeschlossen ist. Man hat also die
Uebersetzung nicht mit dem anzweifelnden, verdächtigenden „als ob“,
sondern mit „wie Einer, der . . .“, „gleich Einem, der . . .“ einzuleiten,
ganz wie die Stellen 492/2 „wann als schir ew got gesant her zu Steyr
in daz land“, 500/1 „do slug man aufs veld manig hutten vnd gezelt, als
er da wolt lang ligen“, und viele andere mehr. Aufserdem hat man das
„wolt“ im Auslaute nicht blos dem Reime zu „Perichtold“ zugute zu
halten, sondern auch die noch heute übliche Redeweise „von etwas nichts
wissen wollen“ heranzuziehen; bekanntlich bedeutet dies auch, dass Einem
irgend etwas unlieb, widerwärtig sei. Uebersetzt man den Vers derart,
dann stellt er sich als Begründung zu Bertholds Mafsnahmen der Barm-
herzigkeit heraus, und gehört auch der Interpunction nach zu dem Nachfolgenden. Die reine Uebersetzung der Stelle würde also lauten: „Zur
selben Zeit kam aus dem Kampfe Berthold von Emmerberg geritten.
Gleichwie Einer, der das Geschehene tadelt, legt er des Königs
Haupt in seinen Schofs. Er schmäht ob dessen Plünderung bis zur Nackt-
heit; der von Bertholdsdorf nimmt seinem Knechte eine Decke ab und
breitet sie über den Fürsten. Viele Kriegsleute kamen allmählich da zusammen, und Mancher von ihnen war tief bewegt (manigen hub ez gar
hoch).“ Wenn Huber, Oesterreichische Geschichte 1, 616 sagt, Berthold
sei ein persönlicher Feind des Königs gewesen, so ist dies an sich gänzlich
unbeweislich, und wenn er ihn als einen der Mithelfer am Morde bezeichnet, so hat er die Annalen und den Reimchronisten keineswegs abge-
wogen, sondern ist blos dem gefolgt, was bisher fast alle Welt leichthin

ungarischer Freibeuter, die meist von dem Grafen von
Güns angezettelt wurden und der Gegend um Neustadt
grofse Verluste einbrachten, Halt gebieten wollte. Die
Lehensmannen von dies- und jenseits des Semring wurden
aufgeboten; auch der von Emmerberg stellte sich ein. Dem
Schlosse Pernstein in Ungarn galt das Ziel.²⁶⁸) Der Mar-
schall von Landenberg, ein sogenannter „Schwabe“, hatte
den Oberbefehl. Man rückte in Ungarn ein und harrte
schon seit mehr als zwei Tagen der Feinde, als die Nachricht kam, diese rückten unter Graf Iwan von Güns in Ueberzahl vor. Der Kriegsrath sollte über das Vorgehen entscheiden. Die Meinungen waren getheilt. Die Steirer, mit
dem von Puchheim voran, stimmten für den Rückzug;
die „Fremden“ aber wollten ihren Muth bethätigen. Auch
Berthold war ersterer Ansicht: er wies auf die verschiedene
Kampfesweise der Ungarn, die er wohl kenne. Wären sie
noch viel stärker, als es hiefse, würden die Deutschen sie
im Streite von Mann zu Mann schlagen. In einen solchen
liefsen sie sich aber nicht ein: sie pflegten nur aus der
Weite zu fechten, zu schiefsen, umzukehren, die Verfolger
wieder mit einem Pfeilregen zu überschütten, und so die
Deutschen, die nur mit Schwert und Spiefs fechteten, zu
schwächen und zu ermüden. Der Rath ward nicht befolgt;
die Schwaben drangen durch, und die Schlappe war voll-
ständig.²⁷⁰)

angenommen hatte. Berücksichtigt man, wie die Chronisten auch nur
auf Berichte verschiedener Güte angewiesen, wie sie unbestimmt, ohne
genaue Kenntniss, widersprechend, auch gänzlich falsch erzählten, so
erklärt sich, wie der Name Berthold durch Verwechslung mit seinem
Vetter in Verruf kommen konnte. Anderseits stimmt das Detail des Reimchronisten in Verwandtschaftssachen Offos so sehr mit der Wirklichkeit,
und ist er auch sonst in Kleinigkeiten ein so vielfach wohlberichteter
Mann, dass man an seiner Erzählung kaum länger zweifeln darf. — **269.**
Otakars Reimchronik bei Pez l. c. 227 ff. „. . . Die raiz nicht versawmen
wolt von Emerberig herr Perichtolt, vnd die Neydperiger, herr Alram
der Feystriczer cham auch zu diser frist, vnd waz der lantlewt ist, die da
siczent an der Marich.“ — **270.** Ebend. „. . . Der marschalich do frait
den druchseczen herrn Perichtold, waz er darzue raten wolt.“ Berthold,
„charikch (klug), der sich ye vorzaghait parig,“ sprach: „Herr, zogt
haim. Also der von Puchhaim gesagt hat, daz ist war. Wer vierstund
(vierfach) groefser sein schar Graf Ybans, als man gicht, so pestet er
Ewch mit streite nicht. Dez pin ich da im wol gewon. Er tuet vns aber
sogetan, wo er vns vmbgeit mit schiefsen aus der weit, daz wir von ym
nicht moergen chom.“

Als Herzog Albrecht von Salzburger Seite her sich freier fühlte, da ward beschlossen, die Niederlage zu vergelten. Die Lehensleute wurden aufgefordert, anzugeben, wieviel Bewaffnete sie je zum Zuge stellen könnten: der von Stadeck meldete 50 an, die von Wildon 60, von Pettau 100 und die Stubenberger 200, und

> „... von Emerberg her Perichtold
> jach (sagte), daz er fueren wolt
> hundert man oder mer."

Jetzt war der Kampf wider den Güssinger Grafen weit erfolgreicher: Berthold selber eroberte auf eigene Faust die „eysnein purkch Gussinkch". Aber da nach König Ladislaus' Tode Andreas einen glücklichen Einfall in Oesterreich that, sah Herzog Albrecht sich zum Frieden gedrängt, und auch Güssing ward als rückzugeben in den Vertrag eingesetzt.

Das ging allerdings wider das Kriegsrecht der Zeit. Der Lehensmann war befugt, Lösung aller gemachten Beute zu fordern, gleichviel ob bewegliche oder unbewegliche Gegenstände oder Gefangene, vorausgesetzt, dass er unbewegliche mit seiner eigenen Schar genommen. Darin, und im allgemeinen Kriegslohne, bestand theilweise der Verdienst des Adels, und die Aussicht auf Bereicherung, so wie noch im 16. Jahrhunderte verschiedene Adelige durch das Lösegeld ihrer Türkengefangenen sich starke Summen erwarben. Berthold verweigerte es, Güssing zu räumen: „Ich habe die Feste eingenommen, mit eigenen Kräften und ohne Betheiligung der Scharen des Herzogs; kein Mensch kann billig verlangen, dass ich ungefragt darüber entscheiden lasse, wem es gehöre." Der Herzog musste sich bequemen, ihn zu entschädigen, er würde sonst das Beuterecht der Lehensleute verletzt und sie Alle wider sich gehabt haben. So verschrieb er ihm 1000 Mark, und setzte ihm die Herrschaft Wachseneck (nordöstlich von Graz bei Anger) zu Pfande, die kurz vorher dem Erzbischof von Salzburg war abgenommen worden.

Diese Dinge spielten in den Jahren 1290—1291.[271])

---

271. Otakars Reimchronik a. a. O. 374 f. Als er von den Verhandlungen erfuhr, entstand große Aufregung und „nicht lenger do swigen wolt von Emerberg herr Perichtolt, der druchsecz versun (klug). „Den

In dem Aufstande des steirischen Adels (1291—1292) erwies sich Berthold (IV.) als der Getreuesten Einer. Und als jener durch das kraftvolle Einschreiten des Herzogs niedergeworfen war, setzte dieser den Emmerberger dem treuen Landshauptmanne Hartnid von Stadeck an die Seite.[271]) Das mag dafür zeugen, dass man ihn für einen der Sichersten und zugleich Kriegsgewandtesten hielt. Für Letzteres gab er auch bald die Probe.

Hartnid von Wildon nämlich setzte den Widerstand auf eigene Faust fort, gestützt auf den Erzbischof von Salzburg, den Grafen von Heunberg und voraussichtliche Schwierigkeiten, die aus Deutschland durch den Nachfolger König Rudolfs dem Herzoge bereitet würden. Berthold griff den Gegner auf Burg Wildon an; aber diese war fest und schwer zugänglich. Da rieth der Abt von Admont, sie auszuhungern, und nun ward sie durch den Emmerberger mit einem Verhau umgeben, der jeden Ausfall des stützigen Ministerialen ausschloss.[273]) So kam der zur Unterwerfung, und bei dem Acte in Wien, der ihm Wildon und Waldstein abnahm und ihn nach dem abgelegenen Winkel Eibiswald versetzte, war sein Bezwinger als Zeuge anwesend.[274])

Gussing han ich gewun meinen veinden an, vnd han daz getan notdurft meiner ern, an all hilf meines herrn des herczogs von Oesterreich. Daz ich das so gaenczleich vertaidingen lazz, ey! wer riet mir daz, der pey trewn wer?' sprach der Emberberiger.- Der Herzog muss ihn abfertigen, wenn er Güssing den Ungarn widergeben will (ebend. 384): „(Er) gelobt an den sezen, daz er dem drukchsezzen silber tausent march gab, vnd fur dieselben hab, do er in mit ergezt, Wessenekch er in seczt, vnd allez daz darczu gehoert.- — 272. Ebend. 501. Der Herzog gestattet den getreu gebliebenen Vasallen Steiermarks ihren Landeshauptmann sich zu wählen: „dazu ward erchorn der held wolgeporn von Stadek herr Haertneid. Der ward zu der zeit behauset zu Grecz, vnd der druchsecz von Emerberg herr Perichtold, daz er in helfen solt gegen seinen veinden.- — 273. Ebend. 502. „Der hauptman von Stadekk vnd von Emerberg der kekk machten dem Wildonier daz ding also swer mit forichtsamer dro, daz er sazz also, daz man wol vor im genaz dieweil der herczog aufsen waz." Der Wildoner hatte nämlich im Lande an seinen politischen Gegnern geplündert, „daz . . . nicht lenger vertragen wolt von Emerberch herr Perichtold. Nach des abts rat . . . Wildoni er verpawt mit ainer huelczein vest, vnd alles, daz er west, da er ym mit mocht geschaden . . . dez fleiz er sich ser." Der Herzog selber verstärkte die Belagerungsschar durch seine Befehle zum Zuzug (ebend. 521). „Vnd waz in dem lant edler leut gesezzen warn, dew hiez er dar varn, dienen dem Emerberiger, ze schaden dem Wildonier.- — 274. Die Verweisung nach Eibiswald geschah 1295. 5./2., Wien (Steierm. Landesarchiv Nr. 1480b).

Nun ging's wider den Grafen von Heunburg in Kärnten, und zwar an der Seite des Oberbefehlshabers Marschalls Hermann von Landenberg — mehr ein Verwüstungs- als Kriegszug.[275])

In der folgenden Zeit der Rast begegnet man dem „alten druchsaetz" um 1301 dem Deutschordenshause zu Graz eine Schenkung seines Grofsvaters — nach hier gegebener Stammreihe Durings (II.) — bestätigen,[276]) 1302 an der Beilegung des scharfen Haders mitwirken, der zwischen Herzog Rudolf wegen der Burg Hohenmauthen und dem von Wildhaus entbrannt war,[277]) und 1305 an der Kirche zu Fehring bei Bertholdstein sich einen Jahrtag stiften.[278])

Der letzte Kriegszug des betagten Mannes galt Böhmen und der Einsetzung Herzog Rudolfs als König daselbst. Die Oesterreicher wurden dabei von Ungarn unter einem Grafen Lukas unterstützt. Aus unbekannten Gründen brach der ab, und zog mit seinen Leuten heim, nicht ohne auf dem Rückwege in Oesterreich zu plündern. Berthold erhielt Befehl, ihm nachzujagen und alle Beute abzunehmen. Das gelang bei Horn.[279])

Das böhmische Unternehmen aber missglückte; der kärntnische Thronwerber hatte dort noch seine Partei-

---

275. Otakars Reimchronik 544. Die Güter des Grafen lagen meist um Griffen und im Jauntbale. Der Hass war derart, dass, wenn in einem Dorfe auch nur Eine gräfliche Hube lag, das Ganze niedergebrannt wurde. „Ainem staimen herz muss sich haben lassen erparmen", sagt Otakar. — Von diesem Zuge und Berthold spricht auch, doch blos kurz, Unrest, Chron. Carinth. bei Hahn, Collectio monum. 1, 520. — 276. 1301, 14. 9., Graz, Orig. Deutschordensarchiv zu Wien. Die Schenkung betraf Oberdorf bei Kirchberg a. d. Rab; blos „die sache, div geziuhet zu dem tode" (das Landgericht) behielt sich der Schenker vor. — 277. Herzog Rudolf forderte Hohenmauten von Heinrich von Wildhaus. Auf dessen Weigerung befahl jener die Belagerung, die mit einer gewissen fürstlichen Würdigkeit veranstaltet wurde. Unter den Aufgerufenen waren Chol von Saldenhofen und Berthold (IV.) von Emmerberg. „Auf seines ohaims schaden", heifst es bei Otakar a. a. O. 679, weil in jener Gegend die Wildhauser, Saldenhofner, Marenberger u. s. w. durch Offo von Emmerberg sämmtlich verwandt waren. Schliefslich stillte ein Abkommen die Fehde. — 278. 1305, 25. 3. im steierm. Landesarchive Nr. 1675. — 279. Otakar a. a. O. Der Herzog befahl, nach dem Abfalle der Kumanen: „Perchtold der Emerberger, der sich zu allen zeiten mannlichen zu baiden seiten lie sehen vnd erchennen, daz der fur scholte rennen. Da war er geschaffen zu. Der was vor den andern fru chomen an die vaigen, vnd begund in erczaigen, daz die frewntschaft waz chlain."

gänger, und der österreichische viele Gegner. König Rudolf
starb im Felde; sein Vater König Albrecht und Bruder
Friedrich zogen ab, und nur in drei Städten blieb österreichische Besatzung (1307). Ob Berthold dabei stand, ist
unklar; aber dort oder bald nach der Rückkehr anfangs
1308 in die Heimat schloss er sein thatenreiches Leben.
Der Reimchronist Otakar, der ihn persönlich gekannt, singt
ihm die Grabschrift, dass er

> „. . . ye darnach warb
> daz lobleich warn seinew werch."[280])

Sein Sohn Berthold (V.) scheint zu Anfang noch in
des Vaters weiterstreckten Fussstapfen getreten zu sein,
denn er war es, der in Speier die Reichsacht wieder die
Mörder Königs Albrecht ausrief,[281]) dann aber verschwindet
er im Lande, oder hat wenigstens keinen Sänger gefunden,
gleich seinem Vater.

Wenn nicht schon früher, so doch von da ab lässt sich
ein Zurückziehen der Familie von niederösterreichischer
Erde beobachten. Das Geschlecht wird mehr und mehr ein
ausschliesslich steirisches. Es muss schon unter Berthold (IV.)
in Steiermark fast gänzlich eingesessen gewesen sein. Bei
ihm wäre dies aus seiner politischen Action erklärlich. Dass
er Bertholdstein übernommen, zeigt sich aus der Jahrtag-
stiftung nach Fehring. Ob diese von Otto oder Offo geschehen, und unter welchen Bedingungen, ist unbekannt.
Sicher ist bei ihm, und noch mehr bei seinem Sohne das
Landsassenthum in Steiermark. Es mag interessant scheinen,
dass die Burgmannen von 1140 zu Prosset, die Stubenberger und Emmerberger, auch in Steiermark so nahe sich
standen, denn der Wulfing von Prosset ist nur ein Ahnherr der Ersteren. Soll man aus einer Heirat Bertholds (V.)
schliefsen, so lebten zwar die Beziehungen zu Niederösterreich noch fort; noch war — scheint es — Emmer-

--- -- -

280. Ebend. 80. — Seine Gattin hiefs Mathilde; mehr weifs man
nicht (steierm. Landesarchiv Nr. 1684 b). Sie wird 1305 mit Namen genannt, und erscheint noch 1316 am Leben, und zwar als ehmalige Pfand-
inhaberin von Feldbach, dessen Satz Ulrich von Wallsee ihr für 300 Pfund
Pfennige ablöste (ebend. Nr. 1811 b). Wahrscheinlich ist auch „hern
Perchtolden drugkses von Emerberg witib", welche 1330 noch genannt
wird, dieselbe (ebend. Nr. 2000 d, und Blätter für Landeskunde von Niederösterreich 17, 247). — **281.** Hanthaler, Fasti Campil. 2, 1, 72.

berg nicht aufgegeben, denn Berthold ehelichte eine Nieder-
österreicherin, Margareth von Baumgarten.[282]) Thätig findet
man ihn blos in ziemlich gleichgiltigen Urkunden, das
letztemal 1341.[283])

Durch diese Uebersiedlung lockert sich das Band,
das die Familie mit der Burg Emmerberg verknüpfte. Das
Interesse für sie kann im vorliegenden Falle nicht bis zu
ihrem Erlöschen das gleiche wie bei ihrem Auftreten und
bei ihrem Höhepuncte sein. Es ist nicht richtig, was bisher
stets behauptet wurde, Schloss und Geschlecht seien vereint gewesen, so lange Letzteres bestand. Die Scheidung
muss schon ungefähr um die Mitte des 14. Jahrhunderts,
oder bald nachher eingetreten sein. Weil aber hier die
Oertlichkeit und ihre Besitzer den Leitfaden der Darstellung
abgeben, mag von da ab, was über die Familie noch gesagt werden kann, unten gegeben sein.[284])

- —

282. Blätter für Landeskunde von Niederösterreich 17, 248. Sie
kann aber doch nur die zweite Frau gewesen sein, denn eine Euphemia,
Gattin Heinrichs von Sichelstein, wird 1330 „der truchseczen swester
von Emberperch" genannt, was doch nur auf die Söhne Bertholds (V.)
bezogen werden kann (steierm. Landesarchiv Nr. 1007). — **283.** Als
Siegler eines Schiedsspruches, betreffend die Feste Montpreis, von 1341,
29. 7., Weitenstein (ebend. Nr. 2191[b]). — **284.** Es ist nicht wohl angängig,
hier den Verfolg der ursprünglichen Familie von Emmerberg deshalb gänzlich aufzugeben, weil ihr Zusammenhang mit dem Schlosse nicht mehr
sicher, ja in den nächsten Jahrzehnten das Gegentheil davon sogar gewiss
ist. Daher soll an dieser Stelle das Nachweisbare für die Genealogie des
Geschlechtes geboten sein. Ueberhaupt wäre bezüglich des mehrerwähn-
ten Otto das Nöthige noch nachzutragen. Bertholds (V.) Kinder waren
Friedrich (I.) und Amalarich (Amelreich), dann Euphemia. Wegen
Letzterer vgl. Note 282. Ausserdem wäre Hartwiks, Abtes zu Reun, zu
gedenken, welcher allgemein als Emmerberger gilt, und seinem Alter
nach nur Sohn Bertholds (V.) hätte sein können — wenn er nicht auf
Erfindung beruhte. Nach gefälligen Mittheilungen des Herrn Stifts-
archivars Dr. A. Gasparitz lässt sich bestimmt sagen, dass dieser Abt
in den ältesten Aebtereihen von 1395 und 1450 den Namen von Emmerberg nicht führt, und dass die Geschlechtsnamen der meisten Aebte bis
1529 auf Annahmen beruhen, die erst gegen die Mitte des 18. Jahrhunderts unter Abt Mailly bei einem stiftischen Historiker auftauchten, der
die Porträtsreihe der Aebte im Kreuzgange auch in dieser Richtung ver-
vollständigt haben wollte. Amalarich, dessen Linie kurzlebiger, war verheiratet an Katharina N., die, scheint es, entweder denen von Reinberg
(Raumberg) oder von Schachen (Beides bei Friedberg in Steiermark) angehörte, und ihre Güter bei Vorau und Pöllau, unter anderen bei Schloss
Reinberg selber zubrachte. Seine Kinder waren Hans, der blos einmal
genannt wird (1359), und Berthold (VII.), der 1403 starb, und von dem

Es darf nicht befremden, dass das Geschlecht noch
in der Zeit gewisser Wohlhabenheit sein angestammtes
Schloss aufgab. Die von Prank und von Stubenberg besafsen
ihre Stammsitze die längste Zeit hindurch nicht. Das Leben
damals dachte ziemlich praktisch; man zog sich am liebsten dorthin, wo mit später erworbenen Gütern gute Gelegenheit und die meisten Liegenschaften verbunden waren.
Gewiss hatte Bertholdstein darin viel vor Emmerberg voraus und so fiel dieses ab.

In der Regel geschah dergleichen durch Verkauf, dem
die Aufsandung an den Lehensherrn, und mittelst dessen

der schöne Grabstein, früher zu Fehring, jetzt zu Bertholdstein, rührt.
Ueber diesen Stein vergleiche man den Schluss der Note. Mit diesem
Berthold schloss die Rabthaler Linie der steirischen Emmerberge.
Friedrich (I.) wird zwischen 1340 und 1359 erwähnt; seine Gattin war
Erntraut, Tochter Ottos von Perneck a. d. Mur, und seine Kinder waren
Dietegen (I.), Berthold (VI.) und Friedrich (II.). Ihre Erscheinens-
zeit fällt in die Jahre 1376—1420. Dietegen (I.) erwarb durch seine Frau,
Anna von Wolfsau, die namhaften Herrschaften Klech und Halbenrain.
Dass er im Heere Ernsts des Eisernen in der Schlacht bei Radkersburg
mitgekämpft (Muchar, Geschichte von Steiermark 7, 151), ist mit der
Schlacht selber eine Fabel (Mittheilungen des historischen Vereins für
Steiermark 9, 199 ff.). Berthold (VI.) kennt man beweibt nicht. Von Nach-
kommenschaft weifs man nur bei Friedrich (II.), der Margarethe von
Wolfsau zur Gattin gehabt haben soll. Er war der Fortsetzer des Geschlechtes. Seine Kinder waren Katharina, angeblich verehelichte
Wurmbrand, Friedrich (III.), von 1441 bis 1452 Erzbischof von Salzburg, und Dietegen (II.), verheiratet mit Kunigunde ungenannten Stam-
mes. Sein Bruder machte ihn zum Vicedom von Leibnitz. Die Nach-
kommenschaft dieses bestand aus Margareth, welche an Pankraz
Ungnad, aus Ursula, die an den steirischen Landeshauptmann Leutold
von Stubenberg verheiratet war, und aus Wolfgang, von dem blos einmal nebensächlich, und dann nicht mehr die Rede ist. Er mag vor
seinem Vater geschieden sein. Dieser soll (nach Stadel's Ehrenspiegel
1, 475) noch 1461 gelebt, und in Wien für Kaiser Friedrich gegen seinen
Bruder Ernst mitgekämpft haben. Damit ist die letzte Nachricht gegeben,
und erlischt das Geschlecht nach etwa dreihundertjähriger Dauer. Aufser
Bertholdstein war alles Gut der Familie in Steiermark, so weit man sieht,
angeheiratet: so Reinberg, Klech und Halbenrain. Ueberdies besafs sie
verstreute Liegenschaften in der Schrems und Breitenau bei Fronleiten,
in der Gegend von Pöllau, im Kainachthale, bei St. Veit am Vogau und
ein Haus zu Graz in der „Newstrazze" am Viehmarkt. Wie Becker in
den Blättern für Landeskunde von Niederösterreich 17, 252 darthut, waren
die Herren um ca. 1400 in Judenhände gerathen. Es klebt vielleicht sogar an dem schönen Grabsteine zu Bertholdstein solche Judenschuld; das
Schloss wenigstens war Judenpfand und eingeklagt. Aber sie hatten auch
einen unvorsichtigen andern Schritt gethan, der ihnen Herzog Ernst zum

Belehnung des Käufers die Anerkennung des Besitzer-
wechsels folgte. Durch die Eigenschaft als Lehen entzog sich
das Gut den Wandlungen der Geschicke einer gewöhnlichen

Feinde machte. Ihre Schlösser sämmtlich liefs der Fürst besetzen; er
verzieh aber 1408 den Brüdern Dietegen (II.) und Friedrich (III.), und
sie bekamen sie wieder. Salvo meliori würde der Stammbaum etwa
schliefsen, wie folgt:

Berthold (V.)
1. G. . . .
2. G. Marg. von
Baumgarten
ca. 1345

Euphemia,	Friedrich (I.),	Amalarich
G. Heinrich von	G. Erntraut von	G. Katharina N.
Sichelstein 1380	Perneck (1340–1389)	(1349–1389)

Hans,   Berthold (VII.)
1359   † 1403

Dietegen (I.),	Berthold (VI.),	Friedrich (II.)
G. Anna von	(1382–1409)	G. Margarethe
Wolfsau		von Wolfsau?

Katharina,	Dietegen (II.),	Friedrich (III.)
G. Lorenz	G. Kunigund N.	Erzbischof von Salz-
Wurmbrand	(1430–1461)	burg (1441–1452)

Margareth,	Ursula,	Wolfgang
G. Pankraz	G. Leutold von	ca. 1455
Ungnad	Stubenberg	
	verehl. ca. 1440	

Der Drauthaler Linie des Hauses, die noch zu Zeiten des berühmten
Berthold mit Offo abzweigte, ist noch zu gedenken. Sie beschränkt sich
auf diesen einen Mann. Es wäre tragisch, wenn der Mörder König
Otakars keine Frau hätte finden können. Unerklärlich ist, dass dieser
Mann bei Namen und Wappen der von Emmerberg nie den gewöhnlichen Truchsessentitel führte. Seine Herkunft ist oben p. 107, Note 267
berührt worden. Die Verwandtschaft mit dem Hause Marenberg gewährte
ihm Stellung und ökonomische Vortheile, namentlich bei Vogteigut. So
übertrug ihm Kloster St. Paul im Lavantthale 1278 die Vogtei auf dem
Remschnik bei Marenberg (Formelbuch des Lorenz von Aquileja f. 67,
Archiv zu Admont, und Font. rer. Austr. 2/39, 165), und durch Kauf erwarb er 1286 von einer Luttenberger Familie 52 Huben um Schmieren-
berg bei Marburg (steierm. Landesarchiv Nr. 1280ᵇ). Im selben Jahre
dient er auch Herzog Albrecht wider den Erzbischof von Salzburg (Otakars
Reimchronik a. a. O. 262 mit dem irrigen Namen Offo von Merenberg).
Auch auf Schloss Trixen in Kärnten erhebt er Ansprüche, derentwegen
Herzog Meinhard ihn mit Entschädigung abfertigt (Font. rer. Austr. 2/1,
228); im Jahre 1311 (ebend. 2/39, 191) wird seiner blos mehr als verstorben gedacht. Von der Familie hat sich, so viel bekannt, nur ein
Grabstein erhalten, nicht vom berühmtesten Mitgliede, aber vielleicht vom

Staatsdomäne, wie man solche bei Starhemberg und Hernstein verfolgen konnte; es blieben ihm dabei die Pächter-
zeiten und Pfändungsepisoden erspart, und genoss dasselbe

prunkliebendsten, denn der Stein selber ist ein Prachtstück. Er ist jener
Bertholds VII. Bis vor etwa zwei Jahren deckte er dessen Grab und
Tumba in der Capelle der Pfarrkirche zu Fehring; seit der Zeit erwarb
ihn Graf Ladislaus Koš-
zielski (Sefer Pascha,
vgl. Blätter für Landes-
kunde von Niederöster-
reich 17, 230, und Kraus,
Die nordöstl. Steiermark
426) für 1000 fl., und
Uebernahme einiger Kir-
chenrestaurationen, und
nun steht er auf Ber-
tholdstein in würdiger
Fassung, doch im Wider-
spruche mit seiner In-
schrift, im ersten Stock-
werke an der Wand neben
der Haupttreppe. Er ist
aus schönem rothen, nicht
zu stark weifsstreifigem
Marmor; der Architekt
der neuen Fassung hält
diesen für aus Verone-
ser Brüchen, was aber
gar nicht wahrscheinlich.
Auch die Neue Welt soll
Rothmarmorbrüche be-
sitzen. Seine Höhe ist 9,
seine Breite mehr als vier
Fufs. Die ältest bekannte
Abbildung findet sich in
Stadel's Ehrenspiegel
(steierm. Landesarchiv)
I, 475 von ca. 1730, doch
nicht sehr gelungen. Au-
fserdem behandelten ihn
Scheiger (Mittheilungen
der Central-Commission
für Kunst- und historische
Denkmale I, 248 ff.), dann
Bergmann (ebend. 2, 40).

Dem Artikel des Ersteren ist auch obenstehende Zeichnung entnommen,
die an sich recht gelungen ist; blos die Wölbungen des Harnisches sind
zu stark. Scheiger's Lesung der Inschrift ist mehrfach fehlerhaft: diese

um nicht zu sagen höhere Rechtssicherheit, doch mindere
Willkür, denn es hatte eine selbstständige Entwicklung vor
sich. Man weifs ja, wie die Pfandinhaber von Hernstein und
Starhemberg die Lehenbarkeit ihrer Pfandgüter anstrebten!
Unbekannt jedoch ist bisher geblieben, wann die von
Emmerberg den Besitz des Stammgutes als für sich mehr
lästig denn vortheilhaft ansahen, und welches Mitglied
ihres Hauses die Lösung vollzog. Man kann daher nicht
mit Bestimmtheit sagen, dass der erste genannte neue
Lehenbesitzer auch der erste überhaupt nach den Emmerbergern sei, und dass diese eben ihm das Gut verkauft
hätten. Die Entfremdung kann sowohl ein früheres Jahr
geschehen sein, als auch zu Gunsten eines andern Käufers.
Für jetzt aber muss 1384 als jenes gelten, in welchem
Emmerberg schon einem andern Vasallen gehörte, und zwar
Ludwig von Eckartsau; ihm gab Herzog Albrecht III. im
genannten Jahre die Feste mit dem Kirchenlehen zu Winzendorf und mit Liegenschaften zu Gaden und Mutmannsdorf, im Marchgraben u. s. w. zu Lehen.[285]) Ihm folgte
darin sein Sohn Kadolt, der 1411 die Herrschaften an die
Gebrüder Hans und Adam Linzer verkaufte, und wurden
diese im genannten Jahre von Albrecht V. belehnt.[286])

läuft an der Abschrägung des Steines nach aufsen herum, und ist desshalb
auf der Abbildung nicht sichtbar; sie beginnt am Kopfende links und
lautet: „Hie ligt begraben der edl | herr her Berchtold druchsäcz von
Emmerberch der gestorben | ist do man zalt nach Cristi | geburd tausend
vierhundert vnd im dritten iar." Der Erhaltungszustand ist nahezu vor-
trefflich. — In den Mittheilungen der Central-Commission für Kunst- und
histor. Denkmale, 1877, LXII, findet sich der Grabstein Rudolf des
Schiffers, aus der Spitalkirche zu Efferding, der angeblich 1325 gestorben
ist. Derselbe, gleichfalls aus rothem Marmor, hat in der Darstellung eine
geradezu frappante Aehnlichkeit mit dem Emmerberger Steine. Wäre
nicht die Entfernung eine so bedeutende, würde man mit Recht sofort vom
gleichen Künstler sprechen können. Jedenfalls aber belegt der datierte
Stein von Fehring, dass der Efferdinger nicht um und nicht bald nach
1325 gefertigt sein konnte, wie aus den besagten „Mittheilungen" geschlossen werden kann, sondern dass seine Erzeugung erst um 1400
anzusetzen wäre. — 285. Wisgrill, Schauplatz des niederösterreichischen
Adels 2, 347. — 286. Lehenbuch Albrechts V. f. 15 und 24. Archiv des
Reichs-Finanzministeriums, Wien. — Wegen der Linzer vgl. oben S. 51,
Note 111. — Dass Kadolt der Sohn Ludwigs gewesen, geht aus Urkunde
von 1447 hervor, worin er und sein Sohn Ludwig für ihren „Vater vnd
en", Ludwig von Eckartsau, eine Schuld desselben an den Pfarrer von
Scheuchenstein mittelst Widmung von Weingärten ausgleichen (Cop. im
Erzbisch.-Archive zu Wien).

Nach diesem wird 1417 Hans Haring als Lehensmann genannt,[287]) der Emmerberg ungefähr um 1425 seinem Vetter Kaspar vermachte.[288]) Mit dem Geschlechte von Wolfenreut, das nach dem Tode von Kaspars Sohne Hans es lehenweise überkam, hört der Familienwechsel für einige Zeit auf. Albrecht von Wolfenreut, der ziemlich viel an Pfand- und Lehengütern in der Nähe und Ferne von Emmerberg besafs, wird ca. 1430 als der Erste dieses Hauses mit der Feste belehnt;[289]) um ca. 1440 folgten ihm seine Söhne Georg, Wolfgang und Leopold, die unter anderem auch Gerichtsherren zu Gerasdorf waren.[290]) Man weifs indess nicht, wessen der drei Brüder Sohn jener Wilhelm von Wolfenreut gewesen, der 1489 und folgende Jahre auf Emmerberg erscheint.[291])

Von 1494 ab kennt man die Besitzerreihe aus dem Geschlechte von Wolfenreut nicht. Nur das Eine ist gewiss, dass Georg der letzte der Vasallen gewesen.[292]) Er starb

287. Ebend. f. 105, ebend. — **288.** Notizenblatt der kais. Akad. 1858, 490, Nr. 165. — **289.** Wolfenreut, der wahrscheinliche Abstammungsort dieses Geschlechtes, liegt unweit Kottes in der Pfarre St. Johann bei Heinrichschlag. Im 12. Jahrhundert scheint er die „prata Wolfperti" geheifsen zu haben (Font. rer. Austr. 2 8, 142). Ein Konrad Wolfreuter wird 1286 (ebend. 336), seine Söhne Ulrich und Albrecht, dann seine Enkel Konrad und Johann werden 1300 genannt. In der ersten Hälfte des 15. Jahrhunderts besafs die Familie auch den adeligen Sitz Himberg und die Mühle daselbst; 1439 bekam sie für 2000 Ducaten die Herrschaft Aspang zu Pfande (Chmel, Materialien 1, 33 Nr. 233), und 1443 die Herrschaft Gutenstein zu Leibgedinge (Lichnowsky, Regesten 6 675; Chmel, Regesten 1 1549, und Newald, Gutenstein 175). — **290.** Notizenblatt der kais. Akad. 1859, 261. Aufser Emmerberg besafsen sie Gülten zu Wagram bei Fufsbrunn, zu Gerasdorf, Wolfenreut, Peuckenbach und Langenwiesen, dann den Edelsitz und die Mühle zu Himberg. — Wissgrill, Schauplatz des niederösterreichischen Adels 2, 348, gibt Wilhelm von Eckartsau 1458 als Besitzer an, was durchaus unrichtig. — **291.** Beilage X dieses Buches; 1494, 5. 4., Emmerberg, schreibt derselbe an den Propst von Seckau zu Gunsten seines Gevatters, des Pfarrers von Mutmannsdorf. Dass also die Angabe Schweickhardt's, Topographie von Niederösterreich, V. U. W. W. (1, 260), Ursula von Emmerberg hätte ihrem Gatten Leutold von Stubenberg das Stammgut 1457 zugebracht, und dieser es 1458 an Wilhelm von Eckartsau verkauft, falsch ist, liegt nach dem Erwähnten auf der Hand. — **292.** Schweickhardt a. a. O. Er war mit Barbara, Tochter Georgs von Herberstein und Witwe nach Jobst von Oberweimar verheiratet, und durch sie, deren Schwester Cordula Gattin des reichen Sebald Pögel gewesen, wurde er Schwager dieses. So dürfte es sich erklären, wie Rotengrub, eines der Güter des Letzteren, an seinen Schwiegersohn und dessen Neffen, Erasmus von Schärfenberg, kam. Seine Frau starb 1551, 27. 11.

1549, 24./4., und hatte sieben Wochen vorher seine einzige
Tochter Elisabeth an Erasmus von Schärfenberg verehelicht, der also durch seine Frau auch Herr auf Emmerberg wurde, und durch deren Tante Cordula Pögel, Freiin
auf Reifenstein, auch auf Rotengrub. Als sie 1579 mit
Hinterlassung zweier Töchter, Julie und Sidonie, starb,
erklärte die Regierung das Lehen als „apert". Sie schickte
zur Vornahme der Schätzung eine Commission.[293] Erasmus
bat auf Grund seiner Dienste unter Kaiser Max II. um die
Viertelsgnade,[294] die ihm auch nicht versagt wurde.[295] Ja
es scheint sogar, dass er das ganze Lehen bekam,[296] doch
verkaufte er es sofort an die Gebrüder Georg Christoph,
Hans Christoph und Wolf Matthäus Freiherrn Teufel, welche
1581, 11./2. den Lehensbrief darüber empfingen.[297] Der
Zweitgenannte der neuen Besitzer überließ Emmerberg
1592, 1./7. dem Burghauptmanne von Wiener-Neustadt,
Johann Alexander Brassican, und dieser ward 1593,
9./9. damit belehnt.[298]

Dieses Geschlecht stammte aus Württemberg, hieß
eigentlich Kolburger, besaß im 15. Jahrhunderte (aus Heirat)
den Rittersitz Michelfeld bei Schwäbisch-Hall, und latini-
sierte seinen Namen durch den Tübinger Professor Hans
Heinrich Kolburger in Brassican, welchen die österreichische

293. Archiv des Reichs-Finanzministeriums Wien, Niederösterreichische Herrschaften, Fasc. 7, Lit. E. — 294. Ebend. Das Ansuchen ist
von 1580, 17. 4. Das Viertel betrug 2805 fl. —, folglich der Wert des
Lehens 11.220 fl. Wegen der Lehensgnade vgl. oben Note 223. — Erasmus
von Schärfenberg war auch Mitbesitzer der Herrschaft Rotengrub, das
er 1578 an Hans Freiherr von Hoyos verkaufte. Er war der Sohn Christophs, heiratete Elisabeth von Wolfenreut 1549, 4. 3., und waren seine
Kinder Barbara, Judith (erster Gatte 1574, 9. 5., Herr Christoph von
Gloyach, zweiter Jacob Schrankl), Wilhelm und Sidonia (verheiratet an
Herrn Adam Schratt von Kindberg). — 295. Ebend. Gedenkbuch Nieder-
österreichs Nr. 136, f. 295, und Verordnungen von 19. 5. und 1./6. 1580.
— 296. Es ist nämlich im Acte der nächsten Note von einem Lehenbriefe von 1580, 11. 8., die Rede. — 297. Orig., Archiv zu Hernstein. —
298. Beide Orig. ebend. — Dass Becker (Blätter für Landeskunde von
Niederösterreich 17, 255) angibt, Georg Wolfenreuter's Tochter, Maria
von Sinzendorf, habe Emmerberg an Johann Alexander Brassican 1593
verkauft, ist eine Verwechslung, die sich in folgender Weise löst: Maria
von Sinzendorf, verwitwete von Harrach und geborene Hohensteiner,
verkaufte 1602 das von Leonhard von Harrach ihr verliehene Amt Stolhofen um 3000 fl. an Johann Alexander Brassican (Orig. Hernstein). Der
Verkauf von Emmerberg geschah 1593 nur durch Freiherrn Teufel.

Linie bis zu ihrem Erlöschen führte. Die Einwanderung der Familie geschah in den ersten Jahren der Regierung Ferdinands I., und zwar durch einen an die Wiener Universität berufenen Hans Alexander Brassican. Vom zweiten Sohne des obigen Hans Heinrich ist Johann Alexander, welcher Emmerberg erwarb, der Enkel.[299])

Die nachfolgenden Kaiser belehnten wiederholt diesen und seine Söhne,[300]) allein zu Emmerberg saß, die Gesammt-

---

299. Vgl. Wissgrill, Schauplatz des niederösterreichischen Adels I, 371 ff., eine der ausführlichsten und bestgearbeiteten Genealogien. Der berühmte Professor an der Wiener Universität und Poëta laureatus, Johann Alexander Brassican, der 1539 starb, war des ersten Lehenbesitzers der Familie auf Emmerberg Großoheim. (Vgl. dessen Reise 1524 nach Ofen in Hormayr's Archiv 1836, 412.) Für hier hätte es keinen Zweck, den Gesammtstammbaum der Familie zusammenzustellen, wohl aber mag es am Platze sein, jenen der Kinder Johann Alexanders, insoferne sie Gutsansprecher und in den Lehenbriefen genannt sind, nach den Acten des Landesgerichtsarchivs und nach Wissgrill zu bieten, auch wegen der Ueberleitung auf andere Geschlechter. Von den 14 Kindern Johann Alexanders kommen nur sechs in Betracht.

Johann Alexander
† 1631, 17./12.
1. G. Helena Hipp von Remingsheim
2. G. Sophie Unterholzer von Kramichberg
Test. 1670, 9./12.

1. Hans, Friedrich, geb. 1614, 11./7. G. Johanna Magdalena Lampel von Fronburg	2. Hans, Philipp, † vor 1638, zwischen Juli und November	2. Hans, Adam, Augustiner-Eremit	2. Hans, Ambros, † vor 1664	2. Hans Jakob, Test. 1679, 27./4. 1. G. Maria Magdalena von Spornberg, Test. 1684, 1.6./6. 2. G. Maria Katharina Freun Steger zu Ladendorf, Test. 1689, 4./12.	2. Hans Ludwig G. Maria Barbara Gruber von Pischelsdorf
Anna Maria Barbara, 1. G. Otto Heinrich Freiherr von Kirchberg 2. G. . . . von Pamutz	Maria Theresia G. Franz Valerian Freiherr Podstatzky			nur Töchter und frühverstorbene Söhne	Johann Franz Norbert

300. Das Geschlecht starb mit Hans Ludwigs Enkel Johann Joseph 1728 aus. — Die Belehnungen datieren: 1610, 1./7., Wien, König Mathias für Johann Alexander; 1621, 12./3., Wien, Kaiser Ferdinand II. für denselben; 1638, 8. 7., Wien, Kaiser Ferdinand II. für sämmtliche sechs Brüder; 1638, 20./11., Wien, Kaiser Ferdinand III. für fünf Brüder (Hans Philipp ist inzwischen gestorben); 1659, 21. 2., Wien, Kaiser Leopold I. für vier Brüder (Hans Adam ist inzwischen in den Augustiner-Eremitenorden eingetreten). Die Originale sind im Schlossarchive zu Hernstein, die Copien im Staatsarchive zu Wien, und zwar Lehenbuch 300, f. 407'; 331, f. 107', 161', und 332, f. 242, 543.

verwaltung leitend, nach Johann Alexander, der 1631 starb,
nur sein ältester Sohn Hans Friedrich.

Dieser und seine zwei Kinder Hans Jakob und Hans
Ludwig machten, als den Familieninteressen vortheilhafter,
aus den Besitzungen des Hauses ein Fideicommiss.

Der Vertrag der Erbeinigung (vom 29./6., 1665) begriff
Emmerberg, den Hauserischen Edelsitz zu Guntramsdorf
und den Freihof zu St. Georgen in Ungarn. Emmerberg
ward Hans Friedrich zugesprochen, doch hatte er Schulden
im Betrage von 14.493 fl. zu übernehmen und jedem Bruder
5000 fl. auszubezahlen; bei seinem unbeerbten Abgange
fiele das Gut an die beiden Brüder und ihre Erben.[301]) Es
ist nicht bekannt, was die drei Herren bewog, 1678 einen
neuen Erbvertrag einzugehen; derselbe liegt actenmäßig
nicht vor, sondern blos eine Notiz, welche besagt, dass er
die Satzungen von 1665 aufgehoben, und in ihm Hans
Friedrich versprochen habe, neue fideicommissarische An-
ordnungen zu treffen, wodurch die Erbrechte seiner Brüder
gesichert würden. Dazu kam es aber nicht. Dagegen ist
das Testament Hans Friedrichs von 1./1., 1670 erhalten.

Hierin hält er die brüderliche Erbeinigung in allgemeinen Worten aufrecht — was wohl kaum mehr besagt, als
dass er die Erbrechte der Brüder, ohne die Fälle anzugeben,
in denen sie eintreten sollten, anerkannte — vermacht indess
Emmerberg ungetheilt, so lange die Mutter leben würde,
seinen zwei Töchtern Anna Maria Barbara, verehelichte
Freiin von Kirchberg, und Maria Theresia, verehelichte
Freiin Podstatzky; seine Witwe Sophie, die zweite Frau,
geb. Unterholzer von Kranichberg, bekäme Lanzendorf und
den Ramsauerhof bei Guntramsdorf als Witwengut; nach
ihrem Tode hätten die Schwestern über beide Güter sich
zu vergleichen, und zwar auf Grundlage der Schätzung, die
er für Emmerberg auf 30.000, für Lanzendorf auf 20.000 fl.
anschlüge. Wegen Winzendorfs und Schwarzaus am Steinfelde sei er selber noch nicht einig mit den Brüdern; diese
kämen also nicht in Anrechnung. Die das theurere Gut
nähme, habe der Schwester den Ueberschuss zu entrichten.
Das Vorrecht der Wahl stünde Frau von Kirchberg zu.[302])

301. Satzschrift im Schlossarchive zu Hernstein. — 302. Orig.,
Archiv des Landesgerichtes zu Wien (ganz eigenhändig). Es besagt, wenn
er zu Emmerberg stürbe, wolle er auf Kirchbüchel (bei Rotengrub), wenn

Um 1684 erscheint die Mutter als bereits gestorben, aber auch wegen der zwei erwähnten, damals noch fraglichen Dörfer die Einigung mit den Oheimen schon erzielt. Beide Schwestern verglichen sich betreffs der Gütertheilung im genannten Jahre (21./7.) dahin, dass Anna Maria Barbara das von den Türken verwüstete Lanzendorf mit Zugehör und das Dorf Schwarzau mit 31 Unterthanen haben sollte, Maria Theresia dagegen Emmerberg mit Winzendorf.[⁴⁰]) Doch waren Schulden vorhanden, welche die Letztere zu tilgen nicht vermochte, und so verkaufte sie ihren Güterantheil an Anna Margaretha Theresia Freiin von Pergen, geb. von Garnier, welche die meisten Schuldscheine an sich gelöst hatte, um 25.000 fl. und 100 Ducaten Leitkauf.[³⁰⁴])

Dagegen nun protestierte der Verkäuferin Vetter Johann Franz Norbert, der Sohn ihres Oheims Hans Ludwig.

---

zu Lanzendorf, bei Maria auf der Haid, und wenn zu St. Georgen, dortselber beerdigt sein; den Unterthanen zu Emmerberg (ausgenommen Schwarzau am Steinfeld und Winzendorf) solle man je drei Jahre der Ausstände nachlassen oder der Schuldigkeiten; der Pfleger zu Emmerberg, Hans Jakob Mantel, solle alle seine Kleider (ausser des sameten, mit ganz silbereu Knöpffen besezten Rock vnd den mit Samt durchgefäederten schwarzen Mantel), auch er und sein Weib die Klagekleider bekommen; da seine Frau Johanna Magdalena, geb. Lampel, ihm 14.000 fl. mitgebracht, weise er sie für den Witwensitz auf Lanzendorf und den Ramsauerhof nächst Guntramsdorf, die nach ihrem Tode an die Töchter fallen sollen, und aus Lanzendorf bilde er ein Fideicommiss, das nur der letzte Nachkomme veräufern dürfe; sie möge alles Geschmeide und alle auf beiden Gütern befindlichen Weine, Kornfrüchte und Viehstücke bekommen; alles Geräthe aber und alle Möbel blieben bei den Gütern; die Erbeinigung mit den Brüdern, betreffend das Fideicommiss von Emmerberg, halte er aufrecht, und nach seiner Frau Tode mögen die Töchter zwischen Emmerberg und Lanzendorf wählen, und zwar habe die Frau von Kirchberg das Wahlvorrecht; diese solle auch seine gesammte Bücherei erben, und deren Kinder selbe ja wohl in Stand halten; den Kirchbergischen Enkeln vermacht er seine „spännische vnd andere stattliche Degen vnd Fueßwehren, aufgenohmen die zwey mettallin vnd zwey eysene Stuck vnd Räderschücz, auch was sich in der Rüstkammer im Schloss zu Emerberg vnd im Pulverthurm befindet, dasselbige muess bey dem Guett verbleiben", als Theile des Fideicommisses; er schätze Emmerberg, wie es im Fideicommiss steht, auf 30.000 fl. und Lanzendorf mit dem Ramsauerhofe auf 20.000 fl.; die Töchter sollen für die Lebenszeit der Mutter auf Emmerberg wohnen, es gemeinsam bewirtschaften, auch alle Lasten und Interessen daraus bestreiten, und in Zweifelfällen dem Schiedsspruche der Mutter sich unbedingt unterwerfen. — 303. Ebend. — 304. Satzschrift, Schlossarchiv zu Hernstein.

Er berief sich auf das Fideicommiss, und richtete seine
Klage wider Anna Maria Barbara, welche indessen Witwe
geworden und einen Herrn von Pannitz geheiratet hatte;
sie hätte den Verkauf nicht zugeben sollen, und er verlange
die Vormerkung des halben Kaufschillings angeblicher
18.000 fl. auf Lanzendorf. Das Fideicommiss von 1665
bestand indess nicht mehr, das Versprechen der Aufrichtung eines neuen war nicht erfüllt worden, und so gab es
eigentlich gar keine besondere Erbeinigung. Daher blieb
Frau von Pergen im ungestörten Besitze.[305]) Ja der Kläger
wider ihre Kaufrechte überliefs ihr sogar selber seine Gutsantheile, nämlich Weingärten in der Riede Riemern bei
Brunn, und in der Riede Hochsetzen bei Winzendorf,
32 und 6 Tagwerke.[306])

Uebrigens wurden Frau von Pergen seitens der Regierung Schwierigkeiten im Besitze bereitet: man betrachtete Emmerberg als Mannslehen, daher auf Töchter als
nicht vererbbar, und sonach als heimfällig. Der Kaiser
verlieh es den Erben des Lehenregistrators Ritter Virgil
von Unkrechtsberg als Deckung für die Gnadengelder,
welche sie zu fordern hatten (1693, 7./9.); doch scheint
es, dass sie das Gut gar nicht antraten, sondern mit der
Besitzerin sich abfanden. Erst nach dem Verkaufe ihrer Anrechte an Frau von Pergen wurde diese 1694, 26./1., damit belehnt.[307])

Nach dem Umstande zu urtheilen, dass man 1701 in
Johann Georg Hofer einen Bestandinhaber zu Emmerberg
trifft,[308]) hat wohl die Dame daselbst gar nicht gewohnt.

Sie vermachte das Gut dem Grafen Johann Anton
von Spaur; da er dessen Lehenschaft nicht ordnungs-
mäfsig ansuchte, erklärte es die Regierung für heimgefallen. Durch die Gnade des Kaisers entzog man es ihm
schliefslich doch nicht, und 1703, 15./9., ward ihm die Belehnung zutheil.[309])

Diese Widrigkeiten mochten den Grafen bewegen,
sich Emmerbergs so bald als möglich zu entäufsern. Man
sagt, schon 1703 hätten die Verhandlungen begonnen,

---

305. Ebend. — 306. Orig. ebend. Der Kaufpreis war 300 fl. und
100 fl., dann 9 und 2 Ducaten Leitkauf. Der Vertrag datiert von 1690,
8. 5. — 307. Staatsarchiv zu Wien, Lehenbuch 337, f. 65'. — 308.
Steierm. Landesarchiv, Acten von Neuberg. — 309. Staatsarchiv zu Wien,
a. a. O. 312, dann Archiv der Finanzprocuratur ebd.

welche endlich 1706 zum Abschlusse mit der Gräfin Maria
Anna Isabella von Heufsenstein, geb. Freiin von Gilleis,
führten. Am 4./6. desselben Jahres erfolgte für sie die
Belehnung ihres Gatten, des Grafen Christoph Karl.[310])
So trat Emmerberg wieder gewissermafsen in den
Leib der grofsen Herrschaft Starhemberg zurück, aus dem
es in der zweiten Hälfte des 12. Jahrhunderts sich gelöst
hatte.

Es bildete von da ab mit den Lehenbestand der Grafen
von Heufsenstein[311]), und wurde natürlich auch in das
Fideicommiss einbezogen, das bekanntlich Graf Christoph
Karl 1726 stiftete. Diesem zufolge trat an das Gut zuerst
sein Sohn Karl, und als dieser noch im selben Jahre die
Herrschaft Starhemberg-Piesting übernahm, sein Bruder
Heinrich.[312]) Dieser starb ledig, und Graf Karl überkam
zur genannten Herrschaft abermals Emmerberg. Von seinen
zwei Söhnen Sigmund und Heinrich safs Letzterer von 1758
auf Emmerberg, und nach dem Tode seines Bruders ver-
einigte er damit 1796 auf ein paar Jahre auch Starhemberg-
Piesting.

Es heifst, nach dem ständischen Gültbuche, Graf
Heinrich habe schon 1791 Emmerberg an Frau Anna von
Minassi verkauft. Da lässt sich nicht recht verstehen, wenn
anderwärts Gerichtsacten belegen, dass er — nach dem
Verkaufe von Starhemberg-Piesting, respective Hernstein
(1799) — Emmerberg noch 1804 in Pacht gab oder geben
wollte, und 1805 Allodialisierungsversuche einleitete. Als
Bestandnehmer galt Anton Payde, der Vertrag sollte fünf
Jahre währen, der Pachtschilling 3200 fl. betragen, aber
Wald- und Holznutzen, Jagd und Fischerei ausgenommen
sein.[313]) Das deutet darauf hin, dass Graf Heinrich neben

---

310. Orig. bei Baron de Vaux, Wien. — Staatsarchiv Wien, a. a. O.
438, und Acten der Finanzprocuratur in Wien. — **311.** Die Reihe der Be-
lehnungsbriefe für die von Heufsenstein ist: 1706, 4. 6., Wien, Kaiser
Joseph I. für Graf Christoph Karl; 1713, 25., 2., Wien, Kaiser Karl VI.
für denselben; 1727, 20. 6., Wien, Kaiser Karl VI. für Graf Karl und dessen
Bruder; 1743, 3. 5., Wien, Kaiserin Maria Theresia für die Grafen Karl
und Franz; 1791, 20./5., Wien, Kaiser Leopold II. für Graf Franz Heinrich. Vier Originale sind bei Baron de Vaux in Wien, und die Abschriften
sind im Staatsarchive, ebend., Lehenbücher Nr. 337, f. 138; 338, f. 284';
623, f. 171'; 624, f. 1; 626, f. 33, und 627, f. 10'. — **312.** Vgl. oben
S. 95 mit Note 247 ff. — **313.** Orig. bei Baron de Vaux in Wien, und
Copien im Archive des Landesgerichtes daselbst.

dem Pächter auf Emmerberg — allerdings nicht auf dem
sehr verfallenen Schlosse — wohnte. Ob indess der Vertrag ins Leben trat, ist zweifelhaft: wenn nicht die Allodialisierungsversuche, so hätte er doch den Verkauf vor
1809 ausgeschlossen. Jene leitete Graf Heinrich 1805 ein.
Die Schätzung ergab einen allgemeinen Wert von 74.736 fl.,
also, abzüglich der Wirtschaftskosten von 21.554 fl. (Capital), einen Nettowert von 53.182 fl.; die Lage des Gutes
wird als rauh, der Boden als Ueberschwemmungen ausgesetzt geschildert; sich selbst nennt der Graf als zur
Führung der Wirtschaft ungeeignet; da seine Kinder
minderjährig, müsste, wenn er stürbe, ein Sequester eingesetzt werden, und das vermindere blos das Vermögen.[314])
    Somit lag eine Art Rettungsversuch vor. Er scheint
aber nicht gelungen. Jetzt muss er den Verkauf an Frau
von Minassi bewerkstelligt haben, denn am 22./8. 1805
wurde sie mit Emmerberg belehnt. Nach den Aufzeichnungen im ständischen Gültbuche soll sie es noch im gleichen
Jahre an Vincenz von Suttner, dieser 1807 an die Freiherren Daniel, Gottfried und Wilhelm von Stutterheim und diese 1811 an den königlich sächsischen General-
major und Gesandten am russischen Hofe Karl Friedrich
Ludwig von Watzdorf verkauft haben.[315])
    Dieser überliefs das Gut 1814, 16./12. um nicht weniger
als 141.350 fl. (offenbar Bancozettel) dem Feldmarschall-
Lieutenant Grafen Ferdinand Wilhelm von Wartensleben, der auch alle Ausstände mit 10% Nachlass übernahm.[316]) In seinem Testamente vom 5./5., 1815 setzte er
seinen Bruder Alexander Wilhelm Grafen von Wartensleben zum Erben ein, und da er am 7./3., 1821 zu
Rosdol in Galizien unverheiratet starb, trat dieser das Gut
an — als plötzlich die Regierung den Besitz ihm einstellte.
Er glaubte nicht nöthig zu haben, ihr sich als Vasall vorzustellen und das Lehen Emmerberg zu muthen; nicht dass

---

314. Vgl. unten Note 585. — 315. Ständisches Gültbuch, nach Auf-
zeichnungen Bergenstamm's; nach jenen, welche ca. 1830 der ständische
Beamte Ignaz Fitzinger für den damaligen Prälaten von Neukloster zu
Wiener-Neustadt machte (Stiftsarchiv daselbst), hätten Minassi 1805,
Suttner 1809, Stutterheim 1811, Watzdorf 1815 und Wartensleben 1820
den Besitz erworben, was theilweise unrichtig, und mit der gewöhnlich
erst späten Eintragung in die Gültbücher zusammenhängen mag. — 316.
Archiv der Finanzprocuratur zu Wien.

er es für Allod hielt, aber die Lehenseigenschaft schien
eingeschlafen, denn seit Frau von Minassi war keine
Lehensbuchung mehr vorgenommen worden. In der Behandlung der Frage standen die obersten Behörden zu
einander im Gegensatze: die Lehenskammer, die niederösterreichische und die Hofkammerprocuratur. Der Kaiser
wünschte die gnadenweise Verleihung an den Grafen; die
niederösterreichische Lehensbehörde wollte das Lehen eingezogen haben, die Finanzprocuratur die Lehenbarkeit nur
auf die „Veste" und nicht auf die „Herrschaft" erstreckt
wissen, und musste sich dafür mit Recht von der Hofkammer belehren lassen, das sei ganz dasselbe, und bei
den Lehen immer so gewesen. Man sequestrierte das Gut,
bis die Frage entschieden, und der Graf nicht nur die
Lehenseigenschaft anerkannt, sondern es auch von den
Lasten befreit haben würde, die sein Bruder, ohne die Regierung zu fragen, darauf gehäuft hatte.[317]) Im Jahre 1829
endlich anerkannte der Graf das Lehensband, wurde auch
am 1./6., 1832 mit Emmerberg belehnt, allein der Concurs
liefs sich damit nicht beseitigen und aus diesem kaufte es
1833, 5./2. Seine kaiserliche Hoheit Herr Erzherzog Rainer.

B.
Die drei Hauptgüter und ihr Besitz.
1. Hernstein.

Die vorangehende Abtheilung war nur der Geschichte
der Besitzer des Güterkleeblattes gewidmet: die gegenwärtige soll sich mit dem Besitze beschäftigen. In der
Zeit sieht sie ab von der Gegenwart, ja auch von der
Jüngstvergangenheit, noch geht sie damit auch in die Einzel-
gliederung der Dorfschaften, deren Theile und Geschichte
derselben ein. Sie will blos jene Dinge hervorkehren und
jene Verhältnisse besprechen, die mit dem Wesen der Grundherrlichkeit im Allgemeinen sich verknüpften, also den
Herrschaftssitz, das Herrschaftsgebiet und das
Herrschaftsrecht, das Werden und Vergehen des Einen,

---

317. Während des Sequesters war ein Güterinspector Johann
Straschiripka, der die Sequestratur überwachte; ob er wohl Vater oder
sonstiger Verwandter des Malers Canon? (Ebend.)

den Umfang und Inhalt des Andern, und die Art der Uebung des Dritten, wie die Actenbehelfe es je gestatten, und etwa zur Erkenntniss der Unterschiede in den Zeiten passend sein mag. Wenn daher die eine Abtheilung zwischen Zeit- und Familiengeschichte schwankt, so gehört diese bereits gemeinsam mit der dritten Abtheilung dem orts- und cultur-geschichtlichen Felde an.

Darin gebührt vom Beobachtungsstandpuncte der Gegenwart aus Hernstein abermals der Vortritt.

Es liegt ungefähr eine Gehstunde nordwestlich Piesting, jenseits eines dürren Waldes auf dürrer Höhe, der nicht umsonst den Namen Hart führt. Um den Sitz herum dachen die Berge meist mit Ackerland in eine Mulde ab, deren ebener Thalboden sehr geringen Flächenraum hat. Die Senkungen sind allmählich, ausgenommen an der Nordseite. Da fällt der Buchriegel steil ab, und stöfst einen schief abgekappten Felsenkegel vor, an dessen Südrande die Thurmruine der Burg aufragt und zu dessen Füfsen das Prachtschloss der Gegenwart mit seinen Nebengebäuden, seinem geräumigen Parke, und gröfstentheils aus Sumpfland geschaffenen Teiche sich ausdehnt.[318])

Der Kegel wendet namentlich Südwesten seine Keilform und Steilseite zu. So ist die Gestalt der Höhen, wie die Zeit vor dem 12. Jahrhunderte sie für Burgenanlagen liebte, man kann fast sagen die typische Gestalt.

Der Aufgang war stets von Südost; heute allerdings schlängelt sein Pfad durch einen der schönsten Theile des Schlossgartens, vorüber an Wiesflecken und Blumen-

---

318. Hinsichtlich vorgängiger Landschaft- und Burgschilderung sei wesentlich auf den Artikel M. A. v. Becker's in der „Heimat“, 1876, 132 ff. verwiesen. Was die Namensform anbelangt, so geht die älteste Form Herrantesteine und Herandesteine allmählich in Herranstein (1246), Herrantstain (1260), Heratstain (1272), Heyratstain (1380), Herrentstain (1418), Herantstain, Haranstain und Harantstain (1437) über, zwischen denen aber immer die zweite Form als die meistgenannte auftritt; im 16. Jahrhundert erscheint Herrn- und Hoernstain, im 17. Hiernstein. Für heute ist die vulgäre Umlautung des hellen e in das dumpfe ö, die so häufig vorkommt (z. B. bei Wöllersdorf, Mölk, Pöchlarn, Mödling u. s. w., aber allmählich sich rückzubessern beginnt), also hier die Form Hörnstein die officielle geblieben. Ein verwandter Name tritt 1212 in Herrenstein in der Zwettler Gegend auf (Font. rer. Austr. 2/3, 94). Verfasser dieses hat übrigens die Form Hernstein blos aufgenommen, weil sie in den früheren Bänden dieses Werkes beliebt wurde.

parquets, unter Laubhallen stattlicher Bäume und auf Busch-
wegen, früher aber kroch er den felsigen Abhang empor
zwischen Weinbergen und Gestein und teichartigen Wasser-
tümpeln nach der Einfriedung. Immer aber landete man,
sozusagen, an der Südseite jenes räthselhaften Thurmes,
der heute das einzige aufragende Ueberbleibsel des gesammten Burgwerkes ist. Zu ihm führte von jeher der
erste Schritt innerhalb des Burgraumes, denn wenn er in
ältester Zeit das Umundauf der Burg gebildet, war er
später ihr Hauptglied; er allein vertheidigte den Anstieg,
denn alle anderen Seiten schützten durch ihre Steilheit
sich selber.

Er ist ein wunderliches Erzeugniss und ebenso von
Aussehen. Fufs und Kopf unterscheiden sich wesentlich:
nicht dadurch, dass der eine unverletzt und der andere
schadhaft, sondern die Riesenhaftigkeit seines Quaderbaues
unten ist geradezu verblüffend, während die oberen zwei
Drittel schlichtes, ja schlechtes Mauerwerk zeigen, lässig
und in keinem entsprechenden Bau- und noch weniger
Schönheitsverhältnisse zu jenem. Was an ihm so auffällig,
liefs für die Beurtheilung der Zeit seiner Entstehung häufig
von den gewöhnlichen Momenten zu solcher Bestimmung
absehen; daher auch durchgehends die Meinung, er müsse
Römerwerk sein. Vergleichende Anschauungen haben
sicherlich diese Ansicht nicht erzeugt, noch wird sie belegt aus Thatsachen, die von der Wichtigkeit sprechen,
welche die Römer diesem einsamen, ehemals strafsenlosen
Thale beimafsen. In Wahrheit liegt darin weder Schmeichel-
haftes für die Leistungskraft der eigenen Vorfahren, noch
auch Gleichmäfsigkeit in der Abschätzung deren Leistungen. Denn einerseits alles Grofsartige im Zusammentragen
und Aufbauen nur den Römern zuzutheilen, steht nicht im
Einklange mit der nachweisbaren Bewältigung von Riesen-
massen in vor- und nachrömischer Zeit, noch mit den frag-
würdigen stundenlangen unterirdischen Gängen, die man
mit Vorliebe dem Mittelalter zuschreibt.

Es lässt sich sagen, dass es in Oesterreich keinen
Wehrbau gibt, der sogar abbildungsweise in so ferne
Tage sich verfolgen liefse, wie der Bergfried zu Hernstein.
Und damit fällt die Sage vom Römerbaue von selber.

Man dankt die älteste Abbildung dem sogenannten
Falkensteiner Codex, von welchem bereits früher die Rede

gewesen,[319]) und kann die Ansicht des Thurmes, wie er
um 1170, etwa 100 Jahre nach seiner Erbauung gewesen,
im ersten Facsimile unter den Kunstbeilagen dieses Bandes
sich zurechtlegen.[320])

Es liefse sich, wen das Burgenwesen der ältesten Zeit
interessiert, empfehlen, die Abbildungen des Falkensteiner
Codex vergleichend zu untersuchen. Er wird finden, dass
die Grafen von Weyarn-Neuburg ihre Wohnstätten ganz
anders aufbauten als die Herren von Falkenstein. Und das
kann nicht von der Baufläche allein stammen, sondern muss
individuell, oder auch durch schon Vorgefundenes sich
deuten lassen. So hatte Neuburg ganz die gleiche Bauweise wie Hartmannsberg, obwohl es auf einem Berge stand,
und dieses im Thale, in einem Teiche sogar liegt. Und der
Thurm von Hernstein im Codex ist sozusagen der jüngere
Bruder des nördlichen Thurmes von Falkenstein. Man kann
ja solche bauliche Filiationen auch anderwärts, und am
meisten bei Bauernhöfen verfolgen, und reiht eine solche
Verwandtschaft aus den Neigungen der Besitzer unmittelbar an jene aus den Gewohnheiten und Anschauungen gewisser Gegenden und Zeiten. Schon aus dieser Art Physio-
gnomik lässt sich sagen, dass Hernstein ein Bauwerk der
Falkensteiner gewesen, und dass diese ihren Heimsitz von
den Ufern des Inn ähnlich in Gestalt an den Abhängen des
Buchriegels in der Ostmark wiedererstehen liefsen.

Kenner der constatierbaren Schlossbilder von Falkenstein und Hartmannsberg behaupten, dass noch heute aus
den Ruinen des Einen und dem Bestande des Anderen die
Richtigkeit der Zeichnungen des Codex sich nachweisen
lasse.[321]) Es fehlt jeder zwingende Grund, betreffs Hernsteins
etwas Anderes anzunehmen. Typisch in allen seinen

319. Vgl. oben S. 27, dann das Vorwort zur Beilage I. — **320.** Der
Verfasser dieses hatte das Glück, zuerst auf diese Abbildung der Burg
Hernstein aus dem Falkensteiner Codex hinweisen zu können. Vorher
kannte man sie nicht. Denn in den Mon. boica, 7. Bd., ist von den vier
Burgenbildern desselben blos das Haus Hartmannsberg widergegeben.
Der Verfasser hielt über die älteste Abbildung einer niederösterreichischen
Burg 1867, gelegentlich einer Wanderversammlung des niederösterreichi-
schen Vereines für Landeskunde, einen Vortrag zu Wiener-Neustadt, und
gab das Facsimile des Bildes mit einigem Texte aus dem Codex in den
Blättern für Landeskunde 1, 173—179 zum erstenmal heraus. Dann
brachte sie Petz wieder in den „Drei Traditionsbüchern", welche gleichfalls hier öfter schon angeführt wurden. — **321.** Der Verfasser verdankt

Zeichnungen ist blos die Darstellungsart. Ersichtlich ist
darin jede Burg in ihrer Wesenheit für sich aufgefasst, und,
wenngleich mit ungeübter Hand, wiedergegeben. Das
Buch gewährt den Eindruck, als wollte der Schreiber zum
Texte ganz dasselbe in Federzeichnung fügen, was heute
für den gleichen Zweck die Photographie besorgt. Auch
jetzt noch lässt sich, der Situation nach und von Südwesten
gesehen, das Zutreffen der Darstellung mit der Wirklichkeit belegen: eine schief verlaufende Höhe, an ihrem Rande
rechts der Thurm, kein Wohnhaus, denn der Bergfried war
Alles in Allem, unter ihm, den Hausberg abwärts, ein
documentarisch nachweisbarer Weingarten.

Mit dem nördlichen Thurme von Falkenstein hat jener
von Hernstein unverkennbare Aehnlichkeit: Beide sind viereckig, Beide haben die gleiche Bezinnung, bei Beiden ist
die gleiche Bauweise scheinbar im Wechsel von Holz und
Stein, Beide haben an denselben Seiten ein Fenster und an
denselben anderen die grofse Eingangsthür. Die Abweichungen im Einzelnen (wie in der Zahl der Zinnen, dort ein
gekuppeltes, hier ein einfaches Fenster u. s. w.) sind nebensächlich.

Man hat in Oesterreich viel zu wenig Anhaltspuncte
für die ältesten Burganlagen, um frischweg hinsichtlich
des Materials, aus welchem der Hernsteiner Bergfried des
Falkensteiner Codex errichtet war, ein festes Urtheil abgeben zu können. Die Zeichnung lässt auf Holz und Stein
schliefsen. Man weifs, dass noch weit ins 12. Jahrhundert
hinein hölzerne Thürme in Wehranlagen bestanden. In
neuester Zeit ist man der Thatsache ausgedehnter Holz-
bauten als den ältesten für Wehr- und Wohnzwecke gerecht
geworden. Im gegebenen Falle führt die Zeichnung, welche
glatte und Buckelquadern andeutet, vielleicht ohne es zu
wollen, irre. Man wird gut thun, eine solche Lösung des
Räthsels zu suchen, welche die Construction von Holz, die
nun einmal für die ersten Zeiten der Deutschen in der Ostmark gleichfalls nicht abzulehnen ist, in Verbindung mit
solidem Steinbau, den die Zeichnung ersichtlich macht,
zulässt. Sie kann salvo meliori, kaum andershin lauten, als
dass der Kern von Tramen und Balken nach aufsen einen

---

diese Mittheilung dem ausgezeichneten Kenner Oberbaierns, dem Staats-
archivar Dr. L. Rockinger in München.

Verputz trug, den der Schönheitssinn dann theils in Gestalt
flacher Quadern einschnitt, theils deren Vierecke mit ring-
artigen Vertiefungen zierte.

Allein dieser Thurm besteht nicht mehr. Der heutige
ist ein ganz anderer, und wie sehr man Unrecht hat, diesen
für einen Römerthurm zu halten, zeigt sich noch daraus,
dass er eben dem des Codex gar nicht ähnlich sieht, aufser
durch seine Einzelstellung und sein Viereck, und sonach
blos der Nachfolger dieses älteren, zu Ende des 11. Jahrhunderts errichteten ist.

Mit dem alten, den etwa Feuer zerstörte oder die Erkenntniss seiner Unzulänglichkeit abtragen liefs, hat er nur
noch die Stellung auf demselben Puncte gemeinsam. Doch
war der alte Bergfried schmächtiger, durch seine Zinnen
zierlicher. Der heutige ist massig in jeder Weise, in den
Quadern seines unteren Drittels, in seiner Breite gegenüber
seiner Höhe und endlich in der Dicke seiner Mauern. Dass
er gezinnt gewesen, darauf deutet keine Spur, er hielt aufser
dem Erdgeschosse, das innerhalb des Quaderbaues liegt,
nur zwei niedere Räume in sich, deren unterer auf der
Südwest- und Südostseite je ein kleines Fenster hatte, der
obere dagegen auf der Südost- und Nordostseite je ein
gröfseres, innen stark erweitert, mit je an beiden Nischen-
wänden einer Mauerbank.[322]) Die Nordwestseite war
fensterlos. Wo der Eingang gewesen, liefs sich bisher
nicht finden.

---

322. Die Quadern sind poröser Kalk, sogenannter Rohrbacher
Conglomerat, der unweit von Hernstein gebrochen wird. Sie haben bis
zu 52 Cm. Höhe, 105 Cm. Tiefe und 138 Cm. Breite. Theilweise sind
sie noch mit langeckigen Erhöhungen nach aufsen zugearbeitet, theilweise zeigen sie grofse runde Buckel. Auf der Südostseite, die am wenigsten von Schutt umlegt ist, reichen sie auf etwa drei Meter der Thurmhöhe.
Die Mauer oberhalb ist ein schlechtes Machwerk aus gewöhnlichen Bruch-
steinen, grofsen Kieseln und sehr viel Mörtel; stellenweise sind noch
Quadern eingefügt. Ihre Stärke im Mittelgeschoss ist 243 Cm.; die innere
Lichte dieses ist fast genau quadratisch, hat 275 Cm., folglich der Thurm
daselbst nahezu 8 M. im Viereck. Die innere Lichte des südöstlichen
Fensters im Obergeschoss hat 115 Cm. Bis zur Bodenhöhe des unteren
Gelasses ist der Thurm mit den von der Krönung abgestürzten Steinen
ausgefüllt; es lässt sich nicht sagen, wie etwa der ebenerdige Raum
weiter geführt sei. Keller scheint jedoch des Felsbodens wegen keiner
gewesen zu sein. Zwischen dem zweiten und dritten Raume sind noch
die Rinnen, wo die Bodentrame eingesteckt waren, zu erkennen, und vom
zweiten nach unten die Auflager an der Mauer.

Demungeachtet gelang es, ihn zu entdecken. Auf der Südwestseite (welche die untere Abbildung zeigt), wo die äufsere Mauer von den Quadern aufwärts stark ausgefressen

ist, sieht man an ihm oben rechts eine aus der Bauanlage stammende Unterbrechung. Wo sie an der Ecke an die südöstliche Mauer sich lehnt, ist sie nach einwärts eingeschnitten und bildet da förmlich einen Eckpfeiler. Diese Südostmauer ist dann nach innen in convexer Form abgerundet, wie um einen Durchlass, den der Ausschnitt am Eckpfeiler eröffnete, fortzusetzen. Aufserdem lassen sich noch aufsen beim Ausschnitte oben rechts und unten knapp rechts an seiner Sohle Löcher sehen, die blos für Tragbalken bestimmt gewesen sein können, und dieser Mauerausschnitt bildete den Eingang.

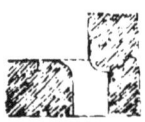

Sein Grundriss ist der beifolgende. Durch die Abrundung der Südwestmauer im Innern wurde eine schmale einwärtige Thüröffnung erzielt, und die Mauer selber an der Ecke nicht zu sehr geschwächt.

Mit diesen Daten ward es möglich, eine Reconstruction des Bergfrieds vorzunehmen, die nachfolgend eingestellt erscheint.

Die Thüre war blos mittels Leiter oder Holzstiege erreichbar. Diese ist in der Zeichnung ganz absichtlich um die Ecke, und also auf die Südostseite und nicht auf die Eingangsseite verlegt. Auf jener war auch früher der Eintritt in den älteren Thurm, und er ward schon damals hier eingerichtet, weil er der noch gut sichtbaren Mündung des Burgpfades am nächsten lag. Es musste den Burgleuten darum zu thun sein, so rasch als möglich den Aufstieg zu erreichen. Hätte die Treppe oder Leiter auf der Ausschnittseite gelehnt, so wären sie gezwungen gewesen, zwei

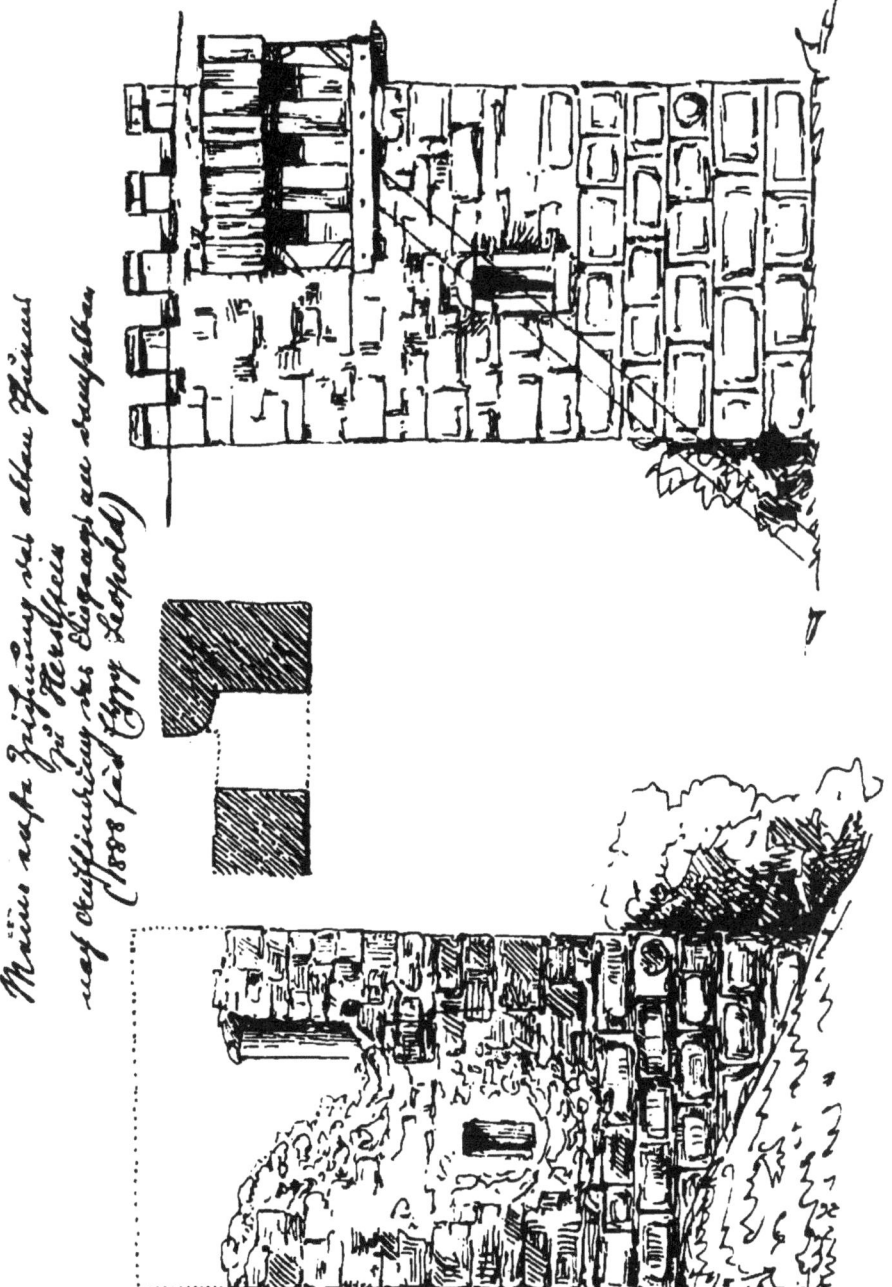

Meine neste Zeichnung des alten Hauses
zu Nordlfeis
nach Aufführung des Zugangs am vorgestern
(1898 bei Egyy Lepold)

Seiten des Thurmes zu umlaufen, und dann erst von Nordwesten her aufzusteigen. Von der Plattform auf der Treppen-
höhe konnte man die Stiege entweder leicht abwerfen,
oder Nachdringende abweisen.[323])

Eine ungleich
schwierigere Fra-
ge betrifft das Alter
des Baues. Er ist
nicht mehr der
Thurm des Falken-
steiner Codex, und
gehört auch nicht
mehr der Falken-
steiner Besitz-
periode an. Seit
1200 war dies Ge-
schlecht in rasch-
wachsendem Ver-
falle begriffen, und
muss der Bau von
einem weit reiche-
ren Besitzer begon-
nen worden sein.
Wenn es nun auch
vielleicht nicht
ganz richtig ist,

dass die Buckelquader überhaupt das 13. Jahrhundert nicht
überschreite, da nach Gelegenheit von Geld und Stein
immer sich Ausnahmen finden können, so mag derselbe Satz
bezüglich massiger und namentlich stark hervortretender
Quadern immerhin seine Richtigkeit haben.[323a]) Solche sind

323. Strenge genommen hätte die Plattform vor dem Eingange über-
dacht zu erscheinen. Das Loch in der Mauer rechts oben neben dem Ausschnitte kann nicht wohl eine andere Bestimmung gehabt haben, als den
Balken aufzunehmen, der das Dach der Plattform zu tragen hatte. Um
aber den Zugang thunlichst klar darzustellen, hat es passend geschienen,
diese wahrscheinliche Vorrichtung in der Zeichnung wegzulassen. Ebenso
wurde in der Reconstruction von Zinnen abgesehen. Es hat sich sogar
kein Hinweis auf das Bestehen solcher bei diesem späteren Baue entdecken lassen. Sonst allerdings lässt sich nicht leugnen, dass jene Gegend
das Zinnenwesen auffallend bevorzugte. Uebrigens war Hernstein mehr
Wirtschaftssitz als Wehrburg, und gewährt ihre Bedachung nur einen
Nutzungsraum mehr. — **323ª.** Lind, Mittheilungen der Central-Commission

die Hernsteiner. Nun halte man zwei Thatsachen zusammen: zuerst, dass um 1245 das Bisthum Freising in den Besitz des Schlosses kam, und dann, dass erwiesenermafsen zwischen 1246 und 1250 an der Burg gebaut wurde. Hält man für das Vorkommen dieser Bauart den Zeitraum des 13. Jahrhunderts noch fest, so würden die genannten Jahre als die Baujahre anzusehen sein. Aber nicht des ganzen Thurmes, denn der obere Theil ist ein vollständig anderes, ein schleuderhaftes Machwerk, theilweise wie aus Mörtelguss bestehend, für welchen nach aufsen Hausteine, verlorene Quadern u. s. w., im Innern Bruchsteine aller Gröfsen und Kiesel verwendet worden sind. Für die spätere Periode dieses Aufbaues sprechen ferner die flachen Fensterstürze. Dass da eine Bauunterbrechung stattgefunden habe, ist zu offenbar: unten eine aufs Aeufserste getriebene Festigkeit und Sorgfalt, oben dagegen Unordnung in stofflicher Beziehung, und Eilfertigkeit. Aber keine Unterbrechung im Plane, sondern blos in der Durchführungsart, im Bauherrn, in der Bauzeit. Und gerade der lässigen Art wegen ist die zeitliche Bestimmung schwieriger, und kann ebenso in das 13. wie 14. Jahrhundert fallen.

Bei der Einfachheit des Lebens auf einem Wehr- und Wohnbau minderen Ranges ist das Zurechtfinden in dem-

---

für Kunst- und histor. Denkmale 1876, LXXIII—LXXIV. Der Ausspruch, die Buckelquader sei ebensowenig ein Merkmal für Römerbauten, als das Aehrenmauerwerk eines für solche und sehr frühmittelalterliche, ist unbedingt zu unterschreiben. Allein unter den beigebrachten Buckelquaderbeispielen mögen welche sein, die weder der zweiten Hälfte des 13. Jahrhunderts, noch überhaupt mehr dem 13. angehören. Leider hat Lind sein Urtheil über den „schwarzen" Thurm zu Eger der Gruber'schen Annahme, derselbe sei ein Bauwerk des 9.—10. Jahrhunderts, nicht zur Seite gestellt. Dieser Thurm hat nämlich einiges Interesse für den Hernsteiner: constructiv und in der Steinarbeit hat er mit ihm weit mehr Aehnlichkeit, als der Letztere mit den gewiss verwandten Potendorfern. Die Uebereinstimmung der Quaderbehandlung (a. a. O. LXXIX, Fig. 13) ist geradezu staunenswert. Dazu die gleiche brunnenartige Lichte im Hohlraume, die Vertheilung der Geschosse und der Einstieg im ersten oberen derselben. Die Unterschiede zwischen Beiden liegen in der feinen, schmächtigen Form des Egerer Thurmes, dann im eilfertigen, schleuderischen Aufbau oberhalb den Quadern des Hernsteiner. Die Untertheile beider sind identisch. Nun weifs man vom Letzteren bestimmt, dass im 12. Jahrhundert er ein anderer gewesen, und selber kaum früher als knapp um die Mitte des 13. Jahrhunderts begonnen worden sei, und daraus ergeben sich Rückschlüsse wieder für das Alter des Egerer Thurmes.

selben für das 11. und 12. Jahrhundert nicht schwierig. Man
hat nur nicht ein „Grafenschloss" sich vorzubilden, was ja
bekanntlich Hernstein von Anfang an nicht gewesen, auch
sonst der Unbeholfenheit, Anspruchs- und Mittellosigkeit
der Zeiten Rechnung zu tragen. Hat ja noch Graf Christoph
Karl von Heufsenstein als Residenz für seinen zweiten Sohn
den Thurnhof zu Piesting bestimmt, ein Gebäude, das heute
so erhalten, wie 1726, zur Zeit jener Verfügung, und doch
blos einen stattlichen Bauernhof ergäbe.

Auf Hernstein konnte schon der zweifach schiefen
Kuppe des Felsenkogels wegen Namhaftes an Bauten sich
nicht entwickeln. Man versuchte dennoch mit der Kühnheit
und bekannten Nichtachtung der Bodenverhältnisse im
Mittelalter Solideres dort zu schaffen, nämlich den Thurm,
setzte jedoch damit nicht fort. So lässt sich also blos mit
ganz einfachen Anfängen rechnen, wie sie der Zeit, der
Abgelegenheit und demnach geringen Bedeutung des Jagd-
und Wirtschaftsgutes entsprechen.

Soweit der Abhang leichter ersteigbar, schützte ihn ein
Verhau. Aeste oder Stämme zweckmäfsig in einander ver-
schlungen, oder auch behauene Balken mit Ausschnitten für
Vertheidigungszwecke dienten als Mauer. Wo der Fels steil
abfiel, bewahrte ein Zaun am Rande Mensch und Thier vor
Unfällen. So schuf man auch anderwärts einen Abschluss,
oder engeren Burgfried. Ein besonderer Thorbau war dadurch überflüssig; es genügte eine stark gezimmerte, aufsen
etwa mit Eisen beschlagene, inwendig mit derben Schieb-
hölzern versehene Pforte. Vielleicht hauste nebenan innen in
einer Holzhütte ein Knecht mit seinem Hunde als Thorwart.

Dem Eingange zunächst ragte der oben beschriebene
Thurm auf. Er war die Wohnung des Burggrafen[324]), und

324. Burggrafen als solche werden für Hernstein weder im 12.,
noch im 13. Jahrhundert genannt, sondern blos castellani und milites =
Burgmannen. Demungeachtet muss es Jemand gegeben haben, der über
sie den Befehl führte, also einen Burggrafen, und sei es auch nur zur Zeit
der Noth. Da scheint allerdings der Amtmann (officialis) damit betraut
gewesen, dessen Dienst unzweifelhaft der wichtigere war. Wäre das so,
dann läge darin ein neuer Beweis von der geringen Wertschätzung der
Burg als solcher. Für das 12. Jahrhundert mag zuweilen der oben (Note 65)
erwähnte Otto von Hernstein das Amt eines Burggrafen bekleidet haben,
ohne so auch betitelt zu werden. Im 13. Jahrhundert tritt wiederholt ein
„Eticho miles de Herrantstein" auf, in welchem sich eine solche Würde
vermuthen lässt. Sonst war damals der Titel castellanus und miles

auch des Grafen, wenn er kam, seine österreichischen Güter, besehen oder in den Wäldern Bären und Wölfe zu jagen. Natürlich fand sich daselbst auch eine Waffenkammer,[325]) vielleicht auch eine Brieflade, worin die Hernstein berührenden Rechtsurkunden bewahrt wurden, wenn dies nicht in der Capelle geschah.[326])

Wenige Schritte vom Bergfriede aufwärts stand die Schlosscapelle. Sie war für das wenngleich höchst einfache Haus eines vornehmen Herrn Standessache. Als Doppelcapelle hatte sie zwei Räume über einander, jeden mit einem Altare ausgestattet: den oberen zu Ehren des heiligen Pankraz, den unteren dem heiligen Georg geweiht. Es war ein Rundbau, ähnlich dem zu Starhemberg, und mit einer Apside versehen, die nur bis an das obere Gelass reichte.[327])

Noch weiter zur Kuppe hinan zeigen Pläne Spuren von Mauerwerk, das nicht in der Richtung der Abdachung, sondern querüber gestanden. Es hindert nichts, anzunehmen, vor dem Steinbaue sei dort ein Blockhaus gewesen für

gegebenen Falls identisch; die so Bezeichneten waren Burgleute, Mannen, denen wechselweise die Burghut anvertraut gewesen. Nach Urkunde von 1267 in Beilage VII. gehörten die „castellani" von Hernstein zur Unterthanschaft des Gutes; sie waren Bauern so gut wie andere, standen jedoch, sei es durch Abkunft oder persönlichen Wert, höher als andere, und besafsen sogenannte Schützenlehen (auch Schildlehen genannt), durch welche sie besonders zu Waffendienst verpflichtet waren, und mit Natural- und Geldabgaben weniger oder gar nicht belastet. Später wechselte die Bedeutung des Wortes castellanus, und miles kam ganz ab. Ersteres besagte dann wirklich Burggraf allein, als welcher zuerst Hugo Gausek 1448 erwähnt wird (steierm. Landesarchiv Nr. 6311b). — 325. Das Fragment eines Inventars im Falkensteiner Codex f. 38' „in Austria (habet comes Siboto) unam loricam et decem ferreas (ocreas) . . .", lässt sich wohl auf Hernstein beziehen. — 326. Es finden sich mehrere Urkunden, Hernstein betreffend, im Staatsarchiv zu Wien, die aus dem freisingischen Schlossarchiv zu Waidhofen an der Ips stammen, und derselbe Brauch, die Rechtsdocumente zunächst dort einzulagern, wohin ihre Bezüge lauteten, gilt überall. Daher gingen auch früher die Urkunden stets an den Käufer über. — 327. Für die Existenz und Auffindung dieser Capelle besitzt man zwei Daten: fürs Erste eine Angabe des Falkensteiner Codex f. 14, und fürs Zweite einen Situationsplan der Burg von ca. 1835 in der Einschaltbeilage. Die Eine lautet: „In ecclesia, que super urbem est posita, sunt duo altaria, unum superius et unum inferius" u. s. w. Darnach lag die Capelle oberhalb des Bergfriedes, und war eine der häufigen Doppelcapellen, wie z. B. eine solche zu Gösting bei Graz noch sehr gut zu sehen (Mittheilungen der Central-Commission für Kunst- und histor. Denkmale 1871, 46 ff.). Von den vier Schlössern Sibotos hatten drei solche Capellen; blos für

Die Burg Hernstein

nach einer Aufname im Jahre 1835.

a. Wartthurm.

b Ruine

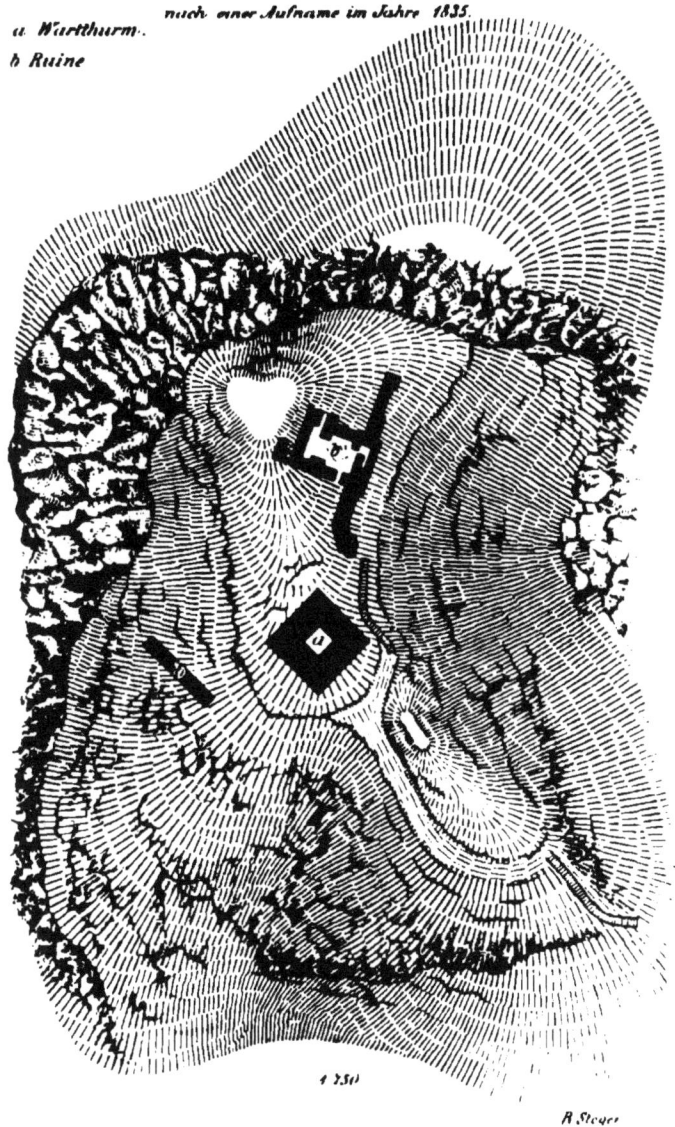

1:250

R. Steger

Knechte, soweit selbe nicht in den Stall gewiesen waren.
Der Bestand an Mannschaft kann stets nur gering gewesen
sein, weil in der Noth die Wirtschafts- und Bauersleute zur

Falkenstein wird keine erwähnt. Für Hartmannsberg und Neuburg bringt
sie der Schreiber sogar in Zeichnung, diesmal allerdings, wie eben die
Gegenstände sich auch ähnlich sehen mussten, etwas typisch, wie die
Facsimiles aus dem Hausbuche
des Grafen Siboto nebenan zeigen. Das gestattet die Annahme,
dass die Hernsteiner Burgcapelle
gleichfalls derartig ausgesehen
haben möge, d. h. ein Rundbau
gewesen sei mit Oberstock und
Apside, mit oder ohne Thürmchen.
Man vergleiche diese Figuren mit

Hartmannsberg.   Neuburg.

der Capelle zu Starhemberg und wird auch dort im Oberstocke die kreis-
runden Lichtöffnungen finden, ein Beleg, dass der Zeichner jener zwei
Figuren zwar unbeholfen, doch genau gewesen. Betrachtet man nun den
oberwähnten Plan, so findet man, dass derselbe gegen den Bergfried eine
Mauerzunge vorstöfst, welche mit einem Rundbaue und angesetzter Halb-
runde abschliefst, deren Beider Richtung die kirchlich vorgeschriebene nach Osten ist. Die Anfertigung des Planes ging an dieser
Stelle blos nach halbaufgedecktem Grundmauerwerk vor, also unsicher,
und unsicher auch in Beziehung dessen, was unter dieser ungewöhnlichen
Form stecken sollte. Daher treten auch die Rundlinien nicht allenthalben
so scharf hervor, als wenn die Schürfungen mit vollem Bewusstsein
dessen, was zu suchen, vorgenommen worden wären. Immerhin sind sie
aber deutlich genug, um es auszusprechen, dass hier die Doppelcapelle
gestanden habe. — Ob noch die Falkensteiner sie gegründet, oder ob sie
erst erbaut worden, nachdem die Vereinigung derselben mit dem Neuburger Grafenhause stattgefunden, lässt sich kaum entscheiden. Es gibt
Gründe für Annahme letzterer Zeit. Jedenfalls war die Capelle auf dem
Schlosse Luxussache, da die Pfarrkirche des Ortes nahe genug gewesen.
Ebenso lässt sich nach gemeinem Brauche annehmen, dass die Capelle
bereits damals ihre Dotation besafs; indess erfährt man von dieser erst
zu Ende der Pottendorfer Periode, nämlich um 1377. Dem Urbare dieses
Jahres zufolge (Archiv des Reichs-Finanzministeriums zu Wien) dienten
zu ihr drei Bauern zu Hernstein, einer zu Albersdorf und acht zu Wellersdorf, sowohl von Grundstücken, als kleinen Stiftungscapitalien. Der
Dienst im Ganzen betrug aber blos 1 Pfund, 1 Schilling und 16½ Pfennige,
und führte die Rubrik „s. Pangreczen kirchen auf dem geslozz Herrnstain". Er wurde, wenigstens von Wellersdorf, noch 1483 geleistet
(steierm. Landesarchiv, Acten von Neuberg). Man merkt, dass damals
schon Einbufsen vorlagen. Die Pfandinhaber und Leibgedinger des
15. Jahrhunderts gaben wohl weniger mehr auf den Bestand der Capelle
als deren Gründer, und fand sich kein Beneficiat, so war Anlass genug,
von der Stiftung mehr und mehr abzusehen. Das Schloss selber galt
damals nicht mehr viel, und mit ihm starb bald darauf auch die Capelle ab.

Hilfe herangezogen wurden. Die Burghut an sich forderte
nicht viele Kräfte; für gewöhnlich besorgten diese Knechte
den Sicherheits- und Gerichtsdienst, bewachten die Gefangenen in der „Keuche", besorgten die Abstrafungen der
Uebelthäter, liefen Botengänge, gingen mit bei der Jagd,
begleiteten den Burggrafen oder Amtmann auf ihren Amts-
reisen, und halfen gelegentlich dem Letzteren in der Wirtschaft. Dieser wohnte jedoch nicht im Schlosse, sondern
auf dem Amthofe. Man hat allen Grund, schon für das
12. Jahrhundert diesen als dort gelegen anzusehen, wo
er später sich findet, nämlich gerade auf der Stelle des
heutigen Prachtbaues.[328]) Einen andern Platz des schmalen
unebenen Raumes nahm der Stall für Pferde ein, und
etwa für noch anderes weniges Nutzgethier, wenn nicht
der gewöhnliche Schlossbauer die Unterbringung desselben
besorgte.

Wo der Burgpfaffe oder Beneficiat hauste, lässt sich
schwer sagen: im späteren Steinbaue allerdings gab es
eine „Pfarrerkammer".[329])

Man sieht, die Herrlichkeit war kurzgefasst. Doch
konnte sie schwerlich anders sein. Unseren Anschauungen
freilich bietet sie wenig Reiz, aber die Sitten der Zeit und
die Raumverhältnisse helfen da erklären. Selbst, im Vergleiche zu Hernstein von damals behäbig feste Häuser, (wie
Stein zu Meiersdorf), oder wirkliche und stattliche Grafen-
schlösser (wie Thalberg bei Friedberg) reichen mit ihren
Bequemlichkeiten nicht entfernt an bescheidene Ansprüche
der Gegenwart, am wenigsten jedoch an die Ideale, die
man vom sogenannten ritterlichen Leben für alle Zeiten

---

328. Der Name des Amtmanns war verschieden, bald prepositus,
bald villicus, bald officialis. Ein „brobist Gisilolt" erscheint im Falkensteiner Codex f. 21 (Beilage 1, A.6, Note 5), um 1263 ein „Wolfkerus
officialis", der zugleich Bruder des Vicars Berthold gewesen (Font. rer.
Austr. 2, 1, 58; 2/2, 243). Die „curia uillici" wird 1155 ausdrücklich als
ein Erbschaftsantheil Herrands, des Bruders Sibotos, genannt, ebenso
auch die „mansio Adele", die man als die Schlossbauernkeische ansehen
kann, welche (nach Abbildung in der Kirchl. Topographie 2/5, 178) näher
als sonst ein Stiftgrund zur Burg gelegen gewesen (Beilage 1, A/3). Und
da der Meierhof regelmäfsig in der Nähe des Herrenhauses zu suchen,
und erwiesen das heutige Schloss aus dem Meier- und Amtshofe der
früheren Jahrhunderte sich entwickelte, muss wohl die „curia uillici" von
1155 auch an die besagte Stelle verlegt werden. — **329.** Rechnungen
des Stiftes Neuberg im steierm. Landesarchiv (vgl. Note 115).

und Gegenden sich erkünstelte, und von denen man jetzt
noch keineswegs gänzlich sich losgesagt hat.

Man weiſs von der Burg für das 13. Jahrhundert blos,
dass während des Zwischenreiches (1246—1250) sie verstärkt worden war.[330]) Das besorgte also der Bischof von
Freising, der bekanntlich (1245—1246) die Herrschaft
käuflich erworben. Doch diese Hebung der Wehrkraft
schützte ihn nicht vor dem Ueberfalle durch jene Dame.[331])
Wann und durch wen später noch gebaut wurde, und was
und wie hoch, das weiſs man nicht. Gewiss ist, daſs die
Bauten nächst der Kuppe, wie solche der Plan von 1835
in ihren Trümmern nachweist, dem Mittelalter angehörten.
Sie waren keineswegs umfangreich: im Anschlusse an die
Doppelcapelle zog gleich einer Sehne ein Tract oder eine
Mauer gegen Norden, und stieſs da auf ein Bauviereck
mit Höfchen. Um 1482 war Getreide dort eingelagert,
und auch Stallungen befanden sich da, denn der Neuberger
Verwalter lässt daselbst Kornvorräthe messen, Dung aus-
führen u. s. w.[332]) Bruchstücke von Mauerwerk lugen an
dieser Stelle noch immer aus dem Buschwerk neben den
wohlgepflegten Pfaden. Um 1524 hieſs man Hernstein bereits von Regierungswegen „ein ödes Schloss", und ehe die
Hofkammer eine Domäne hintangab, hat sie wohl deren
Bestandes und Wertes sich vergewissert: unter der Bezeichnung ward es im genannten Jahre Felician von Petschach verschrieben.[333]) Es war also nicht die Türkennoth
des Landes um 1529, unter welcher auch Hernstein zusam-
menbrach. Im Gegentheile scheint sich der Verfall auf natürliche Weise aus den verkümmernden Lebensbedingungen
des Gutes langsam vollzogen zu haben; wo so viele Bauern-
gehöfte öde lagen, ging auch die Burg wehrlos unter. Auf

---

330. Das Rationar. Austr. im Notizenblatt der Akad. 1855, 401 zählt
Hernstein unter jene Burgen, „que indebite edificata sunt post mortem
ducis Friderici." Nun kann begreiflich von einer „Erbauung" von Hernstein, das bereits an zweihundert Jahre stand, nicht die Rede sein, daher
muss übersetzt werden, dass „gegen die Satzungen des Landrechtes an
der Befestigung der Burg war gearbeitet", oder auch von Freising der
Thurm einem Umbaue war unterzogen worden. — **331.** Beilage VII von
1267 heiſst es, dass sie den Bischof aus Hernstein „violenter eiecit".
— **332.** Vgl. oben Note 115. — **333.** Archiv des Reichs-Finanzministeriums,
Gedenkbuch Nr. 21, f. 173. Auch Scheuchenstein wird darin als verödet bezeichnet.

der ganzen Herrschaft war, scheint es, vom Einkommens-
standpuncte aus betrachtet, die Pfarre im Mittelalter noch
der beste Theil; jene trug im Allgemeinen sehr wenig,
und bei den Verschreibungen behielt sich die Regierung die
eigentlichen Lehensleute vor, an welche der Leibgedinger,
Pächter u. s. w. keinen Anspruch hatte. Nun müssen überhaupt im 15. Jahrhundert schlechte Zeiten gewesen sein,
denn von sechs Dörfern des Kernbesitzes in der Hernsteiner
Mulde gingen drei ein. Da konnte zur Noth ein Amthof,
aber nicht ausserdem eine Burg noch leben und gedeihen.
Deren Wehrbedeutung in einer Gegend, die zumeist blos
stark an Wald, wog nicht viel, und man begreift, wie das
Gut sozusagen als Aufgabe zu weit namhafterer Pfandschaft
behandelt wurde. Der Pächter oder Leibgedinger safs zu
Starhemberg oder anderwärts, und zog aus Hernstein blos
soviel möglich, ohne an die Burg, die er nicht bewohnte,
irgendwie mehr als das Nothdürftigste zu wenden. So
lagen die Dinge seit Leonhard Rauber, also um 1500.
Möglich auch, dass irgend ein Unfall, wie Feuer, den vor-
gezeichneten Niedergang beschleunigte. Bereits unter Herrn
von Meggau hatte der Pfarrer die Wiesen des Hofgutes in
Bestand, und 1602 wird erzählt, die Schlossäcker vom „öden
Schloss Hernstain" verpachte man an Unterthanen.[334]) Dann
ist gar nicht mehr davon die Rede. Allein vor ungefähr
50 Jahren standen die Mauern der oberen Bauten in ver-
schiedenem Grade aufrecht, und an dem Reste des Zingels
links unterhalb des Bergfrieds soll eine angebaute Kammer
sich befunden haben, die irgend ein einsames Menschen-
kind, ähnlich dem sogenannten Pförtner auf Emmerberg,
bewohnte. Als der Schlossberg in die Parkanlagen einbezogen wurde, wurden die Trümmer beseitigt.

Nach der Südostseite hin bettet sich zwischen dem
Burgfelsen und dem Buchriegel ein Abhang, der immer
den bequemen Aufstieg zum Schlosse vermittelte, und auf
einer Terrasse fast um den Felsen herum waren — un-
gerechnet jenen heutigen unter dem Felsabsturze — zwei
Teiche, und auf jenem Abhange zu Zeiten des Grafen
Siboto zwei Weingärten.[335]) Man findet diese, mit kleiner,

334. Steierm. Landesarchiv, Acten von Neuberg. Geringe Bedeutung und Verfallenheit sind wohl auch die Anlässe, warum Vischer die
Burg in seiner Topographia Austr. infer. gar nicht berücksichtigte. —
335. Falkensteiner Codex f. 15'.

künstlerischer Verschiebung, auch auf der Zeichnung des Codex angedeutet. Sie gehörten zu den Hofweingärten, kamen jedoch ab, und zu Beginn dieses Jahrhunderts nahm eine Hutweide ihren Platz ein, bis 1805 der erste Gutsherr nach der Familie Heufsenstein, Freiherr Müller, dort seltenere Bäume zu pflanzen begann.[336]) Das ist das Geburtsjahr und die Wiege des heutigen Parkes, der allmählich die gesammten Haus- und Küchengarten- und Wiesengründe in der Umgebung des (neuen) Schlosses in sich aufnahm, und zu einer wechselreichen vollendeten Einheit umgestaltete.

Es wurde bereits gedacht, dass für die älteste Zeit die Wirtschaftsgebäude mit dem Amthofe (curia villici) nicht auf der Burg, sondern am Fufse des Felsens derselben anzunehmen seien. Zwischen Teich und Bach einer- und dem Letzteren anderseits müssen sie sich in allerdings nicht mehr andeutbarer Ausdehnung hingezogen haben. Das ist der Ort, wo das heutige Prachtschloss mit seinen Nebenbauten steht; dieses wieder hat nur das vor ihm Bestehende an Wohn- und Wirtschaftsanlagen in sich aufgenommen, und da die früheren Zeiten fast immer an schon Bestehendes anknüpften, spricht für jene Annahme die Continuität nach rückwärts. Aus ihnen entwickelte sich das spätere Schloss, der zeitweilige Wohnsitz der von Heufsenstein. Der Gang dieser Dinge unterschied sich nicht von anderwärts. So gering auch die Ansprüche der damaligen Verwalter an Stattlichkeit und Behaglichkeit der Hausung sein mochten, ergab sich doch ein bestimmtes und mit den Zeiten wachsendes Anstandsmafs. Die Amtleute, auch Pfleger, Verwalter u. s. f. benannt, die Kastner u. s. w. bedurften Wohnung und Schreibstube, die Ersteren umsomehr, als sie zugleich für Gemeinfälle Richter waren. Aufserdem gab es in der zu Zeiten belebten Familie von Heufsenstein Mitglieder mit Heimstätten zu versorgen, die man auf Starhemberg nicht wohl gewähren konnte. Das weite Jagdgebiet von Hernstein zog andere derselben, und so auch die Nachschau in Haus und Hof für zeitweiligen Aufenthalt nach dem Gute. Auch litt es das Standesansehen nicht, eine selbstständige Besitzung ohne geziemende Einkehr zu haben. Man weifs, dass Magdalena,

---

336. Pfarrchronik von Hernstein.

die eine Tochter des Freiherrn Hans von Heufsenstein, mit ihrem Gatten Seifried Narringer durch Jahrzehnte in Hernstein lebte,[337]) und mindestens auf kurze Zeit safs auch Graf Julius Weikard von Heufsenstein 1671 daselbst, als er in ritterlicher Weise seine Bauern um sich sammelte, dann auf den Geierboden zog und dort auf die Bauern von Veitsau einhieb, weil sie ihren Wald starrer vertheidigten, als ihm recht war.[338]) Es ist daher anzunehmen, dass bereits im 17. Jahrhunderte, und in Verbindung mit dem Amtshofe eine für die „Herrschaft" vorgerichtete Behausung zu Hernstein bestand. Einigermafsen wird man durch spätere Abbildungen des (neuen) Schlosses auf die Spur geführt. So legt namentlich jene (unten folgende) von 1803 nahe, dass der Mittelbau mit der kleinen Ausladung ein alter, die beiden Seitentheile jedoch mit grofsen, durch beide Geschosse reichenden Erkern ein etwas späterer Bau, Beide aber noch dem 17., oder blos theilweise nur dem 18. Jahrhunderte angehören.[339]) Man findet in den Pfarrmatrikeln zu Hernstein für den Anfang des 18. Jahrhunderts eine Anzahl Mitglieder der gräflichen Familie als daselbst begraben eingezeichnet,[340]) und wo deren Gründungs- und Patronatspfarre Dreistätten dem Wohnsitze Starhemberg so nahe gelegen, lässt sich kaum behaupten, sie Alle hätten blos nach Hernstein sich überführen lassen.

---

337. Vgl. oben Note 120. — **338.** Keiblinger, Geschichte von Melk 2/1, 708. — **339.** Aus J. C. Wagner, Wanderung nach Gutenstein, 1803. Im vergröfserten Mafsstabe, und mit einigen Aenderungen im Vordergrunde findet sich dieselbe Ansicht in der Kirchl. Topographie 2/5 zwischen S. 178 und 179 vom Jahre 1826, als das (neue) Schloss in dieser Aufsenform gewiss nicht mehr bestand. Die fraglichen Ausladungen sind ein Merkmal für das 17. Jahrhundert; das 16. kannte sie meist anders, das 18. gar nicht (die ersten Jahrzehnte etwa ausgenommen), sondern liebte bei herrschaftlichen Bauten die vorgeschobenen Flügel und die Ornamentik der flachen Wände. Dass Freiherr Müller das (neue) Schloss aus dem Amtshofe erbaut haben soll, wie die Sage geht (A. Schmidl, Wiens Umgebungen 3, 564), ist an sich und schon durch das Datum 1803 jener Abbildung nicht zulässig. Ebenso ist die Angabe der Pfarrchronik von Hernstein unzutreffend, nach Umsiedlung der gräflichen Familie von Starhemberg nach Hernstein (ca. 1765) sei aus dem Amtshofe, der vormals nur dem Kastner gedient hätte, das (neue) Schloss erbaut worden. Richtig wird nur sein, dass der Kastner oder Verwalter dort wohnte, und dass sodann Herrichtungen für die Familie vorgenommen wurden. — **340.** Z. B. 1731, 5. 7., Gräfin Philippine, 1734, 19. 11., Graf Anton, 1735, 5./2., Graf Maria Josef Xaver, 1759, 15. 5., Graf Karl u. s. w.

Man besitzt indess authentischere Daten über den Bestand des (neuen) Schlosses, so dass sich bestimmt sagen lässt, zwischen 1727—1730 sei der vormals nur als Meierhof, und etwa gelegentlich als Herrenquartier benützte Bau in ein „Hofhaus" umgeändert worden. Das ist nämlich die officielle Benennung dessen, was man sonst gewöhnlich das (neue) Schloss nennt.[341]) Aufserdem weifs man aus späteren Acten, dass (etwa durch Uebertragung von der eingegangenen Burgcapelle) im „Hofhause" gleichfalls eine Capelle bestand. Man sieht auch daraus, dass sozusagen formell der Ansitz das Wesen einer hochadeligen Residenz angenommen hatte und auch derartig führte. Als 1759 nach dem Tode des Grafen Karl sein Sohn Sigmund die Herrschaft übernahm, suchte er gelegentlich der Licenzerneuerung nach, die Schlosscapelle erweitern, einen Thurm mit Glocken darüber setzen und sie zu einer öffentlichen machen zu dürfen. Das gab einen kleinen Zwist mit Neuberg als Pfarrherrn. Der Vicar, P. Bernhard, war dagegen, namentlich aber der Prälat Georg, aus dessen Ablehnung man sieht, dass die Capelle schon von des Grafen Vater, also wohl, da er die Herrschaft überkommen zwischen 1727 und 1730, in einem kleinen, dazu hergerichteten Zimmer eingestellt worden. Ungeachtet des Widerstandes seitens des Klosters bewilligte das Consistorium bedingungsweise die Bitte des Grafen.[342]) Mit diesem Acte ist der Bestand des (neuen)

341. Vicar P. Placidus Weifsenbeck erzählt in seinem Anfange der Pfarrchronik (in der Pfarre zu Hernstein), dass ihm Graf Karl von Heufsenstein am 11./6. 1731 von seinen wenigen Gänsen einige erschossen, welche der Gerichtsdiener „in das ietzige Hoffhauss, vorhin aber als ein Mayrhoff genendt ist worden", tragen musste, wo sie auch verspeist wurden. Der Begründer der Residenz war also Graf Karl gewesen. Die Nachricht des Pfarrers stimmt auffällig mit dem Beginne der Begräbnisse der gräflichen Familie in der Kirche zu Hernstein, und glaublich wurden auch die in Note 339 angenommenen baulichen Erweiterungen zwischen 1727 und 1730 ausgeführt. — Aufserdem spricht auch ein Vertrag des Grafen Karl von Heufsenstein mit der Gemeinde Neusiedl davon, dass diese 1728 das Marchfutter in das Schloss Hernstein führen musste. — 342. Erzbischöfl. Archiv zu Wien. Der Prälat sprach seine Besorgnis aus, Thurm und Glocke würden die Pfarrgemeinde von ihrer Kirche auch dann abziehen, wenn der Graf (wie er sich erbiete) mit seiner Messe auf den Schluss der pfarrlichen warte; er bezeichnete das Verlangen des Grafen als ein „junges" (was wohl gleich mit unüberlegt), das Angebot „zur Ehr Gottes" als ein „vorgeschuztes" und „nur dem eitlen Schein nach"; es sei vielmehr beabsichtigt, zwischen Pfarrer und Pfarrgemeinde hinterlistig

Schlosses und seiner Capelle bis etwas vor 1730 sichergestellt, und er lässt dann umsomehr die Verwertung der
Abbildung von 1803 zum Nachweise eines höheren Alters,
wenn auch ohne Capelle, heranziehen.

Indessen als Starhemberg aufgegeben wurde, und
sogar auch die Kanzlei nach Hernstein überzog, müssen
noch namhafte Herrichtungen stattgefunden haben. Maierhof und Kastnerwohnung sollen — nach der Pfarrchronik

— zu einem Herrenhause umgewandelt worden sein. Beide
in Eines? oder die Kastnerwohnung allein in ein solches,
und der Maierhof blos einbezogen? Darüber gibt es keine
klare Auskunft. Gesorgt wäre also für standesmäfsige Behausung gewesen, allein Graf Sigmund gewöhnte sich theils
durch Amt, theils durch Neigung nach Wiener-Neustadt.

Freiherr Müller übernahm das Gut 1800. Sichergestellt
ist, dass damals das (neue) Schloss jenes Aussehen hatte,
welches die wohl schon 1802 gezeichnete Ansicht Wagner's
von 1803 erkennen lässt: eine Südfront, mit deutlichen
Zeichen wiederholter Anstückelung, ein niederer Erker

---

sich einzuschieben. Das Consistorium dagegen stimmte dem Grafen zu
(das Kloster Neuberg gehörte nämlich nicht zur Diöcese), gewährte die
Oeffentlichkeit für Sonn- und Feiertage, doch nur für jene Unterthanen,
welche ihrer Verrichtungen wegen die Pfarrkirche nicht besuchen konnten,
und das sei in der Capelle mittels Aufschrift bekanntzugeben.

inmitten, gegen die Ecken flankiert von zwei anderen, an das Dach schliefsenden, an der Westecke ein kleiner Vorbau,[343]) der namentlich im zweiten Bilde (von 1823) sehr deutlich als die oben besprochene Hauscapelle sich entwickelt. Auch heute befindet sich die Schlosscapelle in jenem Westtracte, doch im ersten Stockwerke. Im Ostflügel ist, ganz wie jetzt, die Einfahrt; ob noch andere zwei Flügel gegen Norden und Westen den Hof abschlossen, ist nicht

erkennbar. Der Vordergrund zeigt Wiesenland, und vor dem Schlosse links einen Baumgarten, rechts einen kleinen Stall. Der Bergfried ist noch nicht so reduciert wie heutzutage; rechts neben auf der Anhöhe, wo ehemals die Weingärten des Grafen Siboto, steht ein Häuschen, das sich mit der üblichen Schlossbauernkeische in Zusammenhang bringen lässt.

Es ist nicht bekannt, dass Freiherr Müller wesentliche Aenderungen am Aeufsern des (neuen) Schlosses vorgenommen habe, aufser jener, dass er sämmtliche Ausladungen beseitigte und die Front in der beliebten Weise des Anfangs dieses Jahrhunderts glättete. So zeigt sie ein

343. Die Abbildung in der Kirchl. Topographie (vgl. Note 330) zeigt den Vorsprung höher und weniger verständlich. Man sieht aus diesem Fehler, dass sie nicht nach der Natur, sondern in theilweise irriger Auffassung nach der Ansicht bei Wagner gearbeitet ist.

Stammbuchblatt, das dem Jahre 1823 angehört,[344]) und so auch übernahm das Schloss Seine kaiserliche Hoheit Herr Erzherzog Rainer.

Von Baron Müller ist actenmässig nur bekannt, dass er 1806 einen Wirtschaftsbau gröfseren Umfangs führte, womit die alten derartigen Baulichkeiten ersetzt wurden.[345])

Uebrigens ist hier noch zu gedenken, dass auch neben der Kirche zu Hernstein ein ebenerdiges Haus besteht, das weniger in seinem Aeufsern, als vielmehr in seinen Räumen an ein bescheidenes herrschaftliches Wohnhaus des 18. Jahrhunderts (2. Hälfte) erinnert. Schriftliche Nachrichten mangeln, doch geht die Sage, es sei ursprünglich zum Witwensitze einer Dame von Heufsenstein bestimmt gewesen, ähnlich wie dies bei der andern gräflichen Linie mit dem Berghofe zu Fischau und dem Steinhofe der Fall gewesen.[346])

Die nachweisbaren Amtleute, (Unter-) Pfleger, Verwalter und Burggrafen gibt die Note[347]).

Den Kern der Herrschaft Hernstein bildete zu allen Zeiten jenes Gebiet, das sich vom Bergfried, oder noch besser vom Buchriegel aus überblicken lässt. Nach manchen Seiten hin jedoch streckte sich dasselbe unverständlich lang und schmal. Wie das sich herausgebildet, ist gänzlich unklar. Es sind aber verschiedene Wege denkbar, solche aus der Gründung, und wieder andere wenig später.

——— ———

344. Aus dem Besitze des Mitarbeiters an diesem Werke, Herrn Dr. Fr. Schnürer zu Wien. — **345.** In einem Zehentablösungsbuche zu Hernstein findet sich sein Vertrag mit dem Baumeister Albert Stockinger zu Neustadt, demzufolge das Wirtschaftsgebäude nach gegebenem Plane umzubauen war; die Steine dazu sollten vom Felsen hinter dem Schlosse herabgeschossen oder Tuffsteine gegraben, die Quadern jedoch den Grundfesten der alten Wirtschaftsbauten entnommen werden. Die Kubikklafter Grundmauer ward auf 13 fl., das Steinmauerwerk zu ebener Erde auf 15 fl., die Wölbung auf 20 fl. berechnet u. s. w. — Vgl. unten Note 391. — **346.** Mittheilung des Herrn Forstrathes Stöger, dessen Wohnung dieses Haus dermalen enthält. An der Aussenseite fallen die zwei kurzen vorgeschobenen Flügel auf, die aber theilweise Zubau sind, und das Dach, welches trotz Erneuerung an die französischen Mansardenbedachungen gemahnt. Ob nicht dieses Haus der Gräfin Josepha Benigna als Witwensitz zugedacht, und jene Kastnerwohnung gewesen, welche gelegentlich des Umzuges nach Hernstein (1766) in ein Herrenhaus umgestaltet worden? — **347.** Amtleute, (Unter-) Pfleger, Verwalter, Burggrafen zu Hernstein:

Man mag annehmen, die ursprüngliche Erwerbung sei
eine Kriegsdotation des Kaisers Heinrich III. oder IV. gewesen. Die Gabbriefe dieser Art lauteten gewöhnlich für
eine bestimmte Gegend — hier also hätte es wohl zwischen
Piesting und Triesting gehcifsen — auf ein Ausmafs von
mehreren gemeinen oder von Königshuben aus den Staats-
domänen. Der Umfang solcher Huben ist unbekannt, er

... 1160 ... Gisilolt der brobist (Falkensteiner Codex f. 21).
... 1263 ... Wolfkerus officialis (Font. rer. Austr. 2/2, 243).
... 1482 ... Hermann Ruether pfleger (Steierm. Landesarchiv, Acten
von Neuberg).
... 1602 ... Georg Diesberger (ebend.).
... 1696 ... Veit Feiner (Pfarrmatrikel zu Hernstein).
... 1722 ... Elias Tobias Nastapil (ebend.).
... 1728 ... Rudolf Maierhauser (ebend.).
... 1731 ... Franz Mylschuh (ebend.).
... 1732 ... Caspar Sebastian Hartmann (ebend.).
... 1737 ... Franz Joseph Pieringer (Gerichtsprotokoll von Hernstein im
Archive des Kreisgerichts zu Wiener-Neustadt f. 132').
..1740,41.. Caspar Sebastian Hartmann (ebend. fol. 159 und Inventurprotokoll f. 3, ebend.).
... 1741 ... Joseph v. Klamberg, Priester († 1755, Pfarrmatrikel zu
Hernstein).
...... 1746 Caspar Sebastian Hartmann (Stadtarchiv zu Wiener-Neustadt).
1746 ...... Ignaz Johann Lochner (ebend., vgl. auch Emmerberg).
... 1747 ... N. Kaiser (Steierm. Landesarchiv, Acten von Neuberg).
... 1749 ... Christian Albert Kayser (Inventursprotokoll wie oben bei
1740, f. 184).
... 1750 ... Johann Michael Scheckenbach (Stadtarchiv zu Wiener-
Neustadt, Inventurprotokoll wie bei 1740, f. 227).
1750, 54 ... Johann Georg Trost (Pfarrmatrikel zu Hernstein, Gerichtsprotokoll wie bei 1737, f. 162, Inventurprotokoll wie
bei 1740, f. 99).
1755 ...... Anton Karl Anschauer (Gerichtsprotokoll wie bei 1737,
f. 238').
..1761,86.. Leopold Jakob Mayer (ebend. f. 1, 166').
..1791,94.. Joseph Anton Deuscher (Deischel, ebend. f. 278, dann Pfarrmatrikel von Hernstein).
...... 1797 Franz X. Pöck, Amtsverweser (Pfarrmatrikel).
1797 ...... Anton Jäger (Zehentablösungsbuch im Schlossarchive zu
Hernstein).
... 1799 ... N. Haas (ebend.).
... 1806 ... Karl Weintögel (ebend.).
... 1808 ... Johann Waldberger (ebend.).
Burggrafen:
... 1448 ... Hugo Gausek castellanus (Steierm. Landesarchiv Nr. 6311ᵇ).

mag sich aber zur späteren oder heutigen Hube ungefähr wie der Geldwert des Pfennigs von damals zu dem von jetzt verhalten haben. Eine Königshube jedoch konnte eine grofse Landschaft begreifen. War in gewissen Landstrichen das gegebene Ausmafs nicht mehr verfügbar, so hiefs es, der Begnadete möge sich die Ergänzung nehmen, wo solche ihm gelegen sei.

Ob bei Herrand von Falkenstein die Dinge so lagen, dass er die Abrundung zur vollen Höhe der Gütergabe in der auffälligen Dehnung seines Ausmafses suchen musste, ist zwar nicht nachweisbar, aber möglich.

Man kann sich indess auch vorstellen, dass in einer Zeit der kaum beginnenden Gliederung von Grundbesitz, namentlich im Gebirge und an den äufsersten Reichsgränzen, viel Boden herren- und rechtlos bestand. Der bot sich dem, der zuerst Hand an ihn legen und Arbeitskräfte an ihn wenden wollte. Solche Beispiele freier Niederlassung der Einen und des Erweiterungsstrebens im Besitze bei den Anderen sind für jene Periode und diese Gegenden weit natürlichere Erscheinungen, als eine vollkommen geregelte Landvertheilung. Man kann auch hier sogenannte „Pionniere" der Colonisation, wie einst im fernen Westen Amerikas, sich ganz wohl denken. Denn nicht minder lässt sich gar nicht ungerechtfertigt annehmen, dass mit den Falkensteinern und ihrem bäuerlichen Gefolge aus der Kufsteiner Gegend freie Leute kamen oder ihnen nachzogen, welche an der Piesting aufwärts, also in der Nähe ihrer Stammgenossen, den Wald rodeten und Ansiedlungen gründeten, und dass so eine Zeile von Höfen stammverwandter Colonisten sich bildete, die in ein gewisses Schutzverhältniss zu Hernstein trat.

Wie dem auch sei, die sonderbare Abästung bei sonst gerundetem Kerne ist schon für das erste Jahrhundert der Falkensteiner Einwanderung vorhanden. Der Kern ist klar: seine Süd- und Ostgränze überschreitet die Kuppen der nahen Berge und findet ihren natürlichen Abschluss an der Piesting, und an Nachbarcolonien im Steinfelde; im Nordosten und Norden geht sie über die Höhen gegen Lindabrunn, Enzesfeld und Kleinfeld, schliefst aber nach kurzer Entwicklung bald an den Hängen gegen Veitsau und Grillenberg. Dort stöfst sie, scheint es, auf ältere Ansprüche, wenn nämlich die kaiserlichen Schenkungen von 1020 an

Tegernsee, und von 1035 zu „Bobsowa" an Markgraf Adalbert in jenem Striche zu suchen sind.[348]) Die Mandling im Südwesten gehörte zum Theile nach Hernstein, und dass auch von hier aus die Bodenherrlichkeit erst mit der Piesting endete, ist begreiflich. Das Alles ist soweit möglich einheitlicher Besitz, und er hat an der Thalenge nächst Waldeck seinen natürlichen Abschluss im Westen. Aber Hernstein geht über diese Klause hinaus; während das Bergland wohl noch Potenstein gehorcht, streckt es seinen Besitz fadengleich aufwärts über Pernitz, und hinauf in die nächste Nähe von Gutenstein. Wollte man bildreich sich ausdrücken, so müsste man sagen, hier sei der Stiel einer Blume, deren Blüten- und Blätterkörper um Hernstein gruppiert ist. So ähnlich ist die geometrische Gestalt.

Ja selbst in den Miesenbach hinein, der erwiesen einem andern Landes-, und einem andern Gutsherrn gehörte, erstreckte sich sein Hubenbesitz.

Leider ist nicht bekannt, welcher Natur die Gerichtsbefugnisse auf diesem Gebiete der oberen Piesting gewesen, ob Hernstein als Gerichtsherr im Thale am linken Ufer überhaupt, oder blos als jener seiner Bauern, gleich Enclaven auf fremdherrlichem Grunde, fungierte. Doch liegen Anzeichen vor, dass man es eher mit vorgestreckten Einzelhöfen, als mit integrirendem Gutsgebiete von Waldeck ab aufwärts zu thun habe.[349])

So mag vorerst gelten, dass Letzteres von Steinabrückl in nordwestlicher Richtung gegen Kleinfeld, in westlicher die Piesting hinauf bis Waldeck reichte, und dass hier auch die südwestliche Gränzlinie von Kleinfeld über Neusiedel und die Mandling dazu stiefs.

In keiner der Quellen des Mittelalters oder auch der neuen Zeit, aus welcher sich auf das Mittelalter schliefsen liefse, ist eine mehr oder weniger umfafsende Gränzbeschreibung für Hernstein gegeben. Blos für Einen — nebenbei ohnehin genügend klaren — Fleck weifs man etwas von

---

348. Vgl. oben S. 21—22 und Noten 29 und 30. — 349. Aus diesen Gründen und wegen Mangels jeder Gränzbeschreibung für die ältere Zeit ist jede Kartenanlage mit Herrschaftsgränzen für die Falkensteiner Periode auf Hernstein unthunlich, weil sie mehr als unsicher wäre. Es muss genügen, die Orte und Oertlichkeiten nachzuweisen, wo Hernsteiner Besitz namhaft gemacht wird, gleichgiltig, ob selbe auf eigenem oder fremdem Gerichtsboden lagen.

Einzelheiten: an der Piesting nämlich, wo sie sich durch den Fluss von selbst versteht. Und für diese Stelle prägt sich wieder das naiv absonderliche Wesen der Ausnahmen und feinen Unterschiede des Mittelalters bezeichnend aus. Nicht wo das Ufer ins Wasser taucht, oder die Mitte des Flusses ist die Grenze zwischen Steiermark und Oesterreich, oder Starhemberg und Hernstein, sondern der obere Rand der linken Ufergestätte. Flüchtete wer vor dem Richter von Piesting auf Hernsteiner Gebiet, so durfte der verfolgende Häscher ihn noch von der Gestätte herabziehen; griff er nach ihm jenseits deren Randes, so konnte Hernstein fünf Pfund Pfennige für Gebietsverletzung fordern. Umgekehrt, wenn der Hernsteiner Gerichtsdiener einen sogenannten „schädlichen Mann" etwa aus dem Wasser der Piesting sich holte, verlangte Starhemberg aus gleichem Grunde das Doppelte.[350])

Uebrigens wird man durch das Hausbuch des Grafen Siboto mit einer Anzahl abliegender Güter des Hauses bekannt gemacht, die nach Hernstein gewissermalsen gravitierten. Hier scheint nämlich der Mittelpunct aller niederösterreichischen Besitzungen der Familie gewesen zu sein, wie deren sehr bedeutende bei Götweih, Melk, an der Perschling u. s. w. gelegen waren.[351]) Es werden aber blos die Amt- oder Schafflerhöfe angeführt, Centren für kleinere Bezirke, wo die Sendboten aus Hernstein zur Einholung der Zinse, und Abhaltung der Unterthansgerichte oder Banntaidinge zukehrten. Aehnlich mag man sich auch die Verhältnisse bezüglich der Bauern um Pernitz vorstellen. Da jene Güter indess nur auf persönlichem, nicht aber geographischem Wege in Berührung mit Hernstein gewesen, wird hier von ihnen abgesehen.

Wie allenthalben ursprünglich auf den Dominien war der gesammte Grund und Boden herrschaftlich, und entweder vom Herrn in Eigenbau bearbeitet, oder an Unterthanen zu wechselnden Bedingungen verstiftet. Die Bedingungen richteten sich nach dem persönlichen Stande des Betreffenden. Wer von Haus aus der Classe der

---

350. Niederösterr. Weisthümer I, 374. Die Aufschreibung des Banntaidings von Piesting, worin diese Satzung enthalten ist, datiert von 1404. Der Gebrauch lebte also mindestens im 14. und 15. Jahrhundert. Als beide Herrschaften vereinigt waren, kam er ab. — 351. Vgl. oben S. 39 mit Note 73.

Persönlichfreien näher stand, griff nur in Verkommenheit
zu Bedingungen, die ihn dem Knechte gleichstellten; wer
mit Schild und Schwert diente, hatte mehr und besseres
Gut, und reihte in die Schar, aus denen man Herrendiener,
wie Amtleute, Burggrafen u. s. w. wählte. Ueber diese
Besitzer, ungeachtet sie im Laufe der Zeit Vieles vom alten
persönlichen Werthe einbüfsten, hielt auch die Regierung
die schützende Hand, denn sie waren bei den Herrschafts-
verschreibungen des 15. und 16. Jahrhunderts ausgenommen, und als Lehensleute zum Vicedomamte gezogen.

Aus dem Hausbuche des Grafen Siboto lässt sich nicht
genau feststellen, was an Eigenbau der Schlosswirtschaft
vorbehalten gewesen. Es hatte ja nur den Zweck, die Zins-
güter, und damit das Einkommen aus dritter Hand zu ver-
zeichnen. Daher geschieht auch der Baumgärten und Aecker,
der Wiesen und Wälder, der Schaf- und Schweinezucht, der
Jagd und Fischerei, und endlich der Wälder, die damals
gewiss noch viel mehr als später den gröfsten Theil des
Besitzes bildeten, keine Erwähnung.[352]) Und der Amthof
und die (vermuthliche) Schlosskeische wird nur genannt,
weil sie in der Auftheilung des Allodes einst an Sibotos
Bruder Herrand kam, und erst nachträglich durch Jenen
wieder erworben wurde. Eine Stelle allein scheint sich auf
Eigenbau von Wein zu beziehen: sie zählt nämlich 16 Weingärten auf, inbegriffen zwei am Schlossberge, die speciell
des Grafen waren.[353]) Sie lagen im Mühlthale, am Kroishof
bei Alkersdorf und zu „Odelansdorf“ um Hernstein, zu
Piesting und auf dem Hart, zu Wellersdorf, und endlich
an dem gänzlich unbekannten „Uuenstein“ (etwa die Gegend
„unterm Stein“ bei Wopfing). Weil sie für den gräflichen
Keller gebaut wurden, machte Siboto sie durch Tausch mit
dem Pfarrer zehentfrei.[354]) Für diesen Eigenbau betrugen

---

352. An einer einzigen Stelle unter den Weingärten (f. 13′ des Codex)
ist, ohne Angabe der Oertlichkeit, ein Wald mit Zinsung von 9 Schillingen
aufgeführt. — 353. Es soll wohl eher heifsen rückgekauft, wenigstens
nach dem Beutellehenrechte der Folgezeit. Die Verstiftung gab nämlich
dem Bauer das Recht, dass er ohne gesetzlichen Grund gegen seinen
Willen nicht entfernt werden konnte; wollte man seine Liegenschaft für
die Herrschaft haben, so musste diese sie ihm abkaufen. — 354. Falkensteiner Codex f. 15′: „Decimas omnium uinearum suarum, que sibi deseruiunt, a parrochiano commutauit, et in suum ius redegit.“ Von allen anderen heimste die Pfarre auch später alle Zehente ein.

die jährlichen Barauslagen 2 Pfund 3 Schilling und 10 Pfennige, und hatten die Weinzierler ihre Hofstätten und das
nöthige Bauland vom Grafen.[355])

Von den vergabten oder Stiftgründen zu Hernstein
sind die bedeutendsten die Höfe (curtes). Aufser jenem
des Pfarrers gab es deren daselbst noch zwei. Von dem
einen hat sich an der Dorfstrafse eine freistehende Mauer,
die wahrscheinlich zu Stall oder Scheune gehörte, und vom
Wohnhause ein Theil einer solchen mit zwei romanischen
Bogenfenstern, erhalten. Der Amthof kann da nicht mit-
gezählt werden; er hiefs zum Unterschiede „curia“, und
war kein Stiftgut. Diese Höfe stellen die Uransiedlung zu
Hernstein vor; ihre Siedler waren persönlich freie Leute,
zinsten kein Geld, sondern blos Naturalgaben, und dienten
mit der Waffe, mit der ihre Vorvordern vielleicht auch
Sibotos Ahnherrn ins Land begleitet hatten. Nach dem Ausmafse ihrer Gaben muss ihr Besitz sehr namhaft gewesen
sein.[356]) Aus ihnen entwickelte sich, abgesehen von neuen Anlagen „vom grünen Wasen“, wie man sie hiefs, das heutige
Dorf. Denn für alle Zeiten waren diese Lehenshöfe nicht zu
halten; die Sippen verlangten allmählich ihre Antheile, und
so entstand daraus eine Anzahl selbstständiger Wohnstätten.[357]) Sonst gab es zu Hernstein fast keine Behausungen
mehr; die da waren, gehörten Leuten, welche dienstlich mit
dem Schlosse in Beziehung standen. Diese zinsten Geld.[358])

---

355. Es scheint wenigstens, dass die fol. 14 befindliche nachge-
tragene Stelle im Codex nur auf die Eigenbaugründe bezogen werden
könne. „In culturam uinearum dantur xviiii solidi et decem denarii cum
areis et mansis ad eam pertinentibus.“ — **356.** Der Hof Rudolfs zinste
unter Anderem 13 Schweine, davon 7 zu 3 Schilling das Stück, was an
sich eine grofse Summe, und 6 zu minderem Preise; der Hof Timos
lieferte blos 1 so grofses Schwein und 5 kleinere. Beide Höfe dienten
dann im gleichen Ausmafse Gänse, Hühner und Eier, Hafer, Bohnen,
Erbsen, Rüben, Kraut, Hanf und „papaver“. — **357.** Vgl. dazu Maurer,
Einleitung in die Markverfassung, 20 ff., und desselben Geschichte der
Frohnhöfe. Es will scheinen, als ob diese curtes eine gewisse Aehnlichkeit mit den sogenannten Stadelhöfen der Gegend gehabt hätten, die meist
abliegend vom Herrschaftsmittelpuncte lagen. Man irrt vielleicht nicht,
wenn man sie für eine specifisch bairische Siedelweise ansieht. Denn
es fällt auf, dass sie öfter gerade in Gegenden auftauchen, wo in der Ost-,
wie in Steiermark bairischer Besitz oder bairische Einwanderung nachweisbar ist. Später zerschlug man sie, oder sie lösten sich selber in Ortschaften auf, die dann den Namen Stadelhofen, Stallhofen, Stolhofen führen.
— **358.** Es sind die Keischen des Hofjägers Herrand, des schon erwähnten

Ueberblickt man diesen ökonomischen Bestand von Hernstein um das Jahr 1170, so zeigt er einen richtigen Adelshof der älteren Zeit. Die Burg als Sitz des vollfreien Eigenthümers, dessen Wirtschaftshof, zwei Höfe von Mittelfreien, deren Interesse zwischen dem übertragenen Besitze und dem Schutze des Herrenhauses sich theilte, eine Jäger- und eine Weinzierlkeische unter der Burg, und endlich ein drittes Kleinhaus mit einem nicht ganz definierbaren Besitzer. Strenge genommen sind das Alles nur Theile eines einzigen Edelhofes, dessen Unterthanen auf den Dörfern in der Umgebung hausten, und die nach dem Hernstein nur zu Gericht, Zins und Gottesdienst kamen, und für Letzteren bestand die Lorenzikirche im Orte, aber ein Dorf Hernstein lässt sich für damals strenge genommen noch nicht wahrnehmen.

Für auswärts unterschied man gleichfalls Höfe (doch bereits Schafflerhöfe, Vorwerke, curtes villicales), Lehen oder Huben (beneficia, mansi) und Hofstätten (oder Kleinhäuser, mansiones, aree).

Erstere gab es nur mehr zu Wopfing und Piesting. Bei diesem und in Verbindung mit Hernstein ist jedoch immer blos der heutige Ortstheil linkes Ufer gemeint. Dasselbe gilt auch von Wellersdorf. Beide Höfe zinsten wie die gleichen zu Hernstein. Behaustes Gut der anderen zwei Abstufungen findet man in Panzenbach (1) und am Oetscherberg (2), Beide recht nahe zu Gutenstein, im Miesenbach (1), zu Wopfing (3), zu „Arnoldestorf" (1, 3?) „Odelanstorf" (1) und zu „Chraweswisen" (1), alle Drei in der Thalmulde von Hernstein, und zu Wellersdorf (6).[359]) Warum das Urbar der 4 Hofstätten zu Piesting nicht weiter gedenkt, lässt sich nur erklären durch die Annahme, sie seien noch im Besitze Herrands gewesen, als das Urbar angelegt wurde, und dann unter dessen Nachträger vergessen worden. Mühlen bestanden zu Pernitz und Wellersdorf. Von Alkersdorf,

Adilo, und eines gewissen Ekhard, der wohl auch einen Dienst versehen haben dürfte. Dann heifst es, oberhalb der Kirche wohnt der „Genoysse". Ein Name scheint das nicht. Die Bezeichnung erinnert an die eigenthümlichen Begleiter grofser Herren, die sogenannten Hausgenossen, worunter in Oesterreich Münzer verstanden waren. Vgl. Schmeller, Bayr. Idiotikon 2, 709—710 über das Wort „Genosse"; darin sind die Hausgenossen, die allerdings hier kaum in Frage kommen, nicht erwähnt. — 359. Von den nicht reducierten Orten soll weiter unten ausführlicher die Rede sein.

Aigen, Peusching und Neusiedel ist noch nicht die Rede;
aber der Name des ersteren klingt so ursprünglich, dass
es unmöglich später Gründung sein kann. Aigen ist blos
Gegendname, für welchen die Orte „Arnoldestorf" und
„Odelanstorf" noch eintraten.

Die Höhe der Zinsungen wechselt nach Gröfse und
Güte der Liegenschaft. Alle Holden gaben Geld, doch nicht
dies allein, sondern auch von ihren Erzeugnissen der Haus-
und Feldwirtschaft bis zu gewissem Grade lässt sich aus
diesen Einiges über die Zweige derselben, und wie man
lebte, erfahren. Rinderzucht im eigentlichen Sinne besteht
nicht; man kann sich zwar Kuh und Kalb so wenig als
unbekannt vorstellen, wie das Pferd, allein man zinst dort
wenigstens nicht Kälber und nicht Käse, folglich lag darin
keine wesentliche Richtung der allgemeinen Wirtschaft,
oder diese war noch nicht mit all ihren Erzeugnissen für die
Besteuerung herangezogen. Die hauptsächlichste Fleisch-
nahrung mag das Schwein geliefert haben, ähnlich wie
heute noch auf dem Lande in Amerika, wenn es überhaupt beim bajuwarischen Bauer auf Fleisch-, und nicht
meist auf Pflanzenkost ankam. Die Ansätze für das Stück
waren von 20 Pfennigen bis zum Vierfachen, und höher.
Nach den Zeichnungen des Falkensteiner Codex stach man
sie nicht, sondern schlug sie gleich Rindern. Wie sie in
der Schlossküche vorgeherrscht haben, sieht man daraus,
dass 9 grofse und 42 mittlere Stücke nur aus dem Hernsteiner Gebiet dahin geliefert wurden. Daran reiht das
Schaf. Gezinst werden blos Widder. Diese hatten recht
billigen Wertansatz, nämlich 6—12 Pfennige. Dann verzeichnet das Buch noch Gänse und Hühner und deren
Eier; nur gab der gemeine Bauer solche noch nicht, später
aber dafür desto häufiger. Damals kamen sie blos von den
Höfen. Auf Jenen entfiel einzig die Leistung von Geld,
Schweinen und Widdern, ausnahmsweise von den Huben
zu Wellersdorf auch Hirse; alle anderartigen Zinsungen
stammten von Letzteren: so Getreide, Gerste und Hafer,
von Kleinfrucht Linsen und Erbsen, Rüben und Kraut,
Hanf für das Gespunst, und endlich Mohn.

Die vornehmste Cultur galt der Rebe. Abgesehen
vom Eigenbau des Grafen besafs derselbe grundeigen-
thümlich 78 Weingärten an der Piestingerzeile und waren
dieselben zu „Bergrechten" verstiftet. Sie zogen sich von

Waldeck bis ins Steinfeld, und zwar lagen von Waldeck
bis ins Mühlthal deren 13, im Hetzenthal 5, und von da den
Henninger abwärts über Wellersdorf und Steinabrückl 48.
Sie schlossen erst bei „Willenbruche", der Brücke über
die Piesting nächst der Haidmühle ab.[360]) Diese Zahl reichte
indess nicht immer; zur Zeit, wo sie niedergeschrieben
wurde, waren bereits 17 neue angelegt, die aber erst nach
Jahr und Tag zinsten. Im Ganzen zerfielen sie noch in

---

360. Das Streben nach Bestimmung der Lage und des heutigen
Namens dieser Oertlichkeit „Willenbruch" hat die Geister schon einigermafsen beschäftigt. Begreiflich fehlte es dabei nicht an mancherlei Zwän-
gung, je nach dem Zwecke, wohin man sie am meisten brauchte. Der
Punct figuriert mit als Gränzmarke zwischen Oesterreich und Steiermark, und hat deshalb auch einige Bedeutung. Man mag die Stelle
aus der Aufzeichnung Enenkel's über die Landesgränzen, worin von ihm
die Rede, S. 24, Note 34, nachlesen. Daraus, wie aus der anderen des
Falkensteiner Codex, geht klar hervor, dass er die Piesting abwärts
gelegen gewesen sein musste. Hier ist noch heute der Ort mit dem an-
klingenden Namen Steinabrückl. Dennoch wollte der eine Autor (Meiller,
in seiner Abhandlung über die Diöcesanregulierung in den Sitzungsber.
der kais. Akad. 47, 467) die Oertlichkeit für Zillingsdorf a. d. Leitha
wiederfinden, ein Anderer (Newald, Gutenstein 54) in Willendorf (südwestlich von Neustadt bei Strelzhof), mit der Bemerkung, darüber seien
jetzt alle Bedenken überflüssig, doch ohne Angabe der Ursache warum.
Am correctesten geht ohne Zweifel Felicetti (Beiträge zur Kunde steierm.
Geschichtsquellen 9, 3) vor, der den Ort Steinabrückl selber annimmt,
und kömmt der Lösung am nächsten; diese Meinung theilt auch Lampel
(Blätter für Landeskunde von Niederösterreich 1886, 271), aber von
den „überzeugenden Gründen", welche er in Ueberschwänglichkeit aus
Felicetti herauslesen will, ist dort nichts zu finden — im Gegentheile.
Zur Sicherheit fehlte es an weiteren Daten. Man würde deren indess schon
gefunden haben, wenn man die Aussagen ortskundiger Männer jener Gegend
herangezogen hätte. Hier mögen verschiedene Zeugenschaften folgen. Das
Urbar von Starhemberg von 1525 (Archiv des Reichs-Finanzministeriums)
lässt f. 183' das Landgericht der Herrschaft bei „St. Radigund auf der
Wildtpruckh" anheben, und südlich durch das Steinfeld nach Gerasdorf
ziehen. — Weiters besagt 1587 ein Processact der Neustadt gegen Hans
von Heufsenstein (Stadtarchiv zu Neustadt), dieser habe begonnen, „vnder
der Haidmil von einem Ort neben der Piesting, alda ain Wildtpruckhen
vberdasselb Wasser gewest sein solle, . . . sein Landgerichtsgemerckh
zu zaigen". - Ferner ist bei alten Leuten zu Steinabrückl die Kenntniss
wohlerhalten, die „Wildbrücke" sei eine Viertelstunde unterhalb Steinabrückl an der Haidmühle, eben da, wo jetzt die Baden-Neustädter Strafse
die Piesting kreuzt, gestanden. — Diese Zeugenaussagen veraugen-
scheinlichen endlich das Segment eines Burgfriedplanes zwischen Neustadt
und Starhemberg, der im besagten Stadtarchive sich findet, von ca. 1590
stammt, nebst der Lagerung sogar auch annähernd die Zeichnung der

Parcellen, die gleichfalls „Bergrechte" hiefsen von der Abgabe, die der Graf davon bezog, und die gewöhnlich einen Eimer betrug.[360]) Einen guten Theil hatte der Propst oder Amtmann für eine Vertragssumme dem Herrn abgenommen;[360a]) den kleineren lagerte der Kellerer fürs Haus ein, oder schickte davon wohl auch dem Grafen nach Baiern.

Brücke, oder besser ihrer Ueberbleibsel bringt, und hier in stark verkleinertem Mafsstabe eingefügt ist. Diese Zeichnung überhebt jedes weiteren Commentars. Die Erhöhungen des „Reckenpuchl" und „Rauchenleber"

sind Gränzmarken, oder wenigstens als solche benützt. Für die Geschichte der Kirche St. Radigund ist diese Zeichnung auch von Belang; sie zeigt dieselbe gegenüber den gewöhnlichen Annahmen (vgl. Keiblinger, Gesch. von Melk 2,'5,645 ff.) als sehr alte romanische Kirche mit Apside und charakteristischer Thurmstellung. Wie aus dem Datum von 1587 besonders sich ergibt, ist der Name kein Oertlichkeits-, sondern in erster Reihe ein sachlicher Name. Er fehlt zwar in Schmeller (Idiotikon 4,64), doch führt derselbe leicht auf die Deutung. Ob nun gegensätzlich zur Steinbrücke im nahen Steinabrückl oder nicht, zeigt er eine schlecht und recht übergeworfene Holzbrücke an, was der Wiener einmal bei einem seiner Uebergänge „schlamperte Brucken" nannte. [Die Bezeichnung ist in der Neustädter Gegend nicht vereinzelt. Von 1595—1659 lässt sich (in den Acten von Neuberg, Steierm. Landesarchiv) eine Weingartried „Wildpruckhern" im Graben zwischen Brunn und Fischau verfolgen. Eine Reihe von Daten nennt sie von 1617 ab „Wildtpruckhern im Weikerstorfer Perg", und 1659 „Wildtpruckhern im Prunnertal". Diese beiden Namen sind die Bezeichnung jenes Grabens, für den übrigens heute blos der Letztere geht.] Die Ried von der Brücke nordöstlich, die Piesting entlang, heifst in Hernsteiner Plänen von ca. 1835 noch „im Raudigund". Die Kirche selber ist abgetragen. — 361. „Iusticia montis est, ut annuatim una urna uini, quam ipsi consuetudine sua uulgari lingua stecainper uocant, ... persoluant" (Urkunde für die Gegend von Wirflach von ca. 1165, Steierm. Urkundenbuch 1, 456). Nächst der Urne (Eimer) war das gröfsere Mafs die Fuhre (karrada), die 6 Eimer fasste (Falkensteiner Codex f. 16'). — 362. Dieses Verhältniss bestand auf den bischöflich Neustädter und den stiftisch Neuberger Weingärten der Gegend noch

Roboten werden nicht angeführt; man weifs aber, dass es solche gab, besonders im Landesinteresse.[363]) Ebenso im Landesinteresse hatte der Graf zu steuern, und übertrug die Quote auf seine Bauern. Versteht man die betreffende Stelle recht, so ward, wie zuweilen nur auf die Mühlen, so hier die Landsteuer auf das wesentlichste Genussmittel, den Wein, überlegt, und betrug 28 Eimer.[364]) Dies mag so ziemlich eine der ältesten Spuren des späteren Ungeldes sein.

Die Einnahme an Bargeld, sowohl an Pfennigzins als an Reluitionen, dürfte 115 Pfund Pfennige betragen haben.

Das Hausbuch führt auch die Namen sämmtlicher Bergrechtholden an, und man begegnet unter ihnen an einem halben Dutzend Slawen; so Scirnai, Negai, Tobirzla, Domis und Tobiric. Ob selbe noch Reste der ursprünglichen wendischen Bevölkerung, oder Eingewanderte waren, lässt sich ebensowenig feststellen, wie ob die anderen mit germanischen Namen auch wirklich Deutsche, und nicht etwa durch deutsche Namen gedeckte Wenden gewesen. Diese stille Germanisation nach der Aufsenseite hin besorgten, wie eine selbstverständliche That, die Passauer Priester und deutschen Gevattern in der Taufe.[365])

Dass die Grafen über ihre Unterthanen das Landgericht besessen, ist nicht gesagt; vom Herzoge besafs indess Graf Siboto das landesfürstliche Recht jener Bezüge, die man sonst als die Entschädigung für Mühe und Auslage bei Ausübung des Landgerichts ansieht.[366])

Erst nach zwei Jahrhunderten tritt das Gut abermals beschreibungsweise vor Augen.

Seit der Zeit hat sich Vieles geändert! Das Geschlecht der Gründer ist erloschen. Der Vorletzte desselben entäufsert sich in nicht ganz lauterer Weise Hernsteins, und der Käufer,

im 17. Jahrhundert. Bergrecht- und Weinzehenteinheber, die gewissermafsen Beamte und Geschäftsleute zugleich waren (gleich den jetzigen Verzehrungssteuerpächtern), hiefs man Pactisten. — 363. Falkensteiner Codex f. 7′ und vorne S. 40 mit Note 75. — 364. Ebend. f. 16′: „Anno quando stiure non datur, xliii urne de minori mensura, quando stiure datur, xvi urne, hoc est due karrade et iii urne.“ — 365. Ueber alle obigen Einzelheiten vgl. man den Codex vom f. 13′—17. — 366. Vgl. oben S. 40 und Note 75. — Dass um 1170 das Landgericht wie später zu Merkenstein gewesen sein sollte, ist schon angesichts des berüchtigten Mordbriefes des einen Siboto an O. von Merkenstein (Beilage I, A./16) undenkbar.

ein Reichs- und Kirchenfürst, wird gewaltthätig von einem
Weibe daraus verdrängt. Was er auch versucht, er kann
trotz gerichtlichen Urtheils zu seinem Rechte nicht wieder
kommen. Nun haben sich die von Potendorf für mehr als ein
Jahrhundert eingenistet, und die ganze lange Zeit ist geschichtlich und wirtschaftlich wie mit einem Schleier ver-
hangen. Erst der Besitzwechsel an den Herzog gibt den
Anlass zu einem regelrechten Urbar. Und dieses — es
scheint aus der Periode der Vorverhandlungen von 1377 —
ist glücklicherweise noch erhalten.[307])

Trotz mehrfacher Schwächen seiner Anlage legt es
bereits eine schöne ökonomische Entwicklung dar.

Dörfer, die gegenwärtig angeblich verschwunden sind,
zeigen einen ziffermäfsigen Aufschwung. Der Wald wird
nicht blos stückweise für neue Ackerparcellen gerodet,
sondern aus ihm entstehen ganze neue Dorfschaften, wie
Alkersdorf und Neusiedl. Allerdings scheinen ausge-
sprengte Güter, wie am Panzenbach und am Oetscherberg,
abgefallen; doch ist die Zunahme der Besiedelung damit
nicht beeinträchtigt. Ein Beweis dafür mag auch in dem
Auftauchen zahlreicher Flurnamen liegen. Manche haben
gewiss schon früher bestanden, jetzt aber drängt die Ein-
zelbenennung der Culturstreifen, sozusagen ihre Numme-
rirung, fühlbar sich hervor.[308]) Der bescheidenen Anzahl
von kaum zwei Dutzend Höfen, Huben und Keischen von
1170 stehen jetzt in 5 Dörfern 72 Ansitze, Höfe, Lehen,
Halb- und Viertellehen, Halbhöfe und Hofstätten gegenüber. Man merkt auch, dass stellenweise neue Rechtsbestim-
mungen für die Neusiedelungen angenommen wurden, denn
das Dorf Neusiedl ist blos auf Lehenfuss gegründet. Die
ca. 110 Bergrechte von 1170 haben sich auf etwa 270
vermehrt. Wenn dieser Zuwachs für die Güte des Weines
Zeugenschaft geben sollte, dann allerdings müsste jener

---

307. Archiv des Reichs-Finanzministeriums. — Die Arbeit scheint
mehr Concept als Durchführung, und als solches auch nicht abgeschlossen.
So ist z. B. Hernstein nicht darin behandelt, noch Wopfing und Pernitz;
im Hernsteiner Thale fehlt „Chraweswisen". Der Wald ist blos gelegentlich, Jagd und Gericht, Fischerei und Robot nicht erwähnt; die Weingart-
zeile von Waldeck bis gegen Piesting desgleichen. Die Schrift ist flüchtig
und der Besserungen und Nachträge sind vielerlei. — **308.** Die Namen
der Rieden für das 14. Jahrhundert finden sich bei den einzelnen Oertlichkeiten in der dritten Abtheilung.

von heute eine schöne Vergangenheit aufweisen. Selbst
in Gegenden, denen man jetzt keinen Rebenertrag zumuthet,
und in dermalen waldigen Gründen legte man Weingärten
an; so waren selbst bei Neusiedl und Steinhof bei 80 Bergrechte, — ein hohes Vertrauen zur Rebe und zur Haltbarkeit der Menschennatur. Auch der Wald wird theilweise
angegangen: den Bauern sind bereits Parcellen davon
angewiesen, und damit ist die Zeit eröffnet für die Servi-
tuten einer- und die Bannwälder anderseits.

„Odlestorf" hat um 1380 21 Hausungen, darunter
6 Höfe, „Adnestorf" 22 mit 8 Höfen, die junge Anlage von
Alkersdorf aber erst einen. In Neusiedl findet man 13 Halb-,
3 Viertellehen und 2 Hofstätten, in Wellersdorf, 1 Zehenthof, 8 Bauernhöfe und 4 Hofstätten. Die alte Mühle daselbst
besteht noch immer allein, und ca. 1400 geht sie ins Eigen
des Dominicanerklosters St. Peter zu Neustadt über.
Piesting hat sich wenig gehoben (da ist stets blos Piesting
„diesseits des Baches" gemeint): früher war 1 Hof mit
4 Hofstätten, und jetzt ist das Verhältnis von 1 : 5. Aber
dieses Colonenleben geht nur die Feldwirtschaft an. Sonst
muss es weit reicher gewesen sein, da ja diese Bauern nicht
sämmtlich Bergrechte inne hatten, sondern neben ihnen
selbstständige Weinbauern und Weinzierler bestanden, die
ihre Keischen in der Gegend verstreut besaßen. Der bisher verschwiegene und schweigsame Wald der Mandling
hat sich schon mit 46 Parcellen den Bauern zu Veitsau,
Berndorf und Stein geöffnet.

Die Dienste der Unterthanen unterscheiden sich einiger-
maßen von jenen des 12. Jahrhunderts. Im neuangelegten
Dorfe Neusiedl, und so auch zu Piesting, wird nur Geld
gezinst; sonst dient man Geld, Hühner und Eier, und zu
„Adnestorf" auch Käse, dessen früher nicht gedacht wird.
Dafür ist keine Rede mehr von Schweinen und Widdern,
und auch nicht von Zinsen an Feld- und Gartenfrüchten.
Das Bergrecht fließt in Most ein, ¹/₈—1¹/₂ Eimer von der
Parcelle, und manchmal ein paar Pfennige darüber, die
man Bergpfennige heißt.

Uebrigens war auf dem Gute nicht Alles herrschaftlich
Hernsteiner Boden. So wie dieses Gut später Vogtholden
und andere Unterthanen in Veitsau, Pölla u. s. w. aufweist,
hatte Melk deren zu „Adelsdorf" und „Arlesdorf", die Ende
des 14. Jahrhunderts an die Herren von Wallsee kamen;

zu Wellersdorf erwarben immer mehr Klöster Weingärten, und Neusiedl stand wieder in ausgiebigem Dienstverhältnisse zu Starhemberg.[369])

Nach dieser Gutsbeschreibung schweigen die Nachrichten auf lange Zeit, oder besser, auf mehr als 125 Jahre sind nur übersichtliche Angaben erhalten.

So gaben die herzoglichen Kammerbücher, da Hernstein wieder einmal im Staatsbesitze war, das Einkommen der Herrschaft vom Ungeld auf 222 Pfund, von den Gründen auf 140 Pfund an, und in Bausch und Bogen heifst es, „Urbar und andere Renten" trügen bei 200 Pfund Pfennige. Das gilt für 1437—1438,[370]) aber 1442 wird sein Ertrag für die Kammer mit fast knapp 100 Pfund bemessen, wozu noch 5 Dreiling und 20 Eimer Wein traten.[371]) Da Hernstein verpfändet war, lässt sich darin wohl blos ein Ueberschuss erkennen, der dem Landesfürsten noch zugute kam.

Eine weitere und schliefsliche Nachricht über das Einkommen aus der Herrschaft stammt aus dem Jahre 1482, als das Kloster Neuberg sie verwaltete. Damals betrug dasselbe just 80 Pfund Pfennige. Die Weingärten von Neusiedl, die in nicht erklärlicher Weise im Dienstverhältniss zu Starhemberg standen,[372]) werden als öde geschildert, und hatten, wenn im Bau, den 6. Eimer dahin zu zinsen. Dass der Gesammtansatz nicht alles sonst erreichbare Einkommen

---

369. Von derlei Einzelheiten soll gelegentlich im dritten Abschnitte bei den Dorfschaften die Rede sein. — **370.** Chmel, Materialien 1, 84 und 92. Das Ungeld war die eigentliche Verzehrungssteuer vom Weine, und soll von Herzog Rudolf IV. zuerst als ständige Steuer eingeführt sein. — **371.** Ebend. 2, 372. — **372.** Die Gründung von Neusiedl wäre an sich eine Studie wert, wenn Acten dafür vorhanden wären. Sie erfolgte offenbar zu Potendorfer Zeit etwa 1350 oder etwas früher, und zwar auf Alt-Hernsteiner Grund. Der nächste Gebietsnachbar war zu Grillenberg das Stift Melk. Um 1482 hört man von Zinsungen nach Starhemberg, und konnte dieses Dienstverhältniss nicht ganz neu sein. Um 1438 besitzt Reimprecht von Wallsee Starhemberg, und auch der im Grillenberger Gebiet eingeschlossene Steinhof gehört schon ins Urbar des Schlosses. Nun begegnet man seit Ende des 14. Jahrhunderts (vgl. S. 163 und unten Note 681) diesen Herrn in wiederholten Geschäftsverbindungen mit Melk, die ihm an mancherlei Orten auf Hernsteiner Grund Bezüge verschaffen. Ob nicht die Weingartdienste von Neusiedel nach Starhemberg theilweise Rechte der Melker Pfarre Grillenberg waren, die Reimprecht erworben? Oder ob etwa eine theilweise Verpfändung seitens eines Besitzers von Hernstein an Starhemberg stattgefunden, deren Interessen jene Zinsungen darstellten?

begriff, ist klar; was jedoch und wieviel die Regierung anderwärts an sich genommen, ist unbekannt. Es scheint, dass Neuberg nur das sogenannte „Urbar", also Acker-, Wiesen- und Gartenland verweste.[373])

Zwei Dinge indess vollzogen sich in der Mittezeit auf diesem Gutsboden, und man fühlt später sie deutlich genug als Zeichen ökonomischen Sinkens: die Verlegung des Landgerichtes und theilweise Verödung.

Man kann annehmen, dass die Potendorfer die Befugnisse der hohen Gerichtsbarkeit übten — wenigstens ist kein Beleg eines landmarschallischen Wandergerichtes zur Hand, und feste Landgerichtssitze der Herzoge gab es im 13. Jahrhundert noch nicht. Als Albrecht III. Hernstein erwarb, konnte dieser Hoheitszweig nicht in den Händen der Amtleute und Pächter bleiben, und dazumal geschah es vermuthlich, dass der Landstrich einem benachbarten landesfürstlichen Obergerichte zugetheilt wurde, bei dem er später immer erscheint, nämlich Merkenstein.

Das zweite Moment, die Verödung einzelner Ortschaften, muss im 15. Jahrhundert eingetreten sein. Diese Art ökonomischer Schwindsucht ergriff Hernstein in „Adnestorf", „Chraweswisen" und „Odelanstorf", vom Niedergange des Weinbaues zu Neusiedl zu geschweigen. Welche Anlässe dies herbeiführten, ist unbekannt, der Erfolg aber war gründlich.

Das 16. Jahrhundert liefert besser gearbeitete Gutsbeschreibungen, eigentliche Verzeichnisse der Rechte und Pflichten von Haus zu Haus. Ein neuer organisatorischer Geist ersetzt die bisher wenig geordnete Buchführung, aber die eingerissenen Schäden kann er auch blos anmerken, nicht beheben. Etwas Unglück und etwas Lotterwirtschaft blicken überall hervor.

Diese Zeit hat fünf solcher Urbare der Nachwelt vererbt: von 1515, 1525, c. 1550, 1564 und 1576,[374]) und ihre

---

373. Acten von Neuberg im Steierm. Landesarchiv. Darnach bezog man aus dem Amte Wellersdorf 23 Pfund, aus Piesting 7½ Pfund, aus Wopfing 16 Pfund 19 Pfennige, aus Pernitz 13 Pfund, 2 Schillinge 11 Pfennige, aus Hernstein blos 5 Schillinge 22 Pfennige, und aus Neusiedl 8 Pfund 5 Pfennige. Die Mandling diente 5 Pfund 4 Schillinge 8 Pfennige Holzdienst. — 374. Die vier älteren finden sich in Originalen im Archive des Reichs-Finanzministeriums, das letzte Urbar ist in Abschrift zu Hernstein. Sie jedes einzeln für sich vorzuführen, geht nicht wohl an, daher

Anlagsform, ihre Eintheilung der Gründe, Abgaben und Leistungen ist für später durchwegs mafsgebend geworden.

Mit ihnen tritt das Gut auch in die Periode dauernder Vereinigung mit Starhemberg. Es ist nicht unwahrscheinlich, dass dieselbe manchen Einfluss einerseits auf Zutheilung von Liegenschaften zu Hernstein nahm, die dem gemeinsamen Besitzer gehörten, doch aber nach Hernstein bequemer lagen, als nach Starhemberg, dem sie ursprünglich zugeschrieben waren. So beim Steinhofe, der im 15. Jahrhunderte durch Letzteres erworben wurde, und seit dem 16. mit Ersterem geht. Anderseits weifs man, dass durch die Familienverhältnisse der von Heufsenstein Pernitz seinem alten Verbande verloren ging, und ebenso, dass durch Familienstatut seit 1726 die Herrschaft Hernstein einen merklich veränderten Umfang bekam.

Nach diesen Gutsbeschreibungen gliedert sich aller Besitz in Hofbau und Dienstgüter (Urbare). Der Erstere geht mit dem alten Schlosse — abwärts: Dieses verfällt, und Jener wird verpachtet oder ist auch öde. Was noch bewirtschaftet wird, ist nicht viel: 16—20 Tagwerk Weingärten auf dem „Crannaperg", welche von den Leuten in der Mandling, zu Wopfing und Pernitz bearbeitet werden, und die Hauswiese zu Hernstein. Parcellen der Letzteren hat der Pfarrer in Zins, sowie noch andere bedeutendere Antheile des ehemaligen Herrschaftsgutes. Systematisch sind die Bauerngüter bereits in Haus- und Ueberländgründe getheilt, und begreifen Letztere blos Wälder und Weingärten. Ausgiebige Rodungen und die Zunahme der Bevölkerung haben die Zahl der Feuerstätten schon bedeutend erhöht: um 1515 zählt man deren 131, und 1564 gar 142. Allerdings sind von ersterer Zahl 90 öde, später weniger.[375]) Die Bodenvertheilung ist durchaus ungleich geworden und lässt sich ihr Flächenraum weder nach den Abgaben, noch nach den Bezeichnungen der Dienstgüter durchschnittlich feststellen. Was Lehen heifst, ist entweder ganz Neugründung oder doch Umstiftung, und findet sich solche

mögen sie für diesen Zweck gemeinsam als Einheit gelten. Ihre Jahre markieren, wie man aus der Geschichte der Besitzer sehen kann, durchaus Wechsel unter diesen, und das ist auch je die Ursache ihrer Anlage gewesen. — 375. Die Namen der Rieden des 16. Jahrhunderts und gelegentlich auch späterer Zeit vgl. bei den Oertlichkeiten in der dritten Abtheilung.

blos zu Neusiedl, Wopfing und Pernitz. Aber drei Ortschaften sind ins Abnehmen gerathen, und während andere
anwachsen, können diese sich nicht mehr erholen: „Odlestorf" ist selbst dem Namen nach 1515 bereits verschwunden, heifst (Hinter-) Aigen, ist aber auch als solches öde;
„Arnestorf" (Vorder-Aigen) und „Kroswisen" (heute die
Gegend Kroiswiesen und Kroishof) werden 1515 und auch
1564 noch genannt, aber als öde. Der Steinhof, seit Anfang des 15. Jahrhunderts im Besitze von Starhemberg, erscheint seit 1564 im Hernsteiner Urbar, ist aber öde, und
der ihm benachbarte, jetzt gänzlich eingegangene Knappenhof ebenfalls. Diesen gegenüber hoben sich Hernstein auf
22 Ansitze (darunter freilich 16 öde), Wellersdorf auf 33,
Wopfing auf 17; Waldeck, das sonst nur mit einem Hammer
eingetragen ist, zählt 1564 aufser diesem zehn Feuerstätten
an Lehen und Halblehen, Höfen und Hofstätten; selbst
Peusching stieg von drei Hofstätten des Jahres 1515 bis
1564 auf einen Hof, vier Halblehen, fünf Hofstätten, eine
Oede und eine Mühle. Namentlich stark zeigt schon 1515
Pernitz sich entwickelt: auf 42 Feuerplätze nämlich, eine
Gerberei und eine Mühle. Was man heute „industrielle
Etablissements" nennt, waren damals Mühlen, Hämmer,
Schleifen und Schmieden; Erstere waren aufser zu Pernitz
noch in Waldeck, Neusiedl und Wellersdorf, und Hämmer
zu Waldeck und Wopfing. Sie sind die Ahnherren der grofsartigen Werke, die heute dem Thale Leben verleihen.
Theilweise hatte Hernstein davon Grundrechte für die Bauarea (etwa 4—6 Pfennige) und vereinzelt auch als Fludergeld oder Wassersteuer das „Polsterrecht" (4 Pfennige).
     Die Weingärten waren zumeist Ueberlände, wenige
bei Hernstein am Buch ausgenommen. Die übrigen für
diesen Ort lagen im Weierfeld und zu Thalern. Die Letzteren
wuchsen von 15 im Jahre 1515 auf 60 im Jahre 1564. Indess war der Kessel von Hernstein nie hervorragend mit
Reben besteckt gewesen; darin zeichnete sich das Nord-
ufer der Piesting aus. Hier war das Verhältniss für beide genannte Jahre in Piesting selber 52 : 68, im Mülthale 31 : 62,
auf der Mandling 189 : 127, und zu Wellersdorf gar 180 : ? .
(Hier fehlt das Materiale im Urbare, allein ein ebenmäfsiges
Wachsen der Zahl auch hier angenommen, würde sich in
Gesammtheit die Vergleichsziffer 390 : 450 ergeben.) Für
damals war also der Weinbau ein ungemein beliebter Zweig

der Wirtschaft und von gleicher Ausdehnung auch in der
Nachbarschaft, und doch wieder nicht ein Zweig, der aus
der Zahl seiner Objecte auf Cultur der Rebe schliefsen
liefse. Man baute um die Wette, und trank wohl auch
um die Wette, allein ohne mildernde Zuthat an Gewürzen
ist das Product kaum geniefsbar gewesen. Dieser Erzeugung
geschah übrigens vom 17. Jahrhunderte an wesentlicher
Eintrag durch den ungarischen Wein, der nicht blos aus
grofser Nähe kam, sondern vom Hause aus trinkbarer war,
als der Piestingthaler, trotzdem der von Mülthal eines gewissen guten Rufes genoss. Da konnten die Herrschaften
nicht streng genug Vorkehrungen treffen, dass die Weine
von jenseits der Leitha in den Gemeindetafernen die einheimischen nicht ausstachen, und so ihren eigenen Absatz
schmälerten. Heute indess ist das anders geworden, derart
nämlich, dass der ganze Abhang des Hart und Henninger
von Piesting bis Wellersdorf, dann der Fischauerberg be-
deckt sind mit Wäldern und Aeckern, denen man vom Thale
aus den blos früheren Dienst für die Rebe ansieht. Ganz
ist diese zwar hier nicht ausgestorben, allein mächtig zu-
rückgegangen.

Das Meiste, was vom eigentlichen Hofgrunde noch bei
der Herrschaft geblieben, bestand in Wäldern. Es gab
eine Anzahl Bannwälder, worin blos die Herrschaft Schläge
führte; andere Forste hatte sie für „Diensthölzer" den
Unterthanen gegen Zins oder Leistungen in Fuhren oder
Handarbeit hindangegeben, der Förster in Hernstein besorgte die Bannwaldungen am Buchriegel, in der Au und
auf dem Hart; der Richter von Neusiedl war Förster für
Waldtheile auf der Mandling, und den grofsen Gebirgs-
stock dieser und des Lindkogels behütete der Förster zu
Wopfing.[370])

---

370. Das Urbar von 1525, f. 262, beschreibt die Bannwälder wie
folgt: „Ain Holcz haifst auf dem Puechh vnd raint an Entzesfelder Wäld,
mer etliche Hölczer, die da gehorn zu ainem öden Dorff auf das Aygen,
mer ain Wald, haifst der Hart, vnd rant ain Enczesfelder vnd Linda-
pruner Hölczer vnd gehet nach den aufsgemachten Diensthölczern vnd
Weingartperig biss auf Alkerstorf, von dannen auf der Hernstainer Felder
nach hinczt auf das Aigen, mer ain ander Holcz, haifst in der Aw, das
raint auf Newsidler Panwald vnd auf den Lintkogl vnd von dannen an
Kroswiser Hölczer. Vber die vorangeczaigten Wäld vnd Hölczer mues
ain Vorster zu Hernstain siczen vnd dieselben behueten, vnd was Holczer

Die Leistungen der Unterthanen haben sachlich gegen jene im 15. Jahrhundert sich nicht sehr geändert. Doch aber kommen Neuerungen vor, weniger bei den Gaben, als bei den Arbeiten im Dienste der Herrschaft. Bargeld gibt man durchgehends, entweder allein oder mit Naturalgaben. Jetzt dient man auch zu Hernstein Käse, und zwar, wie überall, zu Pfingsten, ebenso zu Wopfing, Peusching und „auf der Au". Anderwärts lieferte man Geld und Faschinghühner, oder Geld, Ostereier und „Waiset". Das waren kleine Zuschläge, die in früherer Zeit Ehrungen hiefsen (honorantiae), also aufserpflichtige Gaben, die sich aber dann als pflichtmäfsige ins Unterthansbuch eingruben. Neben Faschinghühnern und Pfingstkäsen traten zu Peusching bei Neustiftungen 1564 noch Gaben „ins Kalb" (Kälberpfennige), Mahdpfennige und Marchfutter auf. Das Geld war durch seine Vermehrung eben schon im Sinken seines Wertes gegen früher. Neuaufgekommen sind die Schreibergebühren der Anlait und Ablait (Anfahrt und Abfahrt) für den freien Abzug des einen und die joyeuse entrée des andern Bauers — nicht viel, immer blos 2 Pfennige, die dem Amtmanne zugute kamen, womit die später entwickelten Kanzleitaxen eingeleitet wurden. Sie sind noch nicht in jedem der Dörfer üblich, blos zu Hernstein, Neusiedl und Pernitz, doch als etwas nach oben Wohlgefälliges dehnt sich der Brauch nach und nach auf alle Bauerngüter aus. Ebendort und zu Wopfing nistet auch die Robot sich ein. Es fehlt nicht an Bemerkungen, dass blos

---

er jarlich daraws verkawft, mues er der Herrschafft verraiten. Mer ain Wald, raint an Newsidl, vnd wert an die Mä(n)dling biss an die Wassersåg vnd von dannen an der Veichtenpacher Grunt vnd Diensthölczer, vnd von denselben nach biss wider an Newsidler Grunt, die sie verdienen. Vber disen Wald ist ain Richter zw Newsidl Vörster. Mer ain Wald, haifst die Mä(n)dling, gehort gen Hernstain, aber den dritten Stam Holcz nymbt man gen Storhenberg, vnd hebt sich an an der von Gophing (!) Diensthölczern vnd geet biss an das Gestamphtall, von dannen auf das Dietmanstall, vom Dietmanstall rainen die Ottinger mit etlichen Diensthölczern daran, vnd wert von der Oed an Pernitzer Diensthölczer, von dannen biss in den Veichtenpach hinwider an der Mä(n)dlinger Hölczer vnd Grunt, derselben Höch nach hin biss an Newsidler Wassersåg, vnd herauff an den Linsskhogl, mer etlich Hölczer im Linsskhogl, so zw dem öden Dorff Kroswisen gehören vnd der Herrschafft zu Recht haimgefallen. Vber den vorbenanten Wald vnd (die) Hölczer mues ain Vorster (zw) Bophing siczen vnd von dem verkaufften Holcz Raitung thun auf Martini."

die Mithilfe zum Schlossbau — ganz wie im 12. Jahrhundert
die Gnade des Herzogs für den Neuburger Grafen lautete
— die einzige herkömmliche Arbeitsleistung für den Gutsherrn gewesen sei. Man wusste übrigens allenthalben bei
Neustiftungen sie zu fordern, den Bauer allmählich daran
zu gewöhnen, sie mittelst Amtmannswirtschaft auf das ganze
Gebiet auszudehnen, und allmählich schuf sich durch die
Ablösung daraus die namhafteste Einnahme von allen Bezügen. Gelegentlich, wie 1696 bei den Waltersdorfer Pro-
viant- und den Wiener Extrafuhren der Wopfinger, kamen
aber auch bereits Ablösungen vor.[377])

---

377. Im Urbar von 1515, f. 139, heifst es von der Robot der Bauern
zu Neusiedl: „Robat sein sew, als sew sagen, nichts von Alter her
schuldig gewest, dann etlich Weinfuer haben sy thun müssen, dieweil die
Weinperg gepawt sein gewesen, aber sy sein ganz öd vnd verwachsen mit
Holcz. Sy haben auch zu Agker gefarn mit zwain oder drey Phlugen drey
Tag im Jar, dieweil das Dorf gestifft ist gewesen, aber sy vermugent
ytzund nit so wol, als vor;" — betreffs Wopfings (f. 165): „Die Holden
zu Popling vnd Hernstein, die Gezaeug haben, süllen zu ainer yeden Sat
ain Tag zu Acker gen, pringt vier Tag im Jar, sollen allbegen in Zwen
zusammenstellen, da entgegen soll die Herschafft inn vnd dem Viech zu
Mittag die Notturft geben, vnd (solln) ain Tag Mist füern zw der Sat. Ain
Yeder, der Zaeg hat, sol zway Fueder Holcz zwischen Michaelis vnd
Martini fuern. Die zu Poppling, so die nit Zeug haben, sollen ain Tag
Holcz machen, sol in die Herschafft Wein vnd Prot geben, vnd zwen Tag
schneiden, sol in die Herschafft lonen ains Phennig minder, dann der
gemain Lon ist." Aufserdem (f.166) mussten „die von Poppling den Maisch
füeren auf die Press gen Woppfing", dann (f. 166') Jeder von ihnen, „die
Gezeug haben, ain Fueder Gertten" für die Hauswirse zu Hernstein
„fuern, vnd die Hawer daselbs sol Yeder ain halben Tag Gertten machen
vnd tragen, das man sy laden mug, vnd Perniczer vnd Mendlinger sollen
die Stecken darczue klieben, vnd die Newsidler sollen sy fuern. Die
Hernstainer, so nit Zaeg haben, fachen ain Tag Hew, vnd die Zaeg
haben, fuern das Hew ab der Wisen in den Mairhof." — Betreffs der
von Pernitz heifst es (f. 176), „sagen, sy sein kain gesezte Robat
schuldig, sonder alain zw dem Paw des Gesloss; so man pawen wurd,
söllen sy mit Andern Notturfft darczu fueren." Die von Wopfing hatten
besondere Verpflichtungen in den sogenannten Waltersdorfer und den
Wienfahrten. Die Ersteren schafften Holz und Proviant nach Waltersdorf,
die Letzteren die Herrschaft oder Beamte nach Wien und anderwärts.
Jene liefs sich der Graf 1696 mit 5 Schilling jährlich von jedem Hause
ablösen, wogegen die sogenannten Extrafuhren blieben. Würde der Graf
die Ersteren wieder fordern, dann müssten die Letzteren eingestellt
werden (Gerichtsprotokoll zu Hernstein f. 125'). Auch Mülthal und Hernstein betheiligten sich an dieser Art Zugdienst. Zum Schlusse betrug die
Ablösung in Wopfing und Mülthal je 10 fl. vom Orte, und in Hernstein
53 fl. (Mittheilungen des Herrn Forstrathes Stöger).

Die Piesting gehörte nicht zur Herrschaft; weit und breit bei Hernstein war kein nennenswertes Gewässer, und so blieb einzig der Pernitzbach erwähnenswert. Der war kümmerlich genug. Damit er doch benützt würde, erlaubte man dem Pfarrer von Hernstein, so lange er bei der Herrschaft in Gnaden, sich einmal im Jahre eine Schüssel Fische daraus zu holen.[378]) Vom Hernsteiner Bache ist erst 1730 die Rede, und zwar auch blos in dessen unterem Laufe auf Grillenberger und Veitsauer Boden, wo er mit dem Stifte Melk streitig gewesen.[379]) Aber von Starhemberg aus war Hernstein wahrscheinlich zur Nutzung dort wohnhafter Familienglieder der von Heußenstein in der ersten Hälfte des 17. Jahrhunderts ein Stück der Piesting zugetheilt worden, das jedoch unverwendet in Pacht und Afterpacht gerieth. Man fing auch Biber dort, und Ottern; für gewöhnlich hielt das Wasser blos Asche und Forellen.[380])

In dieser Zeit des 16. Jahrhunderts entwickeln sich auch mehr und mehr die bäurischen Familiennamen. Einzelne Fälle von Haltbarkeit derselben in der Zeit ergeben sich selbst dem flüchtigen Beobachter der heutigen Geschlechter- und Hausnamen in der Gegend. Das lässt

---

378. Vom Fischwasser sagt das Urbar von 1515, f. 176: „Die Pernitz vahet an in der Piesting, vnd werdt aufwertz bis auf den Marchtalstain, mag kain Bestandt tragen, ist vngeuerlich ains Hackenpuchsenschluss langkh", und das von 1525, f. 237: „Das Vischwasser, so zu der Herrschafft Hernstain gehort, hayßt die Pernitz, vnd raint an Merkenstainer Vischwasser auf der Wisen hinder Muckendorf, da hat es sein ausgezaigte Märch, vnd wert ... bis in die Piesting, ist nit gar ainer Viertel Meyll Wegs lang, vnd so sich ain Pharrer gegen der Herrschafft recht vnd gesellig helt, so lässt man ine an der Kirchweich ain Essen Visch daraus fachen." — **379.** Mittheilung des Herrn Forstrathes Stöger nach Orig. bei Baron de Vaux in Wien. — **380.** Den Pacht hatte 1650 Herr Veit von Schönau; 1651 verpachtete er an Christoph Karl Fernberger von Egenberg auf Dornau, Landesobristen in Oesterreich, „das nach Hernstain gehörige Vischwasser auf die Piesting, so sich bey der Pruggen zu Stainaprüggl anfangt, vnd gehet hinauf zu der alten Schaffpruggen ober Wellerstorf, wie es derzeit von der Herrschafft Starnberg nach Hernstein verthailt (ist);" Pachtzeit 5 Jahre, Pachtschilling jährlich 12 fl., mit dem Rechte, auf Biber und Otter zu jagen, deren Jagd auch der Verpächter nebenbei treiben darf, doch von keiner Seite ein Fremder; da die Fischerei dermalen schlecht bestellt, habe der Pächter das Fischwasser „souil miglich zu haiden, auch mit khainer Wadt, sondern allain mit der Schnuer für seine Lust die zahlmäßigen Aesch vnd Fehren vischen zu lassen" (Archiv des Landesgerichtes in Wien).

annehmen, dass dergleichen auch in breiterer Weise noch festzustellen wäre, und dafür bieten nun die Urbare eine passende Quelle.[381])

Um die Zeit des letzterwähnten Urbares hebt die Periode der von Heufsenstein auf dem Gute an. Sie schloss nicht vortheilhaft ab, vielleicht nicht ganz aus Schuld der Familie. Sie hat es lange genug gehalten. Allerdings sollen die letzten Besitzer aus diesem Geschlechte wie aus dem Vollen gelebt haben, da schon der Bodensatz fühlbar gewesen. Vielleicht aber hatte die Theilung von 1726, so wohlgemeint sie gewesen, auch zuerst die Hacke an den Baum gelegt.

Sicherlich war Hans Freiherr von Heufsenstein ein Oekonom, der wohl wusste, warum er sich so viele Mühe gab, die Doppelherrschaft zu erwerben, und seine Frau Anna Maria muss eine tüchtige Hausregentin gewesen sein. Allein so Manches schien — man hat das ja aus den öden Bauerngütern gesehen — lotterhaft; in genug Fällen heifst es, man könne die Besitztitel der Gründe und Waldparcellen nicht erfragen; Anderes war durch seine Abödung zur Last. Dann wollten auch wieder Ansprüche in der Familie mit Bargeld befriedigt sein. Man musste also abstofsen. Zuerst kam der Steinhof an die Reihe. Ueber das Wann seines Verkaufes, sowie seines Rückkaufes, fehlen die Angaben: der Eine mag ca. 1590, der Andere muss vor 1728 geschehen sein. Er trug nichts, lag abseits, man musste sich erst sammeln, und daher die zeitweise Entäufserung. Aber 1632 brauchte man in der Familie Geld, und liefs desshalb zwei Aemter fahren, die, als an der äufsersten Besitzgränze gelegen, entbehrlich schienen: das zu Hernstein gehörige war Pernitz.[382]) Nebenbei schnitten wohl auch die Bauern aus dem Herrschaftsgrunde sich zurecht, was in der Stille leicht geschehen konnte. Oefter war das die einzige Genugthuung, die sie sich gegenüber den aufgebürdeten Lasten nehmen konnten. Dann kam es zu Processen, die überhaupt zwischen der Herrschaft und den Unterthanen und der Pfarre nie ausstarben. Ein solcher entbrannte gegen 1670 zwischen der Gemeinde Veitsau

381. Solche, und zwar mehr charakteristische Geschlechtsnamen vgl. bei den Oertlichkeiten in der dritten Abtheilung. — 382. Vgl. oben S. 90, Note 231.

und dem Grafen Julius Weikard um einen Wald auf dem Geier. Der Graf versuchte mit imposanter Kriegsmacht die störrischen Bauern in ihrer Rechtsanschauung zu bessern. Die Schläge aber, die es dabei regnete, thaten's nicht.[383]) Nach 18 Jahren bekamen die Letzteren ihren Besitz gerichtlich zuerkannt. Mittlerweile war die Türkennoth von 1683 über das Gebiet hingezogen, und die Veitsauer verweigerten auch das Marchfutter an Hernstein: neuer Process, der nur fünf Jahre dauerte, und in dem sie sachfällig wurden.[384]) Das sind übrigens Staffagen auf jedem Herrschaftsbilde; an der Wesenheit des Gesammten änderten sie im Grunde nichts.

Ein vollkommen anderes Aussehen bekam das Gut erst durch die Theilung der Doppelherrschaft von 1726. Wie schon oben[385]) dargestellt worden, suchte Graf Christoph Karl alle seine Kinder nach dem Grade ihrer Geburt und seinem Vermögen durch ein gewisses Verschieben der Besitzungen und Aufrichtung neuer Herrschaften zu bedenken. Aus den ungleich grofsen Gütern Starhemberg und Hernstein schuf man durch Beschneiden da und Zufügen dort zwei annähernd gleich grofse, wenigstens

---

383. Ebend. S. 93, Note 243. — **384.** Mittheilungen des Herrn Forstrathes Stöger. — **385.** Vgl. S. 97 mit Note 250. Die Schätzung für Starhemberg-Piesting war folgende:

	Ertrag fl.	Capital fl.
Markt Piesting	1036 . 37 . 3	20720.
Ober-Piesting	- - 382 . 57 . 3	- - 7640.
Wopfing	- - 428 . 17 . 1	- - 8560.
Peusching	- - 334 . 54 . 3	- - 6680.
Hernstein	- - 286 . 9 . 3	- - 5720.
Neusiedel bei Grillenberg .	- - 162 . 7 . —	- - 3240.
Steinabrückl	- - 122 . 3 . —	- - 2440.
Loipersbach	- - 87 . 29 . 1	- - 1740.
Taz- und Ungeld in Brunn, Winzen-, Saubers-, Urschen-, Geras- und Willendorf, Grünbach, Rotengrub und Höflein .	- - 84 . 15 . —	- - 1680.
Landgericht	- - — . — . —	- - —
Fischerei	- - — . — . —	- - —
Jagd	- - — . — . —	- - —
Dominicale: Aecker . .	- - — . — . —	- - 840.
Weingärten .	- - — . — . —	- - 905.
Wiesen . .	- - — . — . —	- - 1200.
Wälder . .	- - — . — . —	- - 13875.
	Summa des Capitales	„ 75240.

ziemlich gleichwiegend in Erträgnissen. Dadurch wurde Hernstein in seinem Bezirke erweitert, und auch mit allerlei Rechten ausgestattet, die eben an den Zuschlagsgütern hafteten. Es bekam den Markt Piesting und 7 Aemter: Ober-Piesting (oder Mülthal), Wopfing, Peusching, Hernstein, Neusiedel, Steinabrückl und das ganz ferne liegende Loipersbach mit zusammen 218 dienstbaren Feuerstätten (30 Ganz-, 62 Halb-, 46 Viertellehen und 80 Hofstätten), dann Taz- und Ungeld in 9 Ortschaften von Brunn das Steinfeld abwärts und einen Hofbau von 84 Joch Aecker, 101 Tagwerk Weingärten, 80 desgleichen Wiesen und 1770 Joch Wald. Der Capitalswert des Rusticales ward auf ungefähr 58.500 fl., und sein Ertrag auf c. 3000 fl. bemessen. Beim Dominicale von ca. 16.500 fl. Capital ist ein solcher nicht angegeben. Es betrug 54 Joch Aecker zu Hernstein und 30 zu Steinabrückl (à 10 fl. Wert), 152 Tagwerk Weingärten in 11 Ortschaften (zu 4, 5, 8 und 10 fl.), 80 Tagwerk Wiesen an 4 Orten (à 15 fl.), und 2045 Joch Wälder (à 2, 3, 6 und 8 fl.). Wurde gut gewirtschaftet und ohne besonderes Unglück, so mochte das Einkommen 4000 fl. betragen. Uneinträglich waren Gericht, Jagd und Fischerei, mehr Standes-, Ehren- und Vergnügenssache, als wie ergiebig. Früher gehörte zu Hernstein kein Landgericht; jetzt übte es dasselbe theilweise, nämlich in Piesting auf 58 (das Ortsgericht auf 77) Häusern, in Ober-Piesting beides auf 8 (von 10); in Peusching auf 28 (von 31), in Steinabrückl das Landgericht auf 4, das Ortsgericht auf 13 (von 17) und in Loipersbach wieder Beides auf 17, wovon aber nur 5 nach Hernstein dienten. Das sind durch verschiedenseitige Berechtigungen zerklüftete Verhältnisse, die man sich heutzutage für das Verständniss nur schwer mehr zurechtlegen kann. Die hohe Jagd war zu Ober-Piesting, Wopfing und Peusching ganz, zu Unter-Piesting, Hernstein und Neusiedel blos theilweise, die niedere oder Reisjagd allenthalben herrschaftlich.[386])

---

386. Zu Ende des 17. und Anfang des 18. Jahrhunderts gab es auf Hernstein noch sehr viel Raubwild der gefährlichsten Sorte. Die Verkommenheit des Volkes nach 1683 mag an dessen Zunahme bedeutenden Antheil gehabt haben. Bären waren nichts Seltenes und Wölfe etwas Gewöhnliches; 1695 wurde der Kuhhirte von Pölla von Bären zerrissen aufgefunden und um die Wende des Jahrhunderts kommt die Klage vor, die

Obgleich Hernstein jetzt auch eine lange Zeile des rechten Ufers der Piesting besafs, war die Fischerei in diesem Flusse von Steinabrückl aufwärts bis zur Westgränze beiden Herrschaften derart gemeinsam, dass die Mitte des Baches die beiderseitigen Rechte schied.

Mit seinen Gränzen begann Neu-Hernstein — oder Starhemberg-Piestinger Antheiles — unterhalb der Haidmühle bei Steinabrückl; der alte Fahrweg von Steinabrückl gegen Hernstein trennte dieses Amt von Wellersdorf. Oberhalb dieses Ortes überschritt die Gränze den Piestingfluss, erstieg den Hasenberg, senkte sich wieder unterhalb des Schlosses Starhemberg gegen das Thal herab, um südlich Peusching und Waldeck abermals stark in die Berge einzugreifen. An der Oed trat sie wieder nahe an die Piesting. Im Westen stiefs die Herrschaft an den Feichtenbach und die Gemeinde Grillenberg, im Nordwesten an Veitsau, im Norden am Kleinfeld, im Nordosten an Enzesfeld und Lindabrunn, worauf sie wieder mit Steinabrückl zusammenhing, das wie eine Fahne vom Mittelkörper abschwebte. Der Steinhof und sein grofses Waldgebiet hing nur im Südwesten über Neusiedel mit Hernstein zusammen, und war sonst durch Veitsau und Grillenberg von ihm getrennt.

Die Residenz für diese neu zugeschnittene Herrschaft sollte das „Hofhaus" zu Piesting, der Thurngarten genannt, ein Meierhof und Zehentkeller, sein[387]) — eine Idee die gar nicht in's Leben trat. Dagegen wurde der Meierhof in Hernstein zu einem „Hofhause" hergerichtet.[388])

So war denn die alte Herrschaft in erweiterter Fassung und mit neuem Namen begründet.

Von da tritt ein gewaltiger Mangel an Acten ein, welche die Thatsachen des Herabkommens der Herrschaft und der Zersplitterung ihrer Rechte und Liegenschaften zu erklären hälfen. Man kann sie eben nur zur Kenntniss nehmen. Es fehlte durchaus nicht an wirtschaftlichen Bemühungen seitens der Familie innerhalb dieser 50 Jahre. So ward z. B. 1749 in Aigen der noch jetzt vorhandene

---

Leute getrauten sich aus Furcht „vor den wilden Bären" nicht allein von einem Orte zum andern (Keiblinger, Geschichte von Melk 2/1, 699). — 387. Vgl. oben S. 54 mit Note 121. — 388. Ebenso S. 147 und Note 341.

Meierhof erbaut, und so die bestehende Rinder- oder Schafzucht erweitert, auch Milchwirtschaft betrieben.[389]) Schliefslich aber kam es kleinweise, dann in Zahl und Werten zunehmend, zu Veräufserungen.[390]) Die mangelhafte Privatökonomie mag das Ihre zum Ruine beigetragen haben, doch lag zweifellos mit eine Ursache in den kriegerischen Zeiten, und in den durch falsche Auffassung der Regierungsmafsregeln verschlechterten Unterthansverhältnissen. Jene verlangten erhöhte Giebigkeiten, und die Letztere bewirkte auch die gewöhnlichen zu bestreiten. Der eigentliche Hofgrund war zum Leben kaum genügend, und liefs auch beim Mangel an Industrie und guten Verkehrswegen die Wälder und Weine nicht richtig verwerten. Gröfstentheils war daher der Eigenthümer an die Gabendienste der Unterthanen gewiesen; blieben diese theilweise aus, oder traten Missjahre ein, so wurden Schulden gemacht.[390ᵃ]) Da die Verhältnisse sich nicht besserten, wuchsen die Verpflichtungen, und es musste endlich zum Angriffe des Capitales, das heifst zu Veräufserungen geschritten werden. Darum ging es dem Nachfolger der Grafen von Heufsenstein, dem Baron Müller, trotzdem er ein tüchtiger Oekonom, wenig besser. Er kaufte 1805 das früher veräufserte Loipersbach mit allen daran haftenden Rechten von Graf von Pergen wieder, ebenso eine Reihe von Kleingütern in der Herrschaft (wie zu Aigen und am Buch), suchte die Unregelmäfsigkeiten der Roboten durch Ablösung zu ersetzen, und erbaute auch einen neuen Meierhof,[391]) allein seine Mühen hielten bei seinen Söhnen nicht an, und was der Vater rückerworben und noch weit mehr, ward gleich nach seinem Tode durch sie abermals hindangegeben.[392])

389. Mittheilung des Herrn Forstrathes Stöger. — **390.** Vgl. oben S. 56 mit Noten 129 ff. — **390ᵃ.** Als Graf Sigmund starb, wies die Fassion den Wert der Herrschaft mit 31574 fl. nach, und die Passiven waren eine Allodiallast von 47479 fl., dann seit 1790 eine Witwenrente von 800 fl., capitalisiert mit 16000 fl., im Ganzen 63480 fl., folglich ein Lastenstand von ungefähr 31900 fl. (Archiv des Landesgerichtes Wien) — **391.** Vgl. oben S. 150, Note 345. Gegenüber der keimenden Wollenindustrie in der Nähe Wiens — ganz so, wie wenig später bei der Zuckerfabrikation mit der Runkelrübe geschah — wurde für Hernstein und auch Fischau die Schafzucht als der lohnendste Wirtschaftszweig angesehen, und war auch nach dem Verkaufe der Herrschaft durch Freiherrn Müller's Söhne der Schafstand ein beträchtlicher. — **392.** Ebenso S. 50.

Als sie in übergrofser Schuldenlast die Herrschaft an
Seine kaiserliche Hoheit den Herrn Erzherzog Rainer verkauften, umfasste diese elf Gemeinden: Markt Piesting,
Ober-Piesting, Wopfing, Peusching, Waldeck, Oed, Hernstein, Aigen, Alkersdorf, Neusiedel und Steinabrückl. Diese
zählten 342 Feuerstätten, darunter fast die Hälfte Kleinhäuser; die anderen waren Ganz-, Dreiviertel-, Halb-, Drei-
achtel-, Viertel- und Achtellehen und Hofstätten. Die
Meisten fasste die Classe der Viertellehen (77), dann jene
der Halblehen (53). Die bedeutendsten Oertlichkeiten
waren: Markt Piesting mit 97; dann Hernstein mit 35, Peusching und Neusiedel mit je 33, Aigen mit 32 und Oed mit
30 Feuerstätten. Zum Theile alten Ursprungs, zum Theile
der zweiten Hälfte des 18. Jahrhunderts angehörig oder der
ersten des gegenwärtigen, bestanden an der Piesting eine
Spinnfabrik (zu Steinabrückl), eine Stahlsäge (zu Waldeck),
eine Metallfabrik (zu Oed) und sechs Hackenschmieden und
sieben Mahlmühlen und Sägen.

Diese Ansitze entrichteten als Hausdienst durchschnittlich 1 fl. 40 kr. W. W., und an Drittelsteuer etwa 2 fl. derselben Währung. Der Hausdienst aber begriff nicht weniger
als zwölferlei verschiedene Abgaben: den Grunddienst, das
Wacht-, Vogtei-, Kälber-, Wiener Fahrt-,[393]) Mahd-, Hafer-
und Schafhäusergeld, Marchfutter, Polsterrecht, Faschinghühner und Pfingstkäse. Dann kamen noch die Ueberlände von Weingärten in Geld und Bergrecht zu entrichten,
und umfasste Letzteres Eier, Wein und Geld. Das sogenannte Geldüberländ betrug 2 fl. 25 kr. C.-M. und 98 fl.
47 kr. W. W., das Bergrecht 136 Eier (die blos Wopfing
entrichtete), 48 Eimer und 7 Mafs Wein und 18 fl. 52 kr.
in Geld. Daneben gab es aber noch Anlait und Ablait,
Laudemium und Mortuar, Robot und Zehent. Die Robot
war theils abgelöst (wie zu Piesting), gröfstentheils aber
wurde sie in Geld und in natura geleistet. Ablösung und
Geldleistung brachten circa 1280 fl. (also das Dreifache des
Hausdienstes) und aufserdem begriff sie noch 238 Tage
Zug- und 1713½ Tage Handrobot. Sie war so vertheilt,
dass der Ganzlehner 10—12 fl. C.-M. und 3 Tage, oder

---

393. Diese Steuer wurde blos in Hernstein und Mülthal entrichtet.
Sie war Ablösung der Last einiger Häuser, der Herrschaft Lebensmittel
nach Wien führen zu müssen.

6 fl. W. W. und 18 Zug- und 2 Handtage, — der Drei-
viertler 6 bis 10 fl. C.-M. und 3 Robottage, — der Halblehner 6 fl. C.-M. und 3 Tage, oder 3 fl. W. W. mit 9 Zug-
und 2 Handtagen, — der Hofstätter und Dreiachtellehner
4 fl. 30 kr. C.-M. und 3 Tage, — der Viertellehner 3 fl. C.-M.
und 3 Tage, oder 30 Handtage, — der Achtellehner 1 fl.
30 kr. C.-M. und 2 Tage, oder 15 Handtage — und der
Kleinhäusler 12 Handtage abtrug. Der Zehent wurde ganz
von circa 85 Jochen Korn und Kraut in Piesting, Wellersdorf, Mülthal, Peusching und Waldeck, der kleine oder
Zweidrittelzehent von circa 176 Jochen in Piesting, Ober-
piesting, Peusching und Waldeck gegeben. In Hernstein
und Aigen besafs die Pfarre den ganzen Zehent aller
Herrschaftsgründe, in Steinabrückl gleichfalls der Pfarrer
daselbst jenen nördlich der Strafse ganz, südlich derselben
der Pfarrer von Fischau zu einem Drittel. Taz- und Ungeld
entrichteten Piesting, Peusching und Waldeck, dann das
Brauhaus und die Bierschenke zu Piesting mit 183 fl.—.
Das Blumsuchrecht bestand auf den unterthänigen Gründen
zu Hernstein, Aigen und Alkersdorf, dann im Aufelde zu
Wellersdorf — ein wahres Gewirre von Pflichten und Giebigkeiten.

Der herrschaftliche Grund hatte sich — mit Ausnahme der Weingärten, welche durch die Freiherren Müller
verkauft worden waren — gegen 1726 gehoben. Er bestand blos in Hernstein, Aigen und Steinabrückl, was
Aecker (191 Joche), Wiesen (67), Gärten (5) und Weiden (787) anbelangt. Herrschaftswälder gab es nur in
Wopfing und Neusiedel mit 3400 Jochen. An den obgenannten drei Orten waren auch die Meiereien für Schafe,
die zusammen 1468 Stück hochfeinen Ranges zählten.[394])
Da in den Jahren 1830—1833 die drei Herrschaften
Hernstein, Starhemberg und Emmerberg, für einen gemeinsamen Herrn erworben, von da ab ein zusammenhängendes
grofses Gebiet bildeten, hört die Einzelschilderung mit
diesem Zeitpuncte auf. Was aber in den letzten fünf Jahrzehnten geschah, um sowohl den wirtschaftlichen Zustand
der Güter zu heben, als auch jenen der Unterthanen zu
fördern, ist so zahlreich und durchgreifend, und geht ebenso

394. Sämmtliche obige Daten entstammen schriftlichen Mittheilungen
des Herrn Forstrathes Stöger.

den Ackerbau und die Forstcultur, die Viehzucht und Industrie, die Kirchen und Spitäler, wie die Gemeinden und
den einzelnen „gemeinen Mann“, für die Gesammtheit
jedoch in hervorragendem Grade das Strafsenwesen an,
dass es der Darsteller der Vergangenheit billig einem zu-
künftigen Erzähler überlassen muss. Diese Periode gewährt
ausgiebiges Materiale für sich allein in Fülle, anziehend
durch den einheitlichen und mit Kraft verfolgten Gedanken,
und lohnend durch den ersichtlichen Einfluss desselben auf
den Volkswohlstand der nahen und fernen Umgebung.

B.

2. Starhemberg.

Etwa eine kleine Fahrstunde oberhalb Piesting erscheint das Thal mit Einem Male wie abgeschlossen. Im
ersten Augenblicke findet das Auge des Neulings kaum
einen Ausweg: auf beiden Seiten der Thalung massige, in
steilem Gehänge abgehende Höhen, zwischen ihnen von
links der stattliche und breitleibige Gressenberg vor-
drängend, scheinen im Halbrund die Gegend zu schliefsen.
Nicht genug an dem, legt sich vor den Gressenberg eine
förmliche Barre, deren linke Erhebung die schönrundliche,
theils wiesenfrische, theils waldige Kuppe des Kuchner-
kogels, die rechte aber der bestockte Felsenkegel des
Kirchstein von Waldeck ist. Diese Barre ist vom Gressenberg herab wie eine Schranke über die Thalbreite hin-
gelegt, dass sie blos dem Flusse und dem der Mandling
abgezwungenen Fahrwege Raum lässt, und die Thalsperre
ist fertig.

Der Kirchstein hat annähernd die gleiche Form mit
dem Felsenklotze von Hernstein. Nur ist seine Spitze
spitzer, sein Kegelschnitt schärfer, sein Gestein sozusagen
unruhiger, denn auf der Kuppe sieht sich's an wie stückweise abgebrochen und aufgethürmt, und im Thale gegen
Westen liegt ein kleiner Hügel abgestürzter Trümmer.
Seine Gestalt eignete ihn wie Hernstein für die Bedürfnisse
des 11. Jahrhunderts zur Burganlage: er ist überhaupt nicht
sehr hoch, die Stufe zum eigentlichen Wehrbau ist gegeben,
und liegt begreiflich noch näher an Fluss- und Thalpfad.
Im ganzen Thale gibt es keine bequemere Klause, und für

sie und ihre Bewachung und Vertheidigung war der Felsenkegel wie geschaffen.

Auf dem Absatze in ungefähr dem zweiten Drittel
der Höhe mag der ursprüngliche Bergfried gestanden
haben; jetzt nimmt ihn die Kirche ein, in der noch starke
Erinnerungs aus der Bauzeit des 12. Jahrhunderts erhalten
sind. Aber nach dem Gipfel zu fehlt alle Gelegenheit zu
irgendwelcher baulicher Entwicklung. Dennoch verlegt
die Sage dahin die Burg, und sie fügt bei, die Kirche
wäre gutentheils aus ihr errichtet.

Das mag Beides seine Richtigkeit haben, wenngleich
nicht in vollem Mafse. Dass an diesem „Stein" in erster
Reihe, also etwa gegen die Hälfte des 11. Jahrhunderts,
die Vertheidigung des Thalweges nach aufwärts sich lehnte,
ist ganz wohl annehmbar, denn von ihm aus war man rasch
für sie zur Hand. Aber seiner Höhe fehlte jeder Ausblick
über 500 Schritte. Dagegen bietet sich in hervorragendem
Grade ein solcher auf dem Kuchnerkogel, der mittels eines
bequemen Sattels an den Kirchstein gebunden ist: von ihm
aus sieht man gegen Oed hinauf, in den Dürrenbach hinein, und endlich weit ins Piestingthal hinab. Er beherrscht
in gleicher Weise die Gegend, wie Starhemberg, dessen
Höhenaufbau allerdings bedeutender, doch in der Gestalt
sehr ähnlich ist. Man kann sich unmöglich dem Gedanken
verschliefsen, dass für den Thalschutz und Wohnsitz er
neben dem Kirchstein nicht aufser Rechnung geblieben sei.
In der That finden sich auf dem behäbig entwickelten Gupfe
eigenthümlich geformte Bodenanschwellungen; es ist nicht
wohl thunlich, diese Ueberreste halbrunder Schanzen, jene
rundliche Erhöhung nicht für Menschenwerk zu halten.
Allein eine Untersuchung hat nie stattgefunden, und so
kann auch darüber mit voller Bestimmtheit nicht gesprochen werden. Die Vermuthung wäre jedoch gerechtfertigt, dass die erste Anlage eines Wehrbaues für Waldeck auf dem Kirchsteine gewesen, und dass der heutige
Kuchnerkogel, wegen seines vortrefflichen Aussichtsfeldes
durch den Aufbau einer Warte in die Vertheidigung einbezogen, die natürlichen Mängel des älteren Baues ver-
bessern half.[395])

---

395. Bei einer anderen Waldeckerburg, Waldstein nämlich bei Uebelbach (Steiermark), begegnet die gleiche Vorschiebung eines sogenannten

Ansicht von Waldeck.

Weder da noch dort stöfst man auf offenliegende
Mauertrümmer. Man hat aber zu berücksichtigen, dass seit
der Mitte des 12. Jahrhunderts die Burg aufgegeben war [395]),
und selbst die feierlich begründete Kirche so gänzlich
herabkam, dass die Leute zu mancher Zeit nicht genau
wussten, wohin sie pfarrlich gehörten, und förmlich als pfarrliche Einleger dahinlebten. Auch das weist auf frühes gänz-
liches Verkommen der Burg.

Der Name der Burg wird zuerst 1136 erwähnt,[397])
sonst, allerdings mit Personennamen in Verbindung, tritt
er etwa 8—10 Jahre früher schon entgegen.[398]) Unter den
Acten von der Bestiftung Seckaus sagt blos die Bestätigung König Konrads III. von 1149, dass für diese Gründung auch die Burg Waldeck verwendet worden.[399]) Im
selben Jahre erscheinen zum letzten Male jene Leute, die
von der Burg, gleich Dienstmannen, den Namen tragen,
nämlich Chuno und Bruno von Waldeck.[400]) Von da ab ist

Burgstalles, der das Thal beherrschte und mit Peckau zusammensah,
während Waldstein selber, im Erzbachgraben liegend, gar keine Fern-
sicht hatte. — **396.** Nicht ganz unbegründete Vermuthungen liefsen sich
aus der Hinrichtung der beiden Waldecker Adalram und Konrad (vgl.
oben S. 63, Note 142) spinnen. Strenge genommen ist das Eingehenlassen
einer so ausgezeichnet gelegenen Warte in einem langen Thale, das weiter
aufwärts keine solche Anlage damals mehr hatte, und an der Gränze der
karantanischen Mark, ohne besondere innere Gründe nicht recht erklärlich.
Nur das Eine lässt sich noch sagen, dass sie in den Urbaren mit denkbar
wenig Grund und Boden erscheint. Sollte es gleich anfänglich mehr Schanz-
und Verhauanlage, die ja auch castrum genannt werden konnte, und demnach mit Hofgut gar nicht versehen gewesen sein? Dem widerspräche
jedoch wieder die Gründung der Kirche und deren Dotation. Allerdings
erscheint die Gegend als menschenleer, da dem Pfarrer auch Leute auf
Potensteiner Grunde zugewiesen waren. Doch will immer scheinen, als
ob zwischen dem Markgrafen und den zwei genannten Vettern des Stifters
von Seckau ein Zwiespalt bestanden, der nicht blos diesen den Untergang
gebracht habe. Und das müsste ungefähr 1152 gewesen sein. — **397.** In
der Urkunde, womit Erzbischof Konrad I. von Salzburg das Pfarrwidum
daselbst übernahm (Meiller, Salzburgische Regesten 29, 166). Die älteste
Namensform ist Waldekke, dann schliff sich in einer gewissen mundfaulen
Weise, deren Spuren man in den Ortsnamen der Piestinger Gegend öfter
begegnet, und die in der Behandlung des *r* wenigstens an Oberbaiern
erinnert, seit dem 16. Jahrhundert die Form Walleckh heraus, und blieb
auch mit der reinen gemeinsam in Uebung. Eine Zeitlang indess hatte
die schlechtere als officielle die Oberhand. — **398.** Steierm. Urkundenbuch 1, 136. — **399.** Ebend. 290, 376. Die Uebertragung Waldecks an
Seckau kann begreiflich einige Jahre früher geschehen sein. — **400.**
Ebend. 292. Vgl. oben S. 69 und Note 156.

alle Kenntniss, alles Geschehniss wie begraben, und so auffällig ist dieser Umstand in seiner Plötzlichkeit, dass die Annahme, die Neuanlage von Starhemberg habe die Burg überflüssig gemacht, ihn durchaus nicht genügend erklärt.

Aber Starhemberg tritt in Allem die geschichtliche Erbschaft Waldecks an.

Ueberblickt man die Dinge in ihrer späteren Entwicklung, so fällt auf, dass der steirische Markgraf vom ganzen Besitzthume Adalrams von Waldeck blos eine Burg und ein Dorf für seinen Rechts- und Gerichtsschutz erhalten haben sollte, und dann so viel desselben besaß, dass auch in älterer Zeit Seckau blos einen fast verschwindenden Antheil hatte, während ihm der größte zugedacht war.

Der steirische Markgraf — man muss festhalten, dass die Erzählung von nun an für weltliche und geistliche Dinge auf dem Annexgebiete der Steiermark allein sich bewegt — besaß auf diesem Boden schon Mancherlei auch vor der Zerklüftung der Herrschaft Waldeck.[401]) Aber auch das erklärt schwerlich den umfangreichen Besitz der Folgezeit. Man weiß nur aus einem gegen 40 Jahre älteren Documente des Sohnes, dass seinem Vater für Uebernahme der Vogtei von Seckau Starhemberg und das Dorf Dreistätten geschenkt worden sei.[402]) Und doch erscheint Dreistätten 1149 noch seckauisch in der Bestätigung König Konrads. Da überhaupt die gesammte Bestiftungsangelegenheit von Seckau in einem sonderbaren Gemische von Frömmigkeit und Zank, von Gottesfurcht und Menschenhass, von Nehmen und Geben durch mehr als sechs Jahre sich herumzog, so muss, da die Aeußerung Herzog Otakars von 1182 nicht anzuzweifeln ist, Dreistätten von Seckau wieder abgetreten worden sein, um mit Starhemberg zusammen einen Gutskern für den Vogtherrn zu bilden. Das kann sich auch vor 1149 vollzogen haben, denn die Bestätigung König Konrads aus diesem Jahre bezog sich überhaupt auf schon vergabte Güter, und konnte auf mehrere Jahre zurückgreifen. Legt man dem Einzelworte ein Gewicht bei, das nämlich Herzog Otakar 1182 ausspricht, sein Vater habe für die Vogtei den „Berg" Starhemberg zugewiesen er-

401. Vgl. oben S. 59 mit Note 136. Ausgeschlossen ist nicht, dass auch ein Theil der Reuner Besitzungen in der Neuen Welt von ihm rührten, wenn nicht alle; vgl. oben S. 66 mit Note 150. — 402. Vgl. oben Note 155.

halten,[403]) so muss man wohl denken, dies sei ohne bereits
vorhandene Anlage, nur zum Behufe der Gründung einer
solchen geschehen. Nun taucht aber schon 1146 ein During
von Starhemberg auf,[404]) dem man dann als Burgmannen
daselbst öfters begegnet, und so liefse sich schliefsen, dass
diese Zuweisung noch vor dem Eintritte Adalrams ins Kloster (1147), also mindestens 1146 geschehen sei. Dieser
Burgmanne lässt sich jedoch mit einiger Sicherheit als
Ministeriale der Markgrafen von Steier auf dem Burgstalle
Prosset bei Weikersdorf annehmen. Verhält sich Alles derart, wie hier nicht ohne Berechtigung dargelegt worden,
so hätte Otakar Starhemberg als Hofanlage erst errichtet,
„vom| grünen Wasen" auf, und das Jahr 1146 wäre das
Geburtsjahr der späteren Feste.[405]) Der reiche Besitz aber,
der sich um sie legte, entstammte mehrfachen Verhältnissen,
von denen weiter unten die Rede sein soll.

Zu allem Anfange handelt es sich um den neuen Kern
des Ganzen, die Burg Starhemberg.[406])

Fährt man aus dem Steinfelde ins Piestingthal, so löst
sich allmählich mehr und mehr aus der linken Bergreihe
ein Kogel los, ohne sich vorzuschieben, eine gerundete
und allseitig, aber ungleich isolierte Höhe. Auf ihr thronen
die noch heute massigen Ruinen, die auch in den Resten

---

403. Ebend. Note 155. — Möglicherweise ist die Bedeutung des
Namens dick, kräftig (Schmeller, Bayrisches Idiotikon 3, 657), da doch
der Berg früher noch benannt gewesen, ehe seine Burg „starck" gewesen. Die Namensformen reducieren sich auf rein individuelle Schreib-
weisen; solche sind 1146 Starchemberc, 1155 Starchenperch, -perge, 1160
Starchenberc, 1166 Starhemberg, 1185 Starkinberch, 1189 Starch-
imberch, 1244 Starchunberch, Starchen-, 1316 Starhemberg, 1351
Starchemwerch, 1407 Starenberch, 1430 Starkenberg, 1446 Starhemberg. 1515 ebenso, 1525 Starhen- und Storhen-, Storchen-, 1564 -werg.
Für hier wurde eine allerdings archaistische Form gewählt, aber sie ist
die dem analogen Namen des oberösterreichischen Geschlechtes gewöhnliche. Modern sollte man allerdings Starkenberg schreiben. — **404.**
Steierm. Urkundenbuch 1, 253. — **405.** Vgl. oben S. 68 und Note 155,
und S. 100. — **406.** Merkwürdigerweise hat sich Merian in seiner Topographia duc. Austr. infer. weder in Bild noch Text mit diesem Schlosse
beschäftigt. So ist die ältest nachweisbare Abbildung von 1672 jene des
Geographen G. M. Vischer, welche im Texte folgt (verkleinert in „Berichten des Alterthumsvereins zu Wien", 1872, Tafel 1, zweite Seite, 148
und 149); von 1814 in Köpp v. Felsenthal, Historisch-malerische Darstellungen; von 1817 von Erhard in dessen „Ansichten aus der Umgebung
des Schneeberges"; von 1821 von Gauermann in Laborde, Voyage en

die einstmalige Burg als eine der bedeutendsten Wehr-
und Wohnanlagen im Lande erscheinen lassen: sie be-
decken eine felsige, gegen Nordosten leicht abdachende
Kuppe; die Breitseiten sind nach Südosten und Nordwesten
gerichtet, und zwar stehen die ältesten Bauten gegen die
südöstliche Ecke nach Dreistätten zu, ausgenommen die
Doppelcapelle oder den sogenannten runden Thurm, der
vereinzelt gegen Nordosten vorgeschoben ist. Die Westseite weist die gröfsten Wohnbauten, allein durchaus späterer Zeit auf, nachträgliche Herstellungen für eine zahlreiche Familie, und, nach dem Brauche der Gegend, am
Dachrande durchweg gezinnt.

Wie das Schloss in seinem Ausbaue zu Ende des
17. Jahrhunderts, von Nordosten aus gesehen, sich ausgenommen, zeigt obige Ansicht aus dem niederösterreichischen Schlösserbuche des Geographen G. M. Vischer.

Ein Gesammtbild ist damit wohl gewonnen, aber weder
die ältesten Bautheile, noch die Idee der ursprünglichen
Anlage lassen sich herauslesen. Dazu ist es nöthig, den

Autriche; von 1826 von Beständig in der Kirchl. Topographie 5; von
1833 von Weifs in Schweickhardt Topographie von Niederösterreich 6;
von ca. 1845 von Rothmüller in dessen „Sammlung von Ansichten von
Wien und dessen Umgebung"; von 1870 von Wielemans in den Mittheilungen der Centralcommission für Kunst- und histor. Denkmale und
von da 1872 wiederholt in den Berichten des Wiener Alterthumsvereins,
und von 1878 von Slowikowski als Hintergrund zu Piesting.

Grundplan und Einzelheiten aus dem Baue heranzuziehen.[407]) Denn strenge genommen scheint mit einer Beschreibung des Vorhandenen wenig erreicht. Weit mehr Bedürfniss ist, dass gezeigt werde, was in der Zeit gewesen und nachträglich geworden. Wer solchen Dingen mit Ernst nachgeht, sucht auf Grund des Gegebenen besonders das Bild der Anfänge sich zu gestalten, und Anderen zu entwickeln wie es sich ihm ergeben.

Das mag auch hier geschehen, vielleicht richtig, vielleicht mit Irrthümern, nicht aber ohne Abwägung der allgemeinen culturellen und der örtlichen Verhältnisse.

Hält man das Eine fest, dass Starhemberg nie einen Bergfried besafs wie Hernstein oder Emmerberg, so ergibt sich für dasselbe die älteste Anlage in der Gestalt des Herrenhofes. Dieser begriff blos die Wohnung des Eigenthümers oder seiner ersten Diener, dann die Anstalten für den nothwendigsten Wirtschaftsbehelf. Solche des Schutzes, des Abschlusses nach Aufsen, wie sie die Zeit je mit sich brachte, hatte der Hof nicht zu entbehren, und besass sie wohl auch damals. Es ist nicht annehmbar, dass der Bau in Einem Zuge so erstanden sei, wie Herzog Friedrich II. ihn hinterliefs, dagegen weit glaubhafter, dass er auch bis dahin seine Perioden des Anwachsens gehabt habe. Nach den Grundplänen, welche den Wohntract links auf dem Bildchen in drei Theile gliedern, nach der Fenstertheilung in demselben, die auf dem Bildchen selber noch sich zeigt, endlich aus dem erhaltenen Detail romanischer Zeit lässt sich Folgendes abnehmen: der besagte Wohntract ist zu zwei Dritteln von seiner linken Ecke her der älteste Theil; die rechte Ecke war ein Eingangsthurm; ihn verband mit dem Wohnbaue anfänglich eine Mauer, und erst später — das Wann ist unbestimmbar — wurde auch an Stelle dieser

---

407. Eine gute, blos in der Beurtheilung der Bauzeiten leider zu rückhaltige archäologische Beschreibung der Burg mit Ansichten im Ganzen und von architektonischen Einzelheiten, Haupt- und Detailplänen und Durchschnitten ist in den Berichten des Wiener Alterthumsvereins 12 (1872), 151 ff. enthalten. Dieser Aufsatz ist eine in historischen Dingen nicht gebesserte Wiederholung jenes der Mittheilungen der Centralcommission für Kunst- und histor. Denkmale 15 (1870), 97 ff. von Wielemans und Fronner. Ein schön gearbeiteter Grundriss mit Vorschlägen zum Schutze einzelner Burgtheile, gearbeitet seitens der Centralcommission für Kunst- und histor. Denkmale, 1857—1858, liegt unter den Acten zu Hernstein.

Die Burg Starhemberg.

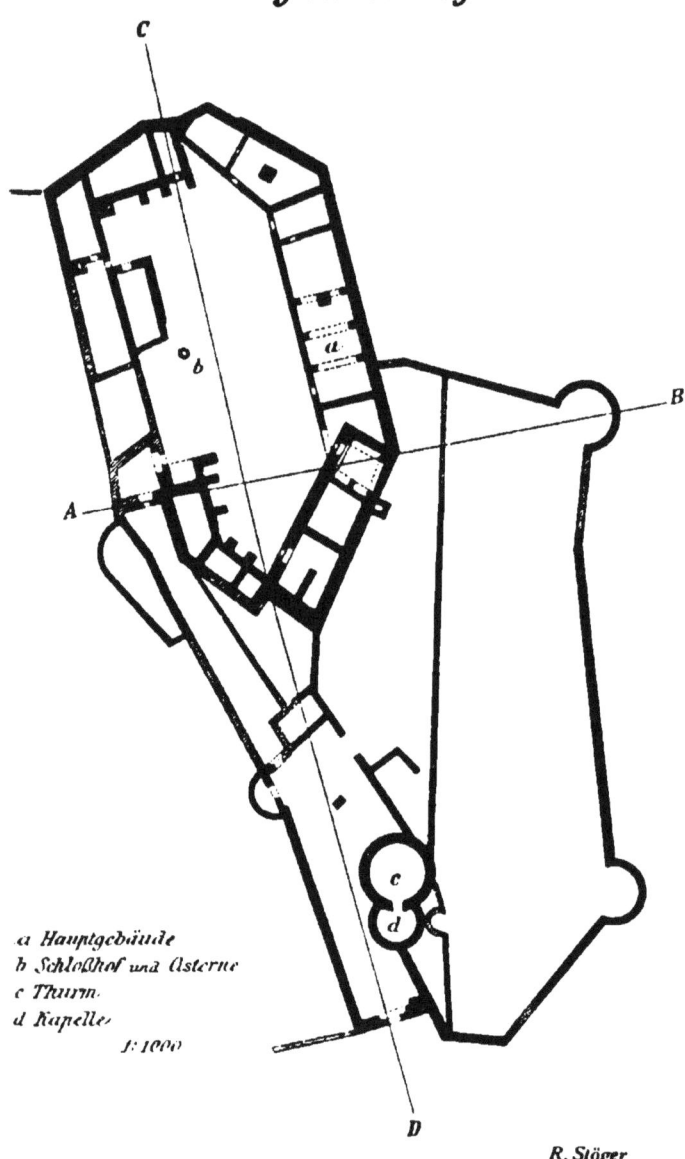

a Hauptgebäude
b Schloßhof und Cisterne
c Thurm
d Kapelle
      1 : 1000

R. Stöger

Die Burg Starhemberg

Querprofil nach A–B.

Längsprofil nach C–D.
1:1000.

R. Stiger

ein Bau eingefügt, und die drei Theile wuchsen in Einen zusammen. Ganz ähnlich findet man die Dinge auf Thalberg
in Steiermark. Der Wohnbau hatte blos Ein Stockwerk;
seine vornehmsten Gelasse waren zu ebener Erde; nach
dem Style der Fenster zu urtheilen, wurden sie derart
unter Herzog Friedrich II. adaptiert, der hier längeren
gezwungenen Aufenthalt nahm. Mit diesen Anlagen, die
den Herrenhof zu einem „festen Hause" machten, und den
Nebenbauten auf der Kuppe des Berges schloss damals die
Burg ab; der sogenannte Rundthurm, der in seinen unteren
Theilen mit zu den Anlagen um oder bald nach 1200 gehört, stand aufserhalb des Burgfriedens, der entweder mit
dem Thorthurme, oder vielleicht noch mit dem kurzen Vor-
stofse gegeben war, den man später den zweiten Zwinger
oder die „innere Wehre" nannte.

Betrachtet man den Grundplan, so sieht man, dass
vom „Hause" aus Mauern sich vorstrecken, zuerst in gerader Richtung auf dem Berggrat nach rechts herab, den
Rundthurm zur Noth noch umklammernd, dann auch seitwärts. Diese Mauerfäden tragen ausgesprochen den Charakter des Anknüpfens, des Anstückelns von Wehrbauten,
um der anfänglich einfachen Befestigungsweise zeitgemäfse
Vervollständigung zu geben. Das geschah damals, als der
sogenannte Rundthurm seine ursprüngliche Bestimmung
verlor und durch Aufbau zum Bergfried umgestaltet wurde.
Solche Anstückelungen sind im Aufsentheile mindestens
viererlei erkennbar.

Heute führt ein einfaches Eingangsthor — es scheint
das 1833 hergestellte zu sein — in den ersten Zwinger.
Dieser Infang mag spätestens dem 15. Jahrhunderte angehören, ausgenommen die gedeckte Halbrondelle links,
welche aus dem 16.—17. stammt.

Hier liegt rechts auf felsiger Kuppe der sogenannte
Rundthurm, ein Bau von geradezu classischer Einfachheit
und Schöne in seinem unteren Theile, und von herrlicher
Fügung seiner Quadern innen und aufsen. Ehe er zum
Thurme aufgehöht wurde, war er eine Doppelcapelle mit
zwei Geschossen übereinander, ganz so wie, doch ohne vor-
gesetzten Thurm, die Burgcapelle zu Hernstein gewesen
ist, als Bau indess sicherlich bedeutender. Den Eingang
bildet eine schmale niedere Rundbogenthüre, und ein
ebensolches Fenster erleuchtet sein Erdgeschoss. Dieses

ist kreisrund, hoch und kuppelartig eingewölbt, der eigent-
liche Capellenraum. Eine hohe Triumphpforte, im oberen
Drittel seit Langem untermauert, führt in die Apside, den
Altarraum, der gleichfalls kuppelig gewölbt, dessen äufsere
Bedachung rund aufgebaut, aber schon sehr stark schad-
haft ist. Im Capellenraume führt ein von der Mauer

ausgesparter Steinsitz rundum, und rechts der Thüre eine
freitragende Steintreppe, deren untere Stufen abgefallen
sind, über dem Bogen in die Mauer, und durch sie in das
Obergeschoss. Dieses hatte kreisrunde Fenster. Bis hieher
reichte der alte systemmäfsig kirchliche Bau, jedenfalls
ziemlich lange vor dem genannten Herzoge entstanden.
Nachgewiesen ist, dass auf Starhemberg sein Hausarchiv
und Familienschatz aufbewahrt war. Da man nun solche

Wertgegenstände in den Sacraren von Kirchen und Capellen als am würdigsten und sichersten untergebracht
wähnte, mag es wohl sein, dass die Kisten dieses Doppel-
schatzes eben in der oberen Capelle hier eingestellt worden — für gewöhnliche Zeiten, für bedrohliche im Palas
selber. Der oberste Theil des jetzigen Baues kennzeichnet
sich durch wenig sorgfältige Steinwahl, durch gerad-
linige Fenstereinfassungen
und deren Ziegel- oder
Bruchsteinkrönungen, fer-
ner durch die Vorrichtungen
für Pechnasen (machicoulis)
unterhalb den Fenstern als
spät, kaum vor dem Ende
des 14. oder Anfang des
15. Jahrhunderts entstan-
den. Aus der Doppelca-
pelle wurde somit ein Wart-
und Vertheidigungsthurm,
offenbar in zeitlichem Zusammenhange mit dem An-
baue des ersten Zingel, und
wohl auch mit dem Baue der
inneren Schlosscapelle.[408])

Vor dem Rundthurme
steht, inmitten des Zwinger-
raumes gegen den näch-
sten Wohntract, ein heute
noch unverletzter vierecki-
ger Pfeiler. Sein frisches
Mauerwerk lässt auf ver-
hältnissmäfsig junges Alter
schliefsen. Auch zeigt Vischer's Abbildung noch keineswegs den Verbindungsgang an, welchen er getragen haben
muss. Möglicherweise gehört er in jene Zeit, in welcher

408. Bei sehr alten Burganlagen bildete die Capelle beim Schlosse
meist auch das einzige Gotteshaus für die nächste Umgebung. Beispiele
solcher vorgeschobenen Capellen sind bei Wehrbauten des 11. und 12.
Jahrhunderts gar nicht selten, z. B. bei Wildon. Zuweilen wurden sie
Pfarrkirchen, wie bei Greischern (Bürg im Ensthal), Frauenburg u. s. w.
Ebenso war es bei Emmerberg, nur wurde hier die Capelle später in den
Burghof einbezogen, wie bei Starhemberg. — Im Hormayr'schen Archiv

die Stufen des Capellenraumes nach dem Obergeschosse,
oder auch im eigentlichen Schlosse gewisse Wirtschafts-
räume immer unsicherer geworden waren — vielleicht nach
1765 — dass man sich neue im Rundthurme, und dazu
einen bequemeren Zugang schuf, als auf der schmalen
Treppe.[109])

Von diesem Pfeiler führen wenige Schritte nach rechts
aus dem ersten Zingel nach dem Westabhange des Schlossberges hinaus. Der Grundriss zeigt hier eine schnurgerade
Mauer von der einen Ecke der Wohnbauten bis zum Rundthurme. Wie zögernd hatte man da einen kleinen umfrie-
deten Aufsenraum geschaffen, ihn jedoch später, etwa vom
16. zum 17. Jahrhunderte, als man abermals eine Erweiterung in dieser Richtung vornahm, und die neue Mauer
auch mit gedeckten Halbrondellen ausstattete, einbezogen,
und seine Mauer bis zum Niveau abgetragen. Einige nennen
diesen letzten Vorraum einen Waffenplatz, für den er wegen
seines stellenweise steilen Abfalles recht unbequem gewesen
wäre, Andere halten ihn für erweiterte ökonomische Bedürfnisse bestimmt.

Vom ersten Zingel führte der Burgpfad aufsteigend
nach dem zweiten. Die Abbildung zeigt hier einen andern,
gezinnten Thorthurm; möglicherweise war derselbe nach
Innen offen, denn die Pläne weisen da nur eine Aufsen-
und keine Innenmauer auf. Selbstverständlich ist dieser
Zwinger älter als der erste, ungeachtet seine Mauern gegenüber den anderen nur schmächtig sind.

Von ihm gelangt man an den Wohnbau, oder, im
früheren Sinne, an den Thorthurm, in dessen Halle der
Weg immer ansteigend mit einer Wendung nach rechts
in den Hof, ein verschobenes Langeck, führt. Er war ein-
stens gänzlich eingefasst von Bauten, und reich sind daran
die Spuren, welche in Steinmetzwerk und zeichnender Kunst
die Jahrhunderte vom 12. bis 18. ihnen aufgeprägt haben.

1826, 20, heifst es die Treppe sei 1814 eingefallen. Ob sich diess auf
alle fehlenden Stufen, oder blos die zuletzt abgegangenen bezieht? —
409. Ein solcher Pfeiler, indess nicht zur Verbindung, sondern zum Aufstieg, findet sich im Hofraume des Burgstalles von Waldstein (Steiermark), ungefähr auf eine Klafter vom Bergfried ab und bis zur Eingangsthür desselben im ersten Stockwerke reichend. Von ihm zur Thür
führte dann eine kurze Zugbrücke; man bestieg ihn mittels Leiter oder
Treppe.

Ein sehr flüchtiger Erzähler von 1826 betont die grofse Anzahl von Gemächern, welche sie, allerdings mehr weniger schadhaft, noch enthielten: heute aber kann man nur in wenige ohne Lebensgefahr eintreten. Nach dem Grundrisse zu urtheilen, waren zwischen den Tracten früher Lücken, die erst allmälig geschlossen wurden. Die Nachkommen haben jene ausgefüllt, diese erhöht, und nach ihrem Geschmacke die Fronten ausgeglichen. Der älteste Tract zeigt an beiden Fronten Fenster sowohl des 12. wie 13. Jahrhunderts. Für den ältesten Bauzeugen ist das rundbogige

des ersten Stockwerkes zu halten, während die anderen, gleichfalls Doppelfenster, mit ihren Kleeblattbögen dem Uebergange aus dem romanischen Style in den gothischen angehören. Hinter dieser war die Wohnung des letzten Babenbergers; eines seiner wenigen Gemächer zeigt noch die Reste eines schönen Kamines.[410]) Das schönste gekuppelte Fenster jedoch, zierlicher und reicher als die

---

410. Vgl. über diese Einzelheiten und andere den in Note 407 erwähnten Aufsatz 154 ff. Die Bruchstücke, welche theils unter den Trümmern im Graben liegen, theils noch in den Mauern haften, sucht gegenwärtig Professor Mayer in Neustadt für das dortige Ortsmuseum zu sammeln. Von der Burg handeln beschreibungsweise Scheiger (Hormayr'sches Archiv 1826, 20 ff.), Sacken (Mittheilungen der Central-Commission für Kunst- und histor. Denkmale 1 [1856], 84, der nur von

übrigen, liegt in Trümmern unter dem übrigen Abfall-
gestein.

Die Tracte auf den anderen Seiten des Hofes enthalten zu ebener Erde einzelne gefällige Räume des Mittelalters, wie des 16. Jahrhunderts, kleine und gröfsere Hallen,
deren Bestimmung nicht erkennbar, Küchen, Vorrathskam-
mern u. s. w. Sie haben sämmtlich zwei Stockwerke, und
waren die Hofseiten gutentheils mit Sgraffiten, die Gemächer öfters mit Deckenmalereien geschmückt. Das Zu-
sammenleben ging nach dem Hofe zu, mindestens bei den
späteren Tracten: nach Aufsen hin starren blos hohe Mauern
mit sehr wenig Oeffnungen. Die heiteren und belebten
Formen des Hofinneren sind von Aufsen kaum zu vermuthen.

Doch nicht zu vergessen der Capelle, der heil. Anna
geweiht: ein zweijochiger Raum, dessen Apside zerstört
und dessen Unterraum verschüttet ist.

Der Niedergang ist für das Ganze so gut wie besie-
gelt. Nur der Untertheil des Rundthurms wird noch lange
sich bewähren. Es ist zu viel und mit der Gier der Habsucht,
oder der Rachlust des Bauers wider ein Adelsschloss daran
gesündigt worden. Sogleich zwar, nachdem Seine Hoheit
der Herr Erzherzog Rainer das Eigenthum übernommen,
liefs er der muthwilligen Zerstörung dadurch vorbeugen,
dass er den Eingang des ersten Zwingers, einen damals
gänzlich gebrochenen Theil, wiederherstellen liefs.[411]) Das
gröfste Vermögen würde nicht reichen, um unter solchen
Verhältnissen das Versäumte wirksam und für die Dauer
nachzuholen. Das Schloss ist aus unvernünftiger und gie-
riger Menschen Hand in die Gewalt der Elemente gerathen,
und diesen ist es nicht mehr entreifsbar. Wäre es aber
erhalten, dann liefse sich trotz Ueberarbeitung noch Vieles

Rundbogenfenstern spricht und Steinmetzzeichen gefunden haben will,
wenn er darin nicht etwa Scheiger folgte), L. (ebend. 1876, XCI, wo
namentlich des zunehmenden Ruins gedacht wird) und List (in der „Heimat"
1885, 475 ff.). In dieses Gemach verlegt im Gegensatze zu dem Grundrisse in den „Mittheilungen" von 1870 jener der Central-Commission von
1858 (angedeutet in Note 407) die Capelle, ein Beleg, wie sehr bedeutend
der Verfall schon vor 30 Jahren gewesen, dass selbst Fachmänner über
die Bestimmung der einzelnen Räume verschiedener Meinung sein konnten.
— 411. Mittheilung des Herrn Forstrathes Stöger. Dieser unbedeutende
Bau kostete nicht weniger als 2000 fl.

klarer ersehen, und der Bau gäbe ein schönes Beispiel dafür
ab, wie ein Herrenhof zu einem „festen Hause“ oder zu
einer Burg, diese zu einem Schlosse, und dann zu einer
Familienwohnstätte sich entwickelte.

Es war nicht zu vermeiden, schon bei der Beschreibung
anzudeuten, wie Vieles aus der Baugeschichte blos auf
Combinationen und Vermuthungen beruht. Leider mangelt
es noch dazu an Anhaltspuncten, die aus der reinen
Geschichte der Burg, aus ihren Erlebnissen sich er-
gäben. Dieselben stünden mindestens zuweilen in Wechsel-
wirkung zur Baugeschichte. Aber auch darin herrscht mehr
Armuth, als sonst bei einem so bedeutenden Objecte vor-
auszusetzen wäre.

Die Zwangsjahre, welche Herzog Friedrich II. auf
Starhemberg verbrachte, und besonders die Zeiten, da er
das Schloss zu seinem Lieblingsaufenthalte gemacht, trugen
der Burg vermuthlich mehr an Baulichkeiten ein, als blos
Adaptierung von Wohnräumen. Auch ist sehr denkbar,
dass König Otakar die Befestigung nicht aufser Augen
liefs, dass die Kriege mit Ungarn zu Ende des 13. und
Anfang des 14. Jahrhunderts ihre Rückwirkung in dieser
Hinsicht äufserten. Ebenso war den Pfandinhabern oft, wenn
nicht immer, aufgelastet, jährlich eine bestimmte Summe
auf Nachbesserungen am Schlosse zu verwenden. Das sind
aber blos Annahmen und Rückschlüsse. So spärlich sind
die Nachrichten, dass man nicht einmal genau weifs, was
1480 um und in Starhemberg vorging, als die Ungarn
Land und Schloss bedrängten. Sicher ist nur, dass der
Burghauptmann, Sigmund von Spaur, dringend Proviant
und Mannschaft verlangte,[112]) und die Feste dennoch in
die Hände des Königs Mathias gerieth.[113])

Die ersten Belege von angewiesenen Baugeldern stammen aus der Pfandzeit Felicians von Petschach, der bekanntlich 1524 in Starhemberg aufzog: so wurde 1526
eine Bausumme von 1600 fl., und 1528 eine zweite von
1000 fl., weil „das Sloss ganz paufellig, auch ein weites
Haufs ist“, genehmigt. Diese Auslagen mögen 1529 sich
gelohnt, und Felician gegen die Türken sich bewährt
haben, denn im selben Jahre und ehe noch fünf Jahre

412. Wisgrill, Schauplatz des niederösterreichischen Adels 3, 124.
— 413. Vgl. oben S. 81 mit Note 203.

seiner eigenen Pfandung herum, erwies ihm König Ferdinand die Gnade, seinen Erben die Herrschaft auf zehn Jahre mehr zu verschreiben, und wies 1531 abermals 1000 fl. für den gleichen Zweck an.[414])

Für die ökonomischen Bedürfnisse im Schlosse sorgte wesentlich der Maierhof am Fuße des Berges. Dieser brannte 1565 ab, wurde drei Jahre darauf vom damaligen Burgherrn Don Francesco Lasso wieder aufgebaut.[415]) Zu gleicher Zeit legte derselbe dem Kaiser den ruinösen Zustand des Schlosses nahe. Eine Commission fand die Klage berechtigt, und stellte den nothwendigen Bauaufwand (Juli, 1568) mit 759 fl. 7 Schillingen 18 Pfennigen fest.[416]) Da nun Lasso bereits 1569 die Herrschaft an die Gebrüder von Taxis abtrat, und 1570 im August eine neue Commission erscheint, um einen bedeutenden Erdbebenschaden aufzunehmen, für den sie annähernd dieselbe Summe forderte, so ist zu vermuthen, dass beide Commissionen dieselbe Angelegenheit betrafen. Die westliche Schlossmauer war eingefallen, ebenso die des Zwingers und die steinerne Stiege im Innen, auch die Schlosscapelle beschädigt und die Dachung vielfach zerrissen.[417]) Schon 1572 melden

---

414. Ebend. S. 83 mit Noten 212 und 214. — 415. Dies besagt eine Inschrift, die an der Front des Hofes (heute Forsthaus) noch zu lesen. — 416. Archiv des Reichs-Finanzministeriums, Acten Starhemberg. — 417. Eine actenmäfsige Andeutung (ebend.) sagt, das Erdbeben habe vor 1570 stattgefunden. Die zweite Bausumme betrug 643 Pfund und abermals 7 Schillinge, 18 Pfennige. Das lässt annehmen, dass es um wiederholte Schätzung desselben Schadenstandes sich handelte. Denkbar ist, dass, da die Ausbesserung sich hinzog, Lasso das Schloss nicht mehr behalten wollte, und der Anzug der neuen Inhaber eine zweite Commission veranlasste. Diese bestand aus dem kaiserlichen Rentmeister Wolf Kellner, dem Baumeister Hans Saphoy und dem Zimmermeister Hans Reckendorfer, sämmtlich von Neustadt. Sie stellte folgende Schäden fest: 1. Die Schlossmauer „gegen der Wandt über biss hinumb auf den verworfenen Casten" ist vom Wetter in den Grund hinein ruiniert (29 Klafter lang, 9 Klafter hoch = 261 Werkklafter à 12 kr. = 52 fl. 1 Schilling 18 Pfennige). 2. Die Zwingmauern sind auswendig sämmtlich „auszuschiffern", und eine Klafter hoch anzuwerfen (ca. 20 fl.). 3. Die Fenster der Schlosscapelle sind zerbrochen, und macht der Wind dem „geschmelzten Glas" täglich mehr Schaden (ca. 5 fl.). 4. Die „Whör" ob dem anderen Thore ist unter der Einfahrt zerbrochen, soll neu gewölbt und mit Schindeln eingedeckt werden (ca. 16 fl.). 5. Die Zwingermauer gegen Piesting ist eingefallen bis zum ersten Schlossthor (9 Klafter ✕ 5 Klafter = 45 Klaftern à 30 kr. = 52 fl. 4 Schilling). 6. Das Ziegeldach am Rundthurme und an der Capelle ist zu bessern (10 fl.). 7. Die

übrigens die neuen Inhaber von einem fürchterlichen Orkane,
der ein 16 Klafter langes Stück Mauer im Wohnbau vom
Boden bis unter das Dach niedergeworfen, und mehrere
Gemächer gespalten habe.[418]) Wahrscheinlich begegnete
man dieser Klage ungenügend, denn 1574 schreiben sie
bereits wieder, sie stünden in Gefahr, das Schloss falle
ihnen nächstens zur Hälfte über dem Kopfe ein, und sie
wollten keine Verantwortung deshalb tragen. Da nun Hans
von Heuſsenstein sich in Wien sehr um die Herrschaft bewarb, werden diese Verwahrlosungen wohl mit die Ursache
geboten haben, dass man die Herren von Taxis leichter von
der Herrschaft sich trennen liess.[419]) Damit aber die Sorge
nicht ende, fuhr 1580 das „Wildfeuer" (der Blitz) in das
Schloss, und brannte es nieder. Um es aufzubauen, erbat
sich Herr von Heuſsenstein einen Steuernachlass von 2000 fl.,
was die Regierung „mit Glimpf" ablehnte.[420]) Hans war
ja auch nicht Pfandherr, sondern Lehenbesitzer; er hatte die
Lehenschaft aus eigenen Mitteln gekauft, und musste jetzt
gleich einem Eigenthümer für solchen Schaden einstehen.

Darauf tritt in dieser Hinsicht langes Schweigen ein;
denn von den Türken erlitt das Schloss 1683 keinen Schaden. Dass sie sich dort zeigten, auch die Umgebung ver-
wüsteten, und viel Volk erschlugen oder fortschleppten,
ist ebenso sicher, als dass Flüchtlinge daselbst Aufnahme
fanden, belagert jedoch wurde es nicht.[421])

Durch die Theilung der Herrschaft in die zwei Güter
Starhemberg-Fischau und Starhemberg-Piesting (1726)
erlitt das Schloss zweifelsohne einen harten Schlag. Zwar
kamen immerhin beide Linien zeitweise dahin, und die
Kanzleiverwaltung für den Hernsteiner Antheil blieb bis
gegen 1765 auf dem Berge, allein der Auszug war blos

---

steinerne Stiege im vordern Schloss ist um „einen Tritt" zu verlängern
und mit Schindeln zu decken (6 fl.). 8. Die steinerne Stiege im Schlosshofe
ist verfallen (10 fl.) 9. Das Dachwerk herzustellen kostet in Holz und
Arbeit 452 fl. 4 Schilling. — 418. Ebend. — 419. Ebend. Vgl. oben
S. 85. Von 1577 besagt eine weitere Notiz, dass ein starker Wind die
Hälfte der Schlossmauer eingeworfen. Das dürfte wohl identisch mit der
Nachricht von 1574 sein. — 420. Ebend. — 421. Sonst geht allerdings
die Sage dahin (Hormayr's Archiv 1826, 21). Man will sie damit belegen,
dass jährlich angeblich ein Dankfest für die Rettung mit Laubschmuck
des Schlosshofes und Tanz gefeiert worden sei. Da scheint eine Verwechslung mit der St. Anna-Procession zur Schlosscapelle vorzuliegen.

Zeit- und Gelegenheitsfrage. Die eine Heufsenstein'sche
Linie residierte bereits seit Langem mit Vorliebe zu
Fischau, die andere benützte Starhemberg, als im letztgenannten Jahre angeblich der Blitz einschlug, und das
Schloss bedeutend schädigte. Jetzt blieb es den Wirtschafts-
leuten überlassen, so lange es noch zugänglich sich erhielt.
Da indess die Wirtschaft im Meierhofe betrieben wurde,
hob man aus dem Schlosse alles Verwendbare aus. Um 1785
lebte oben nur mehr ein blinder Mann mit seinen Angehörigen in einem halbwegs erhaltenen Raume, und ein
Bettelweib. Als die Wirtschaft Pächtern anheimgegeben
wurde, ging es dem Schlosse noch übler. War es Befugniss
seitens Jenes von ca. 1800 oder Willkür, kurz, ihn beschul-
digt die Erinnerung alter Leute in der Gegend, der eigentliche Zerstörer der Burg gewesen zu sein. Da wurden Thür-
und Fensterstöcke ausgerissen, Dächer abgetragen und
was nicht niet- und nagelfest, verkauft. Dann hatten Wind
und Wetter leichte Mühe, das Zerstörungswerk der Menschen zu vollenden.[422])

So wie bei Hernstein mögen auch hier die Pfleger und
sonstigen Oberbeamten, so weit als solche erkennbar,
folgen.[423])

---

422. Möglicherweise thut man doch dem letzten Pächter Unrecht,
denn ein Bericht im erzbischöflichen Archive zu Wien sagt ausdrücklich
schon 1785, dass im ganzen Schlosse kein Fenster, keine Thüre, und be-
wohnbar kein Zimmer sei. Der fragliche Pächter hat also wohl vom beweg-
lichen Material das schwerer erreichbare, und auch das unbewegliche an-
gegriffen. Vgl. Note 436. — 423. Pfleger zu Starhemberg:

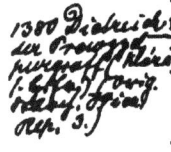

... 1409 ... Raphael Kollner (Steierm. Landesarchiv Nr. 4390ᵃ).
..... 1417 Johann von Neideck (Lichnowsky 5/1752).
1447 ...... Hans Perner von Perneck (Chmel, Regesten 1 2200).
1463 ...... Sigmund von Spaur (Archiv der kais. Akad. 10, 293).
... 1465,76. Hans von Spaur (Chmel, Regesten 2 4192).
1476–1478 Georg Fuchs von Fuchsberg (Lichnowsky 7/1947, Mon.
      habsb. 1 2, 773).
1478 ...... Christoph Sachsenlander (ebend. 1 3, 640).
1480 ...... Sigmund von Spaur (Wisgrill, Schauplatz des niederösterr.
      Adels 3, 124).
... 1489 ... Junker Paul (Beilage X).
ca. 1490 ... Wolfgang Grafenauer (Archiv zu Admont).
... 1501 ... Hans Egenburger (Stadtarchiv zu Neustadt, Gewährbuch).
... 1507,10. Sigmund von Liechtenstein (Kirchl. Topographie 1 5, 194).
... 1538,39. Martin Hertniz (Steierm. Landesarchiv, Acten von Neuberg).
... 1542 ... Kaspar Stern (ebend.).

Nur Eine Oertlichkeit gab es auf Starhemberg, über welche noch am meisten Actengemäfses zu erzählen möglich: die Schlosscapelle. Allein auch hier bildet mehrfache Ungewissheit den Anfang.

... 1595 ... Leopold Zäch (ebend.).
... 1596 ... Gg. Diesberger (ebend.).
... 1620 ... Johann Konrad Müllner (ebend.).
... 1629 ... Johann Sebastian Müllner (ebend.).
... 1630,42. Gg. Wiedemann (auch Landgerichtsverwalter) (Stadtarchiv Neustadt).
... 1661 ... Mag. Gg. Sigmund Pichel von Bergenthal (auch Landgerichtsverwalter) (Archiv im Neukloster, Neustadt).
... 1666 ... Hans Karl Hofmann (Steierm. Landesarchiv, Acten von Neuberg).
... 1668, † 90 Nikolaus Franz Kaltbacher (Kreisgerichtsarchiv zu Neustadt, Waisenbuch f. 195'ff.).
... 1689 ... Wilh. Dunzinger (auch Landgerichtsverwalter) (Archiv im Neukloster, ebd.).
... 1696, 1700 Johann Franz Schwarz (wie 1668, nur f. 124').
... 1712,20. Wenzel Ferdinand Kristianek (auch Landgerichtsverwalter) (Stadtarchiv zu Neustadt).
... 1722 ... M. Nastuapil (Kreisgerichtsarchiv ebend., Inventurprotokoll f. 36).
1723—1726 Johann Franz Ortmaier (ebend. f. 1 ff.).
1726 ...... Franz Xav. Dionys Preyfs (ebend. f. 128, 213').
... 1727,28. Joseph Ignaz Maiersfeld (ebend. f. 107', 154).
1729 ...... Johann Christoph Schubert (ebend. f. 129').
1730 ...... Ferdinand Kristianck (ebend. f. 171).
1731, 1733 Johann Christoph Schubert (ebend. f. 178).
... 1734,39. Mathias Joseph Wimmer (ebend. f. 271).
1739 ...... Johann Pichel (ebend. f. 450)
u. s. w. u. s. w. Von 1726 an wäre Fischau als Amtskanzlei, doch ist das Jahr mit Bestimmtheit nicht anzusetzen. Burggrafen:
... 1316 ... Eglolf von Schellenberg (Steierm. Landesarchiv Nr. 1809).
... 1327 ... Friedrich (Lichnowsky 3/433).
... 1351 ... Pernold von Dreistätten (Duellius, Histor. ord. Teuton. 2, 85).
... 1356 ... Graf Götz von Fürstenberg (Lichnowsky, Regg. 3, undatierte Briefe 24).
... 1376,80. Dietrich Preuzzel (ebend. 3 1278).
... 1384,92. Göschel Innbrucker (Steierm. Landesarchiv Nr. 3489ᵃ, 3746ᵃ).
... 1401,17. Johann von Neideck (Kirchl. Topographie 1/5, 193).
1445—1462. Barth. Geymann (auch Landrichter) (ebend.).
... 1489 .... Albrecht Johann (Beilage X).
Hofmeister:
... 1627,30. Wolf von Saher (Archiv zu Hernstein, Gerichtsprotokoll, und Steierm. Landesarchiv, Acten von Neuberg).
... 1649 ... Blasius Wäginger (Stadtarchiv zu Neustadt).

Je mehr der ehemalige Herrenhof zum Wehrbaue sich entwickelte, musste er sich der äufseren Capelle entfremden. In der Umgebung wuchsen gleichfalls Gotteshäuser empor, so dass die Bauern nicht mehr zur Kirche auf das Schloss zu gehen brauchten, und hier suchte man überhaupt alle Behelfe für den geistlichen und leiblichen Bedarf innerhalb die Mauern zu verlegen. Der Wehrausdehnung stand die Doppelcapelle auch nicht im Wege, im Gegentheile, sie konnte eine solche sogar unterstützen, aber — eine Burganlage um 1400 hätte die Capelle nicht aufserhalb verlegt.

Es ist nun gänzlich unbekannt, wann sie aufgegeben, und die innere, im Schlosse selber, erbaut wurde.

Im 14. Jahrhunderte wird eine „Frawencapelle auf dem haus" zu Starhemberg erwähnt, und im 16. eine Annencapelle „im Schlosse". Die Bezeichnung „auf dem haus" im Vereine mit dem Umstande einer anderen Patronin, und jenem, dass Letztere eben die von Seckau war, lässt annehmen, dass damit die Doppelcapelle gemeint war. Sie bestand bis gegen 1399 für den Cultus,[124]) scheint ihm jedoch bald darauf entzogen worden zu sein. Daher ist es auch möglich, dass die etwas älteren Stiftungen, von denen man erfährt, bereits der neuen Capelle im Schlosse gemeint waren. Darnach wäre diese ein Bau Herzog Albrechts III. gewesen. Solche Widmungen sind jene vor 1378, betreffend Grundrenten von 9 Schillingen unterhalb Meiersdorf,[125]) ferner von 60 Pfennigen aus einem Lehen zu Hadres, welche der Herzog ausdrücklich der „capellen vnser veste ze Starchenberg" bestimmt,[126]) und von zwei Wiesen auf dem „Gizubel" bei Neustadt, die er in gleichem

---

Inspectoren:

... 1712 ... Wenzel Ernreich Hofmann (Steierm. Landesarchiv, Acten von Neuberg).

... 1714 ... Karl Gotlieb Pachner (Archiv im Neukloster, Neustadt).

— 124. Sie besafs die Renten von 32 Pfennigen aus zwei Höfen mit 69 Joch Aeckern, Wiesen und Wald zu Meiersdorf. Im Jahre 1399 kaufte beide Höfe die genannte Dorfgemeinde, und stiftete sie 1401 nach Mutmannsdorf, um den Vertrag mit dem Pfarrer daselbst (von 1379), betreffend ihre Seelsorge, perfect zu machen. Vgl. unten Meiersdorf, Kirche. — 125. Der Herzog hatte sie von Hans und Konrad, Gebrüdern von Meiersdorf, um eilf Pfund gekauft (Lichnowsky, Regesten 4 1350). — 126. Herzog Albrecht verlieh das Lehen an Hans von Frauendorf, der den Zins zu geben hatte (Senckenberg, Selecta iuris 4, 207.)

Wortlaute zuweist.[427]) Endlich widmete Herzog Albrecht IV.
die Zinsen von 3 Halblehen und 11 Hofstätten zu Wellersdorf, dann von Weingärten im Marchgraben 1399/gleich-
falls nach der Capelle im Schlosse.[428]) Es ist durchaus unwahrscheinlich, dass irgend eine dieser Widmungen die
alte Doppelcapelle anging. Später mehrten sich dieselben,
und 1457 hatte sie bereits ein kleines Grundbuch für sich
allein. Der Hof zu Hadres diente für Beleuchtung und
Gesang, der zu Mitterau bei Losdorf für Kerzen auf den
Annenaltar, die Wiese auf dem Giefshübel ebenfalls für
Beleuchtung, und die Blumauer Wiese dem Katharinenaltar.
Aufserdem soll noch Hans von Heufsenstein ca. 1560 die
Stiftungen von Dreistätten dahin übertragen haben.[429]) Die
Pfarrkirche hier leistete bis ganz zum Schlusse alles Lebens
im Schlosse die geistliche Obsorge an der Capelle.

In diesem Weihraume spielte 1574 der interessante Fall
einer Teufelsbeschwörung ab. Sie ging mit dem ganzen
Ernste einer chirurgischen Operation vor sich, und wenn
ihre Beschreibung nicht weniger als drei Auflagen erlebte,
so muss sie wohl einiges Aufsehen erregt haben.[430])

---

427. Ebend. 285; beide Urkunden sind undatiert, dürften aber nicht
ferne von 1380 sein. — **428.** Orig., Staatsarchiv Wien; Lichnowsky,
Regesten 5./328. — **429.** In die Capelle dienten 1457 ein Hof zu St. Veit
an der Triesting, zwei Höfe am „Airperg“ bei Meiersdorf, ein Halbhof zu
Dreistätten, ein Gehölz am Hart, zwei Höfe zu Arnstein, ein Halblehen
zu Grillenberg, ein Wald „in der Au“ und ein Acker „in der Münchleuten“,
eine grofse Wiese unterhalb Blumau, die Wiese am „Güsübell“ ob Neustadt, ein Baumgarten zu Meiersdorf, drei Weingärten an der Mandling,
und der Hof „zum Heders“ zu Hauzendorf (Urbar im Archiv des Reichs-
Finanzministeriums, f. 56 ff.). Wie die Zinse wuchsen, sieht man beim
letztgenannten Hofe: ca. 1380 diente er 30 Pfennige, 1457 40 (ebenso
1515 und 1525) und 1564 3 Schilling, 10 Pfennige, also 3½ mal mehr als
200 Jahre vorher. Manche Grundstücke verloren sich, man wusste nicht
wie, und fragte auch nicht; so wird 1525 und 1564 gleichmäfsig ange-
merkt, die Blumauer und Giefshübler Wiese sei in Anderer Besitz; man
müsse sich doch um die Rechtstitel erkundigen. Erstere wurde ca. 1600
von der niederösterreichischen Hofkammer wieder zugewiesen, und in
78½ Tagwerke à 1 Schilling Zins aufgetheilt (Urbar von 1564, ebend.
f. 170'). — Was die Uebertragungen von Dreistätten anbelangt, vgl.
Wiedemann, Reformation 4, 368. — **430.** Die Münchener Hof- und Staatsbibliothek hatte die Güte, dem Verfasser ihre drei Exemplare zur
Benützung zuzuschicken. Keines derselben zeigt ein Druckjahr. Da
nun Wiedemann a. a. O. ausdrücklich ein Exemplar von 1581 aufführt,
reicht die Angabe von drei Auflagen nicht hin. Die drei Exemplare sind:
1. „Kurtze / | Warhafftige / vnd sum-|marischer weifs beschribne Historia/

Die Leidende hiefs Veronica Steiner, war geboren aus Leibnitz, und Dienstmädchen bei den Herren von Taxis auf Starhemberg; der Operateur war der Jesuit Johann Nicolaus Brabanter aus Wien, der Berichterstatter der Theologiestudent Sebastian Khüller aus St. Florian bei Görz, die Zeit der 15. und 16. November, und der Erfolg in Wirkung auf die Besessene und den Teufel, wie in Nachwirkung auf die Zuschauer vom religiösen Standpuncte aus, sehr erfreulich.

von | einer Junckfrawen / wölche mit dreifsig vnnd etli-'chen bösen Geistern / leibhafftig besessen / vnd in der | SchlossCapeln zu Starnberg / nit weit von der | Neustat / im Ertzhertzogthumb Oesterreich / vnder | der Enns / dises lauffenden viervndsibentzi-'gisten Jares / am 15. vnd 16. Nouem-'bris / im beysein vieler vom Adel / | vnd anderer ehrlicher leut | genediglich dauon er-'lödiget wor-'den." Folgen dann drei Sprüche aus Luc. 10, Marc. 16 und Matth. 8, je übereinander, dann: „Mit Röm. Kay. May. Freyhait nit nachzutrucken | Getruckt zu München / bey Adam Berg." Rückseite des Titels leer. F. 2 beginnt: „[I]m Ertzhertzogthumb Oster-| reich vnder der Enns" u. s. w. 6 Blätter und eine Seite; f. 5 hat den Schluss der Erzählung, und einen Sermon an den Leser aus der Bibel und Anderem geschöpft; auf f. 6' unterschreibt als Verfasser nachgenannter Sebastian Khüeller, und schliefst die letzte Seite mit einer weiteren Lehre und neuer Bekräftigung des Geschehenen, unterfertigt von Ferdinand, Philipp und Joseph von Taxis, Johann B. Brocken, Pfandinhaber der Herrschaft Mauer, und endlich Valentin Regensburger, Baccalaureus, Vetter der Besessenen. — 2. hat kürzeren Titel: „Kurtze | vnnd warhafftige Historia / von einer | Junckfrawen / wölche mit etlich vnnd dreifsig | bösen Geistern leibhafftig besessen / vnd in der Schloss Ca-'peln zu Starnberg / im Ertzhertzogthumb Osterreich vn-'der der Ens / inn Beysein viler vom Adel / vnnd | ander ehrlichen leut / genedigklich | daruon erlödiget | worden." Folgt darunter Holzschnitt 9·10 ✕ 10·8 Centimeter, darstellend Innenraum einer Capelle, rechts Altar mit fünf brennenden Kerzen, links im Vordergrunde Frauensperson von zwei Männern gehalten und aus Ersterer Mund steigt Rauch und fliegen vier Drachen, geflügelt und geschwänzt, r. drei Priester, darunter: „Getruckt zu München / bey Adam Berg. | Mit Röm. Kay. May. Freyheit nit nachzutrucken." Auf der Kehrseite des Titelblattes die für Exemplar 1 erwähnten Sprüche; der Text ist in jeder Beziehung derselbe, nur die Initiale auf der ersten Seite fehlt und ist das I einfach. — 3. „Kurtze | vnnd warhafftige Historia / von einer | Junckfrawen / welche mit etlich vnd dreifsig bösen Gei-'stern leibhafftig besessen / vnd in der SchlossCapeln zu Starn- berg / im Ertzhertzogthumb Osterreich vnder der Enns in | Beysein viler vom Adel vnd ander ehrlichen leut / genedigklich daruon erlödi-'get worden." Folgen Holzschnitt und Adresse mit Druckreserve wie bei 2. Der ganze Titel andere Lettern; auf seiner Kehrseite Ermahnung und Bestätigung mit den Unterschriften wie bei 1. und 2. solche auf der 13. Seite; Text und alle Absatzgliederungen mit früher identisch, doch, weil andere Lettern, anderer Zeilenschluss; die Apostelsprüche fehlen.

Die Bedauernswerte hatte in Graz unter dem Einflusse des Lehrers Georg N. (wahrscheinlich war es Khuen) der sogenannten Stiftsschule gestanden, und war theilweise lutherisch geworden. Im Dienste auf Starhemberg peinigte ihr Inneres der Gegensatz zwischen „Altglauber-" und „Neuglauberthum", und machte sie verrückt, oder sie that so.[431]) Nachdem sie drei Tage hindurch bald recht christlich, bald recht unchristlich sich aufgeführt, wollten das die Herren Ferdinand und Philipp von Taxis nicht länger mit ansehen, sondern suchten beim Jesuitenprovincial, Dr. Johann Magius in Wien, Abhilfe. Der gab ihnen den genannten Brabanter mit, und dieser operirte vor einem gröfseren Zuschauerkreise in der Schlosscapelle.

Zuerst gingen vier Teufel ab, und mit solchem Gestank von Pech und Schwefel, dass eine Kindsfrau in Ohnmacht fiel, und sogar Männern übel wurde. Allein es waren noch mehr drinnen. Der Beschwörer zwang sie zu antworten (und sie thaten es wohl durch das Mädchen). „Wenn die Veronica," sagte der Eine, „nicht wieder katholisch geworden wäre, hätten wir sie geschont, weil sie ohnehin uns gehörte, weil sie aber" u. s. w. Nun wurde die Beschwörungsdosis verstärkt; die Person schwoll an Brust und Hals auf, weil das Höllenzeug da oben sich festkrallte; das Mädchen reckte sich und streckte sich, und krampfte bis zur Kugel zusammen, allein der Widerstand der Teufelsbrut war vergeblich, und binnen zehn Stunden flogen mehr als 30 böse Geister aus. Jeder von ihnen machte sich den Spass, Ferdinand von Taxis, der ziemlich weitab eine brennende Kerze hielt, im Vorbeifahren das Licht auszublasen; der letzte ging auch ab, allein am schwersten, und als er herausfuhr, riss er das Altartuch mit allen Geräthen herab, trat auf der

---

431. Die Erscheinungen sollen gewesen sein: zweierlei Wesen und Stimme in ihr, eine männlich-grobe, „schnollete vnd haisere", und eine weibliche, jungfräuliche und „kleine"; mit Letzterer sprach sie tugendhaft und betete, ermahnte Andere, und klagte über den Grazer Prädicanten, der sie verwirrt gemacht; mit Ersterer aber fluchte sie, schimpfte über die katholische Religion, sang unfläthige und Kneiplieder. Bald da, bald dort, schwoll das Mädchen an, hatte Faustkrämpfe, die sich aber mit Weihwasser behandeln liefsen; dann wieder weissagte sie, verstand mit einem Male mehrere Sprachen, hatte Abscheu vor heiligen Gegenständen, dem Boten der „Altgläubigen" u. s. w. Während der Nächte der drei Leidenstage hörte man um die Burg Jägerhörner, ungeachtet keine Jagden abgehalten wurden.

Sacramentstasche herum, und schmiss vom Hofe noch Kiesel
auf die staunende Gesellschaft in der Capelle. Das Mädchen
aber kam zu sich, lobte Gott und seinen Diener, schwor
sofort das Lutherthum ab, und drei (Ungenannte) aus der
Gesellschaft, auch Lutheraner, doch nicht besessen, thaten
dasselbe.

Wenig später aber zog mit Denen von Heufsenstein
der „böse Geist" dennoch in Schloss und Capelle ein, sowohl durch die Person des Freiherrn Hans, als durch jene
seiner Frau und ihrer Kinder. Begräbniss scheint hier
keines gewesen zu sein, sondern die Stelle des Testaments
der Freiin Anna Maria sich auf die Kirche zu Dreistätten
zu beziehen.[32])

Gegen Ende des 17. Jahrhunderts verkaufte man von
den Zinsgütern derselben den Hof zu Hadres, weil er zu
weit ablag, aber er wurde durch Zehente zu Peisching und
Waldeck reichlich ersetzt,[33]) und zwei Jahre später (1693)
testierte Graf Otto Felician ihm ein Capital von 3000 fl.[34])

Hundert Jahre später und die Capelle ist Ruine, wie
das Schloss selber. Ein gewisses Anstandsgefühl suchte
zwar sie noch zu retten, allein die Noth besiegte auch dieses.
Die Regierung Kaiser Josephs II. hatte befohlen, die über-
flüssigen öffentlichen Capellen zu sperren, und auf Starhemberg war der Verfall überwiegend: drei eingestürzte Thore,
kein Fenster, keine Thüre. Auch die Capelle sollte cassiert
werden, doch erlangte Graf Sigmund 1785 die Regierungs-
erlaubniss zur Offenhaltung. Nun er aber die Zinsen des
von seinem Vorfahr Otto Felician für Sonntagsgottesdienst
und Capellenerhaltung gestifteten Capitals nicht bezahlte,
und der Eintritt in die Capelle sogar lebensgefährlich
wurde, beantragte das erzbischöfliche Consistorium selber
die Aufhebung, und alle Stiftungen sollten an den Religionsfond übergehen. Das gesammte Inventar wurde auf mindestens 36 und höchstens 80 fl. bewertet. Die Glocken
bat sich Dreistätten aus, wenigstens eine derselben, und
auch das Altarblatt St. Anna für den 1784 gestifteten

432. Vgl. unten Note 837. — 433. Graf Otto Felician verkaufte
die zwei Unterthanen auf dem Hofe an Johann Konrad Albrecht von
Albrechtsberg um 400 fl., und gab dafür an die Capelle den genannten
Zehent, den er für 700 fl. vom Grafen Hoyos übernommen hatte. Der
Kaiser bestätigte diese Regelung 1691, 14. 7. (Staatsarchiv zu Wien,
Lehenbuch 336, f. 246'). — 434. Wie Note 432.

Hochaltar. Doch den ganzen Hochaltar hatte man der
neugebauten Kirche zu Essling im Marchfelde zugedacht,
und kam der dortige Ortsrichter selber nach Starhemberg,
fand ihn aber zu grofs. So ward die Capelle dem Grafen
als private belassen, ohne Capitalien, ohne Geräthe, ohne
Glocken. Das Altarblatt St. Anna wanderte nach Hernstein
ins Schloss, auf den Dachboden. Dort fand es 1810 Pfarrer
Thomas Sixt, und heute bildet es eine Zierde des linken
Seitenaltars der Pfarrkirche.[435]) Der Graf protestierte zwar
gegen die Auflösung, wohl nur der Capitalien halber, allein
auch das Consistorium sprach ganz energisch wider jede
seiner Beschwerden und Bitten.[436])

Vom Mittelpuncte der Herrschaft wendet sich nun die
Erzählung deren sonstigem Bestande und dessen Verhältnissen zu.

Was die Herrschaft Waldeck um 1140 begriff, lernt
man aus den von Adalram vergabten Oertlichkeiten kennen.
Da werden solche inmitten des Ganzen und an den nord-
westlichen und südöstlichen Marken aufgeführt. Es müsste
erst durch sichere Documente bewiesen werden, dass Gegenden, welche später die Herrschaften Scheuchenstein,
Fronberg und Buchberg bildeten, schon damals zum Gebiete von Waldeck, und bald darauf von Starhemberg
gehörten, — von Gutenstein zu geschweigen. Bis dahin
ist es ebenso gerechtfertigt als vorsichtig, an das Greifbare
allein sich zu halten, und das gibt die Gränzen in Waldeck
und der Wildbrücke, und vielleicht, doch das ist bereits
unsicher, in Wirflach, Gerasdorf und Rotengrub.

Eigentlich scheint es wenig, was Markgraf Otakar
für seine Vogtei bekam, im Grunde aber war es so ziemlich Alles. Der Burgfriede von Starhemberg reichte entschieden über Dreistätten hinaus, und an die Piesting hinab.

435. Erzbischöfl. Archiv zu Wien (dann auch Pfarrchronik zu Hernstein). Der Hochaltar mit dem Annenbilde war auf 3—8 fl. geschätzt, und
die Bilder sämmtlich auf 36 kr. bis 2 fl., die Glocken auf 27—60 fl. bewertet. — **436.** Ebend. Das Consistorium sagt: „Eine von Häusern ab-
gesonderte, auf einen zerfallenen, unbewohnten Schloss befindliche Kapelle, wovon schon alle Kapitalien auf höhere Verordnung eingezogen
sind, kann unmöglich in einem Orte, das keinen Menschen zum Bewohner
hat, als einem blinden Manne mit seiner Familie, und ein Bettelweib zählt,
für eine Filialkirche angesehen werden, die über das ohne Umfang von
einigen Häusern, und vor dem Einsturze nicht gesichert ist.“

Zum Schlosse und seiner Eigenverwaltung diente aber
auch, was jenseits des eigentlichen Burgfriedens zum alten
Herrenhofe gewiesen, und nicht an Seckau und nicht an
die Beneficialen vergabt war. Aller Grund, ob eigen, ob
verwidmet oder verlehnt, unterstand der hohen Gerichtsbarkeit von Starhemberg: da war sein Landgericht und
das, was man später seine „Grafschaft" nannte. Darin gibt
es nun allerdings manch Wechselvolles und manch Zweifel-
haftes. Einiges am Rande blätterte ab, und man weifs nicht
wie: so treten Brunn und Rotengrub aus dem Lehenschafts-,
nicht aber aus dem Landgerichtsverbande; Gerasdorf und
Tachenstein aus Beiden. Dafür treten die Thalungen im
Westen von Wirflach in sein Landgerichtsrecht, ohne dass
sich ein anderer Anlass nennen liefse, als etwa die Zweckmäfsigkeit. Das ging wohl ebenso, wie Hernstein zu Merkenstein geschlagen wurde, und bei dessen oberster Gerichtsherrlichkeit immer auch verblieb.

Das Gebiet von Starhemberg umschrieb sich ferner
durch die ihm von Adalram zugetheilten Ministerialen, jene
mittelfreien Leute, welche mehr oder weniger Grund gegen
Kriegsleistungen zu Benefiz besafsen, und aus welchen
später der Lehensadel der Gegend hervorging.[437]) Das
waren die von Wellersdorf, Dreistätten, Fischau, Emmerberg, Mutmannsdorf, Willendorf und vielleicht auch die
vom Stein zu Meiersdorf, sowie jene von Meiersdorf selber,
und endlich von Rotengrub und Gerasdorf, wenn diese
nicht etwa zu den freien Leuten gehörten. Ihr Besitz ist
mittelbar gleichfalls jener des Herrn; er ist dessen Eigenthum, und fällt an ihn aus irgend einem Grunde der Er-
ledigung zurück. Das dehnt aber seine Herrlichkeit gewaltig aus. Und wenn ursprünglich Starhemberg blos eine
Enclave im Seckauer Besitze der Herrschaft Waldeck zu
sein scheint, tritt später das Umgekehrte zutage. Dieses
Verhältniss musste jedoch durch andere Umstände noch
sich schärfen. Es gab auf dem Gebiete noch unbebaute, und
doch culturfähige Stellen namhafter Ausdehnung. Zweifelsohne that Seckau das Seine, aber noch mehr konnten die
Pfleger zu Starhemberg durchsetzen; Waldeck scheint von

437. Adalram wies Otakar aufser Starhemberg und Dreistätten
noch seine „milites meliores" zu (Steierm. Urkundenbuch 1, 586). Ganz
in der gleichen Weise nimmt Otakar 1158 auch vom Püttener Besitze an
sich, „die purge vnd die dienstman" (Rauch, Script. rer. Austr. 1, 244).

Seckau früh aufgegeben, jedenfalls nahm Starhemberg es
an sich, und bei unklaren Oertlichkeiten stand das Recht
doch meist auf der Seite Jenes, der die Gewalt hatte, und
stets im Gebiete anwesend oder gut vertreten war. Das
liefs sich von Seckau nicht sagen, dessen Güter versplittert
lagen, und das daran blos Nutzungs- und geistliche Interessen verfolgte, die vor jenen des Vogtei-, Landgerichts-
und Lehensherrn, dann des Landesfürsten zurücktraten. So
kam es, dass der Besitz von Starhemberg, der 1145 in
anderthalb Zeilen gefasst ist, im 15. Jahrhundert ein Be-
schreibungsbuch von mehreren hundert Blättern benöthigt,
und auch dann nicht vollständig ist, denn Emmerberg und
manch Anderes sind ausgeschieden.

Wann sich der gerichtsherrliche Umkreis fest-
stellte, in der Fassung, wie ihn die ersten Urbare des
16. Jahrhunderts zeigen, ist unbekannt. Die Loslösungen
von Gerasdorf und Tachenstein müssen wohl bis zum
14. Jahrhunderte sich vollzogen haben, und bemerkenswert
ist, dass man im 16. die Gesetzlichkeit jener des Ersten
nicht zugeben will, die des Letzteren aber durchaus nicht
anficht. Die Zutheilungen für den Landgerichtsbezirk indess können auch im 15. Jahrhundert noch theilweise geschehen sein. In diesem galt schon, was das Urbar von 1515
ausspricht, „das Lantgericht wert, als weit der Vngelt ist".[438])
Ob willkürlich, oder in sachlich-geschichtlichem Zusammenhange das Schwert und der Zapfen derart sich deckten, lässt
sich nicht sagen, doch weifs man, dass diese Tranksteuer be-
hoben wurde im Miesen- und Dürrenbach, zu Peusching,
Piesting und Wellersdorf, Fischau, Brunn und Winzendorf,
Weikersdorf, Urschendorf, Saubersdorf und Gerasdorf
(Neusiedel gab nach Tachenstein), Wirflach, Willendorf,
Grünbach, Buchberg (jenseits), Zweiersdorf, Meiersdorf,
Stolhofen, Mutmannsdorf und Dreistätten. Die Banntai-
dinge der Gegend, so viel ihrer erhalten, zählen Tachen-
stein mit Netting, Gerasdorf, Willendorf mit Rotengrub,
Hetmannsdorf und Piesting, zum Landgerichte.[439]) Noch

438. Archiv des Reichs-Finanzministeriums. — 439. Niederösterreichische Weisthümer, herausgegeben von der kais. Akademie der
Wissenschaften, 1, 109, 138, 146, 163, 181 und 370. Zu bemerken ist,
dass das Banntaiding von Tachenstein aus dem 18. Jahrhundert stammt,
und damals das Gut landgerichtsrechtlich bereits wieder nach Starhemberg zurückgekehrt war.

genauer verfährt die Landgerichtsbeschreibung von 1525, welche die Güter Fronberg und Scheuchenstein (im Miesenbach) ausdrücklich einschliefst.⁴⁴⁰) Man sieht, die Abmarkungen sind in der Zeit wechselnd, und man wird auch sehen, dass die nicht wechselnden zuweilen streitig sind.

Die ganz ungewöhnliche Armut dieser drei fraglichen Herrschaften an Archivalien, um nicht zu sagen die offenbare Vernichtung des alten Kanzleischatzes, gestatten leider blos die Heranziehung fremder Schriftquellen zur Schilderung rechtlicher und gesellschaftlicher Zustände auf dem Boden von Starhemberg im 16. Jahrhunderte und weiter her, und eine solche Beihilfe kann begreiflich nicht erschöpfend sein.⁴⁴¹)

---

440. Urbar im Archive wie Note 438, f. 183': „Von erst hebt sich das Landgericht (an) zw s. Radigund auf der Wildpruchh, vnd wert der Landstrafs nach auf das stainen Krewcz, von dem staynen Krewcz auf den vndern Fuert der Vischach, darnach der Landstrafs nach von ainem Marchstain auf den andern biss auf Gerestorffer Steig, vnd von dann biss gen Wolfsoll in den Prunn, von dem Prunn in den Kirichweg, von dem Kirichweg biss hinder Vnser Frawenkirichen, von dann den Holczweg auff ob der Weingarten, darnach durch den Spitlgraben, vnd von dann auff die Scheibligwisen, von der Scheibligwisen vnczt an den Newperg, darnach an die Prantlewten biss an das Hunczeckh, von dannen an Huechkhogl, vnd vom Huechkhogl an die Mullewten, von der Mullewten biss an die Dewpsrisen, von der Dewpsrisen an den Katzenstain, darnach auf den Khogl, vnd vom Khogl biss in den Fuert, vom Furt hinach Stuchsenstainer Gericht gen Puechperg in die Sieding, demselben Pach nach biss an Guetenstainer Landgericht, von dannen nach den vorangeczaigten Märchen, als ferr des von Eberstorf Holden vnd Grunt wern, die vermerchen das Lantgericht an dem Ort, darnach geetz (!) hinach den zwain Herrschafften Schewchenstain vnd Frawnberg, als verr vnd weyt iere Holden vnd Grunt wern, da gehort das Landgericht alles gen Storhemberg, weiter geet das Landgericht von den obbenanten zwain Herschafften an die Oed in die Piesting, vnd raint daselbs an Potenstainer Landgericht, hat ain Landrichter zwgreiffen vber die Piesting hinvber an die ennhelle (!enhalbe) Gestetten (vgl. oben S. 154 mit Note 350). Das Landgericht wert dem Wasser stramb nach hin wider auf die Wildpruckhen bey s. Radigund, vnd als vill Herren vom Adl in dem Landgericht Storhenberg siczen mit ieren Holden vnd Guetern, vnd wann sie Vbltätter vnd ander schedlich Lewt auf ieren Grunten vnd Guetern fachen, dieselben Täter antburten sie auf die gewenlichen March, wie von Alter herkhomen, vnd muessen es drey Tag daruor ainem Landrichter zw Storchenberg ansagen, der khumbt alsdann mit seinem Gewald vnd nymbt obberurt Tätter von inen an." — 441. Es soll dahingestellt bleiben, ob die Kanzleien von Buchberg, Stüchsenstein und Gutenstein Einiges mehr beibringen können. Wenn sie nicht das Schicksal der Starhembergischen hatten,

Heute ist die Redensart von der Heiligkeit des Bodens wenig mehr verständlich, aufser bei internationalen Beziehungen und Exterritorialität. Im Mittelalter jedoch gab es so viel Grundheiligthümer als Gerichtsherrlichkeiten, und meinte ein jedes es auch ernst. Das zeigte sich wesentlich beim Schutzrechte der Landgerichtsherrschaft. Nicht eine sogenannte „Malefizperson", ein Verbrecher, sondern wer sonst in seinem gewohnten Aufenthalte sich nicht sicher fühlte, konnte auf Starhemberger Boden Zuflucht suchen. Er brauchte denselben blos zu berühren, ja sogar, wenn verfolgt, blos mit Hut oder Beil nach demselben zu werfen, so genoss er Schutz, und wer ihn auf demselben griff, zahlte wachsend Strafe, je nachdem er Bauer, Bürger oder Edelmann war. Noch stärkere Freiung fand er, wenn es ihm gelang, den Friedhof zu erreichen; da büfste man die Verletzung doppelt und dreifach. Bequemer hatte es ein Solcher, wenn er ruhig zum Richter des nächsten starhembergischen Dorfes gehen, und sich für 12 Pfennige, die der Herrschaft gehörten, den Schutz kaufen konnte; der währte dreimal 14 Tage, und ward erneuert, so lange der Flüchtling zahlte.[442]) Den höchsten Schutz gewährte begreiflich das Schloss selber. Welcher Natur der Todschlag in Piesting sein musste, damit der Thäter Freiung auf der Burg finden konnte, ist freilich nicht gesagt: genug an dem, er fand sie auf Jahr und Tag, und waren die um, dann trat er drei Schritte vor's Thor, kehrte um, und die Schutzzeit begann von Neuem; konnte er aus welchem Grunde immer nicht bleiben, so hatte ihn der Pfleger auf eines anderen Herrn Freiung zu stellen.[443]) Ein flüchtiger Willendorfer fand auf Starhemberg kostenlosen Schutz durch 14 Tage, und durfte auf seine Kosten $\frac{1}{2}$—1 Jahr bleiben; ging ihm das Geld aus, dann führte ihn der Schlossherr mitten in die Leitha (!), und liefs ihn ziehen, wenn kein Feind ihn abpasste; war dies aber der Fall, so brachte er ihn aufs Schloss zurück, und dieser Versuch konnte dreimal im Jahre widerholt werden.[444])

wäre es denkbar, denn es ist nicht anzunehmen, dass Freiherr Hans von Heufsenstein blos mit den Neustädtern sich herumgestritten. — 442. Banntaiding von Saubersdorf in Niederösterreichische Weisthümer 1, 121, §. 16. — 443. Marktrecht von Piesting, ebend. 374. — 444. Banntaiding von Willendorf, ebend. 147.

Im Allgemeinen passte auf das Landgerichtsrecht das alte Wort „onus et honus." Das Ansehen daraus war bedeutend, der Kostenpunct nicht minder, das Einkommen aus den Sporteln und Verlässen der Verbrecher gering. „Tregt nach Glückh", sagt das Urbar von 1515, und spätere Ausweise setzen Letzteres gleich Null. Aber das Recht war Standessache, und man wahrte es aus Kräften, auch wenn es nur Aerger und Mühe und sonst nichts trug, und liefs sich deshalb auch dessen Berainung nicht abstreiten.

Ein kleines Bild der Festigkeit darin geben die Processe, welche die von Heufsenstein vom 16. bis Ende des 18. Jahrhunderts deshalb mit der Neustadt führten. Die Bürger verlegten ihre westliche Burgfriedsgränze und die südwestliche ihres Landgerichts, diese bis einschliefslich Gerasdorf, jene durch Fischau an der Blätterstrafse zwischen diesem Orte und Steinabrückl; Freiherr Hans schob sie ihnen in die Mitte des Feldes gewissen Merksteinen entlang.[45]) Der Zwiespalt lebt immer von Neuem auf, und ihm wohl verdankt man die hübsche Perspectivkarte in Merian, die mit besonderer Betonung der Gränzen zwischen Starhemberg und Neustadt abgefasst ist.[46]) Dann kränken sich wieder beide Theile wegen eines Gränzsteines bei Saubersdorf: die Stadt wirft dem Freiherrn unverblümt vor, dass er mit beeinflussten Zeugen die Marken

---

445. Im Stadtarchive zu Neustadt befindet sich eine hochinteressante Gränzkarte für Starhemberg-Neustadt aus der Zeit von 1589—1590. Ihr ist ein Segment, in Note 360 verkleinert facsimiliert, entnommen. Nebenbei bemerkt, hat sie auch eine sehr schöne Abbildung der befestigten Kirche von Neunkirchen. Die Karte wurde auf Veranlassung des Freiherrn Hans von Heufsenstein abgefasst; ihren nächsten Anlass gab eine Pfändung, welche Neustädter Amtleute auf der Blätterstrafse an der Ulrichscapelle unterhalb Fischau vorgenommen. Die Gränzlinie, welche seitens Starhemberg gezogen wird, ist folgende: Beginn südlich Gerasdorf, Richtung geradenwegs östlich auf der Neunkirchen-Fischauer Strafse zu Gränzstein S. (schliefst also Gerasdorf, Neusiedel, St. Aegyden, Saubers-, Urschen-, Winzen- und Weikersdorf ein), von S. auf dem östlichen Rande genannter Strafse bis zum Kreuze südöstlich Weikersdorf, nach Feldweg östlich über Gränzstein S. zur „Vnderfurt der Vischach", dann etwas nordwestlich bis zu einem Steinkreuze und geradenwegs nördlich über den „Rauchenleber" zur Wildbrücke. Neustadt dagegen, durch das Dorf Fischau, schliefst auf der Blätterstrafse die zwei Hotterbüchel, „Rechenpuchel" genannt, ein, geht dann an die gleichnamige Erdanschwellung südlich Steinabrückl und von da auf der Strafse nach der Wildbrücke. — 446. Artistische Beilage 1.

frisch gemacht, und so als gesetzliche hingestellt habe. [447]) Ein paar Jahre später reizen sie sich wegen Gerasdorf und Urschendorf; die Neustädter sagen, diese Orte gehörten ihrem Banne zu, und das glaubt 1592 sowohl der Richter in Letzterem, als 1624 der Gutsherr auf Ersterem. Aber Hans von Heufsenstein ist von seinem Rechte anders durchdrungen: da soll ein Mörder aus Urschendorf abgeholt werden, und der Richter meldet es nach Neustadt; man erfährt das auf Starhemberg, und ungeachtet des einfallenden Sonntags muss der Pfleger mit 300 Bauern bewaffnet ausrücken. Mitten während des Hochamtes holen sie den Uebelthäter aus dem Dorfkotter, und schleppen ihn sammt den Ketten und Schlössern der Gemeinde (aber ohne die Schlüssel dazu) „mit sonderm Frolockhen" auf die Burg, damit Recht Recht werde, und das Gleiche wiederholt sich 1660. [448]) Dem Besitzer von Gerasdorf, Max Berthold von Sachsengang, macht Freiherr Otto Heinrich 1624 gelegentlich eines Selbstmordes, und 1642 bei Behandlung eines im Schlossgraben ertrunkenen Mädchens begreiflich, dass da nur sein oberstes Gericht, und nicht das von Neustadt gelte. [449])

Dem Landgerichte kamen alle schweren Fälle zu, in denen auf Tod erkannt zu werden hatte: Mord, Raub und Nothzucht, in früheren Zeiten auch Diebstahl, gefundene Leichen, ob von Selbstmördern oder nicht, [450] böswillige

---

447. Acten im Stadtarchive zu Neustadt. — Man pflegte sehr auf sogenannte Präcedenzfälle zu achten, und hier ereignete sich ein solcher von tragikomischem Inhalte. Der strittige Rainstein befand sich zwischen Neustadt und Saubersdorf, und Freiherr Hans führte (1587), als für ihn sprechend, folgende Geschichte an: Es ging ein Mann von Saubersdorf nach Neustadt, eine Speckseite (Pachen) mit einer Widen um den Hals. An dem Steine will er rasten, stellt die Pachen auf die Spitze desselben, und lehnt sich an ihn. Die Pachen rutscht ab, zieht den Träger nach, und die Widen erdrosseln ihn. Der Fall wird nach Neustadt gemeldet, eine Commission trifft mit dem Henker — bei einem Leichenfunde nie ohne diesen — ein; die Widen ab, die Leiche fällt neustadtwärts, die Schwarte gegen Starhemberg; Neustadt nimmt sich den Todten, Starhemberg die Speckseite, und so sei damals schon das herrschaftliche Gränzrecht auf diesem Puncte dadurch anerkannt worden (Rathsprotokoll von Neustadt, Stadtarchiv daselbst f. 120 ff.). — 448. Stadtarchiv zu Neustadt. — 449. Ebend. — 450. Jeder Selbstmörder wurde vom Freimann eingeholt, und auf Henkersgrund „zu Aschen vnd Pulver" verbrannt (Gerichtsprotokoll von 1619 zu Hernstein). Vgl. auch Niederösterreichische Weisthümer 1, 378, 400.

Versetzung oder Vernichtung von Rainsteinen, nächtlicher
Viehtrieb zu fremdem Schaden, Vernichtung fruchtbarer
Bäume Anderer u. s. w. Die Dorfrichter wie Gutsherren
im Bezirke hatten die Thäter zu fassen, und in der Regel
binnen drei Tagen an altherkömmlichem Orte dem Pfleger
von Starhemberg, der mit seinem Nachrichter sich einfand,
unter Einhaltung gewisser feststehender Fragen und Antworten, zu übergeben. So war für Gutenstein in der Oed
zwischen dem Zusammenflusse des Miesen- und Waid-
mannsbaches ein Fels der Ablieferungsort,[451]) für Neusiedel und Urschendorf, als Tachenstein nicht mehr die
alte Selbstständigkeit genoss, ein Stein oberhalb der heutigen Teichmühle im Walde neben dem Wege.[452])

---

451. „Auf dem Gstain innerhalb der Oed, da der Wambespach vnd
Miesenbach zusamen khomben" (Gerichtsprotokoll von 1619 zu Hernstein).
— **452.** Herr Gruber auf Gerasdorf sagt 1592 aus, „dass Neusidel vnd
Vrschendorf vor (vorher) ihre Malefiz Persohnen auf den Tahenstain seiner
Inhabung antworten, vnd von dannen volgunts zu ainem Stain bey dem
Teich gen Starnberg geantwort werden sollen" (Stadtarchiv zu Neustadt).
— Im Jahre 1689 vergiftete ein Mädchen ihren Dienstherrn zu Netting,
der sie geschwängert und dann eine andere geheiratet hatte. Sie wurde
zur Auslieferung vorgerichtet. Am 20. Juni begleitete sie der Amtmann
des Stiftes Neukloster, dem Tachenstein mit Netting zustand, sammt Richtern und allen Bauern letzteren Ortes, auch den Klosterholden von Meiers-
und Mutmannsdorf, an den Uebergabsort. Diese Leute waren sämmtlich
mit ihren Hauswaffen, Hellebarden und Musketen ausgerüstet, und so
zog man „biss zu dem Stain, der oberhalb der Herrschafft Emerberg öden
Teicht im Waldt neben dess Weeg steet". Dort hub der Dorfrichter an,
„mit dem gebührenden Ridl" (Titl?) dreimal laut zu rufen, ob der Landgerichtsverwalter von Starhemberg da sei? So that er selbst, wenn
der Verwalter ihm greifbar gegenüberstand. Dieser, seiner Würde entsprechend, antwortete erst auf den dritten Ruf. Nun erklärte der Richter,
dass er namens des Stiftes Neukloster diese oder jene Person zu übergeben habe, und liefs dieselbe durch den Landesgerichtsdiener zum Steine
führen. Der Landrichter sagte jetzt, dass er sie übernehme mit Allem,
was sie an und bei sich habe, worauf der Dorf- oder Hofrichter, sie werde
eingeliefert wie sie gehe und stehe, und wenn das Landgericht mehr verlange, so protestiere er, weil die Herrschaft Tachenstein das Recht habe,
zu behalten, was ihr mit solchen Leuten übergeben werde. Was diese
Arme von ihrer Herrschaft wegen an sich trug, war in einem rothen
Beutel um den Hals gehängt, der gewöhnliche „Fierfang" von 72 Pfennigen (Abholgebühr). Jetzt übernahm sie der Landrichter, und führte
sie ab. (Archiv des Stiftes Neukloster zu Neustadt.) — Auch das Banntaiding von Netting (Niederösterreichische Weisthümer 1, 111, §. 19)
gedenkt des Steines beim Teiche, der eben ein Markstein war, als Ab-
lieferungsortes.

Diese Andeutungen mögen als Anlass genügen, ins bäuerliche Leben, soweit es Recht und Gesetz, die Pflichten der Bauernschaft, und theilweise auch des Herrn begriff, unter dessen Einfluss oder Ueberwachung es sich gestaltete, einen Blick zu thun.

Die Wahrung der gesetzlichen Bestimmungen oblag dem Dorfrichter, der aus freier Wahl, unter Genehmigung des Grundherrn, hervorging. Lebten in seinem Dorfe Holden mehrerer Herrschaften, so konnte es, wie in Mutmannsdorf, auch mehrere Richter geben. Es gab unter den Leuten eben Pflichten wider die Gemeinde und wider die eigenen Grundherren. Der von der Dorfgemeinde gewählte Richter war die Mittelsperson zwischen den Holden und dem Herrn, aber auf Seite der Ersteren; von jener des Letzteren kam als solche der Amtmann oder Pfleger. Der Richter genoss, seiner Amtslast wegen, verschiedene Begünstigungen: er war dienst- und robotfrei, hatte aber die Zinsungen um Georgi und Michaeli einzunehmen, und die Abfuhr aller Naturalgiebigkeiten, sowie die Leistungen der Robot zu überwachen.⁴⁵³)

Hervorragend ward seine Thätigkeit in den Gemeindeversammlungen oder Banntaidingen, wo über die Wahlen, über vorgekommene Fälle entschieden, und zu den alten selbstgemachten Dorfgesetzen mancher neue Absatz, eines noch nicht vorgekommenen Falles wegen, eingeführt wurde. Daher sind auch diese Dorfrechte unter einander so vielfach verschieden, und spricht aus manchem ebensosehr bäuerliche Härte, zumal wider jede Eigenthumsverletzung, als öfters Witz, und auch Weinlaune.

In der Regel hielt man die Banntaidinge zwei, auch drei Male im Jahre. Anwesend war stets der Grundherr oder sein Vertreter. Auf seine Frage an den Richter, ob es an der Zeit, die Sitzung zu eröffnen, fragte dieser die Anwesenden, und erst wenn diese erkannten, ward sie mit der Lesung des Banntaidingbuches eröffnet.⁴⁵⁴) Das konnte nicht umgangen werden. Jeder musste abermals sich vor Augen halten, was innerhalb der Gemeinde früher beschlossen worden, damit desto leichter ein Urtheil gefällt

---

453. Banntaiding von Saubersdorf in Niederösterreichische Weisthümer I, 125. — 454. Dasselbe ebend. 119. Zu Piesting erschienen noch 1740 und später Graf oder Gräfin mit dem Pfleger beim Banntaiding (Marktprotokoll zu Piesting). Was die Vorlesung betrifft vgl. ebend. 118.

werden konnte. Dann aber geschah das auch wegen etwa nöthiger Aenderungen, welche die Zeit verlangte. Und die Anwesenden hatten zu erklären, ob es mit jedem einzelnen Puncte seine Richtigkeit habe. So lernte Jeder sein Dorfgesetz auswendig.

Anwesend aber musste jeder Ansässige sein, und nur drei Fälle konnten entschuldigen: „Gottesgewalt (Krankheit), Herrengeschäft (Auftrag der Herrschaft) vnd schefraitiges Wasser (Wassernoth)".[455]) Man konnte sich auch vertreten lassen, aber jedenfalls hatte man sich zu entschuldigen, bei Strafe von 12—72 Pfennigen.[456]) Um den Besuch, wenn er bereits einschlafen wollte, anzuregen, gebrauchten die Gemeinden „zuführende Mitel", worin gelegentlich die Grundherren sie unterstützten. In Gerasdorf gewährte die Herrschaft seit dem 17. Jahrhunderte einen Trunk,[457]) in Netting verzichtete Stift Neukloster auf die Tranksteuer für den Verbrauch am Banntaidingstage,[458]) und in Molrams, das nach Emmerberg gehörte, hatten die Bauern gar freie Hasenjagd am sogenannten Banntaidingssonntage, und die Herrschaft Tachenstein lieferte auf Ersuchen die Netze für diese jägerlichen Richter.[459])

Diese Leute bildeten, was an einzelnen Orten man den „Umstand" nannte. Ihnen las der Richter das Dorfrecht vor; that es für ihn ein Anderer, dann musste er diesem von Amtswegen das Essen bezahlen.[460]) Nach der Lesung legte er (in Waidmannsfeld) den Stab aus der Hand, und nun begann die Beredung.[461])

Die Fälle, worüber das Dorfgericht erkannte, waren civil- und strafrechtliche. Die Letzteren betrafen das Eigenthum, den Hausfrieden, Mafs und Gewicht, die Raine, Stänkereien und Schlägereien, Gesundheits- und Feuerpolizei u. s. w.

Wer eine Klage in Schuldsachen oder wegen Grund- und Boden vorzubringen hatte, meldete sie mit Erlag eines Pfennigs dem Richter drei Tage vor dem Banntaiding an; man nannte das seinen Fall „riegen".[462]) Die Abhackung

455. Banntaiding von Gerasdorf, ebend. 141, §. 30, und von Netting, ebend. 109, §. 1. Bei Netting heifst es „schiffreiche Wässer". — 456. Ebend., und Saubersdorf ebend. 1, 118. — 457. Ebend. 144, Note zu §. 15. — 458. Ebend. 111, §. 16. — 459. Ebend. 189, §. 4. — 460. Ebend. 119. — 461. Ebend. 361. — 462. Ebend. 118.

eines fremden dürren Baumes büfste der Thäter mit
24 Pfennigen, jene eines fruchttragenden machte zum
„schedlichen Man“, d. h. zum Verbrecher; er gehörte vor
das Landgericht, und war die Strafe 5 Pfund Pfennige, bei
Zahlungsunvermögen aber Verlust der rechten Hand auf
dem Stocke.[463]) Ebendort zu Willendorf galt es ein Ver-
brechen, einem Dritten zu Schaden, Vieh auf dessen Weide
vor Mitternacht zu treiben, nach Mitternacht büsste er blos
72 Pfennige. Nicht minder gefährlich wurde es daselbst,
nachts einen fremden Hof zu betreten; das Ortsgesetz machte
da zwischen guter und böser Absicht keinen Unterschied.
Wer auf dreimaligen Anruf nicht antwortete, konnte straflos
todtgeschlagen werden. Der Wahrer seines Hausrechtes
holte sich blos drei Nachbarn, die ihm halfen, den Leichnam
auf die Strafse zu ziehen, und legte er dann noch 3 Pfennige auf die Wunde, so hatte er die That „gegen der Welt
püefst vnd gegen Gott seinen Anstant“.[464]) Ganz so übel
konnte es in Gerasdorf Einem ergehen, der am Fenster
spionierte („loste“); nur brauchte der Bauer dabei gar nicht
anzurufen, sondern stach einfach durch das Fenster.[465])
Die Ausackerung, Ausgrabung, Versetzung oder Vertilgung
eines Rainsteines ward vom Landgerichte allein behandelt,
und so auch die Niederhauung eines Gränzbaumes zwischen
zwei Wäldern, wenn der eine Wald dem Thäter gehörte;
ein zufällig ausgegrabener Rainstein durfte nur im Vereine
mit den Nachbarn wieder eingesetzt werden. Ueberhaupt
konnte zwischen Nachbarn die Feststellung der Gränze blos
im Beisein des Richters und der „Führer“ stattfinden, deren
Mühewaltung die Parteien je mit zwei Schillingen lohnten,
und gegen deren ehrliche Ausmarkung jeder Widerspruch
strafbar war. Wer nun seinen Zaun nach Erkenntniss der
Nachbarn auf fremden Grund übersetzte, hatte dem Richter
und jedem Führer 72 Pfennige, und der Herrschaft für jeden
unrechten Zaunstecken ebensoviel zu entrichten.[466])

---

463. Banntaiding von Willendorf ebend. 149. In den Weingärten
daselbst unterschied man den niederen Satz für einen dürren Baum
(12 Pfennige), für einen „grienen Pfersichpawm“ den mittleren (24 Pfennige), und den hohen von 5 Pfund oder Handverlust für einen „pelczten
geschlachten Pawm“ (ebend. 159, §. 24). — 464. Ebend. 146. In Gerasdorf wurde nur böse Absicht betont, der Bauer brauchte keine Nachbarn
zu holen und legte die drei Pfennige dem Todten aufs Herz (ebend.
139, §. 4). — 465. Ebend. — 466. Ebend. für Gerasdorf 139, §. 4, für

Namhaft bedacht in jedem Dorfrechtbuche sind die persönlichen Beziehungen, oder vielmehr deren Ausarten bei Wein und Spiel, und unter dem Einflusse der Leidenschaft. Bei den Frauen ist (für Saubersdorf) auch der Backstein (Schandstein) erwähnt, der ihnen wegen Scheltens und Zankens an den Hals gehangen wurde, und bis zu einem Centner wog; konnte oder wollte die Sträfliche keine Geldbusse leisten, so kaufte der Richter eine Kiste fauler Eier, liefs Jene durch das Dorf treiben, und sie von jungen Burschen bewerfen.[467]

Bei gemeinem Stänkern im Wirtshause konnten die Anwesenden auch ohne Richter gesetzlich vorgehen; gab der Händelsucher widerholten Ermahnungen kein Gehör, dann warf man ihm einen Rock über den Kopf, und stiefs ihn aus einer Ecke in die andere.[468] Aehnlich ging es auch öfters nach Spielen im Wirtshause. Die Saubersdorfer fassen die zwei möglichen Fälle des Gewinnens und Verlierens ins Auge. Ein Fremder, d. h. überhaupt ein Auswärtiger, fordert im Wirtshause den Leitgeb zum Spiele auf; will oder kann dieser nicht mitthun, so lässt er aus dem Dorfe Spieler holen. Gewinnt der Fremde so viel, dass er sich ein Pferd davon kaufen kann, so soll die Gemeinde ihm einen Sattel dazu geben, und ihn mit Wein aus dem Dorfe hinausbegleiten lassen. Verliert er dagegen und „greint" er, und lässt sich durch Zureden nicht begütigen, dann kommt wieder der Rock über den Kopf, und das Schupfen von Winkel zu Ecke an die Reihe, und ist's damit genug, setzt man ihn zu Tische, gibt ihm Wein und frägt ihn, ob es ihm jetzt recht sei. Murrt er weiter, dann wird um den Richter geschickt, der ihn zu Urfehde und Bürgschaft zwingt.[469] Uebrigens war daselbst den Einheimischen unter sich alles Spielen verboten, und nur mit einem Auswärtigen erlaubt, aber auch dann blos bei Tageslicht. Ward einmal der Span angezündet, dann hatte man zu schliefsen, bei Strafe von 1 Pfund Pfennige, und Einziehung alles Geldes auf dem Tische.[470]

Es zeugt für juristisches Denken, dass die Leute von Molrams alle Strafen für Balgercien auf der Strafse dem

---

Willendorf 149, für Netting 111, §. 18, 113, §. 41 und 114, §§. 42, 44 und 45. — **467.** Ebend. 124. — **468.** Ebend. (für Willendorf) 148. Der Wortlaut ist, „man solt mit im in ain Want in die ander lauffen". — **469.** Ebend. 122. — **470.** Ebend.

Richter, für solche in den Häusern dem Grundherrn zu-
sprachen,[471] sonst aber unterscheidet man einfache Schlägereien mit Faust oder Hand, mit Büchsen und Hacken, mit
Messer oder Schwert, mit Spiefsen und Steinen, und jeweilig
mit Nuancen. So kostet ein Schlag mit der Faust, „hat er
den Daumb hervor" (Ohrfeige), in Gerasdorf und Willendorf die schwere Bufse von 5 Pfund Pfennigen, „hat er den
Daumb in der Hand" (eingezogen) in Gerasdorf nichts, in
Willendorf aber 4 Pfund.[472] Bei Schiefswaffen kehrt sich
im 16. Jahrhundert noch die Armbrust vor. Da nehmen es
die Gerasdorfer mit Treffen oder Nichttreffen leichter: es
kostet immer 5 Pfund Pfennige; dagegen ist Willendorf
schärfer hinterdrein, und fordert für's Nichttreffen 6 Pfund,
und für's Treffen Hab und Hals. Bleibt es bei der Drohung,
und wird die gespannte Armbrust wieder abgelassen, dann
lässt man es auf sich beruhen.[473] Ein Hacken- oder Kol-
benschlag geht in Gerasdorf um 5 Pfund, in Willendorf der
Hackenwurf überhaupt um 6 Schilling 2 Pfennige, der
Treffer um Leib und Gut.[474] Waffen zücken, wie Seiten-
messer oder Schwert, ob mit Stechen oder nicht, wird berechnet für zwei Handgriffe, aus der Scheide und in die
Scheide, je der Griff in Gerasdorf mit 12, in Willendorf
mit 62 Pfennigen.[475] Bei Spiefsen gilt die Stange für gefährlicher als das Eisen, denn jenes wird dort wie hier weit
höher im Geldausmafse angesetzt als dieses.[476] Ein Stein-
wurf überhaupt kostet 5 Pfund; legt dagegen der Zornige
den Stein wieder weg, dann geht er wie bei der abge-
spannten Armbrust frei aus.[477] Im Ganzen suchte man der
gröfseren Gefahr der Schlägereien, die aus dem allgemeinen Waffentragen kommen konnte, vorzubeugen, und

---

471. Ebend. 191, §. 16. — 472. Ebend. 139, §. 6 und 147. Ebenso
auch in Netting, doch ist hier die Deutung des „Daumb hervor" gegeben
als „mit der Hand und ausgestreckten Fingern" (ebend. 112, §. 32). —
473. Ebend. 139, §. 5 und 147. Bei Willendorf, heifst es, lässt man „das
Armbrost wider ab an der Winden oder an dem Kracken", bei Gerasdorf „an dem Krampen". In Netting, dessen Bannbuch schon ins 18.
Jahrhundert gehört, wird (ebend. 113, §. 33) die Büchse erwähnt, und
ein Schiefsen oder Nichtschiefsen büfst 5 Pfund, und so auch bei An-
wendung von Hacken (ebend. 112, §. 29). — 474. Ebend. 139, §. 6 und
148. — 475. Ebend. 140, §. 9 und 148. — 476. Ebend. 140, §. 8 und
148. — 477. Ebend. 140, §. 7 und 147. In Netting sagen sie (ebend. 112,
§. 30) vom unausgeführten Wurfe: „legt er den Stain aber wider an sein
Orth, oder lasst ihn auf sein grofse Zehen fallen".

einem Bewaffneten gab ein Wirt nur ein Seitel Wein; beim
zweiten Seitel musste er die Waffe Letzterem zur Aufbewahrung geben, oder er wurde ausgeschafft.[478])
Da in allen Dörfern des Gebietes der Weinbau eine
grofse Rolle spielt, begreift sich, dass dasselbe mit seiner
gesetzlichen Behütung auch in den Bannbüchern der Fall
ist. Da gibt es Vorschriften, wie und wann die Gewähr-
anschreibung zu suchen, und der Weingarten geniefst die
gleiche Freiung wie das Haus, und ein Edelmann hat einen
Einbruch durch Verwundung der Arbeiter mit 32 Pfund
Pfennigen, ein „Passmann" (Bürger oder Beamter, wie
Pfleger) mit 10, und ein Bauer, Hauer oder sonst gemeiner
Mann mit 5 Pfund zu büfsen.[479]) Da wird gegen Abrutschen
des Erdreichs, gegen Ueberwerfen von Wurzelwerk und
Gereute, gegen Verunreinigung und Verstopfen der „Flucht-
gräben" vorgesorgt, und auch wegen Aufrechterhaltung
der Abbaumauern. Der Arbeitsbeginn in der Jahreszeit
und für den Tag ist festgesetzt, und wird Letzterer gelegenen Orts (wie in Strelzhof) durch Glockenläuten in
den Arbeitsstunden geregelt, und so auch die Lese, welche
nicht früher beginnt, ehe nicht der Richter mit den Führern
die Rebe beschaute. Am Ruprechtstag ist Raintag: der
Bergrichter und alle Weingartenbesitzer regeln da zweifelhafte Gränzfragen unter Beiziehung von Geschwornen
oder Sachverständigen. Gegen deren Entscheidungen zu
„mirblen" ist sträflich. Der Rainstein ist heilig: wer (zu
Willendorf) einen solchen böswillig versetzt oder vertilgt,
der wird an dessen Stelle in die Grube gethan, mit einem
Messer in der Hand, und bis an den Hals zugeschüttet;
kann er sich herausarbeiten, gut, wenn nicht, dann „stee
er, wie lang er mag". Nicht minder heilig ist der Wein-
gartstecken: wer aus fremdem Weingarten oder von fremden Wegen derlei nimmt, ist landgerichtsmäfsig, und einige
Satzungen sagen, mit dem Tode zu strafen. So wie die
Steine und Gräben, sind auch die Wege zu bestellen, und
Jeder hat sich zu hüten, dass er sie mit Ross und Wagen
nicht schädige.[480])

478. Ebend. 122 für Saubersdorf und 112, §. 28 für Netting. —
479. Ebend. 155, §§. 3 und 4, und 162, §. 45. — 480. Diese Puncte findet
man ebend. 115, §§. 1, 2, 3, 7; 116, §§. 12, 13; 155, §. 5; 156 §§. 7, 9, 10;
157, §§. 11, 14; 158, §. 19; 160, §. 35; 161, §. 42, und 162, §. 44.

Die Weingarthut lag den Hütern ob, die der Richter setzte, und alle 14 Tage inspicierte. Die Bestimmung dieser Wächter geschah um Lorenzi. Sie sollten den Bau des Armen wie Reichen in gleicher Sorgfalt bedenken, Uebertreter pfänden und das Pfand der Herrschaft abliefern, aufser Vieh; das ging an Richter oder Bergmeister und war bei denen mit 2 Pfennigen die Klaue zu lösen.[481]) In Willendorf bezog der Richter von jedem Weingarten drei Trauben. Sonst galt den Leuten, die Trauben nahmen, Mitleid und Barbarei. Ein Wanderer, der sich schwach fühlte, brauchte blos den Hüter dreimal zu rufen, wenn er Trauben haben wollte, und der musste ihm drei gestatten; kam er nicht, so mochte der Wanderer sie sich selbst nehmen: eine in die rechte Hand, eine die linke und eine in den Mund. Wer sonst Trauben ohne Erlaubniss pflückte, ward dadurch zum Verbrecher, und wie ein solcher wurde er, wenn man ihn fasste, von seiner Grundherrschaft mit drei Strohhalmen an den Markstein gebunden dem Landgerichte Starhemberg ausgeliefert. Und war ein derlei Uebelthäter dem Hüter zu stark, so konnte dieser die Nachbarschaft aufrufen, und wer nicht mithalf, der galt als sehr strafbarer „Hinhelfer". Konnte man Einem mehrere solcher Diebstähle nachweisen, so drang man auf dessen Hinrichtung, aufser der Thäter besafs Vermögen zum theuren Loskauf.[482])

Das Stiftgeld, der Grundzins für Weingärten, musste drei Tage vor der Lese erlegt werden; konnte man es nicht, dann that's um Martini ein entsprechendes Mafs guten Mostes. Bei zwei Jahren Rückstand konnte der Grundherr auf Ross und Wagen des Pflichtigen greifen.[483]) Dagegen hatte der Zehentherr zu rechter Zeit um seinen Zehentmost sich einzufinden; wenn nicht, dann liefs der Holde den Most in reinem Bottich stehen, und wartete 14 Tage des Zehetners; kam der noch immer nicht, dann lud der Pflichtige den Richter zum Kosten, und konnte das Mafs ohne Verantwortung ausgiefsen.[484])

Wer seinen unterthänigen Weingarten — man pflegte „Bergrecht" zu sagen — verkaufen wollte, hat ihn zuerst

481. Ebend. 116, §. 14, und 159, §§. 28 und 29. — 482. Ebend. 159, §§. 32 und 33, und 166, §. 36, dann 116, §§. 15 und 16. — 483. Ebend. 161, §§. 37 und 38. — 484. Ebend. 161, §. 40.

seiner Grundherrschaft anzufeilen, in zweiter Reihe einem seiner Anrainer, und dann erst konnte er Andere angehen. Geschah ein Verkauf heimlich, so lag es in der Gewalt des Anrainers, ihn für sich rückgängig zu machen: er liefs durch den Bergrichter die Berggenossen aufbieten, in ihrer Zusammenkunft sich den Grund zusprechen, übergab der Herrschaft den Kaufpreis, und der Grund war sein und der frühere Verkauf ungiltig.[485])

So viel über Weingärten.

Sonst galt bezüglich Erwerbung dienstbarer Gründe, dass, wer sich einkaufte, binnen sechs Wochen, wer sich einerbte, binnen Jahr und Tag sich ins Grundbuch eintragen lassen sollte. Wer in Stiftung trat, brachte seinen Mitmann (Nachbar, da fast jedes Stiftgut zwei Bebauer hatte) zur Feststellung des Grundbuches mit, und zahlte ganzes Stiftrecht als Anfahrt, und der Abziehende zahlte das halbe zu Abfahrt. Doch jährlich hatte jeder Besitzer eines Zinsgrundes am bestimmten Tage zur Herrschaft sich zu begeben, damit er deren Willen wegen der Zinse des nächsten Jahres erfahre. Dieser Tag hiefs „Dienstag", und zu Netting war der Sonntag nach heiligen Dreikönig „Dienstag".[486]) Mit der bücherlichen Eintragung gewann der Unterthan auch die Gewähre oder die erbrechtliche Sicherung. Diese war dreifach: der Bauer konnte sie ohneweiters für seine Erben haben; wollte er auch seine Frau anschreiben lassen, so fiel nach seinem Tode das Gut zur Halbscheid an sie und ihre Erben, und zur anderen an seine Erben; oder die Anschreibung erfolgte zu gesammter Hand, dann genoss der überlebende Theil lebenslang das Ganze, und nach seinem Tode fiel das Gut an die Erben beider Theile je zur Hälfte; oder endlich die Gewähre erfolgte auf das Ueberleben, dann fiel das Gut an die überlebende Person.[487]) Ortsweise brauchte Letztere den Erben des Verstorbenen blos den 3. Pfennig vom Schätzwerte des Erbtheiles zu geben.[488])

Es gab aufser dem, was bereits vom Richter erwähnt wurde, noch eine ganze Reihe anderer Verpflichtungen des-

---

485. Ebend. 157, §. 15 und 158, §§. 17 und 18. — 486. Ebend. 109, §. 2 und 110, §§. 14 und 15. — 487. Aufschreibungen des Pfarrers Paludnig von Mutmannsdorf, Archiv Neukloster zu Neustadt. — 488. Archiv des Kreisgerichtes zu Neustadt.

selben, deren Erfüllung mit dem allgemeinen Wohl und
Wehe der Dorfschaft zusammenhing.

So war alle drei Jahre die Burgfriedberainung vorzunehmen, und jeder Rain und Stein zu beschauen. Namentlich wurden die jungen Leute dazu herangezogen.[489])
Die Wege und Zäune waren zu besehen, das Unrechte an
Letzteren (z. B. das Vorstehen der sogenannten Kletzen,
der scharfen Ausläufer der Zweige und Aeste) zu beseitigen,[490]) die Mafse der Wirte zu erproben, dadurch, dass
man Jemand abpasste, der eben Wein geholt, und den
mafs; war Unrechtes daran, dann schlug der Richter mit
Zweien der Gemeinde dem Leitgeb den Zapfen vom Fass,
und was noch darin war, vertrank die Dorfschaft.[491]) Er
achtete darauf, dass nicht Hemden, Tücher, Hadern, Fleisch
und unreines Geschirr beim Dorfbrunnen gewaschen wurden, und die Bauern diesen und die Viehtränke jährlich um
Ostern räumten.[492]) Er hielt mit den Führern Feuerschau,
erprobte die Oefen und Rauchfänge mittelst dreier Schläge,
und war jede Mangelhaftigkeit sofort abzustellen.[493]) Auch
zu sorgen, dass die Robot nach Befehl und Herkommen
geleistet wurde, lag in seinem Pflichtenkreise.

Was den Unterthan dem Grundherrn besonders nahe
rückte, war die Leistung für des Letzteren Haus und Hausstand, die allerdings je nach Handhabung sehr lästige
Robot. Damit trat er in des Herrn Familie ein, und bekam
mehr Antheil an dem Gedeihen dessen Hauswesens. Allein
nur zu häufig war dieser Antheil ein theuer erkaufter. Die
Robot, verhältnissmäfsig eine Neuerung, und somit aufgedrungen, hatte allerdings soviel in sich, dass sie den Herrn
mehr an seine Pflicht gegen den Mann hätte erinnern sollen,
der ihm seinen Boden nicht nur verzinste, sondern auch
bearbeitete, und dessen Hand also für seinen Unterhalt
unmittelbar sorgte, und somit geeignet, die Schutzpflicht
zu erhöhen, oder doch ihr Bewusstsein. Zuweilen indess
ward die Herrschaft daran gemahnt, und so setzte Willendorf schriftlich fest, dass jeder Inhaber von Starhemberg

---

489. Banntaiding von Netting a. a. O. 113, §. 40, und 114, §. 47. —
490. Banntaidinge von Gerasdorf, Willendorf und Netting ebend. 152,
140, §§. 16 und 17, 141, §. 18, und 149 und 152, dann 110, §. 9, und 113,
§. 39. — 491. Ebend. 121, und 116, §. 17. — 492. Ebend. 111, §. 21. —
493. Ebend. 141, §. 29, 113, §. 38, 123 und 151.

verpflichtet sei, seinen Holden daselbst auf eigene Kosten
beizustehen, Allen und Jedem, von Aufgang bis Untergang
der Sonne, dreimal im Jahre; bedurfte man seiner öfter,
musste er gebeten werden.[494]) Und als 1683 die Herrschaft
in Schrecken und Furcht ihrer Verbindlichkeit nicht nach-
kam, gab es offenen Widerstand in anderen Dingen.[495]) Mit
dem Antheile, den nothwendig ein Grundherr an dem Wohl
und Wehe seiner Holden tragen musste, in Bezug steht wohl
auch ein netter Brauch zu Netting. Ein Unterthan, der sich
ein Weib aufserhalb der Herrschaft Tachenstein holte, und
mit ihr heimwärts am Schlosse vorüberzog, musste mit ihr
beim Kreuze unterhalb desselben drei Tänze thun, gleichviel ob im Sommer oder Winter, und einen Kranz und einen
Krapfen auf die Burg schicken; dagegen begrüfste man ihn
von dort mit drei Schüssen, und sendete eine Kanne Wein
herab. Der Hold, der das übersah, büfste es mit einem
Metzen Hafers.[496])

Von allem Anfange gab es eigentlich blos Landrobot,
denn der Bauer des 14. Jahrhunderts mit seinen Dienst-
pflichten bestand im 11. und 12. Jahrhunderte nicht. Daran
hatte sich (für Willendorf ist das besonders genannt, und
auch von Piesting weifs man das, es verstand sich aber,
wie vieles Andere, von selber) die Pflicht, am Schloss-
baue mitzuhelfen, immer erhalten,[497]) und als 1644 an der

---

494. Ebend. 146. — **495.** Ebend. 153, Note. Als die Türken ein-
fielen, flohen auch die Willendorfer nach Starhemberg, aber dort liefs
man sie nicht ein. Dafür weigerten sich sie von 1684 ab, das Vogtgeld
zu bezahlen: die Herrschaft hätte ihre Schuldigkeit nicht erfüllt, und dadurch seien auf dem Rückzuge mehrere Bauern von den Türken umgebracht worden. Auch die Robot stellten sie ein, weil Starhemberg für
sie kein Schutzort mehr sei. Im Jahre 1720 forderte die Gräfin Isabella
Beides, und es ward unter diesen Angaben, unterstützt vom Verwalter
des Neuklosters in Strelzhof, abgeschlagen. Die Gräfin entschuldigte sich
damit, man habe in der Nacht die Leute nicht erkannt. Allein der Verwalter, Pater Alberich (der spätere Abt?), erwiderte, bei Tage hätten sie
der Türken wegen nicht kommen können; auch hätten sie sich wohl zu
erkennen gegeben, ihre Namen genannt, und überhaupt deutsch hinauf
gesprochen, und nicht türkisch. — **496.** Ebend. 169, §. 6. — **497.** Ebend.
146. Sonst findet sich Baurobot am Schlosse nebenbei erwähnt für
Wellersdorf (Urbar von 1515, vgl. Note 500, f. 98'). Wie aber zuweilen
ungefragt ein Zuschlag an Leistungen eingestellt wurde, zeigt sich im
Urbare von 1564, f. 242, wo es heifst, die Willendorfer sind robotpflichtig
„es sey mit Gebeu am Schloss oder andern Notturften, zu wo man sy
dann eruordert". —

Befestigung von Neustadt, der herandrohenden Schweden wegen, rasch gearbeitet werden musste, stellte die Herrschaft Starhemberg 299 Bauernarbeiter.[498]) Auch die Heerespflicht stammt aus alter Zeit, und ist in späteren Tagen nur eine Erweiterung dieser Verbindlichkeit der freien Bauern auf die halbfreien geworden.[499]) Man sieht aus der Verschiedenheit der Robot in Zeit und Ort und Art, dass sie gutentheils in später vereinbarten Leistungen bestand. Von Ober-Piesting haben blos ihrer Drei von einer bestimmten Mühle Mehl auf das Schloss zu führen, und die Hauer bearbeiteten die herrschaftlichen Weinberge für gewisse Entlohnung;[500]) in Peusching hatten die Leute mit Zug Pflugdienst, ohne Zug hatten sie zu heugnen; mit Zug Heu, Holz zum Krautsieden, Pferdemist von der Burg auf die Aecker, und Maische aus den Weingärten zu führen, und die Hofbesitzer mit oder ohne Zug blos im Heu zu helfen, und Alle arbeiteten im Schnitt oder Lesen gegen Lohn;[501]) die von Wellersdorf hatten, wenn Hauer, einen Tag im Holz zu maifsen, wenn Bauern, vier Tage Ackerarbeit;[502]) die Dreistättner mit Zug jährlich 7 Fuder Holz und das Kraut aus den Hofkrautgärten nach dem Schlosse zu führen, 4 halbe Tage zu ackern, einen halben Tag Mist zu führen, das Getreide in den Hofstadel, und die Maische mitzuhelfen in den Keller zu bringen, die ohne Zug einen Tag Holz zu maifsen, Kraut zu setzen und um Lohn im Schnitt zu dienen, und bekamen Alle bei der Robot Wein und Brod.[503]) Die von Meiersdorf schickten drei Pflüge zu jeder Saat, führten 69 Fuder Holz, den Krautzehent und Heu in das Schloss und ihre Hauer hieben Holz und dienten Heu.[504]) Im Jahre 1525 ist ihnen die Zehentfuhre nach dem Maierhofe

498. Böheim, Geschichte von Wiener-Neustadt 2, 70. — 499. Bei einer Musterung im Jahre 1565 stellten die vereinten Herrschaften Starhemberg-Hernstein 479 Mann, es wurde aber blos je der 30., der 20., der 10., die Gesammtheit nie aufgerufen. Piesting rechtes Ufer (der Markt) zählte 53 Bewaffnete, linkes Ufer 7, Amt Pernitz 34, Amt Scheuchenstein 33, Leobersdorf (blos Starhemberger Holden) 8, Amt Wirflach 13, Amt Willendorf 30, Peusching 42, Dreistätten 32, Mutmannsdorf 30, Wopfing 23, Meiersdorf 33, Fischau 45. Neusiedl bei Hernstein 13, Hernstein 19, Wellersdorf 42, Steinabrückl 13, Ober-Piesting 9. Die Bewaffnung bestand in „Pixen, Helenparten, Seitenwehr, Sweinspiefs, Schefflen, Thussoygklein, lange Seitenwehr" (Archiv des Reichs-Finanzministeriums, Acten Starhemberg). — 500. Ebend., Urbar von 1515, f. 44. — 501. Ebend. 79. — 502. Ebend. 98'. — 503. Ebend. 117'. — 504. Ebend. 196.

zu Starhemberg aufgelastet.[505]) Auch die von Mutmannsdorf
führten 7 Fuder Holz, 2 Tage Heu, einen Tag Mist, und je
Drei zusammen ackerten viermal im Jahre; die fremden Holden daselbst mussten gleichfalls mitheugnen, und für die
Ueberwachung bekam der Richter einen Schober Heu
oder 60 Pfennige, und die Leute in der Arbeit hatten Wein
und Brot.[506]) Die Peuschinger heugneten die Hofwiesen
daselbst,[507]) und die Willendorfer schickten zu jeder Saat
zwei Pflüge nach Starhemberg.[508])

Von den übrigen Gaben soll bei Darlegung des Ein-
zelbesitzes die Rede sein.

Für diesen stehen hier leider nicht so alte Quellen
der Erkenntniss zur Verfügung wie bei Hernstein. Es gab
sie unbezweifelt, und bei dem landesfürstlichen Gute schöner
wohl, und geregelter als bei dem privaten, doch ist Alles
verloren gegangen. Dagegen ist für die spätere Zeit davon wieder eine schöne Reihe, von 1438—1576 vorhanden.[509]) Daraus lässt sich ungefähr eine Darstellung entwickeln, wie die Herrschaft Starhemberg zu Ende des Mittelalters und im Beginne der Neuzeit beschaffen gewesen ist.

Die Bücher des 15. Jahrhunderts zeigen kein Hofgut.
Ob das Schloss höchstens eine gewisse Area in nächster
Nähe als Hausgrund sich behalten, und nur von den
Giebigkeiten lebte, oder ob man die Hofgründe darin nicht
eintrug, sondern blos die Leistungsgründe, ist unklar. Mög-
lich wäre es immerhin, dass eine veränderte wirtschaftliche
Anschauung, als Starhemberg aus den Händen der landesfürstlichen Pfleger an Pfandinhaber gelangte, sich Bahn
brach, und zu Anfang des 16. Jahrhunderts ein eigentliches
Dominicale aufgerichtet wurde.[510]) Ein solches tritt im
Urbare von 1515 zuerst hervor, und begreift Aecker, Wiesen
und einen Baumgarten mit Hof zu Piesting, den man den
Thurngarten hiefs, der später Zehenthof wurde, und 1726
sogar die Residenz der Linie Starhemberg-Piesting werden
sollte, dann Weingärten zu Mülthal und an der Mandling.

---

505. Ebend., Urbar von 1525, f. 149. — 506. Ebend., Urbar von
1515, f. 242'. — 507. Ebend., Urbar von 1525, f. 67. — 508. Ebend.
f. 153. — 509. Im Archiv des Reichs-Finanzministeriums finden sich
Starhemberger Urbare von 1438, 1455, 1457, 1515, 1525, c. 1535,
1550 und 1564, in Hernstein eines von 1576. — 510. Nachweisbar hat
man wirklich früher verstiftete Gründe zu Hofgründen umgestaltet,
z. B. den Thurngarten zu Piesting.

Zu diesem Eigenbaugut gehörte die Fischerei in der Piesting. Im Ganzen waren es 24 Joch Aecker in Einem Felde,
und bei 32 Tagwerk Wiesen, ohne einen gewissen Kraut-
und den genannten Baumgarten.[511]) Von dieser Einführung
des Eigenbaues mag auch die Erweiterung der Robot-
pflichten der Unterthanen sich herschreiben. Aufserdem
gehörten zu diesem Hofgute noch die Bannwälder, die Jagd
und die Mauten.

Der Ersteren waren fünf: um Starhemberg der eine,
dann das Hartel und Langholz bei Ober-Piesting, der
Gressenberg bei Waldeck und der Brand bei Peusching.
Aufserdem hatte es — aus unbekanntem Vertrage — den
dritten Stamm aus dem Mandlingwalde, der nach Hernstein
gehörte, und einen Theil davon genossen die Wopfinger in
Pacht für 3 Pfund Pfennige. Zwei Förster, zu Dreistätten
und im Amte Peusching sitzend, führten die Obhut.[512])

Fischerei war blos in der Piesting. Die Teiche bei
Dreistätten, und auch noch welche unterhalb bei Mutmannsdorf, scheinen blos Bauernsache gewesen zu sein. Erstere
brachte im Pacht 16—20 Pfund Pfennige.[513])

511. Urbar von 1515, f. 24'. In jenem von 1457 ist eines Baum-
gartens und einer Wiese, genannt „der Hoffgarten vnder Starchenberg"
gedacht, an einen gewissen Lorenz Koller für 6 Schilling Pfennige verpachtet; derselbe hatte auch eine Mühle inne „auf dem Hofgarten, dauon
schol er mallen auf das Geslos" (f. 11), und im Urbar von 1538, f. 33 ist
des Hofgartens gedacht, dass er in eine Wiese verwandelt sei. — **512.** Das
Urbar von 1525, f. 182 beschreibt die Bannwälder wie folgt: „Der Wald
vmb Storhenberg raint an Piestinger Gemain, mit dem andern Rain an
der Ober Piestinger Velder ... bis an ain Holcz, das haist der Parkhan,
so gen Stuchsenstain gehort, mer zwey Hoeltzer, das ain haifst der Haertel,
vnd das ander das Langholtz, vnd rainen an der von Treesteten Dienst-
höltzer vnd Gemain. Es muess auch daselbs zw Treesteten ain Förster
sitzen, so der obberuerten Holczer huet. Aber ain Panwald haifst der
Grofslperg, derselb werdt hinein von Waldeck der Piesting nach biss an
die Oed, vnd von der Oed biss an Guetenstainer Grunt, vnd ist aufsge-
marcht biss herauff auff den Dürrnpach, vnd nach der Dürrnpacher Grunt
biss an der Mayrhofer March, vnd von dannen biss zwm Wähinger auf
den Perg seinen Grundten nach hinczt in die Piesting. Mer haifst ein
Wald im Prannt, der raint mit dem obern Rain an die Zerwant, vnd mit
dem andern Rain an den Forst, denen Wisen nach vnd der Strafsen auf
dem Dürrnpach biss auf Pewschinger Gemain, vnd der Vorster, so der
Wäld huet, muefs im Ambt zw Pewsching sitzen." Vgl. weiter Note 376.
— **513.** Das Urbar von 1515, f. 25 sagt blos: „Die Piesting hebt sich an
an der Oed, vnd geet herab in das Stainenprugklein, ist auf anderthalb
Meyl lang, wo man das verlässt, bey 16 oder 20 Pfd. vngeuerlich" —

Der Mauten gab es 1515 und 1525 ihrer vier: eine Holzmaut zu Piesting, und drei Viehmauten zu Piesting, Dreistätten und Fischau. Die Holzmaut betraf nur Kleinholz, wie Schindel, Laden, Latten, Schwertlinge, Weinstecken, Rinnen, Fässer u. s. w., und hiefs grofs und klein, wobei die grofse für dieselbe Post nur mehr bezahlte, als die kleine. Ein anderer Unterschied ist nicht zu merken.[514]) Die Viehmaut zu Piesting stand in Pacht, und trug 28 bis 32 Pfund Pfennige,[515]) jene zu Dreistätten verlangte vom Ochsen 2 Pfennige;[516]) die zu Fischau ward erst nach 1515 errichtet, und trug „zu getrewer Hand" etwa 2 Pfund Pfennige jährlich.[517])

Die Jagd theilte sich in Wildbann und Reisjagd: jener begriff alles Hochwild, diese alles Kleinwild und hiefs auch „Vogelgjaid". Das Urbar von 1515 gibt nur Letztere an, und bezifferte das Ertragniss auf 80 bis 100 Vögel im

---

aber jenes von 1525, f. 182 spricht ausführlicher: „Das ain Vischwasser bey Storhenberg hebt sich an von dem Wamaspach auf ainem Wasser, haifst die Schweinwart, vnd wert biss in die Piesting, das beruert Vischwasser vischt man halbs gen Storhenperg, vnd halbs zu der Herrschafft Guetenstain. Das Vischwasser der Piesting hebt sich an bey der Oed in dem Awfsern Furt vnd raint der Guetenstainer Wasser daran, vnd wert biss gen Staynaprugkh mitten in den Fuert, hat Nyemandt Gewalt darauff zw vischen, dann wem mans von der Herrschafft erlawbt. Wo man Ainen darvber betritt, den nymbt man vaengklichen an, vnd fuert denselben gen Storhemberg auf das Geschlos." Die Teiche bei Dreistätten trugen erst später, und zwar 1726 werden sie mit 130 fl. Pacht (oder Ertrag?) aufgeführt, den sie früher einbrachten; sie bestünden aber nicht mehr (Theilungsinstrument von 1726 zu Hernstein). Später bekam auch die Fischa in Fischau ihren Wert, wie man aus Processen mit Neuberg sieht. Es war eben das nächste und beste Wässerchen bei der Herrschaftsresidenz auf weit und breit. — 514. Urbar von 1515, f. 27' gibt folgenden Tarif:

	(grofs)	(klein)
Von 1000 Schintl	8 ₰	3 ₰
„ ainem Fueder Laden	2 „	1 „
„ „ „ Koll	2 „	1 „
„ „ „ Latten	2 „	1 „
„ 1000 Weinstecken	4 „	3 „
„ ainem Fueder Swertling	1 „	1 „
„ „ „ Rynnen	2 „	1 „
„ „ Wagen Khienn	2 „	1 „
„ „ „ Wagenholcz . . .	3 „	3 „
„ „ newen Vas von ainem Poden .	1 Heller	1 Heller
„ ainer Potting Poden	1 „	1 „

— 515. Ebend. f. 28'. — 516. Ebend. — 517. Urbar von 1525, f. 17'.

Jahre.[518]) In dieser Gegend, nicht so wie in der Umgebung von Wien, kümmerten sich die Landesfürsten des 16. Jahrhunderts wenig um den Wildbann; ein paar hundert Jahre vorher waren selbst Herzoginnen von Starhemberg auf die Jagd gezogen. Gegenüber Felician von Petschach hatte indess die Regierung sich die Hochjagd vorbehalten, die Ausübung jedoch scheint nicht eben lebhaft gewesen, und allmählich das Bedürfniss nach ihr abgestorben zu sein, denn Hans von Heulsenstein kaufte mit den zwei (resp. mit Scheuchenstein drei) Herrschaften die ganze Jagd. Erst Ferdinand II. erwarb die Hochjagden in einer Anzahl der Wälder von Starhemberg 1630 um 3000 fl.,[519]) und von da ab war sie kaiserlich zu Fischau und Wellersdorf, in Dreistätten, Piesting und Mutmannsdorf getheilt zwischen Kaiser und Herrschaft, in Stolhofen endlich, Meiersdorf, Wirflach und Dürrenbach gänzlich der Herrschaft. Sie ward also hier nicht als Regale beansprucht, sondern für Befriedigung der Jagdlust mit Entgelt erworben. Die Reisjagd kam für die Besitzer gar nicht in Frage. Das Erträgniss wird 1726 gleich Null angegeben.

Das Herrschaftsbild ist zwar, wie überhaupt keines im Mittelalter, ein undurchbrochenes. Sein Boden ist zu viel behufs Vergabungen aufgetheilt worden, und hat damit eine Anzahl kleiner fremder Jurisdictionen in sich aufgenommen. Namentlich gilt dies vom Südostrande. Dort haben geistliche und weltliche Herren, Kirchen und wohlthätige Anstalten, eine Menge Ableger und Besitzantheile und auf diesen auch ihre Grundherrlichkeiten, wie Brunn, Emmerberg, Tachenstein, Rotengrub und Gerasdorf. Dieses Eindrängen vollzog sich vom 12.—14. Jahrhundert, und

---

518. Urbar von 1515, f. 24'. — **519.** Archiv des Reichs-Finanzministeriums in Wien, Acten Starhemberg. Für die Leute von Fischau und das Kloster Neuberg als Grundherrn daselbst ward dies neue Verhältniss sehr lästig. Das Wild stand in den Wäldern nächst und zwischen den Weinbergen, und es erfolgten dann Mafsregelungen der Viehhirten und Weinzierle durch das Jagdpersonale. Dem ward aufgetragen, zu achten, „dass die Vischawer sich mit Halten ires Viechs bescheidenlich verhalten, weder mit Geyfsln schnalzen, noch der Halter mit seinem Horn vill plasen, noch weniger, dass sie Hundt ohne angehenckhte Prigel in die Perg füren sollen"; den Holzhauern sollten nur durch die Forstwächter die passenden Stellen bezeichnet werden, übrigens gedenke man das Holz- und Weiderecht der Fischauer nicht zu verkümmern (Steierm. Landesarchiv, Acten von Neuberg).

machte unter Anderem, dass die ganze grofse Herrschaft
blos eine einzige Pfarrei ihre wirkliche Patronatspfarre
nennen konnte, oder wie man damals sagte, Lehens- und
Vogteipfarre, und das war Dreistätten. Dies Alles übrigens, und noch Einiges mehr, das ihr aus der Nachbarschaft zugelegt worden, vereinte sie unter dem Bande der
obersten Gerichtsherrlichkeit. Und wie jede andere Herrschaft griff sie auch gelegentlich über ihr angestammtes
Weichbild hinaus und mit Besitz in andere Jurisdictionen
hinein, oder aus rein persönlichen Beziehungen traten abseits liegende Gutscomplexe zu ihrem Verwaltungskörper
hinzu, somit Enclaven da und dort, und auch Personal-
unionen im Kleinen. Zu diesen Letzteren gehörten die
Güter von Leobersdorf und Loipersbach, zu Ersteren die
Besitzungen zu Steinabrückl, Hölles, Edlitz und St. Veit
an der Triesting, zu Neusiedel bei Hernstein, Hetmannsdorf u. s. w. Dann eine Anzahl von Vogteirechten auswärts,
und bei sämmtlichen ist nur in ganz vereinzelten Fällen der
Ursprung nachzuweisen.

Das eigentliche Herrschaftsgebiet, wo Starhemberg
Grund und Boden sein eigen nannte, lag verstreut in den
Aemtern Dürrenbach, Wald und am Brand bei Peusching,
dann geschlossen im Markte Piesting, zu Ober-Piesting,
Peusching, Wellersdorf und Steinabrückl, zu Dreistätten,
Fischau, Mutmannsdorf, Meiersdorf, Zweiersdorf und Gaden. Darin sind im grofsen Ganzen die Darstellungen von
1438 und 1515 gleich, und auch 1564 nicht geändert; blos
im Einzelnen ergeben sich durch wachsende Culturen Vermehrungen. Allein seine Bezüge weisen viel mehr Oertlichkeiten als irgend wie pflichtig auf, sowohl in seinem
ursprünglichen Umfange, als aufserhalb. Es erhebt Grundzins überall, wo es verstifteten Boden besitzt, Polsterrecht oder Wührschlagzins von den Wehren der Mühlen
und Hämmer an der Piesting, Bergrechte in natura zu
Peusching, Piesting, Ober-Piesting, Mutmannsdorf, Gaden,
Neusiedel (der alte Name von Loderhof), Meiersdorf, Netting und Stolhofen, Bergrechtspfennige nur in Ober-
Piesting; Eierdienst hat es zu Mutmannsdorf, Berg-
recht- oder Faschinghühner von den Ueberländen zu
Dürrenbach, Peusching, Ober-Piesting und Dreistätten,
Futterhühner zu Meiersdorf, Holzhühner zu Ober-
Piesting, Wandhühner zu Mutmannsdorf, Gaden, Meiers-

dorf, Neusiedel, Stolhofen, und 1564 auch zu Zweiersdorf
und am Ramhof, Weihnachtshühner zu Mutmannsdorf
und Meiersdorf; „ins Kalb" oder Kälberpfennige dienen
Piesting (Markt), Peusching, Dreistätten und Meiersdorf,
St. Veit an der Triesting, Käse zu Pfingsten Peusching,
Dürrenbach, Dreistätten, Kien- oder Holzpfennige Pernitz, „in die Mahd" oder Mahdpfennige das Amt von
Brand und Peusching, Marchfutter Einzelne zu Peusching, Dürrenbach, Neusiedel bei Hernstein, Grillenberg,
Steinhof, Pöllau, Veitsau, Piesting (Markt) und Meiersdorf;
Schafhäuserdienst in Geld taucht erst seit 1564 auf, und
zeigt, wie die namentlich zu Anfang dieses Jahrhunderts
betriebene Schafzucht bereits um die Mitte des 16. als
wesentlich für das Gutsgedeihen erkannt worden ist. Einzelne im Dürrenbach waren zu Schweinpfennigen verhalten; in Vogtdienst verpflichtet war ein Theil von Markt
Piesting, Peusching (acht Holden des Pfarrers von Waidmannsfeld), Grillenberg und Veitsau in einer Anzahl von
Holden, sowie zu Wirflach, Willendorf, und 1564 auch
Steinabrückl, in Vogthafer Peusching, in Weidpfen-
nigen zu Pfingsten Piesting, Ober-Piesting und Meiersdorf, und in Weisatpfennigen Peusching und Meiersdorf.
Bergzehente gaben Piesting (zwei Drittel, ein Drittel
hatte die Pfarre) und Peusching (ganz), andere Zehente
aber 6 Unterthanen in Mutmannsdorf, 11 zu Stolhofen,
2 zu Gaden, 5 zu Meiersdorf (ein Drittel davon gehörte
zur Pfarre in Neustadt), 5 zu Dörfles (ein Drittel gehörte
nach der Pfarre zu St. Aegyden), 1 zu Hetmannsdorf und
Dreistätten, 2 zu Netting und Zweiersdorf, 5 zu Willendorf
und 7 zu Höflein. Eine Ehrungsgabe waren Filzschuhe,
die aber in der Zahl von zwei Paaren nur das Kloster
Lilienfeld von seinem „Meispeis"-Weingarten zu Wellersdorf zinste.

Das waren die Arten der Giebigkeiten um 1515 und
wenig später, und zwar vom Grund und Boden, dann, wie
das Vogtrecht, aus übertragener Gerichtsherrlichkeit. Dazu
kamen indess noch die Tranksteuer oder das Ungeld in
24 Ortschaften und Aemtern, das An- und Abfahrtgeld,
das Schreibgeld und die Mortuarien.

Das Ungeld betrug in Piesting, Wellersdorf, Fischau,
Brunn und Weikersdorf 2 Achtering vom Eimer, in Saubersdorf 4 Pfennige davon, ebenso in Neusiedel am Stein-

felde, das aber nach Tachenstein eximiert war, in allen
anderen Orten — und sie sind oben [?]) erwähnt — 3 Achtering, im Ganzen etwa 160 Pfund Pfennige jährlich. An-
und Abfahrt erscheint im 15. Jahrhundert noch nicht;
1515 tritt es erst zu Peusching, Wellersdorf und Dreistätten auf, verbreitet sich, und beträgt jeweilig 2 Pfennige.[521]) Aehnlich ist es mit dem Schreibgeld, der Gebühr für grundbücherliche Eintragung, das sich 1515 bei
Peusching und Dreistätten, nicht aber bei Wellersdorf
notiert findet. Man hat eben bei Neustiftungen auch neue
Bedingungen gestellt, und diese später zu systemisieren
gestrebt; gelegentlich ist man auch an die Unrechten gekommen, eine Thatsache, welche die Errichtung landesfürstlicher Unterthansadvocaten und der Kreisämter mit-
begründen hilft. Ebenso gab es, in den Urbaren wenigstens
für das 16. Jahrhundert, keinerlei der Mortuarien, wie sie
im 17. Jahrhundert gang und gäbe waren. Allerdings wurden die Verlassenschaften dadurch auch genauer, und mit
mehr Sicherung bestehender Anrechte abgehandelt. Diese
bestanden in fünferlei Gebühren: dem Pfundgelde der
Herrschaft (5 % des geschätzten Vermögens), der Ferti-
gung (Ausstellung des ämtlichen Inventars), der Pfleger-
gebühr (Taggeld des Pflegers), dem Schreibgelde (für die
Abschrift) und der Schätzmännergebühr (Taggeld für zwei
Nachbarn, die dem Pfleger als vorurtheilslose Sachver-
ständige zur Seite standen). Einen Tarif gab es so eigentlich nicht, sondern derselbe richtete sich stets nach dem
vorhandenen Vermögen.[522])
  Der Inhalt der Culturen lässt sich genau nicht aus
den Urbaren entnehmen. Die Ackerfrucht von Korn und
dgl. wird blos im Zehent begriffen, nicht aber den Arten
nach aufgeführt; blos der Hafer erscheint in der Abgabe
des Vogthafers. An Kleinfrucht werden „Arbais, Pan,
Haiden, Hiersch, Linsat, Magen, Kraut vnd Haar“,[523]) dann
auch stellenweise Safran erwähnt. Auf Viehzucht weisen
die Kälberpfennige, und seit ca. 1550 das Schafhäusergeld.
Das wesentlichste Erzeugniss aber war hier, sowie in der
benachbarten Herrschaft der Wein.

520. Ebend. S. 228—229. — 521. Urbar von 1515, ff. 80, 98'
und 118'. — 522. Aus den Inventurprotokollen im Archive des Kreisgerichtes zu Neustadt. — 523. Urbar von Mutmannsdorf im Archive des
Neuklosters zu Neustadt.

Das industrielle Element zeigt unter dem Schutze des Marktrechtes eine hübsche Entwicklung, und die zwei Hämmer vom Jahre 1438 zu Piesting sind 1515 auf vier Hämmer und drei Schleifen, und 1564 auf acht Hämmer und zwei Schleifen herangewachsen. Zu Ende des 16. Jahrhunderts werden solcher Anstalten fühlbar mehr, und als neuerbaut erwähnt: Mühlen zu Ober-Piesting und im Dürrenbach, Sägen zu Ober-Piesting und im Miesenbach, und Hämmer zu Wopfing und Waldeck.[524])

Wenn für einen Landbau in verkehrsarmer Zeit die Erträgnisse der Herrschaft nicht etwa auf Schraubung der Unterthanen, sondern wirklich auf gute Wirtschaft schliefsen lassen, dann war Freiherr Hans von Heufsenstein, und namentlich seine Witwe Anna Maria eine ausgezeichnete Kraft. Unter ihnen stieg nämlich der Ertrag von ca. 2000 fl. des Jahres 1574 auf ca. 6000 fl. bis 1612.[525])

---

524. Urbar von ca. 1550, doch späterer Aufschreibung auf eingeklebtem Blatte zwischen fl. 232 und 233. Die Besitzer der Hämmer waren 1564 Andreas Schustritz, Paul Spanring (2), Simon Kern, Sebastian Waitz, Hans Hofer, die Schleifer Paul Spanring und Leonhard Schwarzer. — **525.** Im Archive des Reichs-Finanzministeriums findet sich eine Notiz des Einkommens und der Ausgaben auf der Herrschaft Starhemberg für die elf Jahre von 1560—1612 in Folgendem:

	Einkommen			Auslagen		
	Pfd.	Schill.	Pfenn.	Pfd.	Schill.	Pfenn.
1560	1045	5	21½	520	6	20
1572	1911	3	20	247	4	—
1604	6147	7	17½	3107	5	3
1605	5764	1	22½	2751	2	14½
1606	5598	7	22	2446	7	13
1607	5014	6	25¼	1118	3	14
1608	5716	5	7¼	3236	6	7
1609	4216	4	21½	880	1	27
1610	5034	3	6	2315	1	10
1611	6054	2	26	3372	7	23
1612	5931	3	23	2348	2	23

Da hier von Einkünften die Rede, mag auch der Platz zur Erwähnung von Preisen verschiedener Lebensmittel in einzelnen Jahrhunderten da der passende sein: 1343 wurde zu Wirflach der Eimer Wein zu 20 Pfennigen, und das Viertel zu 5 Pfennigen gegeben (Steierm. Landesarchiv Nr. 2235[a]); — 1620 kostete auf der Herrschaft Starhemberg der Eimer Wein 13 Schillinge (à 7½ kr.), der Metzen Weizen 10 Schillinge (= 1 fl. 2 Schilling), Gerste 1 fl.; Haiden 45 kr.; der Ochse 12—20 fl., die Kuh 5—9 fl., Kalben 3 fl. 30 kr., ein Schaf 3 fl. 30 kr., ein Schwein 1 fl., Pferde 7½—12 fl., und Hühner 9 kr.; — 1629 ein Metzen Traid 10 Schillinge, Hafer 1 fl.; ein Ochse 7 fl. 30 kr. bis 10 fl., ein jähriges Kalb 2 fl., eine

Die Bauerngründe zerfielen in den zwei Oertlichkeiten, welche entweder Marktrecht besafsen oder auf dem
Wege dazu sich befanden, wie Piesting und Fischau, in
Häuser und Halbhäuser, und dann hier wie auf dem Lande
in die gewöhnliche Abstufung der Höfe und Hofstätten,
die allüberall bestehen. Halbe Hofstätten finden sich nur
in Piesting (linkes Ufer) und zu Wellersdorf, und in Letzterem auch Viertelhöfe. Lehen und Halblehen (aber noch
keine weiteren Bruchtheile derselben) bestehen am Brand,
zu Peusching und im Dürrenbach, zu Waldeck, Dreistätten,
Mutmannsdorf und Meiersdorf, und zu Fischau und Piesting, als den gröfsten Ansiedelungen, gibt es auch Bad-
stuben. Was nicht zur Bauarea und zum Hausgarten
gehört und Frucht tragen soll, ist als Ueberländgut par-
cellirt, und zerfällt in Ackerland, Wald, Wiesen, Wein-,
Bau- und Krautgärten. Wie ganz ungemein lebhaft es mit
dem Weinbau, ganz entsprechend zu denselben Verhältnissen auf Hernsteiner Boden, aussah, mag man statt aller
weiteren Vergleichung aus dem entnehmen, dass in Wellersdorf am rechten Ufer nicht weniger als 170 Rebengrund-
parcellen verstiftet waren, und 75 „enhalb des Pachs".
Im 17. Jahrhundert galt die Piestinger Traube als eine mittlere, die Mülthaler und zu Weikersdorf die Pointner (und
diese gilt noch heute) als die beste.

Von 1438—1564 lassen sich Zuwächse in der Feuer-
stättenzahl wohl nachweisen, doch nicht so viele wie bei
Hernstein, aber auch weit weniger öde Liegenschaften als
da. Einige Orte, wie Dreistätten, Piesting, Fischau und
Wellersdorf, nahmen darin sehr zu, die übrigen weniger,
mit Ausnahme von Peusching.[36]) Im Ganzen gehörten in

Kuh 5 fl., ein Pferd 7 fl. 30 kr. bis 10 fl., ein Schaf 15—30 kr., ein Schwein
30 kr., und ein Huhn 3 kr. — ca. 1750 der Eimer Wein 51 kr. bis 2 fl. 30 kr.,
ein Metzen Weizen 1 fl. 12 kr. bis 1 fl. 30 kr., Korn 48 kr. bis 1 fl., Gerste
36 kr., Hafer 42 kr.; eine Kuh 6—10 fl., ein Ochse 10 fl., ein Pferd 30 fl.,
ein Schwein 1 fl. 5 kr. bis 3 fl., ein Schaf 45 kr., ein Huhn 7 kr.; Speck
das Pfund 8—10 kr., Selchfleisch 5—6 kr. und der Metzen Nüsse 30 kr.
— 1754 kostete zu Wopfing der Centner Zerrenneisen 3 fl., Gusseisen
1 fl. 30 kr., Zerrennzeug 1 fl. und ein Pfund gemachtes Zeug 5 kr., eine
Klafter Kohle 5 fl. und eine Fuhre 4 fl. (Acten im Archive des Kreisgerichtes und des Neuklosters zu Neustadt.) — 526. Piesting hatte 1438
73, 1535 78 und 1564 80 Häuser, Höfe u. s. w.; Fischau 34, 37 und 68;
Dreistätten 31, 49 und 52 und Peusching 11, 13 und 20, durchwegs ohne
die Mühlen und Sägen, Hämmer und Schleifen.

etwa 15 Ortschaften und Aemtern nach Starhemberg 1438 291, 1525 340 und 1564 379 unterthänige Feuerstätten. Fasste man die Charakteristik der Herrschaft in mehr moderner Bezeichnung zusammen, so würde man sagen müssen, Starhemberg herrschte mit Landgericht auf einem Flächenausmafse von 37.000 Joch in 22 Ortschaften, als Ortsobrigkeit in 17 Dörfern und Aemtern mit etwa 25.000 Joch, und bezog achtundzwanzigerlei verschieden benannte Geldabgaben, und aufser der Robot sechzehnerlei verschiedene Naturallieferungen.

Zweifelsohne würden sich unter der Familie von Heufsenstein ansehnliche Vermehrungen des Einkommens nachweisen lassen, wie solche nach Aufsen durch Zuwächse mittels Heiraten bereits erwähnt worden sind, gäbe es genügend Quellenmateriale dafür. So erübrigt nichts, als von Zeit zu Zeit, wie eben die Acten es gestatten, den ökonomischen Stand allgemeinhin darzulegen.

Hier aber ist eines traurigen Jahres, das denselben bedeutend erschütterte, zu gedenken: des Türkenjahres von 1683. Dieses riss gewaltige Lücken in die Bevölkerung, und hinterliefs statt der Feuerstellen nur Brandstätten.[27])

Es müssen schon vorher wiederholte Streifzüge fliegender Scharen aus Ungarn herüber stattgefunden haben. Diese bei steter Beschäftigung Oesterreichs in auswärtigen Kriegen immer glücklich abzutrumpfen, war unmöglich.[28]) So ward um 1662 ein gewisser Gregor Kayser aus dem

<hr>

527. Der Einheit und Uebersichtlichkeit wegen des Ereignisses und seiner Folgen zieht der Verfasser es vor, dasselbe als eines zu behandeln, das die ganze Herrschaft betroffen. Als ein nach durchwegs neuen Quellen gegebener Beitrag zur Geschichte des Jahres 1683 würde derselbe an sich einbüfsen, wollte man ihn auf die einzelnen Oertlichkeiten zertheilen. Daher wird er, gewissermafsen als eine schwere ökonomische Einbufse berührend, hier eingeschaltet. — **528.** In einem Gerichtsprotokolle zu Hernstein findet sich die Notiz, dass um 1620 eine Compagnie Wallensteinischer Reiter unter Hauptmann Wilhelm von Godtberg durch sechs Wochen als Salua guardia auf Starhemberg einlagerte. Der Zweck ist genauer nicht angegeben, doch liegt angesichts der böhmischen Wirren die Sorge um die Türken eben bei Wiener-Neustadt nahe. Was bei derlei Schutzmannschaften in der Regel geschah auch hier. Die Reiter trieben sich mit Unfug im Lande umher, wo der Landprofos sie abfasste und nach Wien schickte. Am 1. März 1620 entledigte sich ihrer Frau Anna Maria von Heufsenstein: dass sie dazu erst der Einwilligung des Obristlieutenants Pietro Antonio de Lamotta bedurfte, zeigt, dass ihr der Schutz von Staatswegen aufgeladen gewesen.

Dürrenbach mit seiner Tochter Ursula von den Türken
abgefangen und erschlagen.[529]) Ueberhaupt konnte die
Gegend keinen Augenblick sicher sein, auf dem Felde, auf
den Strafsen plötzlich türkische Reiter zu sehen. Erst
1683, als die Riesenarmee Kara Mustafas vor Wien lag,
da schlugen sich Tausende derselben bis an die steirischen
Grenzgebirge in die Thäler, Proviants und Plünderns halber, und auch behufs Kundschafterns, und um Zuzüge
aufzuhalten. Wie da besonders das Starhemberger Gebiet
ihnen offen lag, braucht keiner besonderen Darlegung.

Aus Wellersdorf wurden 80 Menschen gefangen abgeführt, und etwa 60 erschlagen,[530]) aus Fischau 129 und
40, aus Brunn 4 und 60.[531]) Man kann sich vorstellen, wie
es den Kirchen und sonstigen Gebäuden erging,[532]) obgleich, auffallend genug, manches Gotteshaus, dessen Dorf
die Osmanen durchzogen, unbeschädigt blieb.[533]) Speciell
in Brunn wurde das Schloss mit dem Meierhofe und zwei

---

529. Archiv des Kreisgerichtes zu Neustadt, Waisenbuch 1691,
ff. 48', 50'. — **530.** Für alle folgenden namentlichen Angaben dienten fast
nur 2 Gerichtsprotokolle zu Hernstein als Quelle, und wird sich später
mit Citat blos auf diese Note 530 bezogen werden. Nach diesen durchaus
nicht vollständigen Abhandlungsacten wurden aus Wellersdorf gefangen
abgeführt Magdalena Zwickel, ihre Schwester Maria und ihre drei Kinder
(f. 75), Blas Maitz (f. 76'), Andreas Haiden (f. 82), Thomas Schmidt (f. 83'),
Walburg Fugger (f. 85'), Maria Puckel mit ihren Kindern (f. 87), Georg
Bachner (f. 88'), Adam Stipel (f. 90'), Caspar Ramhietl (f. 92'), und sechs
von den zehn Kindern der Maria Fugger, die selber erschlagen worden
(f. 73). Niedergehauen ward Georg Baier (f. 80), und abgebrannt wurden
die Behausungen von Maria Fugger, Magdalena Zwickel, Blas Maitz,
Adam Pertl, Georg Baier, Andreas Haiden, Walburg Fugger, Maria
Puckel, Georg Bachner, Adam Stipel, Caspar Ramhietl, Ruprecht Maitz,
Peter Moser, Regina Kalblinger, Franz Gisterl, Katharina Fugger, Benedict
Kreiner (ff. 73—123). — Aufserdem sind in Quelle der Note 529, Waisenbuch von 1699, ff. 209, 218 und 239', noch als abgefangen erwähnt ein
gewisser Leitner, Martin Harlander mit drei Kindern, die Kinder Wolf,
Regina und Veit Mauser vom Kalkhof, davon aber Wolf nach 16 Jahren
wiederkam, und Thomas Schmidt mit Weib und zwei Kindern. Des
Letzteren ist schon oben gedacht. — **531.** Gedenkbuch der Pfarre
Fischau. — **532.** Nicht blos, dass auch die Weinberge in ihrer Blüte
vernichtet wurden, sondern diese blieben aus Mangel an Arbeitskräften
öde. So erzählen die Neuberger Acten (Steierm. Landesarchiv) von dem
Oderer-Weingarten im Brunnerthal, der „seiter den Türckhen Rummel"
noch 1694 öde gelegen. — **533.** Das erwähnt Graf Otto von Heufsenstein
ausdrücklich in seinem Schreiben an den Abt von Neuberg von 1693,
4./3., Wien.

Tafernen und mindestens 20 Häusern verbrannt, und das Teichwesen ruiniert.[534]) Piesting, das 1529 durch glückliche Vertheidigung sein Marktwappen sich verdient haben soll, litt nicht minder.[535]) In Waldeck und in Dreistätten wurden die Kirchen niedergebrannt, in Letzterem besonders der Taufstein ruiniert.[536]) In der Neuen Welt wurde Barbara Loibl mit dreien ihrer Kinder vom Loderhof weggeschleppt,[537]) in Gaden ein Mann getödtet, ein Haus abgebrannt und drei Kinder trieb man fort.[538]) Sehr stark litten Stolhofen und Meiersdorf: in Ersterem brannten 6 Häuser nieder, 5 Leute wurden getödtet, und etwa 22 weggeführt;[539]) in Letzterem wüthete förmlich „die tatarische Roth": man zählt 17 niedergebrannte Häuser, 8 ermordete und 4 weggeschleppte Leute.[540]) Zweiersdorf ging fast ganz in Flammen auf,[541]) in Netting brannte Simon Hossl ab, und wurde auch mit Weib und Kind fort-

---

534. Schätzungsanschläge des Gutes von ca. 1685, da das Stift Neuberg es kaufen wollte (Steierm. Landesarchiv, Acten von Neuberg). — 535. Es verbrannten daselbst die Anwesen des Jakob Würl, Sigmund Eisenkircher, Melchior Kreuzberger, Bernhard Puchhas, Hans Kragl, Christoph Feringer, Christian Mannsberger, Mathias Kirchbacher, Ursula Moser und Ferdinand Grill, und gefangen abgeführt wurden die sieben Letztgenannten, ferner Georg Steinhauser und Jakob Lustinger (vgl. Note 530, ff. 8—22'). — 536. Erzbischöfliches Archiv zu Wien, Pfarracten. — 537. Emmerberger Grundbuch zu Hernstein. — 538. Georg Köllbl wurde erschlagen, und die Kinder waren jene des Blas Kapaundl (vgl. Note 530, ff. 69' und 71'). — 539. Ebend. f. 59'—61'. In Flammen gingen auf die Häuser von Stephan Krumpeck, Katharina Hag, Georg Kirchner, Mathias Klauser, Melchior Pertl und Simon Scheibendrauf; getödtet wurden Mathias Klauser, sein Weib und ihre zwei Söhne. Mathias Loibl vom Loderhof ward durch einen Schuss verwundet, und hat „hierüber seinen Geist aufgeben"; gefangen wurden sechs Kinder der Katharina Hag, Anna Krug mit zwei Kindern, Georg Kirchner und seine Tochter, Melchior Pertl mit Weib und Kindern und Simon Scheibendrauf mit seiner Familie. — 540. Ebend. ff. 24—104'. Brandstätten waren die Höfe u. s. w. des *Veit Neusidler, Georg Braun, Valentin Marzeller, Michael Hagen, Lorenz Berger, *Christian Felber, Agatha Laferl, Barbara Gruber, Mathias Prams, *Michael Puckl, *Jakob Fällenhals, *Adam Krumpeck, *Oswald Johanneser, *Leonhard Kölbl, Regina Dattes und Bartholomäus Puckel; ermordet wurden die schon Genannten und mit * Bezeichneten und Polixena Kölbl, fortgeführt Elisabeth Sparsmaul und alle ihre Kinder. — Nach Verlassenschaftsabhandlungen wurden aber noch Einige mehr geschädigt, als die Gerichtsprotokolle angeben. — 541. Ebend. f. 45' heifst es bei einzelnen Häusern: „in der Brunst stehen geblieben". —

geschleppt.[542]) Vom Schicksale der Willendorfer ist bereits oben[543]) die Rede gewesen, und aus dem Hornungthal bei Grünbach nahmen die Türken Dorothea Pribel mit und ihre drei Kinder.[544]) Für Emmerberg aber heifst es, dass das „Guett mitls des ... beschechenen erbfeindlichen Landtsruin völlig in die Aschen gelegt, vnd mit allen Vnderthanen eüfserist verwüstet" worden sei.[545])

Aus diesen wenigen Daten, die nur geringe Bruchstücke darstellen, lässt sich abnehmen, welch furchtbares Elend binnen wenigen Wochen über diese stille Landschaft sich gelegt haben müsse!

Dass man damals nach „Naturschätzen" Umschau hielt und gefundene auch verwertete, zeigt die Aufschliefsung eines neuen Steinbruches ob Stolhofen auf der Wand. Derselbe lieferte weifsen Marmor. Zuerst pachtete ihn 1702 der Steinmetz Paul Glimpfinger von Neustadt für 5 fl. im ersten und zweiten, für 20 im dritten Jahre und für 30 in der Folge. Im Jahre 1708 ward derselbe neuerdings auf drei Jahre in Pacht gegeben für 10, 20 und 30 fl., im Jahre 1726 bereits für 60 fl., und 1733 ist er zusammen mit einem anderen auf dem Engelsberge bei Emmerberg für 75 fl. an den Steinmetz Matthäus Langwieder verpachtet.[546])

Ein Bild des Bestandes und Ertrages der gesammten Herrschaft (Emmerberg ausgenommen, wofür ein Schätzungsact nicht vorliegt) bietet das Theilungs- und Fideicommissinstrument von 1726. Man wird nur, um den Blick über das Ganze zu gewinnen, was oben bei Hernstein bereits gesagt worden ist,[547]) dem anzureihen haben, was jetzt über Starhemberg-Fischau beizubringen erübrigt.

Dem Sohne Otto übertrug darin der Vater den Herrensitz Fischau mit den Dörfern und Aemtern Dürrenbach, Wellersdorf, Dreistätten, Mutmannsdorf, Stolhofen, Meiersdorf und Wirflach und der Taferne zu Steinabrückl, welche

542. Emmerberger Grundbuch zu Hernstein. — 543. Vgl. S. 220 mit Note 495. — 544. Wie in Note 542. — 545. Familienact der Brassican zu Hernstein. Aufserdem ist dem Grundbuche daselbst zu entnehmen, dass am 25./7., 1683 Niklas Teichtmeister und seine Frau Katharina von den Türken niedergehauen und ihre zwei Töchter weggeschleppt worden waren. Aufserdem wurde der einzige Unterthan, den Emmerberg zu Urschendorf hatte, Hans Seuser, ebenfalls niedergesäbelt. — 546. Acten im Archive zu Hernstein. — 547. Vgl. S. 173—174 mit Note 385.

knapp 100 Jahre früher die Freiin Anna Maria von Heufsenstein um 300 fl. erworben, und die jetzt recht einträglich
sich erwies. Im Ganzen begriff dieser Gutskörper ein Dominicale von 195 Joch Aeckern, 147 Tagwerk Weingärten
und 109 desgleichen Wiesen mit 1763 Joch Wäldern, dem
Landgerichte, der Fischerei, wesentlich in der Fischa, worüber Streit und Abfindung mit Kloster Neuberg als Besitzer des Berghofes daselbst bestand, und uneinträglichen
Teichen bei Dreistätten, der Reis- und zu geringem Theile
auch der Hochjagd. An verstifteten Gründen, resp. Feuerstellen gab es 28 Ganz-, 85 Halb-, 85 Viertellehen und
28⅝ Hofstätten, aufserdem noch alte Steinbrüche zu Wellersdorf, und jung eröffnete ob Stolhofen auf der Hohen
Wand. Der Ertrag des Rusticalgutes ward auf ungefähr
3500 fl. geschätzt, und Alles zu 5% capitalisiert auf gegen
84.000 fl.⁵⁴⁸) Der Wert der Gründe des Hofguts war verschieden, besonders bei Weingärten und Wäldern: die
Aecker galten das Joch durchschnittlich 10 fl., die Weingärten 4—10 fl. das Tagwerk, die Wiesen 15 fl., die Wälder
auf der Wand 3 fl., im Hartl (bei Peusching), dann auf dem
Gressenberge 8 fl.

Die Gränze des gegen das frühere Alt-Starhemberger
Gebiet verkürzten Gutskörpers regelte sich im Norden

---

548. Die Einzelschätzung des Dienstgutes nach Ertrag und Wert,
und des Hofgutes nach Letzterem allein war:

	Ertrag			Capital
Fischau	694 fl.	17 kr.	2 Pfg.	13880 fl.
Wellersdorf	615 .	41 .	— .	12300 .
Dreistätten	662 .	15 .	2 .	13240 .
Mutmannsdorf	314 .	49 .	2 .	6280 .
Stolhofen	64 .	22 .	1 .	1280 .
Meiersdorf	446 „	86 .	-- .	8920 .
Wirflach	175 .	4 .	3 „	3500 .
Dürrenbach	261 „	53 „	2 „	5220 .
Taferne Steinabrückl	290 „	— „	— „	5800 .
Landgericht	— „	— „	— „	— „
Fischerei	— „	— „	— „	— „
Jagd	— „	— „	— „	— „
Kirchtag-Standgeld zu St. Aegyden	— „	30 „	— .	10 .
Dominicalgründe: Aecker				1960 .
Weingärten				834 .
Wiesen				1785 .
Wald				8728 „
In Summa				83737 .

durch den Hernsteiner Nachbar.[549]) Im Nordosten gehörte
Wellersdorf dies- und jenseits des Baches dazu; ungefähr
in der Mitte Weges nach Steinabrückl hielt sie sich an
den Piestingfluss, bis zur Stelle, wo die alte Wild- und
spätere Haidebrücke denselben überspannte; von diesem
uralten Scheidepuncte zog sie geradenwegs nach Süden,
auf der Strasse von Matzendorf hin, bis sie nahe der Fischa
den Burgfrieden von Fischau weit nach Südosten vorstiefs,
um sich wieder an dem von Brunn auf die Kuppen der
Berge daran zurückzuziehen, auf denen sie gegen den
Engelsberg bei Emmerberg hinlief, sodann streng westlich
über die Mitte der Thalmulde der Neuen Welt vordringend,
Emmerberg, Tachenstein und Netting ausschied und ebenso
weiter im Südwesten Zweiersdorf. Den Miesenbach ging sie
dann gegen Norden aufwärts, schloss dort den Gressenberg ein, im Norden den Dürrenbach, und stiefs hier wieder bei Waldeck und Peusching mit dem an Hernstein abgetretenen Gebiete zusammen.

Das war indess nicht Landesgerichts-, sondern Besitzgränze, soweit sie mit derben Einschnitten, aber ohne
Unterbrechung verlief. Eine Enclave auswärts war Wirflach, wo die Herrschaft 18 Feuerstätten, und auf 53 Häusern neben dem Landgerichte auch das Ortsgericht besafs.

Die Residenz wurde das alte Rappach'sche Hofhaus
zu Fischau, an den Berghof daselbst gränzend.[550]) Fischau
muss derart schon früher zeitweise gedient haben. Man
findet nämlich 1629 und 1630 sowohl „die alte Frau"
Anna Maria von Heufsenstein, als auch ihren Sohn dort
sitzen, und zwar zur Lese- und anderer Zeit.[550*]) Somit
scheint für die Besitzer von Starhemberg ein Hof daselbst

---

549. Vgl. oben S. 174—175. — 550. Einige behaupten, doch scheint
dies blos unter den Leuten an Ort und Stelle die Sage, das Schloss sei
die ehemalige Münzstätte des 12. Jahrhunderts, welche die steirischen
Markgrafen nach der Püttener Erbschaft von Neunkirchen hieher über-
trugen. Man behauptet auch, dass bei verschiedenen Grabungen gelegentlich Bauten im Hofe daselbst Münzen gefunden worden seien. Das
sei blos zur vorläufigen Kenntnissnahme erwähnt. Thatsächlich müsste
von der Familie von Rappach ausgegangen werden, um nach rückwärts
zu erforschen, wer dieses ihr Hofhaus innehatte. Nun diese aber im 16.
und 17. Jahrhundert Brunn am Steinfelde besessen, ist es wahrscheinlich
der zu dieser Herrschaft gehörige Hof für ihre Weingärten im Fischauer
Gebiete. — 550*. Die „alte Frau" Anna Maria von Heufsenstein wohnte
1633 zu Fischau, und testierte auch daselbst; vgl. oben S. 90.

bestanden zu haben. Möglich, dass er an jenen von Rappach gränzte, und dann mit ihm zu Einem Ansitze ver-
schmolzen worden ist. Allein zum Jagdhause, wozu man
den Hof vor 1726 gerne sich hergerichtet denkt, fehlt nichts
als die Jagd. Auch die Stiftung eines Spitales für sechs
Personen, auf dem sogenannten Castellischen Hause zu
Fischau durch das Testament der Gräfin Maria Anna Isabella
1724 festgesetzt, deutet bereits auf engeres Zusammen-
gehen der Familie mit diesem Gute. Endlich war es hier,
wo Graf Christoph Karl seinen letzten Willen und das
Fideicommissstatut von 1726 ausstellte, und wo er auch

starb. Vergleicht man zum Schlusse die Abbildung, welche
der Geograph G. M. Vischer in seinem Schlösserbuche von
diesem „Guetl Vischa" ungefähr, aus dem Jahre 1670,
bietet, mit dem Thurngarten zu Piesting, und dem, was an
herrschaftlicher Wohnstätte zu Hernstein damals gewesen
sein mag, so ist kein Zweifel, dass dies kein Jagdschloss,
sondern in jenen Tagen der hübscheste Ansitz war, den
die von Heufsenstein aufzuweisen hatten. Die Zeit indess
der gänzlichen Räumung von Starhemberg durch diese
ältere gräfliche Linie ist nicht bekannt. Für wirtschaftliche und Jagdbesuche diente es wol noch. Graf Otto war
ledig und starb nach kaum zwei Jahren; ihm folgte, aus
dem bequemen Oberwaltersdorf, Graf Franz, von dem sich

nicht annehmen lässt, dass er auf das unbequeme Starhemberg viel gehalten habe. Für seine Linie hatte das verödende Schloss noch weniger Bedeutung, gegenüber der Nähe von Neustadt, als für den anderen Zweig: dieser fand dort in der Verwaltung der Güter Hernstein und Emmerberg eine ganz annehmbare Mittelstation.

Von da ab lässt sich die Entwicklung nach keiner Richtung mehr, wie man es wünschte, verfolgen. Man besitzt zwar von 1733 eine Rentamtsrechnung, die einen hübschen Einblick in das gutsherrliche Leben eröffnet; leider aber ist das auch nahezu Alles, was für diese Zeit sich beibringen lässt. Dieser zufolge stammte die meiste Bareinnahme aus dem Ungelde (bei 800 fl.), aus der Waldnutzung (bei 400 fl.), aus dem Wirtshauspachte (über 300 fl.), aus dem Korn- und Viehbestande (je ca. 250 fl.), und eine „Katharinensteuer" genannte Hauszinsung trug nahezu ebensoviel. Dagegen forderte der Küchenbedarf ziemlich mehr, als das Ungeld einbrachte. Die Herrschaft bezog bar aus der Rentkanzlei mehr, als der Wirtshauspacht und der Waldnutzen ertrug, und die Besoldung des Hausstandes kostete nahezu die gleiche Summe. An Letzterem gab es einen Verwalter, drei Jäger (zu Starhemberg, Fischau und im Dürrenbach), Gärtner, Vorreiter u. s. w., und auch der Thorwart zu Starhemberg wurde von Fischau aus besoldet.[551]

551. Diese Rentamtsrechnung gibt folgende Ansätze für Einnahmen:

	fl.	kr.	Pfg.
Land- und Civilgerichtsstrafen	23	20	—
Kornverkauf	257	8	—
Weinverkauf	199	45	—
Viehverkauf	24	30	—
Scheiter- und Schindelverkauf	16	—	—
Waldnutzung	308	3	—
Viehbestand	250	45	—
Wirtshäuserertrag	793	13	2
Wirtshausbestand	310	—	—
Brauhausbestand	150	—	—
Fischereibestand	8	—	—
Steinbruchbestand	37	30	—
Mautbestand	24	—	—
Waisenjahrzahlung	3	42	—
Geburts- und Loslassungsbriefe	15	—	—
Heiratscontracte	25	30	—
Kauf- und Bestandscontracte	13	30	—
Sterbrecht	233	1	—

Der herkömmliche Zwist um das kärgliche Fischwasser
zu Fischau lebte zwischen dem Grafen und dem Kloster

Abfahrtgeld	5 fl. 5¼ kr. — Pfg.
Zimmerzins	6 „ — „ — „
Kirchtagsstandgeld	— „ 30 „ — „
Weingarthüterbestätigung	3 „ — „ — „
Katharinensteuer	236 „ 40 „ — „
Verkaufte Oeden	26 „ — „ — „
Depositen-Waisengeld	38 „ 33 „ — „
Aus Handen der Herrschaft	24 „ — „ — „
Tag- und Ungeld	1 „ 57 „ — „
Robotgeld	13 „ — „ — „
Vogtholdenschutzgeld	44 „ 30 „ — „
In Summa	3153 fl. 1 kr. 2 Pfg.

Für Ausgaben:

Passivrest von 1732	223 fl. 48 kr. — Pfg.
Der Herrschaft bar	447 „ 48 „ — „
Kleine Zahlungen auf Befehl	85 „ 59 „ — „
Grunddienst	23 „ 41 „ 2 „
Bestandgeld	21 „ — „ — „
Mautaufschlag	5 „ — „ — „
Reisespesen	22 „ 12 „ — „
Kanzleibedürfnisse	13 „ 30 „ — „
Landesgerichtskosten:	
Besoldung des Freimanns von Neustadt	6 „ — „ — „
Besoldung des Landesgerichtsdieners .	25 „ — „ — „
Besoldungen	406 „ 28 „ 2 „
Schussgelder	31 „ 39 „ — „
Handwerker	225 „ 34 „ 2 „
Holzhacker- ⎫	50 „ 59 „ — „
Schindelmacher- ⎬ Lohn	42 „ 24 „ — „
Zaunsetzer- ⎭	9 „ 53 „ — „
Weingartbaukosten	21 „ 18 „ — „
Kellergeräthe	7 „ 34 „ — „
Latten und Laden	1 „ 24 „ — „
Kalk und Ziegel	8 „ 6 „ — „
Heu und Stroh	27 „ 24 „ — „
Für Wein	26 „ 19 „ — „
„ Bier	23 „ 5 „ — „
„ Korn	125 „ 9 „ — „
„ Vieh	10 „ 7 „ — „
„ Küchenbedarf	840 „ — „ — „
„ Viehsalz	14 „ — „ — „
„ Schmalz	4 „ 22 „ — „
„ Kerzen und Eier	1 „ 36 „ — „
Spitalbedarf	3 „ 53 „ — „
Aufserordentliche Ausgaben	36 „ 29 „ — „
Im Summa	2849 fl. 13 kr. — Pfg.

Neuberg gegen die Mitte des Jahrhunderts abermals auf.
Nach dem Instrumente von 1726 war das herrschaftliche
Recht darauf so angesehen, dass die Grafen von der oberen
Mühle „in der Lucken" bis zur unteren Furt das Fischrecht
besäfsen. Aber Neuberg stützte sich auf das seine, wie
1447 es ihm König Friedrich IV. in der Fischa und im
Windbach verliehen, „anzeheben bey s. Niclas Kappellen
vntz der mittern furt",²) und zwischen Zank und Versöh-
nung hatten sich die beiden Nachbarn zu Fischau durch
Jahrhunderte fortgelebt. Die Sache verlangte aber umsomehr einen Austrag, da man jetzt weit mehr als früher
jedes einzelne Wässerchen und Rechtchen abzugränzen
begann, und thatsächlich ward 1761, 1./11. ein dauerhafter
Vergleich auf Grund von Nutzungswechsel erzielt. Ein
gewisses Stück ausgenommen, fasste man das Fischwasser
als einheitliches auf, und beschloss es auch im Wechsel
von drei Jahren Jeder für sich zu benutzen; das Los sollte
entscheiden, wer zuerst anfange, und begünstigte das
Kloster. So blieb die Reihenfolge bis weit in dieses Jahr-
hundert.³)

Es ist bereits zur Genüge dargelegt worden, wie allmählich sich die Verhältnisse verschlechterten, und Alles
zur Unhaltbarkeit hindrängte. So ist auch schon eine Anzahl von Theilverkäufen gleichsam als Vorläufer angedeutet worden: der Gressenberg mit seinem schönen Wald-
stande ging dahin; von 1806—1808 wurden 1230 Joch
Wald auf der Hohen Wand von Dreistätten bis Dürrenbach

<hr/>

In Besoldung standen der Verwalter, die drei Jäger, der Gärtner, Bediente,
Kutscher, Vorreiter, Maier zu Traiskirchen, Thorwart zu Starhemberg,
Maierknecht, Viehhalter, Rauchfangkehrer, die Köchin, das „Stuben-
mensch", der jungen Herrschaft „Stubenmensch", zwei „Kuchel-" und
zwei „Maiermenscher" (Archiv zu Hernstein). Ziergärtner war Andreas
Herrenberger (Archiv des Kreisgerichtes zu Neustadt, Inventurprotokoll
f. 248). — 552. Chmel, Regesten König Friedrichs IV., 1/2292. — 553.
Originale zu Hernstein. Das Fischwasser war nämlich sehr verschieden,
und das gestattete keine Streckentheilung; man schloss daher über alle
Strecken als Einheit ab. Der Vertrag begriff den Bach vom Neustädter
Officialatsmarkstein abwärts, und den Windbach. Der Graf behielt sich
das Fischen vom herrschaftlichen Hofgarten bis zur oberen Mühle vor,
und von des Pfarrers Zaun unterhalb der unteren Mühlbrücke bis zum
Neuberger Hof. Als das Stift Neukloster zu Neustadt längst im Besitze
eines Theiles des Fischwassers war, fand 1840 erst eine neue Beschreibung der beiderseitigen Rechte statt.

für 62.916 fl. an die Bauern von Meiersdorf bis Dürrenbach verkauft, 1808 für 10.000 fl. die schöne Herrschaftstaferne zu Steinabrückl, und so auch die zu Wellersdorf. Dann folgten Weingärten zu Fischau und Grundstücke am Starhemberg, wo man seit Jahren mit Schweizerei und Käserei es versucht hatte, ohne es weiter zu bringen, als 1784 zur Verpachtung. Unter Freiherrn von Badenthal, der bekanntlich 1817 die Herrschaft erworben, legte man ein Hauptgewicht auf die Entwicklung der Schafzucht, ganz so wie in Hernstein es geschah. Es bestanden Hürden zu Fischau und am Starhemberg, im Ganzen mit 600 Stück feinwolligen Thieren. Das scheint die Wirtschaftsrichtung, in welcher der Wohlstand auf dem Gute neuerdings erblühen sollte; dennoch, für den Besitzer war es eine sehr günstige Gelegenheit, durch Entäußerung der Herrschaft an Seine kaiserliche Hoheit den Herrn Erzherzog Rainer, die Versuche einzustellen.

Nach der Uebergabsliquidation vom 4./4., 1830 besaß Starhemberg-Fischau 337 unterthänige Liegenschaften zu Fischau, Waldeck, Dürrenbach, Dreistätten, Wellersdorf, Wirflach, Mutmannsdorf, Meiersdorf, Zweiersdorf, Grünbach, Gaden und Stolhofen, am meisten zu Dreistätten, Fischau und Wellersdorf (64, 62 und 53), am wenigsten zu Stolhofen, Zweiersdorf, Waldeck, Grünbach und Gaden (6, 5, 4, 3 und 2).[554]) Die Zahl der steuerpflichtigen Unterthanen betrug 378. Ihre unveränderlichen Giebigkeiten waren der Hauszins, das Wacht-, Kälber-, Käse-, Stand- und Hutgeld, die Hühnerablösung und Drittelsteuer, dann die erkauften Steuern; der meiste Ertrag (244 und 186 fl.) kam aus der Drittelsteuer und dem Hausdienste, der geringste (2 und 3 fl.) aus dem Kälber- und Hutgelde, dann örtlich aus Dreistätten (103 fl.), Dürrenbach (86 fl.), Wellersdorf (79 fl.) und Meiersdorf (77 fl.). Die Rustical- und Dominicalleistungen betrugen 62 und 143 fl. Die Robot zählte vor ihrer theilweisen Reluirung beinahe 26.000 Tage, wovon über 18.000 Zug- und fast 7700 Handrobottage

---

554. Sie theilten sich in Ganz-, Dreiviertel-, Halb-, Dreiachtel-, Viertel- und Achtellehen, Hofstätten und Kleinhäuser. Gegen früher hatte die Zahl der Ganzlehen abgenommen, jene der Halblehen sich vermehrt; Höfe, die ehemals bedeutendsten Bauerngründe, sind aus der Benennung verschwunden; Hofstätten gab es nur dem Namen nach; die Kleinhäuser bildeten just ein Drittel der Bauerngründe.

waren. Am stärksten betroffen erscheint Wellersdorf mit
im Ganzen 4862, Fischau mit 4420, Dürrenbach mit 4010,
Meiersdorf mit 3744 und Dreistätten mit 3070 Tagen,
relativ am stärksten Meiersdorf, das nur Handroboten
kannte. Es liegt nahe, dass eine solche Belastung nicht
auf dem Wege des gewöhnlichen Stiftungs- und Beutel-
lehenvertrages sich entwickelt haben konnte, sondern dabei der Zwang eine erhebliche Rolle spielte.[555]) Nach der
Reluition betrug diese Art Verpflichtung 805 Zug- und
3203 Handtage (somit eine Erniedrigung auf $\frac{1}{9}$, resp.
$\frac{1}{5}$—$\frac{1}{6}$) und 1968 fl. in Barem.[556]) An Taz kamen 964 fl.,
und an Ungeld 482 fl. (so dass also das Letztere just die
Hälfte des Ersteren ausmachte) ein, und zwar am meisten
von Fischau, Wirflach und Dreistätten (333, 146 und
113 fl. Taz, und entsprechend die Hälfte an Ungeld). Der
Zehent war der ganze grofse, der ganze kleine, der $\frac{2}{3}$ grofse
und der $\frac{2}{3}$ kleine Körner-, der ganze und der $\frac{2}{3}$ Wein-,
endlich der Blutzehent. Der letzte, einigermafsen furchtbar
klingende Name begriff aber blos (49) Hühner zu Fischau
und 704 Eier, und aus Wellersdorf ein Kalb, das der Fleischhauer abliefern musste.[557]) Weide- und Blumensuchrecht
bestand, wie von alter Zeit, nur im Burgfrieden von Dreistätten und auf der Zweierwiese, und das Schankrecht war

---

555. Der Ganzlehner leistete 104 vierspännige, der Dreiviertel- und
Halblehner 104 zweispännige Zugtage, der Viertellehner 104, der Achtellehner 56 und der Kleinhäusler 26 Handtage. Die Bauernfeiertage unge-
rechnet, hatte somit jeder Ganz-, Dreiviertel- und Halblehner zwei Tage
die Woche für den Herrn zu arbeiten mit vier und zwei Pferden, und jeder
Viertellehner zwei Tage mit der Hand. — 556. Die Theilablösung fand
so statt, dass der Ganzlehner künftighin blos 30 vierspännige Zugtage
und 12 fl. C.-M., der Dreiviertel- und Halblehner 20 solche zweispännige
und 8—12 fl. C.-M., der Viertellehner 12 Handtage und 4 fl. W.-W.,
der Achtellehner 6 Handtage und 2—4 fl. W. W., der Kleinhäusler nur
5 fl. W. W. leistete. — 557. Der ganze grofse Körnerzehent betraf Mut-
manns- und Meiersdorf, Stolhofen, Gaden und Dreistätten; in Meiers-
und Wellersdorf gab es den ganzen kleinen, in Dreistätten und Dörfles
den $\frac{2}{3}$ grofsen, und in Wellersdorf und Dreistätten den $\frac{2}{3}$ kleinen Zehent.
Doch nicht durch die ganzen Dorfschaften, sondern jeweilig nur von einzelnen Unterthanen oder auch Grundparcellen; so in der Rubrik 1 und
2 Meiersdorf mit 91 und 2 Joch, in der Rubrik 1, 3 und 4 Dreistätten mit
8, 248 und 3 Joch, in der Rubrik 2 und 4 Wellersdorf je mit 1 Joch; in
Mutmannsdorf wurden blos 3 Joch verzehntet. Der Weinzehent betraf
wieder nur Mutmannsdorf mit 7 und 11 Joch. Diese Antheile bestimmte
die Concurrenz von Gutsherren und von Pfarren auf demselben Flecke.

durch stillschweigende Verpachtung an die Mehrzahl der Ortsgemeinden, wo die halbjährige Uebung der Herrschaft zustand, sehr verkümmert. Zuletzt hatte sie es nur mehr zu Fischau, und auch dort verpachtete es dasselbe sammt Auskochrecht und Bräuhaus. Kirchenlehen und Vogtei besafs sie blos zu Dreistätten; denn Fischau gehörte dem Bisthume, resp. der Propstei zu Neustadt, Mutmannsdorf (früher Seckau), dann mit Meiersdorf nach Neukloster, und Wellersdorf dem Stifte Melk.

Hofgut oder Eigenbaugründe waren gegen 95 Joch, zu Fischau (35) und Dreistätten (59), Wiesen an diesen beiden Orten, dann zu Mutmannsdorf, Stolhofen und Meiersdorf etwa 35 Joch, Gärten in den erstgenannten zwei Dörfern (3) und eine Parcelle zu Meiersdorf, Weiden am meisten (72 Joch) zu Dreistätten, und kaum 1 Joch zu Meiersdorf, Wälder endlich, wo früher es wesentlich eine Waldherrschaft gewesen, nur 259 Joch zu Dreistätten, Stolhofen und Meiersdorf, somit fast dreizehnmal weniger als von Hernstein übergeblieben war.[558])

Was am Schlusse der Darstellung von Hernstein über Rückerwerbungen und Wiederherstellung des decimierten Herrengutes gesagt worden ist, müsste für hier nur widerholt werden. Gerade dem Walde wurde ein Hauptaugenmerk zugewendet, sowohl was den Ankauf, als die Aufforstung anbelangt. Allerdings aber scheinen die vom Grafen Max von Heufsenstein auf der Hohen Wand an die Bauern veräufserten Waldungen nahezu unwiderbringlich entfremdet.

B.

3. Emmerberg.

In den Landstrich der Herrschaft Alt-Starhemberg schneidet das Gut von Emmerberg gleich einem Aermelausschnitte ein. Aus dem Südostrande dessen Körpers ist es gleichsam wie herausgesägt.

Sein Umfang war nie grofs, sein Inhalt stets arm. Es muss angesichts letzteren Umstandes Wunder nehmen, wie aus derart mäfsigen Bodenmitteln eine so gewaltig

---

558. Obige Einzelangaben stammen aus Mittheilungen des Herrn Forstrathes Stöger.

bewehrte Burg geschaffen werden konnte. Von ihrer Höhe
stiefs der Blick allenthalben an fast greifbare Gränzen
ihres Gebietes. Auf nach Süden gestrecktem Felskogel
errichtet, hatte es um sich blos Felsen und Föhren, vor
sich eine wiesige Thalung mit nassen Feldern, die Dörfer
gegenüber schon fremder Grundherrlichkeit, und das einzige ihm später gehörige Dorf war von der Burg aus un-
sichtbar; nebenan, jenseits der Prossetklause den Prossetberg, den wieder blos Föhren zwischen Felsen bekleiden.
An der Ostseite des Letzteren stand sein einziger, beschei-
dener Burgflecken, Winzendorf, und auch dieser in alter
Zugehörigkeit unklar, am Saume des Steinfeldes, zwischen
Hutweiden, Ackerboden und Rebengeländen.

Aus dieser mageren Hofmark konnte es nicht reich
werden. Es war eben nicht aus üppigem Landbesitze
emporgestiegen, und sollten auch seine Stärke und Bau-
herrlichkeit nicht für des Besitzers Reichthum sprechen.
Seine Anlage hatte vielmehr den Schutzzweck irgend-
einer Burg. Wenn Starhemberg auf seinem von Süden aus
nicht sichtbaren Kogel das Piestingthal, und überhaupt
den Norden seines Herrschaftsgebietes zu schützen hatte,
so lag die gleiche Aufgabe hier unten auf Seiten Emmerbergs für die südöstliche Thalpforte, die alte, wie für die
südliche, die junge Prosset. So schaut es gleich Waldeck
auf einen Pass, auf drei Pässe sogar, denn auch der Uebergang bei Zweiersdorf war in Rechnung zu ziehen, und das
wusste man selbst im 17. Jahrhundert wohl zu würdigen.
Die Schmächtigkeit des unmittelbaren Grundbesitzes wurde
indess aufgebessert durch die Zutheilung von Zinsbauern
und Rechten und Bezügen aufserhalb der Herrschaft. Und
so war es auch bei Emmerberg, denn thatsächlich hat das
Einkommen aus abliegendem Zinsgute jenes vom Stamm-
gute aufgewogen.

Indess ist nicht ausgeschlossen — und das mag hier eingeschaltet sein — dass der ursprüngliche Umfang der Herrschaft gröfser gewesen, als im 16. Jahrhundert oder später.
Es scheint, als ob unter Verhältnissen und zu einer Zeit, die
bisher unbekannt geblieben, das kleine freiherrliche Gut Tachenstein ebenso ihm vom Leibe geschnitten worden wäre,
wie es selber aus Alt-Starhemberg hervorgegangen war.[559])

---

559. Vgl. darüber, was später bei Tachenstein erwähnt werden soll.

Ungefähr auf halbem Wege südlich Mutmannsdorf führt ein bequemer Weg unterhalb des sogenannten Eilferkogels, der den Leuten in der Neuen Welt die Mittagsstunde verkündet, die Berglehne aufwärts nach dem Schlosse mit dem bisher ungedeuteten Namen.[560]) Es

560. Mit der Erklärung des Namens hat sich die Sage und die Gelehrsamkeit beschäftigt. Die Sage zweifach. Zuerst in jener gewissen absoluten Form, die ahnen lässt, dass sie nicht im Volke ihren Ursprung genommen, sondern im Geschichts- und Märchendilettantismus der Neuzeit, eine gekünstelte, nicht einfache, aus dem Deutungsbedürfnisse harmloser Umwohner gewordene Form. Herzog Friedrich II. habe hier gejagt, und einmal zwischen der Prosset und Neustadt den Sohn des Messners der Capelle von Emmerberg begegnet, der in einem Eimer Wasser heimgetragen. Der hübsche Junge hätte ihm gefallen, er hätte ihn beschenkt, reich gemacht sogar, dass er sich die Burg bauen konnte, die er (in vulgärer Sprachweise von Emer statt Eimer) Emerberg oder Emmerberg nannte. Diese Sage mit ihrem Dutzendcharakter spielte auch nach Bertholdstein über, oder besser, wurde (in unserer Zeit) den Emmerbergern dahin nachgetragen. Ein Burgherr daselbst habe den vor Feinden zu ihm flüchtenden Herzog im Eimer in seinen tiefen Brunnen hinabgelassen, und so lange darin versteckt, bis die Verfolger sich entfernt hatten. Es würde nichts nützen, auf das in sich Unwahre dieser Machen noch besonders zu verweisen. Eine zweite, volksthümlichere Form ist, was der letzte Bewohner der Ruine, der alte Thorwartel, den Bauern erzählte, nämlich die Burg, welche immer Wassermangel hatte, sei mit Wein gebaut worden, den die Zinsbauern in Eimern zutrugen. — Die ältesten Namensformen sind (ca. 1160) Emberberch, (1185) Emirberge, (1189) Embirberch, (1202) Emmerberch, (1211) Emerenberch, (1249) Emperberch, (1258) Embersperch u. s. w. Im 13. Jahrhundert ist die Form Ember-, im 14. und 15. Emmer- und Emer- die weitaus gewöhnlichere; die genitivische, Embers-, steht ganz vereinzelt. Die Wappenfigur ist ein Eimer: „(in) silberwiz ein ember" sagt Ulrich von Liechtenstein (Frauendienst, Ausgabe von Lachmann, S. 225). Bergmann (in den Mittheilungen der Central-Commission für Kunst- und historische Denkmale 1, 39) und nach ihm Becker (Blätter für Landeskunde von Niederösterreich 17, 227) weisen auf ein-bar (von beran, tragen), was mit Einer Hand (besser vielleicht, was an Einem Henkel) getragen wird. Allein das erklärt wohl das Wort Eimer, aber nicht den Burgnamen. Dieser stammt in seinem Anlaute entweder von einem Personen-, oder von einem Sachnamen. Förstemann (Altdeutsches Namenbuch) spricht sich nicht aus, weist jedoch mit Fragezeichen auf den Personennamen Amaro; doch wäre anzunehmen, dass, wenn ein Personennamen zu Grunde läge, auch dessen Genitivform im Burgnamen zur Geltung käme. Das geschieht z. B. in der Form Embersperch von 1250, aber blos ein einziges Mal. Ein verwandter Personennamen ist Emmo, von dem etwa der Familienname Emer (1564, Bauer zu Wirflach, Urbar d. J. f. 246) stammen mag. Ein Emmerberg ist in Württemberg (Jaxtkreis), ein Emmerborn in Braunschweig, ein Emmering in Baiern, Landgericht Bruck, in Oberösterreich (Hausruckviertel), das

liegt auf einem nach Süden gestreckten Felsen, den theils
die Natur, theils die Menschenhand vom östlichen Haupt-
stocke löste. Nach Süden, Westen und theils gegen Norden richten sich dessen zuweilen sehr bedeutende Steil-
abfälle, und von da aus war es unangreifbar. Nach der
anderen Seite überhöhen es nahe Berglehnen, was man
zur Zeit der Türkengefahren als einen fühlbaren Nachtheil
erkannte, und dem man auch früher bereits durch starke
Vorbauten zu begegnen suchte. Die Kuppe ist felsig, gestattete übrigens für die erste Anlage ziemliche Entwicklung in ovaler Form, und auch die leichten Abdachungen
nächst an ihr hinderten nicht die Vervollständigung. Diese
erforderte hier weit mehr Aufwand von Mitteln, als bei
dem von gar keiner Seite her beherrschten Starhemberg.
Darin ist an Emmerberg Namhaftes gewendet worden, und
vergleicht man darin das Burgenkleeblatt dieser Schilderungen, so lässt sich sagen, dass Hernstein baulich wenig,
aber das Interessanteste, Starhemberg baulich viel und das
Schönste, Emmerberg aber baulich das Meiste bietet.

Sein Anblick ist am auffälligsten von der Zugangseite:
von ihr besehen zeigt sein Kern keine seitliche Entwicklung, und zusammengedrängt steigt er unmittelbar aus
seiner nächsten Umwallung und diese wieder aus der
äufseren empor. So erinnert es gewissermafsen an jene
vorgeschichtlichen Ringwälle, bei welchen ein Erdring den

wie Emering, Emeringen, Emmeringen und Emmern (Oberbaiern, Luxem-
burg, Württemberg, Preufsen, Hannover und Böhmen) allerdings mit
Amaro in Verbindung stehen könnte. Sehr nahe zu Emmerberg mögen
Emmerkam in Oberbaiern und Emmerlander in Württemberg (Donaukreis)
stehen. — Von Emmerberg handeln: Schultes, Historisch-malerisches
Taschenbuch 1804; Köpp von Felsenthal, Historisch-malerische Darstel-
lungen 1814; Scheiger in Hormayr's Archiv 1826, 7 ff.; Schweickhardt,
Topographie von Niederösterreich 1831, 251 ff.; Kirchliche Topographie
von Niederösterreich 1832, 2/8, 140 ff.; Feil in Schmidl's: Wien und seine
Umgebungen 1839, vorzüglich aber Becker in den Blättern für Landeskunde von Niederösterreich 1883, wiederholt in dessen Topographie von
Niederösterreich 1885. — Abbildungen der Burg sind von 1672 in
G. M. Vischer's Niederösterreichischem Schlösserbuche, 1804 in Schultes
(oben genannt), 1814 in Köpp von Felsenthal (oben genannt, Kupferstich),
ca. 1820 von demselben (Lithographie), 1831 in Schweickhardt (oben
genannt), 1856 in Deutschland, Gallerie pittoresker Ansichten 4, dann im
Album von Hernstein, 4 Stücke, herausgegeben von Becker. Zu bemerken
wäre noch, dass Scheiger in Hormayr's Archiv 1826, 19, einer Abbildung
von 1700 gedenkt, die aber dem Verfasser dieses nicht bekannt worden ist.

anderen, und der Gupf wieder sie überragt. Nur ist hier die Umwallung Mauerwerk, und der Gupf ein breitschlachtig hohes Mittelding zwischen Thurm und Wohnbau.

Die Breitseiten der Burg sind nach Osten und Westen gerichtet: nach Osten sind ihre Mauern ziemlich wohlerhalten, nach Westen aber gänzlich abgegangen. Der Thurmbau ragt am Nordende empor: er enthält zweifelsohne den ältesten Theil, doch scheint so Vieles an ihn angelehnt, wie Schalen um einen Kern, dass zwar die Thurmgestalt nicht ganz geändert, sondern blos verbreitert, das Innere aber immer mehr versteckt wurde. Dieses ist durchzogen von Gewölben, die sich schneiden, von Stiegen, die

sich kreuzen, und von Gemächern jeder Art von Winkelbildung. Man erkennt, dass die Besitzer, ehe sie einen richtigen Wohntract bauten, zuerst am Thurme modelten, und denselben wohnlich zu machen suchten. Sein Gipfel kann nur eine ganz beschränkte Aussicht in das Steinfeld gewähren, aber zur Aufnahme und Abgabe der sogenannten Kreidezeichen reichte er hin. Der ursprüngliche Zweck ging offenbar zunächst auf die Deckung des Eingangs in das Starhemberger Gebiet durch die Prossetklause, auf die Ueberschau des südlichen Theiles der Mulde der Neuen Welt und ihrer Mündungen bei Strelzhof, wie gegen den Schneeberg hin.

Die Ansicht des Schlosses von G. M. Vischer von 1672 zeigt die Breitseite nach dem Thale hin, im Wohn-

baue rechts zu sehr verkürzt, im Vorbaue links zu sehr verbreitert, und ohne vom Hauptwerke, dem Thurme, ein rich-
tiges Bild zu liefern.

Die Nachrichten über die Burg sind über die Maſsen
spärlich. Sieht man von den Belehnungsbriefen des späteren Mittelalters ab, so ergeben sich bis zur Mitte des
17. Jahrhunderts deren blos zwei, und beide gehören dem
13. Jahrhunderte an, und stehen sich auf drei bis vier Jahre
nahe. Zu allererst wird sie 1249 genannt: unterhalb ihr
stellte nämlich Kalhoch von Wirflach dem Spitale am Semring eine Schenkung aus.[561]) Und sehr bald darauf erfährt
man, dass sie in jenem Verzeichnisse ungesetzlich erbauter
oder verstärkter Schlösser erscheint, das König Otakar
anlegen liefs, als er die Regierung in Oesterreich überkam.[562])

Damit erschöpfen sich alle Mittheilungen. Was später,
namentlich in baulicher Beziehung, mit dem Schlosse vorging, lässt sich also blos nach dem Augenscheine in Verbindung mit dem Grundplane erkennen.

In der Natur der Dinge liegt es, dass die Kuppe,
und zwar deren höchster Punct, die älteste Anlage trug.
Das ist der Fleck im Norden, wo der Thurmbau steht, und
an dessen rechter Seite der Weg in den Schlosshag führte.
Dieser Theil ist gekennzeichnet durch das massivste Mauerwerk, und in ihm und um ihn ist am meisten gebaut worden,
ehe die wirklichen Erweiterungen eintraten. Die Capelle
lag, wie bei Starhemberg, aufserhalb, denn sie diente hier
wie dort nicht nur den Leuten in der Burg, sondern auch
der Umgebung. Es ist nicht unwahrscheinlich, dass der
äufsere Burghof bereits früh bestand, doch nicht mit Mauern
umgürtet, sondern für wirtschaftliche Zwecke etwa mit einem
Zaun umgeben. Denn dieser Fleck ist nicht ungeräumig,
hat viel Graswuchs, und lässt sich wohl annehmen, dass er
Verwendung gefunden habe. Seine Umfangsmauern aber
gehören erst dem späteren Mittelalter an. Jene Mauer-
vorstöfse gegen Norden, welche den Zugang einfassen, und

---

561. Steierm. Landesarchiv Nr. 631ᵇ: „sub castro Emperberch".
Dieser Chalhoch war ein Lehensmann des Schenken Heinrich von Hasbach, der ebenfalls anwesend und Siegler war. Die sonderbare Datierung
lässt auf irgend ein besonderes Ereigniss schliefsen, das angesichts Emmerbergs vorging. — 562. Vgl. oben S. 143 mit Note 330.

Die Burg Emmerberg.

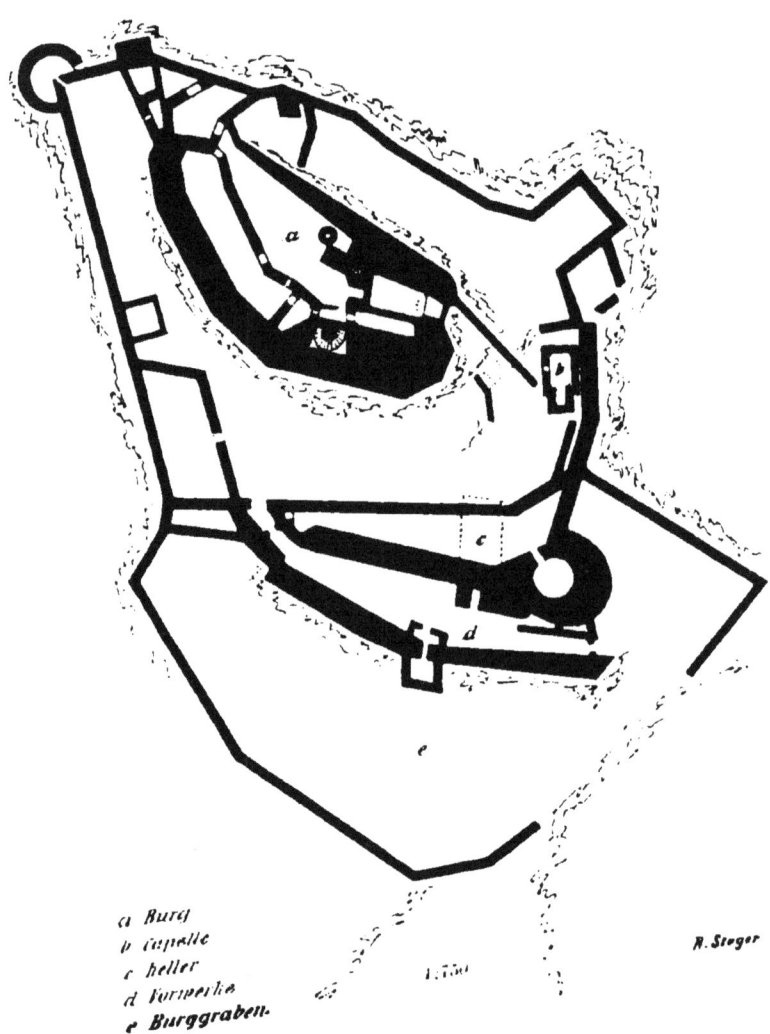

a Burg
b Capelle
c Keller
d Vorwerke
e Burggraben.

1. Thor

R. Steger

das Thor mit einer besonders kräftigen Rondelle schützten, stammen aus dem 16. Jahrhunderte, theilweise datieren sie vielleicht sogar später. Da begegnet man einer gewissen Aehnlichkeit mit Starhemberg, die kaum verkennbar ist: der Zutritt zum Burgthore wird in einen offenen Gang verwandelt, wie dort, und wie dort der aus der ehemaligen Doppelcapelle geschaffene Rundthurm, so wacht hier über der neuen Pforte die Rondelle. Die Einfassungsmauern sind sehr stark, denn sie sollen den ersten Anprall aushalten, und müssen auch gegebenen Falls Geschützen, die der Feind auf die nächsten Höhen brächte, widerstehen können. Die Mauern und Bastionen — man sagte damals „Werckhl" — nach der Thalseite mögen Ergänzungen aus dem Anfange des 17. Jahrhunderts sein. Ganz so wie bei Starhemberg sieht man auch hier nach rechts einen dreieckigen Fleck auserhalb des Schlosses abgemauert, der noch schärfer wie dort die Bestimmung für Wirtschaftsbedürfnisse erkennen lässt.

Der Bau hatte keine so illustre Geschichte wie Starhemberg, und wenn er je Schönheiten besonderer Art aus alter Zeit besessen, so sind sie entweder in den Zubauten aufgegangen, oder nur mit Gefahr, wenn überhaupt, zu entdecken. Gegenüber dem Gesammtzustande erübrigt kaum etwas Anderes; als Zeugen abzuhören, welche die Burg zu verschiedenen Zeiten gesehen, in solchen der Wohlerhaltenheit wie des Verfalles. Sie mögen durch ihr Wort das Bild zum Plane fügen, und erzählen, wie sie das Schloss vor 200, vor 60 und vor ungefähr 20 Jahren gefunden haben. Dass die Einen für ihre Besuche an Ort und Stelle blos militärische, die Anderen blos touristische und kunstarchäologische Interessen verfolgten, hilft nur das Gesammtbild vervollständigen.

Die erste Nachricht stammt aus dem Jahre 1663, als man auch in Oesterreich daran ging, die Kreidfeuerstätten und Zufluchtsorte für Türkeneinfälle zu bestimmen. Zu beiden Arten zählte auch Emmerberg, und der Commissär, von welchem der Bericht stammt, war der Obristwachtmeister Hans Ludwig Brassican, ein Sohn des ersten Besitzers von Emmerberg aus diesem Geschlechte.

Es ist ein „Berghaufs", sagt er, frei gelegen, und beseitet die drei Pässe von Tachenstein (aus der jungen Prosset), von Starhemberg und von der (alten) Prosset.

Es hat zwar zwei Cisternen, aber dennoch ungenügend
Wasser. Auf den Hausberg (im Osten) lässt sich nicht
denken, dass ein Feind Geschütze bringen könne; geschähe
es dennoch, so seien die Umfassungsmauern anderthalb
Klafter dick und unversehrt, und „khein Stuckh" würden
dieselben einschiefsen können. Der Zwinger (der Zugangs-
raum vom ersten zum zweiten Thore) sei „gefüttert", nach
dem Thale zu habe es neben dem Abgrunde noch eine
tüchtige Mauer mit einer (der südlichen) Rondelle, worauf
man Geschütze pflanzen könne; nur stehe das (erste) Thor
mit seiner Aufzugbrücke ungedeckt; auf die „dicke, breite,
grofse" Rondelle daneben wäre ein Blockhaus zu setzen,
und ebenso auf das zweite Thor, das in den äufseren Burghof führt. Die eigentlichen Umfassungsmauern seien hoch
und gut, hätten aber keine Mordgänge (Bankette); hoch
und stark sei auch das Schloss, sein Thor tüchtig, und
werde dieses von dem Rüstkammerthurm — den man auf
Vischer's obigem Bilde sieht — vertheidigt. Geräumig sei
das Schloss hinreichend, um den Leuten aus einem Dutzend
Dörfer Zuflucht zu gewähren; zur Besatzung reichten
40 Mann, und seine Rüstkammer zähle 4 Feldstücke ohne
Lafetten, 30 Musketen (um weitere 40 wird ersucht),
12 Doppelhacken und 2 Orgelgeschütze, daran aber etliche
Läufe (Pfeifen) mangeln.[563])

Im Jahre 1682 kam eine neue Commission in gleicher
Absicht nach Emmerberg, und der Bericht deren Vor-
standes, des Obristlieutenants Scheller, lautete theilweise
anders; das Schloss habe drei Thore, aber keines sei genügend verwahrt, noch auch viel Gutes daran zu machen;
der Zugang sei bequem, und dem Thore gegenüber liefsen
sich auf dreifsig Schritte Entfernung Geschütze aufstellen,
und Thor und Schloss in den Grund schiefsen; die zwei Ron-
dellen je an den Enden seien zwar stark, könnten jedoch
nichts hindern; neben der Capelle seien zwei Bastionen,
allein die geeignetere davon sei „rasiert", und die obere
Ringmauer alt und baufällig, ohne Dach und Mordgang;

563. Blätter für Landeskunde von Niederösterreich 17, 256 ff. Bei
dieser Gelegenheit sprach man auch den (mehr grofsartigen als ausführ-
baren, jedenfalls curiosen) Gedanken aus, die Wässerchen der Neuen
Welt im grofsen Teiche zu stauen, und den Schwaden sodann auf die
Türken loszulassen, wenn es ihnen etwa beifiele, die Neustadt zu belagern.

das Schloss leide Wassernoth, sei auf Regen angewiesen,
und passe höchstens für Zuflucht. Wolle man etwas am
Ganzen bessern, so müsse man die Thore zuerst verstärken,
und zwar dem ersten ein gemauertes Vorwerk schaffen
mit tüchtigem Schlagbaum, dem zweiten einen „Rohl-
kasten“, und dem eigentlichen Schlossthore Eisenbeschlag.
Das Schloss selber sei noch wohnlich, in Dach und Mauerwerk gesund. An Waffen besitze man 2 bronzene und
3 eiserne Geschütze, 12 Doppelhacken, 30 Musketen und
12 Geschützkugeln, doch mangle es an Pulver, Blei und
Lunten.[564])
  Beide Berichte weichen in militärischen Anschauungen
von einander ab. Der Erste meint, dass es sich lohne, für
die Verstärkung Kosten aufzuwenden, der Zweite ist
gegentheiliger Meinung. Der Letztere fasste die Sache
strenge an, der Andere sprach in etwas pro domo, denn
wenn die Stände Emmerberg befestigten, safs sein Bruder
desto sicherer darinnen.
  Unter Denen von Heufsenstein mag die Baufälligkeit
von Emmerberg mit jener von Starhemberg gleichen Schritt
gehalten haben. Schon 1780 heifst das Schloss ein altes,
zerfallenes,[565]) und die gerichtliche Schätzung des Jahres
1805 nennt es ebenso, und bis auf eine Thorwärterwohnung
unbewohnbar.[566])
  Man sieht, dass ein gewisser ärmlicher Zustand auf
der Burg seit Langem sich vorbereitete, und ist damit bei
der Zeit angelangt, in welcher der archäologische Tourist
nur mehr durch Trümmer wandert.
  Ein solcher erzählt aus dem Jahre 1826,[567]) er habe
über der Pforte am ersten Thore noch die Jahreszahl 1596,
und über dem Felsenkeller vor dem zweiten Thore eine
Inschrift des 16. Jahrhunderts gefunden, welche das Schloss
„Emmerstein“ nennt, und die Güte des Kellers preist, der

---

564. Ebend. 258. — Scheiger in Hormayr's Archiv 1826, 19,
sagt: „An die Zerstörung durch die Türken erinnert nichts, obwohl diese
urkundlich bekannt ist.“ Dem Verfasser ist über diese angebliche Thatsache durchaus nichts zu Gesicht gekommen und zweifelt er auch ganz
entschieden an der Verlässlichkeit dieser Angabe. Vielleicht liegt ihr aber
blos eine falsche Deutung eines Wortlautes zu Grunde, wie ein solcher
S. 234 (zu Note 545) beigebracht ist. 565. Act im Archive des Stiftes
Neukloster zu Neustadt. — 566. Act bei Herrn Obristen Baron de Vaux
in Wien. 567. Hormayr's Archiv 1826, 7.

im Winter warm, im Sommer aber kühl sei.[568]) Der Erzähler sagt, wie schon seit 50 Jahren im Wohngebäude Alles im Verfalle, dass aber in den Sechzigerjahren des 18. Jahrhunderts auf der Burg, die damals noch wohl erhalten, Wetter geläutet worden. Ist dies richtig, dann wäre ihr Ruin Hand in Hand mit jenem von Starhemberg gegangen.

Ein Besucher von etwa 1870[569]) sah im Gebäude des Schlosses noch Reste späterer Malerei, etwa aus dem 16. Jahrhundert; ein Saal zeigte unter der Tünche einen Fries von Guirlanden, grüne Zweige mit Früchten, und der Steinrahmen zweier Fenster ein Ornament, grau auf dunkelroth, von noch gothischer Stylisierung.

Damit schliefst, was über die Burg in baulicher Beziehung zu berichten möglich war. Die Namen ihrer erreichbaren Pfleger u. s. w. gibt die Note[570]).

Vor dem eigentlichen Schlossthore, nahe der äufsersten Brustwehr stehen die Umfassungsmauern der Capelle, dachlos, und ausgefüllt von wucherndem Buschwerk. Auf der Ansicht Vischer's ist ihr Giebel von einem kleinen Dachreiter überragt. Nach einer Beschreibung von 1826[571]) hatte sie drei Steinaltäre, zerstörte Fresken, und im Pres-

---

568. Diese Inschrift besteht nicht allein nicht mehr, sondern es erinnert sich sogar Niemand, je davon gehört zu haben. Auffallend ist, dass der Verfasser (Scheiger) die Inschrift nicht widergab. Mehrere der Angaben dieses Autors werden in den Blättern für Landeskunde von Niederösterreich 17, 224 bezweifelt. — **569.** Ilg in den Mittheilungen des Wiener Alterthumsvereins von 1873, 55. — **570.** Pfleger u. s. w. auf Emmerberg:

... 1425 ... Heinrich Meglinger (Geschichte von Admont 3, 152).
... 1670 ... Johann Jakob Mantel (vgl. oben S. 125, Note 322).
... 1684 ... Jakob Büller (wohl Büchler, Grundbuch von Emmerberg zu Hernstein).
... 1699 ... Ferdinand Riederstorfer (Archiv des Kreisgerichtes zu Neustadt).
... 1703 ... Sebastian Anton Pechtrager (ebend., Protokoll von Emmerberg f. 22').
... 1705 ... Albert Niedermayer (ebend.)
... 1706, 09 Sebastian Anton Pechtrager (ebend.).
... 1731 ... Andreas Herrnberger (ebend.).
... 1747 ... Martin Baumann (ebend. Inventur-Protokoll von Emmerberg f. 72').
... 1750 ... Franz Johann Paudex (ebend. f. 113).
... 1750 ... Johann Ludwig Franck (ebend. f. 160).
... 1755 ... Nicolaus Schoifs, Wirtschaftspfleger (ebend. f. 171').
... 1755 ... Leopold Kaspar Mayer, Rentschreiber (ebend. f. 181').
571. Vgl. Note 567.

byterium die Jahreszahl 1619; eine andere von 1833 sagt, sie sei in gekreuztem Rundbogen eingewölbt gewesen, und ihre flachgedeckte Apsis habe ein Quadrat gebildet,[572]) und derselbe Besucher (v. Sacken) unterscheidet 1866 [573]) noch Freskenspuren auf der Nordwand, und zwar auf deren unteren, wie oberen Mörtellage, und namentlich die Reste der überlebensgrofsen Büste eines Fürsten und Marias mit dem Kinde. Von diesen erkannte ein späterer Besucher [574]) nichts mehr.

Eine andere Capelle als diese dem heiligen Michael geweihte bestand nicht.[575]) Die Kenner verlegen selbe ihrem Style nach in das 13. Jahrhundert. Romanisch sind ihre Fenster, und eine Anzahl romanischer Kirchen des 12. Jahrhunderts in der Umgebung zeigen denselben flachen Apsidenschluss wie sie. Ursprünglich war sie nicht dem heiligen Michael geweiht, sondern einem andern Patronate, wahrscheinlich der heiligen Maria. Sie hatte nämlich in den Tagen der Reformation ihre Verfallszeit, und scheint vollkommen eingegangen gewesen zu sein. Denn Johann Alexander Brassican, als er vor 1665 zur katholischen Kirche zurückkehrte, baute sie wieder auf — wobei sie jedoch ihren romanischen Charakter durchaus nicht einbüfste — und liefs sie abermals weihen, und zwar dem heiligen Michael. Von ihm ab bestanden daselbst zwei Messen, am Kreuz- und am Michaelstage. Diese geringe Zahl ergänzte sein Sohn Hans Friedrich auf zwölf im Jahre. Selbe sollten von Mutmannsdorf aus versehen

572. Blätter für Landeskunde von Niederösterreich 17, 224. — 573. Archäologischer Wegweiser durch das Viertel unterm Wienerwald 1866, 10. — 574. Vgl. Note 569. — 575. Die Blätter für Landeskunde von Niederösterreich a. a. O. 221 nehmen den Bestand einer Schlosscapelle zum heiligen Michael als sicher an. Nun gelangte aus der Capelle im äufseren Burghofe, eben deren Ruinen noch vorhanden, das Altarbild „Mariens Tod" nach Winzendorf, und daraus schliefsen sie, dass diese Capelle der heiligen Maria geweiht gewesen sei, ferner, weil eine Michaelscapelle sicher, eine zweite Capelle, und zwar dieses Patrones, bestanden haben müsse. Sie sehen weiters diese als die ältere an, und suchen sie im östlichen Schlossflügel in Verbindung mit den Wohnräumen, geben aber zu, dass heute nicht die Spur mehr davon vorhanden, ganz richtig aber blos deshalb, weil sie im Schlosse gar nie existierte. Es wird sogleich im Texte nachgewiesen werden, dass die äufsere Burgcapelle vor der Reformation einem andern Patronate (vielleicht Mariens) diente, einging, im 17. Jahrhundert wieder errichtet und dem heiligen Michael geweiht worden ist.

werden, und nur wenn Wetterungunst den Pfarrer abhielte,
dürfe man die entfallende Messe auf einen andern Monat
verlegen. Dafür widmete er das Capital von 120 fl., und
gewann zugleich die Genehmigung des Abtes vom Neukloster zu Neustadt als Patrons von Mutmannsdorf dadurch,
dass er den Kauf des Tazes von Netting guthiefs, welchen
derselbe mit Hans Friedrichs verstorbenem Bruder ver-
abredet hatte.[576]) Wie dieses kleine Gotteshaus die Re-
formen Kaiser Josephs in Sachen öffentlicher Capellen
überlebte, ist unbekannt. Vermuthlich aber haben dieselben
es gar nicht mehr erreicht, und ist es auch in ihr stille geworden, als über das Schloss selber Todesschweigen sich
legte.

Es ist annehmbar, dass in alter Zeit der gewöhnliche
und einem Schlosse ganz nothwendige Maierhof oder die
Schlosshube dort gestanden habe, wo heute die Förster-
wohnung steht, also ungefähr auf dem ersten Drittel der
Höhe des Hausberges. Als die Burg unbewohnbar wurde,
zog sämmtliches Beamten- und Dienstpersonal, den Thor-
wärtel ausgenommen, da hinab. Hier war dann die gesammte Wirtschaftsverwaltung mit Stadel, Ställen u. s. w.
geeint. Die Schätzung vom Jahre 1805[577]) erwähnt ihrer
Behausung, und schlägt sämmtliche Bauten hier und des
Schlosses selber auf 1000 fl. an. Erst unter den Nachfolgern
der von Heufsenstein ward das Wohnhaus in heutiger Gestalt hergerichtet. Vermuthlich geschah das Meiste dafür
zur Zeit des zweiten Grafen von Wartensleben, als er das
Gestüte errichtete, das Eigenthum und die Liebhaberei
seiner Gemahlin, und war das ungefähr 1821. Für diese
Bauten allerdings wurden die Steine aus dem alten Schlosse
geholt, und damit der Verfall fortgesetzt.

Ganz in gleicher Weise unfruchtbar, wie für dieses, ist
auch die Umschau nach Mitteln, den Bestand der Herrschaft für die ältere Zeit zu schildern. Von Hernstein bis

---

576. Pfarracten von Mutmannsdorf im Consistorialarchive zu Wien;
ferner Gedenkbuch der Pfarre Mutmannsdorf, das noch den Zusatz enthält,
dass der Abt von Neukloster das Capital auf dem Hause des Jakob Prukler
in der Langengasse zu Neustadt zu 5 Procent anlegte. — 577. Vgl. unten
Note 580. Es heifst (Blätter für Landeskunde von Niederösterreich a. a. O.
222), dass schon die Freiin von Pergen die Absicht gehabt, auf diesen
Punct einen neuen Ansitz zu bauen, ihr Plan jedoch nicht zur Ausführung
gelangte.

nach Emmerberg verringern sich mehr und mehr die Belege
dafür. Während Starhemberg doch noch Urbare des 15.
und 16. Jahrhunderts aufweist — bescheiden gegenüber
Hernstein, das deren vom 12., 14. und 16. besitzt — existiert
für Emmerberg keines, blos ein Grundbuch von 1670, und
Fassionen von 1751, und diese, genau genommen, unver-
wertbar. Es erübrigen somit nur Notizen.

Die ursprüngliche Gründung Emmerberg hielt die
nächste Umgebung (und vielleicht auch das Gebiet von
Tachenstein und seinen Burgflecken Netting) in sich, also
den Hausberg, im Westen Weniges aus der Thalung der
Neuen Welt, im Osten einen Bodenstreifen vom Saume
des Steinfeldes, dann den Prosset- oder Mitterberg, und
an dessen Ostrande einen Antheil von Winzendorf mit ausreichender Feldmark nach Weikersdorf hin. Anderes besafsen aber die Truchsesse verstreut auswärts, nur weifs
man nicht, ob käuflich erworben, oder als Mitgiften ihrer
Frauen, und wenn Lehen, ob solche für sie allein, oder als
Amtslehen für ihren Hofdienst, und von wem. Aus verschiedenen Documenten, worin sie bald Lilienfeld, bald
dem Spitale am Semring, bald Reun Gülten u. s. w. widmen, geht hervor, dass sie zu Wellersdorf, Glocknitz und
— vielleicht noch aus der Zeit ihrer Bedienstung auf
Prosset her — zu Weikersdorf, dann zu Neunkirchen
Liegenschaften und Einkünfte hatten.[578]) Diese Nachrichten
können zwar unmöglich vollständig sein, decken sich aber
mit einer andern, welche von den Abgaben der Truchsesse
von Emmerberg an den Landesfürsten spricht, von 1275
stammen mag, die gleichen Oertlichkeiten, und aufserdem
noch Mutmannsdorf aufführt.[579]) Diese Abgaben sind recht
namhaft: 5 Pfund Pfennige von Neunkirchen, 4 von einem
Walde bei Mutmannsdorf u. s. w. Vergleicht man, wie

---

578. Bezüglich Lilienfelds für Wellersdorf vgl. Kirchliche Topographie 1/5, 174 (von 1230), bezüglich Spitals für Gloggnitz Steierm.
Landesarchiv Nr. 642 (von 1249), bezüglich Reuns für Weikersdorf ebend.
Nr. 667ᵇ (von 1251), und für Neunkirchen Archiv zu Reun (von 1258).
— 579. Rationar. Austriae im Notizenblatt der Akademie 1855, 384:
„Redditus dapiferi (de) Emberberch. In Gloknz et in Noua Ecclesia sol-
uunt annuatim v talenta denariorum et l caseos et vi pullos. Insuper ex
eisdem reddditibus recipit dominus O(takerus rex) in foro in Mutenstorf i
talentum denariorum, et de silua iiii talenta, et de iure montano circa Welanstorf de vineis ix denarios, de duabus vineis lxvi denarios.“

gering sonst die Bodenzinse waren, so lässt sich aus den Ansätzen dieser Steuerquote ein sehr bedeutendes Grundeinkommen und eine stattliche Zahl von Grundholden annehmen. Manche Oertlichkeiten, wo Emmerberg im 17. Jahrhunderte Zinsgründe besafs, haben den Herren auch im 13. und 14. bereits gedient. Die Belehnung Ludwigs von Eckartsau nennt Güter zu Gaden, Mutmannsdorf und im Marchgraben.[580] Der Besitz zu Stolhofen, wenn nicht schon vordem einzelne Liegenschaften daselbst nach Emmerberg gehörten, reicht in das Jahr 1602 zurück, wo Hans Alexander Brassican die Harracher Lehen im Orte von Maria von Sinzendorf für 3000 fl. und 100 fl. Leitkauf erwarb.[581]

Was Emmerberg durch den Türkeneinfall gelitten, ist bereits miterwähnt worden.[582] An manchen Orten büfste es alle seine Unterthanen ein, und hatte blos Brandstätten. Es mag in diesem Unglücksjahre die Halbscheid seiner Holden, wenn nicht mehr, durch Tod oder Gefangenschaft eingebüfst haben.

Aus dem Jahre 1686 weifs man, dass die Herrschaft um 25.000 fl. und 100 Ducaten Leitkauf an Frau von Pergen überging, und dass diese Dame von Hans Franz Brassican 1690 noch 32 Tagwerk Weingärten im Weikersdorfer und 6 im Winzendorfer Gebirge für 300 und 100 fl. und 9 und 2 Ducaten Leitkauf erwarb.[583] So hob sich das Gut wieder, welches 1677, ohne das in der Familie Brassican noch strittige Winzendorf und Schwarzau am Steinfelde, auf 30.000 fl. geschätzt war. Um diese Zeit macht Hans Friedrich Brassican 119 unterthänige Höfe, Lehen u. s. w. namhaft, und zwar waren deren 30 zu Schwarzau, 19 zu Winzendorf, 12 zu Stolhofen, 11 zu Neunkirchen, 8 zu Raglitz, 6 je zu Molrams und Neusiedel im Wald, 5 je zu Mutmannsdorf und Gaden, 3 zu Mühlthal, 2 je zu Loderhof, Netting, Hornungthal und Weikersdorf, dann je 1 zu Fischau, Haderswörth, Haltberg, Meiersdorf, Rosenthal und Urschendorf, somit in 20 Ortschaften.[584]

580. Wisgrill, Schauplatz des niederösterreichischen Adels 2, 347. — 581. Original im Archive zu Hernstein. Mit diesen Lehen wurde Seine kaiserliche Hoheit Herr Erzherzog Rainer 1833, 5./2., noch belehnt (ebend.). Vgl. weiter unten seine Bestandtheile im Jahre 1833. — 582. Vgl. oben S. 233 mit Noten 539 ff. Die ausführlichsten und meisten Nachrichten stammen eben aus einem Emmerberger Protokolle von Verlassenschaftsabhandlungen. — 583. Originale ebend. — 584. Testament

Der große Mangel an Daten drängt die Darstellung
rasch nach dem Abschlusse in der neuesten Zeit. Dass Graf
Heinrich von Heufsenstein 1804 die Herrschaft an Anton
Payde verpachtete oder verpachten wollte, ist bereits[585])
erwähnt worden, ebenso, dass er 1805 die Allodialisierung
versuchte, wobei zwei Schätzungen einander gegenüber-
standen, deren eine das Gut auf 40.000 fl., die andere es
auf mehr als 53.000 fl. bewertete. Danach war an Baulichkeiten nichts mehr als die Ruine, die Verwalterswohnung
unten mit den Scheuern und Stallungen, dann die Taferne
am Teiche; beide Körper zusammen veranschlagte man
auf 2000 fl. Wert, und zwar die Taferne so hoch wie alles
Andere zusammen. Sie stand für 100 fl. in Pacht. Das Hofgut betrug 72 Joch Aecker, 51 desgl. Wiesen und 180 desgl.
Wald, Alles im Werte von 22.000 fl. Die Reisjagd lag
für 10 fl. in Pacht, die Fischerei brachte nichts ein. Die
Einkünfte aus den Unterthansgründen machten nicht ganz
2400 fl. aus, am meisten die Robotgelder, dann die Zehente,
die Laudemien, Gewähr- und Vormerktaxen und die Haus-
und Ueberländzinse (diese nur ein Viertel der Robotgelder). Mehr als die Hälfte dieses Einkommens ging aber für
Löhne an die nothwendigsten Hilfspersonen (Verwalter,
Amtschreiber, Jäger und Amtsdiener) auf, mehr als ein
Achtel für die Steuern, und ein anderes Achtel für Nachbesserungen — kurz, von jener Einnahme blieben etwa
200 fl., und aus diesen und der Bewirtschaftung des Hofgutes sollte der Besitzer sein Leben finden![589])

Hans Friedrich Brassican's im Landesgerichtsarchive zu Wien. — 585.
Vgl. S. 128 und 129 mit Noten 313 und 314. — 586. Der Schätzungsact
A hinterliegt im Landesgerichtsarchive zu Wien, der B ist im Besitze des
Barons de Vaux in Wien. Der Gegenwart ist bereits guten Theils ent-
schwunden, wie einem Gutsherrn vor 100 Jahren das Einkommen zufloss,
und der Zukunft wird es das noch mehr. Daher haben solche Ausweise
mehr als gewöhnliches culturgeschichtliches Interesse, und so möge der
vorliegende Fall auch mit solchen beleuchtet sein.

A setzt das Schloss mit Verwalterswohnung, Scheuern, Schüttböden, Stallungen u. s. w. an mit	1000 fl.	— kr.
Die Taferne, einschichtig am Walde gelegen und für 100 fl. verpachtet, mit	1000 „	— „
An Regalien:		
Die Reisjagd, verpachtet um 10 fl., capitalisiert mit	100 „	— „
Die Fischerei erträgnisslos, weil man das Wasser im Sommer für die Wiesen braucht.		

(17)

Die nächste und letzte Uebersicht des Herrschafts-
besitzes stammt aus dem Jahre 1833, als Emmerberg an
Seine kaiserliche Hoheit den Herrn Erzherzog Rainer überging. Es ist als Lehen „ohne Gnade" bezeichnet, das noch

An Gefällen. 1. Unveränderliche:

Haus- und Ueberlänndienst	212 fl.	7 kr.
Pactierte Robotgelder	827 „	36 „
Botengeld	10 „	17 „
Mostdienst (62 Eimer)	186 „	— „
Naturalrobot:		
36 Zugtage à 1 fl.	36 „	— „
225 Handtage à 10 kr.	37 „	30 „

2. Veränderliche:

Sechsjähriger Durchschnitt der Laudemien, Ge-währ- und Vormerktaxen	223 „	18 „
Mortuar- und adelige Richteramtstaxen	107 „	27 „
Zehente durchschnittlich (für Weizen, Korn, Gerste, Wicken und Hafer)	728 „	— „

Eigenthümliche Gründe:

72 Joch Aecker, im Ertrage verschieden	5510 „	— „
51 Joch Wiesen, darunter 16 zweimähdig und be-wässerbar, 32 einmähdig	3200 „	— „
3 Joch zugekaufte Rusticalwiesen	3200 „	— „
180 Joch Wald, nicht geschont, meist junge Föhren und wenige Buchen, à 60 fl.	10800 „	— „
Gesammtsumme des Capitals	82315 fl.	— kr.

Leistungen:

Dominicalsteuer	196 fl.	— kr.
Extraordinarium derselben	174 „	30 „
Verwalterbesoldung	600 „	— „
Amtschreiberbesoldung	300 „	— „
Jägerbesoldung	200 „	— „
Amtsdienerbesoldung	150 „	— „
Rauchfangkehrerbesoldung	15 „	— „
Reisespesen und Diäten	60 „	— „
Dienstkorn an die Herrschaft nach Schwarzau (30 Metzen à 3 fl.)	90 „	— „
Reparaturen	300 „	— „
Summa	2135 fl.	30 kr.
Diese capitalisiert zu 5 Procent	42710 „	— „
und abgezogen von	82315 „	— „
ergibt an Fideicommisswert	39605 fl.	— kr.

B nennt das Schloss verfallen und bis auf die Thorwächterwohnung
unbenutzbar, unterhalb demselben die Beamtenwohnung mit Stadel,
Ställen u. s. w.,

alle diese Bauten wert	1000 fl.	— kr.

das gräflich Harrach-Rohrauer Lehen zu Stolhofen begriff,
und es besafs sammt Dörfchen Emmerberg noch Winzendorf, dann Holden zu Haltberg am Schneeberg, im Hor-
nungsthal, zu Neusiedel am Steinfeld, Mutmannsdorf,
Gaden, Netting, Meiersdorf, Weikersdorf, Fischau, Ober-
piesting, Raglitz, Molrams, Stolhofen und drei Höfe an der
Wand. Zu Emmerberg bestanden noch eine Mühle und
das Teichwirtshaus. Im Ganzen zählte die Herrschaft
77 Behausungen mit Höfen u. s. w., 31 Kleinhäuser und
902 Ueberländgrundholden, die Unterthansgründe waren
(7) Ganz- und (7) Dreiviertellehen (blos zu Winzendorf),
(42) Halb- und (18) Viertellehen, dann (3) Hofstätten und
(41) Kleinhäuser. Am stärksten war das Herrschaftsgut in
Winzendorf vertreten (mit 35 Feuerstellen, wovon allerdings die Halbscheid Kleinhäuser), dann Stolhofen (mit
12, wozu aber noch die Harracher Lehenshöfe kamen),
Gaden und Emmerberg (mit je 10), Raglitz (mit 9), Molrams und Neusiedel am Steinfeld (mit je 8) u. s. w. Die
Harrach'schen Lehen bestanden in 6 Höfen, 26 Tagwerk

Grundstücke:

Aecker	5922 fl. 35 kr.
Gärten	86 „ — „
Wiesen	10482 „ 30 „
Hutweiden	325 „ 56 „
Wälder	7589 „ 10 „

Gefälle:

Bestimmte Herrendienste, capitalisiert	7555 „ 45 „
Unbestimmte (meist Kanzleitaxen), capitalisiert .	9631 „ 35 „
Robotgeld	18780 „ 30 „
Tag- und Ungeld	— „ — „
Taferne im Prossetgraben (Pacht 120 fl.)	2400 „
Korn- und Weinzehent	10362 „ — „
Waid- und Blumensuche	120 „ „
Mühlen	— „ — „
Kalk- und Ziegelöfen	— „ — „

Regalien:

Jagd (Pacht 24 fl.)	480 „ — „
Fischerei	
Landgericht	
Patronate	. . . . — „ — „
Dorfobrigkeit	

Zusammen in Capital . . . 74736 fl. 56 kr.
Dagegen die Kosten capitalisiert . . . 11554 „ 20 „

Bleibt Schätzung von . . . 53182 fl. 36 kr.
(17*)

Wiesen und dem Getreidezehent zu Stolhofen, 3 Waldparcellen in der Nähe, 1 Hofe zu Mutmannsdorf und
4 Eimern Bergrecht zu Winzendorf. Das Hofgut zählte
82 Joch Aecker, bei 90 Joch Wiesen, über 25 Joch Weiden
und bei 280 Joch Wälder — die Letzteren nur zu Emmerberg und Winzendorf, die Wiesen zu Emmerberg, Netting
und Stolhofen, Aecker und Weiden blos zu Emmerberg.
Die Ortsobrigkeit gehörte der Herrschaft blos hier, dann
zu Winzendorf, Raglitz und Neusiedel, das Landgericht
aber durchaus der Herrschaft Starhemberg nach Fischau.
Sie hatte kein Patronat zu Winzendorf, besitzt es aber
jetzt. Die niedere Jagd und das Fischrecht auf dem
Prosset- und Mutmannsdorfer Bache waren bedeutungslos.
Taz- und Ungeld stand der Landgerichtsbehörde zu, und
nur Ein Schankrecht, nämlich auf dem eigenen Teichwirts-
hause, kam ihr zugute. Das Einkommen aus den Grund-
zinsen betrug etwa 660 fl. C.-M., aus Abhandlungs- und
Anschreibungstaxen 300 fl., aus der Ablösung der Jagd-
robot 13 fl., und dann sollten noch 160 Diensteier und
2 fl. W. W. Eiergeld geleistet werden. Für die Robot wurden 77 Hofunterthanen und 41 Keuschler mit 36 Zug- und
1463 Handtagen, endlich mit 740 fl. W. W. Ablösungsgeld
herangezogen. Der Zehent war in Hafer (100 Metzen),
Weizen, Korn, Gerste und gemeiner Frucht (155 Schober
im Ganzen), dann auf 64 Eimer Bergrecht beziffert. In der
Wirtschaft hatte man in etwas Schafzucht betrieben, und
seit dem Grafen Wartensleben ein kleines, aber kostspie-
liges Gestüte, das auch während des Sequesters erhalten
wurde.[587]

C.

Die drei Hauptgüter und ihre Pfarreien und Ort-schaften.

1. Hernstein.

Es ist bereits erwähnt worden,[588] wie es kam, dass
der Landstrich nördlich der Piesting zu einem andern

587. Mittheilungen des Herrn Forstrathes Stöger. — 588. Vgl.
oben S. 19.

Bischofsprengel gehörte als der südliche. Hier also verwaltete Passau die geistlichen Angelegenheiten, und was
an Pfarreien und Tochterkirchen auf Hernsteiner Grunde
erwuchs, Hernstein nämlich, Wopfing und Pernitz, zu guter
Letzt auch noch Wellersdorf und Steinabrückl, gehorchten
dahin.

Dies Verhältniss der Abhängigkeit dauerte nahezu
tausend Jahre. In den späteren Zeiten, und wegen des
Anwuchses der Zahl der Kirchen und Klöster und geistlichen Geschäfte, hatte das Bisthum ein eigenes Amt zu
Wien bestellt, das man Officialat hiefs, ausgerüstet mit
mancherlei Vollmachten. Der Official residierte im heutigen Redemptoristenkloster bei Maria Stiegen. Dies
währte bis 1729, wo mittels eines Recesses mit Passau
die Pfarre Hernstein dem Decanate Potenstein und damit
der Diöcese Wien einverleibt wurde.[589]

Die eigenthümlichen Geschicke der Herrschaft Hernstein haben es bewirkt, dass das Gut heute seine alte Pfarre,
die nicht viel jünger ist wie die Burg selber, nicht mehr als
Patron bevogtet, und dass sie überhaupt auf ihrem Boden
nach 1447 keine Patronatspfarre besafs, noch besitzt.

Das kann jedoch kein Grund sein, für die Darstellung
hier blos auf jene Pfarreien sich zu beschränken, welche
jetzt allein dem Gutsherrn zu Mitwirkung in Schutz und
Besetzung empfohlen sind. Das würde das geschichtliche
Bild der Entwicklung des Ganzen nicht nur inhaltloser gestalten, sondern auch eine Anzahl von Verbindungen
unterdrücken, die zwischen Herrschaft und Pfarreien selbst
dann bestanden, wenn sie nicht lehenmäfsig an einander
gewiesen waren. Es soll auch hierin das Gebiet als solches
den bestimmenden Factor abgeben, umsomehr, als die
Oertlichkeiten desselben in die Schilderung einzutreten
hätten, wenn ihre Pfarreien anderen Patronen zugeschrieben wären, als den Herren der drei Hauptgüter. Und
zwar ist es da das scharf umschriebene von Hernstein,
dort das annähernd sichere von Alt-Starhemberg, und das

589. So sagt die Pfarrchronik von Hernstein. Dem steht aber der
Vertrag zwischen Neuberg und dem Passauer Consistorium von 1741
gegenüber, der von einem Aufgeben der Diöcesanrechte gar nichts weifs,
im Gegentheile sie gründlich regelt. Dieser Vertrag wird in der Folge
als ein mafsgebender für die beiderseitigen Verhältnisse anzusehen sein.

zeitweise mit einem einzigen Kirchenlehen versehene Emmerberg.

Für das Erstere kommt Hernstein mit seinen Tochterpfarren Wopfing und Pernitz, dann Wellersdorf und Steinabrückl in Betracht, und schliefsen die ihnen zugehörigen Gemeinden, Dörfer und Oertlichkeiten des Gebietes ein, stets nur mit Rücksicht auf die Zeit bis in den Anfang dieses Jahrhunderts.

Hernstein

gehört als Pfarre mit zu den ältesten der Umgebung. Vielleicht ist Waldeck älter, kaum jedoch Mutmannsdorf, wahrscheinlich nur Fischau. Es erscheint als fertig und wohlausgestattet bereits im Falkensteiner Codex, und sowohl die baulichen Denkmale nächst der Kirche und im Orte sind Zeugen der Anlage etwa um die Mitte des 12. Jahrhunderts.

Sie stand den Grafen von Falkenstein zu, und diese und die Landesfürsten hatten die Kirchenzehente in Lehenbesitz.[590]) Als durch den Verkauf seitens des Grafen Chuno die Herrschaft mit dem sogenannten Kirchenlehen (Patronate) in den Besitz des Bisthums Freising gelangte, ward nach des Ersteren Tode dieses Herr der Pfarre. Man weifs, dass der Bischof durch Euphemia von Potendorf gewaltthätig daraus verdrängt wurde, und es wird später zu erzählen sein, wie der Bischof vergeblich die Rückerwerbung anstrebte. Sie gelang ihm zwar keineswegs, immerhin aber nannte er sich den Herrn derselben. Als er die Herrschaft dem Pfalzgrafen Ludwig in Baiern zu Lehen übertrug, behielt er sich die Kirche vor,[591]) und führte sie auch, als seinem Bisthume zustehend, in seinen Matrikelbüchern.[592]) Durch den Kauf seitens Herzog Albrechts III. von den Potendorfern wurde sie 1380 landesfürstlich. Das blieb sie auch dann, wenn das Gut Anderen verschrieben

---

590. „Ecclesiam in Herrantstein confert comes de Hadmarspergc, cuius terminos unacum decimis et siluis et perchrehte dux et dictus comes habuerunt in feodo" (Redditus eccl. Patauien. in Mon. boica 28/2, 481.) Die Notiz gehört etwa dem Jahre 1250 an. — **591.** Font. rer. Austr. 2/31, 364. — **592.** Ebend. 2/36, 63 erscheint die Pfarre als „ad ius et collacionem episcopi" gehörig und in der Diöcese Passau. Die Matrikel datiert von 1315.

ward; so 1439, als die Gebrüder Hauser an dasselbe gelangten. Der Herzog behielt sich in der Vergabung ausdrücklich das Kirchenlehen, d. h. die Pfarre vor,[593]) und in der herzoglichen Matrikel der landesfürstlichen Pfarren von ca. 1440 erscheint Hernstein als in der Präsentation dem Regenten zustehend.[594])

Kurz darauf trat eine Aenderung ein. Mit dieser beginnt so eigentlich die fortlaufende Geschichte der Pfarre. Episoden hatte sie bereits früher durchgemacht. Auf diese ist es nöthig jetzt zurückzugreifen, nachdem vorerst blos die Zugehörigkeit für die älteste Zeit dargelegt werden sollte.

Diese Episoden betreffen die Angelegenheit mit Frau von Potendorf.

Worauf die Ansprüche derselben beruhten, ist gleichfalls bereits geschildert worden.[595]) Mit der Kirche ging es dem Bischofe von Freising um nichts besser als mit der Herrschaft.

Er hatte eine Persönlichkeit an sie gebracht, die seitens des Gegners einige Rücksicht verdient haben sollte: den Magister Ulrich, Domherrn zu Passau und ersten Kanzler König Otakars. Diesem stellte Frau von Potendorf den Priester Friedrich entgegen, der entweder ihr Sohn oder Neffe oder Schwager war.[596]) Die Pfarrverwaltung führte aber der Vicar Berthold.[597]) Schon im Jahre 1266 hatte Bischof Konrad von Freising seine Klage in Passau eingebracht, und ward von da aus dem Abte von Garsten die Untersuchung und Entscheidung übertragen, von dem auch ein Tag zu Admont angesagt und gehalten worden, doch ohne Ergebniss, weil von Potendorfer Seite Niemand erschien. Im März des folgenden Jahres ward zu Amstetten neuerdings Gericht gehalten, neuerdings festgestellt, dass Frau von Potendorf nicht das mindeste Anrecht besitze, weil sie eben keine Vollfreie sei, auch ihre Mutter Adel-

593. Original, Staatsarchiv zu Wien. — 594. Unter die „beneficia curata ad presentacionem … ducis Austrie pertinencia" reiht „Herrantstain" mit 140 Pfund Pfennigen (Hormayr's Archiv 1832, Urkundenblatt Nr. 10). — 595. Vgl. oben S. 47. — 596. Er wird „clericus Fridericus dictus de Potendorf" genannt, was auf Geburtsverbindung mit dem Hause hinweist. — 597. Er erscheint als Zeuge bei der Gerichtsverhandlung, ein Beleg, dass keine Partei ihren Ernannten auf der Pfarre sitzen hatte und diese ein Vicariat war.

heid auf alles Erbrecht verzichtet habe, und ihr der Besitz der Pfarre aberkannt.[598]) Dass Frau von Potendorf darum wenig sich kümmerte, zeigt sich aus der Bestätigung des Gerichtsspruches, den Bischof Peter von Passau, und zwar drei Jahre später, zu ertheilen hatte.[599]) Was dann aus der Sache geworden, lässt sich blos denken: der Bischof behielt sein Recht schriftlich, Frau von Potendorf den Besitz thatsächlich. Eben von da ab tritt nämlich eine Lücke ein, welche bis in den Anfang des 15. Jahrhunderts währt, ohne — einen einzigen Fall ausgenommen — irgendwie mit Nachrichten über die Pfarre oder ihre Inhaber gedeckt zu werden.

Dieser eine Fall wirft allerdings auf dieselbe, als eine sehr ansehnliche und gesuchte, gutes Licht. Es liefs sich das wohl bereits aus der Persönlichkeit Magisters Ulrich abnehmen, findet aber noch in jenem Träger, der gegen das Ende des 13. Jahrhunderts sie besass, die Bestätigung, und so auch in den Personen und Ereignissen, welche aus dem 15. Jahrhundert bekannt sind. Angeblich zwischen 1280 und 1295[600]) hatte nämlich ein nicht minder hochstehender Mann die Pfarre in Besitz, Magister Gottfried, erster Kanzler Herzog Albrechts, Domherr zu Passau und Worms, und Pfarrherr zu Wien, Mistelbach, Hernstein und zu St. Ulrich in der Neustadt. Er starb 1295, und wählte seine Grabstätte zu Heiligenkreuz.[601])

598. Beilage VI. Im Jahre 1317 befanden diese Urkunde, die nächstfolgende und offenbar auch der Admonter Gerichtsspruch sich im Schlossarchive zu Waidhofen an der Ybbs (Font. rer. Austr. 2/36, 81, 83 und 84). — 599. 1270, 26./10. Wien, in Beilage VIII. Es ist wahrscheinlich, dass Euphemia, zur Wahrung des Scheines, gegen das Urtheil Protest einlegte, denn in der Schlussentscheidung heifst es, das Erkenntniss des Abtes von Garsten sei nochmals geprüft worden, und zwar wäre der Obmann dieser neuen Commission der Domdechant Wernhard von Passau, später Bischof von Seckau, gewesen. Zu letzterer Würde gelangte derselbe 1268. Der Bischof von Passau liefs also bis zur Publication noch zwei Jahre verstreichen. — 600. Kirchliche Topographie von Niederösterreich 1/8, 256—257. — 601. Die Cont. Vindob. in Mon. Germ. 9, 718 berichtet: „(1295) mortuus est mag. Gotfridus protonotarius Alberti ducis Austrie, feria secunda in Pentecostes, Patauiensis, Wormaciensis canonicus, Wienne, in Mistelbach, Herrantstain, ad s. Ulricum in Noua Ciuitate plebanus, ordinis (Fratrum predicatorum) acolitatus, et sepultus est in capitulo ad s. Crucem.- Die Kirchliche Topographie (Note 600) sagt, er sei bei den Minoriten in Wien bestattet.

Aus diesen beiden Personalien ergibt sich der Schluss, dass die Kirche, als eine wohlausgestattete, einflussreichen Priestern zum Genusse überlassen zu werden pflegte, und somit eine Commendativpfarre war.

Ihr Inhaber kam vielleicht nie in den Sprengel, sondern schickte einen Vicar, der ein gewisses gesetzliches Ausmaſs der Einkünfte für sich bezog, und den gröſsten Theil an jenen übermittelte. Das mag auch mit eine Ursache der herrschenden Armut an Nachrichten sein. Der nächstgenannte Pfarrer Kolman Ladendorfer, gleichfalls mit dem Titel eines herzoglichen Caplans ausgezeichnet, und zu Anfang des 15. Jahrhunderts an der Kirche selber residierend, bringt durch seine Anwesenheit sofort einiges Leben in die Geschichte.

Aber zwischen ihm und Magister Gottfried müssen einige hochansehnliche Persönlichkeiten die Pfarre bekleidet, und auch ihre Begräbnissstätte daselbst gewählt haben. Es lässt sich dies aus mehreren Grabsteinen schlieſsen, welche auf dem Friedhofe sich befinden, der Zeit von der Mitte des 13. bis in den Anfang des 14. Jahrhunderts angehören, und durch den Mangel an Inschriften mit einiger Zuversicht Priestern zugetheilt werden können.

Der älteste derselben ist an der äuſseren Abschlusswand des Presbyteriums der Kirche angebracht. Das Kreuz am langen Stiele, die Balkenenden in Lilienform, umgeben von einem Kreise gleich einem Heiligenschein, der Stab auf Dreiberg ist eine Form, wie solche Grabsteinen der zweiten Hälfte des 13. Jahrhunderts bezeichnend eigenthümlich ist.[602]) Der Mangel einer Umschrift scheint auf

einen Priester zu deuten, und wenn nicht bestimmt ausgesprochen wäre, dass Magister Gottfried in Heiligenkreuz
sein Grab gefunden, so könnte ihm dieser Stein zugeschrieben werden. Derselbe kann jedoch auch einige Jahrzehnte älter sein, und etwa dem Pfarrer Friedrich, dem
Günstlinge Euphemias von Potendorf, und wohl auch
ihrem Verwandten gelten.

Die zwei anderen Steine mögen bei ·Beschreibung
der Kirche folgen. Beide gehören der ersten Hälfte des
14. Jahrhunderts an, sind in ihrer Grundfigur einander
sehr ähnlich, und auch sie werden Pfarrern der Kirche
von Hernstein zuzutheilen sein. Aber für mehr als 100
Jahre fehlt jede Andeutung eines Namens.

Erst mit 1404 wird Pfarrer Kolman Ladendorfer erwähnt, der mindestens bis 1430 an der Kirche, und von
den Herzogen als ihr Caplan hochbegnadet erscheint,[603])
endlich 1447 Johann Himmel, gleichfalls blos Commen-
dativpfarrer oder Pfründennutzer, unter welchem über die
Zuständigkeit der Pfarre auf mehr als drei Jahrhunderte
entschieden wurde.

Sie kam nämlich an das Kloster Neuberg in Steiermark.

Die Herzoge Otto und Albrecht hatten bald nach
Gründung des Stiftes (1327) demselben 200 Mark Silbers
aus der kleinen Maut zu Stein verschrieben, jährlich so
lange zu beziehen, bis sie damit ihre Kirche, den Chor
und Kreuzgang ausgebaut haben würden. Aber diese
Rente entfiel durch lange Jahre, und die Kirchenbauten
blieben unvollendet. Diese Dinge trug der Abt ca. 1445
König Friedrich IV. vor, der, seiner Ahnherrn Werk zu
vollenden, die landesfürstliche Pfarre Hernstein auf ewige
Zeiten dem Kloster einverleibte. Nur hätte dasselbe auf

Anlage ähnlich ist ein kleiner Grabstein zu Klosterneuburg, mit Schwurhand von links nach rechts auf den Kreuzstab gelegt (Mittheilungen der
Central-Commission für Kunst- und historische Denkmale 1887, CCI.);
dieser Stein ist ohne Aufschrift. Mit Aufschriften, und zwar auf Laien
lautend, sind die sehr ähnlichen des Bürgers Otto vom Hohenmarkt in
Wien, vor 1280 (ebend. 175) und der des Bürgers Siegfried Löbel von
daselbst, von ca. 1285 (ebend. 184), beide aus Heiligenkreuz. Im Ganzen
ist die Zahl der bisher bekannten Stücke dieser Zeit sehr klein. Aehnlich
war auch der Grabstein der Gründerin von Studenitz, dermalen durch
ein Facsimile mit Inschrift ersetzt. — 603. Vgl. unten Note 655.

die verschriebenen 200 Mark zu verzichten, den Schein
rückzufolgen, und mit einer entsprechenden Quote vom
Einkommen der Pfarre den Vicar zu erhalten. Das geschah
1446.[604]) Die Aenderung im Patronate erforderte einen
kirchlichen Process, dessen Acten glücklicherweise vollständig erhalten sind.

König Friedrich unterbreitete seine Entschliefsung der
Genehmigung des Papstes, die nicht vorenthalten wurde:
es müsse der gegenwärtige Pfarrer, Johann Himmel, in
seinen Entschädigungsansprüchen vollkommen zufrieden-
gestellt werden, die Verhandlung solle der Abt von
St. Lambrecht führen, der, für den freiwilligen Rücktritt
des Pfarrers Himmel, auch dessen Abfahrtsrente und die
Congrua des künftigen Vicars bestimmen würde.[605]) Zur
Vertretung Neubergs ernannte der Convent seinen Abt,[606])
und wenige Tage später erliefs der Prälat von St. Lambrecht seine erste Verlautbarung in der Sache an den
Bischof, das Capitel und den gesammten Clerus der Diöcese Passau: er habe die freiwillige Entsagung des Pfarrers Himmel angenommen, die Einverleibung der Pfarre
in Kloster Neuberg ausgesprochen, und den Abt sofort
durch Aufsetzung seines Käppchens mit derselben belehnt;[607]) Pfarrer Himmel solle vom Kloster jährlich 200
Pfund Pfennige in vier Raten so lange beziehen, bis der
König ihn anderwärts bedächte; er verlangt, dass der
Bischof den Abt binnen sechs Tagen nach Empfang des
Schreibens in die Pfarre einführen lasse, und die Geistlichkeit einer Aufforderung des Abtes, bei dieser Handlung mitzuwirken, sich nicht entziehe.[608]) Abt Johann von
Neuberg begab sich sofort nach Hernstein, und übergab
die Publication des Prälaten an den Cooperator Lucas
Weitzer, mit dem Ersuchen, ihn einzuführen: das geschah
derart, dass Letzterer den Abt an der Hand in die Kirche
führte, und auf die Kanzel[609]), und von dort herab die Ein-

604. Original Steierm. Landesarchiv Nr. 6038. — 605. Ebend.
Nr. 6082 von 1447, 18./7., Rom. — 606. Ebend. Nr. 6311[b] von 1447,
1./10. — 607. „Per birreti nostri tradicionem et capitis sui imposicionem." — 608. Ebend. Nr. 6090 von 1447, 6./10., Mariazell. — 609.
„Dominum Iohannem abbatem ... per manus recipiens ad ... ecclesiam
s. Laurentii introduxit, et ambonem ascendens coram quam pluribus ...
vtriusque sexus hominibus ibidem tunc ad diuina audienda congregatis"
u. s. w.

verleibung aussprach, dann in den Pfarrhof geleitete, und
alle Schlüssel einhändigte, und — heifst es — am Ende
wurde zum Zeichen der richtigen Besitzergreifung im Pfarrhofe gegessen und getrunken.[610]) Das vollzog sich am
15./10., 1447. Einen Monat später präsentierte der Neuberger Abt dem von St. Lambrecht den Priester Erhard
Neubeck, von Kirchschlag gebürtig, zum Vicar, und bat
um dessen Einsetzung zu Hernstein, und der Präsentierte
ernannte drei Geistliche zu Sachwaltern seiner Angelegenheit beim Prälaten von St. Lambrecht.[611]) Dieser theilte am
selben Tage — der neue Vicar hatte ihn mit seinen Sachwaltern zusammen zu Aflenz aufgesucht, — dem Bischofe
von Passau die Verleihung der Vicarie an Neubeck mit,
auch, dass der Abt demselben jährliche 10 Pfund Pfennige
als Congrua ausgeworfen, und forderte die Einsetzung,[612])
welche acht Tage darauf mittelst Procuratie in folgender
Weise sich abwickelte.

Unter den erbetenen Sachwaltern des neuen Vicars
war auch der genannte Cooperator Lucas Weitzer von
Hernstein. Dieser forderte den Caplan Nicolaus Türck daselbst auf, mit Hinweis auf die gesetzmäfsige Verleihung
der Pfarre an Erhard Neubeck und auf den schuldigen
Gehorsam gegenüber den päpstlichen Befehlen und Aufträgen des Abtes von St. Lambrecht, ihn anstatt des ab-
wesenden Ernannten in die Pfarre einzuführen; der Caplan
nahm jetzt den Cooperator an der Hand, führte ihn an die
Kirchenpforte, übergab ihm die Schlüssel, liefs ihn die
Thür öffnen und führte ihn ein, hiefs ihn den Glockenstrang
berühren, geleitete ihn an den Altar, überreichte ihm Kelch
und Messbuch, und vollzog schliefslich die Belehnung,
indem er ihm sein Käppchen aufsetzte.[613]) Darauf legte der

---

610. „Domum dotis inibi ad s. Laurentium in Herrantstain cum
prefato domino Iohanne abbate accedens et ad eandem ipsum introduxit,
claues ad cameras et alias mansiones ibidem ipsi assignando“, und „in
signum vere possessionis assecute . . . in domo dotis manserunt come-
dendo et bibendo“. Ebend. Nr. 6311[b]. — **611.** Ebend. von 1447, 22. und
25./11., Neuberg und Aflenz. — **612.** Ebend. Nr. 6096" vom letztgenannten Tage und Orte. — **613.** Der Caplan „dominum Lucam recipiens per manus . . . ad portas siue valuas parrochialis ecclesie . . . duxit,
et claues quibus porte ecclesie aperiebantur, eidem domino Luce . . . tradidit, ecclesiaque per easdem aperta prefatum dominum Lucam . . . introduxit ad eandem, funiculamque campanarum preuio, et deinde ad chorum
accedens, calicem et librum missalis in signum corporalis possessionis

Sachwalter das Messgewand an, weihte Salz und Wasser,
las die Messe, und predigte auf deutsch, Alles zum Zeichen,
dass er für Neubeck gesetzlich von der Pfarre Besitz ergriffen.[614])
Hintendrein entstanden jedoch mehrere Unannehm-
lichkeiten. Der päpstliche Legat, Cardinaldiakon Johann,
hatte zwei Monate später in Erfahrung gebracht, Pfarrer
Himmel sei zur Zeit seiner Entsagung im Kirchenbanne
gestanden. Der Abt von Neuberg war hinter diese Thatsache gekommen, welche zur Folge hatte, dass die Einverleibung als unrechtmäfsig angesehen werden konnte.
Der Legat ersuchte nun den Abt von St. Lambrecht, den
Fall zu untersuchen, und die Einverleibung nochmals vorzunehmen. Bis Ende März 1448 war auch der neue kirchliche Vorgang abgewickelt, aber zu Gunsten eines neuen
Pfarrers, denn Erhard Neubeck trat zurück, und Pater
Augustin, Kellermeister des Klosters, an seine Stelle.
Seine Einführung in Kirche und Pfarre geschah 1448,
31./3., unter den gleichen Formen wie früher.[615])
Nach anderer Seite jedoch wirbelte die Angelegenheit noch Staub auf. König Friedrich nämlich hatte mit der
Vergabung allerdings in guter Absicht, doch über Mündel-
gut des Sohnes Albrechts V., Königs Ladislaus, verfügt.
Als er nun anfangs der fünfziger Jahre über die Gerhabschaft Rechnung zu legen hatte, rechnete ihm sein feind-
seliger Bruder, Albrecht (VI.), diese Mafsregel besonders
an. Er sollte vor einer gemischten Commission darthun, ob
er dazu berechtigt gewesen, ja in den weiteren Verhand-

---

eidem assignauit, ipsumque ... in dicta ecclesia ... ante altare maius
ibidem per bireti tradicionem et capitis sui imposicionem quoad curam
animarum regendam dicte parochialis ecclesie inuestiuit." — **614.** „Dominus Lucas ... vestibus sacris se induens ad prenominatum altare maius
accedens sal et aquam benedixit, et lapsu temporis missam coram multi-
tudine populi tunc ibidem ac diuina audienda congregati alta ... voce de-
cantauit, et sermonem in vulgari theutonico pro salute animarum ipsorum
fecit in signum vere possessionis huiusmodi animarum cure regendi et assecute perpetue vicarie." Ebend. Nr. 6311[b] von 1447, 3./12. — **615.** Die
Acten dieses Processes sind: Auftrag des Legaten an den Prälaten von
St. Lambrecht von 1448, 24./1., Wien; Ernennung des P. Augustin als
Sachwalter für Neuberg von 1448, 25./2., Neuberg; Ernennung desselben zum Pfarrer, von 1448, 27./2., Leoben; Einführung desselben in
Hernstein, von 1448, 31./3., Hernstein, sämmtlich im Steierm. Landesarchive.

lungen (von 1455) forderte Albrecht sogar, Friedrich hätte
die Pfarre der landesfürstlichen Lehenkammer wieder rück-
zuverschaffen.[616]) Dieser Sturm ging übrigens ohne Störung
des Pfarrbesitzers vorüber, und 1475 bestätigte Papst Sixtus IV. dem Kloster seine Erwerbung.[617])
  Auf diesem Flecke wirkte Neuberg gewissermaſsen
missionsartig: es sendete seine geistlichen Boten den lang-
gestreckten Besitz an der Piesting aufwärts, und von ihm
stammen, oder es übernahm die Filialen zu Wopfing und
Pernitz, über welche später zu erzählen sein wird.
  Dass die Reformation hier besonders fühlbar sich gemacht habe, davon ist nichts bekannt. Aber spurlos zog
sie keineswegs vorüber. Aerger war es allerdings zu Pernitz. Der erste Visitationsbericht von 1544[618]) behandelt
diese Seite des religiösen Lebens gar nicht: er erzählt nur,
dass früher ein Hilfspriester und ein Schullehrer vorhanden
gewesen, und jetzt sei der Pfarrer allein. Uebrigens mag
die Sittenzucht auch da gelitten haben,[618a]) und das persönliche Einverständniss mit dem Gutsherrn ließ durch alle
Jahrhunderte zu wünschen übrig. Dass hierin der Prote-
stantismus der von Heussenstein mitspielte, ist ohne Zweifel,
und wenn der Abt in Glaubensstrenge der lutherischen

  616. Chmel, Materialien 2, 48 und 98, dann Beiträge zur Geschichte
König Ladislaus' in den Sitzungsber. der kais. Akad. 1858, 526. — 617.
Steierm. Landesarchiv Nr. 7572ª. In der Kirchlichen Topographie 1/5,
183 heißst es, 1460 habe Kaiser Friedrich III. die Pfarre Hernstein zur
Propstei in der Burg zu Neustadt gestiftet. So sagt auch Gleich, Ge-
schichte von Neustadt 2, 233. Es liegt indess abermals eine der häufigen
Verwechslungen mit Hornstein, nordöstlich von Neustadt, vor. — 618.
Staatsarchiv, Wien. — 618ª. Wie sehr dies gelegentlich unter der Geist-
lichkeit auch zu Hernstein der Fall war, zeigt die Klage des Abtes Johann
an den Passauer Official wider seinen Vicar (den Weltpriester) Melchior
Rosenberger, 1555. Dieser Mann betrank sich im Neuberger Hofe zu
Neustadt, und betrug sich förmlich mörderisch; als seine Zeit der Pfarr-
verwesung um war, schleppte er alles Brauchbare mit dem Klosterzuge
fort, den er dann zu Enzesfeld, wo er Pfarrer wurde, für sich ver-
wendete; selbst die Fenstergitter brach er in Hernstein aus. Im ganzen
Jahre las er keine zehn Messen, und ließ die Leute mit den Sacramenten
im Stiche. Einer Vorladung, die ihn nach Fischau zur Rechtfertigung
berief, spottete er, und als der Prior und der Kämmerer ihn zu Enzesfeld
aufsuchten, um das Klostereigenthum zurückzuverlangen, fanden sie ihn
zechen, und er tractierte sie mit „holahipperischen Wortten", schalt sie
vor den Leuten auf der Gasse, und als sie fortgingen, verfolgte er sie
bewaffnet bis gegen Lindabrunn. (Steierm. Landesarchiv, Acten von
Neuberg.)

Gutsfrau das Begräbniss in der verlotterten Patritiuscapelle
verweigerte, so ist das begreiflich, wenn man die „Grava-
mina" liest, welche ungefähr um das Jahr 1630 der Pfarrer
wider den Freiherrn von Heufsenstein vorbrachte. Darnach
wäre es eigentlich mit den Unterthanen kirchlich nicht zu
schlecht bestellt gewesen, wohl aber zuweilen mit dem
Gutsherrn, der die Widerspänstigen aufreizte, dem Kirchen-
gute wider die Verschleuderung durch die Bergmeister
keinen Schutz gewährte, selber Kirchengründe verkaufte
oder wie eigene behandelte, die Leute an Sonntagen zur
Robot verhielt, und überhaupt ziemlich auf denselben Fufs
zur Pfarre sich stellte, wie sonst protestantische Guts-
besitzer es thaten. Da ist es begreiflich, dass bei den Ge-
treuen gleichfalls Lauheit, und bei Priestern eine gewisse
Lässigkeit einriss.[618b]) Ein Visitationsbefehl des Priors von
Neuberg sagt in gewisser Uebereinstimmung damit: der
Gebrauch der letzten Oelung sei viel zu selten, und man
habe den Leuten die Wohlthaten dieses unumgänglichen
Sacraments klarzumachen; der Pfarrer solle wenigstens
dreimal die Woche Messe lesen, und aufserdem zwei für
die Wohlthäter der Kirche; er habe auf Sittlichkeit im
Familienleben zu achten, Fluchen und Unzucht, und besonders die Gaukler zu verbieten.[619]) Im Jahre 1647 bringt Seifried Narringer, der Gatte Magdalenens, Tochter des Freiherrn Hans von Heufsenstein, beim Abte eine förmliche
Anzeige wider Pfarrer P. Augustin ein, wegen zu bequemer
Auffassung seiner geistlichen Pflicht, Ab- und Zugehens
von Weibern im Pfarrhofe unter verdächtigen Umständen,
aber schon im Jänner 1648 sieht er sich veranlasst, demselben eine förmliche Ehrenerklärung zu geben, und seine
Beschwerden auf „Hass vnd Neydt böser Zungen merers
theils" zu schieben.[620]) Dagegen berührt es angenehm, wie

<hr>

618b. Vgl. Note 669. — **619.** Steierm. Landesarchiv, Acten von
Neuberg. — **620.** Ebend. — Einige Zeit später (1666) klagt wieder Graf
Otto Felician von Heufsenstein gegen den Pfarrer P. Johann Starck, dass
er letzthin beim Kirchtage den Richter gehauen, und die Gäste aus dem
Wirtshause gejagt habe. Es liegt das Concept des Abtes an den Pfarrer
vor, worin derselbe auch für den Fall getadelt wird, dass er blos die
Flucher schlagen wollte: das Handanlegen dieser Art schädige die prie-
sterliche Würde; ohnehin habe er ihn wegen einer gewissen Sache mit
einem Juden schon vermahnt. „Ein Pfarherr hat in alweg sein Zuflucht
zu der weltlichen Herrschafft, wenn er aber selbst will Richter sein, wirdt
er khain Beistandt, sondern Hass erlangen", und auch das Kloster würde

1677 Otto Felician den Pfarrer zu Pernitz, P. Gottfried, für Hernstein empfiehlt, nur finden seine Unterthanen daselbst bei dieser Gelegenheit an ihm einen herben Kritiker, und man fühlt aus der Empfehlung, dass es dem Grafen zweifach darum zu thun, einen Pfarrer zu gewinnen, mit dem er sich verstünde. „Wass die Hörnstainer sonsten", schreibt er dem Prälaten von Neuberg, „uohr schlime Leidt sein, und, wie ich glaube, noch ein Luteranismus bei ihnen hafftet, wirdt allen Herrn Pfarherrn, so dar gewesen, bekandt sein. Gleichwie sie mihr den Gehorsamb leisten in Weltlichen, alsso machen sie ess auch den Herrn Pfarherrn."

Die wenigen Visitationsberichte, besonders aus älterer Zeit, bringen zur Geschichte der Pfarre nichts, und nur Weniges für die Kirche selber und ihren Besitz.

Dagegen ist Einiges mehr bekannt aus dem Verhältnisse der Pfarrer zu ihrer Diöcesanbehörde. Das Leidige für dasselbe bestand in drei Puncten: dass die Pfarrer Klostergeistliche waren, die gerne der Diöcese gegenüber sich als bevorrechtet betrachteten und nur ihrem Abte zu gehorchen wünschten, — dass sie vom Kloster aus, was Hernstein betrifft, einer andern Diöcese angehörten, — und endlich, dass die Vorbildung des Priestermateriales oft gewöhnlichen Ansprüchen nicht genügte, und Letzteres in Dingen allgemeiner Sittlichkeit zuweilen viel zu wünschen überliefs. Diese drei Puncte lassen sich im Hernsteiner Sprengel klar verfolgen.

So verlangte das Passauer Officialat in Wien, dass ihm die Möglichkeit gegeben sei, durch persönliche Vorstellung der Präsentierten sich Beweise über den Stand deren Bildung und Eignung für Kirche und Seelsorge zu verschaffen. Darin fühlte wieder der Abt von Neuberg sich getroffen. Aber nicht blos die gebotene Vorsicht gegenüber der Laienwelt, die allgemeine Geltung der Diöcesanverordnungen, sondern auch widerholte Erfahrungen geben dem Officialate recht. Als der Official (1644) im Auftrage der Regierung von den Diöcesanpfarren den

verhasst; er solle die letzte Geschichte wegen des Richters, der ihm gleichfalls einen Hieb versetzte, mit dem Grafen austragen, und sich künftig hüten. Nun aber hatte der Pfarrer gleich darauf einen anderen Zwist mit dem Schulmeister von Grillenberg, worin mit Mord und Todschlag gedroht wurde: jetzt rief man den Pfarrer ab.

fünften Theil des Einkommens für Kriegszwecke forderte, weigerte sich der Abt, weniger aus allgemeiner Abneigung, als weil ihm diese Mittelstelle nicht zusagte, der man auf die Klosterkirche so wenig als denkbar Einfluss zugestehen wollte. So stehen sich durch das ganze 17. Jahrhundert dieses und die Neuberger Geistlichkeit an der Piesting gespannt gegenüber. Die Klostergeistlichen rücken mit der Ernennung seitens des Abtes in der Hand ein, ohne sich um Prüfung vor dem Officiale zu kümmern, und um nicht offene Feindseligkeit zu haben, musste dieser sich mit der einfachen Anzeige des jeweiligen Priesterwechsels begnügen. Schon 1652 weist derselbe den Pfarrer auf das Trienter Concil, wornach alle Seelsorger, ob exempt oder nicht, sich bei Strafe des Bannes dem Consistorium binnen 14 Tagen vorzustellen und die Taxen zu erlegen hätten — vergeblich.[621] Später lehnten sie wieder ab — und es hiefs, auf Befehl des Abtes — das heilige Oel vom Bischofe anzunehmen, und 1693 klagt der Dechant von Baden, dass die Pfarrer von Hernstein und Pernitz ohne die Approbation seitens des Bischofs auf ihren Pfründen säfsen. Man scheint von Passau aus dem Bischofe von Neustadt, der Nähe wegen, die Vertretung der Diöcesanrechte übertragen zu haben; 1699 wenigstens ist zwischen ihm und Neuberg offener Streit. Letzteres weigerte sich wieder einmal, seine für Hernstein Präsentierten dem Bischofe zum Examen zu stellen, und dieser erklärte dagegen, die Verleihung dieser Pfarre an Neuberg sei zwar ein Gnadenact, doch aber keine Exemtion, und er bestünde darauf, dass die bischöfliche Disciplinargewalt nicht so missachtet werde. Nach vielen ärgerlichen Zwischenfällen, welche nie zu einer dauerhaften Regelung dieser Verhältnisse führten, kam endlich zwischen dem Kloster und dem Passauer Consistorium 1741, 14./3., ein annehmbarer Vertrag zu Stande. Demzufolge hatte das Stift freies Recht in der Besetzung seiner Pfarren nördlich der Piesting, und nur die Pflicht, binnen Monatsfrist jeden neuen Pfarrer dem Officialate anzuzeigen. Dieses versprach jeden ihm präsentierten Angehörigen des Stiftes ohne Prüfung für die zugedachte Pfarre anzunehmen, blos bei Weltpriestern und

---

621. Sowohl diese Angaben als das obige Schreiben wie oben Note 619.

Geistlichen eines andern Ordens wolle sie die persönliche Vorstellung; sollte indess später bewiesen werden, dass eine der zwei Klosterpfarren nicht einverleibt, sondern blos Patronatspfarre sei, dann stehe Passau das Ernennungsrecht zu, auf Präsentation des Stiftes, und die Absetzung; die Visitation stehe dem Bischofe zu, aber auch dem Abte, und käme Jener oder sein Official, dann wäre dem Abte wegen Beistellung eines Commissärs rechtzeitige Meldung zu thun; jede Pfarre hat als cathedraticum, primi fructus und für das Alumnat 3 fl. jährlich an den Official zu entrichten, und nimmt das heilige Oel von ihrem Landdechante; alle Ehestreitigkeiten stehen dem Bischofe zur Entscheidung zu, und ertheilt er auch die Genehmigung zu Errichtung von Bruderschaften; der Abt könne seine Pfarrer zu den Synoden schicken oder auch nicht, allein die daselbst gefassten Beschlüsse müssten von jenen befolgt werden; der Nachlass von Pfarrern aus dem Convente, ebenso von Welt- oder anderen Ordenspriestern auf den Pfarren gehört dem Kloster, aber von Letzteren ist die portio canonica mit Inventar dem Bischofe zuzustellen.[622])

Als Neuberg 1786 aufgehoben wurde, gelangte die Pfarre an den Religionsfond, und als 1806 der Staat sich wegen des aus dem Neustädter Bisthume hervorgegangenen Bisthums St. Pölten mit Neustadt auseinandersetzte, wies er der Stadt die Ehrung des Patronates von Hernstein zu, dem Religionsfonde aber die Tragung der Lasten.[623])

Die Kirche ist nicht mehr die alte. Dass die älteste Anlage um 1160 bis 1170 bereits bestand, bezeugt der Falkensteiner Codex, der die Dorfkirche und ihre Widemgüter bereits erwähnt.[624]) Sie muss indess im Mittelalter bereits umgebaut und vergröfsert worden sein; ihr Presbyterium ist spätgothisch, hat aber noch Erinnerungen aus der romanischen Zeit. Namentlich zierlich gearbeitet ist eine Doppelnische an der rechten Seite des Hochaltars, eine sogenannte Credenz (Priestersession?) etwa der zweiten Hälfte des 15. Jahrhundertes angehörig.

---

622. Sämmtliche Acten im Archiv des erzbischöflichen Consistoriums zu Wien. — **623.** Pfarrchronik zu Hernstein. Die Neustadt sollte dadurch für das ihr wegen Uebertragung des Bisthums nach St. Pölten entgangene Besetzungsrecht von vier Canonicaten entschädigt werden (Kirchliche Topographie 1/8, 217). — **624.** Beilage I. C, f. 14 des Codex.

Die Kirche wurde 1529 und 1532 von den Türken niedergebrannt, und scheint eine Reihe von Jahren als Ruine
bestanden zu haben; 1544 wurde an ihrer Wiederherstellung gebaut,[625]) aber das Jahr 1683 brachte ihr, dem Pfarrhofe und dem Orte gründliche Verwüstung.[626]) Neuberg
eilte diesmal mit dem Wiederaufbau, doch die Consecra-
tion fand erst 1727, 13./5., durch den Bischof von Nicopolis
und Weihbischof von Passau, Grafen Franz Alois von Lamberg, statt, und erstreckte sich dieselbe auch auf den Hochaltar des heiligen Lorenz und den Seitenaltar des heiligen
Joseph.[627])

Das Schiff der Kirche datiert wohl noch aus jenem
Wiederaufbau, doch haben auch das 18. und 19. Jahrhundert daran gearbeitet; so 1771 Pfarrer Assem am Orato-
rium (und der Sacristei);[628]) der Chor war ein hölzerner und
wurde erst 1833 aufgemauert; anstatt eines Thurmes bestand bis zum letztgenannten Jahre blos ein Dachreiter.
Jetzt sollte ein an der Ostseite aufgebauter Thurm diesen
ersetzen, musste aber nach 14 Jahren abgetragen werden.[629])
Heute steht er an der Westseite der Kirche.

Neben derselben, an der Südseite, ist die Patriciuscapelle, deren Apside, und wohl auch an sie stofsender
Theil des quadratischen Schiffchens der romanischen Periode noch angehörte.[630]) Ihre Lage ist gegenüber jener

---

625. Im Jahre 1533 klagt der Abt dem Könige Ferdinand, es „sein
eingerissen die Khriegsleuff zue zwain Malen der Turgkhen, dardurch
des goczhaus Pharr vnd ander Höff in Oesterreich vnd in Steyr in Grundt
verprent vnd verhörd, sambt den Vnderthanen, iren Weib vnd Khindern
Haus vnd Hof zue Todt geschlagen, hinweg gefurt vnd zerschlaipft ...
worden" (Steierm. Landesarchiv, Acten von Neuberg). Vom Aufbau der
Kirche erzählt ebend. Handschrift Nr. 3400 in folgender Weise: „Auf das
Newpaw zu der Kirchen 5 Pfd. 9 Schill. Pfenn; zu dem Predigstul zu
machen 7 Pfd.; für das Gerüst zu der grofsen Glocken zu machen 11½
Pfd.; von wegen daz man die Glocken hat aufzochen vnd gehenckt an
sein Stat, das macht 6 Pfd. vnd 6 Halb Wein; dass man die Glocken im
Larman auffs Gschlos gefürt hat 10 Pfd.; dass man die Glocken von
Starchemperg wider herab hat pracht 15 Pfd." — 626. Acten des erzbischöflichen Archivs zu Wien. Der Ort war 1734 noch lange nicht
gänzlich aufgebaut und selbst die aufgebauten Häuser bezeugten den Grad
der erlittenen Verwüstung und der Armut. Auch wurde geklagt, dass
die Hälfte der Stolengelder uneinbringlich sei. — 627. Ebend., und
Pfarrchronik zu Hernstein. — 628. Pfarrchronik zu Hernstein. — 629.
Ebend. — 630. Ihre Stellung zur Längenaxe der Kirche ist derartig,
dass die Apside abschliefst, wo nebenan das Presbyterium aus dem

der Kirche erhöht. Sie muss ursprünglich, durch einen
geringen Zwischenraum getrennt, neben derselben gestanden haben; als man diese umbaute, trat sie so knapp an
die Capelle heran, dass Beide nun an der Berührungsstelle
gemeinsame Mauer haben, und ein offener Bogen ihre
Hallen verbindet. Von der Kirche führen etwa acht Stufen
aufwärts in die Capelle. Da man wissen will, dass Letztere im jetzt geschlossenen Unterraume Gebeine enthält, so
hat dieselbe früher wol als Karner gedient. Es sind widerholt Nachrichten vorhanden, die sie als Ruine schildern.
So will 1635 Seifrid Narringer „in der alten zerstertten
Kabellen ane Dach" für seine Frau Magdalena geb. von
Heufsenstein ein Begräbniss vereinbaren,[631]) und 1766 heifst
sie[632]) ein ganz verfallener Ort, den Pfarrer Assem wieder-
herstellt. Heute enthält sie in der Apside das heilige Grab,
und in einem Anbaue des Schiffchens einen Beichtraum.

Was die gottesdienstlichen Verrichtungen anbelangt, mögen blos die Wallfahrten von und nach Hernstein
erwähnt sein. Zu Ende des 17. Jahrhundertes kamen und
gingen deren nicht weniger als 23 im Jahre, nach und von
Wopfing, Pernitz, Potenstein, Dreistätten, St. Veit an der
Triesting, Grillenberg, Lindabrunn, Piesting, Waldeck und
Starhemberg. Hundert Jahre später waren sie bereits
weniger geworden (gelegentlich fanden die Pfarrer selbst
ihrer manche überflüssig), doch immerhin noch deren eilf
geblieben.[633])

Unter den Stiftungen ist wohl jene die erste, welche
Frau Magdalene, Gattin Seifried Narringers, der Kirche

Schiffe hervortritt. Darin ist sie einigermafsen ähnlich der Capelle neben
der Propsteikirche zu Zwettl, nur dass hier erstere noch über das Presbyterium der Letzteren vorragt (Mittheilungen der Central-Commission
für Kunst- und historische Denkmale 1875, LIV). — 631. Vgl. unten
S. 277 und Note 634. — 632. Pfarrchronik zu Hernstein. — 633. Erzbischöfl. Archiv zu Wien. Am Auffahrtstag ging man seit uralten Zeiten,
heifst es, nach Potenstein (et etsi omnes abrogatae sint processiones
diebus festivis, per emanatum decretum, hec tamen statim dicta manet,
cum incidat in hebdomatam Rogationum); nach Hernstein kamen in der
Bittwoche Züge von Potenstein und St. Veit, von Piesting, Waldeck und
Grillenberg; am Frohnleichnamstage begleiteten das Sanctissimum blos
die von Wopfing, und auf Johann Bapt. die Hernsteiner dasselbe in Wopfing; am Annetage ging man im Bittgang nach der „uralten Kapellen"
auf Starhemberg, in der zweiten Bittwoche nach St. Veit, in der dritten
nach Grillenberg, und am Theresientage nach Piesting.

zudachte. Sie wünschte in der Patriciuscapelle ihr Begräbniss, und versprach für deren Wiederaufbau 200 fl., Stoff
zu Messgewand und Altartuch und andere Zieraten. Allein
die Dame war Protestantin, und der Abt verlangte, sie
solle katholisch werden; als sie darauf nicht einging,
unterblieb die Stiftung, und auch die Herstellung der
Capelle.[634]) Da der Ort seit 1683 sich nur schwer mehr
aufrichtete, ist die Nachricht begreiflich, dass um die
Mitte des 18. Jahrhunderts es an Stiftungen gänzlich fehlte.
Um 1745 endlich erscheint eine solche für das ewige Licht
seitens der Anna Maria und Aplonia Hofer im Betrage von
400 fl., eine andere von 60 fl. für zwei Jahresmessen seitens
des Kupferschmieds auf dem wälschen Hammer zu Waldeck,
Joseph Saiwald, und von 80 fl. für einen Jahrtag mit Libera
seitens des Hackenschmiedgesellen Thomas Gasteiner. Im
Jahre 1773 stiftete die Gräfin Josepha Benigna von Heufsenstein ein Capital von 1000 fl. für jährlich 80 Messen (die
später auf 60, dann auf 16 herabgesetzt wurden), 1801
Ferdinand Grill 100 fl. für zwei Messen, 1806 Michael
Seidel, Bürger zu Wien, 150 fl. für zwei, und 1809 Mari-
anne Gessl, ehemals Wirtschafterin beim Dechant Thomas,
100 fl. für vier Messen.[635])

Das ewige Licht wird bereits im 16.—17. Jahrhunderte als bestehend angeführt, und zwar dienten für das-

634. Am 6./4. 1635 schrieb Seifried Narringer von „Hiernstein“
aus an den Abt Balthasar von Neuberg: „. . . perichte dem Herrn Vattern,
das hir zu Hirnstein ein alte zersterte Kabellen ane Dach, welche ane
das . . . (?) verpliben. Also last mein Frau den Herrn Vattern gar hoch
ansprechen, der Herr Vatter woll ir erlauben, das sie heidt oder morgen
nach iren Dod (darin) mechte eingesetzt (!) werden, hergegen verschafft
sie zwohuntterd Gultten zu Erpauung derselben, vnd ein gulttigen Rochk
zuen Messgewand, ittem ein schwarz vnd weifs sameds Stuchk zue ein
Aldtarduch, desgleichen auch andere Ciratta von Haubtdichern.“ Die
Zusicherung der 200 fl. war testamentarisch, und der Abt muss doch von
allem Anfange an der Sache geneigt gewesen sein, sonst hätte kaum
1635, 20./12., eine Abschlagszahlung von 100 fl. geleistet werden können.
Behufs Rücktrittes zur katholischen Kirche schickte der Abt zwei passende
Erbauungsbücher, doch vergeblich. So konnte er hintendrein auf dem
letztgenannten Actenstücke (der Meldung geschehener Zahlung an den
Pfarrer) setzen: „Ist ohne effectu, Dise endtlich lutherisch gestorben, vnd
in einen lutherischen Orth begraben worden“ (Steierm. Landesarchiv, Acten
von Neuberg). — **635.** Von den zwei Stiftungen von 1773 und 1801 gebührten dem Pfarrer 34 und 3 fl., der Kirchenmasse 6 fl. und 40 kr., dem
Schullehrer (blos von der zweiten) 1 fl. 20 kr. (Erzbischöfl. Archiv in Wien).

selbe zwei Bauern im Mülthale je vier Schilling Pfennige.
Es ging jedoch in protestantischer Zeit ein,[636]) und wurde
durch die Stiftung der Schwestern Apollonia und Anna
Maria Hofer von 100 und 300 fl., welche das Kloster Neuberg zu 4% auslieh, namentlich sichergestellt.[637])

Glocken werden 1447 erwähnt,[638]) dann 1544 — in
welchem Jahre eine „im Larman" (zum Sturmläuten?) nach

Starhemberg geführt, aber wieder zurückgebracht wurde[639])
— aber alle gingen 1683 zu Grunde, wurden erst 1701
durch zwei kleine ersetzt, und diese blieben bis 1848 die
einzigen.[640])

Von 1731—1796 hatte daselbst die jüngere Linie der
von Heufsenstein ihre Familiengruft.[641]) Wem aber die

636. Steierm. Landesarchiv, Acten Neuberg. — 637. Pfarrchronik
zu Hernstein. — 638. Vgl. Note 613. — 639. Ebenso 625. — 640.
Pfarrchronik zu Hernstein. — 641. Von diesen sind dort bestattet: 1731,

zwei Grabsteine gehören, die rechts neben dem unteren Thore des Friedhofes in die Mauer eingelassen worden sind? Namen Derer, für die sie gearbeitet sein mögen, sind leider nicht beizubringen, doch waren dies zweifelsohne Pfarrer zu Hernstein. Bei dem Einen deutet bereits die Schwurhand darauf, und auf seine adelige Abstammung das Wappenschild, unter dem Kreuze aufgehangen. Der zweite Stein ist um wenig jünger, aber reicher; er war einst mit langer Umschrift versehen, die vom Rande nach links ins Mittelfeld überging, wo die Buchstaben Leh(n?)-stein ziemlich gut zu erkennen sind. Nach dem Charakter des Ganzen und auch dieses Inschriftrestes gehört der Stein in die ersten Jahrzehnte des 14. Jahrhunderts.[642])

Der Besitz der Pfarre war von allem Anfange ein ganz ansehnlicher: ein grofser Hof im Orte, ein Hof zu „Liesnich", am Oetscherberg zwischen Pernitz und Gutenstein, zu Wopfing, zu Piesting, und endlich sechs Weingärten.[643]) Die Zehente, welche der Pfarre zustanden, hatte Graf Siboto für seine Hofgründe eingelöst.[644])

Der Hof zu Hernstein ist in seinem Unterbaue des 12. Jahrhundert noch erhalten, dem ebenerdigen, jetzt Halbkellergeschofse des sogenannten Prälatenstöckels, an

5./7. Gräfin Philippine; 1734, 19./11. Graf Anton; 1735, 5./2. Graf Marie Joseph Xaver; 1759, 15./5. Graf Karl (Karl Joseph); 1774, 11./11. Gräfin Benigna Josepha; 1788, 20./10. Gräfin Maximiliana; 1791, 18./6. Graf Karl Heinrich; 1796, 20./3. Graf Sigmund Ernst (seine Frau und ihr beider Kind). (Pfarrchronik zu Hernstein, und theilweise Archiv des Landesgerichtes zu Wien.) — 642. Für die Beurtheilung des Alters dieser beiden undatierbaren Steine dienen vornehmlich das Monument des Gotfried Fuchs zu Friesach von 1284—1286 (Mittheilungen der Central-Commission für Kunst- und historische Denkmale 1882, 106), das besonders in der Behandlung der Kreuzenden, und des Bernhard von Potenstein zu Sagor von 1300 (ebend. 1881, CXVI), das in jener des Untersatzes der Kreuzstange mit der hier gegebenen am meisten Aehnlichkeit hat. Diese zeigen übrigens Eigenthümlichkeiten, die, scheint es, sonst auf Grabsteinen in den „Mittheilungen" nicht wiederkehren. Bedaurlich ist blos, dass der zweite offenbar lange unter einer Traufe gelegen hat, und so stark schadhaft ist. — 643. Falkensteiner Codex f. 14 (vgl. in Beilage I, C das betreffende Folio). Der Hof zu „Liesnich" ist sehr wahrscheinlich Liesing bei Wien; ein ähnlicher Ort auf der Herrschaft Hernstein ist durchaus unbekannt. Ausgeschlossen wäre aber nicht, dass es sich hier um eine verschwundene Oertlichkeit handelte. An Liesling bei Potschach (ca. 1190 Liestinich, 1339 Listnik und 1448 Liesting) ist wohl kaum zu denken. — 644. Ebend. f. 15'. (Vgl. dieselbe Beilage.)

den Friedhof rainend, das nach diesem und nach der
Strafse hin je zwei der charakteristischen romanischen
Fenster zeigt, engschlitzig, und nach Innen mit Bänkchen
vor den Schlitzen, und sehr weiter Lichtung.[645])
Der Hof zu Wopfing hiefs 1448 der Widemhof;[646])
1535 besafs die Pfarre zwei Wiesen zu Pernitz;[647]) 1544
hatte sie 30 Joch Aecker, theils eigen, theils in Bestand,
an Wein 3—5 Fass, an Traidzehent etwa 6 Muth,[648]) und
schon vor 1525 genoss sie die Pachtung von einer Anzahl
Gründe des Hofgutes (wie die Hauswiese, eine Wiese in
der Gnad bei Aigen u. s. w.[649]) Ausführliche Nachrichten
über den Vermögens- und Ertragnissstand der Pfarre sind
von ca. 1770 an vorhanden. In diesem Jahre wurde der
Wert des Grundes und des Einkommens daraus und aus
dem Zehente auf 3679 fl., die Wirtschaftskosten aber auf
112 fl. (in Capital 838 fl.) geschätzt, und 1781 schlug man
den Grundwert auf 4500 fl., den Ertrag der Zehente und
Eigenfechsung auf 555 fl. und das Einkommen aus der
Stola, den Stipendien und Stiftmessen auf 90 fl. an.[650]) Im

---

645. Auch ein Hof in Hernstein selber, an der Strafse, besitzt in
seinem Stalle noch eine Mauer von einem Hofe des 12. Jahrhunderts, und
darin zwei dieser bezeichnenden Fenster. — **646.** Er war durch seinen
Holden einer Jüdin zu Neustadt versetzt und der Pfarre entfremdet worden; Pfarrer Himmel löste ihn wieder ein, und verkaufte ihn an Kloster
Neuberg (vgl. Note 719) (Steierm. Landesarchiv, Acten von Neuberg). —
647. Urbar dieses Jahres im Archive des Reichs-Finanzministeriums. —
648. Wiedemann, Geschichte der Reformation u. s. w. 3, 647. — **649.**
Urbar dieses Jahres f. 194', dann von 1564, f. 305. „Pharrer von Hernstain dient von ainer Wisen gen. die Hawfswisen Michälis 5 Haller —
item mer von ainer Wisen in der Hawfswisen Mich. 5 Pfenn., item von
ainer Wisen, so man nennt in der Gnad Mich. 16 Pfenn. — Mer dient
obberurter Pharrer . . . von den Grundten, so zum Pharrhoff khomen sein,
auf Widerrueffen järlichen zw s. Michelstag 5 Schill. Pfenn." Sie scheinen
gegen 1600 wieder in die Verwaltung des Schlosses gezogen worden zu
sein (vgl. Note 663 und den Text dazu). — **650.** Nach Fassion von ca.
1770 bestand das Dominicale in 6 Joch schlechter Aecker am Mitter-
weg (60 fl.), 8 ½ Joch Breiten (85 ½ fl.), 1 ¼ Joch kleinen Aeckern (10 fl.);
in 3 Wiesen zu 6 Tagwerken in den unteren Steindln, neben dem Hofhaus
und in der Gnad (59 fl.), in 9 Tagwerken Weingärten (der Flazer genannt,
45 fl.), einem Garten von 2 Joch neben dem Pfarrhofe (20 fl.), 9 Joch Waldungen bei Kroiswiesen, hinterm Weg und in der Mandling (45 fl.); der
abgelöste Zehent zu Piesting (linkes Ufer) trug 30 fl., der Naturalzehent
zu Hernstein, Alkersdorf, Vorder- und Hinteraigen, Weierfeld, Mülthal
und Wopfing brachte 13 Metzen Weizen (à 1 ½ fl.), 67 Metzen Korn

Jahre 1774 stiftete die Gräfin Josepha Benigna von
Heufsenstein der Pfarre jene Gründe, worauf sich die
Wirtschaftsgebäude des Pfarrhofes befanden, sammt fünf
Bauern in Alkersdorf und einem Walde am Sulzberge,
gegen dem, dass die Pfarre den Weg nach Alkersdorf
sammt Brücke erhalte.[651] Das Einkommen der Kirche war
stets recht mäfsig: so 1781 aus der Stola 30 fl., die Mess-
stipendien 15 fl. (1776 werden sie auf 110 fl. angesetzt),
die Stiftmessen 44 fl., und das Kirchenvermögen ergab an
Grundzins, Stiftungsinteressen, Opfergeldern, Ausläuten
62 fl. Einkommen, aber die Auslagen für Kirchenbedürf-
nisse, Besoldungen und Bauten betrugen 54 fl.; im Jahre
1801 hoben sich Einnahmen und Ausgaben auf.[652] Vor
dem Türkeneinfalle von 1683 standen Pfarrer und Kirche
unvergleichlich besser.[653] Ebenso war der Hausstand an
Vieh früher zu Zeiten ein ganz ansehnlicher.[654]

(à 1 fl.), 61 Metzen Gerste (à 45 kr.) und 11 Metzen Hafer (à 30 kr.). Das
Rusticale bildeten 2 Häuser in Mülthal (1 fl. Zins), deren Hausäcker,
Wiesen u. s. w. auf 380 fl., und Ueberlände zu Hernstein, Aigen und Piesting, die auf 248 fl. geschätzt waren (Steierm. Landesarchiv, Acten von
Neuberg). — Eine andere Schätzung von ca. 1775 (im erzbischöflichen
Archive zu Wien) zählt weit mehr Weingärten auf: im Piestinger Gebiete
der Gern (12 Tagwerke) und der Flazer (11), im Wopfinger der Häusel-
steiner (5) und der unterm Stein (5), und im Hernsteiner die zwei Weier-
felder Weingärten (16 Tagwerke); Aecker seien in dem einen Jahre 50,
im andern 53 zu bebauen, Wiesen 2 im Mülthalgraben, 1 zu Wopfing und
5 gröfsere und kleinere zu Hernstein, Waldungen 3 (wie früher), an
Zehent gebüre der an Korn ganz, an Wein theilweise; er sei die Haupt-
einnahme, denn „was der Pflueg gewinnt, isst das Gesind". — Eine dritte
Schätzung (ebend.) von 1776 gibt den Zehent vom Weizen auf 30 Metzen,
vom Korn auf 70, von Gerste auf 65 und von Hafer auf 60, also theilweise viel höher an, als oben. — 651. Original zu Hernstein, und Pfarrchronik daselbst. — 652. Sämmtliches nach Acten im erzbischöflichen
Archive zu Wien. — 653. Nach vergleichenden Ausweisen von 1672 und
1673 in den Acten von Neuberg hatte die Pfarre 1672 52 fl. Stola und
1673 87 fl. und betrugen ihre Einnahmen aus ihr, aus Traid-, Wein-,
Leinwand-, Wachs-, Stroh- und anderen Verkäufen 1672 171 fl., 1673
aber 348 fl. — 654. So ca. 1550: 6 Zugochsen, 2 dreijährige Ochsen,
3 jährige „Stierln", 6 Melkkühe, 3 jährige Kälber, 10 Geifsen, 9 Schafe,
8 Schweine, 3 alte und 7 junge Gänse (das Jahr 1594 zeigte schon ent-
wickeltere Zucht mit 25 Schafen und 12 Schweinen); 1628: 2 Pferde,
6 Ochsen, 4 Kühe, 3 Geifsen und 1 Bock, 17 Schafe, 11 Schweine,
17 Spanferkel, 19 Hühner und Kapaune, 3 Gänse, 6 Enten (1665 deren
7, davon 6 „italianische", wenn nicht etwa wälsche Hühner gemeint sind)
und 2 Hunde.

Besitz und Rechte der Pfarre fanden bei den Landesfürsten Schutz und Vermehrung in allem Mafse. So erliefs
Herzog Wilhelm (1404) den Pfarrholden nicht blos alle
Steuern und Leistungen an die Herrschaft, und übertrug
sie an die Pfarre, sondern gewährte ihnen auch Holz- und
Blumensuche in den Bannwäldern,[655]) und da die Gemeinde
Piesting (1429) die Taferne daselbst am linken Ufer, wo
der Pfarrer seine Eigen- und Zehentweine verleitgebte,
verbieten wollte, trat Herzog Albrecht dazwischen,[656]) und
als Letzterer die Herrschaft an die Gebrüder Hauser verschrieb, wollte er die Pfarre nicht gutsherrlich werden
lassen, sondern behielt sie sich vor.[657]) Auch später, 1451
und 1480, als die Pfleger zu Starhemberg, wie zu Hernstein, sei es in Zehenten, oder in Steuer- und Robotforderungen den Pfarrer und seine Holden drückten, trat
Kaiser Friedrich energisch dazwischen,[658]) 1498 endlich
bestätigte König Max I. dem Kloster Neuberg sein grundherrliches Recht als Besitzer der Pfarre in den entschiedensten Formen.[659])

Der Besitz und die Rechte, besonders aber die Vorrechte brachten mancherlei Conflicte mit Nachbarn und
Neidern, abgesehen von persönlichen Neigungen zu Zank
und Streit hüben und drüben. So gab es solchen 1563 mit
Piesting wegen eines Weinzehents im Grund, den die
Gemeinde — wol aus pfarrlicher Lässigkeit — seit fünf
Jahren eingezogen. Kloster Neuberg berief sich auf seine
kaiserlichen und päpstlichen Briefe, die ihm ausnahmslos

655. Steierm. Landesarchiv Nr. 4106ᵃ. Ursache war die Klage des
Pfarrers Kolman Ladendorfer, dass die Pfleger durch ihre Belastung der
Pfarrunterthanen die Gründe derselben an den Ruin brächten. — **656.**
Ebend. Nr. 5225. Die Gemeinde wollte das Pfarrwirtshaus „hiedishalb
der prukg" nicht dulden, weil sie Eintrag für den Weinabsatz ihrer Angehörigen besorgte. Die Untersuchung jedoch ergab, dass die Pfarrer
von Hernstein dort das Schankrecht bereits von altersher, und als Piesting noch kein Markt gewesen, geübt hatten. — **657.** Original, Staatsarchiv zu Wien. — **658.** Chmel, Regesten 1/2684, und Steierm. Landesarchiv. Die landesfürstlichen Pfleger führten, ohne Rücksicht auf das
Privileg von 1404, die Steuern und Roboten wieder ein. — **659.** Ebend.
von 1498, 5./1. Der Wortlaut geht auf die „lewt vnd holden zu der pharrkirchen Herrantstain . . ., daz sy nyemant khain vogtey, stewr, wenndel,
robat, wacht, noch anuordrung zu geben vnd zu tun schuldig sein, noch
ainicher lay gewalt vber sy haben sulle, dann allain der pharrer daselbs,
so ye zu zeitten ist".

den Weinzehent am linken Ufer der Piesting, als zur Pfarre
Hernstein gehörig, zuwiesen; die Piestinger dagegen
sagten, der strittige Weingarten sei nicht namentlich genannt; päpstliche Bestätigungen hätten in Deutschland keine Geltung, und ins Urbarbuch lasse sich hinein-
schreiben, was man wolle.[660]) Die gleiche ungünstige Gesinnung wider die Pfarre zeigte sich bei einem andern
Zehentprocesse, der zwischen 1607—1620 spielte, und
worin die Bürger sich förmlich verrannten, bis die Rädels-
führer zur Stadtgrabenarbeit nach Wien abgeführt, und
Alle zusammen verhalten wurden, dem Kloster die Kosten
und Entgänge an Einkünften für 13 Jahre zu ersetzen, was
700 fl. bar und 217 Eimer Weins betrug.[661]) Und da der
Wein eine Hauptnahrung der Gegend, konnte es nicht
fehlen, dass in dessen Theilverkauf auch mit der Herrschaft Starhemberg die Rechte des Pfarrers sich berührten
und kreuzten. Der Streit um das, was beim Ausschanke
des Einen wie des Andern Recht sei, zog in verschiedenen
Fällen sich von 1572—1676 hin, wobei es an Gewalt-
thätigkeiten nicht mangelte.[662]) Und stritt man nicht wegen

---

660. Ebend., Acten von Neuberg. Einen absonderlichen Zwist hatte
Pfarrer Konrad Feineler 1599 mit dem Müllerhandwerk und deren Lade
zu Neustadt. Der Pfarrer, dann Thomas Gastgeb zu Hernstein und
Thomas Sengseisen zu Wopfing waren es müde, ihr Getreide den weiten
Weg und hohen Berg zu den Müllern nach Piesting führen zu sollen,
welche sie dann noch ziemlich warten liefsen. Diese Drei errichteten, nur
„auf eine halbe Meill Wegs von gemainen Bach oder Fluss (und eben-
soweit von den drei protestierenden drei Müllern), bey einem khleinen
Wässerlein vnd Gemöfs, da vor Jaren auch ein Schwell vnd Mühlel zu
dem Dorff Herrandtstein gehörig gestanden", eine Mühle. Die Müller
wendeten sich wegen solcher Verletzung ihres Gewerberechtes nach
Starhemberg, das nicht ungern dem Pfarrer etwas anhing. (Ebend.,
ebend.) — 661. Ebend., ebend. Die Bürger gaben zu, dass Hernstein
den Zehent am Niederberg, im Waldweg und „Schraydt" bezogen, doch
sei dies mit Unrecht: derselbe gehöre ihrer Pfarrkirche; das hätten sie
erst eingesehen, als sie ihre „Burgerladt" vom Schlosse Starhemberg
wiederbekamen, und die Documente darüber drinnen fanden. — 662.
Ein Neuberger Unterthan zu Piesting, nach der Pfarre Hernstein gehörig,
schenkte auf seinem Grunde am linken Ufer 1572 Wein aus. Dies Recht
übten auch Andere, Bürger zu Piesting, „auch herenhalbs des Pachs
wonhafft." Diese Leute sagten, als der Welzer auf Starhemberg safs,
hätten sie blos gutwillig über die Zeit sich geeint, wann er und wann
sie ausschenken wollten, und er hätte sie eingeladen und gebeten, „dass
sy ime aufs dem Weg halten wolten, auf dass er sein Wein versilbern
hat mügen". Anders bei Ferdinand von Taxis: der behauptete, zwischen

des Weins und seines Zehents, so gab wieder gelegentlich
ein Traidzehent Anlass, wie dies zwischen 1600 und 1603
der Fall war, wo es um solchen auf den Hofäckern ging.
Das seien eben keine gemeinen, sondern Hofäcker, erklärte
Frau Anna Maria von Heufsenstein, und die seien zehentfrei; der Pfarrer dagegen, aller Grund und Boden der
Herrschaft sei ihm zehentpflichtig. Man riss sich fast
gegenseitig die Mandeln aus den Händen, und endlich —
vertrug man sich.[603]) Den vom Grafen Otto Felician so sehr
nach Hernstein gewünschten Pfarrer P. Gotfrid klagte 1679
die Gräfin-Witwe Isabella, dass er vom Weingarten des
Meiers auf dem Steinhofe, den derselbe auf Waldgrund
sich geschaffen, Zehent verlangte, und als der Mann nicht
gehorchte, ihm Wagen und Maische abführen habe lassen.[604])
Zwischen 1749 und 1751 wieder gab es heftigen Zank um
den Hanfzehent von den herrschaftlichen Krautäckern,[605])

Georgi und Michaeli schenke er allein zu Piesting, und niemand Anderer,
wessen Grundhold es auch sei. Und um sein Recht mit der That zu beweisen, liefs er dem Bauer „den Zaiger" (das Schenkzeichen) vom Hause
nehmen, den Zapfen vom Fasse und einen Stecken vor das Hausthor
schlagen. Der Bauer klagte dem Pfarrer als seinem Grundherrn, und
dieser kam, schlug den Stecken weg, den Zeiger an, den Zapfen ins
Fass, setzte sich daneben und verleitgebte selber. Herr von Taxis
machte ihn auf sein Amt und seine Würde aufmerksam — umsonst.
Der Abt klagte, der Schlossherr ebenfalls; der Process dauerte mehrere
Jahre, kostete beiderseits viel Geld, und schloss mit einem Vergleiche.
Im Jahre 1676 erneuerte sich der gleiche Zwist, als der Pfarrer am
Laurenzikirchtag in Hernstein ausschänkte, was dem Grafen Otto Felician von Heufsenstein ungebührlich schien, dem Pfarrer und Abte jedoch
Kloster- und pfarrliches Recht. — 663. Das Kloster hatte bis 1600 den
Zehent auf den Hofäckern gefechsnet; er betrug 52 Mandel. Im August
1601 fand der Pfarrer, als er zum Abstecken dahin kam, Widerstand in
der Gemeinde, die den Pfleger herbeiholte, „welcher vnuerlengs reutten-
der, zornig vnd grimmig zue Steel khumben vnd (den) Pfarrherrn, so ihm
freundtlich salutiert . . . mit vüllen 100 vnd 1000 Sacra, ja mit vüll
andern gottslösterlichen, abscheuch- vnd hocherschröckhlichen Wortten
hochstraffmefsig empfangen, mit grofsem Cedergeschrei die Gemain zusamben gerueftt, mit Vermelden, dass er ein Lust hette, einem solchen
Pfaffen . . . Händt vnd Füefs zusamben zu binden, in das Schloss zuführen
vnd in das dieffste Gefängnuss zuewerffen." Auf die Klage des Abtes befahl die Regierung der Schlossfrau den Schadenersatz, und zwar widerholt, doch vergeblich. Eine Commission, bestehend aus H. Wolf Unverzagt, H. Christoph Teufel und Dr. Mathias Pichelmaier, verglich 1603
dahin, dass Frau von Heufsenstein den Zehent von 1601—1602 behalten,
von 1603 aber an die Pfarre zu leisten habe. (Ebend. ebend.) — 664.
Ebend., ebend. — 665. Ebend., ebend. Pfarrer P. Ried forderte 1748

und füge man noch zu, was wegen anderer Dinge bereits
früher hin- und hergestritten worden, so müsste man, da
andersartige Nachrichten fehlen, fast sagen, dass dies dem
stillen Thalwinkel zur einzigen Belebung diente.
Dem Pfleger auf Starhemberg fiel es z. B. 1628 ein,
er wolle die Kirchenrechnung nicht im Pfarrhofe, sondern
beim Richter abnehmen, denn der Pfarrer habe mit den
Zechleuten nicht zu verfügen; darauf viel Geschrei, dann
Klage des Pfarrers und Bescheid des Abtes, nur der Pfarrhof sei der rechte Ort.⁶⁶⁶) Um 1629 verweigert Freiherr
Hans Zdislaw den Pfarrholden den Holzbezug aus den
Bannwäldern,⁶⁶⁷) und 1630 empörte sich Frau Anna Maria
von Heufsenstein, dass Pfarrer Hoffmann den Leichnam
eines Selbstmörders, seines erhenkten Meiers, beim Kreuz,
also auf ihrer „Freiheit", begraben, und sonach ihr als
Grundherrin „die gröfste Gwalt" angethan habe.⁶⁶⁸) Man

diesen Zehent, und da er angeblich seinen Anspruchsbeweis nicht liefern
konnte, bekam er jenen nicht. Nun hiefs es, 1749 habe er sich ihn selbst
geholt, nicht bei Tag, sondern bei Nacht, und nicht wie gewöhnlich durch
den Schullehrer, sondern durch seine Hausleute. Als der Graf sich beim
Abte beklagte, legte der Letztere das stiftische allgemeine Zehentrecht
dar, auch dass der Pfarrer nicht gehalten sei, sich zum Einheben des
Zehents anzumelden, noch an einen bestimmten Sammler sich zu binden.
Es würde viel gelogen; der Pfarrer habe um 10 Uhr Vormittags den
Zehent ausgezeigt, und um 5 Uhr Nachmittags ihn durch seine Magd heim-
tragen lassen. Uebrigens war der Abt selber früher Pfarrer zu Hernstein,
hatte wegen desselben Zehents Schwierigkeiten, und erzählt eine possier-
liche Geschichte, wie man ihn um denselben schlau gebracht habe. Es
war 1747; damals sollte „in dem Gärtl der Hanöff ausgeraufft vnd auf
Befelch der Gräfin ohne Zusamenbindung ... nacher Haufs gebracht
werden, nach meiner eigenen Protestation aber zusamengebunden vndt
stehen geblieben, damit aber ich des Zechendt fraudieret wurde, hat sie
bey meinem Nachtessen einen gewissen Gast, Herrn Orenki mit Nahmen,
zu mier geschickt, mich zu divertieren, damit sie dardurch die Zeit ge-
wohnen, den völligen Hanöffbau bey nächtlicher Zeit ohne einigen ge-
reichten Zehendt nacher Haufs führen zu können, mit Melden, sie werde
von (dem) nach Haus geführten Hanöf den Zechend geben", und als er
den Schulmeister darum schickte, bekam er Schelte und Drohungen. Am
Ende verglichen sich beide Theile auch da; der Graf stand von Klage und
Kostenforderung, und der Abt vom Zehentanspruche ab. — 666 und 667.
Ebend. — 668. Eigentlich hätte der Pfarrer den Fall dem Landrichter
zu Merkenstein, Jonas von Heisberg, melden, und dessen Erkenntniss
abwarten sollen. So aber zeigte er blos an, der Unglückliche sei sinn-
verwirrt gewesen, und darauf gestattete der Landrichter die Bestattung
unterm Kreuz: dies war der Ort, „wo man Andere, de quorum religione
et poenitentia dubitatur", zu begraben pflegte, also Lutherische oder

muss freilich berücksichtigen, dass damals die sogenannte
protestantische Zeit, und Frau von Heufsenstein gut lutherisch war. Da erklärt es sich, wenn endlich auch der Pfarrer
seine angesammelten Erfahrungen zusammenfasste, und
seinem Herrn und Abte anzeigte, wie hart es sich auf Hernstein lebe. Und in der Zeit brachte er ein hübsches Sümm-
chen von Klagen zum Vorschein.''*)
Das soll blos belegen, wie die weltliche und geistliche
Obrigkeit in jenen Zeiten auf dem Gute neben einander
gingen. An derlei Proben fehlte es nicht, als die von
Heufsenstein ihren Sitz zu Hernstein selber aufgeschlagen,
so wenig als früher, da etwa dienstbeflissene Beamte die
Zwischenträger nach Starhemberg machten, oder es — wie
bis zur Mitte des 17. Jahrhunderts der Fall gewesen sein
mag — zum guten Zeittone gehörte, dem katholischen
Pfarrer etwas anzuhängen.
  Der Schule wird schon vor 1544 gedacht. Damals
war nämlich der Schulmeister davongegangen. Später wird
sie wieder eingerichtet, leidet aber mit an der Wunde durch
mehr als 100 Jahre, welche der Türkeneinfall von' 1683

Zweifelhafte, und Frau von Heufsenstein war selber protestantisch. Und
dort einen Selbstmörder bestatten, an den sonst blos der Henker zu rühren
hatte! Der Pfarrer suchte die Sache — es war 1630, 5./3. — mit einem
Besuche zu Fischau bei der alten Frau auszugleichen; da ging es recht
lebhaft her, und auch dem Landrichter stellten sich Grobheiten in Aussicht. In Neustadt hiefs es, nur Eines hielte den Henker ab, sonst grübe
er den Leichnam aus, dem Pfarrer zum Possen; und so sagte auch „die
alte Frau", die dem Pfarrer sehr scharf klar machte, dass er ohne Bewilligung des Burgfriedherrn nicht das Recht habe, Jemand im Burgfrieden zu begraben. — Ebend., ebend. Die Beschwerden waren zum
Theile allerdings so, dass sich erkennen lässt, der Pfarrer habe gegen
die Uebergriffe eines protestantischen Gutsherrn zu kämpfen gehabt. So
ward die Kirche zu Wopfing durch 13 Jahre verhalten, für den Prädicanten in Starhemberg jährlich 10 fl. zu geben; die Herrschaft reichte
vom Schlossweingarten und Anderem keinen Zehent mehr; sie verkaufte
die Kirchengründe, vertauschte sie und steckte den Gelddienst davon ein,
liefs Trauungen, die nach Hernstein gehörten, in Piesting vornehmen,
zwang einzelne befreite Pfarrholden zu Dienst und Vogtrecht, und die
Pfarrleute, an hohen Festtagen schwere Traidfuhren nach Wien zu leisten,
unterstützte die Widerspänstigen darin, dass sie die Kirchenbezüge verweigerten, selten in der Kirche und gar nicht mehr bei den Processionen
erschienen, hinderte nicht, dass die Gemeinde zur Gottesdienstzeit ins
Richterhaus befohlen wurde und man die Hernsteiner Sonntags roboten
liess, und noch eine Reihe, die Pfarre wirklich in Ansehen und Vermögen
schädigende Thaten werden hier aufgezählt.

dem Dorfe geschlagen. So bestand sie ca. 1770 elend, weil die Wenigsten wegen Armut ihre Kinder hinschicken konnten. Im Jahre 1781 ward sie nach dem josephinischen Systeme eingerichtet.[70])

Die Reihe der Pfarrer, sowie auch einige der Schullehrer gibt die Note[71]).

—

670. Steierm. Landesarchiv, Acten von Neuberg, und erzbischöfliches Archiv zu Wien. Im Ersteren ist 1628 auch von einer kleinen Pfarrbibliothek von 13 Büchern die Rede, geistlichen Inhaltes, darunter auch eine deutsche Bibel des Johann Dietenberger „Fuerunt plures libri“, sagt Pfarrer Hoffmann, „sed conuentui restituere debui.“ — **671.** Die bisher auffindbaren Pfarrer und Hilfspriester von Hernstein sind:

ca. 1220, 25 . Pilgrimus plebanus (Steierm. Urkundenb. 2, 269; Font. rer. Austr. 2/8, 214).

. . . 1266 . . . Magister Ulrich, Protonotar König Otakars (Beilage VI).

. . . 1266 . . . Fridericus de Potendorf (ebend.).

. . . 1267 . . . Perhtoldus vicarius (ebend.).

. . . . . . 1295 Magister Gotfrid, Protonotar Herzog Albrechts I. (Mon. Germ. 9, 718).

. . . 1404, 29 Kolman Ladendorfer (vgl. Note 655).

. . *1445*, 1447 Johann Himel, Professor der Theologie zu Wien (Steierm. Landesarchiv Nr. 6082).

. . . 1447 . . . Lucas Waiger von Fürstenfeld, „socius diuinorum“ (ebend.).

. . . 1447 . . . Nicolaus Türck, „capellanus“ (ebend.).

1447—1448 Erhard Neubeck von Kirchschlag (ebend.).

1448 . . . . . . Fr. Augustin, Profess von Neuberg (ebend. Nr. 6109ª).

. . . 1482 . . . her Colman? (ebend., Acten Neuberg).

Vor 1511 Johann Grünwald, „etwan Pfarrer zu Hiernstein“ (ebend.).

. . . 1542 . . . Fridrich Leuchsner (ebend.).

. . . 1545 . . . P. Hans Gratzer (ebend.).

. . . . . . 1555 Melchior Rosenberger (ebend.).

1555, 59 . . . Kaspar Pyburger (ebend.).

. . . 1570 . . . Konrad Feineler (ebend.).

1583—1590 Fr. Johann Baltuss, Profess zu Neuberg (ebend.).

. . . . . . 1594 Hans (wohl der Nächstobige) (ebend.).

1596 . . . . . . Fr. Adam Rimel (ebend.).

. . . 1601 . . . Fr. Bartholomeus (ebend.).

. . . 1608 . . . Fr. Nicolaus Wilteisen (ebend.).

. . . 1614 . . . Fr. Adolph (ebend.).

. . . 1620 . . . Fr. Peter (ebend.).

. . . 1622, 33 Fr. Georg Martin Hoffmann (ebend.).

1633—1665 P. Martin Augustin (ebend.).

1665—1667 P. Johann Starck (ebend.).

1667—1671 P. Edmund Holl (ebend.).

1617—1676 P. Georg Lackner (ebend.).

1676 . . . . . . P. Dionys (ebend.).

1677, 20./10. P. Placidus (ebend.).

1677, 79 . . . P. Gotfrid, früher zu Pernitz (ebend.).

Zur Pfarre Hernstein gehören heute die Dörfer Hernstein, Aigen und Alkersdorf. Da es sich hier jedoch einerseits um Geschichtliches, anderseits um das Herrschaftsgebiet handelt, sind sowohl verklungene Ortschaften, als
auch solche des Gutes, die zu Nachbarpfarren gehören, wie
Neusiedel und der Steinhof, miteinzubeziehen.
Dass von einem Dorfe Hernstein im 12. Jahrhundert
füglich kaum gesprochen werden könne, und dass die bäuerlichen Gehöfte daselbst eigentlich blos das wirt- und herrschaftliche Zugehör der Burg ausmachten, ist schon bei Behandlung der Burg dargelegt worden. Demungeachtet mögen
sie als Grundlage des späteren Dorfes hier berührt sein. Der
Falkensteiner Codex erwähnt nur den Amtshof, der kaum bezweifelbar an der Stelle des heutigen Schlosses stand, das
Kleinhaus des Adalo, das wohl für die Schlosskeusche in den
Weinbergen nächst der Burg gehalten werden kann, und
nebst dem großen Hofe des Pfarrers noch zwei andere bedeutende Höfe, um 1170 im Besitze eines gewissen Rudolf und
eines gewissen Timo.'⁷⁷) Deren Abgaben waren sehr stattliche

... 1699 ... P. Constantin (ebend.).
1706 ...... P. Stephan Viany (Erzbischöfliches Archiv zu Wien).
1710 ...... P. Bernhard Gaismaier (ebend.).
1719 .. 1723 P. Placidus Weifsenbeck (Chronik der Pfarre Hernstein).
...... 1731 Eduard Spormaier (geht als Abt nach Neuberg zurück)
(Erzbischöfliches Archiv zu Wien).
1731, 34 ... P. Placidus Weifsenbeck (Pfarrchronik zu Hernstein, und
erzbischöfliches Archiv zu Wien).
... 1742 ... P. Wolfgang (ebend.).
...... 1747 P. Georg Hautzenberger (geht als Abt nach Neuberg)
(Steierm. Landesarchiv, Acten von Neuberg).
1748—1752 P. Paul Riedl (ebend.).
1752—1755 P. Benedict Graf (ebend., u. erzbischöfliches Archiv zu Wien).
1755—1759 P. Bernhard Geyfsler (ebend.).
1766 ...... P. Eugen Assem (ebend.).
1769 ...... P. Georg Gutschelhofer (ebend.).
1772 ...... P. Eugen Assem (ebend.).
1795—1812 Sixtus Thomas (wird 1812 nach Mosbrunn versetzt) (ebend.).
1812—1816 Philipp Platz (ebend.).
1816 ...... David Kainz (ebend.).
Schulmeister werden genannt: ...1707... Johann Hackenhofer, ...1738.
1750 Barthol. Ranzenberger (diente 34 Jahre unter 10 Pfarrern), ...1744
Sim. Adam Gaismaier, ...1751... Johann Gaismaier, ...1752... Anton
Höller, ...1766... Matthäus Pergwarter, ...1771... Joseph Stromer,
...1798... Anton Hampel, ...1802... Joseph Ramharter (sämmtliche aus
der Pfarrchronik zu Hernstein). — 672. Beilage I. C von f. 15 des Codex.

doch nicht in Geld, sondern blos in Naturalien, wie Schweine, Hafer, Gerstenbrode, Hühner, Bohnen, Erbsen u. s. w. Von einem dieser Höfe rührt vermuthlich noch jene Mauer mit romanischen Fenstern, von der schon die Rede gewesen.[673]) Oberhalb der Kirche soll noch eine Hofstätte mit zwei Bauern gestanden haben, die heute in die Wirtschaftsgebäude der Pfarre einbezogen sein mag, ferner eine des Bauers Ekhard und die Jägerkeusche.[674]) Im Ganzen hat der Bestand an Feuerstätten ein halbes Dutzend wenig überschritten. Auffälligerweise ist seiner in dem Urbare von 1377 nicht gedacht, aber jenes von 1515 zeigt ihn neuerdings, entwickelt und verödet unter Einem, nämlich 22 Feuerstätten, davon 16 öde, so dass, strenge genommen, nicht mehr Ansitze bestiftet sind, als um 1170. Drei bestifteten Höfen stehen zwei öde, und drei bestifteten Hofstätten vierzehn öde gegenüber. Allerdings, wenn hier die Pfarrholden nicht mitbegriffen, ist ein genauer Ausweis mit obigen Angaben nicht erzielt. Um 1525 steht das Verhältniss des bestifteten Gutes zum öden bei den Höfen wie 4 : 1, bei den Hofstätten wie 5 : 8 (und es taucht noch ein Halblehen auf), um 1535 wie 4 : 2 und 3 : 14, endlich 1564 wie 5 : 0 und 5 : 5, — Schwankungen, die kaum anders als durch Abstiftungen und Verpachtung der Oedgründe in einzelnen Theilen zu erklären sind. Dass über den Ort die Türkenjahre 1529 und 1532, namentlich jedoch das von 1683 mit entsetzlichen Folgen hinwegzogen, und er im 18. Jahrhundert noch lange Zeit verarmt war — ein verarmtes Dorf einer verarmenden Familie — ist schon erwähnt worden.

Es ist von mannigfachem Interesse, die F l u r n a m e n der einzelnen Dorfschaften, wenigstens für gewisse Zeit kennen zu lernen, und so mögen von da ab solche bis in das 16. Jahrhundert hinein folgen. Ebenso werden Uebersichten einigermafsen bezeichnender F a m i l i e n n a m e n des 16. Jahrhunderts geboten werden, um, wo es sein kann, ihre Fortdauer und Vererbung in die Gegenwart darzuthun. Die Erfahrung hat nämlich ergeben, dass um die Piesting herum der Bauer mit nennenswerter Zähigkeit an dem angestammten Boden fest-

Die „curtis quam habet Einwich de Pisnich" kann sowohl auf Hernstein, als auf Piesting bezogen werden. Es scheint aber Letzteres richtiger, denn zu Piesting war ein alter Hof, der aber sonst im Codex nicht angeführt ist, folglich wohl dieser des Einwich sein muss. Vgl. Note 356. — 673. Vgl. Note 645. — 674. Vgl. Note 358 und Beilage I, C, f. 14′ des Codex.

hielt, und dass noch heute daselbst eine Anzahl Familien als eingesessene und sozusagen historische der Gegend zu nennen sind.[675])

Die sogenannten verschollenen Orte „Arnoldestorf" und „Odelanstorf" sind nicht aufser Zusammenhalt mit A i g e n behandelbar, daher in erster Reihe auf dieses eingegangen wird.

Der Name dieses Dorfes ist von Anfang blos ein Gegendname gewesen, der als solcher vielleicht einen gröfseren Umfang an Land bezeichnete, als heute den beiden Dörfern Vorder- und Hinteraigen zukommt. Sicher ist, dass er für die Ansiedlung erst um 1515 vorkommt.[676]) Aber ohne solche und leer kann der Fleck auch früher nicht gewesen sein; darauf deutet eben seine Erwähnung als „ain öds Dorf in dem Aigen" im Urbare von 1515, und ist diese Betitelung so zu nehmen, dass das ehemalige Dorf seinen Namen verloren und einen neuen noch nicht erhalten habe, und dass seine Oedungen „in der Gegend Aigen" gelegen seien.[677]) Es frägt sich nur, welchen Namen diese Wüstung gehabt habe. Voranzuschicken ist das Eine, dass sie das heutige Hinteraigen ist.[678])

---

675. Flurnamen für Hernstein im 16. Jahrhundert, doch zuweilen gewiss mit den Gegenden nicht eben auch in der Gemarkung, sind: im Eyttental, in der Genad, im Gern, im Grunt, der Hanifgarten, in Höckern, am Krewzpuchel, in der Leiten, im Mitterfeld, die Parrunsen, im Precgarten (1525, ca. 1550 Zechgarten?. 1564 Pressgarten), am Puech, an der Stainprukh, im Tall, im Wayerfeld (1530 Wärfeld), im Wingkhl, im Zechgartten, im Zweyerfeld (Abform für Weyerfeld). — Familiennamen, aufser den ganz gewöhnlichen der Berger, Steiner u. s. w., sind für das 16. Jahrhundert: Brunnthaler, Drofer, Eisenkircher, Flichenwind (Fleuchen-), Gastgeb, Geyer (Gaya), Grill, Gudel, Kalkofer, Kirchdorfer, Larenbecher, Mandel, Marzeller, Niserl, Ortler, Pfluegel, Preininger, Schatz, Scherolt, Schlatner (Schlet-), Steger, Vegenast, Widenhofer, Zanckl, Zerrenstein. — Als Richter werden genannt: ..1449... Petrus, ...1545... Hans Marzeller, ...1619... Christoph Greimel, ...1619—1620... Hans Gollinger, ...1620, 1623, 1624... Georg Eisenkircher,...1626, 1627... Christoph Greimel, ...1628... Ulrich Schrambeck, ...1634... Zacharias Zotl, ...1690... Gregor Wöhrer, ...1692, 1695, 1696... Lorenz Flechl, ...1698... Hans Rabel, ...1725... Thomas Wöhrer, ...1741.. Lorenz Ottenhofer, ...1750... Sebastian Röbel (Rabel), ...1756... Joseph Pertzinger, ...1762... Jacob Waichinger, ...1764, 1772, 1778, 1781... Sebastian Rabel, ...1785... Sebastian Bufsweg, ...1796... Sebastian Schiefsl. — **676.** Vgl. oben Note 64. — **677.** Archiv des Reichs-Finanzministeriums f. 126'. — **678.** Man kann dieses „öde Dorf Aigen" in den Urbaren bis 1564 verfolgen. In Letzterem heifst es an einer Stelle „im

Beobachtet man, wie die Urbare in der Aufzählung der Oertlichkeiten vorgehen, so findet man sie in jenem von 1377 derart, dass „Odlestorff" den Anfang bildet, dann folgt „Adnestorff" und dann Alkersdorf, Neusiedel u. s. w.; die von 1515, 1525 und 1535 fangen mit Hernstein an, setzen mit Alkersdorf fort, dann mit Aigen und „Arnestorf", das „gancz öd" genannt wird. „Odlestorf" erscheint nicht mehr, und von 1564 fehlt auch „Arnestorf". Von Jenem weifs man, dass es auf einem Berge lag.[679]) Der Falkensteiner Codex führt beide Oertlichkeiten neben einander auf,[680]) so auch das Urbar von 1377. Plötzlich verschwindet der erstere Name, und 1515 heifst es nur mehr das „öde Dorff auf dem Aigen", und zwar sagt das Urbar von 1525, dass es „vber Menschengedenknus öd gelegen, das man den rechten Gruntdienst nit erfragen khan, wiewol das alt Vrbar von etlichen Grunten, so yecz verwachsen sein, anczaigen thuet". Es hat als „Dorf" aufgehört zu sein, allein auch sein Name ist aufser Brauch gerathen, und jener der Gegend, in der es liegt, dafür eingetreten. Das alte „Odelanstorf" hat sodann, als sein verwachsener Boden wieder bearbeitet wurde, und abermals ein Dorf auf ihm entstand, den Namen Aigen erhalten, und zwar wurde, wie erwähnt, zu Ende des 16. Jahrhunderts Hinteraigen daraus. Andere kleinere Beihilfen zum Beweise sollen die Noten unten geben. Dass dann „Arnoldestorf" Vorderaigen, liegt auf der Hand. Es ist 1515 ganz öde, also noch mehr, als es von „Odlestorff" heifst, und verschwindet nach 1525 gänzlich, selbst aus der Buchführung. Wann es wieder bestiftet worden, und dann zu seinem Nachbar hinter den entsprechenden Namen Vorderaigen angenommen, ist unbekannt. Der Gang der Wandlung war aber derselbe wie bei jenem: Verödung, Verschwinden des Namens, Verwertung des Bodens durch Hernsteiner Bauern als Ueberlände, Wiederbestiftung des zweiten Dorfes im Aigen, das dann begreiflich, wie eben gesagt, getauft wird. Bei ihm kann man übrigens aus dem Urbar von 1377 eine Anzahl Flurnamen beibringen, wie Mitterfeld, am Puch, in

---

vntern Aigen", und ein betreffender Grund daselbst wurde nach 1564 in drei Hofstätten zerlegt, und jede derselben wird als „im hindern Aigen" bezeichnet (Urbar von 1564, f. 299'). — **679.** Der Graf, sagt der Falkensteiner Codex f. 15' (vgl. Beilage I, C), besafs einen (13.) Weingarten „aput Odelanstorf, quartam decimam in eodem monte". — **680.** Ebend. f. 14'.

der Gnad, die sämmtlich in nächster Nähe des heutigen Vorderaigen liegen, und somit dessen Identität mit „Arnoldesdorf" noch mehr belegen. [681])

681. „Arnoldestorph" erscheint im Falkensteiner Codex a. a. O. mit einem Hofe und zwei Hofstätten; der erstere zinste 60, jede der anderen 30 Pfennige, eine für jene Zeit hohe Leistung; außerdem wurden von dort 2 Schweine (à 50 Pfg.) und 1 Widder (à 6 Pfg.) gegeben. Im Jahre 1377 waren daselbst 8 Höfe und 4 Hofstätten, und die Namensform lautete „Adnestorff"; 1388 tritt es mit „Odlestorff" (dessen Form da „Arlesdorf" ist) in Urkunde des Klosters Melk auf, und werden darin Liegenschaften seitens des Stiftes den Herren von Wallsee zu Leibgedinge verliehen (Blätter für Landeskunde von Niederösterreich 16, 148 ff.). Melk besaß nämlich das ganz nahe Kleinfeld und Lindabrunn. Das eben bewog den trefflichen Forscher der abgekommenen Ortschaften in Niederösterreich, Herrn St. Neill (a. a. O.), beide Dörfer ganz richtig auf die Strecke zwischen Hernstein und Lindabrunn zu verlegen. Ueberhaupt zeigt das vereinnachbarliche Vorkommen, dass sie einander zunächst gelegen gewesen. Das wird nur .betont, weil ein sonst tüchtiger Gelehrter (Becker in der Niederösterreichischen Topographie 1, 33) „Arnoltestorph in der Höhe von Alkersdorf" suchte. Im 16. Jahrhundert kommt es, wie schon gesagt, nur mehr 1535 als „Arnestorf" und dann nicht wieder vor; damals hatte es einen Hof, einen Halbhof und sechs Hofstätten. Rieden daselbst werden 1377 allein genannt (später nicht eine mehr), nämlich im Weyxelrain, am Püch, auf der Leyten, im Mitterfeld, in der Genad, am Walezpuchel, in der Aw, die Prexwisen, der Pregarten, pey dem Zinken, im Eytental und an der Stainpruk. Nur sind nicht alle dort auch zu suchen, da die Bauern auswärts gleichfalls Liegenschaften zu Zins hatten, wie später jene von Hernstein und Alkersdorf die Oedungen von „Arnstorf". — „Odelanstorph(t, Odelanestorpf, -torf" wird im Falkensteiner Codex ff. 14´, 15 und 15´ genannt, ohne Angabe der Zahl der Liegenschaften, doch müssen dieselben namhaft gewesen sein, denn sie ergeben 7 Schilling Grunddienst; blos eine Hofstätte ist erwähnt (Zins 30 Pfg.); Schweine wurden 5 (à 1 Schill.) und Widder 4 (à 6 Pfg.) geleistet. Das Urbar von 1377 nennt „Odlestorf" und „Adlastorf" und verlegt dahin 6 Höfe, einen Halbhof und 15 Hofstätten; als „Adleinstorf, Adelsdorf, Adnestorf" erscheint es 1382—1463 (Blätter für Landeskunde von Niederösterreich a. a. O.); um 1515 ist es verschwunden und tritt blos als „ödes Dorf auf dem Aigen" noch auf, dessen Zahl von Höfen und Hofstätten mit der von 1377 sich nahezu gänzlich deckt. Rieden werden nur in diesem letzteren Jahre dafür genannt, als „am Art (Ort), im Grunt, auf der Hulben, am Puch und zu Weyerfeld". Auch sie sind nicht durchwegs in der Gemarkung des heutigen Hinteraigen, sondern auch außerhalb derselben zu suchen. — Was nun Aigen anbelangt, so sind begreiflich die älteren Angaben über dasselbe durch jene über „Odelanestorf" und „Arnoldestorf" erschöpft, und bleibt nur noch beizufügen, dass es (nämlich wieder nur Hinteraigen) 1515 und 1535 drei Höfe und 17 Hofstätten begriff, die aber 1564 so vollkommen abgeödet waren, dass nur ein behaustes Gut überblieb — das aber gleichfalls später in drei

Alkersdorf wird von Einigen mit Unrecht für das Adelgersdorf angesehen, das im 12. Jahrhundert in einer Götweiher Urkunde auftaucht.[682]) Das Urbar von 1377 nennt es zuerst, und zwar blos mit Einem Hofe; das ist die Zeit seines ältestbekannten Auftretens, denn der Falkensteiner Codex erwähnt es nicht. Es hat auch im 16. Jahrhundert sich nicht sonderlich gehoben: 1515 weist das Urbar ihm einen Hof, zwei Halbhöfe und eine Hofstätte zu, und bis 1564 erkennt man keinen weiteren Zuwachs als eines Hofes und einer Hofstätte. Rieden dieser Zeit sind am Eyl, die Krawtgartlewten, der Rauhenpuchel und der Walcz- oder Wolfspuchel — Familiennamen aber Drachsel, Eberl, Nueper, Rampl, Stitz, Stupel und Widen- oder Willenhofer.

Die grofse Administrativkarte verzeichnet westlich nahe Alkersdorf zwei Rieden, die Kroiswiese und den Kroishof. Früher war daselbst ein Dorf, und zwar nennt es der Falkensteiner Codex Chraweswisen; um 1170 diente es nicht viel weniger als „Arnoldestorf", nämlich 6 Schilling und 10 Pfennige Grundzins, 5 Schweine (à 4 Schilling bis 5 Pfennige) und 5 Widder (zu 30 Pfennigen). Auch Weinbau wird für dort erwähnt.[683]) Auffallenderweise ist es im Urbar von 1377 nicht behandelt; ein Mann von „Kraswisen" erscheint im Starhemberger Urbar von 1457.[684]) Schon 1515 wird es als verödet bezeichnet; es soll früher 6 Feuerstätten besessen haben, die zusammen an Grundzins 2 Pfund 3 Schilling 6 Pfennige gaben, und deren Aecker u. s. w. dann nur anderthalb Pfund dienten.[685]) Um 1620 wird ein Bauer von Hernstein als „im Gindl (Gnidl?) oder Khreufswisen" bestiftet erwähnt;[686]) die Pfarrinventare von Hernstein erwähnen noch

---

zerschlagen wurde — und zehn sogenannte „Gärten". Die Rieden sind natürlich jene von „Odelanstorf", doch werden, so lange der Name Aigen genannt wird, deren keine aufgeführt, wohl aber Familiennamen für das 16. Jahrhundert von Leuten, welche daselbst Gründe innehatten (und anderwärts wohnten), nämlich Asper, Feierabend, Fleuchenwind, Haubmaier, Hohenwarter, Kirchdorfer, Krumpek, Laimacher, Mandel, Murer, Paldauf, Paradeiser, Platzmacher(-maister), Poltinger, Schlatner (Schlet-), Spiegelgraber und Zernstein. In Vorderaigen, resp. „Arnstorf", tauchen die gleichen Namen auf, blos Apfalter ist ein neuer. — 682. Becker, Topographie von Niederösterreich 1, 33, weist diese Annahme bereits ab. Zufügen lässt sich ihm, dass dieses „Adelgersdorf" Algersdorf bei Graz ist (vgl. Steierm. Urkundenbuch 1, 432). - 683. Falkensteiner Codex f. 14', 16. — 684. Ebend. f. 23'. — 685. Urbar von 1515, f. 146'. — 686. Steierm. Landesarchiv, Acten von Neuberg.

ca. 1770 die „Groifswiesen".[687]) Später ging Alles ein bis auf einen Hof, der noch in der Menschen Erinnerung lebt, und jetzt auch abgekommen ist. Heute deckt der Wald die ganze Stätte.

Die zwei aufserhalb der Pfarre liegenden, aber zur Herrschaft gehörigen Oertlichkeiten sind das Dorf Neusiedel und der Steinhof, beide nordwestlich von Hernstein, und beide nach der Melker Pfarre Grillenberg eingepfarrt.

Wie schon der Name zeigt, ist Neusiedel eine späte Gründung. Sie hiefs im 18. Jahrhunderte auch Neusiedel am Stein, wahrscheinlich zum Unterschiede von Neusiedel an der Wand, dem heutigen Loderhofe. Seiner gedenkt zuerst das Urbar von 1377, und zwar tritt es sofort mit einem ansehnlichen Bestande an Feuerstätten auf: mit 13 Halblehen, 3 Viertellehen und 2 Hofstätten. Die Ziffern weisen auf eine plan- und gleichmäfsige Anlage, die nothwendig aus dem Walde geschnitten worden sein muss. Im Jahre 1515 ist das Ziffernverhältniss 14, 5, 3, im Jahre 1525 zählt man blos Halblehen- und Hofstätten, und zwar von ersteren 14 (deren 6 öde), von letzteren 12 (und davon nur 2 bestiftet). Im Theilungsinstrumente des Grafen Christoph Karl von Heufsenstein ist es mit 2 Ganz-, 11 Halb- und 1 Viertellehen angegeben, also eine bedeutende Abnahme der Wohnstätten. Unklar ist es geblieben, woher der Einfluss stammt, den Starhemberg auf Neusiedel geltend machte. Dieses beherrschte überhaupt das ganze Thal von der Triesting bis in die Mandling, und Veitsau, Pöllau, Grillenberg und der Pfarrer daselbst, sowie Neusiedel bezahlten an dasselbe just 106 Metzen und Strich Vogthafer Potensteiner Mafses, davon Neusiedel allein 40 Metzen, und der Wald dabei gab den dritten Stamm dahin.[688]) Das Jahr 1683 hinterliefs auch hier seine Spuren: namentlich angeführt werden allerdings blos Sebastian Laister mit Frau als niedergemacht, und ihr Sohn als fortgeschleppt und ihr Haus als abgebrannt.[689]) Diese Gemeinde war mit Hand- und

---

687. Ebend., ebend. — 688. Urbare von 1515—1564. Berücksichtigt man, dass die Stiftung von Neusiedel im 14. Jahrhundert erfolgte, wo Starhemberg landesfürstlich war und Hernstein potendorfisch, so wird man, angesichts der Giebigkeiten dieser Gegend an Starhemberg, stets wieder an die königliche Schenkung von 1035 für Markgraf Adalbert betreffend „Bobsouua" erinnert. Vgl. oben S. 22, Note 30. — 689. Gerichtsprotokoll zu Hernstein f. 106 und 106'.

Zugleistungen überbürdet. Früher zahlte sie blos Robotgeld, und hatte keine Naturalrobot. Doch als die Grafen
den Steinhof zurückerwarben, kündeten sie den Vertrag,
und die Neusiedler mussten nun auf dem Hofe ackern,
mähen, heugnen, zu Steinabrückl und Hernstein Heu und
Korn einführen, anbauen, Streu, Brenn- und Blockholz frach-
ten, die herrschaftlichen Weingärten im Weierfeld und in
den Henningern bauen und lesen, Bauholz und Marchfutter
nach Hernstein bringen. Darin ward 1749 mit Graf Karl
Joseph ein billiger Vergleich eingegangen.[690]) Die Rieden
des 14. und 16. Jahrhunderts, sowie die Familiennamen
und die Richterreihe, soweit selbe herstellbar, soll
Note[691]) geben.

Der Steinhof, von welchem in J. C. Wagner's Wanderung nach Gutenstein eine Abbildung von 1803 sich
findet, ist nach Keiblinger[692]) eine kleine Ortschaft bei
Grillenberg, wohin es auch eingepfarrt ist, am Fuße des
höhlenreichen Steinberges. Heute ist es ein einziger schöner
Hof. Die älteste sichere Nachricht stammt von 1388, und
besagt, dass vor diesem Jahre ein gewisser Martin Port,
und in demselben Konrad Scherdinger der Jüngere den
Hof am Stein bei Grillenberg besessen habe.[693]) Diese
Liegenschaft wurde zuerst durch Starhemberg erworben;
wann dies geschah, ist unbekannt, jedenfalls vor 1438, denn

---

690. Mittheilung des Herrn Forstrathes Stöger. — **691.** Im Jahre
1377 erscheinen die Riednamen: die Prunlewten, die Chernsleyten, das
Drumestal, das Durrental, die Dwirch, das Gerewt, die Grassechsparcz,
das Rewt, die Seleyten, das Swarczental, das Vnraintal, das Zopolt; im
Jahre 1525 und später der Grillenperg, an der Mätling, der Meylperg,
im Owold (! Zopolt?), im Rambler, das Schwarzental, am Stain, der Wart,
das Zaigertal. — Familiennamen im 16. Jahrhundert sind Dopelhamer,
Gleichgrofs, Gudel, Karner, Kasesser (Kassis), Kottenthaler, Nürnberger,
Pleier, Ramlöffel, Reibner, Schlemer, Seierl, Staudenrauch, Steirer, Tau-
ber, Tiefenthaler, Windthaler, Zeller und Zigeiner. — Als Richter lassen
sich namhaft machen 1630 Hans Ramlöffel, 1685 Paul Zigeiner, 1737
Leopold Zigeiner, 1744 1745 Sebastian Steiner, 1747 Leopold Zigeiner,
1754 Gregor Zigeiner, 1762 Urban Halwachs, 1767 Mathias Steiner, 1772
Mathias Perger, 1784 Johann Mayer, 1786 Michael Zigeiner, 1790 derselbe. — **692.** Geschichte von Melk 2/1, 704. — **693.** Es ist schwer,
die Urkunden von 1276 und 1371, welche die Familie von Arnstein betreffen, und eine Mühle und Lehen am Stein in deren Besitz nennen, hieher zu beziehen (Keiblinger a. a. O. 704, und Lichnowsky, Regesten 4,
Nr. 1055). Vgl. weiters Keiblinger a. a. O. 665 wegen des Zehentstreites
zwischen den Pfarren Grillenberg und Enzesfeld von 1405.

in diesem Jahre nennt sie schon das Urbar[694]) mit sieben
Holden. Diese standen nur zu Vogtrecht, nämlich mit
Diensthafer und Marchfutter. Nach ungefähr 20 Jahren
gibt es daselbst blos mehr fünf Holden,[695]) und das muss
ungefähr auch die Zeit sein, wo die Ansiedlung (wohl
durch Feuer) verödete.[696]) Ein Hof scheint nebenbei sich
entweder wieder erhoben zu haben, oder neu erstanden zu sein, und zwar zwischen 1525 und etwa 1550; er
hiefs der Knappenhof, war jedoch 1564 abermals öde,
und heute weifs man in der Gegend gar nichts mehr von
ihm.[697])

Die Oeden des Dorfes erwarb 1592 Johann Gothard
Fenckh, durch welchen der daraus gebildete Edelsitz Steinhof an seinen Sohn Wolfgang von Fenckh zum Steinhof,
kaiserlichen Hofkammerrath, und später Erzherzog Leopold Wilhelms Hofkanzler, gelangte. Dessen Sohn Wolfgang Johann veräufserte ihn 1653 an Johann Franz Freiherrn von Lamberg zu Ottenstein,[698]) und erst Graf Karl
von Heufsenstein kaufte ihn 1728 wieder, und zwar mit der
Absicht, einen Witwensitz darauf zu stiften.[699]) Im Jahre
1793 vermachte ihn Graf Sigmund seiner zweiten Frau;[700])
Graf Heinrich entäufserte sich desselben gänzlich, und erst
1834, am Silvestertage, erwarb ihn Seine kaiserliche Hoheit
der Herr Erzherzog Rainer von Johann Tremier der angestammten Herrschaft wieder zurück.[701]) Als Rieden beim
Steinhofe werden nur 1377 die chureze Wis und das Zen-
daltal angegeben.

Von der Pfarre Hernstein abhängig, weil durch sie
gegründet und versehen, waren die Kirchen zu Wopfing
und Pernitz.

694. Ebend. f. 269'. — **695.** Urbar von Starhemberg von 1457,
f. 118'. — **696.** Im Urbar von 1523, f. 71 und in jenem von 1564, f. 107
heifst es: „Ain Dorff gen Stain ist vor sechtzig Jarn öd worden, hat
gehabt sechs behawste Güeter, vnd hat jarlich gedient dreifsig Gstrich
Habern, vnd dann zu Marchfueter Habern zwelff Gstrich, aber jetzt verlässt man die Grüntt desselben öden Dorfs järlichen in Bestand vmb drey
Phunt Phenig, biss es zw Stifftung gebracht wiert.“ — **697.** Urbar von
1564, f. 107': „Ain Hoff, genant der Knappenhof, bei dem öden Dorf Stain
gelegen, den verlast man jerlichen vmb ain Phundt Phening, biss er gestifft
wirdt.“ — **698.** Wissgrill, Schauplatz 3, 27—28. — **699.** Vertrag der
Gemeinde Neusiedel mit Graf Karl von Heufsenstein von 1749; vgl. Note
691. — **700.** Archiv des Landesgerichtes zu Wien. — **701.** Mittheilung
des Herrn Forstrathes Stöger.

Der Name von

Wopfing

erscheint bereits 1140 als „Hophingen" in den ersten Schenkungen Adalrams von Waldeck an das Stift Seckau.[702]) Er wechselt von da ab in seinem Laute mannigfach.[703]) Selbst spät ist jene erste Namensform nicht ganz abgekommen, und 1631 schreibt der Marktrichter Elias Edlinger von Piesting sie noch als Hopfing.[704]) Die Herren von Falkenstein besafsen daselbst einen grofsen Hof nach dem Muster von Hernstein, sonst jedoch war noch wenig urbar gemacht, denn der Grundzins von 30 Pfennigen und die Abgabe eines Schweines und eines Widders (zu 30 und zu 12 Pfennigen) lassen blos eine Hube mehr annehmen, und besafs Hernstein ferner nur eine Hofstätte daselbst. Uebrigens gehörten einzelne Gründe auch nach Starhemberg.[705]) Im Jahre 1726 wird (im Theilungsinstrumente des Grafen Christoph Karl) der Besitz der Herrschaft Hernstein im Amte zu Wopfing auf 5 Ganz-, 11 Halb-, 6 Viertellehen und 5 Hofstätten angegeben, während zweihundert Jahre vorher dasselbe 6 Halb- und 1 Viertellehen, 3 Höfe und 10 Hofstätten betrug, mit Einrechnung mindestens des Hammers zu Waldeck,[706]) und im Jahre 1564 4 Höfe, 8 Halb- und 1 Viertellehen, 1 Achtellehen, 12 Hofstätten und 1 Hammer und eine grofse Zahl Weingartenüberlände begriff.[707]) Die herrschaftliche Taferne verkaufte Freiherr Müller 1806 an die Eheleute Michael und Anastasia Wedl für 350 fl., und gab dazu den herrschaftlichen Taz in Pacht für 60 fl.[708]) Rieden- und Familiennamen, dann eine Richterübersicht soll Note[709]) bieten.

---

702. Steierm. Urkundenbuch, 1, 290, 292. — 703. So liest man ihn im Falkensteiner Codex (ff. 14' und 16) Wofphing und Wofingen, im Urbare von 1438 Hopping, in dem von 1457 Poppfing und Wopping, 1515 Pophing, 1525 gar Gaphing, und im Visitationsberichte von 1544 Opfing. — 704. Steierm. Landesarchiv, Acten von Neuberg. — 705. Urbar von 1438, f. 110: „Elspet Waldnerin ze Bopping auff der Aw dint von 1 Wisen in der Aw x den." — 706. Urbar von 1525, f. 199. — 707. Desgleichen von 1564, f. 311 ff. Von späterem Bestande handelt wiederholt die Darstellung des herrschaftlichen Besitzes und wird deshalb hier davon abgesehen; das Gleiche gilt auch von den Roboten und namentlich dem Robotvertrage von 1606, 4./4. — 708. Zehntablösungsbuch zu Hernstein. — 709. Da das Urbar von 1377 Wopfings nicht erwähnt, so bleiben nur jene des 16. Jahrhunderts zur Heranziehung übrig. Riednamen sind am

Die Kirchen- und Capellengründung zu Wopfing geschah durch die Pfarre Hernstein, und zwar noch vor der
Neuberger Zeit, denn der Pfarrer Magister Hans Himmel
erwähnt der Capelle bereits 1440.[710]) Uebrigens liefse sich
das Bestehen schon aus den der Pfarre gewidmeten Liegenschaften zu Wopfing schliefsen, da solche wieder gottes-
dienstliche Leistungen, und diese einen Ort für dieselben
voraussetzten. Der Name der Capelle war zu „Vnser lieben
Fraw am Anger" oder zur „schmerzhaften Mutter Gottes
in der Au", und die Gegend, wo sie lag, nannte man im
18. Jahrhunderte noch den Mühlthalgraben.[711]) Die Verpflichtung des Pfarrers zu Hernstein war, alle Samstage
in Wopfing Messe zu lesen: dafür besafs er die Widemgüter und eilf Pfund Pfennige.[712]) Allein besonders im
16. Jahrhunderte trat manche Lässigkeit ein. So schildert
ein Bericht von ungefähr 1580, dass der Pfarrer blos
ungefähr 8 Male (1576 13 Male) im Jahre an den gesetzlichen Tagen, dann noch an hohen Festen, wie Östern,
Kirchweih u. s. w. sich einfand, und zur Wettermesse später
wieder nur jeden dritten Sonntag.[713]) Jedoch nicht die Zer-

Apfel (in der Mandling), der Parcz, am Pâczl (Peczo, ebend.), der Plickh,
am Prant (ebend.), im Puechgraben, am Purchstal (in der Mandling), die
Dickenleyten, das Dietmanstal (in der Mandling), der Gaisweg (ebend.),
das Gestamphtal (ebend.), der Gröfselperg (Krosenperg), im Grundt, in
Huntlern (in der Mandling), im Ihan (ebend.), im Judental (ebend.), am
Kallenperg, der Korhenperch (Krosenperg?), die Kirchgassen, in der
Kornin ob Wopfing, das Lindenthal (in der Oberlewten), die Mettling
(Mandling?), die Oberlewten, die Rawchlewten (in der Oberlewten), bey
der Riss, am Stain (in der Mandling), am Stigkhl (Stugkhl) (ebend.), im
Tal, an der Tradt, am Vngerperg, im Zechtal (in der Mandling). — Fa mi-
lienna men des 16. Jahrhunderts sind: Brunnthaler, Eisenkircher, Gamp,
Gensinger, Haring, Kagrer, Karner, Rastberger (Rasch-, 1564 Reisch-),
Rotenberger, Scherz, Sengseisen, Trieschinger, Wetzelhuber und Wischen-
bart. — Als Richter werden genannt: 1627 Marx Hofmann und Daniel
Raidl, 1642, 1644 derselbe, 1680 Mert Flechl, 1699 Jacob Ganster, 1724
Nicolaus Wachinger, 1744, 1749 Veit Karolitsch, 1752 Jacob Waichinger,
1767 Anton Lang, 1776, 1782 Mathias Has, 1784 Franz Kuderer, 1787,
1790, 1709 Mathias Steiner, 1814 derselbe. — 710. Steierm. Landesarchiv, Acten von Neuberg; in Verkaufsbriefe von Höfen seitens desselben
an das Kloster geschieht indess der Capelle noch keine Erwähnung; vgl.
Note 646 und 718. — 711. Ebend., ebend., und erzbischöfliches Archiv
zu Wien. — 712. Visitationsbericht von 1544 in Kirchl. Topographie 1/5,
187. — 713. Dabei gab man ihm die Kost: Fleisch, Brod und Wein (was
im Jahre 1 Pfund 6 Schilling ausmachte) und 5 fl. Jahreslohn (dem Messner
4 fl.); kam der Pfarrer ausnahmsweise, dann hatte er nur die Kost (die

rüttung des religiösen Lebens allein war Schuld, wenngleich die Pfarrgeistlichkeit ihre Pflichten lau nahm, denn in der Folge hatte die Gemeinde Ursache zu klagen. So um die Mitte des 18. Jahrhunderts: es vergingen oft 3—4 Wochen, ehe der Pfarrer messelesen käme,[714]) und auf solche Weise entstand der Wunsch nach Auspfarrung. Im Jahre 1782 wendete sich die Gemeinde um einen eigenen Seelsorger an die Regierung. Diese beauftragte das Kloster Neuberg, einen tauglichen Priester zu stellen, und mit geeigneter Wohnung zu versehen. Allein damit, dass derselbe, P. Wenzel Fürnsinn, weil er in Wopfing kein passendes Unterkommen fand, 1783 in Hernstein sich niederliefs, war die Gemeinde nicht einverstanden. Auf ihre Beschwerde ordnete das Consistorium an, dass der Priester in Wopfing wohnen müsse, und Fürnsinn bezog dann anfangs 1784 bei Privaten daselbst Quartier.[715]) Das Stift hatte keine Lust, einen Pfarrhof zu bauen, und meinte besser, den Ort mit der eben errichteten Localie Waldeck zu verbinden, was jedoch die Regierung nicht bewilligte. Endlich ging Neuberg an den Pfarrhofbau: es bestellte die Arbeiter und kaufte die Materialien, die Gemeinde dagegen leistete die Hand- und Zugarbeit. Das Werk fiel schlecht aus, das Kloster wurde 1786 aufgehoben, und das Jahr darauf zog sich Fürnsinn von der Localie nach Neustadt zurück. Sein Nachfolger bis 1788 war der Neustädter Ex-Kapuziner P. Placentius Thalhamer, dann kam bis 1790 der Ex-Franziskaner P. Ignaz Bratengeier (der erst 1832 92 Jahre alt starb), 1786 für wenige Monate der Provisor Stephan Oweger, und im August desselben Jahres als Curat Johann Nepomuk Pflug. Dieser ging 1814 als Pfarrer nach Waldeck, versah jedoch Wopfing von dort aus. Es scheint, dass wegen

durchschnittlich 7 kr. 2 Pfennige betrug), und wenn er predigte, was aber sehr selten geschah, 15 kr. Nur beim Kirchweihfeste ging es üppig her; da machte die Pfarrerzehrung 2 fl. aus. (Steierm. Landesarchiv, Acten Neuberg.) — 714. Die Klagen sind mehrfach: die Gemeinde habe einen Messner aufgenommen, der ehemals auch Lehrer gewesen und den Schuldienst gut versehen könne; den mochte der Pfarrer nicht und setzte ihr einen andern, bei dem die Kinder „glatterdings" nichts lernten; und wenn sie sich beschwerte, drohe ihr der Pfarrer mit dem Profossen, und sei bei ihm „gar keine Lieb vnd Eyffer mehr zu findten" (ebend., ebend.). — 715. Etwas unverständlich schreibt er: „Diesem Decrete zufolge riss mich das noch nicht entlarvte Schicksal in den Abgrund nach Wopfing."

des geringen Einkommens nicht leicht ein Curat sich finden
wollte. Dasselbe betrug 350 fl. aus dem Religionsfonde,
aufserdem bestand ein Hausgarten von $^3/_4$ Joch. Nun einten
sich die Gemeinden Wopfing, Mülthal und Oberpiesting
dahin, dem Pfarrer jährlich 100 fl. W. W. und 10 Klafter
hartes Holz beisteuern zu wollen, und die Wirtin vom
„grünen Baum" im Mülthale versprach aufser ihrer Quote
noch 100 fl. für den austretenden Curaten. Unter solcher
Aufbesserung übernahm Johann Kricek die Kirche 1815,
der 1819 durch Johann Maierhofer ersetzt wurde. Als er
1829 nach Scheuchenstein ging, trat Leopold Neder als
Curat ein, von dem die erste Anlage des Gedenkbuches
stammt, welchem diese Gründungs- und Personaldaten
entnommen sind.

Als man die Pfarre errichtete, wurde auch ihr Sprengel
festgestellt: er griff auch auf das rechte Ufer über, wo ihm
Theile der alten Pfarre Dreistätten zugewiesen wurden;
einen Theil musste auch Piesting ihm abtreten, der wesentlichste aber stammte von Hernstein. Daher hatte sie an
diese drei Pfarreien von ihren Stolgebühren abzugeben.
Letztere wurden 1807 derart geregelt, dass Wopfing vom
1./1. 1808 ab an Hernstein 2 fl., an Dreistätten 54 kr., und
an Piesting 48 kr. Gebühren entrichtete.

Ueber den Stand des Gotteshauses ist nur
ein kurzer Bericht[716]) von ca. 1755 vorhanden, welcher zwei
(Seiten-?) Altäre, St. Johann des Täufers und Joseph des
Nährvaters, dann einer Capelle mit einem Marienbilde erwähnt, die Abt Edmund von Neuberg (1730—1733) er-
bauen und mit einer Uhr habe versehen lassen. Sonst scheint
die Marienkirche daselbst in gewissem Ansehen von altersher gestanden zu sein. Wenigstens geht dies aus einer
Zuschrift des Grafen Otto Felician von Heufsenstein an
den Abt hervor: er habe sich in seiner letzten Krankheit „zu
Vnser lieben Frauen" verlobt (die merkwürdig beim Türkeneinfalle von 1683 gar nichts gelitten), und möchte derselben
gerne einen Ablass auswirken; so frägt er an, ob ihm die
Tage Mariae Verkündigung und Mariae Geburt passten.[717])

Der Besitz der Kirche stellt auch für die älteren
Zeiten als ein günstiger sich dar. Um 1448 besafs sie den

716. Im erzbischöflichen Archive zu Wien. — 717. Steiermärk.
Landesarchiv, Acten Neuberg.

sogenannten Widemhof zu Wopfing „zenagst enhalb der pruckhen", und einen Acker dabei.[718]) Vor 1500 hatte sie auch einen Hof zwischen Peusching und dem Hammer, zu welchem vier Weingärten in der Mandling gehörten,[719]) und nach dem Urbar von 1515 einen Weingarten zu Ober-Piesting, der nach Starhemberg diente. Der Visitations-bericht von 1544 sagt, die Kirche habe 18 Tagwerk Wein-gärten, 4 Wiesen und einen Acker. Die ersteren bearbeitete die Gemeinde für sie (wie durchgehends üblich, und nannte man diese Art Arbeitsbestellung „Rabusch"), wofür 18 fl. 6 Schillinge bezahlt wurden, die anderen trugen an Dienst 1 fl. 6 Schillinge, und der letztere 12 Pfennige.[720]) Das Urbar von ca. 1550 führt einen Kirchenweingarten unterm Stein auf, und um 1600 heifst es, sie habe 5 schöne Wein-gärten und eine Wiese, die theils verpachtet, theils von der Zeche (den Kirchenvätern) bearbeitet wurden.[721]) Im Jahre 1788 endlich wurden drei Wiesen und der sogenannte Zech-garten auf sechs Jahre verpachtet, was jährlich 49 fl. 30 kr. eintrug, und um der Kirche ein kleines Capital zu schaffen, verkaufte man drei Weingärten an die Meistbietenden, was 157, 32 und 30 fl. einbrachte.[722]) Allein es ging den ersten Priestern recht kümmerlich, bis 1814, wie oben erzählt, die Pfarrgemeinde sich besonders anstrengte, um einen Curaten zu erhalten und zu halten.

In früherer Zeit besafs die Pfarre Hernstein auch einen Zehentbezirk um Wopfing.[723]) Davon scheint der jungen Pfarre nichts zugute gekommen zu sein.

—————

718. Ebend., Urkunden Nr. 6138ᵇ. Wegen Versatz, Rücklösung und Verkauf an Hernstein vgl. oben Note 646. — 719. Ebend., Acten von Neuberg. Pfarrer Grünwald von Hernstein und die Zechleute von Wopfing verkauften diese Gründe zu Anfang des 16. Jahrhunderts an Wilhelm Auer von Herrnkirchen, Ritter, der sie wieder 1511 an den Bürger Hans Osterberger von Neustadt abliefs. — 720. Kirchl. Topo-graphie 1, 5, 187. — 721. Steierm. Landesarchiv, Acten von Neuberg. — 722. Gedenkbuch der Pfarre in Wopfing. — 723. Steierm. Landes-archiv, Acten von Neuberg, Aufschreibung von ca. 1580: „Der Traid-czehent zur Pfarr Hörnstein gehörig ist von dem Hamer ob Peischung vncz an den Casten ob Piesting, wass enhalb des Wassers gegen Heran-stain gelegen, vnd seindt dahin gepfarret auch der Hamer. Aber den Krautczehent von dem Fuert bei den Fuefspechren (!) vncz an den ob angezeigten Hamer, wass Krautgestaut wirdt, gehört auch der Zehent davon einem jeden Pfarrer zu Herrantstein. Weinczehent von den Wein-gärten vnder den itz gemelten Hamer vncz an (den) Casten, allenthalben

Schliefslich mögen noch die Wettermessen erwähnt
sein, die der Hernsteiner Pfarrer von Zeit zu Zeit zu lesen
gebeten ward: 1544—1546 werden selbe in den Rechnungen der Kirchenväter zweimal angeführt, und wurden
dafür das eine Mal 4, das andere Mal 5 Schillinge bezahlt.[723])
    Zur Pfarrgemeinde und Herrschaft gehören Mülthal
und Ober-Piesting.
    Mülthal wird bereits im Falkensteiner Codex mit
Weingärten aufgeführt. Sein Rebenerzeugniss stand früher
in hohem Ansehen. Um 1515 besafs Hernstein daselbst
nur einen ganzen und einen halben Hof, aber nahezu 30
Weingärten.
    So weit zurück lässt sich das Vorkommen von Ober-
Piesting, als eigentlich starhembergisches Gut, nicht nachweisen. Die erste Erwähnung von „Ober-Piestnichk" geschieht in einem Verkaufe von 1402, betreffend landesfürstliche Lehen daselbst durch Hans Teufel an Herzog
Albrecht IV.[724a]) Das Urbar von 1438 zählt für Starhemberg bei 40 unterthänige Weingärten auf, davon die
wenigsten Leuten aus diesem Vororte selber gehörten,
sondern meist welchen aus Piesting, Dreistätten, Peusching,
Dürrenbach u. s. w., dann den Pfarrern der zwei erstgenannten Orte, und der Kirche zu Wopfing. Es lässt sich
schwer unterscheiden, wenigstens nach den gemeinsamen
Urbaren von 1515—1564, was nach Starhemberg, und
was nach Hernstein unterthan; bei letzterem Gute wird
Ober-Piesting gar nicht aufgezählt, dagegen mit allen
Giebigkeiten nach Ersterem gerechnet. So enthielt es
diesem zinsbar 1515 an Höfen 6 und an Hofstätten 5, an
Weingartüberländen 28, entrichtete Weidgeld (für die Kuh
3 Pfennige), Bergrecht in natura, Bergrechthühner (das
Stück zu 4 Pfennigen), und frachtete das herrschaftliche
Mehl aus der Rosendornmühle nach der Burg Starhemberg.
Das Theilungsinstrument von 1726 stellt es mit 1 Ganz-
und 8 Viertellehen und 1 Hofstätte ein, die an Hausdienst,
Wacht- und Robotgeld bei 52 fl. bezahlten. Der Pacht-
zins der Hofmühle war auf 200 fl. angeschlagen.[725]) Der

enhalb der Piesting gegen Herrantstein gelegen, gehört aller gegen
Herrantstein vnd dem Closter einzunehmen, vnd Keiner ein Theil
darinnen zu nemen hat, auch kein Weingart aufgenomen." — 724.
Ebend. Handschrift Nr. 3400. — 724a. Orig., Staatsarchiv zu Wien, siehe
Lichnowsky, Regesten 6, 532. — 725. Die Ortsbenennung der Gegend

Türkeneinfall von 1683 hinterliefs wohl mehr Andenken, als die einfache Thatsache, dass Andreas Berger und sein Weib von Ober-Piesting durch die Streifschaaren niedergemacht wurden.[726]) Was die Ried- und Familiennamen anbelangt, dann die Reihe der Richter, so bringt selbe die Note[727]).

Der Ausdehnung des alten Gebietes von Hernstein nachgehend, und über die Enge bei Waldeck hinaus durch die Oed legte Hernstein eine Seelsorgstation auch zu

Pernitz

an, das aber seit 1632 die Verbindung nur mehr pfarrlich aufrechthielt.

Als Pernize und Berneze erscheint es ca. 1170 in dem Hausbuche des Grafen Siboto[728]) mit 3 Huben, 3 Hofstätten und 1 Mühle bestiftet. Dann begegnet man ihm in den Urbarialbüchern nicht wieder bis 1515, und von da 1525 und 1564 weist es an Höfen 5, 4 und 6, an Hofstätten 25, 22 und 21 und an Lehen 12, 13 und 11, also eine ganz ansehnliche Ausstattung von Dienstgründen auf. Immer wird noch die Mühle genannt, und dazu ein Lederhof, der aber in der Oed gelegen scheint,[729]) wie denn überhaupt mit jenen Ansiedlungen nicht allein der Ort,

von Ober-Piesting bis Wopfing ist so wechselnd, ferner sind die Ansätze der bestehenden Höfe u. s. w. derart in Zahl, die Erwähnung der Aemter da und ihre Auslassung in den Urbaren so, dass zu vermuthen, es sei hin und wider unter Ober-Piesting auch Wopfing und umgekehrt gemeint gewesen. Diese Dinge lassen sich ohne Einzelurbare nicht zerlegen, was hier mit Verwahrung gegen Irrthümer erwähnt sei. — 726. Gerichtsprotokoll zu Hernstein f. 98'. — 727. Riednamen zu Ober-Piesting sind: 1438 das Hetzenthal (das aber auch ca. 1170 im Falkensteiner Codex sich findet), am Kasten und am Paugart; — 1515 der Freynberg, am Kasten, am Krewsperg (vielleicht identisch mit dem Krösen- und Gröselperg hinter den Rieden von Wopfing?) und das Gschaid. — Familiennamen von 1438 sind: Droffer (Drofferer), Grashepp, Kalichmeister, Laurein, Marsprech, Raedl, Rot, Stainhauser, Wischenpart und Ziger; — von 1515 Aberlin, Brunnthaler, Feirolt (Furolt), Fluckh, Frankenhofer, Frietscher (Fudscher?), Fuesbeck, Gassinger, Gnatsch (Gnatz und Gnötzl), Grödel, Kleinl, Kreidelweifs, Pfliegl, Puckel, Raidl, Reitschatter, Schlecker, Schnaterl, Spitzer, Stipfel, Turner, Weilheimer und Winsecker. — Als Richter werden genannt: 1629 Erhart Drachsel, 1685 Elias Stix, 1724 Georg Haid, 1747, 1755 Adam Toifl, 1763, 1773, 1779 Michael Rosori, 1784 Hans Georg Haiden, 1799 Joseph Stückler. — 728. Foll. 13' und 14'. — 729. Urbar von 1525, „ain Hof an der Od, dient Mert Ledrer zw Lewbersdorf".

sondern auch seine Umgebungen, das Amt, gemeint sind.
Blos in dieser Gemeinde besteht, neben den gewöhnlichen
Diensten und der im 16. Jahrhunderte bescheidenen Robot,
die blos für die Arbeit an der Burg zu Hernstein galt, die
sogenannten Pfennige für Kienholz.

Das Amt wurde, wie schon oben erwähnt, 1632 an
den Freiherrn Hoyos verkauft und trat somit außer Verbindung mit Hernstein.

Die Namen der Rieden und einzelner Familien
gibt Note [730]).

Was die Pfarre anbelangt, so heißt es, dass sie schon
1327 bestanden habe.[731]) Gewiss ist blos, dass erst für 1447
ein Pfarrer nachgewiesen werden kann.[732]) Es lässt sich
kaum annehmen, dass die Seelsorge anders als immer nur
von Hernstein ausgeübt worden sei; wenigstens lebte davon
die Tradition zu Neuberg, das Pernitz zugleich mit Hernstein übernahm, es indess, wegen der bedeutenderen Entfernung von der Mutterpfarre, selbstständiger stellte, als
Wopfing. Neuberg schickte Priester aus dem Stifte, aber
im 16. Jahrhunderte, wo es selber Mangel an geeigneten
Persönlichkeiten litt, musste es Weltpriester hinsetzen.
Zuweilen jedoch war es in deren Wahl, wie das damals
so oft vorkam, recht unglücklich. Manche davon trugen
den Stempel der Zeit mit all ihren Fehlern an sich. So
namentlich Pfarrer Stephan Kentsch, der wegen irriger
Glaubenslehren zur Rechtfertigung vor das Consistorium
gerufen wurde, dann Paul Kitz, der seit Ende der Siebziger-
jahre des 16. Jahrhunderts ziemlich lange verheiratet auf
der Pfarre saß, ein Säufer, der in die Kirche läuten ließ
und dann nicht kam, in der Trunkenheit Mädchen als Knaben
taufte, mit dem Säbel im Dorfe herumzog und auf die Leute

---

730. Riednamen für das 16. Jahrhundert sind: der Feichtenbach,
das Grassach, das Huttal, das Lindental, das Marchtal, der Marchtalstein,
an der Öd, am Ort, der Petersberg, die Reisenleiten, die Ruedlespewndt
und im Stockstall; — Familiennamen derselben Zeit: Drachsel,
Fasching, Furtner, Gerreich, Grasecker, Halbachs, Harlander, Harrädl,
Kienthaler, Klampfel, Kolhofer, Lembeck, Mackh, Neuhauser, Reischer,
Rudl, Schinthaler, Schofnitzl, Schrambeck, Schwachhofer, Schwingen-
prügel, Stachel, Strohschneider, Unverdorben, Varinger, Wähinger,
Weinstockh und Zumpf. — **731.** Kirchl. Topographie I 5, 196. **732.**
In einem Schuldbriefe Ludwigs von Eckartsau an die Pfarre Scheuchen-
stein, Copie im erzbischöflichen Archive zu Wien.

einhieb, die Bauern aus den Häusern rief, mit ihm zu raufen,
und mit seinem Weibe zusammen an dem Richter sich
vergriff, dass die Gemeinde endlich 1582 in flehentlicher
Weise bat, der Abt möge sie von diesem Individuum be-
freien, von dem es gewarten müsse, dass es ihr, wie ange-
droht, die Häuser anstecke.[733]

Im Jahre 1761 wurde Muckendorf zu Pernitz geschlagen, das sonst zur Filiale Furt der Pfarre Potenstein
gehörte,[734] und 1783 kamen noch Katzenfurt, der Schall-
hof, die Wipphöfe und die Häuser am Geier im Feuchten-
bache dazu. Als Neuberg aufgehoben ward, hatte die Pfarre
ganz dasselbe Schicksal wie Hernstein, und ward dem
Patronate der Stadt Wiener-Neustadt zugewiesen.[735]

Die Kirche hiefs ursprünglich — wenigstens noch
1525 — zum heiligen Stephan und heiligen Nicolaus, bald
aber auch zum Ersteren allein, und seit 1652 wurde der
letztere Patronsname gebräuchlich.[736]

Im Jahre 1795 zählte die Pfarre 1095 Seelen, davon die
meisten (245) in Pernitz, dann (154) zu Muckendorf, (146)
zu Thal, (141) im Feuchtenbach, weniger als 100 in Brücken-
gegend, Oed, Purbach (Buchbach), Arzt, Leimweg, Stöcka
und in verschiedenen Einschichten.[737]

Der Besitz der Pfarre war 1544 blos 5 Joch Aecker,
1 Weingarten und 6 Tagwerke Wiesen,[738] 1720 aber 12
Tagwerke Feldbau und 2 kleine Wäldchen; ca. 1770 waren

733. Vgl. die Bitt- und Beschwerdeschrift der Gemeinde in Beilage
XI. Wegen Stephan Kentsch vgl. Wiedemann, Geschichte der Reformation 3, 650. — 734. Die Bauern von Muckendorf wendeten sich (1760)
an den Dechant von Baden, Ludwig Madruzzi: Furt liege über hohe Berge
fast vier Stunden von ihnen entfernt, und dahin sollten sie ihre Todten
tragen! Dazu bedürften sie behufs des Wechselns 14—16 Träger; so
käme eine „Leiche" auf 15 fl., und der Arme müsste ohne Einsegnung im
Freien bei einem Kreuze begraben werden. Sie wollten, wenn sie Pernitz
zugetheilt würden, den Pfarrhof und das Schulhaus zu Furt, mit Beihilfe
der dortigen Bauern, in gutem Stande erhalten, und dem Curaten daselbst
das nöthige Brennholz hacken und zuführen. Die Sache wurde 1761 so
geregelt: Beichte, Communion, Verkündigungen und halbe Stola gehören
nach Furt, Taufen und Trauungen aber nach Pernitz. So kamen zu diesem
von Arzt 2, Thal 7, Buchbach 3 und Muckendorf 8 Häuser (erzbischöfliches Archiv zu Wien). — 735. Kirchl. Topographie 1/5, 197. — 736.
So löst sich eine Bemerkung der Kirchl. Topographie 1/5, 197, die sich
die „Namensänderung" von St. Stephan in St. Nicolaus nicht erklären
kann. — 737. Erzbischöfliches Archiv zu Wien. — 738. Kirchl. Topographie 1/5, 196.

die Grundstücke auf 1773 fl., 1777 auf 2000 fl. geschätzt.
Vom Einkommen erwähnt der Visitationsbericht von 1544
blos einen Zehent von 2 Mut Getreides, der Ausweis von
1720 aber ca. 30 fl. Stola, einen Getreidezehent von 15
Metzen, Küchendienst von 22 Lämmern und 40 Hühnern,
und bei 15 fl. Sammelgelder; jener von 1775 gibt den
Zehent von 42 Häusern sammt dem Ertrage der eigenen
Grundstücke mit 70 fl., die Currentmessen — nach Abzug
von 69 Gratis- und 40 Ordensmessen — auf nur 122 fl.,
12 Hochämter mit 50 fl. und die Stolgebühren mit 50 fl.,
der Bericht von 1777 das Einkommen aus Eigenbau mit
80 fl., der gestifteten und ungestifteten Messen und Hochämter mit 146 fl., die Stola oder Zehent je mit 60 fl. und
das Opfergeld mit 30 fl. an. Im Jahre 1795 heifst es rund-
weg 260 fl. 55 kr. Einkommen.[739])

An Stiftungen war 1756 eine von vier Seelenmessen
zur Rosenkranzbruderschaft seitens der Maria Gschaider
von 100 fl., und 1757 eine andere zu derselben seitens Bona-
ventura Linder mit 400 fl., auf 3 Jahrtäge und 8 Messen
lautend, vorhanden.[740])

Es bestand bis 1787 auf einem Hügel neben Pernitz
eine Filiale in der St. Sebastianscapelle, die 1544 blos
2 Tagwerke Wiesen und 5 desgleichen Weingärten besafs,
1767 aber schon eigene Capitalien im Betrage von mehr
als 5800 fl.[741]) Als sie geschlossen wurde, verkaufte man
all ihr Grundeigen, und der Religionsfond bekam dadurch
und aus den Capitalien u. s. w. die Summe von 10.215 fl.[742])

Bruderschaften bestanden vier: die des Rosen-
kranzes, der immerwährenden Anbetung, St. Sebastian und
der Christenlehre. Blos die erste hatte Vermögen.[743])

Kirche und Pfarrhof und Schule wurden 1683 mit
dem ganzen Orte von den Türken vernichtet. Der Pfarrhof

---

739. und 740. Erzbischöfliches Archiv zu Wien. — **741.** Ebend.
An Interessen nahm sie damals 235 fl., an abgelöstem Wachse 48 fl., aus
Sammlungen 24 fl., aus Weinverkauf 193 fl., an Wiesenzins 1 fl., an
Extraempfang 13 fl. ein. Ihr Vermögen an Capitalien, Zinsen und sonstigem
Einkommen betrug damals über 6700 fl., und 1781 schon über 10.000 fl.
— **742.** Kirchl. Topographie 1/5, 198. — **743.** Erzbischöfliches
Archiv zu Wien. Das Vermögen bestand in eigenen Capitalien (460 fl.),
und in gestifteten (1720 fl.). Die Einkünfte waren an Interessen 80 fl.,
an Bruderschaftsgroschen 10 fl., die Ausgaben dagegen 4 fl. 30 kr., und
zwar für Messen, Unterricht, Wachs, Oel und Priester. Das gilt für 1777.

stand damals an der Stelle des Hauses Nr. 5, die Schule
dort, wo jetzt Haus Nr. 4 ist. Den Pfarrhof baute das Kloster
1687 an seinem jetzigen Platze, den es von der Herrschaft
Gutenstein gegen den früheren eintauschte, die Schule aber
wurde am Orte von heute erst 1721, und zwar durch die
Gemeinde wieder errichtet, und 1733 durch einen Zubau
erweitert, den die Pfarre mittels Grundabtretung erleichterte.[744]) Für die Kirche bringt die Kirchliche Topographie die weiteren Notizen von der Anschaffung des
neuen Hochaltars 1693, der neuen Glocken 1714 und 1739,
und der neuen Orgel 1718.

Die Reihe der Pfarrer gibt unten die Note[745]).

Am Ostrande der Herrschaft liegen noch zwei Ortschaften, Beide in später Zeit zu Pfarren erwachsen, doch
weder ihr, noch ihrer Ortspfarre irgendwie verpflichtet:
Wellersdorf und Steinabrückl.

---

744. Ebend. — 745. Die Reihe der Pfarrer und Cooperatoren
von Pernitz, so weit solche bekannt geworden sind, ist:
...1447... Veit (erzbischöfliches Archiv zu Wien).
...1544... Rupert Pugler (wohl Puchler, Pichler) (Kirchl. Topographie 1/5, 196).
...1554... Stephan Kentsch (Wiedemann, Geschichte der Reformation 3, 650).
...1582... Paul Kitz (Steierm. Landesarchiv, Acten von Neuberg).
...1693... P. Jacob Rotschedel (erzbischöfliches Archiv zu Wien).
1706..... P. Wilhelm Bögl (ebend.).
...1742... P. Benedict Graff (ebend.).
.... Karl Manner (ebend.).
1755—1765 P. Joseph Erco (ebend.).
1765—1777 P. Ferdinand Hauzenberger (ebend.).
1777—1779 P. Malachias Wimmer (ebend.).
1779—1781 P. Engelbert Prix (ebend.).
1781—1793 P. Malachias Wimmer (ebend., geht in Tausch nach
Steinabrückl).
1793—1810 Ex-Pauliner Bernhard Rögler (ebend.).
1810—1815 Karl Gössmann (ebend.).
1815...... Joseph Ignaz Pinteritsch (ebend.).
Cooperatoren waren schon in der Zeit des Klosters, doch nicht immer,
und sind alle dem Namen nach nicht bekannt geworden; genannt werden
blos ...1788 P. Genuin Hefele (ebend., geht nach Penzing). In diesem
Jahre wurden ihrer drei nacheinander in Aussicht genommen, traten aber
nicht ein, so P. Aurelian Wolleneck, P. Crescenz Doppelhöfer und P.
Auspician Wöss, welch Letzterer Enzesfeld vorzog, allein 1798—1803
doch nach Pernitz ging, um schließlich in den Kapuzinerorden zurück-
zutreten; 1804—1808 Anton Schaller (ebend.), 1808—1809 P. Gerhard
Maria Pollak, Servite (ebend.), und 1809... Tobias Wrabetz (ebend.).

Wellersdorf,

ähnlich wie Piesting durch den Fluss in zwei Hälften geschieden, war bis zur Theilung der zwei Herrschaften mit dem linken Ufer Hernstein, mit dem rechten Starhemberg zugehörig, eine Scheidung, von der hier abgesehen wird. Der Theilgrundherren hüben und drüben, geistliche und weltliche, gab es da ziemlich viele.

Lilienfeld besaß nachweisbar seit 1209 daselbst Gründe, vom Herzoge aus Starhemberger Eigen geschenkt,[746]) wohl die Grundlage des schönen grofsen Hofes, der heute in drei Bauernhöfe zerschlagen ist, bekam (angeblich) 1230 andere im Marchgraben von During von Emmerberg,[747]) 1280 welche durch Wulfing von Arnstein,[748]) und 1318 durch Otto Gileis,[749]) Heiligenkreuz andere durch Gertrud von Püttenau[750]) und von Adelheid von Wallsee, verkaufte sie aber 1339 an Lilienfeld.[751]) Das Spital am Semring erhielt derlei Gülten alldort von Ortolf von Kranichberg (1315),[752]) Kloster Neuberg 1327 Hofstätten und Aecker durch Herzog Otto,[753]) dann das landesfürstliche Bergrecht, das im Marchgraben zu Wellersdorf anhub,[754]) und durch Kauf von einem Neustädter Bürger 1339 einen Weingarten im Marchgraben.[755]) Neukloster wird allerdings erst 1544 als Besitzer dort erwähnt,[756]) war es aber gewiss schon weit früher. Von Rudolf von Lassberg und der Schlosscapelle zu Starhemberg ward bereits oben berichtet;[757]) neben ihm werden die Sachsenganger und Pillichsdorfer, die Stadecker und Montforte, die Pergauer, Viehdorfer, und Neustädter Bürger aufgeführt,[758]) endlich die Herrschaft

---

746. Keiblinger, Geschichte von Melk 2/1, 717. — 747. Kirchl. Topographie 1/5, 174. — 748 und 749. Wie Note 746. — 750 und 751. Ebend. 716. — 752. Steierm. Landesarchiv, Urk. Nr. 1805 b. — 753. Ebend. Nr. 2016 c. — 754. Ebend. Nr. 2078 b und Lichnowsky, Regesten 3/1003. Damit vgl. die Notiz über dieses Bergrecht, das auch theilweise die Emmerberger genossen, im Notizenblatt der kais. Akademie 1855, 384. — 755. Ebend. Nr. 2135 a. — 756. Keiblinger, Geschichte von Melk 2/1, 718. — 757. Vgl. oben S. 199 mit Note 428. — 758. Archiv für Kunde österr. Geschichtsquellen 28/1, 343, Nr. 93; Orig., Staatsarchiv, und Lichnowsky, Regesten 5/2057; Wissgrill, Schauplatz des niederösterreichischen Adels 3, 363, und Keiblinger, Geschichte von Melk, 2/1, 715; Notizenblatt der kais. Akademie 1854, 384; und Orig., Staatsarchiv (1397, Viehdorfer betreffend). — Andere Weingartbesitzer nennt das Hernsteiner

Schönau, von der Hernstein 1535 sieben Liegenschaften im Orte, darunter den sogenannten Tinhopelhof kaufe.[759]) Endlich erscheint Emmerberg im 18. Jahrhunderte, doch gewiss schon aus sehr alter Zeit, im Hintergrunde des Marchgrabens begütert.

Aus den Documenten obiger Grunderwerbungen erfährt man denn auch die ältesten Namensformen des Ortes, die zwischen Welanestorph des 12. und Welestorf des 16. Jahrhunderts schwanken.[760])

Was nun den Hernsteiner Besitz dort angeht, so weifs man aus dem Falkensteiner Codex, dass Graf Siboto einen Hof, 3 Huben und 3 Hofstätten besafs; aufserdem einen Eigenbauweingarten, und eine Anzahl dienstbarer.[761])

Der Hernsteiner Theil von Wellersdorf zählte mehr Weingärten als Wohnhäuser, der Starhemberger umgekehrt. Freilich muss aber bei Letzterem der Neuberger Besitz in Anschlag gebracht werden. So besafs Hernstein 1377 zu Wellersdorf 7 Höfe, 3 Hofstätten und über 100 Weingärten, 1525 aber 2 Ganz-, 6 Halbhöfe, 4 Hofstätten und bei 180 Weingärten mit einem Hammer, der früher eine Mühle gewesen — und Starhemberg 1438 und 1457 2 (1) Ganz-, 5 (4) Halbhöfe, 4 (7) ganze und 16 (14) halbe Hofstätten und je 2 Halblehen und 34 (45) Weingärten mit einem Hammer des Hans Hufnagel, der jedoch 1457 bereits öde lag, 1515 und 1525 aber 1 (1) Ganz-, 7 (9) Halbhöfe, 6 (7) ganze, 15 (7) halbe Hofstätten, 2 (—) Halblehen, 52 (45) Weingärten und den öden Hammer. Das Theilungsinstrument von 1726 löste das linke Ufer von Hernstein, ab und gab den ganzen Ort zur Herrschaft Starhemberg-Fischau; er hatte damals 3 Ganz-, 15 Halb-

---

Urbar von 1377, nämlich das Bisthum, das Dreifaltigkeitstift, Dominicanerkloster, die Pfarre und das Spital zu Neustadt, ferner eine (nicht näher bezeichnete) Caplanei alldort, die Pfarre Grillenberg (besitzt das Zehenthaus), die Pfarre und das Spital, die St. Georgenkirche zu Wellersdorf, die Pfarre Lichtenwerth, die Schlosscapelle zu Hernstein, bei zehn Bürger zu Neustadt und einige Leute von Leobersdorf, Piesting u. s. w. — 759. Urbar von 1564, f. 227. — 760. Diese Formen sind ca. 1160 Welanestorph, Welanstorf, 1209 Welants-, 13. Jahrhundert Welansdorf, 1313 Welestorf, 1315 Weleins-, 1318 Wellens-, 1331 Wileins-, 1339 Wellans-, 1422 Walens-, 1438 Wellestorf u. s. w. — 761. Die Ansätze sind ff. 13, 14', 15' und 16, und wechseln so, dass sich zwischen ihnen schwer vergleichen lässt. Der Hof zinste 1 Pfd. Pfg., jede Hube 30 Pfg., 1 Metzen Hirse und 1 Schwein zu 40 Pfg.

und 30 Viertellehen, brachte Alles in Allem bei 290 fl.
Ertrag, und leistete eine Naturalrobot von 60 fl. Wert.
Robot wird ursprünglich blos auf der Starhemberger Seite
aufgeführt.[762]) In Wellersdorf erscheint unter den Abgaben die einzige auffällige der zwei Paare Filzschuhe,
welche das Kloster Lilienfeld an die Herrschaft Hernstein zu liefern hatte.[763]) Sonst taucht eine ungewöhnliche
nicht auf.

An Gewerken auf der Hernsteiner Seite kennt man
im 12. Jahrhundert die Mühle, welche 1525 als Hammer erwähnt ist, und zwar gehörte er dem Dr. Gebhart von Wien,
der auch sonst noch zu Wellersdorf behaust war; auf der
Starhemberger Seite arbeitete 1438 der Hammer des
Hans Hufnagel, ging aber bald ein.

Als besondere Höfe werden am linken Ufer der
Münichhof 1377 genannt, wohl der Zehenthof von Melk,
den der Pfarrer von Grillenberg innehatte, dann 1525 der
Tinhopelhof, den Hernstein mit Anderem von der Herrschaft Schönau erwarb.

Südlich an Wellersdorf waren die Steinbrüche,
welche bereits zur Römerzeit bearbeitet worden sein
müssen, und nach und nach sehr ausgedehnt und vermehrt
wurden. Sie lagen auf Neuberger Boden. Ein älteres Datum
ihrer Benützung als von 1568 liefs sich nicht finden.[764]) Um
1640 hatte Georg Wolf aus Wellersdorf den Bruch inne.[765])
Wo jener gelegen, den 1694 Graf Karl Christoph von
Heufsenstein an den Steinmetz Mathias Huber zu Neustadt
auf 3 Jahre für je 20 fl., dann 1698 dem Steinmetz Paul
Glimpfinger für ebensoviel verpachtete, lässt sich schwer
bestimmen; er muss ein neu eröffneter gewesen sein, und
lag in den sogenannten „Spiegeln".[766]) Nach dem Theilungsinstrumente von 1726 trug er 45 fl. Jahreszins. Sicherlich
war er ein anderer als der Neuberger, doch sehr benach-
bart zu ihm; denn durch einen Missgriff holte der Graf
1715 aus Letzterem einiges Gestein, und hatte über Klage

---

762. Urbar von 1515, f. 98': „Sy sein schuldig, alle Jar yeder ain
Tag Holez maifsen zu der Herschafft, was Hawer sein, vnd ain yeder Pawr
viermal im Jar, welche Zug haben, zw Agker farn, sunst sein sy kain sonder Robat, dann zu Notturfft des Gesloss (schuldig)." Die Urbare von
1525 und 1564 enthalten darüber keine Ansätze. — 763. Urbar von 1525 ff.
764. Steierm. Landesarchiv, Acten von Neuberg. - 765. Urbar von
1640, ebend. - 766. Original, Schlossarchiv zu Hernstein.

des Abtes des Klosters Grundherrlichkeit neu anzuer-
kennen.⁷⁶⁷)

In südwestlicher Richtung knapp an Wellersdorf buchtet
der Marchgraben ein, in dessen Hintergrund das archäologische Fundfeld der Malleiten liegt. Er erscheint zuerst
mit der Namensform Mortgraben 1230 und 1335, die auch
in Martgraben (1416) und Morgraben (1530) überging,
somit aus sich kaum die beliebte Deutung Gränzgraben
rechtfertigen würde, und in ihrem Hintergrunde ist die vor-

---

767. Steierm. Landesarchiv, Acten von Neuberg. — **768.** Im Marchgraben lagen mit die ältesten Besitzungen des Klosters Neuberg in dieser
Gegend (Steierm. Landesarchiv Nr. 2078ᵃ und 4623ᵇ). Die „Mardleyten" und mit ihr der „Purchstal" (die Burgstallleiten) erscheinen
1428 als Oertlichkeiten, wo Emmerberg Besitz hat (Keiblinger, Geschichte von Melk 2/1, 717). Vom Walde daselbst sprechen Neuberger
Acten von 1655, als theilweise nach Brunn gehörig und nach Emmerberg
dienstbar; einen Theil besafs Neuberg selber (3 Wälder), wovon das
Kloster an Starhemberg diente (1701). — **769.** Steierm. Landesarchiv
Nr. 4623ᵇ von 1416: „ze Wellerstorf im Martgraben (ein Weingarten)
haifst der Visink." — **770.** Weingartnamen von 1377 (also für das
linke Ufer) sind der Frawenweingart, der Fulsakcher, in Gern, der Goldstain, der Gugel, der Haffner, der Hekchel, die Khleten, der Khramer,
im Ladach (Ladlach), der Lebel, der Len, der Luger, der Meyspais, der
Paczel, der Raysner, der Siechtriffer (wohl Viechtrifter), der Tanzer und
der Wiener. — Rieden auf dem rechten Ufer 1438: die Awleiten, der
Kueperg, die Secz, der Spicz, der Twerichvissing (1525 die Twerichsecz),
das Zechtal; — im 16. Jahrhundert gemischt: der Eysenzieher, im Flentschir, der Forst, das Frawnholcz, der Hayperg, Morgraben, im Scherer,
die Telpenaw (Taffenaw), im Visinch; — für das 17. Jahrhundert: der Awrigel oder Gaifsruckh, der Burckhstal, in Ehrn, in Fahlnen, der Haufsberg,
die Höll, am Khüepüchl, der Mossbichl, der Rothweg beim Schleicher, am
Sturmb, die Taffenaw (Telpenaw?), im Tewffenweg, die Zärich. — Familiennamen von 1377 sind: Frowein, Hadenschalk, Harsch, Kersberger, Krotendorfer, Lantfarer, Meglinger, Nebenzu, Peuerl, Schaufleich, Spordl (Spörl, später Sperl), Stifan, Sweitler, Tatler, Teichenstainer,
Turck, Wedl und Zapler; — von 1438: Aycshofer, Degen, During, Furter,
Gengl, Görtz, Harder, Hufnagel, Jud, Kanzler, Keff (Kefs?, Kebps),
Kinberger, Klauser, Laimgraber, Lautenslacher, Ramung, Scheicher,
Schreckenast, Stainzer, Stuchs, Tischer (Tischler?), Wilgswert, Ziger;
— des 16. Jahrhunderts: Aichinger, Ainfalt, Alshofer, Aschacher, Bauch,
Blau, Campiller, Bierleutgeb, Eckberger, Engerler, Filzhofer, Flickentanz,
Frischherz, Fucker, Fuerer, Fuermb, Gampinger, Gauphann, Gerreich,
Grill, Gundelwein, Habenbeck, Haiden, Höllensteiner, Huber, Humpl,
Kaindl, Kargl, Kleinacher, Khondl (= Khandl, Khaindl), Korntheuer, Leinsteiner, Leischbacher, Maitz, Melchsam, Nastram, Nussbaum, Oedenhofer,
Oetlinger, Plab (= Blau), Rosenblatt, Schabhütl, Schater, Scheichlinger,
Schmeld, Schneidbeck, Schöberl, Schrimpf, Seisensteiner, Seltenreich,

geschichtliche Fundstätte der Malleiten.[768]) In Ersterem
lagen die Rieden des Aurigel oder Gaifsruckh, des Moss-
bichel — Beide nach Dreistätten zu — der Rothweg und
die Weingegend im Visink.[769])

Die Namen von Rieden und Familien und eine
kleine Richterreihe gibt Note[770]). Andere hiehergehörige
Riednamen wird man bei Gelegenheit der Besprechung des
Neuberger Besitzes zu Fischau begegnen.

Es scheint, dass die erste kirchliche Anlage, die
Georgscapelle, aus dem Jahre 1335 oder unmittelbar vorher stamme. Damals gab nämlich Herzog Albrecht II. zum
Baue 37 Pfund Pfennige.[771]) Eingepfarrt war das Gotteshaus
nach der entlegenen Melker Pfarre Grillenberg. Das wird
1427 zuerst erwähnt,[772]) und 1564 heifst es im Urbare ausdrücklich „St. Georgen Zech zu Wellerstorf enhalb des
Pachs gen Grillenperg gehorig".

Nach vergeblichen Bemühungen zwischen 1740 und
1750 im Vereine mit Steinabrückl, Hölles u. s. w. hat die
Gemeinde 1756 für sich allein, ihr einen ständigen Caplan
zu geben. Die sogenannte Maria-Seelenhilf-Bruderschaft
in Wien auf der Wieden, welche solche Gründungen unterstützte, trat auch hier ins Mittel, sagte 30 kr. als Messstipendium zu, und der Caplan von Atzgersdorf, Valentin
Hörschl, fand sich bereit, den Posten zu übernehmen. Die
Gemeinde versprach die Wohnung,[773]) 20 fl. Gehalt und
5 Klafter Brennholz — von den Bittgroschen abzusehen —
beizustellen; dagegen verpflichtete sich der Curat zu täglicher Messe, zu Predigt und Christenlehre an Sonn- und
Feiertagen. Im Jahre 1759 genehmigte die Regierung diese
Abmachung, doch hätte das Patronat bei Kloster Melk zu
verbleiben.[774]) Aber 25 Jahre später gab es keinen Localcuraten mehr, sondern jeden dritten Sonntag kam zu Predigt

---

Sparsmaul, Steirer, Stöckler (Stückler), Taschinger, Thalberger, Türck,
Wachs, Wager, Wischenbart, Wisinger, Zapler und Zürcher. — Von
Richtern werden genannt: ...1564... Caspar Wachs, ...1621, 1627,
1629, 1636... Ruep Maitz, ...1660... Mathias Mausperger, ...1661...
Hans Bauer, ...1685, 1692, 1696, 1698... Michael Fugger, ...1722,
1725, 1729... Andreas Flickentanz, ...1731, 1733, 1734, 1739...
Michael Fugger, ...1756... Georg Dörr. — 771. Chmel, Oesterreichi-
scher Geschichtsforscher 2, 419: „pro structura capelle in Welestorf
xxxvii talenta." — 772. Keiblinger, Geschichte von Melk 2/1, 720. —
773. „Drey Zimmerl, ein Kücherl, ein Speisfl samt Gärtel." — 774. Erz-

und Christenlehre abwechselnd ein Kapuziner aus Neustadt, und an anderen Sonn- und Feiertagen liefs blos der Kupferschmiedmeister Ferdinand Schmid für sein Haus die Messe lesen.[775]) So begreift sich auch der Vorschlag des Consistoriums zu Wien an das Kloster, die Localie mit einem Stiftsgeistlichen zu besetzen, was jedoch abgelehnt wurde.[776]) Indess kam von 1783 an die Curatie dennoch, durch Stiftungen ermöglicht, in Gang, nur auf einem kleinen Umwege. Einige Jahre hindurch nämlich, und zwar 1782 sicher, war Wellersdorf Grillenberg entzogen und Fischau zugetheilt, dessen Pfarre die Abgaben der Kirche zu tragen übernommen hatte, während der Caplan den Gottesdienst u. s. w. besorgte, wofür er 27 fl. bekam, und ihm der Wagen und die Kost beigestellt wurden.

Vermögen hatte die Kirche 1782 nicht mehr; wo die Weingärten hingekommen, die sie 1377 am Heuberg besafs, ist unbekannt. Nur einen Zehent hatte sie zu Steinabrückl, der für 52 fl. verpachtet war; dann bezog der Caplan 20 fl. Stolgebühr, und 10 fl. Hauer- und Bittgeld.[777])

Stiftungen flossen erst seit 1784. In diesem Jahre gab der Kupferhammerbesitzer 1287 fl. 30 kr. für 52 jährliche Messen, 5 Seelenmessen und 2 Messen zu Ehren des heiligen Johann von Nepomuk, und legte das Capital auf 4 Wiesen; 1788 stiftete sich Maria Krindl jährliche 10 Messen mit 300 fl. (auf einer Wiese angelegt); endlich schenkte 1797 Regina Gröger einen Acker, dessen Jahresertrag 2 fl. war, für jährlich 2 Messen.[778])

Im 16. Jahrhunderte bestand bereits die sogenannte Erhardscapelle, die Einiges an Grundstücken besafs. Sie ward 1784 aufgehoben, und der Gemeinde erlaubt, das Vermögen und alle liturgischen Geräthe derselben an die Kirche St. Georg zu übertragen.[779])

Die ersten und bleibenden Localcapläne waren 1783—1793 P. Cajetan Schleger, ein Ex-Carmeliter, 1793—1799, 12./6., Johann Vetterle von Lauro und Wildenbrunn (der als Pfarrer nach Wodnian in Böhmen kam), und 1799—1809 der Ex-Franziskaner Josef Anton Cicchini, früher Cooperator zu Aspang.[780])

bischöfliches Archiv zu Wien. — 775. Ebend., Bericht des Pfarrers von Grillenberg. — 776. Keiblinger a. a. O. 721, Note 2. — 777. 778. 779 und 780. Erzbischöfliches Archiv zu Wien.

Dass Hernstein bereits im 12. Jahrhundert über Wellersdorf hinaus bis zur Wildbrücke Weingärten besafs, weifs man aus dem Hernsteiner Codex.[781]) Eine weitere Verbindung aber zwischen Hernstein und

Steinabrückl

bis 1726 ist nicht nachweisbar. Vorher gehörte es zu Starhemberg, doch blos in Zuweisung. Weil aber der Ort seit mehr als hundert Jahren mit Hernstein vereint, wird er in seiner geschichtlichen Behandlung hier eingereiht.

Der Name, die „Stainenpruk", tritt als Datum einer Urkunde Herzog Friedrichs II. im Jahre 1244 zum erstenmale auf.[782]) Dem frühen Mittelalter in diesen Gegenden ist der Bau von Steinbrücken nicht zuzumuthen, und noch dazu über ein so bescheidenes Wasser, als es die Piesting für gewöhnlich ist. Berücksichtigt man die namhaften Römer- und anderen Funde zwischen Wellersdorf und Leobersdorf, dann den Zug der Blätterstrafse nach Steinabrückl, so muss man wohl dies Brückenwerk für ein römisches ansehen, nicht mehr jedoch in Verwendung, weil anders die „Wiltpruch" nicht nöthig gewesen wäre. Aber als auch von dieser nichts mehr wie die eingerammten Pfähle bestanden, hiefs es doch noch immer „bei der Wildbrucken". So mag auch die Namensvererbung bei „der steinernen Brücke" sich verhalten. Der Antheil von Starhemberg in Steinabrückl war kein altorganischer zu Waldeck; wie andernorts in der Herrschaft, mögen auch diese verstreuten Güter am linken Piestingufer erst später ihr zugeschlagen worden sein. Denn was hier starhembergisch, liegt mit wenig Hausungen bis an die Triesting hinauf vertheilt. Da sind zu Edlitz 1438 und 1457 blos 2 Höfe, 2 Lehen, 2 Halblehen und 6 Hofstätten, zu Steinabrückl 2 Häuser (1 Hof), 2 Halblehen und 3 Hofstätten, zu Hölles

---

781. f. 16; vgl. oben S. 158—159. — 782. Meiller, Babenberger Regesten 177/131. Man legt in der Regel auch den Ortsnamen Steininintiske in der Gränzbeschreibung der Pfarre Traiskirchen von ca. 1120 dem Dorfe Steinabrückl bei (Keiblinger, Geschichte von Melk 2/1, 359; Kirchl. Topographie 1/5, 177 und Andere). Das scheint doch gewagt. Wie das „tiske" des 12. Jahrhunderts im 13. zum „pruke" werden konnte und sollte, ist unklar. Weit eher hat man an einen sogenannten Tafelstein oder Dolmen in der Nähe zu denken.

1 Hof, 2 Halblehen und eine Hofstätte, und zu St. Veit ist
nur ein Haus. Je eine Mühle fand sich zu Edlitz und Steinabrückl, in Letzterem wohl der Anfang der jetzigen grofsen
Spinnfabrik von J. Glanz. Zu Anfang des 16. Jahrhunderts
wusste man über den Besitzstand nicht mehr Bescheid.[783])
Nach und nach hob sich das Oertchen wieder, aber 1726
hatte das Amt doch nicht mehr als 3 Ganz-, 2 Halb- und
7 Viertellehen und 4¼ Hofstätten, und trug an Hausdienst,
Wacht- und Robotgeld bei 75 fl. Die Naturalrobot war auf
blos 3 fl. im Werte veranschlagt. Die besten Erträgnisse
gab das Gasthaus, welches Anna Maria von Heufsenstein
1621 von Bartholomäus Brodbeck für 300 fl. und 8 Thaler
Leitkauf erworben.[784]) Dieses behielt in der Theilung von
1726 Graf Christoph Karl bei der Herrschaft Starhemberg-
Fischau: es zahlte damals 290 fl. Pacht. Im Jahre 1808
überliefs es Graf Max von Heufsenstein dem Andreas
Fugger für 10.000 fl.[785])

Steinabrückl gehörte zur Melker Pfarre Leobersdorf.
Hier soll eine Bittschrift der Gemeinden Steinabrückl,
Hölles, Matzendorf und Wellersdorf an Papst Benedict
(XIV.? 1740—1758) abschriftweise hinterliegen, worin sie
um Errichtung einer Pfarre in Ersterem nachsuchen.[786])
Bis dahin gab es in Steinabrückl nur ein Bethaus. Dasselbe
wurde 1735 von dem Obristwachtmeister Anton Zinck aus
Gelöbniss bei einem Seesturme erbaut, da das Passauer
Consistorium für eine Kirche die Erlaubniss verweigert
hatte. Es stand knapp an des Müllers Behausung[787]) und

---

783. Urbar von 1525, f. 181': „Die drey öden Dörffer Staynen-
pruckh, Edlitz vnd zw Heldus haben vor Zeiten, dieweil sy gestifft gewest,
ainen aigen Ambtman gehabt, der ist zu Stainenpruckh gesessen (gewesen),
vnd sein bissher so lang öd gelegen, das man weder Rain noch Stain nit
vinden noch erfragen khan." — 784. Gerichtsprotokoll zu Hernstein. —
785. Orig. ebend. Mit der Taferne waren das Schank-, Auskoch- und
Futterrecht verbunden; der Käufer trat sie 1808 seinem Bruder Georg ab,
der das Schankbier aus dem herrschaftlichen Brauhause zu Fischau zu
nehmen hatte. — 786. Kirchl. Topographie 1/5, 177. — 787. Heute ist
seine Baulichkeit in jenes Haus an der Strafse einbezogen, welches theilweise die Pförtners- und anderer Fabriksbeamten Wohnung enthält. —
Es geht die Sage, dass die ehemalige St. Radegundenkirche bei der Wildbrücke aus dem Gelübde eines hohen, angeblich französischen Officiers
gegründet worden sei. Ueber die Zeit schwanken die Angaben (vgl. Kirchl.
Topographie 1/5, 101, und Keiblinger, Geschichte von Melk 1/2, 645).
Ob nicht da eine Verwechslung mit der ersten Capelle von Steinabrückl
vorliegt?

fasste blos gegen 30 Personen, während der Ort etwa 100 Seelen, und der Müller Spiefs selber 16 Besucher zählte. Dieser Letztere war 1773—1774 einer der hauptsächlichsten Anreger, dass das Dorf seelsorglich besser bedacht wurde. Er machte sich anheischig, dem Geistlichen ein Häuschen gegenüber einzuräumen, und verstand sich auch, ihm die Kost zu geben; da jedoch seine Frau das nicht wollte, versprach die Gemeinde 40 fl. Kostgeld. Für den Nothfall hatte man auch die Kapuziner oder Pauliner von Neustadt für Sonn- und Feiertagsbesuch gegen Entlohnung von 50 fl. jährlich, nebst dem Mittagsessen, im Auge. Die geistliche Commission, welche 1774 behufs Untersuchung sich einfand, beantragte die Ertheilung der Licenz an erwähnte Klosterpriester auf die Dauer eines Jahres. Aber die Gemeinde erreichte bei der Kaiserin mehr: diese genehmigte die Errichtung einer Localcaplanei, wozu sie 200 fl. jährlich bestimmte, dem Landesfürsten aber das Präsentationsrecht vorbehielt; die Gemeinde sollte für Sacristei und Wohnung sorgen, und dem Beneficiaten jährlich 50 fl. und 10 Klafter Brennholz liefern. Den Geldbetrag nahm der Müller Spiefs auf sich, der einen unaufkündbaren Satz von 1250 fl. namens der Gemeinde dem Consistorium als Deckung überwies. In den Jahren 1775—1776 wurde das bestehende Bethaus zur Kirche umgebaut — wenig glücklich, denn sie war 1826 schon baufällig. Dann erst wurde die heutige Kirche auf vortretender Anhöhe im Nordosten des Dorfes erbaut. Aber schon 1800 sprach man von Aufhebung der Curatie; der Curat Neubauer ging weg, weil er mit 200 fl. nicht auskommen konnte, da Alles von der Stadt gebracht werden musste, und der Dechant von Lichtenwerd redete dem Eingehen des Beneficiums das Wort, wegen Priestermangels, geringer Seelenzahl (215 und 19 Schulkinder), Nähe der Localcaplaneien Wellersdorf und Matzendorf, und geringer Dotation. Die Gemeinde jedoch protestierte auf das Lebhafteste, und es kam davon ab. Thatsächlich erhielt der Caplan dann 340 fl. aus dem Zahlamte.[788]) Die Beneficiaten und Pfarrer waren 1775—1783 Joseph Adam (früher Cooperator zu Theresien-

---

788. Erzbischöfliches Archiv zu Wien. Die Nebeneinkünfte waren 36 fl. (von Stiftungen und für Ausläuten), die Auslagen betrugen 31 fl. (für Kirchenbedarf und Kirchenrechnung).

feld), 1783—1784 Franz Salazar, 1785—1793 P. Bernhard
Rögler, Ex-Pauliner, der in Tausch nach Pernitz ging, von
wo 1793 bis 1800 P. Malachias Wimmer, ehemaliger Cistercienser von Neustadt, kam, 1800—1809 Anton Maria Neubauer, Ex-Kapuziner, und 1809 . . . Franz Stern.[789])
Die Richter, welche bekannt geworden sind, gibt die
Note [790]).

C.

2. Starhemberg.

Seit dem Beginne des 9. Jahrhunderts beanspruchte
Salzburg aus seiner Missionsthätigkeit die kirchliche Ober-
herrschaft diesseits des Semring, und 830 ward sie, wie
bereits gesagt worden, ihm von König Ludwig dem
Deutschen zugesprochen. Man begegnet hier im 12. Jahrhundert den Erzbischöfen öfters in ihrer geistlichen Thätigkeit; später setzten sie Archidiakone ein, ohne sich indess
an bestimmte Orte zu binden. Die ersten dürften die Pfarrer
von Fischau gewesen sein; nach ihnen kam für eine Zeit
ein Pfarrer von Neunkirchen an die Reihe, sodann wieder
jener von Fischau. Wo solche in den folgenden Jahrhunderten safsen, lässt sich aus Mangel an Materiale nicht
sagen. Sicher ist, dass vom Ende des 17. Jahrhunderts
an nur Pfarrer in Steiermark mit der Würde von Archi-
diakonen ständig für den Sprengel „jenseits des Berges
Semring" bekleidet waren: zuerst der Dechant von Hartberg, dann, bis auf den letzten, immer die Pfarrer von Weitz
(bei Graz).[791]) In späterer Zeit (wahrscheinlich seit Gründung des Bisthums Neustadt) nannte man das ehemalige
Archidiakonat den Neustädter District. Im Jahre 1761
wurde für denselben (wie für die Archidiakonate in Steier-

789. Vgl. Note 778. — 790. 1693, 1702 Leopold Dürnauer, 1745
Johann Horner, ...1764... Wenzel Horner, ...1785... Leopold Lach,
...1790... Christian Fankl. — 791. Die Archidiakone oder Erzpriester des Bezirkes von 1695 ab waren: 1695 bis 1699 Dr. Simon
Alois Aichinger, Stadtpfarrer zu Hartberg, zuerst Archidiakonats-Com-
missär, dann Archidiakon; 1699—1726 Dr. Bernhardin Pischon, Dechant
und Pfarrer zu Weitzberg, Erzpriester; 1726—1755 Dr. Franz Leopold
Riedelegger, Pfarrer zu Weitzberg und Erzpriester; 1755—1773 Dr. Paul
Hieronymus Schmutz, daselbst; 1773 bis Ende (1782) Dr. Joseph Pein-
thor, Dechant und Pfarrer zu Hartberg (Einschluss in einem Visitationsprotokoll im bischöflichen Archive zu Graz).

mark) der Bischof von Seckau als Generalvicar des Erzbischofs bestellt, und hatte der Erzpriester nunmehr alle
früher nach Salzburg geleiteten Angelegenheiten des Bezirkes ihm zur Entscheidung vorzulegen, die Präsentatio-
nen nach Salzburg, die Berichte jedoch über erledigte
Pfründen, über Besetzungsvorschläge und Verleihungen
an Seckau zu erstatten. Durch Vertrag zwischen dem Erzbischofe und der Regierung ward der Neustädter District
dem Bisthume von Wiener-Neustadt, das bisher blos die
Stadt als Diöcese hatte, überantwortet, und damit hörte
das bisherige Archidiakonat auf. Dieses Bisthum aber
ward 1785 nach St. Pölten übertragen, und in dem Sprengel
der Erzbischof von Wien als Oberhirte eingesetzt.

Zum Archidiakonate „jenseits des Semring“ gehörte
denn die alte Herrschaft Waldeck oder Starhemberg.

In den Urbaren des 16. Jahrhunderts ist die Liste der
nach Starhemberg zuständigen Pfarreien gegeben.[792]) Darnach waren „Lehenspfarren“ blos Dreistätten und Scheuchenstein, und Vogteipfarren heifsen Piesting, Fischau, Mutmannsdorf, Grillenberg, Waldeck, Pernitz und St. Aegyden
am Steinfeld.

Lehenspfarren sind die von der betreffenden Herrschaft auf ihrem eigenen Boden gegründeten Pfarreien;
auf ihnen übte sie alle Rechte und Pflichten des Patrons.
Gevogtete Pfarren dagegen bestanden auf dem eigenen
oder auch auf fremdem Grunde; aber der Vogt war blos
Schutzherr des Pfarr- und Pfarrervermögens ohne alle
Präsentationsrechte und Patronatspflichten.

Aus der Lehenseigenschaft der Pfarre Scheuchenstein
sieht man, dass Letztere einstmalen vom Grundherrn gestiftet worden ist. Wer der war, wenn nicht der Landesfürst, ist unbekannt. Ohnehin wird dieses Gut als ein für
sich nicht lebensfähiges, und blos pfandweise zu Starhemberg geschlagenes, also nicht als organisch mit ihm ver-
wachsenes hier betrachtet, und die Pfarre sonach ausgeschieden. Aehnlich ist es mit Grillenberg, das nach Melk
gehörte und noch gehört; seine Schutzbefohlenheit ent-
stammt einem völlig unbekannten Verhältnisse und Abkommen, und kann keinen Anlass geben, es hier zu behandeln. Ebenso verhält es sich mit St. Aegyden, das

792. Urbar von 1525, f. 104'.

kaum etwas Anderes für Starhemberg bedeutet, als einen
Zuwachs aus der Zeit, wo die Landesfürsten, zugleich
Lehensherren der Pfarre und Herren zu Starhemberg, die
Vogtei von diesem Schlosse aus übten, und sie bei demselben beliefsen, als sie die Pfarre dem Bisthume Neustadt
einverleibten, und die Herrschaft in fremde Hände gaben.
Schliefslich ist unklar, warum (das bereits bei Hernstein
behandelte) Pernitz, das auf Hernsteiner Boden und aus
Hernsteiner Pfarrmitteln erwachsen war, unter Starhemberger und nicht unter Hernsteiner Vogtei gereiht ist,
und endlich, wie Waldeck, eine unzweifelbare Gründung
der Herren von Waldeck, auf Starhemberger Boden den
Lehencharakter verloren hat, und zur Vogteipfarre herab-
gesunken ist.

Aus obigem Verzeichnisse kommen also blos die
Gründerpfarre Dreistätten und die Vogteikirchen von
Piesting, Fischau, Mutmannsdorf und Waldeck in
Betracht.

Seit dem 16. Jahrhundert ist noch Meiersdorf zur
Pfarre geworden, und mit ihm ist das Verzeichniss zu ergänzen.

Es kämen nach dem wahrscheinlichen Umfange des
alten Waldecker Besitzes noch Strelzhof und Rotengrub
hier in Frage. Allein sie sind seit so vielen hundert Jahren
losgelöst, dass in geistlicher Beziehung Starhemberg sie
schon im 16. Jahrhundert ignorierte. Wirflach ist allem
Vermuthen nach ein markgräflich steirisches Gut gewesen,
folglich aufserhalb Waldecker Gebiete gelegen. Es wird
wohl Gelegenheit sein, diesen südlichen Saum in ober-
flächlicher Darstellung zu behandeln, sonst jedoch soll
diese auf die Dorfschaften ihres engeren Kreises im 16.
Jahrhunderte allein sich beschränken.

Waldeck

besitzt, von Fischau abgesehen, unstreitig die älteste
Kirchen- und pfarrliche Gründung des Gebietes, und für
sie ist sogar ein Stiftungsdocument vorhanden. Dasselbe
datiert — es fehlt ihm nämlich die Jahresangabe —
zweifelsohne vor 1140, also etwa um 1135. Adalram von
Waldeck gründete Kirche und Pfarre, und ernannte Erzbischof Konrad von Salzburg zum Vollstrecker seiner

frommen Absicht; dieser erklärte sich dazu bereit, und die fragliche Urkunde enthält seine Genehmigung und Zusage. Ihr zufolge bestimmte Adalram nächst der Burg Waldeck eine Hube als Widem, und setzte den Ort fest, wo die Kirche erbaut werden, und der Priester wohnen sollte, dem er noch in jener Gegend alle Zehente und fünf Unterthanen zu Dienste übergab; seine umliegenden Güter, aber auch die angränzenden des Vollfreien Poto und deren Bauern sollten die Pfarrgemeinde bilden, und die Kirche volles pfarrliches Recht sowohl in Bezug auf die Einhebung der Zehente, als die Ertheilung aller Sacramente besitzen.[793])

Man entnimmt aus dem Actenstücke, dass es sich hier um die Anlegung einer sozusagen äufseren Burgcapelle handelte, und zugleich einer Pfarrkirche für die Umgebung. Es wäre vom gröfsten Interesse, zu wissen, wie weit das Pfarrgebiet auf Waldecker Grunde reichte.[794]) Die Ereignisse indess mögen nach Ausstellung des Documentes in andere Richtung hin gedrängt haben. Es scheint, als ob bald nach jener Adalram an seinem (vermuthlichen) Oheime sich vergriffen habe, wie oben dargestellt wurde, dass er dann nach längerem Kampfe mit sich selber in Reue und aus anderen Anlässen seinen Sinn der Stiftung von Seckau zugewendet, und dass darüber die Angelegenheiten der Kirche und Pfarre zu Waldeck in den Hintergrund traten. Bekanntlich schenkte Adalram die Burg dem neuen Stifte, und damit auch die Pfarre; bekanntlich aber auch lässt

---

793. Orig., Staatsarchiv zu Wien; Caesar, Ann. Stir. 1, 797; Meiller, Salzburger Regesten 27/166. Adalram schenkt „mansum unum de prediis suis iuxta castrum, quod dicitur Waldecke, et locum, in quo fundaretur ecclesia, et ubi presbiter haberet mansionem, et omnem decimationem prediorum in partibus illis sitorum, nec non quinque mancipia"; in dieser Kirche wollte er und sollten seine Nachkommen den Gottesdienst haben, „et predicta predia sua, nec non etiam finitima cuiusdam nobilis nomine Botonis predia inhabitantes eidem ecclesie perpetuo iure subderentur, tam in persoluendis decimis suis, quam in accipiendis ecclesiasticis sacramentis, baptismi scilicet et sepulture". Aus dem „Gebiete" waren als Zeugen anwesend Sieghard von Flatz, Berthold und Gerold von Rotengrub und Hildgrim von Mutmannsdorf. Vgl. auch, was Meiller a. a. O. 434, Note 67 über das Jahr u. s. w. der Urkunde bespricht. — **794.** Die Potensteiner dürften verstreut Unterthanen wohl nur aufwärts gegen Oed und Pernitz besessen haben; dort allerdings hat im 18. Jahrhundert ihre Kirche Pfarrangehörige; vgl. S. 305.

sich auf Seckauer Seite kein Interesse an Ersterer nachweisen; sie versinkt in unaufhellbares Dunkel, und mit ihr
die Kirche, für deren Erbauung im 12. Jahrhunderte blos
noch Bauspuren sprechen.

Diese arge Vernachlässigung sowohl von Seckauer,
als von markgräflich steirischer Seite, die unter den Babenbergern sich fortsetzte, und alle Pietät gegen den Stifter
aufser Augen liefs, muss ihre tiefen Gründe gehabt haben.
Das päpstliche Zehentbuch von 1285 kennt die Kirche
nicht, und die Verlorenheit ging so weit, dass man sogar
auf die Lehenschaft der Pfarre vergafs, und im 15. Jahrhunderte auch den Vergeber der Pfründe dem Erzbischofe
von Salzburg nicht angeben konnte.[795]) So also ward sie
blos vogteilich zu Starhemberg.

Im Jahre 1541 verschwindet der selbstständige Pfarrer,
und wegen Priestermangels wird er nicht ersetzt; Waidmannsfeld betraut die Gemeinde, und von protestantischen
Pfarrern daselbst trug die neue Lehre sich auch auf Waldeck über.[796]) Der Pfarrer von dort kommt jeden dritten Sonntag, wofür er 10 Pfund Pfennige jährlich von der Gemeinde
erhält. Das wird bleibend: 1614 wissen die Leute nur, dass
seit undenklicher Zeit kein Pfarrer mehr auf Waldeck gewesen; 1639 ist der Taufbrunnen verschwunden und die
Kirche zur reinen Filiale geworden. Dazu kömmt der
Ruin des Gotteshauses durch die Türken im Jahre 1683,
und als dasselbe mit Unterstützung der Herrschaft von der
Gemeinde bis 1693 wieder hergestellt ist, versieht Waidmannsfeld die alte Stelle.[797]) Aber der schlechte Weg dahin bewegt die Leute, 1715 um die Einverleibung nach
Piesting zu bitten. Auch Pfarrer Martini hier suchte darum
nach.[798]) Dagegen schlug der Erzpriester vor, lieber die

---

795. In der Salzburger Matrikel von ca. 1470 (Notizenblatt der
kais. Akademie 2, 280) weifs man den „collator" nicht zu nennen. Die
Pfarre besteht, scheint es, obgleich die Zahlungsvorschreibung von
3 Pfund Pfennigen noch kein zwingender Beleg dafür ist. Allerdings wird
im Starhemberger Urbar von 1438, f. 79 der „Pfarrer von Waldeck" als
Besitzer eines Grundstückes im Dürrenbach aufgeführt (und so auch in
jenem von 1457, f. 40', ferner in dem von 1515, f. 75), doch beweist dies
höchstens den Besitz der Pfarre, nicht aber den Bestand eines selbstständigen Pfarrers. — 796. Visitationsbericht von 1544, Staatsarchiv zu
Wien, und Kirchl. Topographie 1/8, 193. Vgl. auch Wiedmann, Geschichte der Reformation 4, 574. — 797. Kirchl. Topographie 1/8, 194.
— 798. Hauptanstifter dieser Bewegung soll der Pfarrer von St. Aegyden

Pfarre wieder zu errichten. Dem entgegen machte der Pfarrer von Waidmannsfeld jetzt zur Haltung eines Caplans sich anheischig, und wurde darin auch von seinem Gutsherrn, dem Grafen Hoyos, unterstützt.[799]) Graf Christoph Karl von Heufsenstein erwirkte aber bessere geistliche Versorgung seiner Holden in Waldeck, durch Vertrag mit Pfarrer Kren von Waidmannsfeld (1719, 1./10.), zunächst jedoch blos auf dessen Leben.[800]) Wie diese Dinge sich anliefsen, ist nicht bekannt, noch unter welchem Nachfolger Kren's Waldeck seine Einpfarrung in Dreistätten durchsetzte. Allein auch da muss es Schwierigkeiten gegeben haben, und wenn den geistlichen Berichten zu glauben, lag die Schuld an den Leuten, wie es heifst, groben, hitzigen, widerhaarigen Kohlenbauern.[801])

Die Verbindung mit Dreistätten war nicht als bleibende zugestanden worden, sondern blos für die Zeit und Person des dortigen Pfarrers. Ein Caplan von dort besorgte den sonn- und feiertägigen Gottesdienst, doch die Gemeinde blieb mit den 20 fl., welche diesem dafür gebührten, im Rückstande. Demungeachtet, und angeeifert durch das Beispiel von Wellersdorf, bat sie 1757 mit Peusching im Vereine um Einsetzung eines selbstständigen Pfarrers. Auch hier trat die Maria - Seelenhilf - Bruderschaft von Wien ins Mittel, und verhiefs ein Messstipendium von 30 kr. Der Untersuchungscommission schlug der Erzpriester die Aufstellung eines Caplans von Dreistätten als

am Steinfeld gewesen sein, der für sich auf Piesting rechnete. Er wird als ein „im ganzen Revier bekhandter Trafficant“ genannt, der Geschäfte mit Zehentpacht und Weinausschank machte. — 799. Erzbischöfliches Archiv zu Wien. — 800. Ebend. Der Pfarrer solle jeden zweiten Sonntag in Waldeck Gottesdienst mit Messe und Predigt halten, ebenso an bestimmten hohen Festtagen, wie Christ- und Stephanitag, Neujahr u. s. w., und an gewöhnlichen mit Messe allein; bei schlechtem Wetter solle zu Taufen er nach Waldeck kommen, bei gutem man ihm die Täuflinge bringen; die Gemeinde bezahlt dem Pfarrer dafür 40 fl. jährlich, und der Pfarrer habe jährlich 6 fl. auf die Erhaltung des Pfarrhofes anzuwenden. Nach Abgang des Pfarrers Kren könnten die Pfarrleute wieder wegen anderer Einpfarrung Schritte thun. — 801. Der Erzpriester vom Weitzberg, Paul Hieronymus Schmutz, entwirft die wenig schmeichelhafte Charakteristik, dass die Pfarrleute „qui ad filialem (von Dreistätten) in Wallegg spectant, et qui maximum numerum parochianorum efficiunt, . . . a potiori mali, inobedientes, impetuosi, videlicet plerique carbonarii in sylvis enutriti, et Viennam carbones vehentes.“ (Bischöfliches Archiv zu Graz.)

Curaten, der für beständig in Waldeck bleiben sollte, vor
— einen Ausweg, den der Erzbischof 1758 annahm. Im
nächsten Jahre trat der erste Curat, Anton Lebitschnigg,
den Dienst an, zuvörderst nur erhalten durch das Messstipendium der obgenannten Bruderschaft.[802]) Die Pfarrgemeinde erneuerte aber ihre Bitten ungefähr 20 Jahre
später; auch Graf Sigmund von Heufsenstein schlug sowohl 1772, als 1775 den Beneficiaten Josef Schopf zum
Pfarrer vor, aber erst 1784 wurde Waldeck mit Decret
des Bischofs Heinrich Johann von Neustadt vom 1./3. zur
selbstständigen Pfarre erhoben.[803])

Bei der Errichtung seines Sprengels theilte man ihm
12 Häuser im Dürrenbach von der Pfarre Waidmannsfeld,
2 in der Oed aus der Pfarre Pernitz, und 3 jenseits der
Piesting von der Pfarre Hernstein zu. Als landesfürstliche
Pfarre brachte sie ihrem Träger einen Gehalt von 600 fl.[804])
Allein noch im Jahre 1811 kam ihr Fortbestand in Frage,
und zwar aus finanziellen Gründen; erst als die Gemeinde
die Stellung von jährlich 5 Klaftern harten Brennholzes
zusagte, und ein gewisser Sebastian Zugmaier auf sein
Lebenlang gleichfalls jährlich eine Klafter zusagte, sprach
sich die betreffende Commission für die Erhaltung der
Pfarre aus.[805])

Fassionen vor 1811 liegen nicht vor, aufser einer Erwähnung im Visitationsberichte über Dreistätten von 1742,
dessen Filiale Waldeck damals war; dort ist das Vermögen auf 3 Weingärten und ein Capital von 300 fl. beziffert. Die später zutage tretende Armuth lässt fragen,
wo denn das alte Pfarrgut hingerathen ist? Der Pfarrer
verzeichnete in den Rubriken Unterthanen, Grundholden,
eigene Gründe, Weingärten, Wiesen, Waldungen, Hutweiden und Zehent überall „nichts".[806]) Und doch hatte
sie einst ein hübsches Stammvermögen: so gehörte ihr
1511 ein Weingarten in der Mandling,[807]) der Visitationsbericht von 1544 schreibt ihr 3 Weingärten mit 24 Tagwerk zu, 4 Tagwerk Aecker und 4 Wiesen, und die

802. Erzbischöfliches Archiv zu Wien, und bischöfliches Archiv
zu Graz. — 803. Ebend., und Kirchl. Topographie 1/8, 196. — 804.
Kirchl. Topographie a. a. O. — 805. Ebend. 197. — 806. Erzbischöfliches Archiv zu Wien. An Stiftungen meldet diese Fassion 130 fl., an
eigenthümlichen Capitalien und ausgeliehenen Geldern 673 fl. an. —
807. Steierm. Landesarchiv, Acten von Neuberg.

Kirchenzeche besafs 4 Weingärten und die Liechtzeche deren 12.[808])

Seit die Pfarre selbstständig, geschah viel für Ausstattung der Kirche: 1785 bekam sie den Hochaltar der Carmeliterinnen zu Neustadt, 1786 wurde sie neu eingewölbt, 1789 die Kanzel und die Orgel errichtet, der Chor erweitert, und der Seitenaltar Unserer Lieben Frau gegründet, 1792 der Thurm an das Westende neu angesetzt und der Musikchor neu gebaut.[809])

Die Kirche, wie selbe heute ist, besteht aus drei Theilen: dem Musikchore oder der Verlängerung des Schiffes, dem alten Schiffe und dem Presbyterium. Der Erstere ist, wie nächstoben bemerkt, neu, das Letztere mag dem Uebergange vom Mittelalter zur Neuzeit angehören, hat fünfeckigen Abschluss und vortretende Rippen des Kreuzgewölbes. Zugleich mit ihm ist auch die Triumphpforte in einen hohen Spitzbogen geändert worden. Der älteste Theil ist der mittlere zwischen Presbyterium und Musikchor: es kennzeichnen ihn drei Säulenpaare, deren zwei in den Ecken neben der Triumphpforte und je zwei in gleichen Abständen an den Seitenwänden angebracht sind. Sie haben einfache Kämpfergesimse mit scharfkantiger Dachung, und sind nicht rund, sondern in etwas roher Weise vierseitig. Besonderes Kennzeichen ist, dass sie, am Halse, unmittelbar unter den Capitellen verdünnt, nach abwärts wieder ausbauchen und sich verdicken. Die Basen sind achteckig, und ist der Fufs der Säule über ihnen mit einem Wulste eingefasst. Es ist unzweifelhaft, dass dieser Theil der Kirche der ersten Bauperiode, somit der frühen romanischen angehört.[810])

---

808. Kirchl. Topographie 1/8, 193—194. — **809.** Ebend. 198. — **810.** Darnach wäre zu bessern, was Sacken im Archäologischen Wegweiser 1, 57 sagt, nämlich dass das Schiff durchaus neu sei. Die Kirchenanlage und manches Detail hat auffällige Aehnlichkeit mit der Kirche von Zistersdorf, welche Lind in den Berichten des Wiener Alterthumsvereins 1887, 25 beschreibt. Es scheint, dass die Kirche von Waldeck im Theile des Musikchores ihren ältesten Charakter gänzlich einbüfste, und sonach ihr Schiff immer so lang war als heute; dass sie ferner entweder nur eine Altarnische oder eine Apside hatte, die gegen 1500 in ein geräumigeres Presbyterium umgebaut wurde, und dass dieser Umbau auch ihre ursprünglich runden Triumphbogen und die Kämpfergesimse an diesem beseitigte, und dafür einen sehr breiten und hohen gothischen ohne alle Simsung anbrachte. Für den späten Charakter des Presbyteriums spricht auch

Die Reihe der Localcuraten und Pfarrer ist begreiflich kurz: 1759 ... Anton Lebitschnigg, — 1770 (?), 1775 ... Josef Schopf; 1784 bis 1790 Ignaz von Rantitsch (Ramentitsch, erster Pfarrer); 1790—1811 Marcus Fritz, Ex-Franziscaner; 1811—1814 Johann Eggenberger; 1814 bis 1817 Johann Nepomuk Pflug (früher Localcurat in Wopfing).

Die Oertlichkeit Waldeck begegnet man in den zwei Urbaren des 15. Jahrhunderts mit 2 Höfen, 3 Hofstätten und 5 Lehen ausgestattet; auch eine Mühle findet sich dort. In jenem von 1515 zeigen sich blos 4 Hofstätten, 2 Ganz- und 4 Halblehen, 1564 aber 2 Höfe, 2 Hofstätten, 2 Ganz- und 4 Halblehen. Die Mühle besafs damals Hans Sengseisen, um 1525 erscheint bereits ein Hammer (des Wolfgang Fasl), und 1564 sind aus ihm ihrer zwei geworden, die Adam Reysperger gehören. Durch die Theilung von 1726 kam Waldeck mit Peusching an die Herrschaft Starhemberg-Piestinger Antheils.[811])

Die Ried- und Familiennamen gibt Note[812]).

Mit Waldeck zusammen gingen stets die Aemter Peusching, im Brand und im Dürrenbach.

Peusching[813]) erscheint vor dem 15. Jahrhundert in keinem Actenstücke. Es ist unzweifelhaft der eigentliche Burgflecken zum Schlosse Waldeck gewesen, dessen nächste Umgebung für die Entwicklung einer Dorfschaft sehr wenig sich eignete. Aus dem Umstande, dass man von Peusching eine lange Richterreihe und von Waldeck blos für das 18. Jahrhundert einen Namen aufweisen kann, ergibt sich diese Stellung noch deutlicher, und lässt sich sagen, dass eigentlich Waldeck in Peusching, was die

die fehlerhafte Anlage des Gewölbes, dessen Rippen oberhalb des Abschlusses ungleiche Prismenweiten zeigen. — 811. Vgl. oben S. 173 mit Note 385. — 812. Als Ried lässt sich im 16. Jahrhundert nur „der Hals" nachweisen; Familiennamen des 15. Jahrhunderts sind Gamp, Harrodl (Horradl) und Rastperger, — des 16. aber Banhofer, Behaim, Drachsel, Fassl (Fossel), Gabelhofer, Gamp, Gleichgrofs, Halwachs, Heigel, Horradl (Harrodl), Reifsperger, Sengseisen, Wachinger, Wedl und Winhofer. — 813. Die ältere Namensform ist Pewsching; später erscheint sie mit Peysching abwechselnd, und im 17. Jahrhundert auch die Vulgarform Beischen. Nach der erstgenannten Form zu urtheilen, liegt im Anlaute ein Pu- oder Piu- zu Grunde. Bestärkt wird diese Ansicht durch das Vorkommen des Ortsnamens Puschingen (Peusching bei Neunkirchen, Urkundenb. des Landes ob der Ens 1, 649/72).

bäuerliche Selbstregierung anbelangt, einverleibt war. Hier sind neben Starhemberger Unterthanen immer mehrere Holden der Pfarre Waidmannsfeld, die aber dem Vogteischutze von Starhemberg unterstehen. Die beiderseitigen Ansiedlungen waren 1438 1 (1) Hof, 6 (4) Hofstätten und 3 (2) Halblehen; 1457 stellte sich das Verhältniss auf 2 (1), 6 (4), 2 Halblehen (1 Ganz- und 2 Halblehen), 1515 auf 2 (1), 6 (5) und 3 (4), dann 1564 auf 1 (1), 6 (5) und 4 (3) Halblehen, nebst einem Hause, das auch der genannten Pfarre zustand. Um 1525 trifft man eine Mühle des Hans Oeder daselbst, welche später (1564) an Vincenz Mailgraber, und gegen Schluss des Jahrhunderts an Leonhard Eckenschaden kam. Im Jahre 1726 zählte man 2 Ganz-, 15 Halb-, 8 Viertellehen und 6 Hofstätten, welche an Hausdienst, Robot- und Wachtgeld 93 fl. bezahlten; die Handroboten (21) waren auf 126 fl. geschätzt; das Taz- und Ungeld brachte 56 fl. ein.

Ried-, Familien- und Richternamen finden sich in Note ⁸¹¹).

Die Gegend am Brand (südlich an Peusching) hatte im 15. Jahrhundert schon 2 Höfe und 5 Hofstätten; im 16. 3 und 5, der Dürrenbach dagegen war ein stattlich besetzter Graben, und zählte 1438 einen Hof, 13 Hofstätten, 12 Ganz- und 1 Halblehen, 1457 1, 12, 9 und 2, 1515 3, 13, 8 und 2, und darunter Hausungen, welche, aus ihren Abgaben zu schliefsen, besonders reich mit Grund versehen gewesen sein mussten; so bezahlt ein

---

814. R i e d e n des 15. (und 16.) Jahrhunderts sind der Brant, die Grueb, am Hard, das Lindental (1515), das Mitterekk (1515), die Od, am Rewt, auf dem Ror (auch Rär), das Scharffeneck (1564) und der Ternperck. — F a m i l i e n n a m e n des 15. Jahrhunderts: Flochl, Frenckl, Fridschall, Gamp, Sawslacher, Schench, Sparnwanst, Stupel, Tockel, Weisaig und Wischenpart; des 16.: Eckenschaden, Halbwachs, Herolezhaim, Mailgraber, Rabel, Stuckler, Wedl und Wetzelhuber. — R i c h t e r werden genannt: ... 1628 Caspar Fischhuber, 1628 ... Sebastian Bauer, ... 1678, 1681 ... Peter Stehrer (Stör), ... 1689 ... Andreas Riedl, ... 1692 ... Benedict Stiepl, ... 1693 ... Andreas Riedl, ... 1695 ... Benedict Stiepl, ... 1696 ... Mathias Schönthaler, ... 1700 ... Lorenz Haas, ... 1723 ... Hans Hössl, ... 1724 ... Andreas Riedl, ... 1729 ... Gregor Knabl, ... 1737 ... Georg Kaiser, ... 1740 ... Andreas Riedl, ... 1744 ... Peter Doifel, ... 1764 ... Georg Kaiser, 1764, 1767, 1772 ... Mathias Troffer, ... 1776, 1785 ... Johann Toifel, ... 1791 ... Friedrich Heigel, ... 1799 ... Mathias Ströbing.

Ganzlehen in der Regel zwei bis vier Schillinge Dienst, und es erscheinen sogar Höfe mit zehn Schillingen. Bei der Theilung von 1726 war es mit 13 Halb-, 3 Viertellehen und 7 Hofstätten, und an Hausdienst, Robot-, Kälber- und Hühnergeld und Marchfutter mit einem Ertrage von 140 fl. angesetzt, die Robot von 15 Bauern auf 4 fl. beim Einzelnen, die Handrobot aber gar nicht angeschlagen. Die Ried- und Familiennamen bringt Note [815]).

Von dieser Ansiedlung zunächst dem alten Herrschafts-centrum Waldeck geht die Erzählung auf den Burgflecken des späteren Gebietsmittelpunctes, auf

Dreistätten

über, das seine Stellung als solcher in der Folge wieder an Piesting verlor.

Sein Name ist einer der sprachlich interessantesten des Gebietes, aus dessen heutiger Form der ursprüngliche Personenname Trageboto kaum mehr zu erkennen ist.[816])
Man erfährt von dem Orte zuerst aus dessen Schenkung seitens Adalrams von Waldeck an Markgraf Otakar, welche sowohl König Konrad III. (1149), als Kaiser Friedrich I. (1158) bestätigten.[817]) Ebenso treten zu Ende des 12. Jahr-hunderts Verschiedene auf, die sich davon nennen, wie Merboto[818]) und Heinrich,[819]) der Erstere um 1160, der Andere zwischen 1185 und 1207, endlich zwischen ca. 1180 und 1220 auch ein During von Dreistätten mit Söhnen,

815. Riednamen des 15. (und 16.) Jahrhunderts sind: der Chroten-pach, der Gröfsenperg, die Hanifgarten (1515), die Kedernleyten (1515 Kernlewten-), am Stain und Stainpach. — Familiennamen des 15. und 16. Jahrhunderts: Dreuchel, Glickh, Gröckl, Gunthaler, Haden-schalckh, Hinter, Kayer, Klauser, Liegel, Polwisch, Posch, Raidel (= Radel), Reutschuster, Scharn, Spörl und Stainpeck. — 816. Die Formen dieses Namens sind 1140 Trabsteten, 1149 Tragebotinsteten, Trage-botesteten, ca. 1180 Trausteinen!, ca. 1185 Trabotesteten, Trabolstain, ca. 1190 Drausteten, 1207 Trawisteten, 1220 Trafesteten, 1254 Tra-steten, 1355 Trostetten, 1404 Dró-, 1525 Tresteten, 1564 Trewsteten, Trosteten (Quellen dafür: das Urkundenbuch von Steiermark und vom Lande ob der Enns, Meiller's Babenberger Regesten, der Falkensteiner Codex, Font. rer. Austr. 2/11, Kirchl. Topographie 1/8 und die Urbare von Starhemberg). — 817. Vgl. oben S. 67 mit Note 153. — 818. Steierm. Urkundenbuch 1, 396. — 819. Ebend. 628, 630. und Meiller, Babenberger Regesten 97/65.

deren Namen unbekannt geblieben.[820]) Ein Albert von „Trastetten" wird 1254 mit seiner Gemahlin Margareth, geb. von Ulrichskirchen, genannt,[821]) ein zweiter Albert 1328 angeblich erwähnt; ein Otto von Dreistätten verkauft an Ulrich von Stubenberg 1355 ein Dorf, nimmt von Johann Teufel von Winzendorf 1375 ein Lehen zu Pfande, und erscheint noch 1387 in einem Kaufbriefe desselben Verpfänders.[822]) Die nächsten Documente, welche von Dreistätten handeln, betreffen namentlich einen Hof (Nr. 1), den man heute noch zeigt, und einen Teich, den man „den See" nannte, der noch im vorigen Jahrhundert fischbar war und heute ausgetrocknet ist,[823]) ferner (von 1417) die Belehnung Hans Göllersbrunners durch Friedrich von Stubenberg mit Lehen im Dorfe,[824]) und (von 1454) die Widmung von Gülten und Zehenten in den Pfarren Dreistätten und Mutmannsdorf durch Kaiser Friedrich an seine Propstei in der Burg (?) zu Neustadt.[825])

---

820. Dieser During von Dreistätten spielt möglicherweise in die Geschlechtsreihe der von Emmerberg (vgl. oben S. 101, Note 257), sicher jedoch in die Zahl der Duringe der Neuen Welt. Da aber die Heranziehung dieser (6.) Duringgesellschaft für jene Genealogie zu wenig Greifbares enthält, und für sie mit dem einen During von Stein und dem andern During von Mutmannsdorf an unverwertbaren Nebenmännern hinreichend beigestellt wurden, endlich dieser During für die Einbeziehung in jenes genealogische Schema viel zu spät auftritt, so wurde diese Familie von Dreistätten dort beiseite gelassen. Sie soll dafür hier erwähnt werden. Folgende Daten sprechen von ihr: 1. Ca. 1180 Durinc de Trausteinen (Urkundenbuch des Landes ob der Ens 1, 181). — 2. Ca. 1185 Durinch de Trabotesteten et filius eius (Falkensteiner Codex f. 29'), und Durinch de Trabolstain et filii eius (ebend. f. 30). — 3. Ca. 1190 Duringus de Trausteten (Steierm. Urkundenbuch 1, 700). — 4. 1220 Duringus de Trafesteten (Steierm. Landesarchiv Nr. 411*). — 821. Font. rer. Austr. 2/11, 125, Nr. 122. — 822. Kirchl. Topographie 1/8, 94. — 823. 1404, 30./4. verkaufte Pernold von Dreistätten an Herzog Albrecht IV. seines Erbgutes 5 Joch Aecker u. s. w. „in dem See bei Dröstetten" (Orig., Staatsarchiv zu Wien, und Lichnowsky, Regesten 5 613); 1412, 24./5. sendet Raphael Kolners (ehemaligen Pflegers auf Starhemberg) Witwe dem Herzoge einen Hof zu und „ainen teich" bei Dreistätten auf, den dieser Hans von Neideck (ebenfalls Pfleger daselbst) verleiht (ebend., ebend. Nr. 1312) und derselbe lässt sich dafür 1422, 28./5. vom Herzoge abfertigen, und stellt ihm beide Lehentheile zurück (ebend.); das mag derselbe Hof sein, den Kaiser Friedrich III. an Albrecht Johann als Schützenlehen für Kriegsdienst mit zwei Pferden 1466, 2./6. verleiht (ebend., und Chmel, Regesten 2, 464/4508). — 824. Kirchl. Topographie 1/8, 94. — 825. Archiv für Kunde österr. Geschichtsquellen 10, 192.

Das Dorf zeigt sich in den Urbaren als eine der namhaftesten Ansiedlungen des Burggebietes von Starhemberg. Im Jahre 1438 hat es 4 Ganz- und 3 Halbhöfe, 30 Hofstätten und 1 Ganz- und 3 Halblehen; 1457 sind die Ziffern dafür 3 und 2, 35, und 1 und 4. Im Jahre 1515 zählt man 3 Ganz- und 3 Halbhöfe, 41 Hofstätten, 1 Ganz- und 4 Halblehen, und 1564 3 und 4, 38 und 4 (Halblehen). Doch muss auch da manches Gut, wahrscheinlich nach dem letzten Türkeneinfalle abgekommen sein, denn 1726 gab es blos 2 Ganz-, 6 Halb-, 18 Viertellehen und 8 Hofstätten, und das Einkommen aus den Diensten ist weit geringer als im Dürrenbach; nämlich Hauszins, Vogt-, Wacht- und Robotgeld nebst Marchfutter tragen kaum 42 fl.; Holden mit Zugrobot waren 15, die je mit 12 fl., und 14 Handroboten, die je mit 4 fl. anzuschlagen waren. Die Teiche waren schon vertrocknet.

Die Rieden- und Familiennamen, sowie die Richterreihe bietet Note [82']).

Die Nachrichten von der Kirche beginnen sehr spät, und auch dann blos höchst lückenhaft. Möglich, dass jene erst gebaut wurde, als die äufsere Burgcapelle auf Starhemberg, in die Befestigungen einbezogen, aufhörte, der Umgebung zu dienen. Sie bestand indess mindestens zu Anfang des 15. Jahrhunderts, und erscheint auch zu Ende

---

826. Riednamen des 15. Jahrhunderts bei Dreistätten sind: das Aychach, der Ayrperg, die Aw, am Ekk, im Gern, am Gfang, die Grueb, der Hart, der Irrenfritzstain, der Kirichpuchel, der Kogel, der Lintchogel, das Lintech (Linthach), das Mitterekk, der Nusperg, die Pöcklesgassen, die Prem, der Puechgraben, das Rewt, aufm Steln, der Tewffenweg; — des 16. Jahrhunderts: im Aichach, das Endteregkn, aufm Gstell, der Irrenfritzenstain (-rain), am Kogel, das Lindach, im Linkogl, im Mitteregkh, die Pekhleinsgassen, die Poxgassen, der Purkhgraben (Puechgraben), das Salchenfeldt. — Familiennamen sind: Brunnthaler, Garber, Karner, Khatter, Khrieger, Leubel, Lotter, Marchel, Plader, Plankh, Posch, Scharlach, Schindelhofer, Schwamberger, Sommer, Spielberger, Stainpallierer (-balbierer), Stangel, Tollinger, Turner, Viper, Waldhauser, Wallner, Wener und Wietner. — Richter werden genannt: *1416 Andr. Au-her …* …1613… Georg Bauer, …1670… Peter Garber, …1681, 1683, 1687 Johann Mesel, …1687 Veit Bauer, …1689… Hans Mösl (Mesel), …1691… Veit Bauer, …1694… Stephan Mausberger, …1695, 1701… Veit Bauer, …1702… Hans Stipel, …1723… Andreas Stippel, …1724… Christoph Gindel, …1727, 1729… Andreas Stippel, …1729… Christoph Gindel, 1731, 1734, 1741… Andreas Stippel. …1744.. Sebastian Posch.

desselben in der Salzburger Matrikel, mit dem Bemerken, dass der Herzog der Herr der Pfründe sei.[827]) Uebrigens ging es ihr viele Jahrzehnte hindurch recht schlecht durch Türkeneinfälle, Priestermangel und die akatholische Gesinnung des Gutsinhabers. Hans von Heufsenstein zog das Widem für die Schlosscapelle zu Starhemberg ein, stellte einen Prädicanten auf, und beseitigte ihn auch nicht trotz widerholter Befehle von Hof. Der Pfarrvicar Johann Oettl von Gutenstein scheint durch längere Zeit alle Mühe angewendet zu haben, die Pfarrgemeinde dem alten Glauben zu erhalten, fand jedoch in ihr selber solchen Widerstand, dass er schwer wiederzugebende Berichte über die rohen Zoten, mit denen man ihn bewarf, an das Consistorium einschickte.[828]) Und jenem Manne folgte der ehemals katholische, sehr liederliche Pfarrer Haring von Piesting, welcher, als er hier nicht mehr zu halten war, zur augsburgischen Confession über-, und in die Dienste des Freiherrn von Heufsenstein trat, der ihn vormals als katholischen Priester verfolgt hatte.[829]) So geschah es, dass die Visitationen gegen die Mitte des 17. Jahrhunderts noch immer Ketzer und Widerspänstige zu Dreistätten aufwiesen. In dieser stürmischen Zeit verarmte die Kirche; wenigstens zog einer der Pfarrer nach dem andern ab, weil sie von den bestehenden und gebotenen Mitteln nicht leben konnten. Von 1668 ab vereinte man Dreistätten mit Piesting, denn auch hier war das Auskommen so geschmälert, dass nur diese Art Abhilfe beiden Pfarren geistliche Obsorge zu sichern vermochte. Als aber Pfarrer Steinpiller 1677 nach Lanzenkirchen abging, liefs Graf Otto Felician von Heufsenstein den neuen Pfarrer von Piesting in Dreistätten nicht zu, und präsentierte überhaupt keinen Priester. Diese Verwahrlosung, während welcher Mutmannsdorf aushalf, währte bis 1684. Jetzt nahm der Graf den neuen Pfarrer zu Piesting, Heinrich Martini, auch für seine Patronatspfarre auf. Diese Vereinigung dauerte bis zum Tode Martini's (1719). Im Jahre 1721 gelang es, wieder einen eigenen Pfarrer zu erlangen, als der Graf sich dazu verstanden, das Widem

827. „Ecclesia in Drosteten. Collator dux Austrie" (Notizenblatt der kais. Akademie 2, 280). — **828.** Wiedemann, Geschichte der Reformation 4, 368—370 erzählt, wie Freiherr Hans mit seinem Prädicanten nach Wien zog und sich dort nur des gestrengen Consistoriums lustig machte. — **829.** Blätter für Landeskunde von Niederösterreich 10, 209.

mit 4 Joch Aeckern und zwei Weingärten aufzubessern,
und Josef Ignaz Dunzinger begann als „primus parochus
loci" die neue Reihe.[830])
Mehrere Visitationsberichte hellen einzelne Verhältnisse noch mehr auf. Von jenem des Jahres 1544 ist bereits
gesprochen worden. Allein auch die des 18. Jahrhunderts
lassen Armseligkeit und Kümmerniss durchblicken. Namentlich betont der von 1742 die grofse Armuth der Pfarrleute,[831]) und 1757 und 1760 klagt der Pfarrer über sein
elendes Auskommen und der drei Priester unwürdige
Lebensstellung.[832])
Vom Besitze der Pfarre erfährt man zuerst 1438:
es heifst, dass sie am linken Ufer der Piesting den halben
Weinzehent, und zu Felbring (Felwach) eine Wiese hatte.[833])
Man weifs aus dem Jahre 1544, dass sie ganz wohl ausgestattet war, denn 20 Joch Aecker, 12 Tagwerk Wiesen
und 6 desgleichen Weingärten stellen ein auskömmliches
Pfarrwidem dar, zumal die Kirche für sich, die St. Georgs-
zeche, ebenfalls 12 Tagwerke Weingärten, 2 desgleichen

---

830. Vgl. Kirchl. Topographie 1/8, 96—97. Die nachweisbaren
Pfarrer sind: ...1459... Jakob Seybold (Orig. Staatsarchiv zu Wien);
...1524... Johann Prem (Wiedemann, Geschichte der Reformation 4,
368); 16. Jahrhundert, Ende: Prädicanten, darunter Bartholomäus Haring,
bis nach 1630, ...1649, 1652 Georg (Hans Georg) Ulram (ebend. 370),
1653—1655 P. Johann Schroff, Benedictiner, Provisor, 1655—1668 Paul
Hoffer, 1668—1677 Mathias Steinpiller (als Pfarrer zu Piesting), 1677
bis 1684 unbesetzt, auch von Piesting aus, 1684—1719 Heinrich Martini
(als Pfarrer zu Piesting), 1721—1764 Joseph Ignaz Dunzinger, 1765 bis
1768 Joseph Grätschmayer, 1768—1784 Ignaz Franz von Rantitsch
(Ramentitsch), 1784—1790 Andreas Schmutz, 1790—1817 P. Augustin
Unterriedmüller, Ex-Augustiner von Laibach, 1817—1828 Johann Krick,
1828—1829 Johann Gilka (diese sämmtlichen unbelegten Daten aus dem
erzbischöflichen Archive zu Wien), und 1829 Franz Schupak (Kirchl.
Topographie 1/8, 97). — Cooperatoren werden zwei namhaft gemacht,
nämlich ...1742, 1746 Johann Georg Schukowitz (dient ohne Entlohnung), und ..1760... Mathias Anton Mayer und Anton Lebitschnigg
(bischöfliches Archiv zu Graz). — 831. Erzbischöfliches Archiv zu Wien:
„Una paupertas generalis deploratione digna" und „Iuventus quidem in-
strueretur, sed pauci mittuntur ad scholas". — 832. Ebend.: „ob tenuissi-
mos parrochiae suae redditus miserrime vivit." Bereits durch vier Jahre
habe er keine Fechsung, seinen Haustrunk hole er „ächteringweise" sich
zusammen, Pfarrer und Caplan wohnen in Einem Zimmer und schlafen in
Einem Bette, und der zweite Hilfsgeistliche lebe blos von der Mariahilf-
Bruderschaft in Wien. — 833. Urbar dieses Jahres f. 217 (das machte
von 17 Weingärten 7¼ Eimer), und f. 125.

Wiesen und ¹/₂ Joch Acker besafs.[834]) Wie die Dinge so
verfallen konnten, dass in der zweiten Hälfte des 17. Jahrhunderts keinem Pfarrer möglich war zu existieren, ist
schwer begreiflich, denn das während der protestantischen
Zeit entzogene Gut musste ja doch wieder rückgestellt
werden. Als nämlich die Pfarre Piesting getrennt werden
sollte, wurde eine neue Schätzung vorgenommen, welche
dem Pfarrer ein Einkommen von 400 fl. nachwies — allerdings einschliefslich der 4 Joch Aecker und 2 Weingärten,
die sich der Graf entschlossen hatte zuzugeben.[835]) Der
Ausweis von 1742 spricht blos von 3 Weingärten, und von
nichts Anderem. Um 1795 ist das Einkommen auf 254 fl.
beziffert, wovon Erb-, Alumnats- und Fortificationssteuer
(4 fl. im Ganzen) entrichtet wurden. Damals rechnete man
Dreistätten mit 37 Häusern, 59 Familien und 317 Seelen,
Starhemberg mit 3 Häusern, 5 Familien und 28 Personen
(die wohl zumeist auf den Maierhof entfielen), und auf der
Wand lebte noch eine Familie mit 5 Personen.[836])

Was die Kirche als solche anbelangt, so muss in
der protestantischen Zeit eine bedeutende Umstaltung stattgefunden haben; wenigstens sagt die Freiin Anna Maria
von Heufsenstein, dass sie dieselbe „auf eigene Kosten“
erbaut habe, dass ihr Gatte Hans darin begraben liege,
und auch sie dort ruhen wolle, und wenn man Letzteres
ihr nicht zugestünde, sollte man sie nach Oedenburg überführen.[837]) Sie hatte im 18. Jahrhunderte einen Hauptaltar
und zwei Seitenaltäre, eine Bruderschaft der ewigen Anbetung, zwei Stiftungen: die eine von 1761 (von Ferdinand Unruh, Bürger zu Wiener-Neustadt) im Betrage von
100 fl. für ein Seelenamt, und von 1780 (vom Caplan Math.

---

834. Vgl. Kirchl. Topographie 1/8,95, und Wiedemann, Geschichte
der Reformation 4, 369. — **835.** Alles in Allem besafs die Pfarre damals
31²/₄ Joch Aecker, deren 26 bebaut wurden und 267 Metzen lieferten,
11 Zehentäcker mit 16 Metzen, 23 Tagwerk Wiesen, (von der Herrschaft) 6 Tagwerk Weingärten zu Ober-Piesting und 6 im „Himmelstofs“
zu Piesting, 20 Grundholden, die grofse Passauer Stola, wobei die mindeste Taufe 30 kr. betrug (erzbischöfliches Archiv zu Wien). Ein gleichzeitiger Ausweis (ebend.) setzt 24¹/₂ Bestandäcker, Zehente von 10¹/₂
Jochen, 23 Tagwerke Wiesen, 2 Theile Krautgärten, 6 Joch Wälder,
einen Grundbuchsertrag von 3 fl. und Stola 15 fl. Und die Pfarre hatte
nur das Schloss, den Maierhof, 33 Bauern- und 3 Halterhäuser, dann das
Abdeckerhaus. — **836.** Ebend. — **837.** Ihr Testament von 1633 im Archive des Landesgerichtes zu Wien.

Ant. Mayer) im Betrage von 650 fl. für 22 Messen,[838]) vier Ablässe, davon drei von ca. 1750 und einer von 1780, 15./1.,[839]) bis Kaiser Joseph II. zwölf Processionen, davon acht abgingen und vier (auf Jacobi) einlangten,[840]) endlich ein heiliges Grab, aus dem Privatbesitze des Grafen Christoph Karl 1726 der Kirche zugewendet.[841])

Aufserhalb des Ortes stand ein Wetterkreuz, welches Pfarrer Dunzinger 1735 benedicierte.[842])

Die gute Gelegenheit, welche so oft Burgflecken zu stattlicher Entwicklung brachte, kam nicht Waldeck oder Peusching, noch Dreistätten, sondern

Piesting[843])

zugute.

Etwa eine halbe Stunde von Starhemberg im Thale gelegen, an einem Flusse, der, wenn auch klein, doch viele Triebkraft besitzt, an der Verbindungsstrafse des bergigen Hinterlandes mit der gutbevölkerten Ebene, angesichts von Abhängen, die in langer Zeile dem Weinbaue dienen konnten, überragte es durch diese Gunst der Verhältnisse — Fischau ausgenommen — jeden andern Flecken des Doppelgebietes. Dazu befand es sich fast inmitten der beiden Gutscentren Hernstein und Starhemberg, und das konnte sehr von Wert sein. Aber die Entwicklung scheint nur ganz langsam von selber sich Bahn gebrochen zu haben, so weit, bis sie auch dem Herzoge sich nahe legte, und ihn bewog, dem strebsamen Flecken durch Verleihung bürgerlicher Rechte noch kräftigeren Vorschub zu leisten.

Bis dahin lässt sich auch nichts weiter als eine bäuerliche Ansiedlung gleich den anderen annehmen.

Man hat, für allen Anfang namentlich, zweierlei Piesting zu unterscheiden: das eine auf dem linken Ufer, oder, wie man später sagte, „enhalb des Paches", das zu Hernstein gehörte, und das eigentliche Piesting, in der Folge

838. Erzbischöfliches Archiv zu Wien. — 839. Bischöfliches Archiv zu Graz. — 840 Ebend., Visitationsprotokoll. — 841. Gleichzeitige Copie bei Obrist Baron de Vaux in Wien. — 842. Bischöfliches Archiv zu Graz. — 843. Die Namensformen sind ca. 1170 Piseniche, Pisinich, Biesnich und Piesnich, 1275 Pistenich und Piestnich, 1347 (und das ganze 14. Jahrhundert hindurch) Piestnich, 1400 Pistnich, 1402 Nider Piestnichk, 1403 Piestnyk vnder Starchenwerg, 1430 Piesting, und diese Form bleibt dann mit wenig Ausnahmen stehend.

der Markt, auf dem rechten Ufer, dessen Boden Starhemberg unterthan war.

Dieselben Verhältnisse, welche für die älteste Zeit alle Kenntniss des Einzelbestandes von Starhemberg der Nachwelt entzogen haben, lassen auch diesen letzteren Ort erst spät nach seinem Nachbar jenseits auftauchen, und daher muss Letzterer als ältere Ansiedlung gelten.

Man weifs, dass Graf Siboto ca. 1170 hier einen Hof besafs, den ein gewisser Einwich innehatte, 4 Kleinhäuser und 5 Weingärten, und auch das Pfarrwidem zu Hernstein einen Hof.[844]) Im selben Buche des Grafen erscheint ein Heinrich von „Biesnich", und jener Rudolf, dem (vermuthlich von des Grafen Sohne) die Blendung durch O(rtwin) von Merkenstein zugedacht ist, war gleichfalls hier zuhause.[845])

Das rechtseitige Piesting tritt erst um 1275 ans Licht: im herzoglichen Urbare dieses Jahres nämlich notiert der landesfürstliche Hubmeister daselbst je 18 Mafsel Hafers als Marchfutter von 9 Huben, und nimmt solche der Burggraf von Starhemberg ein.[846])

Damit führt sich der Ort in die Geschichte ein.

Sonst lernt man ihn aus Documenten kennen, welche von den Besitzungen Verschiedener daselbst sprechen, wie eben des Landesfürsten, der Herren von Stadeck und ihrer Erben, der Grafen von Montfort, der Klöster Neuburg, Neuberg und Reun, dann verschiedener Privater, welche zum Theile weiter unten einzeln vermerkt werden sollen.[847]) Aus ihnen sei hier blos für das Jahr 1402 des ersten Vorkommens des Namens Unter-Piesting (Nieder

-

844. Falkensteiner Codex f. 14, 15′ und 17′. — **845.** Ebend. ff. 25′ und 39′. Dagegen sind Rudolf daselbst von f. 20, Truther f. 19 und Burkard f. 20 zweifelsohne aus dem bairischen Piesing bei Burghausen oder Piesting bei Griesbach (?). Ob der Friedrich von Piestnich, welcher 1147 (Steierm. Urkundenbuch 1, 281) erscheint, auch hieher gehört, mag gleichgiltig sein. — **846.** Rationar. Austr. im Notizenblatt der kais. Akademie 1855, 284: „In Pistenich redditus. In Piestnich ix mansus, hanc autem auenam recipit castellanus de Starchenberch. Et sciendum est, quod quilibet mansus dat xviii metretas." Ob das Piestenich in Font. rer. Austr. 2/28, 1222 von 1310, und der Hainrich von Piestnikh von 1301 in einer steirischen Urkunde (Steierm. Landesarchiv Nr. 1621b) hieher gehören, mag fraglich bleiben, und trägt auch weiter nichts bei. — **847.** Der Landesfürst kaufte 1381 von Hans von Aw Gülten zu Piesting und Dreistätten um 125 Pfund Pfennige (Lichnowsky, Regesten 4/1730), tauschte 1390

Piestnikch) gedacht. Das ist gerade um die Zeit, wo das
Dorf von Herzog Albrecht das Marktrecht bekam.

In gleichem Mafse dünn gesäet sind auch die rein
geschichtlichen Nachrichten über das Wohl und Wehe des
gesammten Fleckens.[848]) Man weifs nur, dass die Ungarn
1480 den Markt ausbrannten,[849]) dass die Bürger im Jahre
1529 ganz ausgezeichnet wider die Türken sich hielten,[850])
von Feuersbrünsten und von einigen Ueberschwemmungen,
welche der Kalte Gang ihm bereitete, abgesehen.[851])

Besser steht es mit den Nachrichten über die Entwicklung desselben als bewohnter Ort. Allerdings beginnen die Urbare erst in einer Zeit, welche nahezu 40
Jahre nach seiner Erhebung zum Markte datiert, und bleibt
damit eben die anziehendste Periode in einem solchen An-

welche von Peter Cherspekch daselbst gegen andere zu Pircha ein (ebend.
4/1211), kaufte von Hans Teufel Lehen hier und zu Ober-Piesting 1403
zurück (ebend. 6/532), desgleichen im gleichen Jahre Stadecker Lehen
daselbst von der Bürgerin Anna Gruber zu Neustadt (Orig. Staatsarchiv
zu Wien), verlieh einen Hof alldort „zusambt dem turn daselbs", welchen
früher Ulrich Neidecker von Grünbach besessen, 1413 Mathias Rayotinger
(Lichnowsky, a. a. O. 3/1305), erlaubte Georg Hanauer 1421 eine Gülte
daselbst an Heinrich Weplinger zu verkaufen (ebend. 5/2008), verlieh
ca. 1430 Hans Resch dort einen Hof (Lehenbuch Albrechts V. im Notizenblatt der kais. Akad. 1859, 108/331). — Kloster Lilienfeld soll 1295
einen Hof zu Piesting besessen haben (vgl. Kirchl. Topographie 1/8, 163),
und scheint allerdings das rechte Ufer damit gemeint zu sein. Dasselbe
gilt von den beiden folgenden Stiften, da die Weinberge durchaus auf dem
linken Ufer lagen, nämlich von Kloster Neuberg, welches 1347 von
Elisabeth Wernhard den Weingarten, genannt „der Fleczer" (Steierm.
Landesarchiv Nr. 2325), und Kloster Reun, das 1329 einen Weingarten,
genannt „der Praun an dem Nidernperg" von dem Fleischhauer Leupold
zu Enzersdorf zu Pfand nimmt (ebend. Nr. 1987b). — Graf Hugo von
Montfort hatte daselbst zwei Höfe und eine Hofstätte, die 6, 4 und 2 Eimer
Weins dienten, aber „man mues darnach farn. Daselbs ist ain viertail
vbrigs, das trinchent die furlewt" (Blätter für Landeskunde von Niederösterreich 18, 113). Vgl. auch Note 862. — 848. Das Marktarchiv besteht blos
in 2—3 Bänden Rathsprotokolle aus der späten ersten Hälfte des 18. Jahrhunderts. Die Privilegien sind dem landschaftlichen Archiv zu Wien behufs Aufbewahrung übergeben worden. — 849. Das ist im Marktprivileg
König Max' I. von 1506 erwähnt. — 850. Das deutet die Sigelver-
leihung durch König Ferdinand I. an, und der Inhalt des Sigels: ein
Thurm, von dessen Zinnen und aus dessen Fenstern Flammen schlagen,
an der Ecke desselben der österreichische Bindenschild aufgehangen,
darüber die Jahrzahl 15—29, und neben dem Thurme je ein Türkensäbel
(Notiz und Sigel in der Marktlade zu Piesting). Der Thurm stellt wahrscheinlich jenen des Thurngartens vor. — 851. Die eine Feuersbrunst

siedlungsleben entzogen. Das ist ohne Zweifel jene vorangehende, die offenbar einen solchen selbstthätigen Aufschwung enthalten haben muss, dass er die Begnadung
mit Marktrecht besonders begründete.

Das Jahr 1438 zeigt Piesting mit 28 Häusern, 6 Halb-
häusern, 18 Höfen und 34 Hofstätten, 2 Hämmern, 1 Klingenschmiede, 2 Mühlen (der oberen und der unteren) und
einer Badstube; jenseits des Baches, also auf Hernsteiner
Gebiete, besafs die Herrschaft Starhemberg 1 Hof und
4 Hofstätten. Davon standen weitaus die meisten Feuerstätten blos zu Vogtrecht (nämlich 27 Ganz- und 4 Halbhäuser, 13 Höfe, 24 Hofstätten u. s. w.), und die wenigstens gehörten grundrechtlich zur Feste; im Jahre 1457
lassen sich 26 Ganz- und 13 Halbhäuser, 5 Höfe, 25 ganze
und 4 halbe Hofstätten unterscheiden, 4 Hämmer, 1 Hacken-
und 1 Schwert- und Klingenschmiede, im Jahre 1525 38
Ganz- und 5 Halbhäuser, 5 Höfe, 38 ganze und 4 halbe
Hofstätten, 7 Hämmer und 3 Schleifen; 1564 endlich 35
Häuser, 8 Höfe und 27 Hofstätten, 8 Hämmer und 2 Schleif-
mühlen. Die Zahl der Mühlen, sowie der Liegenschaften
jenseits und die Badstube blieben wie sonst. Als die Herrschaft 1726 an Hernstein überging, waren 4 Ganz-, 12
Halb- und 7 Viertellehner und 51 Hofstättler, welche an
Hausdienst, Wacht, Robot und Marchfutter 360 fl. 25 kr.
bezahlten, und auf 58 Häusern hatte es das Landgericht,
auf 74 die Dorfobrigkeit; Taz- und Ungeld betrugen 450 fl.,
und zur Zeit ihrer Erwerbung durch Seine kaiserliche
Hoheit den Herrn Erzherzog Rainer bestanden in der Gemeinde 97 unterthänige Häuser (3 Ganz-, 1 Dreiviertel-,
9 Halb-, 4 Dreiachtel, 47 Viertel-, 4 Achtellehen, 2 Hofstätten und 27 Kleinhäuser); sie entrichteten an Grunddienst, Wacht- und Vogtgeld, Marchfutter, Kalb- und
Schafhäuserzins, Polsterrecht und Drittelsteuer 160 fl., an
Ueberländdienst 44 kr. C.-M. und bei 32 fl. in W. W., an
Bergrecht 27 Eimer, 35 Mafs und 3 Seitel und in Geld bei
9 fl. W. W., an Robotablösung (bei 101 Verpflichteten)
328 fl. C.-M. und 21 fl. W. W. Den ganzen Kornzehent

---

erwähnt Kaiser Leopold I. in seiner Privilegienbestätigung von 1659,
9./3.; auch 1683 übte seine Schrecken; Wassernöthe waren 1785, 2./7.
(nach Marktprotokoll daselbst), und 1831, 9./8. (nach Notiz im erzbischöflichen Archive zu Wien).

gaben ungefähr 5 $\frac{1}{2}$ Joch, und den kleinen oder $\frac{2}{3}$ Zehent bei 90 Joch.[852])

Die Namen der Rieden und der Familien für das 15. und 16. Jahrhundert gibt Note [853]).

Ein interessantes Bauwerk ist der sogenannte Thurngarten. Man versteht in dieser Gegend unter Garten nicht blos, was sonst man darunter meint, sondern auch Felder für Kleinfrucht, als Bohnen, Erbsen, Kohl, Kraut u. dgl. Ein solcher war, und ist zum Theile auch jetzt, der erwähnte, und hat seinen Namen von einem Thurme, der in zeitgemäfser Umgestaltung heute noch an der Westseite

---

852. Mittheilung des Herrn Forstrathes Stöger. — 853. Im Orte Piesting selber treten als Flurnamen im 16. Jahrhundert auf: die Hell, im Khastl, die Laimgrub (auch Laimgstetten), aufm Werd und das Wingkhl — aufserhalb desselben die Riednamen für das 15. Jahrhundert (rechts und links der Piesting) Gern, Haidenperg, Hungerweg, Kyntal, Knophloch, Kolpichel, Linssäckher, Mülsteig, Niderperg, Nussperg, die Od, Pochspach, die Pölcz, die Schrapat, im Stuckhel und Waldweg; — für das 16. Jahrhundert ergeben sich auf beiden Ufern (die beigesetzten N. weisen auf Neuberger Besitz): im Cassten (N.), Frawenkeller, Frawenawgarten, das Frawenholcz (c. 1780 am frommen Holtz), Freihöfel, Fröschern (Fröschel), Gassen (N.), der Geyer (Geyger), im Glaser, in Griefsern, Grinczing, im Gspött, Haninger (N.), Hard, Harland (N.), im Hiern (N.), Hierneckh (N.), Himelstofs (N.), Hinterleyten, Hirschensprung (N.), Höfern, Kirchweg (N.), Klaffenprun, die Kueleber, in Lebern (N.), die Linssäckher (Lüss-), Mülsteig (N.), Nydernperg (N.), Plöckhensteig (N.), Pölczl (Pölczen, N.), Prein, Preinreuhell (!), der Rambspuchel, Ranzenperg (N.), im Rosendorn, im Satz (N.), die Scheiben (die Sinebell), im Staidl (Staindl), Staingarten, Tall (Tallern), am Taubenstain (1755 heifst es im Marktprotokolle S. 481: „herundter der Clausur, da ist ein grofser Stein, den man den Taubenstain nennet", Tiefenprunn (N.), im Vierdung, der Wachtelsteig (N.), Waldweg (N.), im Wurffern und Zweyerfeld. — Familiennamen des 15. Jahrhunderts sind: Asparer, Braunhart, Essmeister, Geiersberger, Glett, Hertenkefs, Höflinger, Hüsselempel, Jederman, Maderer, Meglinger, Melker, Meichsner, Niderlaher, Platzer, Pflugl, Pilstinger, Rayntinger, Reutecker, Ritter, Rosendorn, Sawslacher, Scharfenstain, Schenck, Schiester, Schilderwein, Schleicher, Schweighofer, Semelzipf, Steinhauser, Straifinger, Stuchs, Sutner, Toldel, Tropel, Werder und Widerge; — des 16. Jahrhunderts: Aschinger, Deyspacher, Drax, Fegengast, Fliefser, Gamperl, Gandtner, Genser, Guetl, Gundelwein, Haselpacher, Helmb, Himelreich, Kalchofer, Kardl, Kern, Kray, Kren, Kumpeck (Krum-?), Kunighofer, Lachberger, Manshap, Marchpüchler, Peuntner, Platzer, Pofler, Polring (-ritz), Posch, Preys, Putz, Rabel, Rennigsfeld, Rittermaier, Ruckenstain, Satzl, Scharfenfellner, Schindelhofer, Schustritz, Schwanzer, Sengeisen, Spanring, Speiser, Sperman, Steinhauser, Stuchs (Stüxs), Stupl, Stürzenhamer, Trost, Voitsberger, Waggerl, Waitz und Wischenbart.

der neuen Kirche, am sogenannten Bocksbache, besteht. Dieser muss ein Bau seitens der Herrschaft gewesen sein, vermuthlich mit einer Mauer eingefangen, innerhalb welcher Scheuern und Keller sich befanden, die zur Aufnahme der Eigen- und Zehentfrucht dienten, wie zur Wohnung von Bediensteten (so der landesfürstlichen Amtleute), und wohl auch als Zufluchtsort in Fällen der Gefahr. Hierlands weniger, aber in Friaul sind solche Thürme mit derlei Vorkehrungen noch heute mehrfach im offenen Lande verstreut erhalten. Dass er des Herzogs gewesen, zeigt dessen Belehnungsurkunde an Math. Rayntinger von 1413, 9./7., aus der man zugleich ersicht, dass der Hof schon dem 14. Jahrhundert angehört, denn vor dem Genannten hatte ihn Ulrich Neidecker zu Lehen gehabt.[854] Später war er im Besitze Peter Meglinger's, als einfaches Zinsgut, und erscheint im Urbare von 1438 mit 60 Pfennigen Dienst belastet. Dieser verpfändete ihn 1442 an seinen Sohn Joachim für 100 Pfund und 12 Pfund Pfennige.[855] Im Jahre 1455 sitzt Peter Meglinger noch „im Turn", 1457 aber schon Wilbold Pilstinger;[856] allein 1463 hatte ihn wieder die Herrschaft übernommen, und er scheint Amtshof für Piesting geworden zu sein. Denn ein gewisser Augustin Ryed hatte ihn als Verwalter oder Pfänder im genannten Jahre inne, und musste ihn an den Pfleger Sigmund von Spaur abgeben, der bei seiner Enthebung von der Pflegschaft 1476 ihn wieder losgab.[857] Um 1515 und 1538 trifft man abermals Wilbold Pilstinger in dem „Pawmgarten, genannt der Thurngarten".[858] Wann er neuerdings an die Herrschaft kam, ist unbekannt; da er 1726 zur Residenz des Besitzers der Herrschaft Starhemberg-Piesting ausersehen war, muss er wohl schon früher die nöthigen Herrichtungen erhalten haben. Nach Bauspuren zu urtheilen mag das zu Ende des 17. Jahrhunderts geschehen sein.[859] Es ward ihm aber bekanntlich Hernstein vorgezogen, und so diente er

854. Vgl. oben in Note 847; 1415, 7./9. gestattete der Herzog, dass Rayntinger seiner Frau Margareth 50 Pfund Pfennige darauf verschreibe (Orig., Staatsarchiv zu Wien). — 855. Urbar von 1438, f. 1′ und 293. — 856. Urbar von 1457, f. 1′. — 857. Orig. Staatsarchiv zu Wien; vgl. Note 197. — 858. Urbare von 1515 und 1583, in Letzterem f. 59. — 859. Das Bauwerk besteht in seiner äusseren Anlage noch vollendet, wie es etwa 1700 gewesen, und ist ein kleines Bild eines Wirtschaftshofes, der kriegerische Ueberreste aus alter Zeit mit späteren Zu-

blos Wirtschaftszwecken bis 1805, wo ihn (21./9.) Freiherr Müller sammt Garten, Presse, Kellern u. s. w. (mit der Herrschaftstaferne „zum Hirschen" in Piesting) an den Wirth Jos. Kohlbacher um 13.500 fl. verkaufte.[860]) Jetzt besitzt ihn der Inhaber desselben Gasthauses, Maitz, und zwar seit 1840.

Ob der Thiergarten, welcher 1564 genannt wird,[861]) nicht etwa statt Thurngarten blos verschrieben ist, oder wirklich ein solcher war, und wo gelegen, und ob er nicht etwa im Thurngarten selber untergebracht gewesen, ist nicht nachweisbar.

Eine Mühle als Eigenthum der Stadecker erscheint bereits 1352.[862]) Von 1438 an unterscheidet man stets eine obere und eine untere Mühle; eine andere lag (1564) „am Hoffgarten" und gehörte Hans Fuefspeckh, der die Verpflichtung hatte, statt des Dienstes „gen Hoff" zu malen,

---

thaten für rein ökonomische Zwecke in ein hübsch abgeschlossenes Ganze vereinte. Er liegt umgeben von Wiesen, Obstbäumen und Feldern verschiedener Cultur auf dem Anstiege zum Hasenberge, bildet ein Viereck, das noch auf zwei Seiten von einem Graben umgeben ist, und hat in der Front links einen Tract, an dessen Spitze ein Thurm vorstöfst, der indessen auf die Höhe der übrigen Tracte erniedrigt ist. Jener rechts ist kürzer, aber breiter als der Thurmtract, und mit diesem durch eine Mauer verbunden, welche durchwegs den Eindruck älteren Baues macht: sie ist gezinnt, hat innen noch die Mauerbänke und durch sie führt das Thor in den verhältnissmäfsig kleinen Hof. In ihm links ist eine gedeckte Stiege nach dem ersten Stockwerke des Thurmtractes, wo einstmals Wohnungsräume waren und jetzt nur Schüttböden sind. Solche, und zwar von grofser Geräumigkeit, befinden sich auch in dem rückwärtigen Tracte, der die beiden vorstofsenden verbindet. Sehr bemerkenswert sind an seiner Aufsenseite die Sgraffiten oberhalb Thurm und Fenstern; Letztere liegen theilweise heute viel tiefer, als sie einstmals waren. Der Tract rechts, der jetzt als Presse und Wagenscheuer dient, zeigt an seiner Hofseite ebenfalls Sgraffiten in einfachen Linien um heute vermauerte Hoffenster und unterhalb des Dachgesimses; er enthielt also einstmals Wohnräume, die jetzt bis unter das Dach durchgeschlagen sind. Nach Aufsen aber hatte er keine Fenster. Der Kamin innen in der Ecke zu ebener Erde, wo ehemals der Herd gestanden haben muss, spricht für die einstmalige Verwendung dieses Bautheiles. Der Bau enthält zwei hübsche, theilweise geräumige Keller. — 860. Zehentablösungsbuch zu Hernstein. — 861. Urbar von 1564, f. 33'. — 862. Leutold von Stadeck vergab sie an des Neustädter Bürgers Nicolaus von Chaubitz Frau Katharina, von der sie an Rudolph von Tiefenbach, Burggrafen zu Festenburg, kam; dieser verkaufte sie an seinen Bruder Hartnid, und von dem gelangte sie 1422 an Herzog Ernst, der sie wohl zur Hofmühle machte. Letztere Urkunde im Staatsarchive zu Wien; die ersteren im Steierm. Landes-

und „so er nit malte", betrug sein Zins 1 Pfund und
4 Schilling Pfennige.[863])

Die anderen Gewerke lassen von 1438 ab sich verfolgen: so 1438 zwei Hämmer, 1457 deren vier, eine Klin-
gen- und eine Hackenschmiede, 1515 vier Hämmer und
drei Schleifen, 1525 sieben Hämmer und drei Schleifen,
und 1564 acht Hämmer und zwei Schleifen.[863a]) Diese Anlagen bezahlten nur das Fludergeld oder Polsterrecht, das
von 16 Pfennigen bis zu 2 Schillingen betrug.

Wann Piesting zum Markte erhoben worden, ist unbekannt. Sein Statut wurde 1404 durch den Pfleger auf
Starhemberg, Hans Eitzinger, zusammengestellt, oder unter
ihm.[864]) Aus derselben Zeit ungefähr mag auch sein Marktrecht stammen. Wahrscheinlich durch Kaiser Friedrich III.
erhielt es sein Privileg der Weinausfuhr, denn der Bestätigung dieses Rechtes durch König Max von 1506,
9./3. muss doch eine besondere Gewährung vorange-
gangen sein. Ihr zufolge durfte die Gemeinde ihre vor-
jährigen Weine im Markte zwischen Michaeli und Pfingsten
verzapfen, kein Pfleger das hindern, noch auch andern
als Schlossbauwein (von Pfingsten bis Michaeli) in der
Herrschaftstaferne verleitgeben. Als das offene Zugeständ-

---

archive Nr. 2456b und 3072c. Vgl. Note 847. — 863. Urbar von
1564, f. 21'. — 863a. Als Besitzer derselben kennt man 1438 Ulrich am
Kasten, 1455 Mert Schaunperger (nach ihm Jacob am Kasten), Friedrich
Kölner von Neustadt, Stephan N. (nach ihm Hans Schmidel und Nicolaus
Scharfensteiner), 1515 Wolfgang Nussberger, Jacob am Kasten, Caspar
(N.), Ruprecht Hager und Georg N., 1525 Wolfgang Oeder, Michel Wolf
am Kasten, Wolfgang Potensteiner, Ruprecht Hager, Wolfgang Lands-
berger mit Jacob Kaiser, Berthold N., Hans Spermann (nach seinem
Vater Michael) mit Asmus Schmid, ca. 1550 Hans Harlander, der auch
Hammerschmid zu Glocknitz war, endlich 1564 Bartholomäus Spanring,
Andreas Schuestritz, Simon Khern, Sebastian Waitz, Hans Hager,
Caspar Stern's Witwe, Leonhard Schwanzer und Augustin Stüchs. —
864. In dessen Einleitung heisst es blos, es sei „bei" ihm geschrieben
worden, was sowohl auf unmittelbare Theilnahme an der Feststellung
deuten kann, als auch, dass es bei seinen Amtszeiten niedergeschrieben
worden. Uebrigens ist die in den Niederösterreichischen Weisthümern
1, 370 ff. vorliegende Form, abgesehen von dem jungen Alter der Abschriften, durchaus nicht die ursprüngliche, aber sie enthält nebst der
allgemeinen ältesten Gestalt viele Einzelheiten der ersten Redaction
und mancherlei Einschübe und Zusätze. Wissgrill, Schauplatz des niederösterreichischen Adels 2, 379, spricht ausdrücklich von einer Handfeste
Herzog Albrechts IV. vom Jahre 1404.

niss auf Starhemberg nicht genügend wirkte, erging an
den „Verweser“ Leonhard Rauber 1507, 2./10., der weitere Befehl, die Piestinger auf ihrem Wochenmarkte nicht
zu beirren.[865]) Dass es sich dabei auch um den Ausschank
handelte, zeigt sich aus dem weiteren Privilege Erzherzog
Ferdinands von 1525, wodurch selber für Markttage besonders festgesetzt wurde.[866]) Da der Weinbau den Le-
bensnerv der Gegend bildete, begreift sich einerseits der
ungemeine Werth der landesfürstlichen Gnade für das Gedeihen des Ortes, anderseits aber auch das Bestreben auf
dem Schlosse, die Letztere auf ein den Besitzern wohlgefälliges Mafs zu beschränken. Denn dort oben war man
durch Eigenbau, Bergrechte und Zehente Concurrent der
Bürger im Verleitgeben. Daher sucht der Markt fleifsig
um Bestätigung seiner Ausfuhr- und Schankrechte nach,
und Starhemberg seinerseits band zu verschiedenen Malen
bald in dieser, bald in jener Form mit den Bürgern an, um
ein Nachgeben zu erreichen.[867])

Es ist bereits erwähnt worden, wie Starhemberg zuweilen an den Rechten der Pfarre Hernstein zu Piesting
(linkes Ufer) Gewalt übte,[868]) und solche Fälle kamen auch
gegenüber den Marktleuten, und nicht blos in Sachen des
Weines vor.

Den Umfang und die Zahl der Conflicte zeigt ein
Vertrag, den die Freiherren Hans Zdislaw und Otto Heinrich von Heufsenstein mit der Gemeinde abschlossen —
nicht ohne Einflussnahme der Regierung, unter deren Bestätigung von 1631, 21./3., das Actenstück erhalten ist.[869])

Demnach sollte die Gemeinde und jeder Angehörige
derselben zwischen Michaeli und Georgi und die Herrschaft zwischen Georgi und Michaeli ausschänken, und Letz-

---

865. Abschrift im Stadtarchiv zu Neustadt. — **866.** Notiz in der
Gemeindelade zu Piesting. — **867.** Die Privilegienbestätigungen sind
weiter von 1565 (Notiz ebend.), 1582, 24./10. (Copie im Stadtarchiv zu
Neustadt), 1630, 6./4. (ebend.), 1637, 29./11. (ebend.), 1659, 9./3. (ebend.),
1711 (Notiz wie zu Note 866), 1713 (ebenso), 1742 (ebenso), 1743 (ebenso), 1782 (ebenso) und 1791 (ebenso). Die Stücke, die mittels Notiz bezeichnet sind, befinden sich im niederösterreichischen Landschafts-Archive
zu Wien in Aufbewahrung; die mit ausführlichen Daten beziehen sich
immer speciell auf das von 1506, welches überall als ältestes erscheint,
wahrscheinlich weil das Ausgangsprivileg etwa 1480 im Brande zugrunde
ging. — **868.** Vgl. S. 283 mit Note 662. — **869.** Gleichzeitige Abschrift
bei Herrn Obristen Baron de Vaux in Wien.

tere durchaus nicht mehr „Bannwein" ausrufen lassen.[870]) —
Der Geschäftsverkehr der Bürger solle frei sein, wie in anderen Märkten, weder beschränkt noch belastet, besonders
im Salzhandel. — Die Herrschaft bestätigt den Richter,
und hat derselbe vollkommene Freiheit in Amtshandlungen,
aufser dass er etwa ihm zu schwierige Geschäfte der Amtskanzlei abtritt; so steht auch die Bürgeraufnahme der Gemeinde frei, doch lässt sie keine der Herrschaft feindlich
gesinnten Leute zu. — Was die Roboten anbelangt, so
bezahlt der Zugroboter 6, der Handroboter 3 fl. Ablösung
im Jahre, aber die Herrschaft kann nach Belieben Geld
oder Leistung fordern; in letzterem Falle geht die Leistung
auf 18 Tage im Jahre, und dann sind dem Handroboter
10, dem Zugroboter 20 kr. von seinem Robotgelde ab-
zuziehen. — Die Herrschaft verzichtet auf die zwei Mahl-
zeiten (wahrscheinlich bei Taidingen), „so die Piestinger
ein Zeit hero ... (haben) halten muessen", und so auch
auf die bisher geforderten Küchenlieferungen an Kälbern,
Lämmern und Hühnern: die Bürger könnten fürder diese
frei verkaufen, und sollten sie ihr blos anfeilen. — Das
märktische Rathhaus gehöre zwar nicht der Gemeinde,
sondern der Kirchenzeche, doch habe Erstere das Recht,
ihre Versammlungen dort abzuhalten, und die Herrschaft
wolle sie künftighin darin nicht hindern, sondern blos
ihren Pfleger oder sonst einen Bevollmächtigten dazu
schicken; sie wolle auch das Sigelrecht derselben nicht
bestreiten, und dürfe der Markt alle Acten, sich und seine
Bürger betreffend, ausfertigen, Geburtsbriefe ausgenommen.
Nur wegen des alten grofsen Gemeindegartens, den
die Freiin Anna Maria an sich gezogen und zum Hofgarten
geschlagen hatte, konnte man sich nicht einen.
Später brachte wieder der ungarische Wein Trübung
in die Verhältnisse, diesmal gewiss aus Schuld einzelner
Bürger.
Noch 1784 gab es einen Ausschankconflict. Aus
seinem Verlaufe sieht man, dass die Gemeinde die Herrschaftstaferne (unter dem Grafen Christoph Karl) in Pacht
genommen, und dort eigene und fremde Weine — der un-

870. Der Bannwein begriff die gebotene Zeit des ausschliefslichen
Ausschanks gutsherrlicher Weine, welches Gebot theils vertragsrechtlich,
theils willkürlich sein konnte. Hier ist namentlich Letzteres gemeint.

garische hatte sich also bereits eingedrängt — ausschänkte.
Ein Vergleich endete im nächsten Jahre den Streit.[871])
Dieses Statut des Marktes im Zusammenhalte mit
einigen späteren Nachrichten gestattet einigen Einblick in
das Rechtsleben der Gemeinde. Es beruhte auf älteren Satzungen, aus der Zeit, da
der Markt noch Dorf gewesen, und dazu ward gezogen,
theils was die Herrschaft als Folgerung märktischer Freiheit ansah, theils was die Bürger etwa den Satzungen
eines älteren Nachbarmarktes entlehnten. Was dann als
Marktbuch hervorging, vervollständigte sich von Jahrzehent zu Jahrzehent durch Beurtheilung neuer Fälle, deren
Gesichtspuncte dann als Gesetze zu gelten hatten. In diesem
Brauche standen auch wieder Markt- und Dorfgemeinde
gleich.

Die Berathungen der berechtigten Gemeindemitglieder
in gemeinsamen Angelegenheiten hiefs man Banntaidinge, und das gemeinsame Rechtsbuch hatte den gleichen Namen. Als die Führung der Gemeindegeschäfte
eine kanzleimäfsige ward, und Richter und Ausschuss dieselben leiteten, nannte man blos die Richter- und Rathswahl ein Banntaiding.[872]) In alter Zeit aber gab es jährlich
drei solcher Zusammenkünfte, und zwar immer an Donnerstagen: nämlich nach Lichtmess, nach Georgi und nach
Kolmanni.[873]) Einberufen wurden sie von der Herrschaft;
war diese gehindert, so hatte sie von dem eigentlichen
Tage die Gemeinde in Kenntniss zu setzen. Ihr Vermittler
war der „Nachrichter", d. h. der frühere Richter.[874]) Verpflichtet zum Erscheinen war jeder Haussässige (oder auch
seine Frau) oder sein Vertreter, wenigstens zur dritten
„Sprache", oder zum dritten Abschnitte des Rechtsbuches

---

871. Marktprotokoll von 1784, S. 332 ff. Den Anlass gab das Patent
Kaiser Josephs II., wonach jeder Unterthan seine erzeugten Lebensmittel
frei verkaufen dürfe; Graf Sigmund erklärte nun, dass der Zwangswechsel
nach den Jahreszeiten aufzuhören habe, aber auch keine fremden Weine
seitens der Gemeinde mehr ausgeschänkt werden sollten, und müsse
diese auch die herrschaftliche Taferne herausgeben. Darüber grofse Aufregung; der Streit erweiterte sich, ging auch auf das Auskochen und
Futtergeben über, und endete damit, dass die ungarischen Weine beiderseitig ausgeschlossen wurden. — 872. Die erhaltenen Rathsprotokolle
von Piesting, erste Hälfte bis Ende des 18. Jahrhunderts, gebrauchen
diese Bezeichnung. — 873. Niederösterreichische Weisthümer 1, 371
bis 372. — 874. Ebend. 375.

und seiner Verlesung.[875]) Der Burggraf, Pfleger oder sein Abgeordneter wohnten den Sitzungen bei. Ersterer verlangte von Jedem, der ohne triftige Entschuldigung ausblieb, 60 Pfennige.[876]) Im 18. Jahrhunderte begegnet man häufig dem Grafen Karl oder seiner Gemalin, welche die Banntaidinge — damals bereits nur mehr Richter- und Rathswahlen — eröffnen hiefsen, oder ihrem Verwalter.[877]) Früher gab es sogenannte „Vorsprecher" aus der Gemeinde, welche die nothwendige Verlesung der Satzungen vornahmen,[878]) im 18. Jahrhunderte that dies mit den Privilegien und den Eiden der Würdenträger der Gemeinde der Amtsschreiber vom Schlosse.[879]) Alle hatten die Befugniss, die einzelnen Absätze in ihrem Wortlaute als richtig zu bestätigen, oder als unrichtig zu bemängeln. Desshalb hielt der Richter nach jedem einzelnen Puncte die Umfrage.

Der Richter, von der Gemeinde zwar gewählt, galt erst, wenn die Herrschaft ihn bestätigt hatte. Man nannte das „vorstellen". Seine Amtsdauer war für gewöhnlich zwei Jahre; je nachdem konnte er mit Genehmigung der Herrschaft von einem Banntaiding zum andern abgesetzt werden.[880]) Sein Strafbefugniss reichte nur bis zu 60 Pfennigen, und alle Fälle, die eine höhere Strafe heischten, gehörten vor das Gericht des Schlossherrn.[881])

Aus dem Banntaidingbuche sieht man nicht, welche Gehilfen dem Richter im 15. Jahrhundert zur Seite · standen. Ihre Arten und ihre Zahl wuchsen mit der Zeit heran. Nach den Beispielen anderer Orte standen indess wohl nur sogenannte „Vierer" neben dem Richter, d. h. vier Männer als Ausschüsse oder Geschworne. Diese Fünf besorgten alle Geschäfte. Zu Anfang des 18. Jahrhunderts waren 12 Geschworne, 2 Kämmerer (damals hiefsen sie Gemeinmeister, 1740 Gemeinherren, und 1802 Gemeinsorger), 1 Wacht- und 1 Bergmeister, 4 geschworne Vierer,

875. Niederösterreichische Weisthümer 1, 375. — 876. Ebend. 371. — 877. Wie Note 872. — 878. Ein „Otto Vorsprech" erscheint im Urbar von 1564, f. 6. — 879. Wie Note 872. — 880. Ebend. 375'. — Im Jahre 1619 wurde der Marktrichter Fuchsgruber „wegen seines höchsten Vnfleifs" abgesetzt, und an seine Stelle Christoph Schwanzer gewählt. Als aber auch dieser „wenig gericht" sich erwies, wurde er ebenfalls abgedankt, und Sebastian Greiml „schrifftlich" (also wohl von der Herrschaft) ernannt (Gerichtsprotokoll zu Hernstein). — 881. Ebend. 372.

6—7 Fasszieher und 2 Forstner beigegeben, sämmtlich auf
je zwei Jahre gewählt. Seit 1724 kommen zwei Nachwäger
vor, die aber 1732 nicht mehr erscheinen. Im Jahre 1802
gibt es neben dem Richter nur 10 Rathsbürger, 3 Vierer,
doch keine Fasszieher mehr und keine Forstner.[882])
Von den drei „Sprachen" des Banntaidings behandelt
die erste den ältesten Theil der Satzung: das Banntaiding
selber und seine Abhaltung, dann die Pflichten und Rechte
der Haussassen gegen die Herrschaft, der zweite blos
innere Angelegenheiten des Handels und der Gewerbe,
des Weingeschäftes, die Holden fremder Grundherren und
strafrechtliche Gegenstände, der dritte die Polizei in Han-
dels- und Gewerbesachen.
Das Verhältniss zur Herrschaft drückte sich in
Geld aus, man möchte fast sagen symbolisch: sieben Vogt-
pfennige entrichtet jeder behauste Mann an den Burgherrn,
und es ist für die Beurtheilung des Alters der ersten Abfassung des Statuts nicht ohne Wichtigkeit, dass es immer
blos von der „Burg" und nicht vom „Schlosse" spricht. Der
eine Pfennig wird gegeben als Zeichen der Vogtpflicht
seitens der Herrschaft, der andere als Zeichen, dass der
Markt keine Zugrobot nach der Burg zu leisten habe, der
dritte, dass auch alle Handrobot wegfalle, und die vier
letzten besagen, dass die Herrschaft Niemand mehr bei
den Bürgern einquartieren dürfe. Man zahlte diese Gaben
auf Georgi, Philippi, Ulrici und Kolmanni. Die Gemeinde
gab ferner für ihr Weiderecht, das bis an den Burgfelsen
reichte, 2 Pfund Pfennige, und für die Ablösung der
pflichtmäfsigen Fütterung zugewiesener herrschaftlicher
Pferde jeder Ganzlehner 18 Metzen Hafer als Marchfutter.
Blos die Besitzer von Zugvieh leisteten drei Tage Acker-
dienst, wofür sie aber aus den Herrschaftswäldern dürres
Holz und anderes für Wagen und Pflüge holen durften.
Endlich war ein Kalbsdienst von 80 Pfennigen ausgemacht.
So um 1400.[883]) Allein die Robotfrage muss doch wider-

---

882. Wie Note 872. — Irrt man nicht, so war später die Stellung
der Vierer eine gründlich geänderte: noch waren sie Geschworne, aber
aufgeschworen als Fachleute in Gränz- und Rainangelegenheiten. So
hiefsen sie auch dann noch Vierer, als ihrer nur mehr zwei bis drei waren.
Daher auch leicht die Verwechslung mit Führer, als welche sie allerdings
fungierten. Den Namen und die Bedeutung kennt man an Ort und Stelle
noch heute. — 883. Wie Note 873, 371.

holt aufgetaucht sein: man sieht dies bereits aus dem Vertrage von 1631, und wie die Herrschaft immer von Neuem ansetzte, zeigt ein Vorgang von 1748.[884]) Bis ins 16. Jahrhundert gelten die drei Tage, aber der Zusatz lässt einer gewissen Willkür Raum: „Sonst haben sy kain geseczte Robot, aber zu Notturfft dem Gsloss".[885])

Nach Innen hatte der Richter für den Frieden zu sorgen, und für die Bestrafung der Störer. Das Bild ist im Ganzen und im Einzelnen nahezu dasselbe, wie es oben für den Bauer im Gebiete von Starhemberg dargelegt worden ist. Wer streitsüchtig Einen aus seinem Hause fordert, zahlt 5, wer ihm Thür oder Fenster einstöfst, 10 Pfund Pfennige Strafe; wer nachts in seinem Hause einen Fremden trifft, der ihm auf widerholten Anruf nicht antwortet, kann diesen rücksichtslos todtschlagen; den Todschlag durch einen Insassen richtet der Burgherr, darf aber dessen Vermögen nicht einziehen, sondern blos bis zur Strafhöhe von 32 Pfund Pfennigen davon nehmen.[886]) Der Markt hat Freiungsrecht für einen „vmb ehrliche Sach" Flüchtigen bei Erlag von 12 Pfennigen für den Richter; aber ein fremder Todschläger kann nur auf der Burg Freiung finden; kann man sie ihm nicht gewähren, muss man ihn auf fremdes Gebiet in Schutz geben.[887])

Handel und Gewerbe sind frei, blos ungarischer Wein darf nicht in Piesting gehandelt werden, noch verleitgebt.[888])

Die Marktpolizei überwacht die Bäcker, dass sie nach Neustädter Brauch backen, und zieht unrichtiges Gebäck zu Gunsten der Armen ein, sie sorgt dafür, dass bei grofsem Winde jeder Schmied sein Feuer löscht, dass nicht irgend ein Fleischhauer Jemand den Verkauf von Fleisch verweigert, dass die Mafse jeder Art jährlich vom Richter und den Vierern beschaut werden,[889]) und Niemand lange Messer trage, bei 5 Pfund, oder Armbrust, Spiefse oder Hacken, bei 72 Pfennigen Strafe.[890])

884. Graf Karl liefs den Richter und zwei Rechtsbürger mit zwei Gemeindeherren nach Starhemberg befehlen wegen der Robot. Was und wieviel er verlangte, ist nicht bekannt. Aber die Bürger protestierten, dergleichen sei nie von ihnen gefordert worden, und liefsen den Fall protokollieren (Marktprotokoll zu Piesting, f. 3). — 885. Urbar von 1515, f. 18', und von 1528, f. 43. — 886. Wie Note 873, 374. — 887. Ebend. 373. — 888. Ebend. 372. — 889. Ebend. 375—376. — 890. Ebend. 374.

Fremde Grundherren haben für ihre Holden im
Orte je einen Amtmann zu bestellen, vor dessen Druck sie
ihren Schutz beim Marktrichter suchen können; ein stützi-
ger Holde ist bei Letzterem einzuklagen, der auf Termine
hin, die recht nachsichtig gestellt sind, untersucht und entscheidet.[891])

Im 18. Jahrhunderte hatte das Marktgericht die Gewähre für Grund und Boden zu ertheilen, Heiratsbriefe
für Bürgertöchter (nicht aber für Söhne) auszufertigen,
Testamente zu buchen, namentlich in Gränzstreitigkeiten
zu entscheiden, und besonders die Gränzen des Marktes zu
wahren. Eine solche Berainung ist (von 1755) noch vorhanden: sie geschah unter der Führung von vier Vierern,
die 4, 6, 19 und 40 Jahre ihr Amt bekleideten, und mit der
Gemeinde Schritt für Schritt den Gebietsrand abgingen.
Die Feierlichkeit des Vorganges ist ein Beleg, wie ernst
man es mit der Sache nahm.[892])

Das Rathhaus erscheint als solches sehr spät; es
gehörte gar nicht der Gemeinde, sondern der Kirchen-
verwaltung, und ist ihr bereits im 15. Jahrhunderte mit
4½ Pfennigen Zins an die Herrschaft zugeschrieben; sein
„Zechkeller" daselbst diente (1780) 2½ kr.[893])

891. Ebend. 372. — 892. Marktprotokoll zu Piesting, S. 480. Der
Richter stellte vor dem Umgange die Vierer dem Rathe vor, und hielt
folgende Ansprache an sie: „Höret an, ihr geschwornen Führer, weillen
sich die löbliche Purgerschaft alhier vorgenumen, anheut auf die Rai-
nung zu gehen, und unser Rain und Hotter zu besichtigen, welches nicht
allein ein uralter Gebrauch und Herkumen ist, sondern auch wegen unser
und unsern Nachkumenten um eine guete und gerechte Wissenschaft zu
ertheillen und zu uberkumen, ein notwendiges Werckh ist, also wert ihr
euch noch zu erintern wissen, dass ihr bey leztgehaltener Bandeydung vor
Gott und der Welt geschworen und das Jurament abgeleget, dass ihr in
disen eyren Ambt und Verrichtungen ieterzeit, so vill ihr mit gueten
Gewissen suechen könet, die Warheit aussagen, um die Gerechtigkeit
reten, und in der Tat eyre Werckh, wie es von iuramentirten und geschwornen Führern gehoffet, begeret und verrichtet kan werdten, also
auch ihr eyres Ambts halber allen disen fleyfsig nachkumen wollet. Also
wiert anheint von eych begeret, dass ihr uns und die gantze Gemein auf alle
Rain und Stein, so vill die Gemein Waltung anbelanget, und ihr guete
Wissenschaft darum draget, anweiset, und sollhe, wie sonsten gebreych-
lich, mit gewissen Zeichen vermeyret, auch sonsten darbey alles abhandlet,
was die gottgefellige Iustiz und Gerechtigkeit erfortert, dass sowol ihr,
als auch die Jingere so darbey sein, und solches anhören und zuesehen,
in vorfallender Not und Strittigkeiten sich darauf zu leben und zu sterben
gedraueten." — 893. Rusticalfassion von Hernstein im Archive daselbst.

Die Richterreihe von Piesting will Note [894]) geben, und auch einige Schulmeister.

Zu Piesting bestand auch eine Schusterzunft, die 1641 vom Freiherrn Otto von Heufsenstein mit einer „Ordnung" in 19 Artikeln ausgestattet wurde, welche die Regierung 1642 bestätigte. Im Jahre 1692 erbat sie sich das Beschaurecht aller Schuhwaare, die von fremden Meistern auf die Märkte im Starhemberger Gebiete gebracht wurde. [895])

Eine Badstube erscheint bereits 1438, und dann folgend in allen Urbaren, zinsig nach Starhemberg, eine andere (?) 1568 mit 1 fl. dienstbar dem Bisthume Neustadt. [896])

Von den herrschaftlichen Mauten zu Piesting ist bereits oben die Rede gewesen. [897]) Wahrscheinlich waren es Brückenmauten. Hier sei blos eingefügt, dass eine solche

---

894. Richter sind folgende namhaft zu machen: ... 1329 ... Eberl (Steierm. Landesarchiv Nr. 1987 [b]), ... 1427 ... Lorenz (Niederösterreichische Weisthümer 1, 174), ... 1438 ... Georg Pock (Urbar von 1438, f. 285'), ... 1489 ... Wolfgang Steinberger (Steierm. Landesarchiv, und Beilage X.), ... 1618, 1619 Stephan Fuchsgruber, 1619 Christoph Schwanzer, 1619, 1621 ... Sebastian Greiml, ... 1629 ... Stephan Fuchsgruber, ... 1630, 1632 ... Elias Edlinger, ... 1633 ... Georg Spanring, ... 1684, 1686 ... Mathias Schödl, ... 1689, 1694 Blas Früwirth, 1695 ... Balthasar Spanring, ... 1700 ... Blas Früwirth, ... 1702 ... Paul Wolf, ... 1713, 1715, 1719 ... Adam Forster, ... 1723, 1724 Adam Forster, 1726, 1727, 1730 ... Jacob Schödl, 1732 ... Johann Blumberger, ... 1738, 1740, 1741 ... Dominik Rabensteiner, ... 1743, 1745, 1747 ... Johann Blumberger, ... 1748, 1751, 1752, 1753 ... Simon Nagelreiter, ... 1754—1761 Leopold Rabensteiner, 1761 ... Adam Lidl, ... 1766, 1769, 1771 ... Amand Kachelmaier (Kahlmaier, Kohl-), ... 1772, 1774 ... Leopold Schödl, ... 1776 ... Ernst Kolbacher, ... 1779 Leopold Schödl, 1779 ... Anton Steinhauser, ... 1783—1786 Johann Georg Träxler und Joseph Auersperg, ... 1790 ... Johann Georg Hauer, ... 1798 ... Jakob Gölles, ... 1802, 1804, 1811 Franz Grandhofer. — Von Schulmeistern werden blos ... 1630 ... Michael Prägl, der zugleich Marktschreiber war, und ... 1746 ... Johann Georg Pockh genannt. Die obigen Daten von 1618 an stammen aus Protokollen verschiedener Art zu Hernstein, Piesting und Wiener-Neustadt. — 895. Copie im Archive von Neukloster zu Neustadt Nr. 66/20. — 896. Urbare von 1438 ff.; im Jahre 1564 hatten sie Hans Eck und Andreas Trost inne. Bekanntlich waren die Bader auch zugleich Aerzte. Ferner Grundbuch des Bisthums Neustadt f. 244, Archiv des Kreisgerichtes daselbst. Um 1607 wird ein Bader, Michael Lainckhman, dort genannt, um 1732 Johann Blumberger, der auch Marktrichter war. — 897. Vgl. S. 224 mit Note 514.

1806—1809 von Freiherrn Müller an Karl Hoffmann für jährlich 190 fl. verpachtet wurde.[898])

Widerholt, wenn der Staat die Herrschaft in Besitz hatte, werden besondere Amtleute genannt, die „auf dem Thurme" safsen; so 1438 Wolfgang Hassler von Baden, und 1463 August Ryed.[899])

Noch weit kümmerlicher als über den Ort sind die Nachrichten älterer Zeit für die Pfarre und Kirche. Die erste derselben ist (von der Erwähnung der St. Leonhardsbruderschaft oder Zeche im Jahre 1409 abgesehen) jene, welche von der Verleihung ihres Patronates an das Chorherrenstift von St. Ulrich zu Neustadt durch Kaiser Friedrich III. im Jahre 1478 spricht,[900]) und mit diesem Pfründenbesitzer erwähnt ihrer auch die Salzburger Matrikel,[901]) dann das Gewährbuch des Bisthums von 1528,[902]) an welches die genannte Kirche als Domstift überging.

Aus der Zeit der Reformation sind begreiflich der Nachrichten etwas mehr. Man litt auch da meist durch Noth an Personen. So gleich mit dem ersten Pfarrer, von dem in solchen Dingen berichtet wird, Georg Eckel. Dieser, ehemals Profess im Stifte St. Pölten, zu Wien ordiniert, kam (nach 1552) an die Pfarre Bruck an der Leitha, verheiratete sich daselbst, floh dann nach Eisenstadt, wurde Caplan, und erlangte trotzdem 1562 die Pfarre Piesting. Nach 7 Jahren hatte man ihn genügend erkannt, setzte ihn ab, und er ging nach Enzesfeld, wo er 9 Jahre, ohne Messe zu lesen, Pfarrer blieb. Als man ihm schärfer zu Leibe ging, erklärte er sich unumwunden zur Augsburger Confession.[903]) Nach ihm (1570) kam Jodok Nulla (Nuller) nach Piesting, von dem man es verbrieft hatte, dass er gut katholisch sei; doch trat auch er zur neuen Lehre über, und als man ihn 1581 entfernte, wollte die Gemeinde Eckel wieder haben, der in der That den vom Bischofe von Neustadt eingesetzten Pfarrer Paul Obinger verdrängte.[904])

898. Zehentablösungsbuch zu Hernstein. — 899. Keiblinger, Geschichte von Melk 2/1, 685, und Archiv für Kunde österreichischer Geschichtsquellen 10, 393/622. — 900. Glück, Geschichte von Neustadt 139. — 901. Notizenblatt der kais. Akademie 2, 280: „Ecclesia in Piesting. Collator prepositus Noue Ciuitatis. — 902. Archiv des Kreisgerichtes zu Neustadt, f. 29. — 903. Kirchl. Topographie 1/8, 165, und Wiedemann, Geschichte der Reformation 4, 370. — 904. Ebend., ebend. Betreffs Nulla sind in der Behandlung seiner Person merkbare Verschieden-

Erst im Herbste 1582 gelang es, Eckel zu entfernen. In
der Zwischenzeit kam aber der pfarrliche Besitz stark in
Verfall, und heifst es, Freiherr Hans von Heufsenstein habe
ihn eingezogen. Da brachte (der spätere Cardinal) Khlesl
das zweifelhafte Individuum Bartholomäus Häring, ehemals
Conventual zu Waldhausen und Caplan zu Leobendorf, aus
dem Priestercorrectionshause von Greifenstein an die Pfarre
nach Piesting. Der nahm hier ein Weib, gerieth aber mit
Freiherrn von Heufsenstein wegen entzogener Kirchengüter
in Conflict: er sei gewinnsüchtig, liefs der Freiherr ver-
lauten, sein Weib laufe in die lutherischen Predigten, seine
Kinder lasse er beim Prädicanten in Dreistätten taufen
u. dgl. Häring musste gehen, wurde aber sofort offen Pro-
testant, und kam nun als Prädicant zu Herrn von Heufsenstein nach Dreistätten. Und als die Commission, welche
doch Letzterer hervorgerufen, ihn auch da fassen wollte,
nahm der Freiherr ihn in Schutz.[905])

Es ist gänzlich unbekannt, wie und durch wen in geistlichen Dingen der Pfarre eingelenkt wurde. Man weifs nur
vom Pfarrer Fleischmann, den ein Visitationsbericht von
1613 lobt, und dem ehemaligen Lambrechter Professen
Steinpeck, den ein anderer erzfaul nennt, dann bis gegen
1670 von keinem andern. Die wertvollste Nachricht ist
jedenfalls, was Bischof Jakob Eberlein von Seckau, der
Salzburger Generalvicar, von seiner Visitation berichtet,
die er am 3./4. 1625[906]) in Piesting abhielt. Die halbe Pfarrgemeinde ist ketzerisch, sagt er, und zwar mehr aus Träg-
heit der Priester, als aus Eifer der Widersacher. Aufserdem erlässt er eine Reihe von Decreten, die kanonischen
Geräthe u. s. w. betreffend.[907])

heiten zwischen den beiden genannten Autoren. — 905. Ebend., ebend.,
und Blätter für Landeskunde von Niederösterreich 10, 209. — 906.
„(Visito apud) s. Leonardum in Piessting", heifst es zum genannten Tage
in seinem Handkalender im bischöflichen Archive zu Graz. — 907. Das
„Decretum pro parocho" ist bei Wiedemann a. a. O. 372, Note 3 (doch sehr
lückenhaft und schlecht gelesen). Die Decrete sämmtlich finden sich in
Originalen im erzbischöflichen Archiv zu Wien. Das wichtigere ist Ersteres; die übrigen gehen kleinere Vorkehrungen in der Kirche, auf dem
Friedhofe u. s. w. an, dann die Kirchenväter. Hier möge nur jenes folgen:
„Decretum pro parocho. Cur maior pars oppidi in haereseos errores
prolapsa, forsitan pigritia huius ecclesiae antagonistarum causa est. Pastor
si per abrupta graditur, consequens est, ut grex ad praecipitium sequa-
tur. Quod igitur somnolentia hactenus induxit, iam industria et uigi-

Es ist schon erwähnt worden, wie das Pfarrwidem gesunken war, dass man nach der Mitte des 17. Jahrhunderts sich gezwungen sah, Dreistätten mit Piesting zu vereinen. So war es von 1668—1720 der Fall, die sieben Jahre des Pfarrers Moschner ausgenommen. Capläne konnte die Pfarre aber noch lange nach 1720 nicht erhalten.

Vom Besitze der Pfarre und Kirche erfährt man bereits aus den ältesten Urbaren von Starhemberg. Das Rathhaus war selber der Kirche zinsbar; sonst weiſs man, dass 1544 zum Widem 28 Joch Aecker und 6 Tagwerke Wiesen gehörten. Das Pfarreinkommen verwaltete ein Mitglied der Gemeinde, und ward aus dem Ueberschusse der 1529 von den Türken abgebrannte Pfarrhof aufgebaut. Die Kirche für sich hatte aus behausten Gütern und Ueberländen ein Einkommen von 5 Pfund, 7 Schillingen, 19 Pfennigen, einen Weinzehent von ¹/, Eimer und 5 Weingärten, deren Bearbeitung 27 Pfund Pfennige kostete; aus dem Ertrage erhielt der Schulmeister seinen Lohn mit 7 Pfund Pfennigen, und der Rest diente für Nachschaffungen, Ausbesserungen und Beleuchtung der Kirche.⁹⁸) Für ihre eigenen Gründe am rechten Ufer war die Pfarre zehentfrei, am linken theilte sie mit Hernstein und Grillenberg; nur der Weingarten Viereckl, welcher noch dem Spitale in Neustadt diente, gab den Zehent zur Hälfte nach Hernstein, und war sonst frei.⁹⁹) Um 1720 lautet der Ausweis auf 45 Joch Aecker, 15 Wiesen und einen Krautgarten (Alles mit 22 Tagwerken), einen Krautgarten „im Pimbles“, 5 Weingärten mit 26 Tagwerken (davon allerdings 18 öd), den Frauenholzwald und 5 Zehente; die Stola betrug 160 fl.,

lantia iterum euellat. Quod fiet, si parochus vitam moresque suos ita componat, ut doctrina, habitu, gestu aliisque omnibus nihil nisi graue, moderatum, et religione plenum prae se ferat. Sacramentum extremae vnctionis cum in usu non sit, introducat, atque singulis diebus dominicis hora pomeridiana rudes ac paruulos catechesim diligenter edoceat, aquam baptismalem non amplius manu, sed decenti rasculo hauriat, et infantis capiti infundat, videat tamen, ne in eundem fontem, sed suppositam peluim cadat, quam postea in piscinam mittat, nec etiam infantis baptizati caput ab ullo alio permittat tangi, donec abstersum fuerit. Libris prouideat diuersis, in quibus baptizandorum parentum, patrinorum, matrimonio copulatorum et defunctorum nomina et cognomina inscribat, et in reliquis nihil agat, quod decretis generalibus aduersetur, sed secundum ea omnia componat." — 908. Kirchl. Topographie 1/8, 164. — 909. Steierm. Landesarchiv, Acten von Neuberg.

und das Gesammte (doch ohne Wein) an 460 fl.[910]) Processionen gehen 13, und kommen an zwei Festtagen 2 und 4.[911]) Er gedenkt als einer Absonderlichkeit, dass die Eheverlöbnisse nicht vor dem Pfarrer geschehen, sondern wo man will; dann erst melden die Zeugen sie wegen der Verkündigung an.[912]) Zu Anfang dieses Jahrhunderts betrugen die eigenthümlichen Capitalien 5321 fl., die stiftungsmäfsigen 2808 fl.[913])

Die älteste nachweisbare Stiftung ist jene von Andreas Kaiser, auf zwei Seelämter, die etwa um 1700 datiert; bis 1800 folgten noch deren acht, davon die bedeutendste des Pfarrers Mathias Mayer von 1250 fl. auf 50 Messen, dann jene von 350 fl. des Franz Spanring auf 24 Messen; sonst waren solche von der Steinhauser'schen, der Kargl'schen und der Wittmann'schen „Freundschaft", von Elisabeth Meitz, Josefine Heydorn und Barbara Unterberger.[914])

Vom Jahre 1753 datiert die Stiftung einer Frühmesse zur Anstellung und Erhaltung eines Caplanes[915]) durch das Testament der Frau Anna Katharina Plaske (Plaschke) vom 28./12. genannten Jahres.[916]) Sie widmete ein Capital auf Zinseszinsen, dessen Zweck dann erfüllt werden sollte, wenn es 250 fl. Rente abwürfe. Um 1788 betrug dasselbe 2745 fl., und da die Interessen an 100 fl. waren, wollte die Gemeinde den Priester Jacob Plesch von St. Aegyden im Steinfelde als Cooperator heranziehen, was jedoch abgelehnt wurde. Im Jahre 1825 warf das Capital schon 208 fl.

---

910. Erzbischöfliches Archiv zu Wien. — **911.** Visitationsprotokoll im bischöflichen Archive zu Graz. Bei den Processionen heifst es schon im Neuerungssinn: „essent quidem superfluae, sed populus strepitaret". — **912.** Ebend. — **913** und **914.** Erzbischöfliches Archiv zu Wien. — **915.** Sie geschah zur Erleichterung des Pfarrers wegen Zuwachses der Seelenzahl. Aber in Beziehung Letzterer weichen die Angaben der Visitationsberichte von einander ab: der von ca. 1700 gibt 361 Beichtkinder und 80 Nichtbeichter an, der von 1720 61 bewohnte Häuser, der von 1766 ca. 350 Seelen, der von 1770 410 Beichtkinder und 129 Nichtbeichter. — **916.** Das Testament setzte Anna Theresia Horn, die Muhme der Erblasserin, zur Gesammterbin ein, doch nur für den Fruchtgenuss, mit Ausnahme eines Heiratsgutes von 500 fl. Die Hälfte des unbeweglichen Gutes, der Capitalien und Ausstände habe für Errichtung einer Caplanstelle zu Piesting zu dienen, und für eine Frühmesse sammt Predigt an allen Sonn- und Feiertagen neben dem gewöhnlichen Gottesdienste. Zu den Immobilien gehörten zwei unbedeutende Häuser in Wien.

ab, und da der Pfarrer Doppelhofer gichtbrüchig und die grofse Fabrik viele Mühe machte, ward abermals ein Cooperator beantragt, und sollte der Religionsfond den Rest aufzahlen. Die Regierung war zwar einverstanden, das Consistorium aber nicht. Fünf Jahre später bat die Gemeinde neuerdings um einen Hilfspriester, da die Volkszahl wieder um 300 Seelen gewachsen, und wenn von den 250 fl. noch 60—70 fehlten, so wolle sie 40 fl. darauf zahlen. So trat 1831 der Caplan Martin Winter den Posten an. Im Jahre 1832 kam er als Provisor nach Waldeck, und nun machten ganz andere Stimmen sich geltend: Pfarrer Hoffmann versicherte, im Einklange mit der Gemeinde, dass diese Caplanstelle an seinem mageren Einkommen so zehre, dass er bereits einen Theil seiner Habe versteigern musste, und mit Furcht dem Winter entgegensähe; man solle lieber einem Deficientenpriester die geplante Frühmesse überlassen; die Gemeinde aber erklärte, sie selber könne ihren Beitrag nicht weiter bezahlen, bei 837 Seelen reiche der Pfarrer allein aus, und es gäbe so viele andere nahe Pfarrkirchen für den Besuch des Gottesdienstes.[917])

Seit 1800 bestand aus der Stiftung der Unterbergerschen „Freundschaft" eine Capelle bei der Brücke am Bache, wo alle Samstage eine Ampel vor dem Standbilde des heiligen Johannes brennen sollte.[918])

Bruderschaften bestanden drei, und war die älteste vom heiligen Leonhard, die bereits 1409 erwähnt wird.[919]) Um 1700 wird eine Apostelbruderschaft genannt, die allmälig einging, 1739 wieder errichtet wurde, und 400 fl. Capital und einen Ablass besafs, dann später noch die Bruderschaft der ewigen Anbetung, ohne geistliches oder weltliches Capital.

Durch die Abmachungen des Staates mit Wiener-Neustadt, nach Uebertragung des dortigen Bisthums nach St. Pölten, kam das Patronat an jene Stadt.

Die Reihe der Pfarrer gibt Note[920]).

917. Sämmtliche Acten im erzbischöflichen Archive zu Wien. — 918. Ebend. — 919. Steierm. Landesarchiv Nr. 4390ᵃ. Sie kaufte von Stephan Grewl ¾ Zehente auf Weingärten am Niedernberg im Wallweg und in der „Schrapat". Es ist aber gewiss, dass dies die „Kirchenlade" und nicht eine Bruderschaft aufserhalb derselben war. — 920. Pfarrer werden genannt: L..1515... Castian (Urbar von 1515), 1562—1569 Georg Eckel (Wiedmann, Geschichte der Reformation 4, 370), 1569

Von Piesting führt die Stralse über Wellersdorf an die
Thalmündung und stölst da an die mehrfach erwähnte
Blätterstralse, auf der sie nach Südwesten über die Leber-
äcker und an den sogenannten Hexenbücheln, den Resten
der alten Ulrichscapelle und altgeschichtlichen Weinbergrieden des Fischauer Berges vorüber nach

Fischau

führt. Dies ist der älteste, grölste und mit geschichtlichen
Daten verhältnissmäfsig am reichsten ausgestattete Flecken
des Gebietes. Bis zum Markte konnte er es aber nicht
bringen. Und er konnte nicht dazu gelangen, ungeachtet
er schon frühzeitig ein angesehener Ort war, und man ihn
bereits im 12. Jahrhunderte einen Marktflecken nannte.
Es ist bereits davon die Rede gewesen,[921]) wie man
dermalen kaum anders kann, als jenes Fiskere, wo Erzbischof Adalwin von Salzburg 875 eine Kirche weihte, für
Fischau, oder etwa dessen angränzende Gegend Fischling
zu halten. Uebrigens bedarf man dieses vereinzelten Datums, das mit den späteren ohne Zusammenhang dasteht,
gar nicht, um der Ansiedlung ein hohes Alter zuzuschrei-
ben.[922]) Sieht man von solchen Leuten, die sich vom Orte

bis 1578 Jodok Nuller (ebend.), 1578 Paul Oberger (ebend.), 1578 bis
1582 Georg Eckel (ebend.), 1582—1592 Bartholomäus Häring (ebend.),
...1613... Balthasar Fleischmann (ebend.), ...1625, 1629... P. Johann Adam Steinbeck (auch Saxipistorius genannt) (Steierm. Landesarchiv, Acten von Neuberg), 1668 bis 1677 Mathias Steinpiller (zugleich
Pfarrer in Dreistätten) (erzbischöfliches Archiv zu Wien), 1677—1684
Johann Moschner (ebend.), 1684—1719 Heinrich Martini (zugleich Pfarrer in Dreistätten) (ebend.), ...1710... Sebastian Piberger (ebend.),
...† 1723 Provisor Marcus Gäufsler (Archiv des Kreisgerichtes zu
Neustadt, Inventurprotokoll f.11'), ...1740, 1741... Provisor Sebastian
Spitzer (bischöfliches Archiv zu Graz), ...1745, 1746...Johann Georg
Heydenkumer (ebend.), ...1760... Provisor Sebastian Spitzer (erzbischöfliches Archiv zu Wien), ...1766... Mathias Mayer (ebend.),
...1777... Franz Pilly, ...1788, 1808... Jacob Trinkhaus, ...1810,
1830... Crescenz Doppelhofer, ...1832... Franz Hoffmann. — 921.
Vgl. S. 19 mit Note 25. — 922. Weder das Diplom Kaiser Heinrichs II.
von 1020, 24./4., womit derselbe dem Erzbischofe Hartwig von Salzburg
„sex regales mansos in capite fluminis ... Viscaha vocati ... ubi uetu-
stissimi antiquitus constructe ecclesie adhuc manent muri" schenkt (Klein-
mayer, Nachrichten, Anhang 216/87), und das von der Kirchl. Topographie 18, 103 und 105 Note auf dieses Fischau bezogen wird, noch

nennen, ab,[922]) so geht die älteste sichere Nachricht auf die
Jahre 1130—1147 zurück; im letztgenannten nämlich trat
Kloster Reun unter Anderem Liegenschaften, die es bereits einige Zeit hindurch zu Fischau besafs, an das Stift
St. Lambrecht ab.[924]) Einen Weinberg daselbst widmete
der Arzt (des Markgrafen Otakar von Steiermark) 1160
zur Bestiftung des Spitals am Semring;[925]) ungefähr um
dieselbe Zeit begegnet man den Grafen von Neuburg-
Falkenstein als Besitzer in Fischau, und zwar aus Verleihung desselben Markgrafen[926]), zu Fischau stellte Letzterer 1163 die Gründungsurkunde von Vorau aus,[927]) und
dort auch gab er, wohl zur selben Zeit, seine Genehmigung
zum Verkaufe gewisser Güter zu Würflach durch Liutpold
von Natschbach an das Kloster Admont.[928]) Um 1166 erwarb Seckau einen Hof an der Fischa, und damals spricht
man von Fischau als „forum“, von seinen Bewohnern als
„forenses“, und der Rechtstitel der erwähnten Erwerbung
geht auf das „ius forense“.[929]) Die Nachrichten, dass hier
zu Ende des 12. Jahrhunderts geistliche und weltliche Versammlungen tagten, widerholen sich: es lässt sich nicht annehmen, dass für selbe ein Ort gewählt worden wäre, der
nicht eine gewisse Bedeutung für damals, und somit auch
eine Zukunft besafs. Im Jahre 1170 weihte Erzbischof
Adalbert von Salzburg hier nicht weniger als 30 Cleriker
von Klosterneuburg,[930]) und 1172 begegnet man ihm aber-

die Urkunden der Erzbischöfe Erhard und Konrad I. von 1163 und 1169,
7./8. (Meiller, Salzburger Regesten 105/242, und 118/15) gehören hieher,
wie Meiller bereits darthut. Sie geben das Dorf Fischau unfern Salzburg
an. — 923. Dergleichen „Genannte“ sind ca. 1145 Pabo de Vischa
(Urkundenbuch des Landes ob der Ens 1, 290), Maganus de Vischa
(Steierm. Urkundenbuch 1, 308), Olscalcus et Eberhardus de Viscah
(ebend. 396), 1166 Diepolt, Ölscalch, Marquart, Amelrich de Uiscab
forenses (ebend. 463), ca. 1160 Amelrich de Vischaha (Font. rer. Austr.
2/4, 54), Vlricus de Vischa (ebend. 2/3, 428), ca. 1190 Ortlieb de Vischa
(Urkundenbuch des Landes ob der Ens 1, 689), Uvluingus de Uischovve
(Steierm. Urkundenbuch 2, 222), 1230 Wlfinch de Vischawe (ebend. 368),
Wulfingus de Vischowe (ebend. 502), Heinricus Vischaher (ebend. 542).
— 924. Ebend. 1, 275. — 925. Ebend. 395. — 926. Falkensteiner
Codex f. 7'; vgl. oben Seite 40 mit Note 76. — 927. Steierm. Urkundenbuch 1, 445, 468. — 928. Ebend. 397. — 929. Ebend. 462, „forenses
nostri in foro Uiscach“. — 930. Mon. Germ. 11, 630, und Meiller, Salzburger Regesten 21/31: „Hoc anno (1170) sub Wernhero preposito con-
secrati sunt fratres Neunburgenses xxx clerici a venerabili archiepiscopo
Alberto apud Vischa.“

mals daselbst für gleiche Verrichtungen.[931]) Auch Graf
Siboto von Neuburg war, vermuthlich mit anderen Vornehmen zusammen, hier um 1170—1180,[932]) und Herzog
Otakar von Steiermark ca. 1185.[933]) Eben da zu Fischau
fanden, vielleicht zum selben Male, jedenfalls vor 1186,
jene Vorverhandlungen statt, die mit der Erwerbung Steiermarks durch Oesterreich abschlossen. Trotz schweren
Leidens rief Otakar neben Herzog Heinrich von Medling
eine Reihe von freien Leuten aus Oesterreich nach Fischau,
und übergab ihnen Güter, die er verstreut im Lande besaſs.[934]) Die folgenreichste Zusammenkunft jedoch fand
zwischen 1193—1194, entweder im Orte selbst, oder, was
sehr häufig, auf offenem Felde dabei statt. Herzog Liutpold von Oesterreich trug sich nämlich sofort nach Antritt
der steirischen Erbschaft mit dem Gedanken einer Stadt-
gründung auf dem Gebiete diesseits des Semring, und es
war hier, wo er mit seinen Ministerialen die Anlage der
Neustadt durch Uebertragung des Marktrechts von Neunkirchen berieth.[935]) Die ganze Umgebung zählte keinen
eigentlichen Marktflecken aufser Neunkirchen, und dieser
gehörte gröfstentheils dem Kloster Formbach. Dort war
also ein städtisches Anwesen, das dem Fürsten allein dienstbar sein sollte, nicht leicht denkbar. Vielleicht hatte man
Fischau selber im Auge, da die Münzstätte von Neunkirchen schon hieher verlegt war. Allein die Beratung
erwog ohne Zweifel das Für und Wider der Lage des
Ortes und man gab einem neugewählten Platze, wo auch
bedeutende Wasserkräfte sich vereinten, den Vorzug.
So lässt sich sagen, dass jene Versammlung über die
Zukunft von Fischau, und zwar zu dessen Ungunsten entschieden habe.

---

931. Ebend. 9,584: „Adilbertus archiepiscopus apud Vischa ordi-
nes celebrauit." — **932.** Falkensteiner Codex f. 22'. — **933.** Steierm.
Urkundenbuch 1, 610. — **934.** Enenkel's Landbuch bei Rauch, Script.
rer. Austr. 1, 245, und Handschrift des steierm. Landesarchives f. 110':
„Dv dem (herczogen Otacker) gebrast an dem leibe, dv reit er her ze
Vischa, vnd sante nach dem herczogen Hainreichen von Medlich, vnd
nach dem tvmvogte Otten von Regenspurch, vnd nach hern Levtweine
von Svnnenberch, e daz gedinge geschaehe mit dem lande ze Steirn her
ze Osterreich." — **935.** „Dux facta conuentione iuxta Vischa cum ministerialibus suis de noua ciuitate edificatione et foro Nuwenchirchen com-
mutatione" u. s. w. Urkundenbuch des Landes ob der Ens 1, 192.

Admonter Besitz trifft man zu Fischau bereits seit ca.
1185,[936]) und selbst St. Peter zu Salzburg um ca. 1195 mit
einer Hube aus Schenkung des Erzbischofs Adalbert.[937])
Es ist fühlbar, wie von dem Augenblicke ab, wo Neustadt begründet wird, das Zuzugsleben in Fischau aufhört.
Seine Rebenlage lässt es zwar nicht verkommen; dem wirkt
auch einige Zeit seine einflussreiche Priesterschaft entgegen,
und der alte Weg der Blätterstrafse kann seine Anziehungskraft nur allmälig eingebüfst haben. Aber seine Entwicklung ist durch den jungen Nachbar unterbunden, und es
bleibt ein Dorf.

Die Nachrichten aus dem 13. Jahrhunderte sind nicht
der Rede wert. Eigentlich ist blos zu gedenken, dass der
Herzog von dort 4 Fuhren und 18 Eimer Bergrecht bezog, und aus dem Brunnerthale nur um acht Eimer weniger.
Aber das 14. bringt manche Daten von Besitz für Leute
von nah und fern.[938])

---

936. Um ca. 1185 trat Ortlieb von Fischau dem Kloster Admont
„duas uineas ad Vischa, et xx iugera agrorum, et locum curtis ibidem",
und 1186 „uineam bonam apud Viscach" auf den Todesfall ab (Steierm.
Urkundenbuch 1, 643, 657, vgl. auch 2, 58). Diese Güter verlieh dann
1224 Abt Gotfried dem Pfarrer Bernhard von Fischau für dessen Person
allein (ebend. 2, 304, 307 und 308). — **937.** Er widmete dem Stifte
„partem beneficii ducis Stirensis, quod consecutum se Liupoldus dux
Austrie dicebat", nämlich „dimidium mansum ad Fischa" (Notizenblatt
der kais. Akademie 1856, 309). **938.** Dergleichen Daten sind folgende
(von Neuberg betreffenden, die an anderer Stelle gegeben werden sollen,
abgesehen): 1. Ca. 1275 bezieht der Landesfürst aus Fischau ein Bergrecht von 4 Fuhren und 18 Eimern jährlich (Notizenblatt der kais. Akademie 1855, 384). 2. 1360, 25./5. verkauft Jeut, Frau des Stadtschreibers
Nicolaus zu Neustadt, an Hartnid von Tiefenbach drei Wälder am Vischa-
perge (Steierm. Landesarchiv Nr. 2746ª). 3. 1360, 6./11. desgleichen
Leutold von Stadeck an Hartnid von Tiefenbach Gülten zu Vischa, auf
dem Zweich und zu Zweiersdorf (ebend. 2762ª). 4. Im 14. Jahrhunderte
haben die Grafen von Pernstein Allode zu Vischa und Brunn, und Philipp
Freisinger ist darauf ihr Lehenmann, welcher 1366 seine Weingärten,
„die ietzund öde sint ... an dem obern perig vnder dem hangunden
stain" beim Neuberger Gemärke, „vnd ovch mitsambt demselben hangunden stain" an Hartnid von Tiefenbach verkauft (ebend. 2957ª). Der
„hangunde stain" kann kaum etwas anderes sein als der Teufelsmühlstein
oder Steinerstadl im Marchgraben, denn der obere „perig" ist der Wellersdorfer Berg, und das Gemärke von Neuberg ist im Marchgraben gewesen.
5. 1363, 26./1. verkauft Niclas von Mürzzuschlag an Hartnid von Tiefenbach eine Hofstätte zu Vischa, und am selben Tage Bernhart von Meiersdorf ihm ein Ganzlehen u. s. w. (ebend. 2854ª und ᵇ). 6. 1369, 18./12.
desgleichen Rudel von Tiefenbach seinem Bruder Hartnid ½ Pfund Gülten

Aus diesen Urkunden sieht man, dass die Landesfürsten hierorts zuvörderst die eigentlichen Grundherren
waren, dass sie vielfältig an Edelleute und Bürger von
ihrem Besitze verlehnten, ja sogar ungarische Grafen —
wie die von Pernstein — treten da als Eigenthümer auf,
und im 15. Jahrhunderte die geistlichen Stiftungen von
Neustadt: das Neukloster, die Pfarre und spätere Propstei
und Domkirche St. Ulrich, das Kloster St. Peter und die
Deutschherren. Doch in rein geschichtlicher Beziehung
klafft eine weite Lücke für den Ort; nur ein paar neben-
läufige Nachrichten lassen bestimmt annehmen, dass Fischau
in den Kriegsjahren 1529 und 1532 sehr stark mitgenommen
worden. So sagt Abt Martin von Neuberg 1536 in einer
Eingabe an König Ferdinand I., dass seine Höfe und Pfarren
durch „zway turkische beswerliche Straifzug", und dann
„der widerwertigen Hispanier vnd Talianer Verderben,
Verherung vnd Verwuestung" sehr gelitten.[939]) Der zweite
türkische Streifzug war der Abmarsch der Türken, nachdem sie Wien ein zweites Mal zu belagern aufgegeben,
über Neustadt und Aspang, bei welcher Gelegenheit sie
nahe Fischau zersprengt wurden.[940]) Wie Fischau 1683
unter den Osmanen litt, ist bereits oben, bei allgemeiner
Darlegung der Türkenschäden auf der Herrschaft Starhemberg, erzählt worden.[941])
    Der herrschaftliche Besitz zu Fischau, also der in
irgendwelcher Form nach Starhemberg dienstbare, betrug
1438 und 1457 32 Hofstätten als behauste Gründe, und

zu Vischach (ebend. 3072 °). 7. 1410, 28./5. belehnt Graf Hugo von Montfort die Vettern Melchior und Hartnid von Tiefenbach mit ehemaligen
Stadecker Gütern (ebend. 4422). 8. 1420, 4./7. spricht Erzherzog Ernst
das Kloster Lilienfeld vom Zehente am Vischawer Berge los (Orig., Staatsarchiv zu Wien; Lichnowsky, Regesten 5/1952). 9. 1422, 2./1. belehnt
Graf Hugo von Montfort den Herzog Ernst mit Mühle, Hofstätten und
drei Höfen zu Vischa bei Brunn, welche derselbe von Hartnid von Tiefenbach gekauft hatte (ebend., ebend. 5/2057). 10. 1455, —/6. schenkt
Kaiser Friedrich III. dem Neukloster zu Neustadt drei Weingärten zu
Vischa (Kirchl. Topographie 1/8, 8). — 939. Steierm. Landesarchiv, Acten
von Neuberg. — Die „widerwertigen Hispanier" u. s. w. waren jene
Truppen, welche Kaiser Karl V. 1532 zwischen Rab und Wien gegen die
Türken aufgestellt hatte, und die nach Abzug Letzterer unter grossem
Plündern der Länder nach Italien abzogen (vgl. Steierm. Geschichts-
blätter 6, 28 ff.). — 940. Selbstbiographie Sigmunds Freiherrn von Herber-
stein in Font. rer. Austr. 1/1, 301. — 941. Vgl. oben S. 232.

die Vogtei begriff 25 Häuser, 1 Hof und 7 Hofstätten, 25 Hölzer und 7 Wiesen. Das Kloster Neuberg besaß um diese Zeit nur zwei nach Starhemberg unterthänige Hofstätten, und in der Herrschaft Vogtei einen Hof, als welchen man den späteren Berghof erblicken kann, und wofür es 8 Pfennige entrichtete. Auch begegnet man als Besitzer eines Waldantheiles die Familie von Rappach, und besteht schon die sogenannte obere Mühle, eine Walchstampfe und eine Badestube. Bis 1515 ist ein geringer Anwachs an behausten Gründen zu bemerken, und ein etwas bedeutenderer bis 1564; für beide Jahre stellt sich das Verhältniss bei Hausgut auf 34 : 42, bei Vogteigründen, und zwar bei Häusern auf 23 : 23, Höfen 1 : 2, Hofstätten 7 : 3, Hölzern 30 : 31 und Wiesen 7 : 7. Um 1726 verfügte Graf Karl Christoph von Heußenstein dort nur über 6 Halb-, 14 Viertellehen und 5 Hofstätten, die an Grunddienst, Wacht- und Robotgeld 48 fl. entrichteten, Taz und Ungeld betrugen 110 fl., und die Pachtung des Bräuhauses 200 fl. — Die Zugrobot war bei 10 Holden auf 12 fl., die Handrobot bei 22 auf 6 fl. angeschlagen, und bei den unbehausten Inwohnern zusammen auf 6 fl. Als Seine kaiserliche Hoheit Herr Erzherzog Rainer die Herrschaft erwarb, betrug die Zahl der unterthänigen Feuerstellen 10 Halb-, 24 Viertel- und 6 Achtellehen nebst 22 Kleinhäusern, die zusammen 75 fl. an Hauszins, Drittelsteuer und Wachtgeld, und bei 8 fl. Grunddienst gaben; ihre Roboten waren 4420 Tage, nämlich 1040 Zug- und 3380 Handtage, welche auf 200, resp. 526 Tage und 243 fl. W. W. herabgesetzt und abgelöst waren; an Taz zahlte Fischau 333 fl. und an Ungeld 160 fl.; der Blutzehent brachte 49 Hühner und 704 Eier; von der Fischerei und Jagd nächst Fischau ist bereits[942]) erzählt worden; Ausschank- und Auskochrecht waren herrschaftlich und verpachtet. Der bescheidene Eigenbau der Herrschaft ward auch schon erwähnt.

Desgleichen ist hinsichtlich des „Hofhauses" der Fall.[943]) Diese kleine Residenz besaß eine Capelle, über welche unten bei der Pfarre und Kirche Einiges beigebracht werden soll.

Ebenso ist erzählt worden, wie Manche in dem Schlosse zu Fischau die alte Münzstätte suchen wollen, die aller-

942. Vgl. S. 224. — 943. Vgl. S. 236, Note 550.

dings im 12. Jahrhundert einige Zeit im Orte bestand. Sie wird als „Viscacensis moneta" nur Einmal genannt,[944]) die Münzmeister indess lassen sich bis nahe an das Lebensende Herzog Otakers verfolgen.[945]) Man sagt, die Münze sei früher die der Püttener Grafen gewesen, und diese hätten zu Neunkirchen Geld geschlagen; weil aber Kloster Formbach nach dem Aussterben der Püttener Ansprüche auf den Ort erhob, hätte Otaker die Münzstätte nach Fischau verlegt, das gänzlich sein Eigen war. Doch einen Pfennig dieser Präge hat man bisher noch nicht ausfindig gemacht.[946])

Aus dem Seckauer Hofe, der zuerst für das Jahr 1166 genannt wird,[947]) ist durch Verleihung an Bürger von Neustadt, durch Verkauf von Seite dieser Burgrechtsbesitzer mehr und mehr ein Privatgut geworden, das endlich dem Stifte vollkommen entging.

Zu der 1438 bereits angeführten Mühle kamen 1448 noch zwei andere: die „Swertzer mul", und jene weiland Heinrich Rindscheid's, welche das Capitel von Neustadt Kaiser Friedrich gegen Anweisung von 38 Pfund Pfennigen auf die Ausseer Mauth abtrat.[948]) Das ebenfalls dort erwähnte Bad erscheint 1363, und zwar in der Person eines Badknechtes zuerst;[949]) 1438 hielt es Erhard Haiden aus Neustadt, 1457 Hans Fugs; beide zahlten je jährlich 8 Pfennige Vogtzins. Bierbrauer lassen sich erst seit 1614 nachweisen in Georg Kugelmaier, der 1621 „Hofpraier" genannt wird.[950])

944. Steierm. Urkundenbuch 1, 462. — 945. Ebend. zum Jahre 1166 „Eberhardus monetarius dispensator (marchionisse) aliquando, et uxor sua Truta, et filii Heinricus et ...", dann ebend. 657 zum Jahre 1186 „Ortlieb de Viscach economus et monetarius ducis ..." Vielleicht gehört auch der „ludeus nomine Selom" von 1193—1194 hieher (Urkundenbuch des Landes ob der Ens 1, 691). — 946. Vgl. Jahrbücher der Literatur 1843, 101, Anzeigeblatt 16 ff., dann Numismatische Zeitschrift 11 (Aufsatz von Luschin). — 947. Steierm. Urkundenbuch 1, 462, und Landesarchiv Nr. 872 und 903. — 948. Chmel, Regesten 1/2484, wenn nicht etwa diese zwei Mühlen „an der Vischa" bereits ausserhalb des Burgfriedens von Fischau zu suchen sind. Betreffs einer herrschaftlichen Mühle daselbst findet sich vom Jahre 1619 ein Vertrag der Freiin Anna Maria von Heufsenstein mit dem Zimmermann Christoph Schwabenöder von Veslau über den Umbau im Gerichtsprotokolle zu Hernstein. — Im Jahre 1642 war Elias Kunstmann „Mülner auf der Hofmühl" (Steierm. Landesarchiv, Acten von Neuberg). — 949. Steierm. Landesarchiv Nr. 2854ᵇ. — 950. Ebend., Acten von Neuberg.

Die Namen der Rieden, und zwar vorerst blos aus herrschaftlichen Urbaren, die Familiennamen und eine Richterreihe gibt Note [951]).

Von weit mehr Bedeutung als der Starhemberger Besitz zu Fischau unter den Pfandinhabern der Herrschaft von Rauber bis zu Denen von Heufsenstein war aber jener des Klosters Neuberg. Wenigstens gilt dies von den einträglichen Gründen, den Weinbergen, die, was ihre Zahl und Ausdehnung anbelangt, jenen anderen die Wage hielten.

Zugleich mit der Stiftung und Begabung des Klosters soll Herzog Otto auch sein Bergrecht zu Fischau demselben gewidmet haben. Man weifs dies aus der Bestätigung der Gründung durch Erzbischof Friedrich von Salzburg von 1331.[952]) Damit war übrigens blos das Einkommen an „nassem Grundzinse" gemeint, das der Landesfürst bezog, aber keine Grund- und keine Gerichtsherrlichkeit. In welcher Ausdehnung diese Gnade galt, erfährt man aus späterer

951. Der Riednamen dieser Abtheilung sind nur ganz wenige, nämlich der Attackher, im Auflaittern, das Gspöt, im Loch (dort liegt die obere Mühle). St. Nicolai am Stain (St. Nicola auf dem langen Jochen), in der Peunt, im Reming (Rening), auf den Schöllern, die Zukhen. — Familiennamen des 15. Jahrhunderts sind Emphinger, Fassel, Kaumauf, Kerner, Korntheuer, Kroswiser, Kuemaul, Kuen, Laimengöpel, Meyerl, Menhart (Manhart, -hait), Pauker, Pernhawer, Pringer, Rauscher, Redl, Rewzz, Steinbrecher, Stubenfoll, Trostel, Tumbler, Weichselberger, Weintegel, Wolgemut, Zeter und Zusserer; des 16. Jahrhunderts: Blümel, Brauer, Bundschuh, Feygel, Freyschlag, Hauecker, Hocheneckher, Keck, Kegler, Krebs, Kren, Kurzinger, Leibmetzer, Lindauer, Lindenbauer, Lindner, Nagel, Nebauer, Pellitz, Posch, Raitz, Raschel (Reschel), Steidl, Stöfsl, Vechsperger und Voglsang. Die Richterreihe (und zwar ohne Unterschied, ob gräflich Heufsenstein'sche oder Hofrichter, oder ob Dorfrichter) ist: ca. 1190 Reginold, ...1217... Konrad, ...1360... Thoman der Schipfenslag, ...1380... Thoman, ...1487... Wolfgang Manhait, ...1530... Hans Bergmeister, ...1620, 1622... Hans Stickler, ...1623, 1625... Ruprecht Gruber, ...1627 Andreas Pieringer, 1627... Adam Hofstetter, ...1654... Georg Stieny, ...1690, 1693, 1695... Hans Hässl, ...1698... Karl Pieringer, ...1701... Mathias Steiner, 1723, 1725, 1729, 1731 Leopold Sauerwein, ...1733... Hans Grill, ...1736, 1738, 1740, 1742... Leopold Sauerwein, ...1745... Joseph Rabel, ...1782 Jacob Sauerwein, ...1816... Mathias Pichler. — **952.** Steierm. Landesarchiv Nr. 2016^c; der Ausdruck ist einfach „ius montanum in Vischach". Nach dem Rationarium König Otakars von ca. 1275 betrug es „iiii carratas et insuper xviii vrnas, in Pruntal...iiii carratas vrnas x" (Notizenblatt der kais. Akademie 1855, 384).

Regelung des Verhältnisses: sie begriff nämlich den Fischauerberg, im Norden des Ortes, und das Brunnerthal, im Süden desselben. In folgenden Zeiten nannte man letztere Gegend auch den Weickersdorfer Berg.

In reichlicher Weise ergänzte Herzog Otto diese Schenkung 1335. Er übertrug dem Kloster sein Bergrecht zu Wellersdorf (rechtes Ufer), vom Marchgraben an bis zur Gränze des Fischauerberges: aus diesem Gebiete bezog der Landesfürst 11 Fuhren und 20 Eimer Bergrecht.[953])

Das sind die Anfänge von Neuberg in dieser Gegend. Sie fanden lebhafte Fortsetzung. So erwarb Neuberg vom Stifte Vorau 1355 Bergrechte und Zehente im erwähnten Brunnerthale,[954]) 1361 vom Neustädter Bürger Jacob Vierdung Zehente im Fischling,[955]) 1375 vom Pfarrer Niklas zu Krieglach dessen väterliches Erbe zu Fischau,[956]) 1431 von Walther Zebinger, der in die Siechencapelle zu Neuberg eine Stiftung machte, drei Weingärten auf dem Fischauerberg und im Dorfe, dann einen Keller (auf dem Friedhofe) im Orte,[957]) 1443 von Katharina Kulmer einen Weingarten, genannt Klech, am genannten Berge,[958]) und von Hans Auer zu Wolkersdorf einen lehenbaren Hof zu Fischau.[959])

---

953. Ebend. Nr. 2078[b], und Lichnowsky, Regesten 3/1002; die Umschreibung lautet: „ius montanum in Welestorf situm, incipiens in Mortgraben ad vineam dictam Salichenawer, et ab illa ad vineam dictam Spitaler, ducitur super montem dictum Chueperg, item a dicta vinea Salichenawer usque ad montem Puchaimarii protensum, de quo vndecim karrate et viginti vrne vini annis singulis seruientur, omni iure ac vsufructu ... proprietatis iure ac modo.“ Beide Berge sind heute nicht mehr nachweisbar, doch ist die Richtung jene, wie oben angegeben, und der Kühlberg noch 1640 erwähnt. Nach der Anordnung des Verzeichnisses des genannten Jahres müsste er südlich von Wellersdorf zwischen den Sturm- und Schleicheräckern zu suchen sein. -- Wenn die Fuhr- und Fuderrechnung im 14. Jahrhundert schon die gleiche war wie im 16., so betrugen die 11 Fuhren (à 32 Eimer) 352 Eimer. In Hernstein hatte die Fuhre des 12. Jahrhunderts blos 6 Eimer. Im Jahre 1275 betrug das landesfürstliche Bergrecht in „Welantstorf carratas ii vrnam i“ (Notizenblatt der kais. Akademie 1855, 384). — **954.** Ebend. Nr. 2536[a]. — **955.** Ebend. Nr. 2802[b]. — **956.** Ebend. Nr. 3219. — **957.** Ebend. Nr. 5277[a]. -- **958.** Ebend. Nr. 5834[a]. · **959.** Ebend. Nr. 5852[a]. Der Hof war landesfürstliches Lehen, und König Friedrich übertrug 1443, 2./8. dem Kloster auch das Eigenthum (ebend. Nr. 5855[a]). Es ist derselbe Hof, der seit 1457 in den Starhemberger Urbaren als mit 8 Pfennigen vogtrechtlich im Klostereigen erscheint.

Bis 1397 war Neuberg in Fischau blos der Nutzniefser des von Herzog Otto ihm abgetretenen Bergrechtes. Im gedachten Jahre nun bekam es durch Herzog Wilhelm auch die sogenannte „fürstliche Freiung" auf jenen Gütern, von welchen es bis dahin blos das Bergrecht bezogen: auf seinem „hoff zunagst der staynbrucken auf dem Wyndpach", und auf den zwei Gebirgszügen, „ainer genannt Vischaerperg, der ander das Prunnerthal". Jetzt vergab es als Grundherr die bergrechtlichen Gründe selber, und ward der Gerichtsherr seiner Holden, unabhängig von dem Pfleger zu Starhemberg, der fortan blos das Landgericht mehr üben durfte. Zu all' dem gab ihm der Herzog noch die freie Fischerei daselbst.[90]) Die letztere Gnade ward 1447, 13./6., von König Friedrich für die Bäche Fischa und Windbach abermals festgestellt, und zwar für die Strecke von der „s. Niclas kappellen vntz der mittern furt".[91])

Der Eigenbesitz von Neuberg an behausten Gütern war nie grofs, reich aber gestalteten sich seine grundherrlichen Bezüge. Ersterer betrug 1542 blos ein Gut zu Fischau, vier zu Piesting, und je eines zu Wellersdorf und Wopfing; aufserdem hatte es Ueberlände zu Wellersdorf, Piesting und Neustadt an Weingärten, Wiesen, Aeckern und Wäldern. Die eigenen Weingärten brachten ihm (allein um Fischau) jährlich 342 Eimer, der Weinzehent (zu Piesting ganz, zu Potschach zwei Drittel) 266 Eimer, das Bergrecht zu Fischau 143 Eimer, alle Kosten für Bau, Lesen, Träger, Hüter (Currenten), Presser und Fuhrleute, sodann Einnahme der Zehente und Bergrechte beliefen sich (Reichenau einbegriffen) auf 489 Pfund Pfennige.[92])

960. Ebend. Nr. 3924, und Lichnowsky, Regesten 4/1191. Dass aber doch die Pfleger nicht gerne vom Hergebrachten liefsen, zeigt ein Befehl Herzog Albrechts V. von 1416, 14./10., womit er ihnen alle Einmischung in die Grundrechte des Klosters auf den zwei Bergen untersagte (ebend. Nr. 4639ª). — **961.** Chmel, Regesten 1/2292. — Ueber die späteren Streitigkeiten über die Fischerei mit Denen von Heufsenstein vgl. oben S. 239—240 mit Note 552. — **962.** Steierm. Landesarchiv, Acten von Neuberg. Eine andere Zusammenstellung aus den Jahren 1543 bis 1568 (ebend.) stellt den Weinzehent zu Piesting und Potschach auf 222 Eimer, das Bergrecht zu Fischau auf 141, nennt den Eigenbau schlecht, und beziffert die Auslagen auf 491 Pfund. Um 1568 heifst es, dass das gesammte „nasse Einkommen" in mittleren Jahren 1122 Eimer betrug, und eine zweite Notiz desselben Jahres sagt 1317 Eimer, 16 Achtering; davon gingen zu Hausbedarf und im Verkauf an die Tafernen ab

Uebrigens hatte das Kloster im 17. Jahrhunderte
nicht nur um und bei Fischau, sondern auch auf weitere
Entfernungen von da Eigenweingärten; so zu Gumpoldskirchen (4), Pfaffstätten (2), Triebswinkel (1), Baden (2) und
Leobersdorf (6); manche davon waren schon sehr früh erworben, um 1328, 1347, 1361, 1422 u. s. w.[93])

Vom Amthofe des Stiftes zu Fischau spricht als
bereits bestehend der Gnadenbrief des Herzogs Wilhelm
von 1397. Damals hiefs er nur der Hof bei der Steinbrücke über den Windbach, im 15. Jahrhunderte „des
klosters haus ze Vischa auf dem pach gelegen, zenachst
Erharts des Tümler haws, genant der Newnberger hof“;
im 16. kam die Benennung des Klosters Freihof auf, bis
endlich im 17. man blos Berghof sagte. Dieser Name ist
dem Baue noch heute eigen.[94])

Im Jahre 1417 war derselbe noch grundpflichtig nach
Starhemberg; erst jetzt wurde er davon befreit, doch liefs
der Herzog den sogenannten Schlosszins zum Zeichen der
ehemaligen Lehenschaft bestehen,[95]) und dieser betrug
8 Pfennige.[96]) Um 1571 ward er umgebaut,[97]) und das war
um so nothwendiger, als die Amtsführung um die Lesezeit,
auch der Besuch aus dem Kloster und von Fremden im
October mit den Jahren an Lebhaftigkeit zunahm, der Umfang der Wirtschaft sich entwickelte, und an ihm auch die
sogenannten Bergtaidinge und Reisgerichte stattfanden.[98])

500 Eimer, und ward der Wiener Eimer auf 12 Schilling = 1½ fl. angeschlagen. Die Kosten waren bereits auf 560 fl. gestiegen. — **963.**
Ebend. — **964.** Ebend. Die Bezeichnungen sind: 1417 der Newnperger-
hof an dem pach; 1593 der Freyhof ze Vischaw; 1614 das Berghaufs ze
Vischaw, und des Stifts Freyhoff am Windtpach; 1632 der Newbergerhoff
zu Vischaw am Windtpach, und des Stifts Freyhoff am Windtpach und
1639 der Neubergerische Pergkhoff am Windtpach. — **965.** Ebend.
Nr. 4666ª. — **966.** In den Urbaren sind von 1438 ab als neubergisch und
nach Starhemberg zinsbar eingestellt blos zwei Hofstätten (à 24 Pfennige),
und ein Hof (zu 8 Pfennige), und wird wohl dieser der Amthof sein. —
967. Im Steierm. Landesarchive, Acten von Neuberg, findet sich der
Bauvertrag des Abtes Kaspar mit dem Maurer Christoph Hechtner von
Weikersdorf von 1570. Der Stein sollte im Juden (Ried nächst dem
Dorfe) gebrochen werden; das Holz lieferte der Abt, aber Kalk, Sand,
Ziegel u. s. w. hatte der Maurer beizustellen; seine Entlohnung betrug
50 fl., und der Leitkauf einen Kübel Schmalz und zwei Käse. — **968.** Die
Amtsverwaltung des Stiftes zu Fischau beschränkte sich wesentlich auf
die Führung der Grundbücher; dann war blos die Wirtschaft zu besor-
gen. Diese Beamten hiefsen Grundbuchshandler, Grundschreiber und

Uebrigens muss zu Ende des 17. oder Anfang des 18. Jahrhunderts ein Umbau in die heutige Gestalt vorgenommen worden sein, worüber keine Acten vorliegen. Nach Aufhebung des Klosters kaufte der Graf den Berghof als Witwensitz für seine Frau; da er ihn aber nicht halten konnte, veräufserte er ihn bereits nach zwei Jahren (1788, 1./6.) an den Hofsteinmetz Franz Jäger, Besitzer der Wellersdorfer Brüche, um 15.000 fl., und um 1000 fl. für Einrichtung und Schlüsselgeld. Dessen Sohn Karl trat 1809 factisch und 1820, 28./7. grundbücherlich in Besitz, in welchem sich heute der Enkel noch befindet.[99])

Die neubergische Grundherrlichkeit begriff vorwaltend Weingärten, Wälder — oder sogenannte „Hölzer" —, Aecker meist aber nur, wenn jene eingingen. Diese Anlagen kamen, administrativ genommen, zweifach in Betracht: von des Grundbuchs, und von der Bergtaidinge wegen. Das Grundbuch enthielt die Uebersicht des stets wechselnden, auch sich zersplitternden Besitzes für die Herrschaft, und die Gewähre für den Besitzer; das Bergtaiding oder Reisgericht sollte die Streitfragen lösen, welche aus dem Besitze zwischen der Herrschaft und den Grundbesitzern, oder zwischen den Organen der Ersteren und den Letzteren erstanden. Besitzer aber waren durchaus nicht immer Bauern, sondern auch Kirchen, wohlthätige Anstalten und Edelleute. Abgesehen von dem festgesetzten Grundzinse, dem Bergrechte und Zehente, wurden alle Weinberge für die Bearbeitung, die Pflege, die Hütung und Lese als Einheit aufgefasst, in welcher alle Theilhaber nach dem Grundsatze gemeinsamer Interessen gleichmäfsig vorzugehen hatten.

Es war die Pflicht Aller, die vom Klostergute Weingärten, Aecker, Wälder, Gärten u. s. w. besafsen, binnen gewisser Zeit „ihr Grundbuch in des Stifts Freyhoff zue Vischa am Windtbach zu besiczen", oder mit anderen Worten, im Grundbuche des Klosters sich eintragen, und

---

Grundbuchsverwalter, aber auch Hofmeister, und Letzterer war der älteste Titel. Als solcher erscheint 1574 und 1580 Wolfgang Raschl. Vom 17. Jahrhundert ab kamen die Grundbuchshandler fast immer von Neuberg, entweder die dortigen Hofschreiber, oder Conventualen vom Schreibgeschäfte (wie Secretäre), denn es gab zu Fischau in Wirklichkeit nur 6—8 Wochen für sie zu thun. Zuweilen fertigte der Abt selber die Gewähren aus. — 969. Mittheilungen des Besitzers Herrn Jäger.

damit sich an die Gewähre schreiben zu lassen. Das thaten eben Manche nicht; sogar Pfarrer und Beneficiaten erwiesen sich als lässig, und dadurch kam Unordnung in die Amtsgebahrung, und das Kloster wusste öfters nicht, wer seinen Grund besafs, und mit welchem Rechte.

Die gewöhnliche Grundbuchszeit war die der Lese. Im October meldeten sich gewöhnlich die Meisten, welche Gründe gekauft oder geerbt hatten, sich den Besitztitel ausfertigen zu lassen. Damals nämlich pflegte Neuberg seine Kanzleiführer in den Berghof zu schicken, welche alle mit dem Bergrechte verbundenen Geschäfte besorgten; so die Richtigstellung der Besitzer, die Bestellung der Hüter, die Uebernahme der Geldzinse und des Zinsmostes wie der Zehente, die eigene Lese und Einkellerung, oder Abfuhr der Erzeugnisse.[970])

Was dann in diesen Beziehungen nicht richtig war, galt, wenn es nicht auf kurzem Wege beglichen worden, als Gegenstand des Berggerichtes. „Was von dem Gebürg gerichtlichen zu entschaiden herkhombt", sagte 1586 die Gemeinde Fischau bei solcher Gelegenheit, gehöre vor das Bergtaiding.

Wie es damit bis Ende des 15. Jahrhunderts gehalten worden, ist unbekannt. Thatsache ist, dass dem Kloster Neuberg seine Freiheit „vmb ain Reisgericht" zu Fischau 1522 und 1565 bestätigt wurde, somit diese Form der Rechtsfindung, deren erstes Beispiel aus dem Jahre 1489 vorliegt, früher nicht bestand, sondern erst gewährt worden war.

Was man nun im 15. Jahrhunderte Reisgericht nannte,[971]) ist nichts Anderes als das spätere „ordentliche Perkhtädung vnd vnparteyisch Pergkgericht". Legt man

970. Steierm. Landesarchiv, Acten von Neuberg. — **971.** Das Wort kommt von „reisen" = sinken, fallen (Schmeller, Bayrisches Idiotikon 3, 129 ff.). Offenbar ist damit der Begriff des Zugehörens (das alte garisan = zugehören), des Anfalls oder Rückfalls in Verbindung, z. B. Niederösterreichische Weisthümer 1, 492 und 876, 11: „Wann ain Weingarten zwai Jar vngesniten vnd vnuerdient beleibt, so mag man in ze Reis sagen." — Ebend. 670: „Wer seinen Weingarten ... in drei Jaren nit verdient oder aufsricht, denselben Weingarten sagt man zu Reifsguet, vnd ist der Grruntherrschaft ... verfallen." — Ebend. 906: „Sollen Richter vnd Rathsgeschworne ihr Guetachten geben auf die öden Weingarten ... ob solche wiederumben zu Reufs aufgeben, aufgesetzt vnd gestiftet."

den Schwerpunct auf die Bezeichnung „unparteiisch", so mag man vielleicht nicht mit Unrecht annehmen, vorher habe nur ein einseitiges Hof- und Herrengericht bestanden, dessen Mängeln diese neue Form durch ihre eigenthümliche Zusammensetzung vorbeugen sollte.

Gegenstände des Bergtaidings waren, „die Pergkharticl vnd Freyhaiten zuuernemben, alle Beschwär vnd Clagen fürzubringen, die Entschaidungen darüber zu erwarten, vnd was sonsten zu Erhaltung der Pergkhfreyheit vnd der Pergkhholten Nutzbarkheit zu handeln fürkhumen möchte."

Der Abt, obwohl Grundherr, war da nicht Richter, sondern blos Kläger oder Geklagter, und hatte seinen Anwalt. Der Richter allerdings wurde von ihm ernannt, aber nicht aus der Gemeinde, von nah oder fern ein geachteter, ihm nicht dienstbarer Mann, und so verhielt es sich auch mit den Geschwornen, die vom Abte und der Gemeinde erwählt waren.[972] Es war eben ein unparteiisches Gericht. Die Ausführung der Beschlüsse kam aber allerdings dem Abte als Grundherrn zu. [973]

Eines der schönsten Beispiele eines Reis- oder Grundgerichtes ist jenes von 1489.[974] Als Vorsitzender, und in dieser Eigenschaft vom Abte herbeigezogen, wirkte Bartholomäus Tugentlich, Richter zu Baden, als Anwälte des Klosters dienten Hans Tenk, Stadtrichter zu Neustadt, und Jakob Pfab, als Geschworne endlich 32 Männer, durchaus hervorragender Stellung.[975]

---

972. Aus dem Jahre 1700 ist die Formel eines Geschworneneides erhalten, und sie lautete, dass der Geschworne, vom Abte und der Gemeinde erwählt im Interesse des Klosters dem Bergrichter und Bergrechte (von Weickersdorf) sich nutzbar erweisen, und nach seinem besten Wissen des Klosters Rechte und der Gemeinde Nutzen und Ehre fördern wolle. — **973.** Durchwegs nach Acten des Klosters Neuberg. — **974.** Steierm. Landesarchiv, Urkunde von 1489, 27./4., Fischau, in Beilage X. — **975.** Diese Beisitzer waren Wilhelm von Wolfenreut zu Emmerberg, Junker Paul, Pfleger, und Albrecht Johann, Burggraf zu Starhemberg, Junker Friedrich, Pfleger zu Stüchsenstein, Hans Kipfelberger, Pfleger zu Brunn, Nicolaus Heberler und Hans Wurm, Bürger von Neunkirchen, der Bürgermeister von Neustadt Jacob Kelbel und die Rathsherren von dort Leonhard Judel, Wolfgang Fürstenberger, Caspar Holzer, Hieronymus Sechsel, Augustin Manhait, Nicolaus Schaltenbeck, Conrad Gessler und Georg Goldberg, der Bürger Nicolaus Feyer und der Stadtschreiber Wolfgang Spitzweck von ebendaselbst, die Bürger von Baden Martin Merzinger, Stephan Placher und Hans Hofer, die Richter Wolfgang Steinberger von

Es handelt sich um Feststellung des rechtlichen Vor-
gehens wider Schuldner an Grunddiensten,[975]) und waren
dieselben vorgeladen, aber nicht erschienen. Deshalb
musste das Gericht dreimal zusammentreten, am 23./3.,
6./4. und 27./4. genannten Jahres.

Die beiden Anwälte des Abtes erhoben am ersten
Tage die Klage wider alle Pflichtigen auf Klostergrund,
die ihre Gewähre nicht erbaten, ihre Zinse und Dienste
nicht geleistet, wodurch Rechte und Einkünfte des Stiftes
litten; sie beantragten, dass solche unrechtliche Gründe
„zu reyfs erkannt vnd verfallen sein sollen", und das Kloster
sie an sich ziehen und vergaben könne, wie es wolle. Nun
kein Geklagter anwesend, hielt der Obmann Umfrage, was
rechtens, und die Beisitzer erklärten, es solle Niemand in
seinem Rechte verkürzt werden, daher möge das Kloster
allen Gemeinten dreimal in 14 Tagen ansagen lassen, mit
den Stiftsanwälten sich zu vergleichen, sonst dürften diese
mit den betreffenden Gründen verfahren wie mit Eigen-
gut. Am zweiten Gerichtstage widerholte sich derselbe
Vorgang, und am dritten wurde erkannt, nachdem die
vom Reisgerichte verlangten erneuerten Mahnungen der
Schuldigen vergeblich gewesen, dass das Kloster wider
Letztere vorgehen solle, wie ihm für diesen Fall vorbehalten worden, mit Ausnahme von Erben, die nicht im
Lande sesshaft, und deren nächsten Verwandten ein weiterer
Termin von 14 Tagen gewährt sein solle.

Dieser Art Gerichte begegnet man in den Acten bis
in das 18. Jahrhundert, leider aber nicht so reich, um in
letztgenannter Zeit ihre inneren Wandlungen feststellen zu
können.[977])

Piesting, Gabriel Hupfelhofer von Rotengrub, Leonhard Mannsberger
von Brunn, Wolfgang Manhait von Fischau, Wolfgang Bauer von Stolhof
und Georg Prams von Meiersdorf, die Bergmeister Georg Seidenschwanz
von Weickersdorf, Martin Türck von Wellersdorf, Pankraz Stupel von
Piesting, Willibald Brunner von Wopfing und Sigmund Stubenvoll von
Fischau. — 976. Ebend.: „Wer von erbstucken oder andern guttern,
behausten vnd vnbehausten gruntdinst, perckrecht, zinss oder ander dinste"
schuldig. — 977. In den Neuberger Acten des Steierm. Landesarchives
sind noch bis 1652 einige Protokolle und andere Acten solcher Bergtaidinge, in denen der Abt seine Klagen dem Erkenntnisse unparteiischer
Männer unterbreitete, vorhanden. So beschwert er sich 1568, dass verschiedene „Herren" im Besitze von Klostergründen die Bergordnung
missachten, dass Andere mit dem Lesen (vnd di Perg aufzuthain) will-

Nächst dem Grundbuche und seiner Führung sah man
die Lese und ihre richtige Durchführung als besonders
wichtig an. Deshalb ging der betreffende Neuberger Con-
ventuale immer mit besonderen Verhaltungsmafsregeln ausgestattet nach Fischau ab, welche sein Verfahren „vor vnd
nach dem Lesen" feststellten. Er hatte zuvörderst alle Gewähren oder Anschreibungen aus dem Grundbuche in das
Bergbuch zu übertragen. Ersteres ordnete die Besitzer
nach Oertlichkeiten, Letzteres nach dem Alphabete der
Taufnamen. Der Bergschreiber hatte dann sowohl die
Namen der Besitzer, als ihrer Gründe auszuziehen und
alle nothwendigen Einzelheiten (Wohnorte, Giebigkeiten
u. s. w.) zu vergleichen, zu erfragen, von den Mängeln den
Bergmeister zu verständigen, und die im Register nicht

---

kürlich verfahren, wieder Andere sich weigern, das Bergrecht sofort beim
Lesen und an Ort und Stelle (vor dem Weingart) zu leisten, Verschiedene
ihre Klostergründe hintangeben, ohne dass Verkäufer oder Käufer, oder
bei Verlassenschaften und deren Vertheilung die Erben das Klostergrund-
buch nachsuchen; dann, dass die Abgaben gegenüber Kaufswerbern, um
den Preis zu steigern, niederer angegeben würden, und Manche von anderen „Herren" Klostergut kaufen und ihnen sich dienstbar machen, und
so der Klosterherrlichkeit abtrünnig werden. Von ca. 1570 sagt ein Protokoll, dass auch Besitzer geistlicher Pfründen die Gewähre ihrer dienstbaren Weingärten nachzusuchen vermeiden, dass die Weinhüter ungebührlich hohes Wachtgeld fordern, Einzelne die Wege und „Wändlstet"
nicht ordentlich abmarken, und die Leute von Wreickersdorf und Brunn
wider das Herkommen eigene Bergmeister halten. — Einen reichhaltigen
Beleg für Form und Inhalt bietet das Bergtaiding von 1586. Der Abt
beruft es ein; zum Bergrichter ernennt er den geschwornen Hofprocurator
Martin Aigner von Wien. Die Namen der Beisitzer fehlen leider. Zuerst
werden die Freibriefe des Klosters und die Bergrechtsartikel verlesen;
auf die Frage des Obmanns erklären die Leute von Fischau und anderwärts, dass dies Alles richtig sei. Dann wird die Urkunde über das
Fischrecht des Klosters verlesen; da erheben die Leute von Fischau für
ihren Gerichtsherrn auf Starhemberg Einsprache: das gehöre nicht vor
das Bergtaiding. Nun beginnen die Klagen des Klosters in Bergstreitig-
keiten, und folgen auch sofort die Erkenntnisse. Für das Bergtaiding von
1652 nahm der Vertreter des Klosters mit für den Gebrauch vor Gericht:
alte Bergtaidingschriften, landesfürstliche Aufträge u. s. w. betreffend Bergrechte und Zehente, Acten betreffend den Process des Klosters mit der
Gemeinde Fischau wegen des Fischauerberges, dann wider die Damen
von Heufsenstein und Rappach betreffend Weingärten ebendort und im
Brunnerthale, ferner solche aus dem Streite der Gemeinden Fischau und
Wellersdorf wegen Holzhackens, endlich Weingartrechnungen und Anderes, als Belege für das Recht des Klosters, Hüter zu bestellen und zu
entlohnen.

Eingeschriebenen als ohne „Gwer" zu erklären und ihnen die Lese einzustellen, so wie Jenen, die bereits seit drei Jahren mit dem Dienste rückständig. Das Bergrecht, d. h. das gebührende Ausmaſs an Most, musste vor dem Weingarten selber abgenommen werden.

Mit den Hütern gab es wohl aus vielerlei Gründen Aerger, sonst aber ging es um diese Zeit auf dem Berghofe fröhlich her, wie sonst in Weingegenden bei der Lese der Fall. Oft kam der Prälat selber, und für ihn und seinen Staat und seine Besucher ward der Hof so stattlich und wohnlich hergerichtet, wie selber jetzt noch zu sehen. Feines Küchen- und Tischgeschirr, auch viel an Esswaaren aller Art wurde dann aus Neuberg hieher geführt, und der Sinn des „Vinum laetificat cor hominis" entsprechend damit ergänzt. [978])

Von dem reichen mittel- und unmittelbaren Besitze des Stiftes, und zugleich von der Durcharbeitung des Bodens, wovon die Flurnamen ein Zeugniss geben können, mögen die Listen der Rieden in Note[979]) sprechen.

---

978. Ebend. ebend. Von Neuberg wurden 1611 gebracht „Credenzpöcher, silberne Khandl, silberne Pöcher mit Decklil, Khölchpöcherl, Hofpöcher" u. s. w., dann Zinngeräthe, wie Schalen, Kannen, Schüssel, Teller (diese bis zu 27 Stück), Tisch- und Bettzeug, und an Küchengeschirr „Pfannen, Hackhmesser, Faimb- vnd Schöpflöffel, Seichpfannen, Tortenpfannen, Spritschen, Walger, Mörser", hölzerne Teller u. s. w.; 1641 kamen aus Neuberg an Esswaren 1 Ochse, 22 Schafe, 1 Fass Wildpret, 12 „Ort" Schmalz, 1 Fass Speck und 4 Käse. Aufserdem ward Vieles eingeschafft, so „Pratfädl" und Spanferkel (oder wie man schrieb „reverendo Spensau"), Krebse, Artischocken, Obst und „Vnmurkhen", Lerchen, Kapaune, Enten, Kastanien (Khösten), „Nägel, Plie, Inper, Saffran, Zugger, Weinperl, Ziweben, Mandel, Zimeth, Reyfs, Käprin, eingemachte Limoni, Khitten" und Senf, Hechten, Karpfen, Stockfische, Häringe, Schnecken, Bratwürste, Hühner u. s. w., was eben in der kurzen Zeit eines Monats daran vertilgbar war. Auch werden „paumwollene Khörzen" aufgeführt. — **979.** Für den Neuberger Weingartgrund sind drei Gegenden oder Hauptrieden ins Auge zu fassen, in welchen dann Kleinrieden lagen, die wieder einzelne Weinberge in sich begriffen. Die ersteren sind das Brunnerthal oder der Weickersdorferberg (südwestlich Fischau), der Fischauerberg (nordwestlich an und nördlich) und der Wellersdorferberg (nördlich). Diese drei Berge oder Hauptrieden zerfielen in fünf Huten, und da ein Verzeichniss derselben von 1640 (wie es scheint ganz regelrecht aus dem Marchgraben bis an den Engelsberg als südlichste Gränze hin) besteht, so wird der Topographie wegen die Vorlage dieses der rein alphabetischen Anordnung vorgezogen. Bemerkt mag sein, dass die Weinbergrieden theilweise sehr früh erscheinen (z. B.

In Pfarre und Kirche spiegelt sich das Interesse wider, das im 12. Jahrhunderte die vornehme Laienwelt an dem Orte Fischau genommen hatte. Denn so wie man ihn in der Umgegend ausgezeichnet sieht, so ist auch die Pfarre in jenen Tagen besetzt mit Männern, für welche an blos mittelmäfsigen Stellen kein Platz gewesen wäre. Aber auch hier stöfst man bald auf eine unterbundene Entwicklung. Sie tritt offenbar aus dem gleichen Anlasse ein wie beim Orte: die Gründung von Neustadt legt auch geistlich den Letzteren lahm. Und urtheilt man aus dem Verbleiben hervorragender Persönlichkeiten auf der Pfarre,

---

1328 der Jud, der Fuetrer, 1335 der Salichenawer, der Khueperg, 1361 die Visinch, 1431 der Slussler, der May, 1443 im Remming u. s. w.), und ein gut Theil derselben auch sehr lange, ja sogar bis heute (z. B. im Juden) sich erhielt. Ferner bestehen kleine Listen von 1530 an, und grofse aus dem Ende des 16. Jahrhunderts. Manche Namen liefsen sich in den Gewähren, deren das Steierm. Landesarchiv in den Acten von Neuberg viele besitzt, verfolgen, gegendlich sicherstellen, und erscheinen in der zweiten Karte der Beilagen (von ca. 1550). Das Hutenverzeichniss nennt indessen noch durchaus nicht alle Weingärten mit den Namen, die es bringt; denn unter 95 Posten sind nur 25 mit je einem Weinberge notirt, während alle anderen Namen je eine Mehrheit, 2—37 Weinberge in sich schliefsen. Dadurch ergibt sich, dass Neuberg in den fünf Huten 460 dienstpflichtige Weingärten besafs, und auch diese Ziffer scheint keine abschliefsende zu sein. Die Liste ist: 1. **Hut:** Im Martgraben, am Spicz, Vischingkh: die Höll vnden im Graben, Neusidl am Gfang, im Pfaffen, Gwervisching, in der grofsen Grueb, in der khlain oder im Pfeffer, im Hiern, im Zeifselfeldt, am Khüeperg, in Schleichern, bey der Hochenhütten, Schwerdtferb, Judin, Oedl, die Scheiben, der Tackhenschreiber (diese beiden letzteren sollen jenseits der Piesting bei Steinabrückl liegen), im Gehann, Marxen. — 2. **Hut:** Zerwaldern (diese Gegend zählt für sich 10 Weingärten, und in neun Einzelnamen, die sie enthält, andere 34; die Einzelnen sind die nächstfolgenden) Waiczgraben, im Khlinger, Hasenpichel, Eysner, im Herczogen, Rosenperger oder Rosenpichel, Hamerstil, Hossnägkhel und im Granner (Gramer), in Nündtlern (Mündtlern), Padner, Mäntler, im Orth, im Reifsen, im Khlechen, Apotegger, Khölbl, Gundolf (Gundhold), Reinhofer, Goldstain, Perwartl, Pliembler. — 3. **Hut:** Im Hierschlern, Camerer, Stäbler, Himelstos, Sawrer, im Weifs (Weigfs), in den Grillern, in den Khölbling, Gatterweingarten, Walchstampf. — 4. **Hut:** Im Tätschan, Spitaler, in Auflaittern, Haberler, Hausschreiber, Vichtrifft, Hartperger, Kallenperger, Elbing (Elbling), im Prauner, Aichelhaimer, Schürfer (Schüffer). — 5. **Hut:** In der Zechleuten: in der Fudt, Pliemblern, Schreiberzeil, Spernpeitl (Schernpeitl), Mayschlüssler, Ratterin, Vischling am Orth, Tutschan, Geifslitzer, Khüeblwirt, im Graben zwischen Prun vnd Vischa, Schürfling in Seezen, im Praittenweingarten, im Reiff, Schilter, im Langenweingarten, im Götzing, Hessler, im Paderthail, Jordan, im Prunnerperg, Messrer ob Prun, Jogkhler, Schätzler,

so lässt sich sagen, dass diese ungefähr dreifsig Jahre
gegen das Sinken der Gemeinde im politischen Leben
sich gesträubt habe — aber dann ging auch sie steigend in
Dunkel und Unbedeutendheit über.

Von der „ecclesia Fiskere" des Jahres 875 ist widerholt die Rede gewesen. Von da an (vorausgesetzt, was
allerdings vermuthlich, es sei darin Fischau gemeint) bis
in das 12. Jahrhundert fehlt jedes knüpfende Band, und
auch jenes, das nach später überleitet, bezieht sich wesentlich blos auf die Inhaber der Kirche. Freilich ist es aber
derart, dass ganz wohl aus ihm, in Ermanglung gewichti-
gerer Behelfe, im Allgemeinen auf Ausdehnung und Ausstattung der Pfarre, und im Ganzen auf ihr Ansehen geschlossen werden kann.

Es ist nöthig, der Erzählung in etwas vorzugreifen.
Zum Glücke nämlich gibt es vom Ende des 13. Jahrhunderts einen Processact, welcher nicht der Gründungszeit,
wohl aber des Gründungszweckes der Kirche erwähnt.
Dieser war, für arme und kranke und andere Reisende ein
Weghospiz zu schaffen, ganz so wie dies seit 1160 auf der
Südseite des Semring in Spital geschehen ist.*) Man hat
es also hier im Wesentlichen mit einer humanitären Anstalt
zu thun, welche im frühen Mittelalter ohne Verbindung mit
der Kirche nicht gedacht werden konnte, bestimmt, dürftige
und bresthafte Wanderer aufzunehmen, die aus der Ostmark
über das Gebirge nach Karantanien zogen. Damit begründet sich auch die Wahl des Patrons der Kirche, des heil.

Kerbergkh (? Kerbeckh), Goldhändl, Khrumbl, Tattentrunckh und Scher-
mer. — Für den Fischauerberg (die 2., theilweise 5. Hut) und das
16.—17. Jahrhundert sind von anderwärts nachzutragen: Gassner, Lam-
merer, Leberpuchl, Mostlsauer in Pliemblern, die Pewnt, im Praitner,
im Rauchenstain. — Besonders lückenhaft erscheint das Brunnthal (der
Schluss der 5. Hut) und ist dieses zu ergänzen mit: im Hanger, Häpauch,
Liechtenstainer, Lödrer (Lederer, in Löttern), Magerpauer (Magen-),
Mitterpewnt, Od, Oder (Oderer), im Offenlein, Prenner, Pugkhl, Rech,
Reifsengraben, Richter (in Richtern), Riemern, in der Rött, Scheller,
Seyfrider, Spicz, Stain im Prunertal, Stüplern, in Tailen, Tröstel, Tunkel-
stainer, Vrsendorfer, Wildtpruckhern im Prunertal, Wolfguemb (Wolfs-
gang) und Zöchman. — 980. „Ut infirmi pauperes et peregrini, necnon
et alii transeuntes caritatiue recipiantur", und an anderer Stelle ebendaselbst heifst es: „ecclesia s. Martini de Visach ipsi Hospitali (am Semring) uicina . . . cui similis cura imminet". Steierm. Landesarchiv Nr. 1408
von 1290, 11. 9., Cittàvecchia.

Martin, und sie dient zur Bestätigung des ursprünglichen Hospizcharakters der frommen Stiftung. Um die Mitte des 12. Jahrhunderts scheint die Kirche — immer nur nach den Besitzern ihrer Pfründe zu schliefsen — bereits in Blüte gewesen zu sein, und das führt zur Annahme, dass die Gründung etwa fünfzig Jahre früher geschah. Somit stellt sich Fischau oder seine Kirche als eine Vorläuferin von Spital am Semring dar, und klärt sich auch, wie Markgraf Otakar kaum zwei Jahre nach Antritt der Püttener Erbschaft, angeregt durch dies vorangehende Beispiel, an die Errichtung des Gegenstückes auf der andern Seite des Semring schritt.[981])

Allein die Thatsache dieser milden Vorsorge setzt voraus, dass nächst Fischau ein Strafsenzug gewesen sein müsse, den die Reisenden nach und von Karantanien einschlugen, und das führt wieder auf die schon mehrfach erwähnte Blätterstrafse, die von Neunkirchen aus in ihrer schnurgeraden, eine Anzahl Dörfer scharf vermeidenden Richtung gegen Norden sich verfolgen lässt, blos Weickersdorf und Fischau durchzieht, und unterhalb Steinabrückl die Piesting überschritt.[982])

Um 1140 sitzt zu Fischau ein Dechant Reinbert, und bis Ende des Jahrhunderts residiert daselbst, mit geringen Unterbrechungen, der Archidiakon oder Erzpriester des salzburgischen geistlichen Sprengels „ultra montem Semernicum". Reinbert war ein Slawe aus vornehmem Geschlechte, das in der Gegend von Kraubat oberhalb Leoben gesessen war; sein Bruder hiefs Tridizlaw und seine Schwägerin Slawa, und seine Neffen Ulrich und Reinbert

---

981. Die Gründungen von Klöstern u. dgl. durch die steirischen Markgrafen steht überhaupt immer in merkwürdigem Zusammenhange mit den stufenweisen Erweiterungen ihrer Mark. Sie erben die karantanische Mark, und gründen sofort Reun; sie schlagen mit den Püttener Grafen zusammen das durchaus unsichere Rabviertel dauernd zur Mark, und gründen Vorau; sie erben das reiche Püttener Land, und gründen Spital; sie beerben die Grafen von Marburg, durch welche sie Allode im Sannthale erwerben, und gründen Seitz. — 982. Ueber den Ursprung des Wortes Blätterstrafse ist, scheint es, bisher keinerlei Meinung ausgesprochen, ebensowenig als man mit ihr selbst, ihrem Zuge und Baue sich wissenschaftlich beschäftigte. Er ist zu auffällig, als dass er philologisches Interesse nicht verdiente, und scheint er die Verballhornung einer älteren und correcteren Form zu sein, die aber dermalen nicht nachweisbar ist.

waren Pfarrer zu Hartberg und Leibnitz.[983]) Von 1146 bis ca. 1155 begegnet man daselbst dem Erzpriester Poppo als Pfarrer, von 1157—1161 dem Pfarrer Otaker in der gleichen Stellung. Dann war eine Zeitlang (1162—1185) das Archidiakonat an Neunkirchen übergegangen, doch von ca. 1185—1192 ist wieder Pfarrer Ortlieb von Fischau Archidiakon.

Die zwei Pfarrer Otaker und Ortlieb erfreuten sich besonderer Gunst der Erzbischöfe Eberhard I. und Adalbert von Salzburg. Dem Ersteren schenkt Eberhard Liegenschaften bei Dechantskirchen (bei Friedberg, Steiermark).[984]) Von diesem Fischauer Pfarrer, oder wie man die Archidiakone häufig nannte, Dechante, hat auch dieses Dorf seinen Namen; denn Otaker ist der Gründer der Kirche, und er bestiftete sie mit jenen Liegenschaften, die er vom Erzbischofe erhalten.[985]) Den Pfarrer und Archidiakon Ortlieb aber trifft man durch fast zwanzig Jahre oft und oft in Gesellschaft des Erzbischofs bei wichtigen synodalen und richterlichen Angelegenheiten mitwirkend. Ob er der „O. de Uiscahe plebanus“, der von 1207—1211 erscheint, ist ungewiss, und sicher blos, dass von da ab Fischau nicht mehr Sitz eines Archidiakons war. Doch wird die Pfarre noch einige Zeit von höheren geistlichen Würdenträgern bekleidet: um 1215 vom Passauer Kanoniker Ulrich, der dann Bischof von Passau wurde,[986]) dem bis gegen 1220 ein anderer Pfarrer Ulrich, und nach diesem Bernhard Probst von Friesach (in Kärnten) folgte.

---

983. Ulrich ist sehr vermuthlich der Gründer des schönen Karners zu Hartberg. Er war auch jener Priester, der den sterbenden Herzog Liutpold 1194 zu Graz mit der Kirche versöhnte. Von ihm bewahrt das Kloster Vorau eine Reihe Handschriften, und in anderen daselbst ist er dichterisch gefeiert (Mittheilungen des historischen Vereins für Steiermark 1886, 51, Note 24). — 984. Steierm. Urkundenbuch 1, 352: „duos mansus in uilla Techanschirchen cum decimatione tota inter Pincam et Lauentam ... in beneficium usque ad finem uite sue.“ Vgl. auch daselbst 368 und 381, dann Meiller, Salzburger Regesten 90/167. — 985. Steierm. Urkundenbuch 1, 427: „ecclesiam Techandeschirchen dictam, ab Otachero archidiacono in quadam silua hactenus inculta constructam.“ Vgl. Meiller a. a. O. 93/186. — 986. Kirchl. Topographie 1/8, 106. Dass der Pfarrer Ulrich von 1215 ein anderer als der nächste von 1217 bis ca. 1220, geht aus dem hervor, dass Ersterer mit dem Titel „canonicus Patauiensis“, der Letztere aber durchaus ohne denselben erscheint. Bischof Ulrich von Passau wird 1216 zuerst genannt.

Aus dieser letzten Reihe nach Archidiakon Ortlieb
sieht man, dass Fischau eine Genusspfründe für hohe kirchliche Würdenträger geworden war. Dieser Wechsel geleitet
das Sinken der Pfarre in ihrer Bedeutung ein.

Aus dem Verlaufe des 13. Jahrhunderts weifs man
nur, dass die Kirche mit ihren Filialen 1285 an päpstlichem
Zehente 15 Mark, weniger 3 Quintin, entrichtete.[987]) Darnach zu schliefsen, muss das Einkommen damals noch bedeutend gewesen sein.

Zum Ausgange derselben Zeit erfährt man aus einem
Processe, dass der Erzbischof von Salzburg der Lehensherr
der Pfarre war. Der Process jedoch zeigt abermals, wie dieselbe noch immer blos als Ausstattungspfründe diente.
Nach allen Seiten klar sieht man in demselben zwar nicht,
wohl aber so viel, dass zwischen 1291—1295 zwei An-
sprecher der Pfarre waren, Ortolf, der Rector des Spitals
am Semring, und der Chorherr Seifrid von Völkermarkt.
Ortolf war Vicar zu Trofaiach, ehe er die Stellung in Spital
bekam. Als Letzteres geschah, übertrug ihm der Erzbischof
von Salzburg auch die Pfarre Fischau, mit der ausdrück-
lichen Bemerkung, dass die Kirche ohnehin denselben
Zweck wie Spital verfolgte, und es sollten von beiden
Seiten die Einkünfte der Krankenpflege und Pilgerschaft
zugute kommen. Das geschah 1290.[988]) Fünf Jahre später
endet ein Vergleich den Streit, der mittlerweile zwischen
Ortolf und dem zweiten Anspruchwerber um die Pfarre
entbrannt war. Es ist kaum bezweifelbar, dass diese Angelegenheit eine Episode aus dem Kriege abgab, den
Herzog Albrecht mit einem Theile seines steirischen Adels
führte, der bekanntlich vom Erzbischofe von Salzburg an-
gefeuert und unterstützt war.[989]) Damals muss Fischau, die
einträgliche Pfründe, dem Patronate des Metropoliten ent-
rissen worden sein, wie man ihm und seinen Vorgängern
auch Schlösser abgenommen.[990]) Ortolf aber hat gegen den

987. Liber decimationis von 1285 im Programm des Gymnasiums
Borromaeum zu Salzburg 1886/87, 12. — 988. Vgl. oben Note 980. —
989. Ebenso S. 114. — 990. Dass die Dinge sich so verhielten, zeigt
sich auch aus dem Vergleiche der beiden Anspruchwerber. Darin erscheint des Erzbischofs gar nicht gedacht, aber die Rechte des Pfarrers
Ortolf vertritt des Herzogs berühmter Landschreiber in Steiermark, Abt
Heinrich von Admont. Der Herzog trat somit selber in die Angelegenheit
ein, indem er seinen Schützling vertheidigen liefs. Allein dieser musste

Erzbischof oder sonstwie sich vergangen, denn dieser
stellte seinen Widersacher auf, und liefs den Rector mit
dem Banne belegen. Das Ende war, dass Ortolf die Pfarre
an des Erzbischofs Günstling, und der Erzbischof sie an
seinen politischen Gegner, den Herzog, verlor, denn von
jetzt ab ist sie landesfürstlich.[991])

In dieser Eigenschaft verlieh sie Kaiser Friedrich III.
der Propstei von St. Ulrich zu Neustadt,[992]) durch welche
sie an das neugegründete Bisthum kam. Aus der Zwischenzeit ist, mit Ausnahme einer Schenkung, durchaus keine
Nachricht für ihre Geschichte bekannt, und in diesem
Dunkel muss sich an ihr vollzogen haben, was ca. 1590
Khlesl zu dem Ausspruche bewog, „das allerelendist Pfarrl,
vnd khan sich ein Priester schwerlich darauf halten".[993])

Die Reformation scheint in Glaubenssachen zu Fischau
nicht viel Unheil gestiftet zu haben, obgleich sie zeitweise
Priestermangel verursachte. Die Leute blieben katholisch,
ungeachtet auf Schloss Brunn ein Prädicant safs.[994]) Die
ökonomischen Verhältnisse aber waren so schlecht, dass
das Bisthum Neustadt nur Einbufse litt; daher entschloss
sich Bischof Melchior Khlesl 1610, die Pfarre dem Kloster
Neuberg auf dreifsig Jahre zu übertragen.[995]) Aus der
Instruction des Abtes an seinen Pfarrer, von ca. 1620, er-
sieht man aber, dass auch die beiden Vorgänger des neu-

---

dennoch die Pfarre abgeben. — 991. Steierm. Landesarchiv Nr. 1494.
Der Vergleich datiert von 1295, 30./9., Admont. Er erfolgte auf Grund
eines schiedsrichterlichen Ausspruches, gefällt durch Bischof Heinrich
von Lavant und Abt Heinrich von Admont. Canonicus Seifried sollte dem
Rector Ortolf alle Processkosten im Betrage von 50 Mark Silbers ersetzen, verzichtete auf die strittige Pfarre und sagte die Ausfolgung aller
seiner darauf bezüglichen Documente zu. — 992. Pez, Anecdota 6/3, 415;
Gleich, Geschichte von Neustadt 139. Unter dieses Patronat verlegt sie
auch die Salzburger Matrikel im Notizenblatt der kais. Akad. 2, 280. —
993. Wiedemann, Geschichte der Reformation 4, 366. — 994. Ebend.
367. Was Wiedemann a. a. O. von 1625 ab für Pfarre und Pfarrer erzählt, gehört durchaus zu Fischament, das in den Passauer Acten dieser
und späterer Zeit öfters auch mit Fischa und Vischaw bezeichnet wird. —
995. Steierm. Landesarchiv, Acten von Neuberg. Der Bischof hielt sich
die Einführung jedes regelrecht präsentierten Pfarrers vor, verlangte,
dass der Posten nie unbesetzt bliebe, jeder Priester tadelnswerten Lebens
sofort ins Kloster zur Besserung abgerufen würde, dass man den Pfarrhof wohnbar herrichte und so auch die Wirtschaftsgebäude verwendbar,
jährlich am Georgentage dem Bischofe 3 Pfund Pfennige zu Ehrung und um
Ostern 100 Eier (so man nennet Osterayer) überreichte, und der Stifts-

antretenden Klostergeistlichen die Wirtschaft sehr vernachlässigt hatten: die Gebäude schadhaft an Dach und Böden, die Frohne abgekommen, der Wald öde. Nach dem Tode des P. Peter Butz hatte sogar die Freiin Anna Maria von Heufsenstein sich veranlasst gesehen, einzugreifen, und den Nachlass an Getreide und Wein nach Starhemberg überzuführen. Auch klagte der Bischof, dass die Conventualen vergäfsen, dass er ihr Lehens-, und so auch Starhemberg, dass es ihr Vogtherr sei. Es bedurfte eines neuen Vertrages, der dem Abte starke Zahlungen für Baureparaturen auflastete, und ihn verhielt, Getreidesamen vorzustrecken, und seinem Pfarrer ein gewisses Ausmafs von Korn und Wein anzuweisen.[96])

Wie lange dieses Verhältniss blieb, lässt sich nicht angeben. Man kennt von 1620 ab nicht einmal die Pfarrernamen bis gegen 1650. Dann treten Säcularpfarrer auf, dann angeblich wieder ein Cistercienser; ob derselbe Neuberg angehörte, ist unbekannt. Auch für das 18. Jahrhundert ist blos eine vereinzelte Nachricht über schlechte Wirtschaft vorhanden.[97]) Nach Uebertragung des Bisthums von Neustadt nach St. Pölten überliefs (1806) Kaiser Franz die Präsentation und das Ernennungsrecht auf die Pfarre der Stadt Neustadt.[98])

Ueber den Besitz derselben findet sich aus deren Blütezeit keinerlei Mittheilung, und sonst aus dem Mittelalter eine einzige; sie stammt von 1382, und besagt, dass Hans von Stadeck das Eigenthum an fünf Eimern Bergrecht und zwei Theilen Zehent auf Weingärten „im Reming pey Vischach" der Kirche in Fischau gewidmet habe.[99]) Dann weifs man,[100]) dass 1527 sie im Orte eine Setze und den Attackher-Weingarten besafs, und Pfarrer P. Butz 1617 einen halben Weingarten im Brunnerthal kaufte.[101])

Etwas mehr belehren die Visitationsberichte.

So der erste von 1544. Ihm zufolge besafs die Pfarre 32 Joch Aecker, 4 Weingärten mit 18 Tagwerken, 2 Joch

pfarrer „an dem Achtisten vnsers Herrn Fronleichnamstage vnd zu der grofsen Khyrchweich in der Thumbkhirchen" zum Umgange sich einfinde. — 996. Ebend. — 997. Erzbischöfliches Archiv zu Wien. — 998. Kirchl. Topographie 1/8, 107, und 12, 217. — 999. Steierm. Landesarchiv Nr. 3434ª. — 1000. Aus dem Gewährbuche des Bisthums Neustadt im Archive des Kreisgerichtes daselbst, f. 8 und 8'. — 1001. Steierm. Landesarchiv, Acten von Neuberg.

Wald, 1 Tagwerk Wiese, 1 Eimer Weinzehent und ½ Mut
Getreidezehent; aus Jahrtagen nahm sie etwas über 2 Pfund
ein, an Zinsen ihr dienstbarer Gründe etwa die Hälfte.
Nach einem andern, ungefähr aus der Mitte des 17. Jahr-
hunderts, gestaltet sich das Einkommen bereits viel besser,
da vom Getreidezehent allein an 200 fl., und von der
Herrschaft und Gemeinde je 50 fl., und von der Stola
60 fl. einflossen.[1002]) Um 1782 warfen der Zehent 90, die
Aecker 59, die Weingärten, Wälder und Wiesen 40, die
Stiftungen 7, und andere Zuflüsse 112 fl. ab, und 1785
ward das Einkommen auf 400 fl. angeschlagen; endlich ist
1796 verzeichnet, dass die Pfarrgründe in der Point, am
Neustädter Weg, in Wiesfeld, hinter den Windbacher
Gärten, am Weierfeld, in Brunn- und Leberfeld (durchaus
Aecker) lagen, und die Weingärten, Wiesen, Krautgärten
und Waldungen in den Rieden Wolfstrafse, Hochholz und
Malleiten; von 128 Jochen hatte die Pfarre die Zehenten
allein, von 39 Jochen dieselben mit der Herrschaft Neustadt, dann von 12 Jochen im Weickersdorfer Felde und
den 30. Theil Kornzehent in Fischau, endlich auch bei
Steinabrückl und Wellersdorf einen Zehent, der für 60 fl.
verpachtet wurde.[1003])
Der Sage nach soll die Kirche früher weiterab gestanden sein, gegen Brunn hin, und mehr auf der Höhe,
und von den Türken zerstört worden sein. Dann habe man
sie an ihrem jetzigen Platze aufgebaut.[1004]) Von ihren
Schicksalen ist sehr wenig bekannt: 1683 ward sie abgebrannt, 1782 baute der Pfarrer Reischmann an ihr, und
1798 soll die heutige Kirche durch einen Baumeister aus
der Stadt Baden erbaut, und am 11./11. desselben Jahres,
als am Tage ihres Patrons, von Abt Alberich aus dem Neukloster zu Neustadt benediciert worden sein.[1005]) Sie hatte
1742 den Hochaltar zum heil. Martin, und den Seitenaltar
zum heil. Rochus. Der heutige Hochaltar scheint jener
zu sein, den 1776 Bischof Heinrich von Neustadt dahin
schenkte.[1006])

1002. Erzbischöfliches Archiv zu Wien. Der Weinzehent war auf
6—10 Eimer, der Krautzehent auf einen Eimer angeschlagen; dann waren
29 Joch Felder, eine Wiese, ein Grund und ein Gärtchen am Pfarrhofe.
— 1003. Ebend. — 1004. Kirchl. Topographie 1/8, 107. Ob da nicht
etwa die Capelle St. Nicolai am Stein oder im langen Joch gemeint ist?
— 1005. Pfarrchronik zu Fischau. — 1006. Ebend.

Die Gruft wurde von Freiherrn von Palm, dem Besitzer von Brunn am Steinfelde, für sich und seine Nachkommen 1720 errichtet.[1007]) — Ablässe hatte die Kirche
um 1742 nicht, wohl aber die Bruderschaft (2); ca. 1750
werden für Erstere drei namhaft gemacht, wenn sie nicht
etwa zum Theile der Letzteren angehören, und 1780 erhielt
sie einen von Papst Pius VI.[1008]) — Auch Stiftungen bestanden um 1742 nicht, aber von 1765 an bis 1804 erwuchsen deren acht mit 1250 fl. Capitalien,[1009]) und Processionen giengen zwölf und kamen drei.

Filialen waren Brunn, und aushilfsweise im 18. Jahrhundert Wellersdorf, doch ist sehr wahrscheinlich, dass in
alter Zeit Weickersdorf und etwa auch Winzendorf zu
Fischau gehört hatten.

Von Bruderschaften tritt die der „Zwelfpoten" schon
1457 auf;[1010]) im 17. oder 18. Jahrhunderte kam jene des
heil. Rochus dazu, die jedoch um 1742 als nicht gedeihlich
geschildert wurde.

An Capellen kommen, da von St. Nicolai am Stein
oder langen Joch nichts als der Name beizubringen ist,
vier in Betracht: die des heil. Ulrich, die Schlosscapelle,
die Friedhofscapelle und jene auf Hartenfels. Die erstere
ist eine Stiftung aus dem Ende des 14. Jahrhunderts, lag
nördlich ausserhalb des Ortes, an der Blätterstrafse, auf
leichter Anhöhe. Im Jahre 1598 widmete der Hoch- und
Deutschmeister Erzherzog Max einen silbernen und ver-
goldeten Kelch mit Patena und dem Deutschordenskreuze
dahin, der 1683 gerettet wurde, als die Türken das Gotteshaus verbrannten. Der Erzpriester überliefs ihn dem Besitzer von Ternberg, Joh. Paul von Pleyern, gegen dem,
dass er die Capelle aufbaue, und den Kelch dahin widme.
Um 1715 kaufte Kloster Neuberg sie sammt dem daran
gränzenden Weingarten um 350 fl., und verbaute 900 fl.
darauf. Bis 1740 war sie wieder so zerfallen, dass der
Archidiakon die Restauration beim Abte beantragte, der
sie 1743 vollendete. Dass Letzterer sie benedicierte und
in pontificalibus dort Messe las, erregte bei der Säcular-
geistlichkeit grofses Aufsehen, und es wurden Verhand-

1007. Wie Note 1004, p. 378. — **1008.** Bischöfliches Archiv zu
Graz. — **1009.** Erzbischöfliches Archiv zu Wien. — **1010.** Urbar von
1457, f. 129.

lungen eingeleitet, dass sie an die Pfarre abgetreten würde,
weil man fürchtete, das Kloster wolle sie eximieren. Sie
war aber doch stets eine Privatcapelle, und gehörte 1598
einem Hatschierdes Erzherzogs-Deutschmeisters Max, Peter
Osgi, und ca. 1600 einem Herrn Matthäus Habereiner,
Bürger des inneren Rathes zu Neustadt, mit dessen Namen
sie auch im Volke bezeichnet wurde.[1011]) Sie wurde, da sie
schon sehr in Ruinen lag, um die Vierzigerjahre dieses
Jahrhunderts abgetragen, und nur ein Denkstein aus ihr an
einer Strebemauer neben der Strafse erinnert noch an sie.

Die Schlosscapelle war von Graf Christoph Karl
von Heufsenstein erbaut und mit einem Priester besetzt.
Seit dessen Tode ward von Besetzung Umgang genommen
aber 1728 und 1729 bewarb sich Graf Franz um Erneuerung
der Licenz, da er und die Seinen zu weit zur Kirche hätten,
und um das Recht der Oeffentlichkeit. Er erhielt mittelst
päpstlichen Breves vom 23. Jänner 1730 die Genehmigung
für sich und seine adeligen Gäste und für Sonn- und gebotene Festtage, später auch für jene Feiertage, an welchen
in der Pfarrkirche keine Messe gelesen wurde. Fischauer
Pfarrkindern, die etwa zur Wellersdorfer Kirche nicht gelangen konnten, war gleichfalls der Besuch gewährt.[1012])

Ueber die Friedhofscapelle, die ungefähr drei
Klafter von der Pfarrkirche ablag, „rund oder oval" gebaut, und demnach sehr wahrscheinlich ein Karner des
12. Jahrhunderts und von grofsem Umfange war, denn sie
soll an 400 Personen haben fassen können, erfährt man,[1013])
dass — etwa 1697 — Kaiser Leopold ihr eine Copie „des
weinendten Gnadenbilds Mariae" habe durch seinen Hofcaplan Kriechbaum übergeben lassen. Sie wird 1698 als
sehr gut ausgestattet und mit vergoldetem Tabernakel
versehen geschildert, so dass man das Allerheiligste auch
dort ausstellen könnte, weil die Pfarrkirche so sehr klein
sei. Sie muss wohl 1820 gefallen sein, als auch der Friedhof verlegt wurde.

Endlich gewährte Erzbischof Christoph von Wien
1788 dem k. k. und bürgerl. Steinmetzen Jos. Gotschal, in

1011. Erzbischöfliches Archiv zu Wien, und bischöfliches Archiv
zu Graz. — 1012. Erzbischöfliches Archiv zu Wien. Ein Hofcaplan Sebastian Zimmermann wird 1746 in den Acten des bischöflichen Archives
zu Graz genannt. — 1013. Erzbischöfliches Archiv zu Wien.

seinem Hause am Hartenfels in den Steinbrüchen ob
Wellersdorf eine Capelle zu errichten, und zwar auf sechs
Jahre; sie sollte blos an Sonn- und Feiertagen, und mit
Ausschluss der Nachbarn nur ihm und seinen Dienstleuten
dienen, auch aufser der Altarklingel kein Geläute haben.
Der Nachfolger Gotschal's, der Steinmetz Franz Jäger,
Besitzer des Berghofes zu Fischau, suchte 1795 um Ver-
längerung der Licenz nach.[1014])

Der Pfarrhof, der 1457 zuerst erwähnt wird, wurde
1770 u. ff. von Pfarrer Reischmann gründlich umgebaut,
theils aus Kirchengeldern, welche er zu verzinsen hatte,
theils aus dem Widmungsnachlasse des Pfarrers Paradeiser,
theils aus seinem eigenen Vermögen.[1015])

Das Spital zu Fischau ist eine Gründung der Gräfin
von Heufsenstein aus dem Jahre 1724. Sie bestimmte dazu
das sogenannte Castellische Haus, wenn sonst die Gemeinde für ein Spital noch beisteuern würde. Indess legierte
sie 3000 fl., aus deren Zinsen einige Ortsarme unterstützt
wurden.[1016])

Die Reihe der Pfarrer gibt Note [1017]).

1014. Ebend. — **1015.** Ebend. — **1016.** Pfarrchronik zu Fischau.
— **1017.** Von Pfarrern u. s. w. sind folgende namhaft zu machen: ca....
1140... Reinbertus decanus et minister s. Martini (Steierm. Urkundenbuch 1, 675), ...1146... Pabo plebanus (Urkundenbuch des Landes ob
der Ens 1, 289), Poppo archipresbyter (Steierm. Urkundenbuch 1, 356,
Urkundenbuch des Landes ob der Ens 1, 675), ...1157... Otacher decanus (Steierm. Urkundenbuch 1, 373), archidiaconus (ebend. 352), archipresbyter (Meiller, Salzburger Regesten 90/67), 1160 (Steierm. Urkundenbuch 1, 396), 1161 (ebend. 427, 428, 435), ...1163... Ortliep
plebanus (ebend. 445), ca. 1185 archidiaconus (ebend. 633), 1188 (ebend.
670, 676), 1189 (Meiller a. a. O. 151/148, Steierm. Urkundenbuch 1, 685),
1190 (ebend. 687), 1191 (Meiller a. a. O. 155/67), 1192 (ebend. 156/74),
...1207 O. plebanus (Urkundenbuch des Landes ob der Ens 2, 506), 1211
(Steierm. Urkundenbuch 2, 175), ... Vlricus Patauien. canon. et plebanus (Urkundenbuch des Landes ob der Ens 2, 576), ...1217 Vlricus
plebanus (Meiller, Babenberger Regesten 115/122), 1219 (Steierm. Urkundenbuch 2, 219), ca. 1220 (ebend. 269), ...1224 Bernhardus
prepos. Frisacensis et pleban. (ebend. 304, 307 und 308), ...1515...
Stephan Hackher (Starhemberger Urbar von 1515, f. 89), ...1527...
Mattheus (Gewährbuch des Bisthums Neustadt, Archiv des Kreisgerichtes daselbst f. 8'), ...1569... Wolfgang Felner (Wiedemann, Geschichte der Reformation 4, 306), ...1610... Fr. Johann (Steierm.
Landesarchiv, Acten von Neuberg), ...1615, 1620 Fr. Petrus Batz
(ebend.), ...1610... Johann Praunpeck (Pfarrchronik von Fischau),
...1645?... Friedrich Schattner (erzbischöfliches Archiv zu Wien),

Aus dem Steinfelde kehrt nun die Erzählung für das Gebiet der Herrschaft Starhemberg zurück ins Thal der Neuen Welt, das sie mit Dreistätten verlassen hatte, und zwar ist von da gegen Süden

Mutmannsdorf

der erste Pfarrort.[1018])

Er wird zuerst in einer Urkunde des Klosters Garsten von etwa 1110 erwähnt, dem Markgraf Otaker vier Weingärten daselbst widmete.[1019]) Dann erscheint der Name in Verbindung mit dort sesshaften Persönlichkeiten, wie 1136 mit Hildegrim, 1146 und 1160 mit Durinc, der auch den Beinamen Nasilin führte, 1157 und 1166 mit Isinger, 1157 mit Liutpold und 1159 mit Ludwig.[1020]) Später taucht nur mehr 1359 Einer auf, Ulrich, der sich von Mutmannsdorf nennt.[1021])

In ältester Zeit sind dort blos Garsten und Reun begütert, und aus deren Beziehungen zu den steirischen Markgrafen scheint, dass Mutmannsdorf eine steirische Enclave auf Waldecker Gebiete gewesen. Die Besitzungen des Klosters Reun giengen 1147 tauschweise an St. Lambrecht über, theilweise (1217) an den Herzog,[1022]) die Gar-

...1653 Peter Staigh (Steig) (bischöfliches Archiv zu Graz), 1653 bis 1654 Maximilian Lambert Troier (ebend.), 1654—1661 Johann Baptist Rossetti (ebend.), 1661... Innocentius Albert de Albertis (ebend.), ...1664—1682 P. Candidus Pfeifer (Cistercienser von ?, Pfarrchronik von Fischau), 1682... Christoph Kracker (bischöfliches Archiv zu Graz), ...1688 Ignaz Friedrich Dominitz (ebend.), 1688 bis 1749 Mathias Ignaz Schuech (ebend.), 1749—1770... Joseph Franz Paradeiser (ebend.), 1770—1790 Joseph Reischmann, Canonicus von Neustadt u. s. w. (ebend.), 1790—1810 Andreas Schmutz (ebend.), 1810—1815 Anton Hofmann (ebend.), 1815—1830 N. Gossmann (ebend.), 1831... Franz Anton Stockmayr (ebend.). — Als Coadjutoren, Cooperatoren werden genannt: vor 1744 Franz Ignaz von Mulzheim (ebend.), ...1746... Joseph Wainer (ebend.), ...1789 Dominik Viereckl, Ex-Pauliner (erzbischöfliches Archiv zu Wien) und 1790... P. Augustin Unterriedmüller (ebend.). — 1018. Die ältesten Namensformen desselben sind ca. 1110 Mutinsdorf, 1136 Mutenes-, 1146 Mŭtenstorf, Mŭ-, 1391 Mutmestorf, 1402 Mueteos-, 1438 Mutmans- u. f. abwechselnd. — 1019. Urkundenbuch des Landes ob der Ens 1, 123, und 2, 136. — 1020. Steierm. Urkundenbuch 1, 252, 372, 386 und 462, dann Falkensteiner Codex, f. 17'. — 1021. Steierm. Landesarchiv, Nr. 2725ᵇ. — 1022. Steierm. Urkundenbuch 1,

stener sind ohne Spuren verschwunden. Für den Besitz von Seckau sind aus mittlerer Zeit, von 1318 und 1326, nur zwei Erwerbungsdocumente bekannt; in beiden Jahren nämlich übertrug Ulrich von Pergau demselben Gülten zu Mutmannsdorf, das eine Mal zum Ersatze des Schadens, den er ihm am Gute Strelzhof zugefügt hatte.[1023]) Da aber von der Mitte des 13. Jahrhunderts an Seckau die Pfarre besafs, so ergibt sich damit einiger Grundbesitz von selber. Von anderen geistlichen Persönlichkeiten, die zu irgendwelcher Zeit Grund und Boden daselbst innehatten, kommt 1515 noch die Pfarre Veitsch, und 1544 auch Neukloster in Neustadt zu nennen, zuvorderst eben der Pfarre halber.[1024]) Sonst weifs man, dass zu Ende des 12. Jahrhunderts ein gewisser Markwart, der unter die Burgmannen von Starhemberg gehört, Huben dort besafs,[1025]) dann 1323 ein Friedrich von Atzenbruck,[1026]) dann 1391 die Gebrüder von Liechtenstein, diese jedoch aus St. Lambrechter Eigen.[1027]) Für das 15. Jahrhundert werden die Bösenbacher 1402 genannt,[1028]) dann Kasp. Teindorfer, der zwölf Weingärten am Rewt (im Reutboden) und vier am Linsberg, und noch weitere fünf an Hans Hering auf Emmerberg (ca. 1420) verkauft hatte,[1029]) dann der kaiserliche Kämmerling Ulrich von Trautmannsdorf, aus dessen Nachlasse Kaiser Friedrich III. 1454 Gründe im Dreistättener Felde zu Mutmannsdorf erwarb, um sie dem Dominicanerkloster zu Neustadt für den Verstorbenen zu widmen.[1030]) Auch die von Rottal hatten Besitz daselbst, der (1494)

275, 385 und 2, 218. Eine Urkunde von 1220, davon die Kirchl. Topographie 1/8, 137 spricht, besteht nur; deren Angabe ist blos irrige Auffassung und falsche Datierung jener von 1217. — 1023. Steierm. Landesarchiv Nr. 1835 und 1954ᵃ. — 1024. Urbar von 1515, 248, und Keiblinger, Geschichte von Melk 2/1, 718. — 1025. Steierm. Urkundenbuch 1, 627. — 1026. Wissgrill, Schauplatz 2, 338; er verkaufte seine — offenbar ausgedehnten — Liegenschaften daselbst (allein?) um 111 Pfund Pfennige an Kadold von Eckartsau. Man erinnere sich, dass 50—60 Jahre später die Eckartsauer als Lehensleute auf Emmerberg auftreten. Ob diese obige Erwerbung ein Anfang oder eine Fortsetzung jener in der Neuen Welt ist? — 1027. Steierm. Landesarchiv Nr. 3739ᵃ und 3763ᶜ. — 1028. Orig. Staatsarchiv zu Wien. Sie verkaufen ihre Liegenschaft „am Oedt ze Muetenstorf pei Emerberg“ für 22 Pfund Pfennige an den Herzog. — 1029. Notizenblatt der kais. Akademie 1858, 491. — 1030. Chmel, Regesten 2/3293, im Archiv für Kunde österreichischer Geschichtsquellen 10, 192, Nr. 75 und 76.

durch Barbara von Rottal an Christoph von Puchheim gelangte.[1031] Im 17. Jahrhunderte besafs Emmerberg alldort
fünf behauste Holden, welche vielleicht noch auf jene Be-
zugsrechte zurückzuführen sind, die für dasselbe und das
13. Jahrhundert bereits namhaft gemacht wurden, und mit
den landesfürstlichen Bezügen sich einigermafsen berühren.
Ueber diese aber ist aus früher Zeit keine andere
directe Nachricht erhalten, als dass sie 1275 vom Orte (de
foro) ½ Pfund Pfennige, vom Walde (sicherlich am Burg-
stallè) 4 Pfund betrugen, und dass das Bergrecht hier und
zu Dreistätten zusammen 44 Eimer einbrachte.[1032] Um
1438 sind starhembergisch daselbst 3 Höfe, 10 Halblehen
und 6 Hofstätten, 1457 3, 11 und 4, und 1564 5 (und
2 Halbhöfe), 8 und 7. Ein wirklicher Zuwachs erscheint
erst 1726, wo sich 2 Ganz-, 3 Halb- und 15 Viertellehen
und 4⅛ Hofstätten nachweisen lassen, welche an Haus-
dienst-, Vogt-, Wacht- und Robotgeld bei 35 fl. entrichteten; 3 Holden leisteten Zugrobot, die für Einen auf
12 fl., und 4 Halblehner, bei denen sie auf 8 fl. veranschlagt war; ihrer 14 waren Handroboter (Holzspalter),
und ihren Dienst schlug man à 6 fl. an. Als Seine kaiserliche Hoheit die Herrschaft Starhemberg-Fischau erwarb,
hatte das Dorf 33 Feuerstellen (2 Ganz-, 2 Dreiviertel-,
18 Halb-, 5 Viertellehen und 6 Kleinhäuser, bezahlte an
Hausdienst, Hühner- und Robotgeld 53 fl., an Rustical-
steuer 11 fl., an Dominicalsteuer doppelt so viel, und hatten
seine Holden 2964 Robottage, die auf 90 Zug-, 486 Handtage und 169 fl. Ablösung herabgesetzt waren. An Taz
entfielen gegen 54 fl., an Ungeld die Hälfte. Den ganzen
Traidzehent gaben 4 Joch, den ganzen Weinzehent bei 8,
und Zweidrittelzehent gegen 12 Joch.

Die Namen der Rieden, von Familien, und eine
Richterreihe gibt Note [1033].

1031. Beiträge zur Kunde steierm. Geschichtsquellen 13, 114. —
1032. Notizenblatt der kais. Akademie 1855, 384: „Redditus dapiferi (de)
Emberberch ... Ex eisdem redditibus recipit dominus O(takarus) in foro
in Mutenstorf i talentum, et de silua iiii talenta." — 1033. Riednamen
des 15. Jahrhundertes sind zu Mutmannsdorf die Erdperlewten (Eber-),
die Fudlewten (später Frid- und Fidl-), Greit, Haiperg, Hochrain, Judental, Kirchperg, Lintchobel, Linsperg, Marksteig, Mitterpewnt, Mulbeg,
Puchgraben, Reintal, Seepachk, Weichprunwisen und Wispewnt; — des
16. Jahrhundertes: die Fridllewten (Fidl-), Hainperg, Hochrain, Inpruck,

In alter Zeit begriff die Pfarre Mutmannsdorf Gaden,
Stolhof, Meiersdorf, Zweiersdorf, Netting mit Dachenstein
und Emmerberg, — heute ist Meiersdorf eine Pfarre für
sich, hat Zweiersdorf und Netting in seinem Sprengel, und
Tachenstein ist eingegangen. Da jene die einzige Kirche
für die Neue Welt enthielt, so mag ihre Gründung wohl
noch in das Ende des 12. oder den Anfang des 13. Jahrhunderts gehören, obgleich, aufser etwa der Stellung des
Thurmes, keine auffälligen Erinnerungen aus romanischer
Zeit mehr erhalten sind. Sie ist eine Stiftung der Landesfürsten, kam erst 1254 an das Bisthum Seckau, dem
König Otakar die Pfarre zuwies,[1034]) und 104 Jahre später
an das Stift, oder jetzt bereits Domcapitel Seckau, da
Bischof Ulrich 1358 sie gegen Kirche und Pfarre St. Peter
in der Gal (bei Knittelfeld) vertauschte.[1035])

Im päpstlichen Zehentbuche von 1285 erscheint die
Pfarre mit 9 Mark Grazer Pfennigen weniger 32 Pfennige

Linsperg, Linzgraben, Lürzergraben im Salchenfeldt, Mitterpewnt, Pier-
pawmen, in Prüntlern, Puchgraben, Puckenprein, Reintal, Reit, Salchen-
feld, Schachen, Seeperg, Sibiganez, Steggraben, Stier, Talgraben, Weich-
prun und Wispewnt. Aus ca. 1750 bietet eine Emmerberger Fassion für
Mutmannsdorf noch folgende Rieden: Dürre Breiten, Eggertzaun, Felber-
bach, Felberhölzer, Hochäcker, Holzsper, Hungerfeld, Kalchberg, Kirchen-
grund, Kirchsteig, beim Kreutz, auf der Lerch, Purgstall im Wald, Reit-
äcker, Reitboden, Reitfeld, Rosenbüchel, Tefferlleuten, Wolfäcker. —
Familiennamen des 15. Jahrhundertes sind Erchkel, Geriber (Gärber),
Grill (Gröll), Gundelwein, Hager, Herrel, Kröpfel, Lacher, Pötz, Reuchel,
Stahlschlaher, Töckel, Trochtel (Truchtel), Troppel, Tugentleich, Weichsel-
berger, Zwickel; — des 16. Jahrhundertes Fleckel, Frölich, Fruth, Hilgram,
Hufnagel, Katter, Krueger, Knotz, Löb, Neuhauser, Oberhaimer, Ortner,
Panstingl, Pöstl, Puckl, Rasperger, Rumpler, Saubolt (Saumolt, Saimolt),
Schandel, Scharlach, Schiferstein, Schwendenwein, Seen, Sparsmaul,
Strenberg, Stuckler, Thurmer und Wedl. — Richter werden genannt
...1681... Mathias Postel, ...1689... Kaspar Krieger, ...1694, 1698...
Jacob Pesendorfer, ...1702... Urban Zwickl, ...1723, 1725... Franz
Pesendorfer, ...1729 ff., 1736... Karl Burger, ...1776... Joseph Burger.
— 1034. Otakar widmete „ius patronatus in ecclesia Mvtenstorf cum
vniuersis attinentiis et iuribus" (Steierm. Landesarchiv Nr. 697). —
1035. Man kennt diesen Tausch blos aus der Bestätigung Erzbischof Or-
tolfs von Salzburg von 1358, 26./1., Salzburg (ebend. Nr. 2637). Die ein-
getauschte Kirche St. Peter war sozusagen Hofkirche des Bischofs; denn
in ihrer Pfarre lag sein Mensalschloss Wasserberg (nächst Knittelfeld).
Der Vertrag ging um das „ius patronatus et priuilegium ad parochialem
ecclesiam in Mütenstorf prope Strelez", und enthielt: „quod prepositi
dicte Seccouiensis ecclesie . . . eciam regulares ipsius ecclesie canonicos

belastet,[1036]) und die Salzburger Matrikel von (angeblich) ca. 1470 erwähnt ihrer gleichfalls.[1037])

Aus der protestantischen Zeit ist irgend Namhaftes nicht zu erwähnen. Der salzburgische Generalvicar, Bischof Jakob Eberlein von Seckau, weihte hier am 4./4. 1625 zwei Altäre, firmte auch am 4. und 5. desselben Monats, doch ist von einem Visitationsberichte desselben nichts bekannt.[1038]) Ebenso ist unbekannt, was Seckau bewog, sich der Pfarre zu entäußern. Das geschah mit dem Gute Strelzhof zusammen 1662 an das Neukloster zu Neustadt.[1039]) Eine statistische Notiz von 1754[1040]) gibt die Bevölkerungszahl auf 552 Männer und 608 Frauen an.

Die kleine Reihe von Stiftungen beginnt mit jener von 1365: sie brachte an den Katharinenaltar einen weltlichen Caplan zu täglicher Messe, weil Kloster Neuburg diese zunächst ihm gemeinte Widmung nicht annehmen

sacerdotes possint, si voluerint, ad eandem ecclesiam in Mutensdorf, dum vacauerit, pro rectoribus seu perpetuis vicariis presentare", vorbehaltlich der Genehmigung des Erzbischofs, und der Investitur, Einführung und Absetzung durch denselben. — **1036.** Liber decimationis von 1285, im Programme des Gymnasiums Borromaeum in Salzburg f. 1886/87, 12: „Ecclesia in Mutinsdorf … IX marcas denar. Gracen. numero minus XXXII denariis." — **1037.** Notizenblatt der kais. Akademie 2, 280: „Ecclesia in Mutmannstorf incorporata ecclesie Seccouiensi." — **1038.** Handkalender des Bischofs im bischöflichen Archive zu Graz: „(1625, 3./4.) Venio in Muetmanstorf, vbi consecro duo altaria in Muetmanstorff, vbi et celebro, et ante et post prandium populum confirmo, ac ibi celebro, 5ª celebro in Muetmanstorff vbi et confirmo." — **1039.** Archiv des Stiftes Neukloster. Die Urkunde datiert vom 1662, 5./7. Mit Strelzhof und der Pfarre Mutmannsdorf war auch die Pfarre St. Thomas zu Rotengrub in Verbindung. Seckau verlangte 19.000 fl., und gab es für 17.000 fl., wovon der Käufer 10.000 fl. schuldig blieb, und verzinste. Den Ankauf erleichterte der Kaiser, indem er die Stiftung des Bischofs Johann Thuanus von Neustadt, betreffend eine tägliche Messe an der Allerheiligenkirche im Betrage von 6000 fl. dem Kloster, und, als diese Kirche aufgehoben wurde, Joseph II. auch die Art der Messen ihm übertrug. — Uebrigens scheint der Uebergang an Neukloster bereits von langer Hand vorbereitet, da schon Ende des 16. Jahrhunderts Seckau Conventualen desselben als Pfarrer zu Mutmannsdorf aufnahm. — **1040.** Ebend. Der Einzelbestand war: Emmerberg Schloss 16:15 (darunter neun Kinder von 1—15 Jahren), Frankenhof 15:10, Gaden 24:26, Loderhof 8:12, Mutmannsdorf 182:178 (im Pfarrhof vier Personen), Meiersdorf 146:158, Netting 50:42, Rainhof 13:12, Stolhof 85:103, Tachenstein Schloss 4:4 (davon 2 Kinder), Zweiersdorf 44:41, Zweierhof 5:4. Heute ist (nach Ausscheidung von Meiersdorf mit 650 Seelen) der Stand 900.

wollte.[1041]) Eine weitere Stiftung von zwölf Messen auf
Emmerberg, welche von Hans Friedrich Brassican und
dem Jahre 1665 stammte, ist schon erwähnt worden.[1042])
Was den Besitz der Pfarre und Kirche anbelangt, die
in alten Documenten wie noch heute im Volksmunde den
Vulgärnamen St. Peter und Paul (vom Hauptaltare), und
noch weit öfter jenen von St. Peter im Mos führt, so besagt
die Pfarrchronik, dass sie bereits um 1328 ein Haus zu
Neustadt besessen. Sonst rühren allgemeine Besitzüber-
sichten erst aus dem 16. Jahrhundert, und man erfährt
durch sie,[1043]) dass sie 8 dienstbare Hofstätten und eine
Oede zu Hainfeld hatte, und eine Hofstätte zu Zweiersdorf,
3 Joch Aecker, 4 Tagwerke Wiesen, 4 Weingärten (zu
Brunn und Dörfles, dann am Linsberg und im Greut nächst
Mutmannsdorf), dann einen Weinzehent von 2 Dreilingen
(à 8 Eimer), ein Bergrecht von 1½, desgleichen, einen
Traidzehent von 2½ Muth (Weizen, Korn, Gerste, Dinckel

1041. Steierm. Landesarchiv Nr. 2936. Der Stifter war Hans Freisinger, ein Bruder des Propstes von Seckau und des Pfarrers Paul von
Mutmannsdorf; er bestimmte die Pfründe der Aegydencapelle zu Kloster
Neuburg; da dieses — aus ungenannten Gründen — sie ablehnte, gaben
die zwei Brüder sie nach der erwähnten Pfarre; sie war mit ihrem Einkommen auf gewisse Liegenschaften bei Neuburg und am Kahlenberge
bei Wien, im Patronate aber an den Propst von Seckau gewiesen. Die
Bedingungen waren: der Pfarrer sollte „ainen steten chappelan halten, ein
layphaffen, ains priester dester mer sol in seinem pfargesellen pei seinem
tisch in seiner chost mit ezzen vnd mit trinchen, als ein isleich pharrer
eemaln geben vnd phlegen hat von alter her . . . vnd schol auch derselb
chappelan tegleich mess haben auf s. Kathrein alter in der pharrkirchen
pei s. Peters alter der hauptker daselbs (er) ist, mit sogetaner stift, daz
man aller ierichleich pei der eegenannten chirchen raichen schol zwaincz[k]
phunt Wyenner phenning guets geltes, der selben zwainczk phunt ge-
uallent im selber die zehen phunt Wienner zv ainer widerlegung vor des
chapellans chost vnd trinchen, ie zv der Chotemper vier stund in dem iar,
vnd die andern zehen phunt, die schol er raichen vnd geben dem gestiften
chappelan auch zden vorgenanten Chotemper vier stund in dem iar, vnd
zwai phunt Wienner geltes gueter gult da selbs zv ainem ewigen liecht,
daz do prinnen schol vor dem egenanten alter tag vnd nacht, vnd zv der
mezz wol weschen sei mit wachsliecht cherezen, die schol ain zechmaister in nemen zv den vorgenanten tegen, als der pharrer sein geld nimt,
die schol vezzen der pharrer, vnd raichen dann dem zechmaister, der da
von weleucht den alter . . . Auch schol der . . . pharrer gedenchen vnsers
prüder sel vnd seiner wirtin Vrsula vnd aller vnser vordern sel . . .“ u. s. w.
— 1042. Vgl. S. 253 betreffend die Schlosscapelle Emmerberg. — 1043.
Theilweise der Visitationsbericht von 1544, theilweise Acten im Archive
von Neukloster zu Neustadt von 1543 und 1566.

und Hafer), 10 Zehentlämmer und 3 Kessel Zehentkraut bezog. Noch weit stattlicher lautet der Ausweis für 1566: die gesammte Gegend trug für Pfarre und Pfarrer bei.[1044]) Dafür hatte er aber auch eine besondere Gegenleistung in Person zu bieten: den Bauern nämlich zu Netting und dem Schlossherrn zu Tachenstein „die Osterspeise" zu weihen, vor Sonnenaufgang und zu Pferde, für den Herrn am Kreuz unterm Schlosse, den Holden im Dorfe, und seine ganze Gemeinde musste ihn begleiten, sonst verlor er den Zehent von Netting.[1045]) Als die Pfarre 1662 an Seckau überging, ward ihr Ertrag auf 500—600 fl. bewertet;[1046]) ein späterer Ausweis aber reicht knapp an 500 fl.[1047])

Ablässe bestanden drei, von 1720, 1729 und 1752,[1048]) und ein vierter von Papst Pius VI. kam 1780 dazu.[1049]) An Reliquien notiert die Pfarrchronik welche der beiden Apostelfürsten und Patrone,[1050]) und ebenso, dass statt

---

1044. Der Ausweis von 1566 nennt sieben Holden zu Mutmannsdorf, und hier und zu Netting ganzen Zehent, in der gesammten Pfarre den Kleinzehent und von jedem Hause in derselben 1 Huhn, 1 Käse und 9 Eier; ausserdem 10 Wiesen, 4 Aecker, 4 Weingärten, 4 Gehölzer zu Meiersdorf und Netting, 2 Unterthanen zu Hainfeld, Ueberländzinse zu Mutmannsdorf, Stolhofen, Netting, Dreistätten, Brunn, Fischau, Piesting, Pernitz, Meiers-, Willen-, Urschen-, Winzen- und Saubersdorf, die Bergrechte zu Dreistätten, Mutmanns-, Meiers- und Wellersdorf. Die 7 Holden im Pfarrdorfe hatten 3 Tage im Jahre zu roboten, 1 Tag Kraut setzen, 1 Tag „aufschlagen" und 1 Tag heugnen, alles auf der Weichbrunnwiese. — **1045.** Niederösterreichische Weisthümer I, 110, §. 7. Die Erinnerung an diesen Brauch besteht noch heute in Mutmannsdorf. Das Banntaiding von Netting liegt leider nur in später Abschrift vor. Es wäre doch interessant, zu wissen, wann sich dies auf eine Tachensteiner Specialität hinweisende Verfahren einführte. Tachenstein ist in seinem ganzen Bestande und in mancherlei Bräuchen auf seinem Boden eine Art Curiosum. — **1046.** Acten im Archive des Neuklosters zu Neustadt. — **1047.** Dieser (im erzbischöflichen Archive zu Wien) setzt für das 18. Jahrhundert an: 2 Unterthanen zu Büchel und Guteck bei Hainfeld, und (blos) 5 Holden zu Mutmannsdorf und die Dominicalgründe (350 fl.), ½ Tagwerk Ueberländ nach Emmerberg dienstbar (5 fl.), 2 Gehölze, eines nach Emmerberg und eines nach Schwarzau dienstbar (13 fl.), aus der Brassicanischen Stiftung (5 fl.), Tazgeld von Netting (6 fl.), 1 Huhn und 9 Eier von jedem Hause für die Processionen (8 fl.), 9 Gottesdienste zu Meiersdorf (9 fl.), Stola (20 fl.), Meierhofnutzung (62 fl.); dagegen wird der Pfarrer mit den Dienstleuten auf 455 fl. und die Baureparatur auf 20 fl. angeschlagen. — **1048.** Archiv des Neuklosters zu Neustadt, und bischöfliches Archiv zu Graz. Sie wurden gefeiert auf Sebastiani, Peter und Pauli, und am vierten Sonntage nach Ostern. — **1049.** Bischöfliches Archiv zu Graz. — **1050.** Authentisiert 1778, 16. 9., durch den Erzbischof Christoph Migazzi von

der im Orte befindlichen Martersäule der Gemeinde gestattet wurde, eine Johannescapelle zu errichten, welche sie mit Revers von 1776, 15./6., zu erhalten sich verpflichtete. Jetzt ist die Johanneswidmung bereits erloschen, und blos ein Bild Mariä Krönung in der Capelle.

An Bruderschaften bestanden (aufser der Kirchenzeche der Zwölfpoten) die „Aller glauwigen Seelen", welche 1525, und die Sebastiansbruderschaft, welche 1656 mit einem Ablasse erscheint.[1051])

Processionen gingen 32 (!) und kamen an zwei Festtagen je 6.[1052])

Der Pfarrhof, sagt das Gedenkbuch, ging 1723, 1./10., in Flammen auf, aber die Ställe und Scheuern wurden gerettet.

Filialkirche ist seit 1379 Meiersdorf gewesen, bis es zur eigenen Pfarre gelangte. Was darüber zu sagen, wird bei Meiersdorf dargelegt werden.

Die Reihe der Pfarrer gibt Note [1053]).

Innerhalb des Gesichtskreises von Mutmannsdorf sind nur die Höhen im Westen und Südwesten besiedelt; die

Wien als „ex thesauro augustissimae domus Austriacae desumtae". — **1051.** Die eine Notiz aus Urbar von 1525, ff. 129 und 129', die andere aus dem Neuklosterarchive. — **1052.** Visitationsprotokoll im bischöflichen Archive zu Graz. „Certe superfluae, bonum foret illas minuere, populus quidem obtemperet." — **1053.** Von Pfarrern zu Mutmannsdorf lassen sich folgende namhaft machen: ...1303... Dietrich (Steierm. Landesarchiv Nr. 1650ᵇ), 1328, 1329... Hertwig (ebend. Nr. 1987ᵃ, und Gedenkbuch der Pfarre), ...1349... Konrad (ebend. Nr. 2362), ...1365 Paul Freisinger, Chorherr zu Seckau (ebend. Nr. 2936), ...1379... Konrad Reuter (ebend. Nr. 3351ᵃ), ...1382, 1396, 1401... Friedrich Wolfsberger, Chorherr zu Seckau (ebend. Nr. 3438ᵃ, 3996ᵇ und 4962), ...1487 Paul Slaffer, Handschrift Nr. 3083, f. 2'), 1488... Florian Geyer (ebend.), ...1544... Christoph Paiger (nicht Kaiger, wie Wiedemann, Geschichte der Reformation 4, 367 druckt), ...1591... Hans Muchitsch (ebend.), ca. 1560 H. Urlacher (ebend.), ...1596—1607 P. Martin Molitor, Conventual von Neukloster (Archiv daselbst), ...1636... Daniel Ediger, Dechant zu Neustadt (Steierm. Landesarchiv, Acten von Neuberg), ...1660... Johann Anton Paludnig (ebend.), 1662—1671 P. Edmund Liquere, Conventual des Neuklosters (ging 1671 als Coadjutor des Abtes nach Kloster Luzel im Elsass), ...1688—1691 P. Malachias von daselbst (und alle Folgenden), 1691 P. Richard, 1692... P. Malachias, ...1696 P. Franz, ...1720 P. Nivard, 1729... P. Michael, ...1733... P. Andreas, ...1737... P. Albert, ...1739... P. Augustin, 1760... P. Johann, ...1780... P. Rainer Trunzer (sämmtliche aus den Acten des Neuklosters zu Neustadt).

Ostseite ist bewaldet und ohne Ansiedelung, die Ollenz-höfe ausgenommen, welche man etwa in dem „Adilhartis-perge“ des 12. Jahrhunderts erkennen darf. Ueber der Weichbrunnwiese, einem alten Widemgute der Pfarre zu Mutmannsdorf, liegt F e l b e r i n g, das Velwach, Felbach, Felberach und Felbarn des 15. bis 16. Jahrhunderts, von ihm abwärts, die Wand entlang bis Stolhof, zog das Salchenfeldt, das im topographischen Begriffe zusammen-geschrumpft als Salefeld bei Felbring noch besteht. In der Nähe liegt der F r a n k e n h o f, der auch bereits 1457 er-scheint, der L o d e r h o f, der seinen Namen von einem Be-sitzer im 16. Jahrhunderte allmälig annahm, jedoch bis da-hin blos unter dem Namen „Neusidel“ bekannt war. Im 17. Jahrhundert waren zwei Besitzer, und gehörten sie zur Herrschaft Emmerberg.

Nahe dem Boden der Thalmulde liegt

Gaden,

dessen Namensform aus dem „Gadem“ des 13. Jahrhunderts in das „Gaaden“ des 16., und endlich das „Garn“ des 17. übergegangen ist.

Leute, die sich davon nennen, kommen von 1249 an vor.[1054]) Im 14. Jahrhundert begegnet man dort den Bürger Leopold Prenner von Neustadt im Besitze eines landes-fürstlichen Lehens;[1055]) vielleicht war dies jener eine Hof, der allein nach Starhemberg dienstbar gewesen, und in den Urbaren von 1438—1564 erscheint. Allein die Ansiedlung an sich ist gröfser: Starhemberg übte Vogteirechte da-selbst, und aus diesen erkennt man, dass das Dorf zwanzig und einige Feuerstätten besafs,[1056]) und sieben Höfe allein mit vielen Ueberländen gehörten nach Emmerberg.

1054. Ein Perhtold und ein Henel von Gaden 1249, ein Haimo 1288 (Steierm. Landesarchiv Nr. 642 und 1346). — **1055.** Orig., Staatsarchiv zu Wien. — **1056.** Rieden zu Gaden sind im Greit, im Hedlein und im Ratten für das 15. Jahrhundert, für das 16. im Sarhach, und für das 17. kommt die Weinpewnt vor. Viele Riednamen dieser Ortschaft, aber für ca. 1750 und mit einiger Anlehnung an Mutmannsdorf, gibt eine Emmer-berger Fassion, nämlich Aichlern, Auhölzer, im Gmäuer, im Gwürch, Hinterwiesen, Hochrain, Kaltenbergen, Kirchenweg, Kirchsteig, Lüssen, Parz, Picheläcker, Sagerwiesen, Sailwisen, Schlosäcker, Steggraben, Steinern, Weierpoint und Zwayer.

Unterhalb der Wand liegt der Ramhof, der im 15. und 16. Jahrhundert abwechselnd Raumhof (Rainnhof ?) und Rainhof heifst, und unterhalb ihm, zwischen ihm und Gaden, das Dorf

Stolhof,

im 12. und 13. Jahrhundert Stadelhoven und Stalhouen genannt,[1057] eine schon frühzeitig stattliche Ansiedlung, wenngleich die Unterthanen nach allen Seiten hin, nur nicht mehr nach Starhemberg bodenhörig waren. Dieses besafs nämlich daselbst im 15. Jahrhundert blos Bergrechte von 13 Weingärten, im 16. Zinsungen von ca. 25 Acker- und Wiesentheilen, und auch im 19. nicht mehr als 6 Holden (3 Halblehner und 3 Kleinhäusler). Den namhafteren Antheil hatte Emmerberg aus den sogenannten Harracher Lehen, welche Joh. Alexander Brassican 1593 von Maria von Sinzendorf käuflich erworben, nämlich 6 Höfe, 26 Tagwerke Wiesen, 3 Gehölzer, den Getreidezehent u. s. w. Allein bis 1680 waren aus den 6 Feuerstätten deren 12 geworden; 1830 bestanden ihrer auch nicht mehr (10 Halb- und 1 Viertellehen und 1 Kleinhaus).

Nach den ältesten Widmungen des Klosters Reun zu urtheilen, erscheint der steirische Markgraf da begütert. Dieses Stift trat 1147 vier seiner Weingärten mit 3 Huben an St. Lambrecht ab.[1058] Ein Hermann von Stolhof kommt 1249 als Zeuge vor.[1059] Die von Stadeck und Tiefenbach aus Steiermark begegnen auch hier; es ist fast ein gutes Zeichen für die Ackerkrume und Weinried, wenn man diese Geschlechter irgendwo sesshaft findet. So kauft Hartnid von Tiefenbach 1363 von Nicolaus von Mürzzuschlag und von Bernhard von Meiersdorf, 1366 von Ulrich von Rauhenwart und den Gebrüdern Wulfing und Jans von Meiersdorf, 1367 von Jans Teufel Aecker, Wiesen und Weingärten zu Stolhof,[1060] und er und sein Vetter werden mit anderem Gute hierorts aus der Stadecker Erbschaft 1410 von Graf Hugo von Montfort belehnt.[1061] Solche Stadecker Lehen

---

1057. Es erscheint 1147 als Stadelhofen (Steierm. Urkundenbuch 1, 275), 1249 als Stalhoven (Steierm. Landesarchiv Nr. 642), im 14. Jahrhundert durchwegs ebenso, bis 1366 die Form Stolhofen eintritt. — 1058. Steierm. Urkundenbuch 1, 275. — 1059. Steierm. Landesarchiv, Nr. 642. — 1060. Ebend. Nr. 2854ᵃ und ᵇ, 2960ᵃ und 2976ᵃ. — 1061. Ebend. Nr. 4422. Vgl. dazu deren (?) Verkauf an Herzog Ernst bei Lichnowsky,

hatte 1365 auch Wulfing von Stolhof, der sie 1366 an Joh. Grünsbeck verkaufte, und dieser abermals an Hartnid von Tiefenbach.[1062]) Mit Ausnahme der bereits oben geschilderten Türkenschäden lässt sich höchstens ein kleiner Bauernaufstand wider den Herrn auf Emmerberg (1764) erwähnen, angestiftet von einem gewissen Joh. Steinacker. Man wollte keine Waldrobot (nämlich Scheiterspalten für Weinstöcke) mehr leisten; wenn sie Zeit hätten, die Bauern, liefs man dem Verwalter sagen, würden sie wohl roboten. Der Graf drang auf Abholung des Aufwieglers in das „Rumorhaus" zu Wien.[1063])

Die Rieden und die Richter gibt Note [1064]) an.

In gleicher Höhe mit Stolhof, nur etwa eine halbe Stunde südlicher, liegt das zweite Pfarrdorf der Neuen Welt,

Meiersdorf,

das durch seine Wohnringe und Antikenfunde bereits einen gewissen Ruf geniefst.[1065]) Der Ort gehört zu den ältesten der Neuen Welt. Es ist nicht unmöglich, dass er über 1100 zurückgreift. Er ist der .

Regesten 5/2057. — 1062. Ebend. Nr. 2941, 2970[b] und 2998[b]. — 1063. Orig. Bericht des Grafen zu Hernstein. Was aus der Sache wurde, ist unbekannt. — 1064. Riednamen für Stolhofen sind im 15. Jahrhunderte das Oberfeld und die Sarhachwise, für das 17. die Dürrenpraite im Gadnerfeld. — Etwas mehr an solchen Namen bietet eine Emmerberger Fassion von 1750, nämlich Auflängern, Bodenäcker, Gehrn, Grund, Gwürch, Hart, Hochrain, Kirchweg, Kreuzäcker, Langäcker, Lüsel, Mitterfeld, Pöllern, Puchäcker, Rauschern, Reichen, Reiling, in der Schalen, Thaläcker, Zaunäcker, im Zlung. — An Richternamen konnten aus Urkunden und dem Kreisgerichtsarchive zu Neustadt verhältnissmäfsig viele zusammengetragen werden, nämlich: ...1489... Wolfgang Paur, ...1684, 1690... Blasius Hag, ...1700... Georg Eberl, ...1725... Jacob Wedl, ...1727... Leopold Schönthaler, ...1733... Ferdinand Kamper, ...1734... Jacob Wedl, ...1742... Ferdinand Kamper, ...1743... Johann Wedl, ...1748, 1752... Joseph Scheibenreif, ...1755, 1756...Ferdinand Kamper, ... 1756... Joseph Scheibenreif, ...1757 ... Friedrich Postl. Nur ist hier zwischen Hofrichter und Dorfrichter zu unterscheiden, d. h. dem Richter der jeweiligen Unterthanengruppe und jenem der Gemeinde. — 1065. Die Namensformen von Meiersdorf sind: ca. 1128 Miresdorf, 1138 Miestorf, 1147 Mirstorf, ca. 1160 Mi(ri)sdorf, ca. 1170 Mirse (!), ca. 1190 Migirsdorf, 1276 Meigersdorf, 1363 Meierstorf, 1366 Meirestorf, 1397 Mäustorf (wenn die Urkunde im Staatsarchive richtig gelesen ist); im 16. Jahrhunderte erscheint auch Mewerstorf und Mâresdorf, im 18. Mahrersdorf, und heute sagen die Leute Maraschdorf.

Sitz eines Edelgeschlechtes, das man schon ca. 1128 bei
der Stiftung von Reun unter den Zeugen begegnet.[1066]) Da
ist zuerst Dietrich und sein (ungenannter) Bruder, von 1147
bis ca. 1190 ein (oder es sind ihrer mehrere) Friedrich,
und 1219 ein Konrad.[1067]) Um 1267 tritt ein Ortolf von
Meiersdorf als Converse, und seine Frau Elisabeth als
Nonne ins Kloster Admont.[1068]) Um die Mitte des 14. Jahrhunderts klärt sich das Edelgeschlecht etwas mehr. 1363
werden Bernhard und seine Frau Elisabeth genannt, und
1366 Wulfing und Jans ihre Söhne;[1069]) 1365 ist Seibot von
Meiersdorf Burggraf „auf dem Stain",[1070]) und 1378 erscheinen, als die Letzten des Namens, Hans und Konrad
Gebrüder.[1071])

Den „Stein", die Burg nämlich, hatte das Geschlecht
nicht inne, wie man aus dem einen Datum abnehmen kann,
sondern offenbar den Edelsitz, von dessen Bestand und
Verödung noch die Rede sein soll.

Als ältester genannter Besitzer von Liegenschaften
im Orte wird Kloster Reun erwähnt, mit anderthalb Weingärten und einem Hofe, die 1147 an St. Lambrecht gelangten.[1072]) Ein Bernhard von Stubenberg hilft 1160 mit
einem Weingarten daselbst das Spital am Semring bestif-
ten.[1073]) Gegen Ende des 14. Jahrhunderts besitzt daselbst
landesfürstliche Lehen der Bürger Leopold Prenner von
Neustadt,[1074]) und 1378 und 1399 kauften die Herzoge
Albrecht III. und IV. von den Gebrüdern von Meiersdorf
und Johanna Schmidel eine Krautgülte und zwei Höfe mit
69 Joch, und ein Gehölz für 80 Pfund Pfennige zur Bewid-
mung der Schlosscapelle auf Starhemberg.[1075]) Im 17. Jahr-

1066. Da auch Adalram von Waldeck in der Zahl der Zeugen, lässt
sich nicht sagen, ob das Geschlecht der von Meiersdorf zu ihm oder dem
Markgrafen zu Lehen ging. Dass Letzterer dort ebenfalls begütert gewesen, scheint aus der Bestiftung Reuns hervorzugehen, ferner, dass ein
Ministeriale desselben auf „Stein" gesessen war, und in dieser Burg die
heutige Kirche von Meiersdorf zu erkennen ist. — **1067.** Steierm. Urkundenbuch 1, 136, 177, 266, 275, 383, 389, 396, 417, 490, 520,
591, 602, 618, 628, 643, 679, 691, 710, und 2, 220. — **1068.** Steierm.
Landesarchiv Nr. 1038. — **1069.** Ebend. Nr. 2854ⁿ und 2960ⁿ. Ob
der 1363 genannte Seifrid Meiersdorfer ein Verwandter gewesen, ist nicht
festzustellen. — **1070.** Ebend. Nr. 2941. — **1071.** Lichnowsky, Regesten 4/1350. — **1072.** Steierm. Urkundenbuch 1, 275, 382. — **1073.**
Ebend. 395. — **1074.** Vgl. oben Note 1055. — **1075.** Ebenso Note 1071,
dann Steierm. Landesarchiv Nr. 3969ᵇ.

hunderte, und wohl schon von früherer Zeit her besafs auch Emmerberg hier einen Hof und viele Ueberlände. Was nun den Starhemberger Besitz im Orte und im Amte Rastberg (neben der grofsen Kanzel auf der Hohen Wand) anbelangt, so betrug derselbe hier 4 Hofstätten und 8 Weingärten, dort aber 14 Höfe, 15 Halbhöfe, 4 Halblehen und 1 Hofstätte. Das war 1438, und 1564 5, 12, 5 und 2 Feuerstätten, wozu noch „zainzige“ Gründe (abgelegene, verstreute) 4 Höfe und 2 Halbhöfe traten. Im Jahre 1726 hatte es 16 Ganz-, 25 Halb- und 2 Viertellehen, was somit weder Wachsthum, noch Rückgang bekundet, ein Verhältniss, welches bis 1830 sich einigermafsen besserte, denn um diese Zeit lassen sich 20 Halb- und 15 Viertellehen nachweisen und 7 Kleinhäuser. Allein das Mehr zeigt höchstens eine Vervielfältigung der Feuerstätten durch Theilung früher umfangreicherer Gründe, nicht aber mittels Neubesiedlung. Im letztgenannten Jahre entrichtete das Dorf an Hausdienst, Hühner- und Wachtgeld bei 78 fl., und hatte 3744 Tage Handrobot zu leisten, die aber auf 174 Tage und 308 fl. W.-W. Ablösung ermäfsigt worden waren.

Der Ort Meiersdorf besteht aus einer Doppelreihe von Häusern, die sich in gerader Linie nach der Hohen Wand hinaufzieht. Gegen die Höhe zu theilt sie sich zungenartig; ein vorspringender Hügel bewirkt diese Gabelung, und rechts und links von ihm setzt der Ort neben zwei so gebildeten Hohlwegen fort. Jenen links schliefst ein Fels ab, auf welchem ein bescheidenes Plateau sich entwickelt, begränzt nach Osten durch den Absturz, und sonst — ausgenommen die Nordseite, wo über Felsenstufen der Zugang — durch einen Wallgraben. Inmitten dieser kleinen, etwas abdachenden Ebene steht ein höchst auffälliger Bau, nicht ganz Kirche, nicht ganz Haus, wie dergleichen gewöhnlich aussehen, und doch wieder an Beides gemahnend. Jetzt dient er als Kirche, und zwar seit etwas mehr als 500 Jahren, allein wer immer ihn genau betrachtete, kam zur Folgerung, dass vordem er etwas Anderes gewesen sein müsse als ein Gotteshaus.[1076]

1076. Von diesem Baue gibt es bereits zwei Abbildungen. Beide sind in den Mittheilungen der Central-Commission für Kunst- und historische Denkmale, die eine von P. 1867, S. XXVI, und die andere von

In der That, die zwei ziemlich hochliegenden romanischen Fenster, welche an die schon oben beschriebenen der zwei Bauernhöfe zu Hernstein erinnern, der Thurm mit der Eingangspforte im ersten Stockwerke, die nur mittels

---

v. Sacken 1877, S. XXXIV. Erstere ist recht unwahr. Sie stellt ihn hoch dar, alle Thür- und Fensteröffnungen geradlinig unter einander und spitzbogig, was gänzlich unrichtig, ein einziges Fenster ausgenommen; ebenso markiert es gar nicht den späten Aufbau zwischen dem Hauptkörper und dem Dache. Dagegen bringt sie das St. Christophbild am Thurme, obwohl zu bezweifeln, dass es damals noch so wohl erhalten gewesen. Heute lässt sich nämlich seine Darstellung nur noch ahnen. Die Zeichnung v. Sacken's will durch Weglassung der späteren kirchlichen Zuthaten die ursprüngliche Form des Baues so weit als möglich wiedergeben, beseitigt den Dachreiter zwischen Thurm und Schiff, das gothische und das Rundbogenfenster im Erdgeschosse, markiert statt des letzteren eine Thür (die nie bestanden hat), lässt auch das alte Rundbogenfenster unter der Thurmpforte und das Christophbild beiseite, legt aber dem Aufbaue am Hauptkörper zu wenig Bedeutung bei. Sein Thurm ist viel zu schmächtig gehalten, und er wie P. geben die Wände in der Zeichnung so, dass nothwendig auf schadhaften Verputz geschlossen werden muss, während eben jede Spur eines Anwurfes so auffallend fehlt, dass sich beim Bauernvolke deshalb schon Anfänge einer tüftelnden Sage zeigen. Wegen dieser Abweichungen beider Zeichnungen vom Gegenstande und unter sich ward eine neue Aufnahme gemacht. Selbe schliefst sich mit geringen Ausnahmen, die durch besondere Auffassungen geboten erscheinen, dem Gedankengange v. Sacken's an: auch da handelt es sich um Herstellung des alten Baues, nicht des ältesten, sondern einer Art Uebergangsbildes; daher belässt das Bildchen den sogenannten Aufbau, weil derselbe in seinem Wesen zu charakteristisch ist, und die Bedachung, um nicht ein von der Gegenwart zu sehr abweichendes Ansehen zu geben, beseitigt aber das Halbrundfenster links und das gothische rechts an der Hauptfront. — Nach sämmtlichen drei Abbildungen stellt sich der Bau dar als gedrungener Längentract, der von Süden nach Norden sich streckt und an letzterer Schmalseite einen ebenmäfsig gedrungenen Thurm förmlich umarmt. Denn so weit beide sich berühren, haben sie eine gemeinsame Mauer. Aehnliches ist auch bei der alten Burg zu Freienstein ob Leoben, welche im 17. Jahrhunderte von den Jesuiten zur Kirche umgewandelt wurde: ein Langhaus und an dessen einen Schmalseite, aber nicht in deren Mitte, sondern der Bodenverhältnisse wegen an der linken Ecke, ein Rundthurm einstofsend. Der Längentract zeigt drei Theile: den Hauptkörper, die obere Schichte und den Aufbau. Ersterer ist aus Haustein-(Conglomerat-)Quadern von grofser Regelmäfsigkeit gegliedert; blos stellenweise zeigt sich eine gröfsere Quader eingeschoben; die Ecken sind helle Quadern aus Wellersdorfer Stein von ungleicher Gröfse, gegen den Boden hin sogar ungemein massig. Ebensolche enorme Stücke sind auch im Innern des Thurmes, an den Ecken vornehmlich, verwendet. Sonst ist es da mit Gröfse und Gestalt nicht eben genau genommen: Bruchsteine, abgerundet und zugehauen, flach und vielkantig,

Leiter oder Holztreppe erreicht werden konnte, die Anlage des Ganzen auf beherrschender Anhöhe, geschützt
durch den Felsenabhang und Graben, lässt wohl an alles

gelegt und gestellt, wechseln dabei. Auch tritt hier — und sieht man
Spuren auch an der Aufsenseite des Thurmes — das Aehrenmauerwerk
(opus spicatum) mehrfach hervor, doch nicht als künstlerisches und
schmuckes Erzeugniss, sondern als Gegentheil. Von dem Quaderwerke
des Hauptkörpers, das scharf gefügt ist, unterscheidet sich das materiell

ganz gleiche der oberen Schichte, vier Reihen von Steinen zählend,
die etwas gröfser scheinen, als jene unterhalb und gröfsere Zwischenräume unter sich aufweisen. Dieses Merkmal ist ganz auffallend, und hebt
die einzelnen Quadern nicht nur von einander, sondern auch die ganze
Schichte vom Unterbaue ab. Diese Partie ist wie in sich lose und durch
Schliefsen (offenbar mit dem Gewölbe des jetzigen Kirchenschiffes) zu-
sammengehalten. Man wird aber, da sie durchwegs dem ältesten Baue
angehört, nicht fehlen, wenn man sie für die Brustwehr des Profanbaues
ansieht. Auf ihr steht der Aufbau, ein Durcheinander von kleinerem
Gesteine aller Formen, aber gut gefügt, sonst würde es sich nicht halten
können. Er muss aufgerichtet worden sein, als der weltliche Bau in
einen kirchlichen umgeändert, die Decke des Wohngemaches durchgeschlagen und eine höhere von Holz eingeschoben wurde. Diesem
neuen Boden diente der Aufbau als Schutz gegen die Witterung. Sacken
behauptet, die heutige Wölbung stamme aus dem 17. Jahrhundert; das
mag sein; doch als man sie einführte, bestand der Aufbau schon lange,
und blieb unverändert. — Oeffnungen, wie Thüren und Fenster — die
Eingangspforte im Süden abgerechnet — gibt es blos an der Ost- und
Nordseite. An jener sind die ältesten zwei romanischen Fenster in halber
Höhe des Baues, in der Gröfse etwas von einander verschieden; die
Technik an ihnen ist mehr massig als correct; so ist die Füllung im

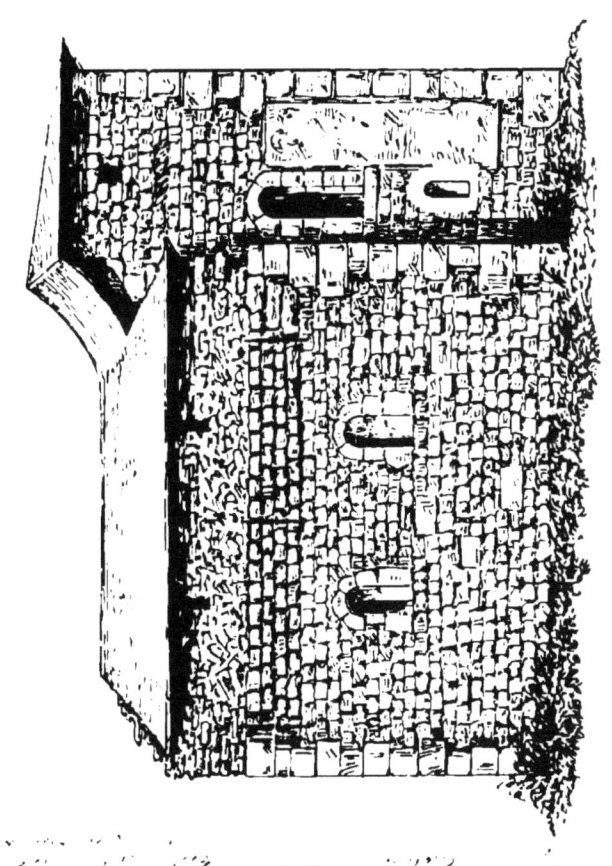

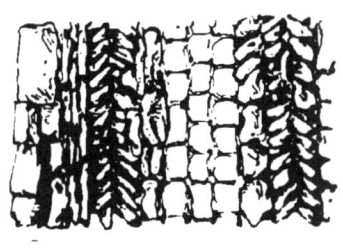

Andere eher als an ein Gotteshaus denken. Es ist bezeichnend, dass jene zwei Autoren, welche bisher mit dem Gebäude sich beschäftigten, den Gedanken an eine Burg entweder voranstellen, oder doch nichts weniger als ablehnen,

---

linken Fenster derart verfehlt, dass die rechten Quadern innen übergreifen
und den Schlitz halbieren. (Unter diesen zwei Oeffnungen hat man zur
Zeit des Zweckwechsels des Baues rechts ein Fenster gebrochen, und daneben links ist ein spätes Halbrundfenster, das nach der Behauptung
Einiger früher eine Thüre war: Ersteres zeigt in seinem charakteristischen
Spitzbogen die Zeit vom Ende des 14. Jahrhunderts an. Beide sind auf
obiger Zeichnung weggelassen.) Im Thurme (Bergfried), etwas höher
als die Fenster im Wohntracte, ist die einzige Pforte, da der Bau in der
ältesten Zeit keine Thüre hatte: eine schlanke Oeffnung mit Rundbogen
und Quaderfassung, oben innen die ganze Mauerdicke hin mit Holz verschalt. Um in den Bau zu gelangen, stieg man hier die Leiter oder Treppe
auf. Noch jetzt ist aufsen links neben dem grofsen Schwellsteine der
Pforte das Loch für den Tram in der Mauer sichtbar, an den die Leiter
gelehnt war. Das kleine Fenster unterhalb der Pforte gehört noch der
alten, aber nicht mehr der ursprünglichen Zeit an: es ist im Rundbogen
mit engem Schlitze, doch ohne Quadereinfassung, und blos in die Mauer
geschlagen. Der weise Zeichnungsrand deutet die Kalktünche an. Auf der
Nordseite ist ein ganz ähnliches Fenster derselben Zeit (etwa 13. Jahrhundert), doch ist bei ihm der Schlitz im Dreieck gespitzt. Auch dieses ist
erst nachträglich erschlossen. — Ueber das ursprüngliche Innere lässt
sich nur mehr im Thurme, und zwar in dessem ersten Stockwerke, berichten. Hier findet sich ein merkwürdig hohes Gewölbe (7·4 Meter),
dessen Wände wie oben geschildert, fest, aber ungleich gearbeitet sind.
Ob seine Einwölbung noch die ursprüngliche, muss bezweifelt werden.
Er muss früher mit Holzböden durchzogen gewesen
sein, durch welche man auf Leitern nach der Plattform
gelangte. Namentlich in diesem Raume ist das sogenannte Aehrenmauerwerk stark vertreten, aber keineswegs in der zierlichen Form, die v. Sacken zu bestimmen schien, an römische Vorbauten in Meiersdorf zu
denken. Seine Zeichnung davon ist mehr typisch, als
dem gegebenen Falle entsprechend, und soll daher die
Skizze nebenan eine klarere Idee von der Zusammensetzung des Mauerwerkes nach der Innenseite geben.
Wie oben (S. 138, Note 323 a) gesagt wurde, gewährt
das Vorkommen von Aehrenmauerwerk keine Anhalts-

puncte zu bedingungslosen Schlüssen auf römische Vorbilder oder die
Nähe römischer Zeiten. Lind (Mittheilungen der Central-Commission für
Kunst- und historische Denkmale 1876, LXXIII) weist nach, dass es
bis ins 16. Jahrhundert erscheine; man findet es an der Westseite der
Stadtmauern von Neustadt, und in dem Gemäuer von Burg Gösting, die
keinerlei Anspruch machen, ehemalige Römerorte gewesen zu sein. Wenn
also dieses bauliche Moment für v. Sacken einen Beweggrund abgab, ein
Römercastell als wahrscheinlich, einen Bau mindestens aus dem 11. Jahr-

und eine frühmittelalterliche Castellkirche, oder ein römisches Castell zugeben. [1077])

Die eine Ansicht ist nicht weiter vertreten worden, und dafür hat die letztere desto mehr Raum gewonnen.

Und um diese mehr als unbelegbare Anschauung zu halten, werden Thatsachen als erwiesen angenommen, die mit gar nichts zu erweisen sind: die Römer hätten eine Keltenniederlassung zerstört, und an ihrer Stelle ein Castell errichtet, [1078]) dann wieder, wenn es keine frühromanische

---

hunderte aber als sicher für Meiersdorf anzunehmen, so ist mit obigen Bemerkungen gezeigt, dass das fragliche Vorkommen jenen hohen kritischen Wert nicht besitzt, und es durchaus unverwehrt ist, den Gegenstand nüchterner zu beurtheilen. Aus diesem Ge- 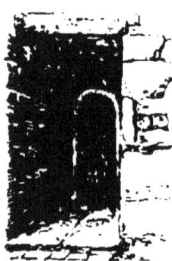 wölbe führt ein kurzer Gang durch die Mauer zu einer mit der Pforte ganz ähnlichen Thür. Die Decke des Ganges ist ganz so wie jene der Eingangspforte mit uraltem Holze verschalt. Diese Thür führt ins Schiff, aber es ist nicht richtig, dass eine Treppe hinabführt (wie v. Sacken angibt), sondern nicht einmal eine Leiter ist zur Hand, um auf eine Art Gang, der an den erwähnten zwei romanischen Fenstern hinzieht, und wo Bänke für Kirchenbesucher aufgestellt sind, zu gelangen. — Die Westseite des Gebäudes ist blos Mauer, die Südseite hat ein hölzernes Atrium, das die Kirchenpforte einschliefst. v. Sacken nennt es den ältest nachweisbaren Kirchenbau in Niederösterreich. Wird die eben entwickelte Ansicht angenommen, dann werden sich daraus weittragende Schlufsfolgerungen für die Ursprünge des Kirchenbaues in romanischer Zeit ergeben. — 1077. P. meint a. a. O., „es war vielleicht einst ein Schlösslein, das man in eine Kirche umgewandelt hatte", und nennt auch „das Innere dieses Baues nicht darnach angethan, auf eine ursprünglich kirchliche Anlage zu deuten"; v. Sacken dagegen sieht darin zuerst eine Befestigungs-, dann auf der folgenden Seite wieder eine ursprüngliche Kirchenanlage aus einer Zeit, der die römische Technik noch ziemlich geläufig war, und meint mindestens aus dem 11. Jahrhunderte. „Wäre es aber nicht im Ganzen als Kirche angelegt, so würde man versucht sein, es als ein zu einem Gotteshause adaptiertes römisches Castell anzusehen, und es scheint sogar wahrscheinlich, dass die Fundamente eines solchen in der That benützt wurden. „In seinem ganzen Aufsatze verfolgt v. Sacken das angebliche Fehlen romanischer Elemente (so bei der Quaderfassung der Eingangspforte, wo nicht eine Spur der im romanischen Style üblichen „wulstigen Umrahmungen zu entdecken" sei), und doch hat nach ihm der Bau wieder einigermafsen Aehnlichkeit mit der romanischen Capelle zu Aurachkirchen. Dass dieses eigenthümliche Schwanken und Sichwidersprechen nur Zweifel an der Standfestigkeit der einen wie der anderen Anschauung hervorrufen muss, ist begreiflich. — 1078. So v. Sacken in den Sitzungs-

Kirche wäre (die aber keine Spuren romanischer Bauweise
zeige), sei es doch eine aus einem Römercastell geschaffene
Castellkirche.[1079]) Und nun heifst es sofort in anderen
Kreisen, da liege ein unzweifelhaftes Römercastell vor.[1080])
Man kann sagen, dass, wer für letztere Ansicht ein-
steht, auch durch Zeichnungen zu belegen hätte, wie ein
solches Castell ausgesehen habe. Bis dahin ist die Annahme
fernzuhalten, denn schon das Schwanken zwischen Kirche
und Römercastell beweist — von dem Mangel aller geschichtlichen Begründung zu geschweigen — wie unsicher
nicht nur die eine, sondern auch die andere Hypothese ist.

Einen Kirchenbau aber, und zwar angeblich mindestens für das 11. Jahrhundert, in diese arme Gegend zu
verlegen, die abseits von jedem gröfseren Verkehrswege
in ältester Zeit nur dem Tage leben konnte, und deren Gemeinde erst 1379 mit besonderen Opfern es dahin brachte,
eine Filiale von Mutmannsdorf zu werden, widerspricht
dem gewöhnlichen geschichtlichen Gange solcher Cultur-
stätten.[1081])

Was heute die Kirche von Meiersdorf, ist ursprünglich ein festes Haus gewesen, eine frühmittelalterliche Burg, vielleicht einzig mehr in seiner

---

ber. der kais. Akad. 74, 65. — **1079.** So derselbe; vgl. Note 1077. —
1080. Blätter für Landeskunde von Niederösterreich 1883, 226. — **1081.**
Es findet sich weder in den Matrikeln, noch in Documenten, noch in der
Volkssage auch nur die leiseste Spur einer Andeutung, dass Meiersdorf
je vor 1379 ein kirchliches Gebäude besessen habe. Und bekanntlich
hält die Sage noch fester als die Kirche an einmal Bestandenem, was der
Gemeinde zu irgend welcher Auszeichnung hätte dienen können. Aufserdem besitzt dieser sogenannte Kirchenbau durchaus nicht die für die Opfer-
feier vorgeschriebene kanonische Richtung. Weiters gibt es doch in der
nächsten Umgebung eine Anzahl romanischer Kirchen und Capellen,
welche durch ihre Lage feindlichen Angriffen noch weit mehr ausgesetzt
sein mussten, und doch ist nicht eine derentwegen so dawider ausgestattet,
als es die angebliche Kirche zu Meiersdorf war, auf ihrem Felsen und hinter
ihrem Wallgraben. Dann soll, ihm zufolge, bei feindlichen Einfällen die
gewöhnliche Eingangsthür vermauert worden sein, und die Kirche reinen
Vertheidigungscharakter angenommen haben. Von dieser „gewöhnlichen
Thüre“ müsste sich doch wenigstens eine Andeutung im Mauerwerk erhalten haben; eine solche ist aber durchaus nicht zu finden, und auch
S. gibt keinen Hinweis. Derlei Combinationen sind überhaupt angesichts
der Hohen Wand unthunlich, in deren zahllosen Schlupflöchern sowohl
die vorgeschichtlichen Bewohner der Neuen Welt, als auch jene der Neuzeit wiederholt und mit Vorliebe Schutz und Zuflucht fanden.

Art. Nichts an dem Baue widerspricht dem Bilde, das man correcter Weise von den Anfängen einer Burg sich zu machen hat, und das sich auch für das spätere Mittelalter noch mittels Bauten (in Italien vornehmlich) belegen lässt. Einzig vielleicht in Oesterreich unter der Ens, denn der, sozusagen „Bruder" des festen Hauses zu Meiersdorf ist vor ungefähr hundert Jahren abgetragen worden. Das war die alte Kirche zu Leobersdorf. Derselbe gedrungene Bau, rechts vorne der Thurm, links daranstofsend das Haus, hie und da ein Halbrundfenster, auf der Höhe des Thurmes ein doppeltes. Wo der Eingang gewesen, ist auf dem Bilde nicht mehr sichtbar. Und um so recht den ursprünglichen Profanzweck deutlich zu machen, waren fünf Wappenschilder in Einer Reihe auf halber Höhe des Thurmes angebracht. [1082])

Nur unter solcher Auffassung des Bauwerkes ist das Räthsel zu lösen, mit welchem dasselbe umschleiert wurde. Den Romanismus an ihm wird kaum Jemand bestreiten; seine Wehranlage und Schutzvorkehrungen sprechen andererseits deutlich. [1083])

Es handelt sich nun darum, zu erforschen, welchen Namen die Burg getragen, wem sie gehört und welche Geschicke sie gehabt habe.

1082. Man vergleiche die Abbildung desselben bei Keiblinger, Geschichte von Melk 2/1, 628 nach einem alten Gemälde von 1761 im Stifte zu Melk. Leobersdorf, als reicherer Ort, baute an das feste Haus seine erweiterten Kirchenräume an. Das Dach des Wohntractes ist flach; statt der Brustwehr aus Stein diente ein Flechtzaun, von welchem das Bild noch Spuren zeigt; der Thurm ist — aus späterer Zeit — gezinnt, und mit nicht unzierlichem Spitzdache gekrönt. — **1083.** Nicht Bedenken, wohl aber Staunen mögen aufs Neue die lichtlosen Räume erregen. Doch war dergleichen anderwärts nicht anders. Die Erzbischöfe von Salzburg wohnten zu Friesach in einem Thurne, dessen Gemach für einen Gefangenen von heute viel zu wenig Licht hätte. Der Prachtbau von Thalberg (bei Friedberg), der zwischen 1140 und 1150 erstand, begnügte sich mit einem Thurme, dessen Fensterschlitze zur Noth den Sonnenstrahl zulafsen, und dessen Gemächer durch Gänge in den Mauern, und durch Treppen inwendig von einem Geschosse zum andern in Verbindung stehen. Die salzburgische Burg Thurn zu Baierdorf bei Murau hat in ihren Räumen weniger Licht, als heutzutage Kellergeschosse haben. Sie gehört dem 13. Jahrhunderte an. Der Pfarrhof zu Hernstein aus dem 12. Jahrhunderte (jetzt Prälatenstöckel genannt), dessen untere Räumlichkeiten ganz erhalten sind, verwendet gegenwärtig als Keller, was damals Wohngemächer gewesen waren.

In den Documenten um die Mitte des 12. Jahrhunderts erscheinen, wie auch bereits dargelegt worden,[1084]) mehrere Persönlichkeiten, welche den Namen During führen: von Prosset, von Mutmannsdorf, von Emmerberg, von Starhemberg, von Dreistätten und von „Stein". Alle diese ersten fünf Orte liegen in oder nächst der Neuen Welt. Es lässt sich nicht erkennen, warum nicht auch „Stein" dort zu suchen sein sollte. Mit dem Worte „Stein" wird überhaupt ein festes Haus,[1085]) umsomehr aber dann bezeichnet, wenn es auf einem Felsen lagerte, der auch für sich oft blos die Bezeichnung „Stein" führt. Häufig geht damit zusammen der Begriff von Gericht oder Gerichtsherrlichkeit,[1086]) also ein Haus, eine Burg, welche den Gerichtsbann übte. Für den fraglichen Bau zu Meiersdorf spricht zuvörderst seine Lage, dass es den Namen „Stein" getragen, allein keine Urkunde gibt für die alte Zeit nähere Auskunft. Erst um 1365 findet man, dass Einer aus dem Orte selber, Seibot von Meiersdorf, Burggraf „auf dem Stain" gewesen, somit einer der bäuerlichen Edelleute mit der Pflegschaft jenes festen Hauses betraut, das unmittelbar oberhalb seinem eigenen Edelsitze gelegen war.[1087]) Mehr lässt sich für dermalen nicht beibringen.

Dies vorangeschickt, lässt sich mit grofser Wahrscheinlichkeit behaupten, dass auf Burg Stein der Amtssitz für die Holden des Markgrafen von Steiermark in der Neuen Welt und Umgebung, und der Gerichtsort für dieselben gewesen, ferner, dass sich nicht ohne gewisse Berechtigung annehmen lässt, sie sei zwischen 1138 und 1142 erbaut worden.[1088]) Hier safsen Ministerialen, die ausdrücklich als die seinen bezeichnet werden;

1084. Vgl. oben S. 101, Note 257, dann noch Note 820. — 1085. In Italien ist die rocca das Schloss, gleichgiltig, ob es in der Ebene, im Sumpfe oder auf einem Felsen steht, so wie in Ungarn das Herrenhaus Castell heifst, ob es nun befestigt ist oder nicht. — 1086. Schmeller, Bayr. Idiotikon 3, 641. In den niederösterreichischen Banntaidingen kommt der Ausdruck „Stein Starchenberg" vor mit dem Sinne „auf das Gericht nach Starhemberg". — 1087. Er erscheint als Zeuge seines Nachbars Rudolf von Stolhof in Nr. 2941 des Steierm. Landesarchivs. — 1088. Der Wahrscheinlichkeitsbeweis geht in dieser Richtung von Persönlichkeiten aus, da sachliche Anhaltspuncte nicht gegeben sind. Unter die Letzteren wären Angaben zu zählen, welche ausdrücklich die Burg Stein als markgräfliches Eigen und ihre zugeschriebenen Holden u. s. w. urbarmäfsig nennen. Dergleichen gibt es nicht. Was nun den indirecten

so um 1147 Wulfing[1069]) und um 1160 und 1166 During.
Hatte man es hier mit einem Amtsgebäude zu thun, so
begreift sich auch, warum die Documente es fast gar nicht
nennen; bei der Stabilität seiner Eigenschaft fehlte eben
der Anlass dazu. So bricht mit obigem During die Reihe
ab. Dass jener Heinrich von dem Stein, der 1303 in einer
Urkunde Heinrichs von Stubenberg und zu Wulfingstein
ausgestellt, ferner Ortolf von dem Stein, der in Gesellschaft derselben 1311 zu Pütten auftritt,[1070]) hieher zu beziehen, ist möglich, wahrscheinlich sogar, aber nicht strenge
nachweisbar. Letzteres gilt blos von Seibot von Meiersdorf,
der, wie schon erwähnt, 1365 Burggraf auf dem Stein
gewesen ist.

Ueber die Geschicke des Baues lässt sich nichts berichten. Man mag später irgendwo auch eine Thür in den-

---

Beweis mittels Persönlichkeiten anbelangt, so legt er die Annahme zugrunde, dass der befestigte Punct, auf welchem steirische Ministerialen
safsen, auch dem steirischen Markgrafen gehörte. Es wird sonach Prosset,
von wo 1138 ein „Wuluinch de ministerialibus marchionisse" sich nennt
(Steiermärkisches Urkundenbuch 1, 177), ein markgräfliches „castrum"
gewesen sein. Abermals mit der Bezeichnung eines „marchionis ministerialis" begegnet man demselben (und seinem Sohne Otto) 1144 (ebend.
233), doch ohne Ortsangabe, und 1147 endlich als „Wöluingus de Steine"
(und ebenfalls seinem Sohne Otto, ebend. 275), und was bemerkt werden
mag, stets in Gesellschaft von Leuten aus der Neuen Welt. Es wird also
der „Wulfing de Steine", der im Jahre 1142, dann 1147 ein zweites Mal,
aber beide Male ohne Sohn, erscheint (ebend. 272, dann 217 und 219),
wohl derselbe sein, und identisch mit dem Wulfing von Prosset, der dem
Markgrafen als Ministeriale, im gegebenen Falle als Burgmanne, Burggraf u. s. w. diente. Man hätte also Stein, wohin Wulfing übergezogen,
um 1142 schon erwähnt, und wenn jene Annahmen richtig, als markgräfliches Eigen. Was nun seine Erbauung betrifft, so weifs man, dass noch
ein zweiter Genannter von Prosset, nämlich During, um 1140 auftritt
(ebend. 183), also nach Wulfing und wohl sein Nachfolger. Ist dies richtig, so muss Letzterer eine andere Bestimmung erhalten haben. Sie ist
dadurch gegeben, dass Wulfing 1142 bereits als auf Stein sesshaft angeführt wird. Er mag also zwischen 1138 und 1142 dahin übersiedelt sein,
und da diese Oertlichkeit früher nicht nachweisbar, aus ihrem Ansehen
auch kein zwingender Grund vorliegt, eine weit frühere Bauzeit anzunehmen, scheint Letztere in die genannten fünf Jahre zu fallen. — 1089.
Dass dieser der Ahnherr des noch blühenden Hauses derer von Stubenberg ist, und die Anfänge des Geschlechtes in Prosset zu suchen, beabsichtigt der Verfasser andernorts darzulegen, da es ihm hieher in den
Rahmen nicht zu gehören scheint. — 1090. Steierm. Landesarchiv
Nr. 1650ᵇ und 1745. Wulfingstein lag nahe zu Meiersdorf, wahrscheinlich
auf dem Zweier bei Rotengrub; vgl. unten S. 417 mit Note 1129.

selben gebrochen haben, um ihn desto bequemer als Ein-
setze oder Zehentkasten zu verwenden, so wie man im
13. Jahrhunderte zwei Fenster zu ebener Erde in den Thurm
geschlagen, um dorthinein etwas Licht zu bringen.

Sicher ist blos, dass er 1379 zur Kirche gemacht
ward, und mindestens das Fenster rechts an der Ostseite
in diese Zeit gehört, doch davon unten.

Zu Meiersdorf befand sich übrigens auch ein Edelsitz. Dem Aussehen nach ein Bauernhof, wie die anderen
im Dorfe, nur wohlhabender, und vielleicht auch von den
übrigen in alter Weise sich abscheidend, hatte er seine Benennung blos dem Stande der Familie zu danken, die ihn
bewohnte. Dass er Denen gehörte, die sich von Meiersdorf schrieben, mag kaum zu bezweifeln sein, und dann
ginge allerdings sein Ursprung noch weit in das 12. Jahrhundert zurück. Aber von seinem Bestande erfährt man
erst spät im 16. /als er schon lange in verschiedene andere / *1090*
Hände gerathen war, und zwar zuletzt in jene Hans Gruber's,
des Besitzers von Gerasdorf und Tachenstein. Er war ein
Zubehör letzterer Herrschaft geworden. Um 1590 wird sein
Besitz mäfsig, sein Hausgarten aber schön genannt.[1091]) Damals ward er auf 500 fl., 1627 jedoch, als er noch viel mehr
heruntergekommen, gar nur auf 100 fl. angeschlagen, da
vermuthlich viele Gründe schon weggegeben worden.[1092])
Heute bildet er das Pfarranwesen, gerade auf jenem Hügel
unter der Kirche, der zwischen zwei Hohlwegen sich vor-
schiebt und die Dorfstrafse theilt, wie oben beschrieben
worden ist.[1093])

Namen von Rieden, Familien und Richtern
gibt Note [1094]).

1091. Archiv Neukloster zu Neustadt: „ein schöner Obstgarten
zu Meyersdorff, auf welchem järlich bey 12 Fuetter Hey vnd Grämät,
wie es die Paurn führen, lauter süefs Cleefuetter gefexnet würdt, darczue absonderlich 10 Tagwerch Wissmat vnd 13 Joch Ackhers gehören,
allda vor diesem ein Edelmansitz gewesen, solcher sambt der
Freyhait vnd Gerechtigkeit vberhaubt 500 fl." — 1092. Ebend.: „Zu
Meierstorf ain öde Brandtstatt oder Hoff, ganz ruinirt, sambt den Garten,
so der Vnderthan Aussag (nach) vorher per 100 fl. taxiert worden." —
1093. Der Hof wurde zum Pfarrhofe erst 1784, mit der Errichtung der
Localcaplanei gleichzeitig, umgebaut, und finden sich die Pläne und
Rechnungen davon im Archive des Neuklosters zu Neustadt. — 1094.
Riednamen des 15. Jahrhunderts sind die Pannaw und der Rastperigk,
des 16. und auch des 17. Jahrhunderts der Enzersprun, am Leuparcz,

In kirchlichen Dingen war Meiersdorf bis 1783 an Mutmannsdorf gewiesen, und darin bis 1379 nach Umständen und Willkür versehen. Das bewog mit der Zeit die Gemeinde, alle Mühe und Kosten aufzuwenden, den Pfarrer zu regelmäfsigen Gottes- und anderen seelsorglichen Diensten mittels widerholter Verträge zu binden. Der erste von 1379 verpflichtete denselben, alle Sonn- und Feiertage selber nach Meiersdorf zu kommen, oder einen Priester zu schicken, dort Messe zu lesen, den Weihbrunn zu segnen und die Sacramente zu spenden. Ferner wurden die Besuche wechselweise geordnet: zur Mette und Christmesse ging die Gemeinde nach Mutmannsdorf, ebenso zu den drei Messen in der Ablasswoche, am Ostersonntage, am Kirchweih- und St. Peterstage, ferner zur Holung aller Weihen. Dagegen hatte der Pfarrer auf Weihnachten zur Tagmesse und dem Frohnamte, und zum Hochamte am Ostersonntage, und zur Osterweihe in Meiersdorf zu erscheinen und stets die Kranken daselbst zu besuchen. Die Gemeinde übernahm die Sorge für das ewige Licht, und erlegte an die Kirche ein Ewiggeld von 60 Pfund Pfennigen, und so lange, bis dies eingezahlt sein würde, entrichtete sie die Interessen davon mit 5 Pfund Pfennigen.[95])

Dieser Grundvertrag wurde dem Herzoge zur Genehmigung vorgelegt, und in ihr ist er erhalten. Da die Pfarre Mutmannsdorf dem Landesfürsten, von Starhemberg wegen,

---

die Pfeifen, Scheiben, Stainschidt, Sulcz und die Ternau. — In einer Fassion von Emmerberg f. 1751 erscheinen noch folgende Riednamen für Meiersdorf: Entenparcz, Fürzipf, Gern, Kirchweg, Langäcker, Lebenparcz, Leitergraben, Mitterwiesen, Mühlweg, Näglern, Pannhölzer, Stegwiesen, Steinfeld und Teifselberg. — Familiennamen des 15. Jahrhunderts zu Meiersdorf sind Astermann, Gundelwein, Hagen, Halbachen (—aschen), Ofenbacher, Scheicher, Tenczel, Tetus, Würin und Zwickentribel; des 16.: Fritz, Füllenhals, Garber, Haimel, Höfsl, Laferl, Laser, Marzeller, Nagenreuter, Plappart, Schwentenwein, Stückler und Thatis (oben Tetus). — Als Richter werden genannt: ...1396... Thomas, ...1489... Jörg Pramss, ...1615... Christoph Leidner, ...1629... Hans Prambs, ...1630, 1631... Georg Falk, ...1661... Caspar Ludwig, ...1668... Ruprecht Falckh, ...1683... Ruprecht Falck, ...1684... Martin Loibl, ...1690 ...1696 Martin Loibl, 1696, 1698... Andreas Laferl, ...1700, 1702... Peter Kamper, ...1725, 1727... Veit Füllenhals, ...1729... Bartholomäus Kamper, ...1730... Georg Fuchs, ...1731, 1734, 1736... Bartholomäus Kamper, ...1738, 1743... Leopold Füllenhals. — 1095. Steierm. Landesarchiv Nr. 3351ª; oberflächlich in Kirchl. Topographie 1/8, 138.

vogtlich unterstand, war diese Vorlage an sich wohl gerechtfertigt. Es scheint aber, dass der Landesfürst noch in
anderer Weise zur Mitwirkung herangezogen worden war,
und zwar dahin, dass er die öde Burg Stein für den regelmäfsigen Gottesdienst der Gemeinde überliefs, wenn sie
ihren Vertrag diesbezüglich mit der Pfarre Mutmannsdorf
vorlegen, und dieser die Bestätigung des Herzogs erhalten würde.

Bis zum Jahre 1401 ward der Vertrag auch durch
Lösung der Geldverpflichtungen richtig gemacht, und bis
dahin hatte die Gemeinde (1382) noch eine Wochenmesse,
die Palmweihe und Vesper am Kirchweih- und Johannis-
abende, und die Versorgung und das Einläuten der Schwan-
geren sich gesichert, sämmtlich im Orte selber zu persol-
vieren.[1096]) Da im Jahre 1396 auch Richter Thomas für
sich einen Jahrtag mit 14 Pfund Pfennigen stiftete,[1097])
hatte die junge Filiale binnen 20 Jahren schon einen
Fond von über 100 Pfund an Pfarrvermögen zusammen-
gebracht.

In diesem Verhältnisse blieb die Kirche zu Meiersdorf
etwas über 400 Jahre, blos dass sie zugleich mit Mutmannsdorf 1662 aus dem Patronate von Seckau in jenes des
Stiftes Neukloster zu Neustadt überging. Als unter Kaiser
Joseph II. so viele Filialen zu selbstständigen Kirchen umgewandelt wurden, schritt auch die Gemeinde Meiersdorf
um Zutheilung einer Localcaplanei ein. Diese Bitte, 1781
zwar abgelehnt, ging zwei Jahre später in Erfüllung. Es
wurde von der Mutterpfarre ausgeschieden, und Zweiersdorf und Netting ihm seelsorglich zugewiesen. Der Pfarr-
hof- und Schulhausgrund ward vom Abte gekauft, bei den
Bauten leistete die Pfarrgemeinde Robot, aber das Kloster
bezahlte die Materialien und die Handwerker.[1098]) Allein

1096. Der Schlussvertrag von 1401, 8./11. ist ebend. Nr. 4260,
und so auch der mittlere von 1382, 1./9., Nr. 3438ᵃ. In jenem heifst es,
die Gemeinde habe die schuldigen 60 Pfund auf zwei Höfe angelegt,
welche sie kaufte, und die nach der Schlosscapelle zu Starhemberg
unterthänig waren; ebenso erwarb die Gemeinde für 12 Pfund das Gehölz
die „Pannaw" (heute Bannwald) für die Kirche. Im anderen Vertrage
reversirt der Pfarrer über 20 Pfund Capital, die nach Rath der Gemeinde
auf Grund und Boden angelegt werden sollen und wofür der Pfarrer zu
wöchentlicher Messe am Samstag, oder, bei schlechtem Wetter, Montag
sich verpflichtete. — **1097.** Ebend., Nr. 3969b. — **1098.** Kirchl. Topo-

die neue Einrichtung kam zu keiner rechten Blüte; das Kloster litt Priestermangel, der Abt entwickelte in langer Eingabe an das Consistorium 1797 die Gründe, warum eine Wiederherstellung des alten Verhältnisses unabweisbar; die Gemeinde zwar verlangte, dass das alte bleibe, wurde jedoch mit widerholten Bitten ab- und im Ganzen abermals nach Mutmannsdorf gewiesen. Wenn der Abt über genügend Personale verfügte, hiefs es, würde er wieder in bester Weise sorgen.[1099]) Das geschah erst 1817, wo die Localie neuerdings besetzt wurde.

An Ablässen besafs die Kirche um 1750 deren zwei, in der Pfingstwoche und am Tage des Kirchenpatrons, Johann Baptist; 1780, 1./8., erhielt sie einen dritten durch Papst Pius VI.[1100])

Die Pfarrerreihe kann begreiflich nur kurz sein: 1783 . . . trat P. Constantin Gsur aus dem Convente des Neuklosters als erster Localcaplan ein, von 1792—1798 war daselbst P. Alexander Zellerin, der in gleicher Eigenschaft nach Wirflach ging, und somit bis 1817 die Reihe unterbrochen. In letzterem Jahre eröffnete der Dominicaner aus Wien, P. Sigm. Glatter, sie neuerdings.[1101])

Eine halbe Stunde vom Pfarrorte entfernt liegt südlich am Fufse der Grofsen Kanzel an der Hohen Wand das Dorf Zweiersdorf.[1102]) Es gehörte in Grundherrlichkeit nach Brunn am Steinfelde, und Starhemberg besafs daselbst blos von 3 Höfen und 7 Unterthanen Vogtzinse. Diese lassen sich von 1438 ab ständig verfolgen. Sonst begegnet man dort als Besitzer den Stadeckern von 1360 ab, deren Besitzungen erbrechtlich an die Grafen von Montfort, lehenweise an die von Tiefenbach, und endlich 1422 durch Kauf an Herzog Ernst übergingen.[1103]) Auch die von Rottal besafsen daselbst Güter 1497, welche durch Barbara

graphie 1/8, 200, dann Acten im Archive Neukloster. Meiersdorf zählte damals 54, Zweiersdorf 10 und Netting 16 Häuser. — 1099. Erzbischöfliches Archiv zu Wien. — 1100. Bischöfliches Archiv zu Graz. — 1101. Archiv Neukloster, erzbischöfliches Archiv zu Wien, und Kirchl. Topographie a. a. O. — 1102. Seine Namensformen sind: 1360 Zweresdorf, 1410 Warcinstorf, 1422 Zwerendorf, 1438 und 1457 Werestorf, 1515 Warystorf, 1525 Warerstorf und 1564 Zwårestorf. Wie sein Name zu dem nahen Berge Zweier (ehemals Zweich) ob Rotengrub wurzelhaft verwandt sei, mag dahingestellt sein. — 1103. Steierm. Landesarchiv Nr. 2762a, 4422, und Lichnowsky, Regesten 5/2057. Vgl. auch Brandl, Urkundenbuch der Familie von Teufenbach.

von Rottal an ihren Gatten Christoph von Puchheim gelangten.[1104])

Netting, der zweiten pfarrlichen Zubehör von Meiersdorf, wird bei Tachenstein erwähnt werden.

C.

3. Emmerberg.

Bei den früheren zwei Gütern blicken die Herrschafts-
sitze unmittelbar herab auf die Gotteshäuser, die unter
ihrem Schutze erwuchsen. Nur Emmerberg sah von allem
Anfange an auf eine fremdherrliche Kirche, und gehörte
auch mit seiner Bewohnerschaft zu derselben, nämlich zu
Mutmannsdorf. Es besaſs und besitzt übrigens eine Patro-
nats-, oder wie man zu sagen pflegte, Lehenspfarre in

Winzendorf,

doch mit mancherlei Unterbrechungen, bei groſser Unsicherheit der Gründungs- und Zugehörigkeitsverhältnisse
in den ersten Jahrhunderten.

Der Ort selbst erscheint nicht vor dem Ende des
13. Jahrhundertes, und da nur in einem Personennamen,
und zwar in der Form Winsendorf.[1105]) Er ist sehr vermuthlich die Heimat des später so angesehenen Geschlechtes der Teufel, welche seit dem 14. Jahrhundert von dort
sich nennen, und kaum so viel Cultus in dem Kirchlein mit
ihrem Namen gepflogen haben würden, wenn sie nicht da
als heimsäſsig sich betrachtet hätten. Auch die von Puchheim besaſsen daselbst Unterthanen von der Herrschaft
Rauhenstein wegen,[1106]) ebenso der Herr auf Brunn am
Steinfelde, Georg Fuchs von Fuchsberg,[1107]) und die von
Rottal, wie es scheint, als Zugehörigkeit zum Gute Saubersdorf.[1108]) Nach zwei Richtungen aber muss hier das Be-
dauern über mangelnde Archivalien ausgesprochen, oder

1104. Beiträge zur Kunde steiermärk. Geschichtsquellen 13,
114. — 1105. 1299 ist ein „Sweythard von Winsendorf" Zeuge für
Heinrich von Klamm (Steierm. Landesarchiv, Nr. 1299). — 1106. Staatsarchiv zu Wien, Codex 16, f. 40' für das Jahr 1398. — 1107. Wissgrill,
Schauplatz des niederösterreichischen Adels 3, 124. — 1108. Wie Note
1104; der Ort ist hier „Vissendorf" (!) genannt.

besser gesagt, widerholt werden. Die eine betrifft jene der
Familie Teufel, aus denen sehr wahrscheinlich das Fehlende
über den Ursprung und die Anfänge der Kirche zu Winzendorf sich ergeben müsste. Denn es scheint unzweifelhaft,
dass der hier bestandene Edelhof Besitz dieses Geschlechtes, und Ausgangspunct für die Gründung der Kirche
gewesen sei. Leider aber setzt sich dieser Mangel auch in
jene Zeit fort, in welcher Emmerberg den Ort zum gröfsten
Theile, und das Teufel'sche Hofgut und die damit verbundenen Rechte und Pflichten gegenüber der Kirche erworben. Es sind nur Bruchstücke für das 17. Jahrhundert,
und zwar blos solche vorhanden, dass sie eine Darstellung,
gleichwie bei Hernstein oder Starhemberg, nicht gestatten.
So mag nur so viel erwähnt sein, dass um 1750 Emmerberg zu Winzendorf 19 behauste Unterthanen und eine
namhafte Zahl von Ueberländen besafs, im Jahre 1833
aber 33 unterthänige Häuser, wovon 7 Dreiviertel- und
12 Halblehen, dann 16 Kleinhäuser waren.[1109])

Wegen des Abganges von Acten aus älterer Zeit
mögen hier ausnahmsweise Riednamen aus der Mitte des
18. Jahrhundertes, und eine kleine Richterreihe aufgeführt werden.[1110]) Unter ersteren fällt namentlich die Ried
Sauerbrunn auf, die sicherlich auf ein ehemals bestandenes,
vielleicht auch noch bestehendes mineralisches Wässerchen
hinweist.

Wenn die Herren von Emmerberg die Kirche zu
Winzendorf gegründet hätten, müsste dies vor 1300 geschehen sein, da um diese Zeit ihre Verbindung mit dem
Stammsitze nachweisbar schon sehr locker wurde. Aber
an eine öffentliche Kirche aus der Dorfgemeinde heraus ist
schwer zu denken; auch erwähnt ihrer das päpstliche
Zehentbuch von 1285 nicht. Hält man nun, sozusagen, in

1109. Rustical- und Dominicalfassion von 1751 zu Hernstein, und
Mittheilungen des Herrn Forstrathes Stöger. — **1110.** Rieden von
Winzendorf um 1750 sind: in Angern, im Feldbach, die Furtwiesen,
die Heuäcker, das Hochenfeld, die Hochsetz, der Hochweg, in Höllingern,
in Kollrossen, die Kreutzäcker, der Mitterberg, in Oertern, am Pichel, die
Praiten, die Prosset, die junge Prosset, der Prossetberg, am Pucheck in
Mitterberg, der Sauerbrunn, in Schustern, in Setzen, am Spitz, die Sulz,
in kurzen Theilen, das Wiesfeld, die Wiesörter. — Richter, werden
genannt: ...1703... Mathias Puggl, ...1733... Josef Puggl, ...1736...
Georg Bauer, ...1741... Josef Puggl, ...1744... Johann Bauer, ...1748,
1755... Gregor Scheuchenstock.

dieses Dunkel die etwas aufhellende Aeufserung der Teufe im 16. Jahrhunderte, sie hätten daselbst ihr Familienbegräbniss seit 300 Jahren, so legt sich die Annahme nahe, dass man es hier mit einer Privatcapelle zu thun habe, die zum Edelhofe gehörte, wie die Burgcapellen zu Starhemberg und Emmerberg, in alter Zeit auch den Unterthanen zum Besuche gestattet war, gleich diesen, allmälig jedoch zu pfarrlichem Rechte gelangte, ungleich diesen. Nun weifs man, dass Herzog Albrecht III. 1384 Emmerberg mit dem Kirchlehen zu Winzendorf Ludwig von Eckartsau verlieh,[1111]) und so allerdings für diese Zeit der Herrschaft ein Pfarrdorf zuwies. Allein eben diese Erwähnung hier und die Nichterwähnung in allen späteren Belehnungen zeigt, dass eine organische Verbindung zwischen Emmerberg und Winzendorf in dieser Richtung nicht bestand, und der Ursprung der Kirche nicht von Emmerberg, sondern aus besonderen gutsherrlichen Verhältnissen in Winzendorf selber herrührte. Diese würden, kennte man genügend Documente der Familie Teufel, sicherlich auf sie oder ihre Vorgänger auf dem Edelhofe zurückführen. Denn vom 15. Jahrhunderte ab, wo dies Geschlecht noch lange nicht auf Emmerberg safs, waren sie bereits Herren der Kirchenpfründe, erscheinen als solche ca. 1480,[1112]) und auch 1544 wird Matthäus Teufel als Lehensherr der Pfarre angeführt. Damals ward über Ausbreitung der neuen Lehre daselbst noch nicht geklagt, allein später unter Christoph, der in seine Grabschrift als getreuer Bekenner der reinen Lehre sich erklärt, und unter den Söhnen von Matthäus, die 1581 Emmerberg zu Lehen bekamen, mag sie allerdings gefördert worden sein.[1113]) Wie sehr übrigens die Kirche mit dem Geschlechte Teufel in Verbindung stand, geht daraus hervor, dass dieselbe mit dem Verkaufe der Herrschaft (1592) nicht an die Brassican überging. So belebt sich nur noch mehr der Eindruck, als wäre sie als Familiencapelle auf dem Edelhofe zu Winzendorf errichtet gewesen. Welche Umstände dahin führten, wenn nicht etwa Priestermangel, dass die selbstständige Pfarre abkam, und die Kirche als Filiale nach dem ziemlich entfernten St. Aegyden

---

1111. Vgl. oben Note 285. — 1112. „Ecclesia in Winzendorf. Collator Tewfel." (Salzburger Matrikel im Notizenblatt der kais. Akad. 1852, 280.) — 1113. Wiedemann, Geschichte der Reformation, 4, 365.

am Steinfelde, und nicht an das nahe Weickersdorf gegeben wurde, ist unbekannt. Dieses Verhältniss, das bereits um 1600 bestand, regelte ein Vertrag, den Bischof Melchior Khlesl 1608, 7./6., mit Hans Christoph Freiherrn Teufel abschloss: der Pfarrer von St. Aegyden habe alle Sonn- und Feiertage Predigt und Amt in Winzendorf zu halten, wofür die Familie Teufel ihm jährlich 24 fl. und 10 Eimer Most zu reichen hätte; sollte ein Nachkomme Hans Christophs protestantisch werden, oder das Gut in protestantische Hände geben, oder sonst den Vertrag brechen, so hätte derselbe 1000 fl. an das Bisthum Neu-stadt zu bezahlen, und dürfe überhaupt kein Verkauf des Gutes (der Teufel zu Winzendorf?) statthaben, ohne dass die obigen Bedingungen darin eingeschaltet würden.[1114]) Dieser letzte Punct zeigt klar, dass die Kirche auf Teufel'-schem Gute gestanden habe. Die Besitzungen der Pfarre blieben in der Verwaltung des Gutsherrn, gaben jedoch auch in katholischen Händen zu Klagen Anlass. Denn über die Rechte und Pflichten aus denselben erhob sich 1766 ein scharfer Streit zwischen der Pfarre von St. Aegyden und der Herrschaft Emmerberg, die seither bereits das ehemals Teufel'sche Gut zu Winzendorf an sich gebracht haben musste, der erst nach 14 Jahren, und zwar mit Entsagung seitens der Herrschaft, endete. Von da ab blieb die Kirche als Filiale bei St. Aegyden, dessen Pfarrer Joseph Nieder-mayer 1776 auch den Thurm erbaute, bis 1816, wo sie zur selbstständigen Pfarre erhoben wurde, deren Patronat Emmerberg zukam.

Von den Schicksalen der Kirche weiß man nur, dass sie 1529 oder 1532 durch die Türken eingeäschert wurde, und blos die prächtige Erhaltung ihrer Denkmale bezeugt, dass sie 1683 dem gleichen Schicksale ent-gangen ist.

Um ca. 1770 hatte sie drei Ablässe: am Weißen Sonntage, am Sonntage vor Mariä Himmelfahrt, und am

---

1114. Ebend. Wiedemann setzt den Vertrag auf 1609, und gibt an, das Uebereinkommen sei deshalb geschlossen worden, damit Hans Christoph seine Absicht, eine lutherische Pfarrei zu errichten, aufgäbe. Davon steht im Vertrage nichts, und ist dergleichen nach dem Wort-laute, „wenn einer dessen Nachkommen protestantisch würde", nicht wohl denkbar. Weit besser ist der Auszug in Kirchl. Topographie 1/8, 87.

Festtage der Unbefleckten Empfängniss. Durch Papst
Pius VI. erhielt sie 1780, 1./8., einen vierten.[1115])

Ueber den Besitz der Pfarre sagt das Starhemberger Urbar von 1457, dass sie eine Hofstätte zu Piesting
besafs, und der Visitationsbericht von 1584 erzählt von
4 Joch Aeckern, 11 Tagwerk Wiesen und 3 Weingärten
mit 26 Tagwerk; die Kirche für sich hatte einen Unterthan,
der 1 Pfund Pfennige entrichtete, und 4 Weingärten mit
14 Tagwerk. Durch die Teufel (und zwar vor 1608) bekam
sie einen Weingarten in der Ried „Mindlern" zu Winzendorf.[1116])

So unscheinbar das Kirchlein ist, so enthält es doch
einige ganz kostbare Denkmale der Familie Teufel und
späterer Besitzer von Emmerberg.[1117]) Aus Ersterer sind
hier verewigt Erasmus Teufel auf Landsee, der bei der
Niederlage der Oesterreicher gegen die Türken 1552 gefangen, nach Constantinopel geführt, und, weil er den
christlichen Glauben nicht abschwören wollte, auf Befehl
Sultan Suleimans von den Janitscharen ermordet wurde;
Christoph, † 1570, kais. Rath und Obrister Proviantcom-
missär, dem ein besonders grofser Grabstein aus rothem
Marmor gesetzt ist;[1118]) dessen Frau Susanne, geb. von
Weispriach, † 1590, deren Bildniss in Hochrelief sich durch
Lieblichkeit auszeichnet, und Wolfgang Mathias, der 1587
als Fähnrich bei der Belagerung von Krakau fiel. Aufserdem liegt hier unter einem Aufschriftsteine das Herz Elisa-
beths von Sachsen, Gattin Herzog Johann Friedrichs, der
in Neustadt gefangen gesessen. Sie starb 1594, und dass
sie hier ihr Herz (und ihren Leib in Coburg) bestatten
liefs, gibt einen Fingerzeig, dass unter dem Schutze der
Freiherren Teufel die Kirche zu Winzendorf allerdings
mehr protestantischen Charakter angenommen hatte, als
irgend eine der Umgebung.[1119]) Der Denkstein für Erasmus
besagt, dass die Teufel schon seit 300 Jahren hier ihre

1115. Bischöfliches Archiv zu Graz. Der erste Sonntag war der
„dies Dedicationis", der andere der „dies Patrocinii". — 1116. Steierm.
Landesarchiv, Acten von Neuberg. — 1117. Vgl. Mittheilungen der Central-
Commission für Kunst- und historische Denkmale 1867, LXXVIII ff. —
1118. Neben dem Steine war ehemals auch eine grofse Holztafel, darin
die Grabschrift geschnitzt war. Diese Tafel wurde, da sie der Kanzel
im Wege stand, als Brett an einen Bauer zu Winzendorf verkauft, der
sich einen Thürstock daraus schnitt. — 1119. Kirchl. Topographie 1/8, 88.

Grabstätte gesucht, und das führt zu einer anderen Aufschrift, die heute neben der Friedhofscapelle, welche gleichfalls zwei (Heufsensteiner) Denkmale enthält, angebracht
ist.[1120]) Er lautet im ganzen Adelsstolze eines Landsassen:

> „Ob Jeman wer, der zweifeln wolt,
> obs Tevflisch Gschlächt auch alt sein solt,
> vnd solchs nev Edel sein vermain,
> widersprich ich vralter Stain."

Leider aber fehlt der „widersprechende" Stein.

Auch das Altarbild aus dem Ende des 15. Jahrhunderts wird von Einigen gelobt. Es ist beim Verfalle
von Emmerberg aus dessen Schlosscapelle hieher übertragen worden.

Als Pfarrer vor der Einverleibung nach St. Aegyden werden nur Paul 1457, und Kaspar Wulfing 1544
genannt.[1121])

Im Orte besteht eine Armenstiftung, die, sozusagen,
im Gedanken vom Grafen Ferdinand Wilhelm von Wartensleben, als Besitzer von Emmerberg stammt. Er testierte
nämlich zu diesem Zwecke 200 fl. W. W. und 800 fl. C.-M.,
die aus seinem Nachlasse ausbezahlt werden sollten. Da
aber sein Erbe in Concurs gerieth, und aus dem Vermögen
nicht einmal die Gläubiger abgefunden werden konnten,
übernahm Seine kaiserliche Hoheit Herr Erzherzog Rainer
die wohlthätige Absicht, und führte sie durch. Das Gleiche
geschah zur selben Zeit mit der Schule, welcher der
Pfarrer Jakob Plesch 1819 das Kleinhaus Nr. 19 gewidmet
hatte. Die Gemeinde konnte jedoch die Last der Erhaltung
des Lehrers nicht entsprechend tragen, und Seine Hoheit
übernahm auch diese, folgte ein Capital zur Aufbesserung
des Lehrergehaltes aus, vergröfserte das Gebäude, und
trug auch die Kosten der Einrichtung gegen Vorbehalt
der Präsentation des Lehrers. Noch jetzt wird das Schulhaus von Seiner kaiserlichen Hoheit, dem jetzigen Gutsherrn erhalten, der Lehrer unterstützt, und der Bedarf an
Lehrmitteln beigestellt.[1122])

1120. Nach Hormayr's Archiv 1826, 4 war dieselbe früher auf dem
Chore. — 1121. Der Eine im Starhemberger Urbare von 1457, der Andere
im Visitationsberichte von 1544. — 1122. Mittheilungen des Herrn Forstrathes Stöger.

D.

Die abgesprengten und abliegenden Güter der drei Herrschaften.

Im Verlaufe der Erzählung ist widerholt Gelegenheit gewesen, von Besitzungen zu sprechen, welche, von den alten Herrschaften losgelöst, neue gutsherrliche Verbindungen eingingen. Man mag sie immerhin abgesprengte Güter heifsen. Diese Trennung war zuweilen eine gründliche, indem keines der früher geübten Rechte vorbehalten blieb; sehr häufig jedoch findet man die alte Grund- als Vogtherrschaft wenigstens für einzelne Holden wieder, aus Verhältnissen, die keineswegs sich näher begründen lassen. Die gleichen Wandlungen, welche hier den Besitzstand zersetzten, konnten aber auch den drei Herrschaften zugute kommen, indem sie aufserhalb ihres grundherrlichen Bezirkes Güter angliederten, und mit dem Hauptgute, wenigstens verwaltungsweise, vereinten. Solche kann man abliegende Güter nennen. Deren scheinen welche sehr alter Verbindung, andere wuchsen noch im Mittelalter zu, und wieder andere gehören später Zeit an, wie eben Käufe, Heiraten u. dergl. Umfang und Inhalt von Herrschaften zu mehren vermochten.

Darin ist Hernstein durchwegs hinter Starhemberg zurück, wo beide Formen der Besitzänderungen in weit reicherem Mafse auftreten. Man weifs, dass Ersteres nächst Gutenstein Bauerngründe besafs, und auch im Miesenbache, und dass diese Höfe des 12. Jahrhunderts später keines seiner Urbare mehr aufführt. So ist das Gleiche der Fall mit den Weingärten bei der Wildbrücke, mit seinen Gütern zu oder bei Fischau und Hartberg, sämmtlich abliegende Besitzungen und auch losgelöste. Im eigentlichen Sinne abgesprengt, vom Gesammtkörper gelöst, wurde das Amt Pernitz, bekanntlich 1632 an Gutenstein verkauft.

Bei Starhemberg ist für diese Verhältnisse der Umstand mafsgebend geworden, dass seit ungefähr 1145 bis gegen Ende des 16. Jahrhunderts es stets in mehr oder weniger ausgeprägter Weise dem Landesfürsten verblieben war. Die strengere Form dieses Dominicalbesitzes bestand vornehmlich in den ersten drei Jahrhunderten. Das ist die

Zeit der Gründungen von Lehengütern und frommen Stiftungen, die zusammen halfen, jenen zu zerlegen. Aber
diese war es auch, welche in anderer Art den Herrschafts-
besitz vermehrte, administrativ nämlich, indem sie abliegende landesfürstliche Güter der Verwaltung durch diese
Herrschaft zuwies, und sie dann mit ihr verwachsen liefs.
In den folgenden Jahrhunderten gab es durch Käufe, Rück-
fälle u. s. w. Zuwächse nach allen Seiten, und so kam es,
dass der Grundherr auf Starhemberg vielfach seine Hand
über die Gebietsgrenze der alten Herrschaft hinausstreckte.
Hält man fest, dass dieselbe im Norden die Piesting, im
Westen die östlichen Höhen des Miesenbachgrabens, im
Osten die Vorberge der Neuen Welt, und im Süden die
Hügel zwischen dieser und dem Steinfelde waren, so muss
es als Ueberschreitung gelten, wenn Starhemberg jenseits
der Piesting oberhalb Mülthal, in den Freinbergen und
Henningern Weingärten besafs. Als abliegendes Gut muss
auch Steinabrückel angesehen werden, in dessen Amt
Holden bis aufwärts die Triesting gehörten, in Hölles, St.
Veit, Edlitz, und gar auch zu Siegersdorf bei Potendorf.
Dies war kaum etwas anderes als eine Gruppe verstreuter
landesfürstlicher Holden, für welche man einen besseren
Verwaltungspunct als Starhemberg nicht zur Hand hatte.
Aber auch im Nordwesten reichte es weit über die Mandling
hinaus mit Herrschaftsrechten unbekannten Ursprunges. So
besafs es zu Neusiedel, offenbar auf Hernsteiner Grunde,
19 Vogtholden, zu Grillenberg auf Melker Boden 6, zu
Veitsau 21, zu Pöllau 4, zu Stein 10, und sogar zu Arnstein war ihm der „Wechsnerhof" grundpflichtig.[112])
Im Süden der Herrschaft greift abgesprengtes und
abliegendes Gut in einander, und besonders hier tritt der
Fall ein, dass auf Ersterem da und dort vorbehaltene oder
neue Rechte von Starhemberg auftauchen. So ist kaum zu
bezweifeln, dass das Kleingebiet von Strelzhof und Rotengrub ebenso einstmalen zum Grofsgebiete von Waldeck-
Starhemberg gehört hatten, wie Emmerberg. Sie wurden
durch Hindangabe in Lehenschaft oder zur Bestiftung von

1123. Im Urbare von 1438 heifst es: „Dy holden von Wefsnarn,
de(w) zw Starchenberchk gehorent, gebent von dem zehent daselbs alle
iar viii metzen traid, vnd xii metzen habern vnd nicht mer"; 1564 ist der
„Hoff genannt Wechsnerhoff zw Arnstain gelegen" grundzinslich, und in
zwei Theile getheilt.

Seckau von jenem getrennt, und dennoch trifft man Starhemberg später vogteiberechtet zu Netting, das nach
Tachenstein unterthänig, zu Dörfles und zu Willendorf. In
Letzterem ist es als Schutzherr des Stiftes Seckau Vogt
auf dem ganzen Dorfe, und Zehentherr mit Seckau und
der Propstei von Neustadt zusammen auf 51 Weingärten
am sogenannten Strelzberge, der die Neue Welt hier vom
Steinfelde scheidet. Welche Bewandtniss es mit den Herrschaftsrechten auf dem Rastberge, zu Höflein und Grünbach, die vereinzelt ausliegen, hatte, ist nicht erklärlich.
Rein abliegende Güter und Rechte bestanden zu St. Aegyden und Wirflach. Man kann sie nicht für alten Waldecker
Besitz halten; er muss markgräflich steirischer gewesen
sein, wenn nicht etwa St. Aegyden, von Salzburg gestiftet,
in der Art wie die Kirche zu Fischau an den Landesfürsten
gekommen ist. In dem Einen hatte Starhemberg der Vogtei
wegen das Jahrmarktstandgeld, in dem Andern aber war es
Grundherr auf 3 Höfen und 15 Hofstätten (neben den
grofsen Gütern, die Admont und St. Lambrecht dort besafsen), und verstiftete auf dem Kettenlisse 33 Gehölze,
die 1564 auf 61 Parcellen angewachsen waren. Selbst die
Gemeinden Racklitz und Hetmannsdorf mögen auf alt-
landesfürstlichem Grunde erwachsen sein, denn für ihre
Viehweiden zinsten sie noch im 16. Jahrhundert nach Starhemberg. In dieser Gegend lässt Waldecker Besitz sich
nicht nachweisen, aufser diese Striche hätten zum losge-
sprengten Gute Rotengrub oder noch besser zu dem aus
ihm (scheint es) gebildeten Gute Gerasdorf gehört. Darauf
liefse sich aber blos aus der Nachbarschaft desselben
schliefsen, während für das noch nähere Wirflach allerdings ältere Daten den steirischen Markgrafen als Gutsherrn andeuten.

Was von Starhemberg abgesprengt wurde, bildet im
Südosten und Süden der Herrschaft eine Art von Kranz.
Da sind Emmerberg, Brunn, Strelzhof und Rotengrub mit
ihrem jeweiligen Zugehör. Weiter ins Thal gegen Buchberg vorzudringen, untersagt die Vorsicht wegen gänzlich unzulänglichen Quellenstoffes.

Es ist denkbar, dass Brunn einen Theil des Waldecker Gebietes ausgemacht habe, von dem es fast allseitig eingeschlossen ist. Es soll um 1150 den Herren
von Lengbach und Burggrafen von Regensburg gehört

haben,[1124]) und ging als Lehen von Hand zu Hand der
alten Gemeinschaft ganz verloren. Blos das Landgericht,
gewissermafsen als Symbol derselben, blieb Starhemberg
erhalten. Wie aber Brunn zur Grundherrlichkeit in Meiersdorf gelangte, ist unnachweisbar. Anders stellte sich die
Erklärung, falls nachgewiesen werden könnte, dass Fischau
des Markgrafen von Steier gewesen, und erst hinterher
mit Starhemberg verwuchs.

Die Herren von Rotengrub standen aller Wahrscheinlichkeit nach lehenmäfsig zu den Vollfreien von
Waldeck. Dafür spricht, dass ihr Gut ringsum von der
Letzteren Eigen umgeben ist. Nur hat man eine ältere und
eine jüngere Familie zu unterscheiden, die mit einander
kaum verwandt sein dürften: die eine starb zu Ende des
12. Jahrhunderts aus, und die andere taucht mit dem
Namen von Rotengrub erst hundert Jahre später auf, führt
nach seinem Herkommen jenen von Hasbach, und die
Lücke zwischen Beiden ist unüberbrückbar. Dem letzteren
Geschlechte gehörte jener Getreue König Otakars an,
Ulrich, Landeshauptmann in Krain und der Mark, und von
seinem gleichnamigen Sohne singt mit Bezug auf die Kämpfe
wider die Grafen von Güns (1286) der Reimchronist Otakar

„ain helt an muet vnd an werich".

Mit dem Gute scheint der Hoftitel eines steirischen
Mundschenken verbunden gewesen, denn als nach des alten
Ulrich Tode (1278) König Rudolf Rotengrub an Erchenger
von Landsee gab, tritt dieser mit der Bezeichnung eines
Schenken auf. Einen Theil der Besitzungen (doch blos
Ackergründe auf dem Zweier) bekam der thatkräftigste
Anhänger des Königs, der Hohenzoller Friedrich, Burg-
graf von Nürnberg, den Rudolfs Erkenntlichkeit zu einem
der reichsten Grundherren im Lande machte.[1125]) Um die
Mitte des 14. Jahrhunderts ist „das haus mit dem turn ze
Rotengrub" ein Lehen Haidenreichs von Frauenstein,[1126])

1124. Vgl. Kirchl. Topographie 1/8, 109. Man braucht wegen
dieser Familie nicht sofort an die behauptete Stammesgemeinschaft der
von Waldeck und von Lengbach zu denken, sondern erinnere sich, dass
die Letzteren zu jenen Begünstigten gehörten, welche der absterbende
Steirerherzog nach Fischau einlud, um seine Güter an sie zu vertheilen
(Vgl. oben S. 356 in Note 934.) — 1125. Stillfried, Mon. Zollerana 4,
129 ff. — 1126. Steierm. Landesarchiv Nr. 2216ᵇ.

nach ihm Georgs von Polheim, der es 1367 an Peter von Ebersdorf verkaufte. Diese Familie hielt es bis in das 16. Jahrhundert fest, wo es auf kurze Zeit die Pögel, jene rührigen Hammerschmiede von Thörl bei Aflenz, erwarben, und endlich die Freiherren von Hoyos. Knapp an der Ostseite des niederen Felsens, worauf der Thurm der Burg gewesen, lag einst auch die Kirche St. Thomas, das Gotteshaus der Pfarre von Willendorf, heute Wohnung des Pfarrers. Diese Gedrängtheit war die Ursache vieler Nergeleien zwischen den Schlossherren und dem Stifte Seckau, als Patron der Kirche, zumal der Pfarrer gar nicht in Letztere gelangen konnte, ohne Schlossgrund zu betreten. Darüber büfste das Gebäude selbst ein, bis endlich der aufgeblühte Wallfahrtsort Kirchbüchel zur Pfarrkirche bestimmt wurde.

Wenn irgendwo in der Nähe, so scheint oberhalb Rotengrub auf dem Zweier das heute verschollene Wulfingstein gelegen zu haben. Einige verlegen es „hinter Tachenstein", doch ohne Angabe, in welcher Richtung.[127]) Vielleicht meinen sie damit die Gegend Wildenstein, die allerdings, von Emmerberg aus gesprochen, hinter Tachenstein liegt. Untersuchungen stehen da nicht zu Gebote, und so mag Vischer's niederösterreichisches Schlösserbuch als Führer dienen. Dessen Ansicht von Rotengrub, von Osten aufgenommen, zeigt im Hintergrunde links eine Kirche auf einem Hügel, die sicherlich Kirchbüchel darstellen soll, und rechts auf einem Berge, der nichts Anderes sein kann, als der Zweier, einen eigenthümlichen Bau: er ist dem Schlosse Stein zu Meiersdorf sehr ähnlich, besteht aus einem Wohntracte mit dachlosem Thurme, und hat noch irgend ein anderes Gebäude, etwa für Wirtschaftszwecke, angelehnt. Ein gewöhnlicher Hof ist durch die Gestalt des Ganzen förmlich ausgeschlossen. Heute aber soll sich auf dem Zweier ein verfallener Hof allerdings befinden. Um 1180 wird ein Kellermeister (cellerarius) von Wulfingstein zuerst genannt.[128]) Es gehörte wohl schon damals den Herren von Stubenberg, wie im 13. Jahrhunderte, als König Otakar 1268 wegen deren Aufruhres es mit anderen drei Schlössern brach.[129]) Um 1303 sitzt dort Heinrich von

1127. Kirchl. Topographie 1/8, 167. — 1128. Urkundenbuch des Landes ob der Ens 1, 181. — 1129. Reimchronist Otakar bei Pez,

Stubenberg,[1129]) und 1332 hört man noch von ihm in dem
Gütervergleiche zwischen Wulfing von Goldeck und den
Gebrüdern Wulfing, Friedrich und Heinrich von Stubenberg.[1130]) Eine Zeit lang, zu Anfang des 16. Jahrhundertes,
war es an Tachenstein gelangt, und mit Scheuchenstein
dadurch vereint.

Zum Gute Adalrams von Waldeck gehörte auch Gerasdorf. Ob dies eine Art Vorwerk von Rotengrub gewesen, und etwa von Gerold, dem Bruder Bertholds von
Rotengrub, gegründet und benannt worden, mag dahin-
stehen. Sicher ist, dass es dem Stifte Seckau, welchem
Adalram es (oder Besitzungen daselbst?) geschenkt hatte,
ebenso verloren ging, wie der Herrschaft Starhemberg,
von dem es selbst das Landesgericht geraume Zeit nicht
mehr anerkennen wollte. Seine Burg gehört zu jenen, die
wider das Gesetz während des Zwischenreiches erbaut oder
verstärkt worden waren.[1132]) Dort scheint im 14. Jahrhunderte
die Heimat der altösterreichischen Familie der Altfeil, wie
zu Winzendorf jene der Teufel. Später besitzen es die Wolfenreuter, dann Georg Meisl, die Familie Gruber, durch
welche es sich mit Tachenstein verbindet, ferner Andreas
Doczi und Max Berthold von Sachsengang, der es 1656
an den Wiener Arzt Dr. Adam Werner verkaufte.[1133]) Mit
diesem Gute begann Seine kaiserliche Hoheit Herr Erzherzog Rainer (1807) seine Niederlassung in der Umgebung
der Neuen Welt, doch ward es nach Erwerbung des
grofsen Complexes von Hernstein, Starhemberg und Emmerberg wieder abgestofsen.

Auf „Streliz“, das Adalram gleichfalls an Seckau
schenkte, erwuchs der Gutshof für Dörfles und Willendorf.
Ihm gehörte der ganze Berg, an den es sich lehnt, und
der bis in die Ebene der Neuen Welt reicht. Eigentlich

Script. rer. Austr. 3, 97: „Drey vest . . . er zerprach im (Wulfing von
Stubenberg) an der stund, Chaysersperg vnd Cheez aus dem grund,
Wulfingstain vnd Stubenberig sam.“ — 1130. Steierm. Landesarchiv
Nr. 1650ᵇ. — 1131. Ebend. Nr. 2027, und Notizenblatt der kais. Akademie
1856, 464. — 1132. Notizenblatt der kais. Akademie 1855, 401. Das
(castrum) nouum pincerne de „Habespach“, welches ebenfalls dort aufgeführt wird, dürfte wohl Rotengrub sein. — 1133. Vgl. darüber ebend.
1851, 261 und 491; Chmel, Geschichte Friedrichs IV. 1, 503; Niederösterreichische Weisthümer 1, 138, Note 142, und besonders Archiv des
Stiftes Neukloster zu Neustadt.

waren es zwei Besitzungen, welche den Namen Streliz
führten: in der einen ist eben der Hof, und in der andern
das Dörfchen dazu gehörig zu erkennen, die später „in dem
dörflein" und Dorfleins hiefs, und heute Dörfles heifst. Auch
Admont besafs um 1150 dort Weingärten.[1134]) Das Stift
Seckau behielt dies reine Wirtschaftsgut bis 1662, wo es
dasselbe mit der Kirchobrigkeit von St. Thomas zu Rotengrub und dem Präsentationsrechte auf die Kirche St. Peter
im Mos zu Mutmannsdorf an das Neukloster in Neustadt
verkaufte.[1135]) Der Hof war damals sehr klein und blos
einstöckig, allein er hatte einen schönen Keller, dem
Stande der Weincultur entsprechend, auf 400 Eimer, und
hinter dem Vorhause noch einen zweiten. Um 1755 wurde
der heutige nach dem Plane des Baumeisters Johann Pauli
zu Wien erbaut.[1136]) Es bestand dort eine Capelle, deren
bereits um 1150 gedacht wird.[1137]) Ihr Patron war der heil.
Marcus, und beim Verkaufe ward auch die Verpflichtung
einer Wochenmesse vom Käufer übernommen.

Das bedeutendste der abgesprengten Güter ist Emmerberg, dessen Schicksale übrigens bereits zur Sprache
kamen. Neben ihm lag ein anderes, das sich ausnimmt, als
wäre es aus seinem Leibe geschnitten, klein, ärmlich, und
doch eine Baronie. Es ist Tachenstein, und sein Name ist
ungefähr gleich schwer zu deuten wie jener von Emmerberg.[1138]) Wie dieses die grofse Prosset, so bewacht jenes
die junge. Es ist unbedingt späterer Gründung, wie Emmerberg, doch führt keine Spur mehr auf dieselbe zurück. Man
kennt Persönlichkeiten, welche sich davon nennen, bis ungefähr auf 1200 zurück, allein, merkwürdig genug, bei
keiner unter ihnen, bis in das 16. Jahrhundert, lässt sich
aus den Documenten erkennen, dass sie auch zu Tachenstein safsen. Zumeist erscheinen sie blos in der ferneren
Umgebung, in der Preun, zu Grillenberg und Baden, an der
Leitha, dann auch weitab, wie im Marchfelde; da und dort
werden Güter, die ihnen gehören, namhaft gemacht, und
nie welche nächst der Burg. Demungeachtet haben sie sie

1134. Steierm. Urkundenbuch 1, 303. — 1135. Archiv Neukloster.
Der Kaufschilling betrug 17.000 fl., und wurde mit den Zinsen in Raten
bis 1664 im Betrage von 17.896 fl. erlegt. — 1136. Der Ueberschlag
lautete auf ca. 4700 fl. — 1137. Steierm. Urkundenbuch 1, 297. — 1138.
Vgl. darüber die Abhandlung v. Becker's in dessen Niederösterreichischer
Topographie vox „Dachenstein" 2, 270 ff.

wohl auch besessen, und ähnlich den Emmerbergern lieber wo anders sich aufgehalten. Zu Beginn des 16. Jahrhundertes hatten sie auch Wulfingstein und Scheuchenstein inne, und ihren Wert belegt, dass sie (oder eine ihrer Linien) den Truchsesstitel führten. Ein hervortretendes Glied der Familie war um die Mitte des 15. Jahrhundertes Bernhard; er spielte theils in der Umgebung Kaiser Friedrichs, aber auch gegen ihn eine politische Rolle. Wenn irgend zu einer Zeit, so mochte es diese sein, wo Tachenstein die sogenannte „Freiung" verliehen wurde, und diese Gnade schied das Gut auf Zeit aus dem Landgerichte von Starhemberg, und gewährte ihm die hohe Gerichtsbarkeit zu Eigen. Derlei Begnadungen kennt man von Kaiser Friedrich III. mehrere. Zwar ist kein Document darüber für Tachenstein bekannt, allein diese höhere Stellung des „adelichen Landt- vnd Freyguets", dessen „Freyheit" sammt Banngericht auf 400 fl. bewertet wurde, fühlt sich theils aus dem Banntaiding, theils aus den Gutsanschlägen. Ihm gehörte auch der Edelhof zu Meiersdorf. Schon zu Beginn des 17. Jahrhundertes war es in Verfall.[139]) Sein Umfang reihte es in Unbedeutendheit an Emmerberg, doch müsste jenes durch seine bevorrechtete Stellung mehr an Geschichte zu erzählen haben, als dieses. Sein Besitzer Wolf Adam Berchtold verkaufte es 1633, 8./12., für 8000 fl. und 185 fl. Leitkauf an das Stift Neukloster.[140]) Etwa 20 Jahre vorher ging es noch für mehr als 12.000 fl. in andere Hände. Heute ist es neben Rotengrub am meisten verderbt, ja weggewischt, von allen Burgen, die je im Grofsgebiete aufgeragt haben.

1139. Gutsanschläge von 1590, 1608 und 1627 im Archive des Neuklosters zu Neustadt. — 1140. Ebend.

Beilagen.

I.

Aus dem Falkensteiner Codex.

Vorbemerkung.

Der sogenannte Falkensteiner Codex ist das Verzeichniss der Güter und eine Sammlung von Rechtsurkunden des Vermögensstandes der oberbairischen Grafenfamilie von Neuburg-Falkenstein.

Sowohl durch sein hohes Alter, als noch weit mehr seines Inhaltes wegen, gehört er zu den seltensten Geschichtsdenkmalen hochadeliger Geschlechter. Für Hernstein und sein Gebiet aber hat er namentlich hervorragende Bedeutung; durch ihn erschliefst sich dessen Kenntniss von Colonisation und wirtschaftlicher Lage, wie für keinen Ort sonst gleichzeitig im Lande.

Er ist, in lateinischer Fassung, seit 1766 bekannt.[1]) Seine deutsche Redaction war es schon lange früher durch Auszüge;[2]) unglücklicherweise jedoch ist diese gelegentlich der Klosteraufhebungen in Baiern verloren gegangen. Vor acht Jahren ergab sich die Gelegenheit zu einer neuen und guten Ausgabe der ersteren.[3])

Seit ihr und deren vorwortlichen Bemerkungen lässt sich kaum viel Neues in Wesenheit zum Buche mehr sagen. Demungeachtet scheint es geboten, hier, wo dasselbe zum guten Theile Ausgangspunct und breite Quelle der Darstellung ist, den Leser damit noch in anderer Form bekannt zu machen, als durch einige auszugsweise Abdrücke.

Dem Inhalte nach scheidet sich der Codex in zwei Theile; der erste und selbstverständlich ältere enthält das sogenannte Urbar, das Verzeichniss der Güter, Holden und Zinsungen der Grafen in Baiern, Oesterreich und Tirol. Es ist ziemlich von

---

1. Durch Abdruck im 7. Bande der Mon. boica. — 2. Diese besorgten die bairischen Historiker Aventin und Hund im 16. Jahrhundert, und brachten sie in ihren Werken Adversarien, Stammenbuch und Metropolis Salisburgensis. — 3. Durch H. Petz in „Drei bayrische Traditionsbücher aus dem 12. Jahrhundert. Festschrift" u. s. w. München, 1880, p. 1—44, mit Facsimilien aller im Codex enthaltenen Textes- und Randzeichnungen.

Einer Hand geschrieben, und auch ziemlich frei von anders-
artigen Einschüben. So gut man im 12. Jahrhundert dergleichen
Uebersichten und grundbücherliche Zusammenstellungen zu
gruppieren verstand, ist er auch wohlgeordnet. Dagegen ist
der zweite Theil, die Sammlung von Urkunden und Auszügen
solcher, nicht blos die Arbeit einer namhaften Anzahl verschiedener Hände durch vielleicht zwanzig Jahre, sondern es hält
sich sein Inhalt nur ausnahmsweise da und dort an eine gewisse
Folge der Stücke nach Zeit und Betreff, und wimmelt von Einschüben.

Ueber den nächsten Anlass zur Abfassung mag man
zweifelhaft sein. Man hat die Wahl zwischen schwerer Krankheit, oder bedrohlichen politischen Wirren, die das Familien-
haupt, den Grafen Siboto von Neuburg, besorgt machten. Er
fürchtet für seinen Abgang aus dem Leben,[4] setzt für seine
zwei minderjährigen Söhne eine Gerhabschaft von fünf seiner
Dienstmannen unter dem Vorsitze seines Schwagers (oder
Schwiegervaters) ein, und lässt für diese das Verzeichniss
seiner Güter anfertigen, aber auch dies stellenweise nur flüchtig, denn „die Zeit drängte“.[5] Da durch mancherlei innere
Gründe sicher, dass die Niederschrift zwischen 1165 und 1175
begann, so würde, wenn etwa Kriegssorgen den alten Grafen
vorsichtig werden liefsen, die Anlage vermuthlich in das Jahr
1171—1172 gehören. Jedenfalls ist man der Wahrheit nicht
ferne, wenn man der Kürze halber ca. 1170 ansetzt. Das gilt
aber blos für den ersten Theil und die Anfänge des zweiten.
Die Gefahr ist vorüber, und nun tragen die verschiedenen
Schreiber nach Umständen und Zeit ein, wo sie im Buche Platz
finden. Dieses Gelegentliche bedingte eben die Unruhe und
Unordnung des zweiten Theiles, und diese werden stellenweise
noch erhöht, dass die Documente nicht ihrem ganzen Wortlaute nach, sondern blos in Auszügen und diese oft stylistisch
schwerfällig, zuweilen auch confus gegeben sind.[6]

Dass auch die Grammatik schadhaft, versteht sich nach
dem Gesagten von selber. Auch fehlt es nicht an Germa-
nismen in der lateinischen Satzbildung.[7]

Der Codex hatte von allem Anfange an den Zweck
eines Hand- und Hausbuches, und prägte sich derselbe noch
durch gelegentliche Zuthaten schärfer aus, die auf dem Vorsteckblatte und den letzten Blättern sich finden. Da gibt es
eine kleine, aber sehr wertvolle Genealogie der zwei Familien

---

4. Cod. f. 1'. „ ... Comes Siboto monet ... cunctos fideles suos ... post
mortem suam disponendarum rerum“ u. s. w.; dann f. 7: „agant post mortem suam
de acquirendis beneficiis suis“ u. s. w. — 5. Ebend. f. 7 heifst es bei den Passauer
Beneficien, es seien ihrer viele, aber „non possunt describi propter urgentem causam“. —
6. Manchmal spricht ein Auszug in erster und dritter Person zugleich (wie f. 17');
manchmal ist er überflüssig breit, dann wieder unverständlich kurz; zuweilen kommen
(wie f. 25' und 33', dann f. 29' und 30) dieselben Documente in leichter Aenderung
zweimal vor. — 7. Z. B. f. 7 „si ministeriales ducis orientalis uenerint et inbeneficiati
fuerint“ (wenn sie dann kämen und belehnt würden), oder f. 14 „igitur adordiamur“
(also heben wir an) u. s. w.

von Neuburg und von Falkenstein, Einiges von Schlossinven-
taren, einige recht positive Angaben über Bauten und Weihen
von Kirchen auf den gräflichen Schlössern, etwas Zeitrech-
nung, etwas Medicin durch ein Recept gegen den Stein, und
Einiges über mancherlei Unthaten des Grafen. Diese letzteren
Notizen muthen allerdings fremdartig an. Heutzutage würde
man dergleichen kaum in dem Hauskalender eines vornehmen
Herrn, geführt von seinem Secretär, begegnen. Dass der Graf
mit seinen Begleitern einen Mann bei Tauchendorf (bei Friedberg?) todtschlug, ohne dafür Kirchenbufse zu thun, und für
einen andern Todschlag eine solche Strafe (doch mit grofsem
Nachlass) auf sich nehmen musste, muthet gegensätzlich an zu
dem Eindrucke eines vorsorglichen und gemüthvollen Haus-
vaters, den man sonst aus dem Haupttheile des Buches gewinnen möchte. Die Erklärung der Aufnahme derlei abfälliger
Eintragungen liegt wohl in dem Umstande, dass der Schreiber
ein Priester war, der gewissermafsen darüber Buch führte,
was der Graf kirchengesetzlich gesühnt hatte, und was nicht.
Der berüchtigte Mordbrief an O. von Merkenstein[8]) ist von
späterer Hand eingeheftet und geeignet, auf den Charakter
des Anstifters, ob dies nun der alte Graf oder sein gleichnamiger Sohn gewesen, kein besonders günstiges Licht zu
werfen.

Es hat bei der geringen Verbreitung der beiden Ausgaben des Codex für zweckdienlich geschienen, jene Theile
desselben, die Hernstein berühren, im Abdrucke oder auch
bildlich hier zum Leser sprechen zu lassen.

Für die Photographie ward jene Stelle von f. 14—16 gewählt, welche das eigentliche Urbar der österreichischen, vornehmlich Hernsteiner Güter geschlossen bietet. Verwandte
kleinere Absätze (wie auf f. 13' und 16') kann man aus dem
Abdrucke hinreichend kennen lernen.

Letzterer begreift alle auf Niederösterreich erkennbar bezüglichen Stellen des ganzen Buches. Da seine äufsere Erscheinung, wie sein Inhalt verschieden, wurden drei Gruppen
gebildet: die erste begreift blos die allgemein gehaltene Aufzählung der Beneficien - was später in Lehen überging --,
die zweite die Rechtsurkunden, worauf der österreichische
Besitz der Grafen sich stützte, und der dritte das rein Ur-
bariale im Buche, und wesentlich für Hernstein.

Die erste und dritte Gruppe gehören der ersten Anlage-
zeit an, also etwa dem Jahre 1170; die zweite dagegen verschiedenen Jahren. Auch ist zu berücksichtigen, dass einzelne
Stücke spätere Recapitulationen früherer Geschehnisse darstellen, dass also in ihnen Aufschreibung und Thatsache nicht
gleichzeitig sein können. Da indess versucht wurde, sämmtliche Documente dieser Gruppe B in ungefähre Zeitfolge zu
bringen, so wurde bei Stücken, wie erwähnt, das Geschehniss

8. Beilage I. B/16, p. 483.

als mafsgebend für die Reihenstellung angenommen. So gleich bei Nr. 1 in der genannten Gruppe.

Ein Stück (von f. 20, „Tale predium, quale nunc habet Rodolfus de Piesenich" u. s. w.) ist wohl auch von Anderen als nach Oesterreich, und zwar nach Piesting (bei Hernstein) gehörig angesehen worden. Da ein Ortsname darin fehlt,[9] konnte nur der Personenname dafür stimmen. Allein abgesehen davon, dass auch in Baiern der gleiche Name erscheint,[10] waren hier für die Auswahl nicht österreichische Personen-, sondern blos Ortsnamen mafsgebend. Und nun enthält das Stück eine örtliche Andeutung; es spricht nämlich von einer „curia et uinetis in montibus", und das ist für Baiern (die Angelegenheit wird nämlich auf bairischem Boden geregelt) der urkundliche Ausdruck für Tirol, wo ja der Graf viele Weingüter vom Bischofe von Trient und vom Grafen von Andechs besafs. Daher wurde dieses Stück beiseite gelassen.

A.

Bericht über den Besitzstand der Grafen von Neuburg-Falkenstein in Oesterreich unter der Ens aufserhalb Hernstein.

ca. 1170.   Cod. f. 7 — Mon. boica 7, 440 —Petz 7.

Siboto comes de Niwenburch, item de Valchenstain, itemque de Hademarsberch et de Herrantestaine, filius Rudolfi comitis, consilium dat rogatque proprios et amicos cognatosque, quomodo uel qualiter agant post mortem suam de acquirendis beneficiis suis. Primo itaque et precipue rogat et monet agere pro beneficio illo, quod habuit primum a Patauiensi episcopo, uidelicet Husluten, Gememannestorf, Tiufenbach et alia ad hec pertinentia, que non possunt describi propter urgentem causam, eamque quia, si ministeriales ducis Orientalis prouincie uenerint, et inbeneficiati fuerint de eo, nullo modo filii sui possunt eis eripere, et sic perdetur, et huius beneficii sunt plus quam quadringenti mansus. Ad hec monet hortaturque, ut omni adnisu idem agant pro beneficio, quod possidet a filiis comitis Gebehardi de Burchusen, quod magne utilitatis ipsi est, cuiusque pars magna est, et sita est in Orientis partibus, et propter predictam causam, uidelicet ne ministeriales ducis Orientalis illud inbeneficiare anticipent. Pro eodem beneficio agendum est, ne predicti ministeriales illud sibi in a nevel concedi obtineant. Huius sunt plus quam quadrinti (!) mansus ... A duce Orientalis prouincie de prediis ipsis comitis

---

9. Im Nachsatze kommt allerdings „Pazerichesperge" vor, und wird von Petz im Register ohne Reduction nach Oesterreich verlegt, doch mit Unrecht. — 10. Piesing bei Burghausen, und Piesting bei Griesbach.

in terra ipsa positis habet modios, qui uocantur marchimûtte, et iusticiam operum, que in urbibus ducis fieri debent, et ceteras iusticias, quę de prediis comitis debentur duci, ab eo ipse habet in beneficium. A marchione de Stire habet beneficium, quod situm est apud Uiscahe et Hartperch ...

B.

Notiƶen, Traditionen und Ausƶüge aus solchen und ver-schiedenen Hausverträgen, die Herrschaft Hernstein betreffend.

1. ca. 1135. Cod. f. 30' — Mon. boica 490 — Petz 37.

Notiƶ über die Art, wie Wolfker (von Falkenstein) einen (stift-melkischen?) Zehentantheil auf Hernstein tauschweise erwarb.

Talis decimatio,[1] qualem habet comes Sigboto apud Her-rantestaine, tali modo et in ius proprietatis cessit. Patruus eius dominus Wolfkerus presente marchione Liupoldo iusta commu-tatione predii sui, quod habuit apud Morsbach, dedit ipsam uillam ed ęcclesiam, quę dicitur Medelich, et coram episcopo tunc temporis Patauiensi. Quod testificatur cyrographum, quod habet ecclesia Medelich, et liber iste continet.

2. ca. 1155. Cod. f. 25 — Mon. boica 479 — Petz 30.

(Spätere) Beƶeugung, wie Graf Siboto seinem Bruder Herrant dessen Erbschaftsantheil (um Hernstein) ablöste.

Notum sit omnibus, quod dominus Herrandus patrimo-nium suum, tam gentes, quam predia miserit in uadio comiti Sig-botoni pro lx talentis, ex quibus ad manus persoluit comes xxx talenta tam in argento, quam in nummis, et alia expensa, et ille dedit ei quod dicitur gewere potestatiua manu, quod iustum est. Hoc attestantur Chono filius eiusdem comitis, Chóno de Harde, Otto, Hartmût, Bernhart, Gisilolt. Hii omnes sunt de Herrandesteine. ... Guntherus de Hildolues, ... March-wardus de Starchemberch, ... Heinricus de Biesnich...[2])

3. ca. 1155. Cod. f. 16' — Mon. boica 458 — Petz 17.

Verƶeichniss der Erbschaftsantheile Herrands (von Falkenstein) ƶu Hernstein, die er seinem Bruder Grafen Siboto abƶetreten.

Hec est summa bonorum, que contingunt comitem Sigbo-tonem et Chónonem filium eius de patrimonio Herrandi Her-randesteine.

1. Cod. „Talem decimationem". — 2. Die ausgelassenen Namen gehören durchaus Baiern, oder Leuten ohne Zunamen an.

Curia uillici et mansio Adele,
Welandestorf beneficium et mansio,
Berneze beneficium, ibi beneficium et molendinum,
Osinberch beneficium,
et Harde uinea.

4. ca. 1160, . . ., Urfarn.   Cod. f. 17' — Mon. boica 460 — Petz 18.

*Notiz über einen Vergleich zwischen Graf Siboto und seinen minder-
jährigen Neffen, betreffs Liegenschaften zu Piesting, Kleinfeld und Kroiswiesen, welchen des Grafen Oheim, Wolfker bewerkstelligte.*

Comes Siboto ... conqueritur super alia, que indeterminata
erant a fratre, et ob hoc dilata sunt usque adhuc, quia non potue-
rant determinari cum filiis fratris sui pre paruitate eorum ...
Super iiii mansiones apud Pisinich, quas fatebatur frater suus
pertinere ad allodium Chreiuelt, et i apud Chranswisen, quod
habuit Purchart, que comperi nostri predii fuisse et adhuc in-
diuisum esse ... Super ... querimonias prescriptas mentionem
habuit super nepotes suos post obitum fratris sui apud Niunurfar, in presentia patrui sui et dominorum suorum, amicorum,
uirorum et propriorum suorum, sed peticione omnium ibidem
consistencium distulit usque ad annos discrecionis nepotum
suorum, ut posthac conqueri posset, et hoc testimonio iudicum
factum est. Sed hoc dolens W. patruus eorum discreuit tales
rationes, quas prescripsimus, inter comitem S. et nepotes suos,
quod ulterius non haberent querimoniam super alterutros, et
hoc ita discretum est aput Niunurfar ...

5. ca. 1160.   Cod. f. 17 — Mon. boica 458 — Petz 18.

*Notiz über die Güter, namentlich zu Hernstein, welche Graf Siboto
von seinem Oheim Wolfker überkam.*

Hec sunt predia comitis Sibotonis, que a domino Wolfkero suo patruo sibi sunt tradita[3]) hic in parte Bauuarica. Ad
hec etiam due partes urbis Herrantesteine, patris uidelicet et
predicti patrui sui, et super hec omnia predia, que sibi a patruo
suo W. prouenerunt infra Ense, et mancipia omnia, que ipsius
erant, et sibi tradidit ea preter Hezelen ...[4])

6. ca. 1160.   Cod. f. 21 — Mon. boica 460 — Petz 24.

*Notiz der Abtretung eines Gutes zu Panzenbach durch Otto (von
Hernstein) an den Grafen Siboto.*

Otto[5]) dedit predium quoddam Panzenbag Sibotoni comiti
et filiis in perpetuum pro bono suo. Huius rei testes sunt Hezel,
Tiepolt, Bernhart, Giselolt, Wolurath, Meingoz, Wernere, Adel-
breth, Hainrich.

---

3. Cod. „traditi". — 4. Sämmtliche Zeugen gehören Baiern an. — 5. Dazu gibt
Aventin, Advers. 5, f. 61' den deutschen Text: „Oto von Herrandistein Banzinbah

7. ca. 1175, . . ., Neuburg.   Cod. f. 21' — Mon. boica 469 — Petz 24.

Graf Siboto und sein Neffe Siboto von Antwort vergleichen sich be-
treffs der Erbsansprüche nach des Letzteren Vater Herrand, Bruder des
Ersteren.

Notum sit cunctis presentibus et futuris, qualiter comes
Sigboto de Valchenstaine et dominus Sigboto de Antwrte,
filius fratris sui domini Herrandi, in unum conuenerint, et quam
benigne se pacificauerint de querimonia, quam ad inuicem
habuerint de prediis diuidendis, quas hereditario iure possede-
rant, et quam firmiter se utrimque abnegauerint, quicquid ad
inuicem de hac causa querele uel de aliis rebus tractandum
habuerunt. Ipse idem dominus Sigboto de Antwrte tradidit et
delegauit potestatiua manu sine omni contradictione patruo
suo, comiti scilicet Sigbotoni, et filiis suis, qui sint uiri, quicquid hereditario iure a parentibus possederat, tunc et in futurum
a matre, a fratre et sorore adhuc uiuentibus sibi possidendum
acquireret, si tamen sine hereditalibus filiis uitam finiret. In
hanc traditionem sumpta est et illa delegatio, quam dominus
Wolfkerus, patruus comitis Sigbotonis et fratris sui domini
Herrandi, fecit palatino comiti de prediis suis, que in Bawarica
regione possederat, tam in hominibus, quam in aliis prediis,
seruandam domino Sigbotoni de Antwrte, filio uidelicet predicti domini Herrandi, ita scilicet, ut ipse iam dictus Sigboto
petat sibi redelegare eandem delegationem, et patruo suo et
filiis suis uiris a palatino comite. Si autem palatinus comes hoc
non fecerit, et hanc delegationem non redelegauerit, ut petitum
est, ipse comes Sigboto querimoniam super eandem delegationem habeat, ut antea ipsius auxilio, domini scilicet Sigbotonis.
Eidem amicicie hoc addidit prefatus dominus Sigboto, quod
omnia beneficia sua, quibus ipse inbeneficiatus erat, patrum
suum prefatum comitem ab eisdem dominis inbeneficiari pete-
ret, et eisdem beneficiis et filios suos uiros, si sine heredibus,
ut dixi, uitam finierit, nec ullam haberet potestatem, eadem
beneficia alio tradi, nisi ipsi comiti et suis filiis. Laudauit etiam
eadem die iam sepe dictus dominus Sigboto, quod ipsi patruo
suo contra omnes homines, quam diu uiuat et possit, auxilium
ferat fide deuota. Igitur pro delegatione, quam dominus Sigboto
a palatino comite debet repetere, et pro peticione beneficiorum,
et laudatione auxilii, si eas non impleuerit, nec soluerit, ut
promisit, statuit hec territoria pro sexaginta talentis, apud Her-
ransteine unum, quod est proximum urbi, apud Stouns duo, apud

---

redidit Siboto. Hezil, Diepold (von) Osterndorf, Gisilolt der brobist". Dieser Otto
stammte zweifelsohne aus Falkensteiner Blute, nur ist unklar, ob ein ehelicher Nachkomme oder ein Ableger. Es ist derselbe Otto von Hernstein, welcher der Gerhabschaft mit angehörte, die Graf Siboto (Cod. f. 1') seinen Kindern vorsichtsweise bei-
stellte. Da nennt er ihn „filium patrui sui", und dieser Vatersbruder kann wohl nur
Wolfker gewesen sein, der ja eigentlich die Herrschaft Hernstein lange Zeit besafs.
Nach der Stellung Ottos in der Gerhabenreihe, und da er sonst nie als erbberücksichtigt
auftritt, mag er ein Seitenkind gewesen sein.

Tegrindorf iii, apud Pisenberc iiii[6]) ... Hęc omnia facta sunt apud Niuenburc multis astantibus . . .[7])

8. ca. 1175.   Cod. f. 25′ — Mon. boica 479 — Petz 30.

Notiz über den Verzicht wegen Erbansprüche der Witwe Herrands, Sophie, gegen ihren Schwager Grafen Siboto.

Domina Sophia absoluit comitem Sigbotonem a tali **ansprache**, quam ipsa per filios suos, cognatos uidelicet eiusdem Sigbotonis ad eum habere poterat . . .[8])

9. (1176, Ende) Prinsendorf an der Zaia.[9])

      Cod. f. 25 — Mon. boica 478 — Petz 30.

Notiz des Verzichtes Grafen Konrads von Peilstein auf seine Ansprüche wegen Hernstein gegen Sophie, Witwe Herrands, und ihre Kinder.

Chônradus comes de Bilsteine abrenunciauit omni querelę, quam fecerat in Herrandesteine super dominam Sophiam et liberos eius, et dominum Nizonem, et omnem hereditatem, quę pertinet in Herrandesteine, et hoc factum est Brunsendorf in prato coram duce Heinrico . . .[10])

10. (1176, Ende) Statz.[11])   Cod. f. 25 — Mon. boica 478 — Petz 29.

Notiz, wie Graf Konrad von Peilstein auf seine Ansprüche an das Erbtheil des Grafen Siboto in Hernstein verzichtete.

Chônradus comes de Bilsteine abrenunciauit omni querelę, quam fecerat super patrimonium comitis Sigbotonis in Herrandesteine, et in omni patrimonio, quod attinet ad idem patrimonium, et hoc factum est Stovze sub uexillo ducis Austrie duello affixo. Huius rei testes sunt . . . Meginhardus de Tribanswinchel . . . Gotefridus de Dristniche, Chôno de Harde . . .[12])

11. Nach 1180, 16. September, Amberg.[13])

      Cod. f. 27′ — Mon. boica 485 — Petz 33.

Judita, Tochter Herrands und Nichte des Grafen Siboto, legt ihre Ansprüche auf die Burgen Falkenstein und Hernstein in die Hand Herzog Ottos von Baiern, bis ihr Vertrauensmann, der Bischof von Regensburg,

---

6. Die Ortsnamen in Petit gedruckt gehen Niederösterreich nicht an. — **7.** Den Schluss bilden lauter bairische Zeugen. — **8.** Folgen lauter Zeugen aus Baiern. — **9.** Vgl. wegen der Datirung Meiller, Babenbergische Regesten 54/94. — **10.** Deutschen Text dieses Stückes bietet Aventin, Advers. 3, f. 61: „Graui Chuenrad von Bilstain verzech sich allir ansprach vnd clagi, die er heti vf vrovn Sophigin vnd ir tochtir Jvtin aigin ze Osterrichi. Geschah vor dem herzegin Heinrichi ze Brunsindorf an der wisi . . .“ Unter den Zeugen ist nur Ein Oesterreicher des Hernsteiner Gebietes, „Otto de Herrandesteine“, und zwar als vorletzter. — **11.** Vgl. Note 9. — **12.** Die übrigen Zeugen sind durchwegs Oesterreicher aus anderen Gegenden und Baiern. Aventin l. c. gibt den deutschen Text wie folgt: „Graui Cuenrat von Bilstein verjch (sich) allir ansprach, die er het vf des grauin Sibotin aigin ze Ostirrichi. Das gisach ze Stovzi vndir des herzegen vann von Osterrichi, do er vehtin wolti mit dem Behaim . . .“ — **13.** Die Zeitbestimmung nach Öfele, Grafen von Andechs 162, Nr. 349.

selbe vor ihm vertreten würde, und Herzog Otto lässt sich von diesem das Schiedsamt abtreten.

Notum sit Christi fidelibus, quod domina Judita, filia domini Herrandi, delegauit tale ius, quod habere potuit in urbibus Valchenstein et Herranstein, in manibus domini ducis Ottonis, cum libere facere potuit, ea conditione, ut nichil inde ageretur, nisi secundum peticionem domini episcopi Ratisponensis Chûnonis, et hoc factum est ad honorem ipsius episcopi. Huius rei testes sunt episcopus de Pabenberch et nepos eius marchio Pertholdus iuuenis, episcopus Patauiensis, Fridericus palatinus . . . Siboto comes de Valchensteine et filius eius Chûno . . .[14])

Hec omnia facta sunt in monasterio Ammenberch in dextro choro.

Post hanc prescriptam delegationem Otto dux sedens in iudicio in orreo[15]) suo Ammenperch, episcopo ingrediente, rogauit eum dux, ut daret ei arbitrium facere cum legatione secundum suum libitum et hoc ipse concessit. Huius rei testes sunt Dietricus comes de Wasserpurch, Siboto comes de Valchensteine et filius eius Chûno . . .[16])

12. (1181, . . .), Teugen.   Cod. f. 28 — Mon. boica 486 — Petz 34.

Notiz, wie Herzog Otto von Baiern den Spruch in Sachen Juditas, Tochter Herrands, wider ihren Oheim Grafen Siboto auf Ansuchen Chunos, des Grafen Sohn, an Altmann von Abensberg zu fällen abtrat.

Postquam hec omnia facta sunt,[17]) eunte duce ad cesarem, insecutus est dominus Chûno eum, et repperit eum Tigingen, et rogauit eum, ut legationem hanc daret in manus domini Altmanni de Abensperch, nichil inde faciendum, nisi secundum rogatum ipsius domini Chûnonis, quod ipse concessit in cimiterio Tigingen, sedens pro tribunali, et delegauit in manus domini Altmanni . . .[18])

13. (1181, . . .), Stalbaum.   Cod. f. 28 — Mon. boica 486 — Petz 34.

Notiz, wie Chuno von Neuburg, Sohn des Grafen Siboto, die Angelegenheit betreffend die Burgen Hernstein und Falkenstein, welche nun zu entscheiden in Handen Albrechts von Cham gelegt war, von diesem behandelt wissen wollte.

Notum sit omnibus fidelibus Christi, qualiter Chuno de Niunwenburc in curia Stalbûm coram multis dominum Albertum de Chambe rogauit, ut eam delegationem, quam ipse super castro Herrantstaine et super castro Valchenstaine accepit, comiti Sibotoni et iuniori Sibotoni atque ipsi Chunoni tantum reseruet, et ipsis tribus communiter, quando illud requisierint, eandem

---

14. Die übrigen Zeugen sind Baiern minderen Standes. — 15. Dieses Wort über dem ausgestrichenen „stabulo". — 16. Unter den übrigen Zeugen findet sich kein Oesterreicher. Die Fortsetzung der Angelegenheit in Nr. 13. — 17. Vgl. oben Nr. 11. — 18. Die Zeugen sind durchwegs Baiern.

delegationem sine contradictione conferat et assignet. Quod si unus uel duo ante decesserint, superstiti eadem delegatio conferatur. Ad hoc sciendum est, quia comiti Sibotoni in hac delegatione hec specialitas debetur, ut ipse res eiusdem delegationis quamdiu uiuat, solus habeat et possideat, post obitum uero ipsius easdem res prefati filii sui, uidelicet Chuno et Siboto habeant, et equa portione diuidant...[19])

14. ca. 1185, ..., Urfarn.   Cod. f. 24' — Mon. boica 477 — Petz 29.

Notiz, wie Graf Siboto über Hernstein und seine sämmtlichen österreichischen Güter zu Gunsten seiner Frau, seiner Söhne und zur Heimsteuer seiner Tochter verfügte.

Comes Sigboto dedit uxori sue domine Hiltigarde et filiis suis sub iuramento, quod hoc facere potestatiua manu posset, castellum, quod dicitur Herrantessteine, et omne predium, quod habuit in Oriente, post finem uite sue, uel si ipsi dimiserint, filiis suis equaliter diuidendum, et filie sue in dotem, quam uocamus heimstiure, aut in Bawaria aut in Austria, secundum consilium amicorum dandam. Hoc actum est apud Niwenurfar ...[20])

15. (1186, März, ...)[21] Cod. f. 29' und 30 — Mou. boica 489 — Petz 36.

Graf Siboto beurkundet, dass die Herzoge von Oesterreich und Steier ihm und seinen Söhnen eine genannte Leibeigene zugewiesen.

Notificamus ego comes Sigboto et duo filii mei, Chôno uidelicet et Sigboto, quod dux Austrie Liupoldus et dux Stirensis Otacker tradiderunt nobis filiam sororis domini Marcwardi des Limars nomine Tôta in omnimodam proprietatem cum omnibus bonis suis. Huius rei testes sunt Ortolfus uon Winchel, Ortolfus uon Ruhenec, Amelbertus et filius eius uon

Notificat comes Sigboto omnibus uiuentibus quod dux Austrie et dux Stirensis tradidit (!) ei filiam, sororis domini[22]) in omnimodam proprietatem. Huius rei testes sunt Ortolfus de Winchelin, Hademar de Chônringen, Otto de Leginbach, Hambelprecht de Lochusen et filius eius, Perhtoldus de Emberberch et filius eius, Odelricus de Starchan-

---

19. Ein österreichischer Zeuge findet sich im Gefolge nicht vor. — **20.** Unter den Zeugen nur Ein Oesterreicher (von Wilhelmsburg). Hiezu hat sich in Hund, Bairisches Stammenbuch 1, 46, folgender deutscher Wortlaut erhalten: „Der graui Siboti gab zu Niunuruar sinre kon vrouin Hiltigarti und ir suni nach sinem libi die bure zu Herrantistaine, vnd alles sin aigin ze Osterrichi, vnd swer ain ayd, das er des gewalt heti ze tuen, und iach, er wolti haimstiuri gebin sinr tochter, ainwedir zi Bayren, oder zi Swabin nach sinr friundi rat." Sprachlich ist der Text bei Hund stellenweise unverständlich; so hat er z. B. „siur ckonvronu"; auch ist „sein" für das 12. Jahrhundert kaum angängig; „aigni" und „Schwabni", „haimstuiri", und das zweite „siur" statt „sinr" sind Lese- oder Setzfehler. — **21.** Vermuthlich ist dieses Datum richtig, denn am 18. März befand sich Herzog Liutpold in Solenau, und mit ihm waren aufser dem jungen Grafen Siboto mehrere Herren, die auch in obiger Urkunde als Zeugen erscheinen. Ungefähr um die gleiche Zeit war Herzog Otakar auch in derselben Gegend, nämlich zu Fischau. — **22.** Der Name „Marchwardi Limar"

Lochusen, Wigant uone Clam-
me et frater eius, Marchwart
Limer et frater eius, Perhtolt
uon Emberch et filius eius,
Durinch uon Trabotesteten et
filius eius, Odelricus uon Starchenperch, Otto der Sun et
duo filii eius, Pernhardus,
Werenherus, Hartmodus uon
Herrantestain.

berch et filius eius, Marchwar-
dus Limer et Otto filius eius,
Durinch de Trabolstain (!) et
filius eius, Perenhart et Hart-
möt de Herranstain et Wern-
herus Lantode, et filius comitis
ipsius.

16. ca. 1200. [22 a])   Cod. f. 39' — Mon. boica 503 — Petz 43.

*Graf Siboto ersucht seinen Dienstmann O. von Merkenstein, dass er
Rudolf von Piesting überfalle und blende.*

S. comes de Hademarsperch O. dilecto homini suo de
Merchenstain salutem et omne bonum et quicquid amico. Mandatum illud, quod demandamus in secreto, si persoluitis in fide,
omnia quecunque cara sunt uobis, faciam uobis. Inimicum
meum Ródolfum de Piesnich, qui multum infestauit me, si depo-
nitis eum, ne fiat uobis et ei (!) in carrinam, quecunque uultis,
faciam uobis. Concedo uobis itaque bonum, da der Panzin-
pach, also er oueralbe in den Piesnic uellet, unde dase
da springet. Verbum istud et mandatum, ut fiat ante festum
sancti Michaelis, uidelicet ut priuetur oculis, ne uos uel ipsum (!)
uideat, ista omnia certa erunt uobis. Si autem ista non fiant,
nec possint fieri, rogo tantum, ut sint quasi in corde sepulta. [23])

17. ca. 1205.   Petz 157.

*Notiz über den Verzicht und die Mitgift der Schwester des Grafen
Siboto (V.) von Neuburg, Adelheid, gelegentlich ihrer Heirat mit Heinring
von Kuenring.*

Siboto comes de Herranstein — soror Alheit -- dedit
huic (!) pagum ze Liesniche, Newensberg et quicquid pater suus
a duce de Stire in Austria habuerat — pagum Noppendorf
— ipsa cessit hereditati, quam in Bauaria haberet, . . . [24])

---

ist in dieser flüchtigen Ueberarbeitung des Nebenstückes ausgefallen. — **22a.** Es dürfte,
nach dem gegebenen Urkundenstoffe, kaum ein anderer der beiden Grafen Siboto, als
der Sohn hier gemeint sein. Das Stück ist nämlich kein integrierender Theil des Codex,
sondern findet sich auf einem eingenähten Blatte, und kann seine Schrift sehr wohl
dem Anfange des 13. Jahrhunderts angehören. In diese letztere Zeit fällt auch öfter
der Titel „comes de Hademarsperch" als alleiniger. Aber ein O(rtwin?) von Merkenstein ist dafür nicht nachweisbar. Dass indessen der sonst so gemüthvoll erscheinende
alte Graf gelegentlichen Gewaltthaten gar nicht ferne stand, beweisen die Mordthat,
derentwegen er in mehrjährige Kirchenstrafe gerieth, und der Ueberfall mit Todschlag
bei Tauchendorf, den er nicht büßte (Cod. f. 1). Uebrigens scheint das Stück von
einem Schreiber abgefasst, der bald namens des Grafen stylisiert, bald sich denselben
wieder als dritte Person denkt. Dafür sprechen die Fügungen Zeile 5 von oben „ne fiat
uobis et ei in carrinam", und Zeile 8 „ne uos uel ipsum uideat." — **23.** Es steht
„sulpta". — **24.** Diese Notiz ist in Aventins Adversarien 5, f. 60 u. ff. erhalten, woraus
Petz sie abdruckte, und Aventin hatte sie ausgezogen „aus der Gräfin von Falkenstein

Urbariales Materiale.

ca. 1170.   Cod. f. 13ʻ u. ff. — Mon. boica 451 u. ff. — Petz 13 u. ff.

Aufzählung der Güter und Holden und Beschreibung deren Zinsungen sowohl für Hernstein und dessen Zugehör, als andere Liegenschaften in Oesterreich unter der Enns.

Percreht in Austria.

Prepositus dabit annuatim de percreht et de ceteris xxxiii dimidia talenta xii denarios.

Adilolt i, Amilune i, Rudeger i, Livpolt i, Wernhart i, Riwin i, Halica i, Livpolt i. Hagene et Gvmpolt i, Sigihart i, Heinric i, Ebir i, Hvalther i, Gebihart i, Hvolger i, Hademar i, Scirnai i, Heinric i, Dietmar i. Heinric i, Livpolt i, Purchart i, Irmpolt i, Eber i, Volemar i, Negai i, Hartman i, Eggihart i, Arnolt i, Pertolt i. Otto i, Livgart i, Ber i, Bertholt ii, monachi de Cella sancte Marie i, Huolfhart i, Rudeger i, Hartvvic i, Pernhart i.

De his xl percreht dabit prepositus x talenta, de nemore novem solidos.

Ebirvvinus pro iiii percreht et urna talentum,[25]) Huolfher i, Liupolt i, Heinric i, Hirzman i. Hagin i, Heinric i, Dietmar i, Burchart i, Hademuet i. Rvdolf i, Bernhart i, Huartmunt i, Rahevvin i, Gerolt i, Cunradus i. Gerrihe i, Rudeger i, Sibot i, Burchart i, Albret i, Reinhart i, Huolfpreht i, Ruthart i, Hirzman ii, Agil i, Bertholt i, Helnbolt i.

Hec percreht colliget cellerarius et que succreuerint.

Ebirholt i, Liupolt i, Diether i, Liupolt i, Liutfridus i, Jlsunc i, Trutman ii, Heinric i, Marewart ii, Huolfhilt i, Liutolt i, Sivridus i, Ebir i, Herbort i, Heinric urnam, Hirz i. Manzi i, Dietmar i, Liupolt i, Tobirzla i, Gerbolt i, Ebir i, Adilolt i, Domis i, Rudeger i, Ber i, Dietmut i, Huernhart i, Tobiriz i, Gisilher i,

---

alten Buechern“, die damals noch in Weyern vorhanden waren. Die Notiz setzt fort: „e contra dominus Perhtold de Potenstein dedit“, und dann folgen, ohne Angabe der mit diesen Worten angedeuteten Widerlage, die Zeugen. Der Nachsatz, welcher einen ganz andern Bräutigam nennt, als welchen diese Adelheit heiratete, belegt, dass Aventin irrte, und dieser Fehler kann nur aus Vermischung zweier Eheverzichte und Verwechslung zweier Adelheiden des Hauses Falkenstein herrühren. Mit dem von Potenstein kann aber nur Adelheid, Tochter Herrants von Falkenstein, vom Anfange des 12. Jahrhunderts gemeint sein. Eine andere Adelheid, die einen Potensteiner geehelicht hätte, ist aus der Familie nicht bekannt. Und dass diese Verbindung um oder nach 1200 gewesen, und nicht um 1100, belegt sich nicht blos aus dem Namen des Grafen Siboto und den Zeugen, sondern auch aus den Gütern „Liesnich“ und Koppendorf. die um 1170 als Theile des Hernsteiner Urbars erscheinen, und aus der Nennung des Markgrafen von Steiermark. — 25. „Ebirvvinus — talentum“ widerholt sich am Schlusse der Seite.

Heinric i, Rahevvin i, Berlub i, Hartman i, Gerolt i, Huizikint x denarios, Dietmar x denarios.

In Welandisdorf iii mansi xix solidos, area lxxii denarios, areę xxxvi denarios.

In Pernize iii mansi dimidium talentum, de prato xl denarios, molendinum xii denarios, area viii denarios, Wolvirat dimidium talentum, area Sappars xvi denarios.

De his dabit Hartmuet xv talenta, et tria percreht dimissa sunt ei pro uinea iuxta urbem sita.

Ebirvvinus iiii pro percreht et urna talenta. [26])

Cod. f. 14 — Mon. boica 452 — Petz 14.

Comes Siboto patefacit omnibus suis et uniuersis scire uolentibus, quid uel quantum ad prep0situram, quę pertinet ad urbem Herranstein, et quantum sibi inde amministretur, et qualiter duę ęcclęsię ibi sunt constructe, sint dotate.

In ęcclesia, que super urbem est posita, sunt duo altaria, unum superius et aliud inferius, altare superius est in honore sancti Pangratii dedicatum, et inferius in honore sancti Georgii. [27])

Alia quoque ęcclesia est in uilla ibidem posita, quę in honore sancti Laurentii est dedicata, et hęc est dotata cum grandi curia, quę aput Liesnich est posita, et alia, quę aput Ötsenperge est posita, et curia quę aput Wophfinge est posita, et curia, quę aput Piseniche est posita, et sex uineis.

In culturam uinearum dantur xviiii solidi et decem denarii cum areis et mansis ad eam pertinentibus. [28])

Ista sunt quę in Orientali prouincia posita domino comiti Sibotoni ad urbem suam Herrantesteine deseruiunt.

Primum est de uineis dicere, postea singulas species in suis locis distincte et ordinate inter se discernere.

Igitur adordiamur.

A Waldekke usque in Multal xiii uineę cum plenario seruicio,

apud Hezental v,

a Hezental usque Willenbruche quadraginta et octo eiusdem iuris.

Summa istarum omnium uinearum erunt sexaginta vii.

De predio dantur viiii talenta et xx denarii, de beneficio vno vii talenta minus xx denariis.

Ex eo iure quod uocatur perchreht, habet comes lxi, que modo seruiunt. Preter hęc sunt xvii, quę debent uno anno transacto plenarie seruire. [29])

---

26. Vgl. Note 25. — 27. Die deutsche Redaction des Salbuches sagte nach Aventin. Advers. 5. f. 62': „Kirchin Herrandisteine. Obir altar in der capilln gewidmit in crin Pongrazio, sancti Jorgin, Kirchin immi dorf in santi Laurenzi eren." — 28. Dieser Absatz, quer über den Rand geschrieben, gehört wohl nach der Aufzählung des Bergrechtes oben. — 29. Beide letzte Absätze von etwas späterer Hand.

Nunc dicendam est de nummis.

De Panzenbach xxx nummi dantur,
de Ozenperge sexaginta sex,
de Pernize dimidium talentum, et de mansione una xii, et
de altera viii,
de Misebach xxx,
de Wopfinge xxx, et de mansionibus duabus xxxii, una
xii, altera uiginti,
de Welanestorph de duobus beneficiis lx, et de uno dimidium talentum, et de molendino ibidem dimidium talentum,
et de duabus mansionibus xxv nummi,
de Arnoldestorph de beneficio, quod plenarie deberet
seruire, tantumodo lx nummi dantur, de uno mansericio xxx
nummi dantur, de altero xxx,
de Odelanstorphf dantur vii solidi, de mansione una xxx
nummi,
de Crhraweswisen vi solidi et x nummi,
de Herrantesteine superius ecclesiam de mansione una
xxx nummi, vbi Genovsse sedet, et ubi Ekchardus sedet, xxx,
et de mansione Herrandi uenatoris xl³⁰) dantur,
de Nopendorf de iiii mansericiis iii solidi et vi nummi, et
de mansione una xvi nummi,
de Eselshopten de duobus mansericiis quadraginta et
viii, et duo iugera, qui (!) uocantur sergiuch, ibidem lx nummos dant,
de Zruzensteten (!) de uno mansericio lx nummi,
de Diemarsperge de uno mansericio xxx, et porcus ualens
xxx datur,
de Tiuffenbach de uno mansericio messuales nummi xxx,
de Pûsendorf xxxvi,
de Husliuten, qui uocantur ezephennige, xxxii,
de Cruzzensteten de vi uineis de utrisque dantur x nummi,
qui fiunt lx denarii.³¹)
Apud Welandorf quilibet mansus seruit modium milii.
Summa omnium istorum nummorum erunt vii talenta.
Ex his dantur xxx solidi pro xxx urnis mellis, utrum illo-
rum uoluerit accipere siue mel siue nummos.
De Ozenperge pro duobus porcis xl nummi,
Pernize pro iiii porcis octoginta,
de Misenbach pro uno xx,
de Wophfinge pro uno xxx,
de Welanestorf pro duobus porcis lxxx nummos,³²)
de Odelanstorpf pro quinque porcis v solidi (!),

30. Die Stelle „vbi — xl" am rechten Rande mit Verweiszeichen nachgetragen. — 31. Diese Stelle fehlt in Mon. boica, und ist auch im Codex durchstrichen,
wahrscheinlich weil blos eine Widerholung des fünften Postens nächst oben darin
vorliegt. — 32. Es stand früher „lx".

de Arnoldestorf pro duobus quinquaginta denarii,

de Crhaweswisen pro v porcis dimidium talentum et v nummi, quilibet eorum pro xxv,

de Nopendorf iiii porci, uel pro uno quoque eorum xl nummos,

ds Eselshopten pro duobus lxxx,

de Pûsendorf pro quatuor porcis dimidium talentum,

de Noppendorf de curia vi porci minores, et unum ualentem iii solidos, [33])

de Chruzesteten porcum publica censura ualentem iii solidos,

Cod. f. 15 — Mon. boica 454 — Petz 16.

de Tiuffenbach porcum simili modo ualentem, et vi alios,[34])

de Gebmannesdorf pro porco lxxv nummos, et alii v minores, et iiii metrete papaueris et iiii hanefsamen et x pasarum (!) et x fabarum, modius raparum, modius holerum, iiii anseres, x galline, c oua, de alia uillica curte pari modo seruiatur unum (!) porcum et alii v minores.

Omnium denariorum istorum erunt talenta sex et nummi quindecim, qui dantur pro xl porcis et iiii prescriptis.

Super omnes porcos, quos nunc computauimus, reseruantur comiti quadraginta quinque porci de magnis et minoribus ad opus suum.

Summa nummorum omnium suprascriptorum siue de reditibus siue de porcis erunt talenta tredecim, quadraginta denariis minus.

Nunc igitur notum facimus, quid uel quantum sibi de curtis (!), quas in hac terra possidet, deseruiatur.

De curte in Herrantestein, quam habet Ruodolfus, dantur vii porci, unus ualens publica pensatione tres solidos, qui uocatur slathswin, et vi alii, et ad uisitationem panes triticei grandes xxx et modius auene, anseres vi, galline xii, pisarum dimidium (!) modium et fabarum dimidius modius, unum (!) modium raparum, unum modium olerum, papaueris viii metrete et totidem hanefsamen, centum oua.

De curte, quam habet Einwich de Pisnich, dantur iiii porci eiusdem estimationis, cuius sunt qui dantur de Welanestorf, ualentes publica pensatione xxx nummos, iiii anseres, galline viiii, papaueris iiii metrete et totidem de hanefsamen, pisarum metrete x et totidem fabarum, unus modius raparum, unus modius holerum, oua centum.

De curte in Tiuffenbach, quam habet Uolkmar, datur porcus ualens publica estimatione iii solidos, et alii minores vi, anseres vi, galline xii, pisarum dimidium (!) modium, similiter

---

33. Dieser Absatz am Rande von anderer Hand. — 34. „et vi alios" ist Nachtrag am Rande.

et fabarum, papaueris viii metrete et totidem de hanefsamen. unum (!) modium raparum, unum modium holerum, e oua, et ad uisitationem panes grandes triticei xxx, i modius auene, de quibus panibus et modio auene seruet nuntios domini sui.

De curte in Herrantestein, quam possidet Timo, datur porcus ualens publica estimatione iii solidos, et quinque minores, pisarum dimidius modius, dimidius modius fabarum, papaueris viii metrete et totidem hanefsamen, unus modius raparum, unus modius holerum, anseres v, galline xii, et ad uisitationem panes triticei xxx, unus modius auene, centum oua.

Aream habet Adilo, que comitis est.[35])

Cod. f. 15′ — Mon. boica 456 — Petz 16.

De curte in Wofphing datur unus porcus, qui dicitur slathswin et v minores, anseres v, galline x, unus modius raparum, i modius holerum, centum oua, papaueris viii metrete et totidem hanefsamen, x metrete pisarum et totidem fabarum, ad uisitationem panes triticei xv, et xv silliginei.

De Crustet datur porcus ualens publica estimatione plusquam tres solidos, et alii minores tres, anseres v, galline x, centum oua, dimidius modius fabarum, similiter pisarum, viii metrete papaueris, similiter et hanefsamen, unus modius raparum, unus modius holerum.

De curte Nopendorf datur porcus ualens iii solidos et xv nummos, et minores, anseres vi, galline xii, dimidius modius fabarum, similiter et pisarum, unus modius raparum et unus modius holerum, viii metrete papaueris, et similiter hanefsamen, et ad uisitationem xxx panes triticei et unus modius auene.

De curte Husluten dantur porci iiii unus eorum ualens lxxv[36]) nummos, et de mansis viii xxv nummos ualentes,[37]) anseres vi, galline x, pisarum xv metrete, similiter et fabarum, papaueris v metrete, similiter et hanefsamen, centum oua.

Summa porcorum hec est liiii. Inter hos tam saginatos quam alios debent esse xv ualde boni. A mansis suis dantur porci xli.

Apud Pisinich habet comes Siboto v uineas insimul sitas, quas emit lxxx talentis, sextam apud Hard, septimam apud Multal, octauam apud Welanesdorf, nonam Uuenstein (!), decimam iuxta Craweswisen, undecimam et duodecimam iuxta castrum Herrantstein, terciam decimam aput Odelanesdorf, quartam decimam in eodem monte.

Has omnes uineas comes Siboto per se acquisiuit preter hereditatem suam exceptis solis duabus uineis, quas habet ex paterna hereditate, quarum precium nunc computare non sufficit. Multum est enim. Decimas omnium uinearum suarum, que sibi deseruiunt, a parrochiano commutauit et in suum ius redegit.

---

35. Diese Zeile ist Nachtrag auf dem unteren Rande. — 36. Darüber steht „xxv“. — 37. „et — ualentes“ auf Rasur nachgetragen.

Summa nummorum qui dantur ad seruicium de mansionibus et de mansis, sunt sex talenta et vi solidi, de mansis dantur porci xli, et insuper iiii porci saginati trans montes de uillicalibus curtis (!). Pro his xlv porcis dantur vi talenta et xlv nummi.
Summa nummorum omnium istorum sunt xiii talenta xxx nummi.
Insuper comiti debentur absque denariis, quos hic numerauimus, pro xxx arietibus, quinque solidi et xx denarii.
Summa nummorum omnium est xvi talenta vi solidi.[38])
De Craweswisen quinque arietes dantur publica censura vi denarios ualentes,
de Arnolstorf unus aries ualens sex denarios,
de Odelanstorf quatuor, uel pro unoquoque sex denarii,
de Husluten comiti dantur viii arietes, unusquis(que) ualens publica censura ex denarios,
de Pusendorf dantur quatuor arietes, ualens quisque estimatione publica sex nummos, de quinque autem[39]) agris etiam dantur v arietes,
de Welanstorf duo arietes dari debentur, publica compensatione ualentes duodecim denarios, uel si uult accipere xxx nummos,
de Wofingen i aries ualens duodecim denarios.
Summa arietum sunt xxx. Pro his quandoque arietibus accipiantur v solidi et xx denarii.[40])

II.

1245, 31. August, . . .   1246, 31. December, Wien.

Graf Konrad von Neuburg tritt seine sämmtlichen Güter in Baiern und in Oesterreich mit Vorbehalt des Nutzgenusses für sich und seine gesetzlichen Erben an das Bisthum Freising (verkaufsweise) ab.

a.	b.
Nouerint vniuersi presentem paginam inspecturi, quod ego Ch. comes dictus de Niwenberch Frisingensis dyocesis omne dominium rerum siue mobilium siue immobilium sev se mouencium tam in Bawaria, quam in Austria, quam	Ego Chûnradus comes de Niwenburc diocesis Frisingensis vniuersis hanc paginam inspecturis inperpetuum. Etsi ex uirtute actionis a fidelibus res gesta (!) merito gaudere debeant perpetuo firmitate, ad cautelam tamen expedit prop-

38. Diese Stelle von anderer Hand auf dem Rande nachgetragen. — 39. Cod. hat „ante“. — 40. Ist nur eine abweichende Widerholung des Ansatzes der neunten Stelle oberhalb „Insuper comiti debentur“ u. s. w.

etiam vbique locorum iure proprietario me respiciencium dedi et transtuli iure plenissimo kathedrali ecclesie Frisingensi, omnium predictarum rerum vsufructum mihi pro tempore vite mee reseruans, salua tamen ipsarum rerum proprietate, quam transtuli ad ecclesiam memoratam. Homines quoque mei nobilis condicionis ad debitum ecclesie Frisingensi suisque in futurum episcopis seruicium vtpote ministeriales iureiurandi (!) se vinculo astrinxerunt, nichilominus tempore predicto mihi obsequia non incongrua depressuri, adiecti (!) inquam, vt mei liberi virilis sexus, si quos ex libera genuero, hec mea gesta, dum sue fuerint compotes racionis, in ecclesia kathedrali coram pro tempore episcopo et canonicis, necnon ministerialibus dicte kathedrali ecclesie approbent et affirment. Ceterum si qui eorundem liberorum hec vel negligere vel hiis attemptauerint ouiare (!), ab omni, quod in suprafatis possessionibus iure iuxta predictum modum habere poterant, cadant destituti. Plane et huic ego me subieci liberaliter neccessitati, ne si corrupto (!) mutato forsitan consilio cuiquam supradictorum attemptauero, quod absit, contraire, pari cum liberis meis in sepe dictis rebus et iuribus pena astringar. Aderant autem predicte tradicioni Eberhardus decanus, Fridericus sancti Andree prepositus, Eberhardus Werdensis prepositus, Petrus sancti Viti prepositus, Fridericus de Reurippe, Otto Sappo, Wernhardus de Weilhaim, Fridericus vicedominus, canonicus Frisingensis,

ter hominum labilem memoriam singula, que vtiliter acta fuerint, scripto auctentico roborare. Noscant ergo tam modernorum etas, quam futurorum posteritas, quod ego predictus Chvnradus comes de Niwenburc thesaurizare thesaurum in celo cupiens, qui non perit, homines ac vniuersas et singulas possessiones tam in Bawaria, quam in Austria, quam etiam ubique locorum, quesitas et inquirendas, que me proprietatis titulo contingebant, de bona voluntate donaui ecclesie sancte Marie in Frisinga nomine proprietatis perpetuo possidendas, nullo ivre mihi et filiis meis, si forte aliquos per futuram vxorem, que mee conditionis fuerit, procreauero, nisi quantum presens instrumentum subsequenter declarauerit, in dictis possessionibus reseruato. Erit utique emolumentum tale mihi tempore vite mee et filiis meis, quos de vxore, que conditionis fuerit mee et non de alia, procreabo, in possessionibus seu proprietatibus memoratis, quod videlicet prouentus singulos, qui percipi poterunt, mihi officiales episcopi Frisingensis, quicunque pro tempore fuerint, quos idem prefecerit possessionibus antedictis, sine diminutione qualibet quo aduixero ministrabunt, qui etiam officiales in possessionibus memoratis mee obediant per omnia voluntati, excepto dumtaxat, quod mihi easdem non est licitum vel vendere vel distrahere vel obligare filiis meis de legitima, vt predixi, mihi suo tantum tempore succedentibus in consimili emolumento. Si vero futuri filii mei quicquam ivris

Heinricus de Weilhaim, Heinricus de Hohenburch nobiles, Chvnradus de Humel pincerna, Heinricus de Wagen dapifer, Bertoldus de Vagen, Heinricus de Niwertingen milites ministeriales Frisingenses, Heinricus de Vagen iunior, Ludwicus de Pûtelpach, Vlricus Gretzel et alii quamplures. In huius itaque rei testimonium et habundantem cautellam meo sigillo presentem paginam per manum Chunradi notarii scriptam placuit communiri. Acta sunt hec II. Kalendas Septembris, anno gracie M.CC.XLV.

Cod. 191, f. 28', Reichsarchiv zu München; Meichelbeck, Hist. Fris., 2/1, 27; Zahn, Codex dipl. Austr.-Fris. in Font. rer. Austr. 2/31, 140.

vltra quam premissum est, sibi adtemptauerint vendicare, ex tunc in antea non solum a consolatione, quam Frisingensis pontifex esset facturus eisdem iuxta modvm, quem mihi duxi pro meo tempore reseruandvm, erunt perpetuo alieni, verum etiam nichil ivris eos pronuntiaui habere in omni phevdo, quocunque censeatur nomine, quod tenui a preside ecclesie Frisingensis, quod etiam phevdum cum prouentibus percipiendis vacare pronuntio testimonio huius scripti, si omni inpetenti in Bawaria et in Austria et alibi proprietates memoratas non satisfecero in hunc modvm, vt ecclesie Frisingensi sit cautum et expediat in eternum. Homines etiam mei tam minores quam maiores, qui de mea voluntate et mandato ecclesie et pontifici Frisingensi fidelitatis iuramenta publice prestiterunt, ad me et filios meos, si quos mee conditionis per vxorem procreauero, nullum respectum habebunt obsequio et fidelitate perpetuo, si vniuersa et singula, que premisi per me non fuerint fideliter obseruata. Que autem et qualia, quantum et qualiter dominus meus venerabilis Frisingensis episcopus Chvnradus dare mihi in reconpensatione proprietatvm mearum inpecunia promiserint, cum pena adivncta, ex parte ipsius instrumenti mihi dati series manifestat. Vt autem hec rata permaneant et inconuulsa, presentem paginam meo sigillo volui roborari. Acta sunt hec anno gracie millesimo CC.XLVII., II. Kalendis Januarii, apud Winnam. Aderant autem huic negotio Chvnradus et Wernhardus et Chvnradus notarii capellani, Chvnradus de Hintperch, Wolfger pincerna de Barôwe, Engelwanus de Ahdorf, Heinricus Vagenarius, Heinricus de Gvtenturn, Eticho de Herrantstein, Heinricus de Klaffenbrunne, Vlricus marscalcus, Chvnradus de Wippenhusen, Chvnradus dapifer, Chvnradus, Otto de Alphiltôwe, Vlricus Kraetzel, Vlricus Gelttingaer, Fridericus de Niwenburc, Vlricus et Chvnradus¹) et Heinricus de Perkeim, Fridericus Permvsel, Heinricus de Ollingen, Otto filius Alhohi, Chvnradus de Forhah, Wisent iudex de Enzenstorf, et alii quam plures cum nobilibus Gebhardo et Heinrico de Hohenburk.²)

Original, Pergament, anhgd. Sigel verletzt, Staatsarchiv zu Wien. Cod. 191, f. 28', Reichsarchiv zu München; Font. rer. Austr. 2/1, 2, und Zahn, l. c. 143.

1. Hier folgt das Wort „fratres" ausgestrichen. — 2. Der Schluss „et alii — Hohenburk" ist von derselben Hand, doch mit feinerer Feder zugefügt.

III.

1254, 3. August, Freising.

Graf Konrad von Hernstein bestätigt Bischof Konrad von Freising die Abrechnung über den Empfang der Verkaufssumme für die demselben abgetretenen Güter und Holden.

Ego Ch. comes de Herrantstein notum facio vniuersis, quod anno Domini M.CC.LIIII., indictione XIII., facta ratione inter me et dominum C. Frisingensem episcopum in die Inuencionis sancti Stephani coram domino preposito et decano ecclesie maioris et coram magistro P. preposito ecclesie sancti Viti, et domino Friderico de Montelbano et Ch. et H. notariis protestatus sum pariter et confessus, quod dictus dominus meus episcopus sexcentas libras mihi plenariter persoluit, pro quibus eidem vendideram tam predia quam homines meos, qui me iure proprietatis contingebant, et confiteor quod idem dominus meus episcopus in nullo alio mihi prorsus tenetur, nisi solummodo in xxv libris. Acta sunt hec Frisinge, in camera sepedicti domini mei episcopi, coram testibus memoratis.

Cod. 191, f. 30 und 48', Reichsarchiv zu München; Meichelbeck l. c. 2/1, 42. und Zahn l. c. 173.

IV.

(1260.)

Verzeichniss der durch den Tod des Grafen Chuno von Hernstein freigewordenen bischöflich passauischen Lehen.

Ista uacare ceperunt per mortem comitis de Herrantstein.
Hau(s)leitten, Meurlinge et curia villicationis sub monte Chotwico, et ibidem mons, in quo locate sunt vinee quam plures,
item apud Albrehtsperge ville, que vocatur Noppendorf, et apud Beheimchirchen Teufenbach curia valde bona, et villa que dicitur Tiemarsperge,
item dominus (de) Rammenstein¹) habuit multa beneficia a dicto comite, quibus idem comes ab ecclesia Patauiensi infeudatus extitit,
item dominus de Engelscaluelde habuit ab ipso terciam partem decimarum in Grillenperge, et in Welanstorf terciam partem, quam similiter idem comes habuit ab ecclesia Patauiensi,
item tercia pars decimarum in Herra(n)tstein.

Mon. boica (sogenannter Lonsdorfer Codex) 29/2, 216.

1. Abdr. hat „Raminenstein“.

V.

1266, 4. December, Linz.

König Otakar von Böhmen, als Herzog in Oesterreich, beauftragt den niederösterreichischen Landrichter, Grafen (Heinrich) von Hardeck, die Klage des Bischofs von Freising gegen die Frau von Potendorf wegen der Burg Hernstein zu untersuchen, und das Ergebniss ihm zu berichten.

Otak. dei gracia rex Bohemie, dux Austrie et Styrie et marchio Morauie, dilecto sibi ... nobili comiti de Hardeke iudici prouinciali Austrie salutem cum plenitudine omnis boni. Cvm sit cordi nobis, iura conseruare ecclesie Frisingensis, volumus et mandamus, quatenus super causa, que occasione castri in Herrantstein et possessionum eidem castro attinencium inter memoratam Frisingensem ecclesiam ex vna parte, et dominam de Pottendorf eiusdemque heredes vertitur vel verti speratur ex altera, citatis partibus hinc et inde iusticiam audiatis, et auditam sub sigillo vestro ad nostram presenciam dirigatis, vt secundum scripta vestra prefatam causam mediante iusticia terminemus. Datum apud Linzam, anno Domini M.CC.LXVI., pridie Nonis Decembris.

Cod. 191, f. 50, Reichsarchiv zu München; Meichelbeck l. c. 2/2, 54, und Zahn l. c. 282.

VI.

1267, 11. März, Amstetten.

Abt Friedrich von Garsten, als vom Bischofe von Passau delegierter Richter, entscheidet auf die Klage Bischof Konrads von Freising wider Euphemia von Potendorf betreffs der Pfarre Hernstein zu Gunsten des Ersteren.

Anno Domini millesimo ducentesimo LX. septimo, quinto Idus Marcii, nobis Friderico abbate Gerstensi, iudice delegato a venerabili patre et domino Petro Patauiensi episcopo, in causa, que inter venerabilem patrem et dominum Chunradum Frisingensem episcopum et magistrum Ulricum Patauiensis ecclesie canonicum prothonotarium serenissimi regis Boemie ex una, et dominam Ofmiam ac ipsius heredes de Potendorf et Fridericum clericum dictum de Potendorf super fundo et iure patronatus ecclesie in Herrantstein vertebatur ex parte altera, presidentibus in iudicio in Amsteten in ecclesia parrochiali comparuit coram nobis magister Chunradus canonicus sancti Andree Frisingensis, procurator dictorum domini Ch. Frisingensis episcopi et magistri Vlrici, petens, ut cum dicta domina O. et eius heredes sepius citati comparere in iudicio contuma-

citer negligerent, et nunc ad obiciendum in personas et dicta
testium et audiendum sentenciam ad instantem terminum non
iuris necessitate, sed ex superhabundanti et de benignitate
iudicantis sint citati, vt non obstante eorum contumaci absencia
in causa nobis commissa procedere deberemus, nos itaque ad-
hibito consilio prudentum ad ipsum censuimus faciendum.
Post hec dictus procurator, cum esset salua tercia productio
testium, dominum Rudolfum vicedominum domini nostri Patauiensis episcopi et Ottonem de Lvsnek et dominum Dietricum
de Richerstorf milites testes induxit interrogandos super arti-
culis in priori termino apud Agmvnd expressis in iudicio coram
nobis, quibus inquam testibus auditis et examinatis dictisque
eorum in scriptis redactis petiuit dictus magister Ch. procurator,
vt tam dicta et attestaciones testium predictorum quam et
testium productorum in primo termino apud Agmund et eorum, ad quos propter distanciam nimiam locorum Chunradum
notarium nostrum iuratum vice tabellionis audiendos misimus,
publicari in iudicio faceremus. Testes autem, ad quos predictum notarium nostrum misimus, sunt hii, magister Heinricus
canonicus Ardacensis, Perhtoldus vicarius in Herrantstain,
Heinricus de Gutenturn, Wolfkerus frater vicarii iam predicti.
Publicatis igitur attestacionibus omnium predictorum, dictis et
circumstanciis dictorum et personarum exquisitis et diligencius
examinatis inuenimus omnes articulos probatos veraciter per
dicta omnium testium predictorum, ad quos inquam articulos
pars domini C. episcopi Frisingensis et magistri Vlrici in primo
termino aput Agmund se nobis astrinxerat probaturam, illo
articulo excepto, quod domina Alhedis soror domini C. comitis
de Newenburch, mater domine O. de Potendorf, renunciauit
omni hereditati, quam adeptura fuisset de bonis paternis siue
maternis cum nupserit inferiori, videlicet ministeriali, qui tamen
articulus, videlicet quod dicta domina Alhedis, mater domine
O. de Potendorf, renunciauit hereditati, vt iam premissum est,
per tres testes, videlicet dominum Perhtoldum vicarium ecclesie
in Herrantstain et dominum Ottonem de Lusneke et Heinricum
de Gutenturn est coram nobis dilucide comprobatum. Deinde
magister Ch. procurator, cum omnia, que ad dicti domini episcopi et magistri Vlrici fundandam intencionem facerent, fuerint
liquido comprobata, sentenciam diffinitiuam fieri a nobis cum
instancia postulauit. Nos itaque partem aduersam habito consilio duximus usque ad uesperam expectandam, circa uesperam
autem diei premissi, redeuntibus nobis in dictam ecclesiam
Amsteten, assidentibus nobis uiris discretis sentenciam diffinitiuam parte aduersa plus debito expectata, protulimus in hec
uerba: In nomine Domini amen. Anno Domini M.CC.LXVII.,[1])
quinto idus Marcii, nos Fridericus abbas Gerstensis monasterii,
iudex delegatus venerabilis patris et domini nostri P. Patauiensis episcopi, intellectis cause meritis super fundo et iure proprietatis ecclesie in Herrantstein nobis commisse, visis et intellectis instrumentis autenticis probatisque omnibus tam per

instrumenta quam testes legitimos, que ad fundandam intencionem venerabilis patris et domini Frisingensis episcopi et magistri Vl. canonici Patauiensis de iure facere poterant, diffinitiue pronunciamus, fundum et ius patronatus ecclesie in Herrantstain legittimo titulo deuoluta et translata in dominium ecclesie Frisingensis et dictum dominum Frisingensem existere verum dominum fundi et patronum ecclesie in Herrantstain, per sentenciam etiam nostram restituimus patrem et dominum C. Frisingensem episcopum et ipsam ecclesiam Frisingensem ad possessionem fundi et iuris patronatus ecclesie in Herrantstain, reducentes ipsum dominum episcopum et ecclesiam Frisingensem ad omne ius, in quo erant ante tempus eiectionis per dominam O. de Potendorf et eius heredes facte, quoad fundum et ius patronatus ecclesie memorate, item diffinitiue sentenciando remouemus Fridericum clericum tanquam illicitum detentorem, imponendo sibi perpetuum silencium super ecclesia eadem, habendo in suspenso de condempnacione expensarum. Per sentenciam quoque nostram diffinitiuam decernimus magistrum Vl. canonicum Patauiensis ecclesie presentatum ad dictam ecclesiam Herrantstain a prelibato domino C. episcopo Frisingensi instituendum canonice in eadem et mittendum in ipsius possessionem corporalem et inductum regulariter defendendum, decernentes per eandem sentenciam nostram diffinitiuam fructus et prouentus ipsius ecclesie Herrantstain collectos a tempore presentacionis sue assignandos ipsi magistro Vl. tanquam vero plebano ecclesie Herrantstain. Per sentenciam etiam nostram diffinitiuam imponimus domine O. de Potendorf et suis heredibus perpetuum silencium super fundo et iure patronatus ecclesie H., cum plene nobis per legittima documenta constiterit, quod domina Alhedis mater dicte domine O. de Potendorf expresse renunciauerit omni iuri, quod habere videbatur in fundo et iure patronatus ecclesie in Herrantstain, adiudicantes ipsi domino episcopo et ecclesie Frisingensi fundum et ius patronatus ecclesie supradicte, habendo in suspenso condempnacionem expensarum. Prolata est hec sentencia in scriptis anno, die et loco supradictis.

Original, Pergament, anhgd. verletztes Sigel, Haus-, Hof- und Staatsarchiv, Wien; Cod. 191, f. 34' und 51', Reichsarchiv, München; Meichelbeck l. c. 2,'2, 55; Zahn l. c. 2/31, 284 u. ff.

1. Original und Codex haben „M.CC.LXXVII".

VII.

(1267, 21. März, Amstetten.[)]

Graf Heinrich von Hardeck, als Landrichter in Niederösterreich, verhört im Auftrage König Otakars in dem Streite Bischof Konrads von Freising gegen Euphemia von Potendorf wegen der Herrschaft Hernstein die Klagegründe und Rechtsbeweise des Ersteren, für den Bericht an den König.

Nos Heinricus comes de Hardeke, auditor datus a sere-
nissimo rege Bohemie, duce Austrie et Styrie, marchione
Morauie, venerabili patri et domino Chvnrado Frisingensi episcopo super suis querimoniis in Austria, presentibus profitemur,
quod idem dominus episcopus coram nobis super castro et proprietatibus ac prediis Herranstein, in quibus dicit sibi et sue
ecclesie iniuriam (per) dominam Offemiam de Potendorf ac
eius heredes irrogari, (apparuit coram nobis) cum suum ius
audire voluimus, in placito generali aput Mautarn proximo
habito, (et) hec que infra scripta sunt, se asseruit probaturum
per instrumenta vel per testes, que probata sue dixit sufficere
intencioni. Primo, quod Chunradus (comes) de Niwenburch siue
Herrantstein eo tempore, quo potens de iure fuit vendere, ven-
didit castrum et predia Herrantstein et homines nobiles et
ignobiles cum omnibus attinenciis et pertinencis vniuersis bone
memorie Chvnrado quondam venerabili Frisingensi episcopo
et ecclesie Frisingensi, item quod dictus dominus episcopus
soluit dicto Ch. comiti pecuniam, pro qua fuit empcio et ven-
dicio predicti castri facta et omnium attinencium, item quod
homines attinentes dicto castro Herrantstein, quondam proprii
dicti C. comitis, iurauerunt fidelitatem tamquam proprii homines
domino C. episcopo et ecclesie Frisingensi, item quod dictus
dominus Ch. episcopus de bona voluntate dicti comitis in signum possessionis adepte in castro et prediis Herrantstain quosdam homines existentes de familia castri predicti iuramento
astrictos ipsi domino episcopo tamquam suos castellanos et
nomine suo prefecit castro Herrantstein, qui nomine ipsius
domini Ch. episcopi et ecclesie Frisingensis tenerent castrum
et custodirent tamquam sui castellani, item quod dictus dominus Ch. Frisingensis episcopus quosdam de predictis hominibus
tamquam suos officiales instituit in castro et prediis memoratis,
qui dicto Ch. comiti pro tempore vite sue solum deberent redditus prediorum predictorum assignare. nomine tamen ipsius
Ch. episcopi Frisingensis, item quod dictus dominus Ch. episcopus, sicut predictum est, in possessione castri, prediorum
et hominum Herrantstein tamdiu fuit pacifice, quovsque domina O. de Potendorf ipsum dominum episcopum et ecclesiam
Frisingensem a tali possessione predictorum prediorum violenter eiecit, item quod ministeriales Austrie habentes fevdum
a predicto C. comite, et existentes vasalli dicti comitis racione
castri et comicie Herrantstein, facta vendicione et translato
dominio et possessione castri ac prediorum Herrantstein ad
ecclesiam Frisingensem, fevda sua, que quondam receperant
ab ipso comite, postmodum de manibus bone memorie Ch. Frisingensis episcopi (recipiebant), recognoscentes ipsum et ecclesiam Frisingensem esse dominum fevdorum et castri ac prediorum Herrantstayn, et tales adhuc recognoscunt Frisingensem
episcopum dominum fevdorum talium, item dictus dominus
episcopus allegauit et allegat pro se et ecclesia sua commune
ius Austrie ab antiquis temporibus obseruatum, et quod adhuc,

vt meliores Austrie concordant et affirmant, ibidem obseruatur, quod inquam ius tale est, quod cum filii sev filie progeniti de stirpe nobilium et liberorum copulati fuerint aliquibus non paris condicionis sed inferioris, ut puta ministerialium ecclesiarum uel domini terre, uidelicet ducis, filii sev filie progeniti de talibus copulatis, vt puta existentes deterioris condicionis, eciam (non) habent, nec debent habere ius uel accionem in prediis sev proprietatibus, que ab antiquo respiciebant solummodo homines libere condicionis, hoc est quod vvlgo uocatur vreyzaygen. Vnde cum dicta domina O. de Potendorf nata sit de viro ministeriali terre, quamuis de matre libera, non potest, nec debet capax esse castri et predii Herrantstein, vt puta cum non sit compar eiusdem predii, quod vvlgariter dicitur vreizaygen. Quare dicta domina O. de Potendorf et sui heredes nomine matris uel auie non possunt, nec debent de iure possidere uel impetere dictum predium et castrum Herrantstayn, nec ipsum dominum episcopum et ecclesiam Frisingensem aliquatenus impedire.

Cod. 191, f. 54', Reichsarchiv, München; Zahn l. c. 288. Die eingeklammerten Stellen sind Auslassungen im Codex und hier ergänzt.

1. Der Graf stellte am 21. März zu Amstetten dem Bischofe mehrere Vidimationen aus, und scheint demnach dieses Datum auch das richtige für den vorliegenden Gerichtsact.

VIII.

1270, 26. October, Wien.

Bischof Peter von Passau entscheidet den Streit zwischen Euphemia von Potendorf und Bischof Konrad von Freising betreffs der Pfarre Hernstein zu Gunsten des Letzteren.

Nos Petrus dei gratia ecclesie Patauiensis episcopus scire volumus presentium quoslibet inspectores, quod cum in causa, que inter nobilem dominam Offemiam de Potendorf et heredes, eius ac Fridericum clericum ex vna parte et reuerendum in Christo patrem Ch. Frisingensem episcopum et magistrum Vlricum illustris regis Boemie prothonotarium, ecclesie nostre canonicum ex altera super ecclesia in Herrantstain vertebatur, dilecto in Christo fratri F. abbati Gerstensi commiserimus vices nostras, idemque abbas in causa eadem rite processerit et canonice, ac diffinitiuam sentenciam pro reuerendo in Christo patre domino Frisingensi episcopo ac magistro Vlrico supradictis tulerit, iuris ordine obseruato, nos processum huiusmodi de prudentum virorum consilio et precipue venerabilis in Christo patris domini W. Seccouiensis episcopi, tunc Pataviensis decani examinatum diligentius approbantes predictam sentenciam confirmauimus et tenore presencium confirmamus, ad sepedicti Frisingensis episcopi eiusdem ecclesie patroni presentacionem canonicam predicto magistro Vlrico ecclesiam in Herrantstain predictam iure ordinario conferendo, et ipsum mittendo per dilectum in Christo Rudlibum in Spangberch decanum in possessionem illius tanquam pastorem legittimum corporalem. In cuius rei testimonium presentes litteras sigillo nostro ipsi magistro Vlrico dedimus communitas, presentibus testibus domino W. venerabili episcopo Sekoviensi, tunc Patauiensi decano, domino Ditrico decano Medlicensi, Alberto scriba nostro, Hainrico scriba de Wienna, Wernhardo notario, Chunrado plebano de Grillenperg, Ottone, Hainrico, Chunrado laycis et aliis fide dignis. Datum in Wienna, anno Domini M.CC.LXX., VII. Kalendis Novembris.

Original, Pergament, anhgd. Sigel, Haus-, Hof- und Staatsarchiv, Wien; Zahn l. c. 316.

IX.

1277, 15. Juli, Wien.

Pfalzgraf Ludwig bei Rhein reversiert gegen Bischof Konrad von Freising betreffs der ihm zu Lehen verliehenen Herrschaft Hernstein.

Nos Ludwicus dei gracia comes palatinus Rheni, dux Bawarie, notum esse volumus vniversis, ad quos peruenerit presens scriptum, quod nos castrum in Herrantstaein cum iuribus suis et attinenciis vniuersis recepimus a reuerendo in Christo patre domino Chvnrado venerabili Frisingensi episcopo, consanguineo nostro predilecto, pro nobis nostrisque legittimis heredibus masculis titulo feodali perpetuo possidendum, excepto omni iure patronatus ecclesie eiusdem loci in Herrantstein, quod idem episcopus nobis consencientibus sibi suisque successoribus in signum proprietatis et dominii perpetui reseruauit. Ad hec promisimus etiam eidem episcopo bona fide, quod idem castrum cum suis attinenciis neque feodali, nec alio quocunque titulo sine sua licencia speciali in personam aliam transferremus, sed pro nostris nostrorumque heredum vsibus tenebimur perpetuo conseruare. In cuius rei testimonium presentes litteras iussimus nostri sigilli munimine roborari. Datum Wienne, anno Domini M.CC.LXXVII., Idibus Julii.

Cod. 191, f. 19', Reichsarchiv, München; Meichelbeck l. c. 2/2, 90, und Zahn l. c. 364.

X.

1489, 27. April, Fischau.

Bartholomä Tugentlich, Richter zu Baden, veröffentlicht als vom Stifte Neuberg eingesetzter Grundrichter für dessen Besitz zu Fischau, das Urtheil genannter Beisitzer des stiftischen Grundgerichtes in Sachen des gesetzmässigen Vorganges wider säumige Grundholden des Klosters.

Ich Bartholome Tugentlich, richter zu Paden, bekenn, daz auf den Montag nach Suntag Oculi in der Vasten nechstuer-

gangen fur mich, da ich offennlich das grunt vnd reissgericht
in gegenwurttigkeitte der hernachgeschriben beysiczer von
bette wegen vnd als ein gesaczter richter des erwirdigen geistlichen herren, herren Bartholome, abbte des goczhawss im
Newnperg vnd des conuents daselbs in seiner gnaden hoff zu
Vischa besessen, vnd daselbs zum ersten, andern vnd dritten
male beruffen lassen hab, wer von erbstucken oder andern
guttern, behausten vnd vnbehausten, gruntdinst, perckrecht,
zinss oder ander dinste denselben abbte, conuent vnd goczhawse
im Newnperg schuldig sey, sich da vor gerichte zuuerantwurtten, komen sind die ersamen weisen Hanns Tengk, statt-
richter zu der Newenstatt, vnd Jacob Pfab, des benanten
meins gnedigen herren des abbts diner, vnd clagten als vol-
mechtig anwelt vnd gewalttrager der yeczgenanten abbts vnd
conuents nach laut eines besigelten gewalczbriefs, der darumb
verlesen vnd zu recht genugsam erkant ward, auf alle vnd
yegliche stucke vnd erbguttere, es sein hewser, weingertten,
secze, hölczer, wisen, äcker, stainprüche, krautgertten vnd
annder grundt, behaust vnd vnbehaust, wie die nach lautt des
goczhauss löblichen freyheitten vnd priuilegien im von allen
fürsten von Osterreich vnd anndern herren gnediglich gegeben
vnd verlihen, auch grundtpücher vnd register namen haben,
vnd wa die im lannde zu Osterreich gelegen sind, auch vor vnd
nach den kriegssleuffen bissher denselben abbte, conuent vnd
goczhawse von vil leutten zu rechten zeitten, so ettlich mit
tod abgangen sind, die nechsten erben das grundtpuch nicht
ersuchtt, sich nicht hinwider in nucz vnd gewer lassen schreiben,
auch ettlich verswigen haben, dadurch solich gewere ein tail in
frömbd hennde komen, eines tails ganncz öd, vnd die gruntdinst, perckrecht, zinss, gülte vnd annder dinste dauon nicht
ausgericht, noch geraicht worden sein, denselben abbt, conuent
vnd goczhause im Newnperg zu mercklichem grossem abgang,
schaden vnd enziehung irer leibssnarung vnd aufenthaltung,
hoffen vnd getrawen die vermelten anwelt, es solle mit recht
erkant werden, daz solch gemelte vnuerdinte stuck vnd erbguttere alle dem egenanten abbt Bartholomeen, seiner gnaden
conuent vnd goczhaus im Newnperg billich als vermondte
vnd verswigne erbe zu reyss erkannt vnd verfallen sein sollen,
sich der nu fürbasser zu vnderwinden vnd einzuziehen, anndern
erbern leutten zuuerlassen, zuuerkauffen vnd damit zuhandeln,
als mit anndern des goczhauss eigen gülten vnd güttern, vnd
saczten das zu recht. Nachdem aber nymand auf denselben tag
für gerichtt kame, der auf der obgenanten anwelt clag vnd
fürbringen im rechten geantwurtt hette, fragtte ich die nach-
geschriben beysiczer darauf rechtens, auf daz aber nymands
im rechten verkurczt werde, so ist durch sy ainhelliclich zu
recht erkant. es solle durch die egemelten meines gnedigen
herren des abbts anwelt vnd gewalttragere den perckleutten,
vieren vnd den. die solch dinste vnd zinss schuldig, verswigen,
ettlich ganncz öd, zu frömden hennden komen, vnd sy, noch

die erben in das grundtpuch an die gewer nicht komen sein,
zu dreyn malen vierczehen tag verkundt vnd zugegeben werden,
daz sy komen vnd sich mit den obgenanten des abbts, conuents
vnd goczhauss geseczten vnd geordenten anwelten vereinen vnd
vertragen, darinnen sollen sy güttlich gehalten vnd aufgenomen
werden, kêmen aber sy, noch nymands von iren wegen in
solcher zeit nicht, so môg sein gnade oder die egemelten anwelt
sich solcher vngehorsamer leutte gründt vnd güttere vnderwinden vnd damit hanndeln vnd gefaren, als mit anndern seiner
gnaden eigen güttern, on meniclichs irrung vnd hindernuss,
vnd als des lanndes hie in Osterreich herkomen vnd recht ist.
Darnach am Montag nach dem Suntag Judica in der Vassten
hab ich obgenanter Bartholome Tugentlich das annder grundt
vnd reissgericht, vnd das dritt vnd lesst recht auf heutt datum
des briefs aber besessen, vnd ist zu yedem nach notdurft be-
seeztem gerichtte auf der obbestympten des abbts, conuents
vnd goczhauss im Newnperg volmechtiger anwellte clage vnd
fürbringen, wie die egeschriben erst clage, vrteil vnd recht
clerlich innhelt, vernewet, gesprochen vnd erkant worden, auch
darzu, daz sy den vngehorsamen vnd verachttern aller billicheit,
zeitlich zu yedem geseczten vnd bestympten gerichcztag zu
komen vnd sich da zuuerantwurtten in stetten, merckten vnd
dörffern offennlich rueffen vnd verkunden lassen haben, zu
sehen vnd zu hören, sich solcher vermondter, verswigner vnd
verfallner erbe vnd güttere mit recht zuentweltigen vnd zu-
entseczen, vnd dem obbenanten abbte, conuentt, goczhawse
vnd iren nachkomen einzugeben vnd einzusprechen, oder aber
dawider redlich vrsach rechtlich furzubringen vnd zu sagen,
warumb das nicht sein solle, ist alles beschehen, doch vnentt-
golten, ob vnuogtper erben, die nicht gerhaben hetten, oder
nicht im lannde weren, darumb derselben erben nechst frunde
in den obgemelten grundtpüchern vmb ir gründe geschriben
steen, den ist auch mit recht erkant vnd zugegeben vierczehen
tag nach datum des briefs, vnd sol in das auch als den egenanten vngehorsamen verkundt vnd sust in all wege gehanndelt
werden, wie vor clerlich mit vrteil vnd recht erkannt vnd be-
slossen ist, vngeuerlich. Solcher behabten vrteilen und rechten
batten vnd begertten die offtgenanten anwelt Hanns Tengk
vnd Jacob Pfab inen zu hannden der egenanten abbts, conuents
vnd irer nachkomen einen gerichczbrief zu geben, der in auch
mit recht zu geben erkannt ist. An den gerichtten sind gesessen die edeln vnd vessten her Wilhalm von Wolfenrewt zu
Emerberg, junckher Paul, pfleger zu Starhenberg. Albrecht
Johan, burggraue daselbs, junckher Friderich. pfleger zum
Stüchssenstain. Hans Kepfelberger, pfleger zu Prun, Niclas
Heberler vnd Hanns Wurm. bayd von Newnkirchen, vnd die
ersamen, fursichtigen vnd weisen Jacob Kelbel, burgermeister
zu der Newenstat. Linhart Judel. Wolfgang Furstenberger.
Caspar Holczer, Jeronimus Sechsel. Augustin Manhait. Niclas
Schaltenpek. Connrad Gessler vnd Jörg Goldperger, dieczeit

all des rattes. Niclas Feyer, Wolfgang Spiczwegk, statschreiber, all burger zu der Newenstatt, Cristoff Merczinger, Stephan Plachler, dieczeit einer des rattes, burger zu Paden, Hans Hofer, burger daselbs, Wolfgang Stainperger, richter zu Piesting, Gabriel Hupfelhofer, richter zu Rottengrueb, Lienhart Mannsperger, richter zu Prun, Wolfgang Manhait, richter zu Vischach, Wolfgang Pawr, richter zu Stolhofen, Jörg Pramss, richter zu Meyrstorff, Jörg Seidenswancz, pergmaister zu Weickerstorff, Mert Türck, pergmaister zu Welestorff, Pangrecz Stuppel von Piesting, Wiltpolt Prunner von Wopfing, Sigmund Stubenfol von Vischach, vnd mer erber leutt. Mit vrkund des briefs, der mit vrteil geben ist zu Vischach, mit meinem obgenants Bartholomeen Tugentlich aigem anhangundem insigel, an Mantag nach s. Jörgen tag, nach Cristi gepurde vierczehenhundert vnd darnach in dem newn vnd achczigisten iare.

Original, Pergament, anhgd. ziemlich wohlerhaltenes Sigel, steiermärkisches Landesarchiv.

XI.

(1582.)

Bitte der Gemeinde Pernitz (an den Prälaten von Neuberg), ihren Pfarrer Paul Kitz durch einen würdigeren und ungefährlicheren Priester zu ersetzen.

Beschwärung der gantzen ersamen Nachperschafft zue Pernitz wider Herr Paul Kitz, Pfarher daselbst,

wie er so freuenlich vnd greylich mitsampt seinem Weib gemuetwillt vnd gescholten hett die gantze Nachperschafft, auch wie er so spotlich mit seinem priesterlichen Ampt vmbgehet, wie volgt.

Zum Ersten ist einer gantzen Pfarmenig vnd Nachperschafft gar beschwärlich, das er an den Aposteltagen vnd Feirtagen gar nur zu Zeitten an einem gen Kirchen gehet. Auch so hatt er offtmal zur Kirchen leütten lassen, vnd (ist) als dann nit gehn Kirchen kumen, das die Leüt vber Feldt zum Wort Gottes müssen gen, welichs vns gar verdrieslich, auch sollichs nit gewont sein.

Zum Andern ists villmalls geschehen, so er gen Kirchen gehn will, trinckt zuuor zu einem Fruestuckh ein Achterin Wein, vnd alsdan in der tollen Weiss vmb 9 Vr gen Kirchen gen vnd nur von statt auff den Predigstuel, vnd auss ainem Briefel, dann er noch kein Predig ausswendig geton, khaumb lesen kinen, darnach wider herrab vnd zu der Kirchen hinauss, keinen Gottesdienst, wie mirs von Alter her gewont sein gewest, nit halten thuet, damit die Jugent zu der Gottesforcht erzogen wurd.

Zum Dritten, da er einen mit Namen Colman Strebinger zu Neusidel ein Diernl hatt sollen tauffen, hatt ers in der Tauff Michel genendt, vnd haist noch also. Ist nit das ein Grobheitt,

(29)

des billich zu straffen wär, wie spotlich er mit seinem Ambt vmbgehet? Wenn es mit Weintrincken aussgericht wär, kundten ja kein bessern Pfarher(n) bekumen, welliche volle Weiss vns Niechtern nit zu wenig Schaden geraicht.

Zum Vierdten so ist ein Weib, des Rüepel Gleichgross zu Muckhendorff, mitsampt irer Diern gen Beicht zue im gangen, da er in die Absollution (hett) sollen sprechen, hiess ers zu seinem Weib in den Pfarhoff gehn, die werdte sy absolluiern. Das guett Weib gieng hin mitt der Diern in den Pfarrhoff zu der Pfarherin, vnd begert an die, sy solls absolluiern. Da schuldt sy es greilich auss, gieng das guett Weib mitsampt der Diern nichts desteweniger zum hochwirdigen Sacrament neben andern Leutten ohn absolluiert. Ist leichtlich zu schliessen, das er seinem Ambt nit ein Genüegen thuet, wie einem Priester gebiert.

Zum Fünfften so haben wir von ime vnd seinem Weib nu in die 3 Jar lang her geduldet, das ers im Brauch gehabt, als offt (er) vol sein worden, wellich gemendlich in der Wochen 3 oder 4 Mall geschehen, mit werhaffter Handt herumbgezogen im Dorff vnd greilich gescholten, vnd so in Einer begegnet, wie dan Niemandt sicher ist gewesen, in geschlagen, wie er dann gar ohn alle Schuldt vnd ohn alle Vrsach vnsern Khüehalter mit aim Säibel greilich zerhauet, vnd, da nit Leütt vorhanden, gar erschlagen hett, dessen wer nit ein wenig Schaden vnd Vncosten darauff gangen sein, auch in zwen Monaten sein gerathen müssen, damit er wider hail ist worden, hatt sich der Pfarher weder mit dem armen krumpen Menschen, noch mit der Nachperschafft nit verglichen.

Zum Sechsten die Nachpaurn etlich Mall bey iren Ehren auff die Gassen gefodert vnd mit inen schlagen wellen, welliches wir bisher Als gedult haben.

Das wir es Alles so lang her gedult vnd gelitten haben, ist das die Vrsach, er Pfarher hatt imerdar vermeldt, er wölle weitter auf ein ander Pfar kumen, darauff wir vns bedacht haben, dieweill er von hinen wirdt ziehen, wöllen wir noch stillschweigen, auff das wir nur mitt gutem Fueg von einander kumen, haben auch der Vrsach wegen des Herrn Gnaden nit gern behelligt.

7. Item so hatt er Pfarer den 16. Tag May (15)82 mit dem Pfleger zu Guetenstain ein Handl angfangen. Als nu der Pfleger verraist, hatt der Pfarher in seiner tollen Weiss ainen Schuechknecht zu im genomen zue aim Gehülffen, vnd mit blossen Weren auf der Gassen auf vnd nidergangen bis auff Mittnacht, vnd greilich Ding gescholten vnd gesagt, er wöll ain mal ein Zwen auff die Hautt legen, auff dass man in dabey erkennen soll.

8. Item den 23. Appryll 82 gieng der Pfarher von Guettenstain herab vnd kame in des Jacob Pergen Hauss im Grassen, war Niemandt dahaimb, als klaine Kinder, nämb der Pfarher seinen Karpfen ainen, vnd im Hauss namb er vnbefuegter massen Essich, Schmaltz, Saltz vnd sudt im den Karpfen ab,

vnd als den assen sy den, vnd gieng in den Keller vnd liess im auss ainem vollen Vass Wein, dass man 6 Achterin mueste einfüllen. So ist auch Fleisch (vnd) sonst mehr Sachen verforn worden.

Darauff (hat) sich der Pfarher mit seinem Weib des vorigen Muetwillens vbernomen, dieweil er all sein Muett gehabt vnd kein Sorg gewüst hat, vnd ietzt ein greillichen Rumor vnd Schelten angefangen vnder der Nachperschafft, welliches doch gar keinem Priester gebiern will, vnd vns Nachpern auch vill weniger gebiert hette, das wir es von seinem Weib vnd im gelitten oder gestattet solten haben. Nämblich am 28. Dag May 82 ist der Pfarher mit sampt seinem Weib in aller früeh zum Leytgeb gegangen vnd (hat) sich zimlicher Massen angedruncken, vnd da sy nun voll Weins waren, hueben sy dermassen ein schändtlichen Handel an, das man nit genuegsamb dauon kan melden, vnd hueb die Pfarherin an, bey dem Leütgeben zu schelten, vnd hatt Niemandt gewüst, wems angehet. Haben syes heissen haimb gehen. Da sy nu vür des Richters Hauss käme, schuldt sy dermassen, da sprach der Richter zue ier: „Mein Fraw, was schelt ihr? Wen gehets an? Gehet haimb vnd höret auff von dem Schelten.“ Dar auff hueb sy an, vnd sprach zue dem Richter, reuerendo zu melden: „Ey, du Schelm als Richter, was hastu mich haim zue schaffen?“ Da sy nun also fort schult vnd wolt nit weg gehen, saget der Richter zu ir: „Wann ir nit wöldt haim gehen, ich will euch wol weg treyben“ — vnd gab ihr einen Straich, vnd gieng belaitedts gegen dem Pfarhoff. Hernach gieng der Pfarher herab, vnd sprach: „Ier Schelm vnd ier Dieb, was durfft es mein Weib schlagen?“ In dem gieng die Pfarerin daher vnd gab im eine Thäckhen,[1]) vnd wolt der Pfarher auch nit von des Richters Hauss gehen, sondern sy schulten dermassen, sye die Nachpern wäre(n) Alle, keinen aussgenomen, reuerendo zue melden, Schelm vnd Dieb, vnd insonderheit schult die Pfarerin auf iern Geuattern Co(l)man Harlander vnd spib im ins Gesicht, damitt sy in so hoch ermant, das er ir auch ein Goschen gab. Alsdann haben wiers haimbracht in den Pfarhoff vnd habens gebetten, sy sollen dahaim bleyben vnd zuefryden sein, sy nit, wider herauss vnd schuldt noch vil haffter vnd schrier offentlich, sy will das Dorff von Grundt aussbren(n)en.

Derhalben sein wir auss grosser getrungener Noth vervrsacht, dieweill wir keine Sicherheitt des Leibs vnd Lebens von ime Pfarher (haben), dann er Niemandt genendt, welche er auff die Haudt legen will, vnd widerumb kein Sicherheitt haben vnser Heüser, so sy aus Grundt aussspren(n)en will, welliche wir zu beweissen haben, vnd auch souil vnerhörter verpottner Scheltwortt schon vilmals angetast an vnser Ehren sein worden, zue Erhaltung vnd Beschitzung vnser Hab vnd Guetter, Leybs vnd Lebens vnd vnserer Ehren sein wir getrungen worden dadurch, nitt das wir in als einen Pfarher, sonder als Einen, vor dem Niemand sicher ist, in die Gehorsam gnomen. Wir haben vns gefürcht, dan sy hatt ehe einmal den Pfarhoff angezindt, ist ein Stallung verbrunen, die ein Gemein dem Pfarher vnd des Herrn Gnaden zue Ehren gebaut, vnd wan nit souill Volckh da gewest, vnd das Wasser so nahent, wär das gantz Aigen verbrunnen. Sollichs wär Alles in der vollen Weiss geschchen. Da hetten vnsere Weib vnd Kinder nit genueg daran gehabt, waiss Niemandt, wo er hin komen wär. Wir könen fehrer nit hausen mit im, wir bitten, Ewr Gnadt wölle vns ein andern Priester zuestellen, seys gleich was für einen wölle, wons gleich ein ehrwürdiger Herr auss einem Kloster wär, wir wolten in schön vnd werdt halten. Gleichwol er Pfarer sagt, er frag nach keinem andern Herrn nichts, er sey selber ein Herr, er täth in ein andern Herrn, mit Gunst vor Ewr Gnadt Ehren zu melden. Geschicht aber Sollichs nit inerhalb 3 oder 4 Dagen, so wöllen wir von Stunden an auf, vnd Sollichs den geistlichen Räthen anzeigen. Es währ noch vill zue schreyben vnd klagen, aber wir mögen Ewr Gnaden nit fehrrer bemüehen.

Original, steiermärkisches Landesarchiv, Acten des Klosters Neuberg.

1. Tacken heute noch vulgär = Ohrfeige; ebenso Goschen.

REGISTER.

Errata corrige.

S. 24, Z. 7 von oben: setze 11. statt: 10. — S. 50, Z. 10 von unten: sie statt:
es. — S. 58, Z. 1 von unten: erste statt: zweite. — S. 59, Z. 1 von unten: den Stein
statt: der Stein. — S. 65, Z. 21 von oben: Richinza. — S. 77, Z. 20—19 von unten:
Heidenreich von Meissau. — S. 97, Z. 19 von oben: auch statt: auf. — S. 114,
Z. 11 von oben: Heunburg statt: Heunberg. — S. 116, Z. 12 von oben: weit erstreckte statt: —n. — S. 118, Z. 12 von unten: Albrecht statt: Ernst. — S. 133,
Z. 12 von unten: Beilage II statt: I. — S. 155, Z. 12 von unten: bebaut statt: gebaut. — S. 180, Z. 12 von oben: diesen statt: diesem. — S. 215, Z. 20 von unten:
jene statt: jenes. — S. 239, Z. 11 von oben: Taz- statt: Tag-. — S. 251, Z. 7 von
unten: Verfasser statt: Verasser. — S. 259, Z. 15 von unten: Taz- statt: Tag-.